PRUDENTIAL HO

恆 • 豐 • 酒

KB105447

역동적인 도시의 발견

푸르덴셜 호텔은 활기찬 커우롱의 중심부, MTR 조던 역 인근에 위치합니다. 침사추이, 커우롱 공원, 템플 스트리트 야시장, 파크 레인 상점가 등 유명 관광지로의 접근이 용이하며, 편안한 휴식을 보장하는 아늑한 환경과 충실한 시설의 객실을 선보입니다.

다음 숙박에도 특별한 경험을 즐겨보세요.

www.prudentialhotel.com에서 예약시 특전이 제공됩니다.

예약
Tel : (852) 2311-1307
Fax : (852) 2311-1304
Email : reservation@prudentialhotel.com

주소 222 Nathan Road, Tsim Sha Tsui, Kowloon, Hong Kong
홈페이지 http://www.prudentialhotel.com E-mail : info@prudentialhotel.com

竹園海鮮飯店
CHUK YUEN
SEAFOOD RESTAURANT

최상의 광동요리를 맛보실래요?
레스토랑 죽원으로 오세요~

〈죽원해선반점〉은 여러 해 동안
국내외 유수의 방송국에서 수 차례 취재해 간
홍콩 최고의 해산물 레스토랑입니다.
명물 요리인 「바닷가재 버터 치즈 구이」와
「갯가재 마늘 칠리 튀김」을 비롯한 다양하고
풍부한 해산물 요리를 사시사철 맛보실 수
있습니다.

〈죽원〉에서는 가장 신선하고
품질이 우수한 최상급 재료를 엄선하여
제공해 드리며, 점내에 설치된 대형 어항에서
싱싱한 해산물을 고객 여러분이 직접
선택하여 주문하실 수도 있습니다.
점심시간에는 「딤섬」을 드셔보세요.
〈죽원〉의 딤섬은 많은 단골 고객들로부터
높은 평가를 받고 있습니다.

尖沙咀店 TST Shop
漢口道店 Hankow Rd. Shop
G/F., HK Pacific Centre, 28 Hankow Rd., Tsimshatsui, Kowloon.
Tel: 2722-0633

跑馬地店 Happy Valley Shop
G/F., No.9, Wong Nai Chung Rd.,
Happy Valley, Hong Kong
Tel: 2893-8293

◎게살과 상어 지느러미 수프
◎바닷가재 버터 치즈 구이(반 마리)
◎그루퍼 찜 요리
◎계절 채소 볶음
◎전복·닭고기 솥밥
◎망고 푸딩
◎모둠 과일

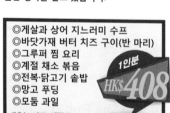
1인분 HK$408

※ Only available at TST shop

上環店 Sheung Wan Shop
Grond Floor ,
Yardly Commercial Building,
3 Connaught Road West,
Sheung Wan, Hong Kong
Tel: 2668-9638

영업시간 : 11:00~24:00 (월요일~토요일)
10:00~24:00 (일요일, 공휴일)

CLOSE UP
HONGKONG

클로즈업
홍 콩

홍콩 디즈니 리조트

유재우 손미경 김형일 지음

이 책의 모든 정보는 《클로즈업 홍콩》의 저자들이 직접 체험하고, 먹어보고, 눈으로 확인하며 수집한 최신 정보입니다. 발간 시점까지 입수된 최신 정보를 빠짐없이 반영하고자 세 명의 저자가 노력을 아끼지 않았으나, 지금 이 시간에도 명소·레스토랑·호텔과 관련된 정보가 빠른 속도로 변경되고 있음을 독자 여러분께 알려드립니다. 책이 출간된 이후 변경된 현지 정보 및 개정 사항은 《클로즈업 홍콩》 홈페이지와 페이스북 페이지에서 확인할 수 있습니다.

www.clzup.com

1

2

3

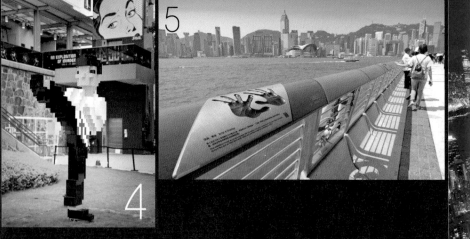

5

4

CLOSE UP
HONGKONG
MACAU

MAP BOOK

에디터
editor

MAP 1 홍콩 MTR 노선도

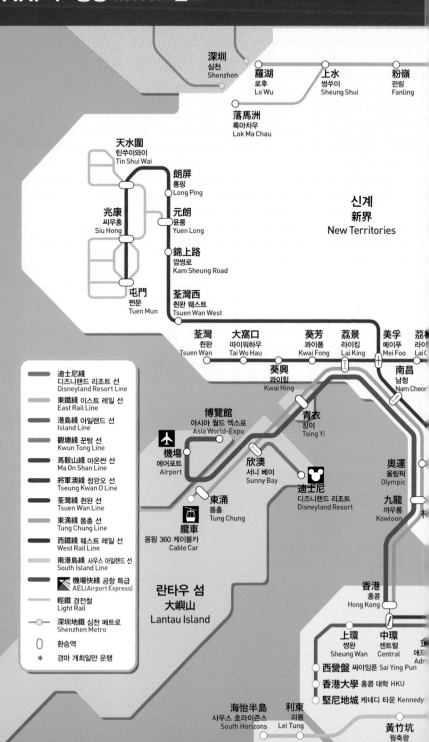

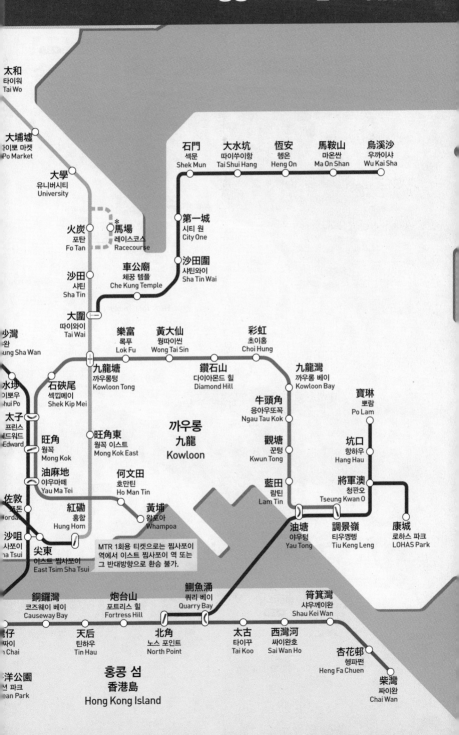

太和
타이워
Tai Wo

大埔墟
타이뽀 마켓
Tai Po Market

大學
유니버시티
University

火炭
포탄
Fo Tan

*馬場
레이스코스
Racecourse

沙田
샤틴
Sha Tin

車公廟
체꿍 템플
Che Kung Temple

大圍
따이와이
Tai Wai

石門
섹문
Shek Mun

大水坑
따이쑤이항
Tai Shui Hang

恆安
헹온
Heng On

馬鞍山
마온싼
Ma On Shan

烏溪沙
우까이샤
Wu Kai Sha

第一城
시티 원
City One

沙田圍
샤틴와이
Sha Tin Wai

少灣
완
ung Sha Wan

樂富
록푸
Lok Fu

黃大仙
웡따이씬
Wong Tai Sin

彩虹
초이훙
Choi Hung

水埗
뽀
hui Po

九龍塘
까우룽텅
Kowloon Tong

鑽石山
다이아몬드 힐
Diamond Hill

九龍灣
까우룽 베이
Kowloon Bay

寶琳
뽀람
Po Lam

石硤尾
섹낍메이
Shek Kip Mei

牛頭角
응아우또꼭
Ngau Tau Kok

太子
프린스
드워드
Edward

旺角
웡꼭
Mong Kok

旺角東
웡꼭 이스트
Mong Kok East

까우룽
九龍
Kowloon

觀塘
꾼텅
Kwun Tong

坑口
항하우
Hang Hau

油麻地
야우마떼
Yau Ma Tei

何文田
호만틴
Ho Man Tin

藍田
람틴
Lam Tin

將軍澳
청꽌오
Tseung Kwan O

佐敦
쪼든
Jordan

紅磡
훙함
Hung Hom

黃埔
왐포아
Whampoa

油塘
야우텅
Yau Tong

調景嶺
티우껭렝
Tiu Keng Leng

康城
로하스 파크
LOHAS Park

沙咀
싸이
ha Tsui

尖東
이스트 찜사쪼이
East Tsim Sha Tsui

MTR 1회용 티켓으로는 찜사쪼이
역에서 이스트 찜사쪼이 역 또는
그 반대방향으로 환승 불가.

銅鑼灣
코즈웨이 베이
Causeway Bay

炮台山
포트리스 힐
Fortress Hill

鰂魚涌
퀴리 베이
Quarry Bay

筲箕灣
샤우께이완
Shau Kei Wan

仔
n Chai

天后
틴하우
Tin Hau

北角
노스 포인트
North Point

太古
타이꾸
Tai Koo

西灣河
싸이완호
Sai Wan Ho

杏花邨
헹파췬
Heng Fa Chuen

洋公園
선 파크
ean Park

홍콩 섬
香港島
Hong Kong Island

柴灣
짜이완
Chai Wan

MAP 3 홍콩 Hong Kong

P.512 심천

심천
로
록

세계의 창
Window of the World

스플렌디드
차이나 & 중국 민속촌

광동성 廣東省

大南山
335

하우호이만
Deep Bay

띤쑤이와이 Tin Shui Wai

람쩐 공원
Lam Tsuen Country Park

윤롱 Yuen Long

섹꽁 Shek Kong

홍수이끼우
Hong Shui Kiu

싼하춘
Shan Ha Tsuen

신계
New Territories

乾山
394

MTR 웨스트 레일 West Rail

친깜오
Tsuen Kam

쩐문 Tuen Mun

띤푸짜이
Tin Fu Tsai

칭콰이텅
Tsing Kwai Tong

씨우랑쑤이
Siu Lang Shui

골드 코스트
Gold Coast

따이람총
Tai Lam Chung

Tsu

칭마대교

칭아 Tsin

써니 베이 Sunny Bay

···· 마카오

에어포트
Airport

P.72
홍콩 디즈니랜드

홍콩 국제공항
Hong Kong
International Airport

AEL · MTR

디스커버리 베이
Discovery Bay

펭짜우 섬

뚱총
Tung Chung

老虎頭
465

따이쑤이항
Tai Shui Hang

란타우섬
P.378

昻坪 751
뽀우린 사원
Po Lin Monastery

▲鳳凰山 934

따이오
Tai O

청샤비치
Cheung Sha Beach

老人山
303

청짜우 섬
Cheung Chau Island
P.394

람마
Lamma Isla
P.39

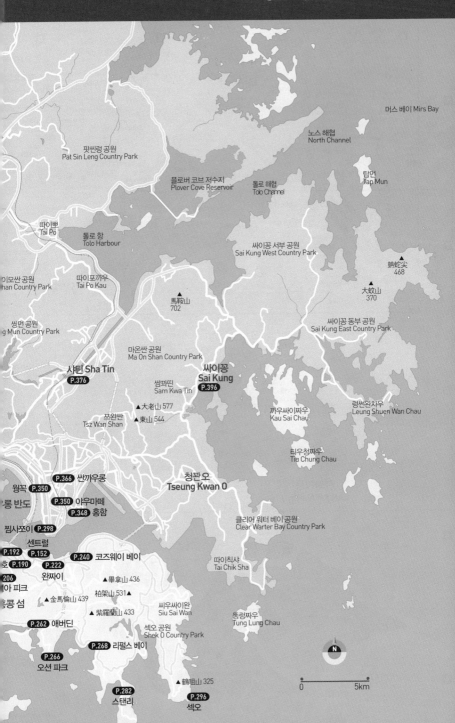

머스 베이 | Mirs Bay

노스 해협
North Channel

탑먼
Tap Mun

팻씬렁 공원
Pat Sin Leng Country Park

플로버 코브 저수지
Plover Cove Reservoir

톨로 해협
Tolo Channel

싸이꿍 서부 공원
Sai Kung West Country Park

청뱀지엄
468

따이뽀
Tai Po

톨로 항
Tolo Harbour

大蚊山
370

이모싼 공원
han Country Park

따이뽀까우
Tai Po Kau

馬鞍山
702

싸이꿍 동부 공원
Sai Kung East Country Park

씬먼 공원
g Mun Country Park

마온싼 공원
Ma On Shan Country Park

샤틴 Sha Tin
P.376

싸이꿍
Sai Kung
P.396

쌈꽈띤
Sam Kwa Tin

렁씬완차우
Leung Shuen Wan Chau

쯔완싼
Tsz Wan Shan

▲ 大老山 577

▲ 東山 544

까우싸이짜우
Kau Sai Chau

티우청짜우
Tiu Chung Chau

P.366 싼까우룽

청꽌오
Tseung Kwan 0

왕꼭 P.350

P.350 야우마떼

룡 반도

P.348 홍함

찜사쪼이 P.298

클리어 워터 베이 공원
Clear Warter Bay Country Park

센트럴

P.192 P.152

P.240 코즈웨이 베이

따이칙샤
Tai Chik Sha

호 P.190 P.222

206

완짜이

▲畢拿山 436

아 피크

柏架山 531▲

홍콩 섬

▲ 金馬倫山 439

▲ 紫羅蘭山 433

씨우싸이완
Siu Sai Wan

똥렁짜우
Tung Lung Chau

P.262 애버딘

셱오 공원
Shek O Country Park

P.266

P.268 리펄스 베이

오션 파크

N

▲ 鶴咀山 325

P.282

스탠리

P.296

셱오

0　　　　　5km

MAP 5 센트럴 Central

MAP 5 센트럴 Central

A mannings
세븐일레븐
쌩완 방면
Jenny Bakery
Amber Coffee Brewery
Il Sarto
세븐일레븐
Lin Heung Tea House
蓮香樓

B Citi
맥도날드
Delifrance
Public Bank
더 센터
The Centre
中環中心
스탠다드 차타드
Tsui Wah
Hang Seng
화장실
NIKE
Wing On House
initial
Cafe de Coral
맥도날드
Esprit

Tsim Chai Kee Noodle
沾仔記(분점)
Law Fu Kee Noodle Shop
HSBC
빅 버스ㆍ세븐일레븐
JHC

C Tasty Congee & Noodle Wantun Shop 正斗粥麵專家
맥도날드
GODIVA
PierreHerme
Tea WG

E1
E2

D
F
홍콩 금융관리
HKMA Informa
香港金融
인터내셔널 파이낸스 센터
International Finance Centre(IFC)
國際金融中心商場
Kee Wah Bakery
IFC Mall
Tim Ho Wan
MTRㆍAEL
홍콩 역
Exchange Square III
The Forum
익스체인지 스퀘어
Exchange Square
交易廣場
Shake
A1
B1
B2
Exchange Square Iㆍ II
익스체인지 스퀘어
버스 터미널
자딘 하우
Jardine Hous
怡和大

Pacific Coffee Company
Tai Cheong Bakery
GOD
MTR Fare Saver
Itacho Sushi
힐사이드 에스컬레이터
Hillside Escalator
行人電動樓梯
세븐일레븐
Linva Tailor
年華時裝公司
Lyndhurst Terrace
Lan Fong Yuen

City Chain
슈퍼마켓
Wellcome
Sasa
Topshop
써클K
Tsim Chai Kee Noodle
COS
ZARA
Eldorado
Gentlmen's Tonic
맥도날드
Massimo Dutti
Luk Yu Tea House

watsons
Fubon Bank
Bangkok Bank
bossini
Chong Hing
Joy & Peace

Wing Lung Bank
DBS
watsons
요시노야
World Wide House
Chater House
遮打大廈
Pierre
Clipper Lounge
Graff
MTR 센트럴
Central
中環 역
F
Saint Laurent
PRADA
H

Tai Kwun
타이쿤
Tsui Wah Restaurant
翠華餐廳
Yung Kee Restaurant
鏞記酒家
Milan Station
adidas
MCM
Sasa
OMM
Orogold
Marks & Spencer
馬莎
Emperor
Sandro
Club Monaco
Versace
Shanghai Tang
Starbucks Coffee
Dragon-I
LKF Tower

GAP
HSBC
Central Building
Louis Vuitton
Alexandra House
Landmark Atrium
置地廣場中庭
L'Atelier de Joël Robuchon
Harvey Nichols
Longchamp
Tory Burch
Landmark Prince's
Ra Lau
Hermes
The Bank of East Asia
GUCCI
The Galleria
OCBC Wing Hang
홍콩상
은행
HSB

란콰이퐁
LAN KWAI FONG

Upper Albert Road
구 홍콩 총독부
Government House
舊香港總督府
구 프랑스 선교회
Former French Mission Build
前法國外方傳道會

Consulate General of the USA

Glenealy

홍콩 동식물 공원
Hong Kong Zoological & Botanical Gardens
香港動植物公園

Robinson Road

파크 트램
센트럴 선착장행
15C번 버스
Garden Road
Cotton Tree Drive

Hong Kong Visua
Arts Centre

스 터미널 **E**

F

G

빅토리아 항
Victoria Harbour

H

찜사쪼이 방면

트럴 스타페리 선착장
Star Ferry Pier

대관람차
The Hong Kong
Observation Wheel
香港摩天輪

무이라인터내셔널섬방면

1 2 3 4 5 6 7

8

홍콩 해양
박물관

1

빅토리아 피크 행
1번 미니 버스 터미널

빅토리아피크 행15번
오션파크 행29번
릭사 버스

빅 버스

9

Four
Seasons
Hotel

Arabica
인터내셔널
파이낸스 센터IFC

피크트램역 행15C번

10

센트럴
스타페리선착장

더센터

MTR · AEL 홍콩역

익스체인지 스퀘어

센트럴
프로머네이드

자딘 허우스

시티 홀

2

Edinburgh Place

Lung Wui Road

공중 화장실

시티 홀
City Hall
大會堂

시티 갤러리
City Gallery

타마르 공원
Tamar Park

맥심 MX

City Hall Maxim's Palace
大會堂美心皇宮

6·6A·6X·66·70·260·590번 버스

빅토리아 피크 행
15·15C번 버스

Connaught Road Central

빅토리아 피크 행
1번 미니 버스

평화 기념비

Jackson Road

anel
erluti

The Hong Kong
Club Bldg.

N

완짜이
방면

Chater Road

J3

0   100m

3

황후상 광장
tue Square
皇后像廣場

AIA Central

J1
J2

구 입법부 빌딩
Legislative Council Building
立法會大樓

Murray Road

Bank of
America Tower

Pacific Coffee

정부종합청사 · 입법부 빌딩

애드미럴티
ADMIRALTY

Chater Garden

맥도날드

es Voeux Road Central

대한민국 총영사관
KEB 하나은행 센트럴 지점

Bank of
China

Genki Sushi

Harcourt Road

청콩 센터
Cheung Kong Centre
長江集團中心

PURE
Fitness

오션 파크행
629번 버스 정류장

Far East
Finance Centre

Oliver's Super
Sandwiches
Cafe de Coral
KFC

맥도날드

A

Pacific Coffee

콩 공원

Pacific Coffee

Pret A Manger

B

MTR 애드미럴티
Admiralty
金鍾 역

Admiralty Centre

4

중국은행 타워
Bank of China Tower
中國銀行大廈

리포 센터
Lippo Centre
力寶中心

C2

D

성 요한 성당
St. John's Cathedral
聖約翰座堂

Citi

Queensway
Plaza

스타벅스

킴스 덮밥

6·6A·6X·66·15·260번 버스

애버딘 행 70번 버스

United Centre

써클 K

플래그스태프
하우스 다기 박물관
Flagstaff House
Museum of Tea Ware
茶具文物館

Queensway

Simplylife

C1

Murray
Bldg.

Pret A Manger

High Court

트램 정류장

Pacific Place
太古廣場

F

Lock Cha Tea House
樂茶軒

Great Food Hall
Triple O's

S

JW
Marriott
Hotel Hong Kong

Supreme Court Road

Squash Centre

홍콩 공원
Hong Kong Park
香港公園

Man Ho Chinese
Restaurant
萬豪殿中菜廳

5

화장실

Island Shangri-La
Hong Kong

The Lounge

에드워드 유드 조류관
Edward Youde Aviary

온실
Conservatory

우리은행
센트럴지점

Kennedy Road

Conrad Hotel

H

Golden Leaf
Chinese Restaurant

MAP 7 란콰이퐁·소호 Lan Kwai Fong·Soho

MAP 8 빅토리아 피크 Victoria Peak

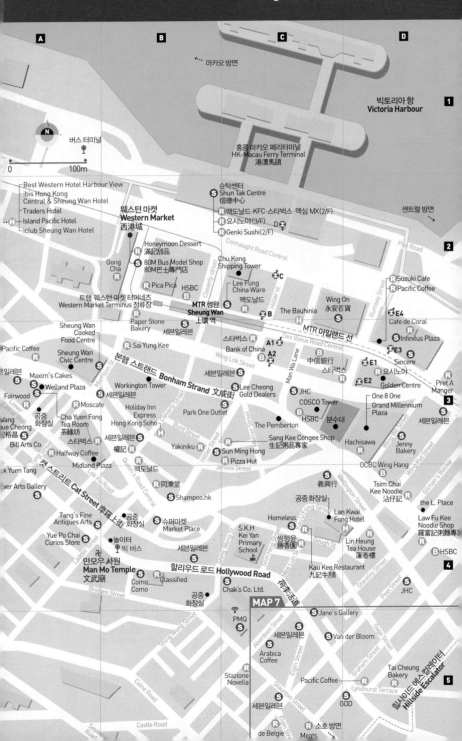

A B C D

⬅️ 마카오 방면

빅토리아 항
Victoria Harbour

1

N

버스 터미널

0   100m

홍콩 마카오 페리터미널
HK-Macau Ferry Terminal
港澳馬頭

슌탁센터
Shun Tak Centre
信德中心

센트럴 방면

맥도날드·KFC·스타벅스·맥심 MX(2/F)
요시노야(3/F)
Genki Sushi(2/F)

- Best Western Hotel Harbour View
- ibis Hong Kong
  Central & Sheung Wan Hotel
- Traders Hotel
- Island Pacific Hotel
- iclub Sheung Wan Hotel

웨스턴 마켓
Western Market
西港城

Connaught Road Central

Honeymoon Dessert
滿記甜品

Gong Cha

80M Bus Model Shop
80M巴士專門店

Pica Pica

HSBC

Chu Kong
Shipping Tower

Lee Fung
China Ware

맥도날드

The Bauhinia

Piet Road

Suzuki Cafe
Pacific Coffee

2

Wing On
永安百貨

트램 웨스턴 마켓 터미네즈
Western Market Terminus 정류장

Paper Stone
Bakery

**MTR 썽완
Sheung Wan**
上環 역

MTR 아일랜드 선
Des Voeux Road Central

Cafe de Coral

Infinitus Plaza

E4

Sheung Wan
Cooked
Food Centre

Sai Yung Kee

스타벅스
Bank of China

A1

E3

Sincere

Pacific Coffee

Sheung Wan
Civic Centre

본햄 스트랜드
Bonham Strand 文咸街

Wing Lok Street

A2

中信銀行
스타벅스

E1

E2

요시노야

세븐일레븐

Maxim's Cakes

Workington Tower

세븐일레븐

Lee Cheong
Gold Dealers

JHC

One 8 One

Golden Centre

Pret A
Manger

3

Welland Plaza

Fairwood

Moscafe

Holiday Inn
Express
Hong Kong Soho

Park One Outlet

COSCO Tower

HSBC 분수대

Grand Millennium
Plaza

공중
화장실

Cha Yuen Fong
Tea Room
茶緣坊

세븐일레븐

Burd Street

The Pemberton

Hachisawa

세븐일레븐

Bill Arts Co.

스타벅스

Yakiniku

Sun Ming Hong

Sang Kee Congee Shop
生記粥品專家

Jenny
Bakery

Halfway Coffee

Pizza Hut

OCBC Wing Hang

Midland Plaza

Jervois Street

캣 스트리트
Cat Street 摩羅上街

義興行

Tsim Chai
Kee Noodle
沾仔記

the L. Place

ver Arts Gallery

同濟堂

공중 화장실

Shampoo.hk

Homeless

Lan Kwai
Fong Hotel

Law Fu Kee
Noodle Shop
羅富記粥麺店

Tang's Fine
Antiques Arts

공중
화장실

슈퍼마켓
Market Place

S.K.H
Kei Yan
Primary
School

성형윤
勝香園

Lin Heung
Tea House
蓮香樓

HSBC

4

Yue Po Chai
Curios Store

놀이터
빅 버스

세븐일레븐

Kau Kee Restaurant
九記牛腩

JHC

만모우 서원
Man Mo Temple
文武廟

할리우드 로드
Hollywood Road

Como
Como

Classified

Chak's Co. Ltd.

공중
화장실

MAP 7

Jane's Gallery

Bridges Street

PMQ

Van der Bloom

Arabica
Coffee

Stazione
Novella

Pacific Coffee

GOD

Tai Cheung
Bakery

힐사이드 에스컬레이터
Hillside Escalator

5

세븐일레븐

de Belgie

소호 방면

Meats

Lyndhurst Terrace

MAP 10 완짜이 Wan Chai

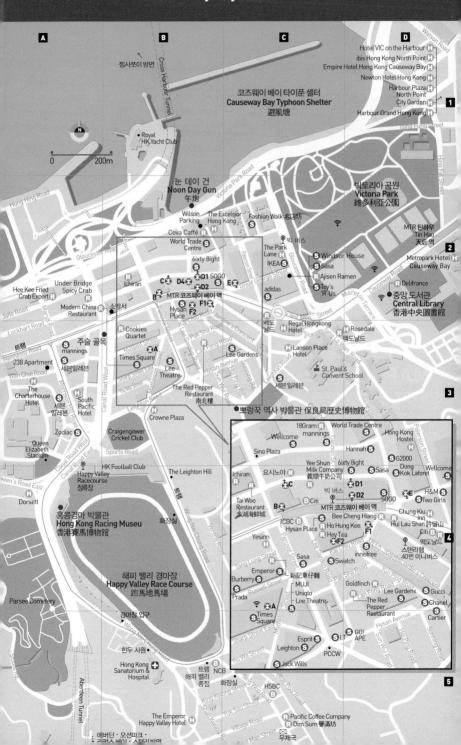

MAP 12　애버딘 Aberdeen

田灣邨
Tin Wan Est.

공동묘지

요시노야
맥도날드
KFC

ABBA
Shopping Mall

Swatsons
Giordano

中国石油
주유소

틴하우 사원 Tin Hau Temple
Yue Fai Road
BEA

Aberdeen Centre-4

센트럴 방면

Aberdeen Main Road

애버딘 해변 산책로

애버딘 버스 터미널

Aberdeen Praya Road

Wong Chuk Hang Road

애버딘 항
Aberdeen Harbour

정보 수상 레스토랑행
무료 셔틀 보트
선착장

람마 섬
(융수완행)
페리 선착장

애버딘 프로머네이드
버스 정류장

Genki Sushi

빅 버스
Sampan Tour Point

KFC(1/F)
Watsons(1/F)
맥도날드(2/F)
슈퍼마켓(3/H)
Park'n Shop

海怡半島
South Horizons

Ap Lei Chau Estate

정보 수상 레스토랑행
무료 셔틀 보트 선착장

슈퍼마켓 fusion

The Aberd
Marina Cl

Yee Wan Court

PRADA (프라다 아웃렛)

A
B
C

MTR 사우스
호라이즌스

South Horizons Drive

Ap Lei Chau Bridge Road

Jumbo Floating
Restaurant
珍寶海鮮舫

센트럴 행 75번
코즈웨이 베이 행 72A번
버스 터미널

해양 공원
방면

South Horizons Bus Terminus
(90B・590・592번 버스 종점)

N

0　　　　　400m

Lee Wing Street

호라이즌 플라자 아웃렛
Hoizon Plaza Outlet
新海怡廣場

운전 면허 학원

MAP 13　리펄스 베이 Repulse Bay

리펄스 베이 맨션
Repulse Bay Mansion
影灣園

Repulse Bay Apartment

Repulse Bay Garden

리펄스 베이
쇼핑 아케이드

Pacific Coffee Company
The Verandah
Spices
슈퍼마켓 Market Place

Belleview
Drive
버스 정류장

56 Repulse
Bay Road

Ferrari

리펄스 베이 비치
버스 정류장

센트럴 행
6・6A・6X・66・260번
버스 정류장

찜싸쪼이 행
973번
버스 정류장

화장실

Club One

화장실

딥 워터 베이
Deep Water Bay 방면

세븐일레븐
피자 헛

주차장

Repulse Bay Road

Belleview Drive

리펄스 베이 비치
Repulse Bay Beach
淺水灣海灘

The Woodland Beachside Pre-schools

해변 산책로 Seaview Promenade 龍海里單行路

화장실・탈의실

Beach Road

South Bay Path

구급실

놀이터

South Bay Road

리펄스 베이
Repulse Bay
淺水灣

더 펄스
The Pulse

화장실・샤워실

스탠리
방면

N

틴하우 상
Tin Hau Statue 天后像

0　　　　　100m

Stanley 스탠리 MAP 14

MAP 15　찜사쪼이 Tsim Sha Tsui

A

ICC · 스카이 100
웨스트 까우룽
해변 산책로
Ⓡ Elements
Ⓡ Tin Lung Heen
Ⓡ The Lounge&Bar·Ozone
Ⓗ The Ritz-Carlton Hong Kong
Ⓗ W Hong Kong
차이나 홍콩 시티
페리 터미널
China Hong Kong City
Ferry Terminal
中港城
Ⓢ Rolex
The Royal Pacific Hotel & Towers

MAP 20

Emporio Armani Ⓢ
Ⓢ Hugo Boss
Ⓢ Apple Store
Ⓢ Bonjour
MTR Fare Saver(3/F)
Prince Hotel
Gateway Arcade
港威商場
Ⓢ Rolex
Ⓢ Bonjour
Ⓗ Ⓢ
Dolce&
Gabbana Ⓢ
Ⓢ Coach
Ⓡ Chow Tai Fook

Cooked Deli by City'Super
Ⓡ Gateway Hotel
Saint Laurent
World Commerce Ⓡ Centre
Prada Ⓢ
Ⓡ Ladurée
Miu miu Ⓢ
하버 시티 Harbour City
Gucci Ⓢ

Crystal Jade
La Mian Xiao Long Bao
翡翠拉麵小籠包
Ⓢ Panerai
Ⓢ T Galleria
Louis Vuitton Ⓢ
Ocean Centre
海洋中心
Chanel Ⓢ
Salvatorre
Ferragamo
BLT Burger Ⓡ
Ⓡ Dior
Ⓡ Yè Shanghai

Lady M
New York
Ralph's Ⓡ
Coffee
Marco Polo Hongkong
Hotel Arcade
馬哥孛羅香港酒店商場
The Marco Polo
Hong Kong Hotel
Ocean Terminal
海運大廈
Jade Garden 翠園 Ⓢ
Peking Garden 北京樓 Ⓡ
Ⓡ Ebisoba Ichigen
Hui Lau Shan
許留山
Ⓡ Hexa
Ⓡ Maze Grill
Ⓢ 맥도날드 Ⓡ
Ⓡ watsons
오션 터미널 데크 전망대
Ocean Terminal Deck
Arabica Ⓡ
홍콩관광청 ⓘ
스타페리 선착장
Star Ferry Pier
빅토리아 항
Victoria Harbour

B

Ⓢ China Hong Kong City Shopping Mall
Ⓢ watsons
Ⓢ 맥도날드
Ⓡ Pacific Coffe Company
Ⓢ Sasa
Ⓢ Esprit Outlet

Discovery Playground

전망대
조류 사육관
Aviary
Bird Lake
까우룽 공원
Kowloon Park
九龍公園

홍콩 헤리티지
디스커버리 센터
Hong Kong Heritage
Discovery Centre
香港文物探知館

Ⓡ Ajisen Ramen 시장 Ⓡ
Ⓢ Silvercord 美珍香
Bee Cheng Hiang
Ⓡ Food Republic 족예사
Ⓡ Din Tai Fung
스탠리행973번버스정류장
Ⓡ Ⓢ H&M
족예사(분점)
Hong Tac
Hungry Korean
Langham Hotel
Patagonia
Fairwood
Osaka
맥도날드 Ⓡ Ⓢ
Z Zegna Ⓡ
Ⓢ Cartier
스탠리 행 973번 버스
Dior
Ermenegildo Zegna
Aqua Hutong 胡同
엘리먼츠 쇼핑센터 행 215X번
1881
헤리티지 버스 정류장
Heritage
Lane Crawford
Ⓢ Tiffany & Co.
Ⓢ Nirav Modi
Shanghai Tang
버스 터미널
80M Bus Model Shop
ⓘ 시계탑
Clock Tower
時計塔
XTC Gelato
Tai Cheong Bakery(분점)
스타페리 선착장
스타페리 하버 투어

C

Ⓡ 맥도날드
Arts Fun Fair
중국 정원
까우룽 모스크
Kowloon Mosque
九龍清真寺
화장실
조각공원
미로 Maze
Park Lane
Shopper's Boulevard
柏麗購物大道
2번 버스
Kowloon
Park
Ⓡ A1
Haiphong Road
Macau Restaurant
Lukfook Jewellery
Istanbul Kebab
Rabeanco
Chuk Yuen Seafood Restaurant
MTR 찜사쪼이
Tsim Sha Tsui
尖沙咀 역
Shanghai
Popo 336
adidas
맥도날드 Ⓡ Ⓢ
Peking Road
ISA
C2
C1
홍함 행 6·6X번
미니 버스
Hankow Centre
ISA
빅 버스
The Kowloon Hotel
九龍酒店
L4 L3
Middle Road
Peninsula
Shopping Arcade
Ⓗ The Lobby
Ⓡ Felix
Ⓡ Salon de Ning
Ⓡ Tangs
Ⓢ Asteria
페닌슐라 호텔
The Peninsula
半島酒店
The Salisbury
YMCA
L6
홍콩 문화 센터
Hong Kong Cultural Centre
香港文化中心
Ⓡ 스타벅스
해변 산책로
Tsim Sha Tsui
Waterfront Promenade
尖沙咀海濱公園
Symphony
by Jade
翠韻軒
아쿠아루나
(1번 선착장)

D

까우룽 영국인 학교
세인트 앤드류 교회
Ⓢ Superdry
Ⓢ GU
스타벅스
Mira Place 1
세븐 일레븐
The Mira Hong Kong
Ⓢ Mira Place 2
Ⓡ Wooloomooloo Prin
Ⓢ The One
스타벅스
Ⓡ Ba
Ⓢ Very Good Seafood Rest
G2000
Ⓢ Sasa watso
요시노야
B1 B2
KFC
Sealand House
Ⓢ 맥도날드
Giordano
A2
Humphrey's Ave.
Cookies Q
Ⓑ Citi
Ⓗ 스카이 모텔
Carnarvon Road
D1
Mirador Mansion
Ⓗ Jenny Bakery
N5
Holiday Inn
Golden Mile
Hong Kong
Ⓢ Sasa
청킹 맨션
Chungking Man
E
Herr
Hous
2번버스
Middle Road
L1
Ⓢ SOGO
Ⓡ Oyster &
Wine Bar
Ⓡ Sky Lounge
세라톤 호텔
Sheraton
J6 J5
Louis Vuitton
J3
홍콩 우주 박물관
Hong Kong
Space Museum
香港太空館
홍콩 예술관
Hong Kong Museum of Art
香港藝術館

E

The Bauhinia Hotel

Stanford Hillview Hotel

Acesite Knutsford Hotel

명동 익스프레스

Venice Sauna

슈퍼마켓 Wellcome

F

스타벅스

Milan Station

Knutsford Terrace

居士佛臺

De Luxe Manor

Kimberley Road

The Empire Hotel Kowloon

Observatory Road

The Kimberley Hotel

Kimberley Street

코리아타운 Kimberley Road

신세계마트 Gong Cha

5.11+

Audi Kowloon

Granville Road

Shun Yee St.

Monki

Maple

Charlie Brown Cafe

Granville Circuit

Best Werstern Plus

G

홍콩 역사 박물관 Hong Kong Museum of History 香港歷史博物館

H

New East Ocean Centre

놀이터

1

Park Hotel

공중 화장실

Toyo Mall

홍콩 과학관 Hong Kong Science Museum 香港科學館

Harbour Crystal Centre

스타벅스

Hotel ICON

Happy Together 甜蜜蜜

Via Tokyo

Caterking Dim Sum

Cameron Centre

Cameron Road

Sasa

Lee Garden Guest House

DBS

Guang Dong Hotel

Granville Road

East Ocean Centre

BEA

맥도날드

Energy Plaza

HSBC

써클-K

New Mandarin Plaza

Tai Hing Roast Restaurant

Chinachem Golden Plaza

T Galleria DFS

2

KEB 하나은행 찜사쪼이지점

분수대

슈퍼마켓 Park'n Shop

Café de Coral

South Seas Centre

New World Millennium Hong Kong Hotel

Hilton Towers

Clarks

분수대

Chevalier House

HSBC

Auto Plaza

MTR Fare Saver

Peninsula Centre

The Royal Garden

Fine-Foods

Regal Kowloon Hotel

Intercontinental Grand Stanford Hotel

빅 버스

Folli Follie Empire Centre

찜사쪼이 이스트 선착장

3

세븐일레븐

맥도날드

Butterfly on Prat

Prat Avenue

Railway Plaza

Wing Wah

Hart Avenue

Dessert Avenue Plaza

세븐일레븐

N2

Hotel Panorama

Ocean View Court

P3

Chatham Road South

The Urban Council Centenary Garden

Houston Centre

Rolex

Tsim Sha Tsui Centre

Outback

스타벅스

찜사쪼이 해변가 산책로 Tsim Sha Tsui Promenade

Mody Road

빅 버스

yatt ency ong ST

N1

N3

Mody Road

파크 모텔

세븐일레븐

Spring Deer Restaurant 鹿鳴春

P2

스타벅스

Mirror Tower

Yat Chui Pavilion Dim Sum

G2000

Rimowa

Xi Hotel

Blenheim Avenue

Minden Avenue

P1

Colourmix

Kowloon Shangri-La

찜사쪼이 이스트

chiran

Wing on Plaza

4

Signal Hill Garden

Salisbury Road

빅토리아 항 Victoria Harbour

Mariner's Club

빅 버스

스타벅스

공중 화장실

MTR 이스트 찜사쪼이 East Tsim Sha Tsui 尖東 역

엘리먼츠 쇼핑센터 행 215X번 버스 정류장

K-11 Musea

Yan Toh Heen

Nobu Intercontinental Hong Kong

Lobby Lounge

인터콘티넨탈 호텔 Intercontinental Hong Kong

스타의 거리 nue of Stars

N

0   100m

5

MAP 17 찜사쪼이 지하도

Hung Hom 홍함　MAP 18

A　B　C　D

써클 K
Fu Hang
Industrial Bldg.
OCBC Wing Hang Bank
HSBC
세븐일레븐
Harbour
Centre
Tower-1
맥도날드
The Laguna Mall
BEA
쇼핑센터
Watsons
Gemstar
Tower
맥도날드
Hung Hom
Market
Hutchison
Park
Fubon
Bank
맥도날드
트레저 월드
China Citic Bank
International
MTR 홍함
Hung Hom 역
오시노야
Genki Sushi
Tai Wan
Shan Park
Jupiper
Mansions
Sasa
홈 월드
H&M
Wing Lai Yuen
Willow
Mansions
bauhaus
Citi
C1
C2
왕포아 가든
버스 터미널
패션 월드
Cotton Tree
Mansions
Palm
Mansions
AEON
Style
D2
Harbourfront
Landmark
MTR
홍함 역
원포이
Mos Burger
Lily Mansions
Harbour Grand
Kowloon
Harbour
Plaza
Metropolis
이스
트사
이
Hong Kong
Coliseum
버스 터미널
빅토리아 항
Victoria Harbour
찜사쪼이
방면
홍함 퍼스트페리
선착장
찜사쪼이 해변 산책로
노스 포인트 방면

200m

N

Shek O 섹오　MAP 19

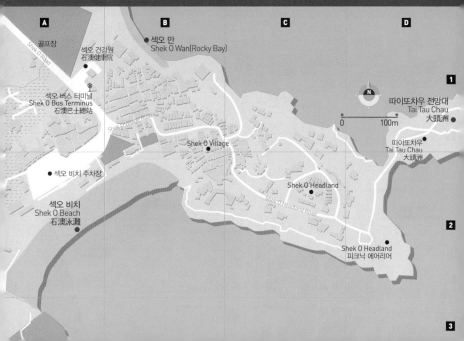

A　B　C　D

골프장
섹오 건강원
石澳健康院
섹오 만
Shek O Wan(Rocky Bay)
따이또차우 전망대
Tai Tau Chau
大頭洲
섹오 버스 터미널
Shek O Bus Terminus
石澳巴士總站
따이또차우
Tai Tau Chau
大頭洲
Shek O Village
섹오 비치 주차장
Shek O Headland
섹오 비치
Shek O Beach
石澳永灘
Shek O Headland
피크닉 에어리어

100m

N

MAP 20 야우마떼 Yau Ma Tei

A B C D

MAP 21

왕꼭 방면 ↑

2번 버스
Pitt Street

KFC

A1 A2
Sasa The Cityview Hotel

isai

B2 B1

D

MTR 야우마떼
Yau Ma Tei
油麻地 站

Yee Shun Milk Company
義順牛奶公司

맥도날드

상하이 거리 주방용품가
Shanghai Street Market
上海街

Meteorological
Station

King's Park

2번 버스
Man Ming Lane

Casa Hotel

Wing Wah

Caritas Bianchi Lodge

Café+ Kubrick

Mido Cafe
美都餐室

Bank of China

맥도날드

Silka Seaview Hotel

탄하우 사원
Tin Hau Temple
天后廟

비취 시장
Jade Market
玉器市場

공중 화장실

템플 거리 야시장
廟街夜市

화장실

Pak Hoi Street

맥도날드

Eaton Hong Kong

리클리메이션거리
재래시장
新填地街

Nathan Hotel

Evergreen Hotel

Novotel Nathan Road
Kowloon Hong Kong

Madera
Hong Kong

Gascoigne Road

2번 버스
Nanking Street

요시노야

Largos Hotel

Hakka's Guest House
Ocean Guest House

Café de Coral - 맥도날드

A

MTR 쪼돈
South &
North Hotel

B1

B2

SmarTone Jordan 佐敦 站

2번 버스
Bowring Street

Citi

C2 C1

E

Shamrock

Prudential Hotel

Genki Sushi

Tak Shing Street

Kowloon Cricket Club

KFC

D

Sasa

0   100m
N

Austin Road

Dr. Kong

W. Hong Kong

The Ritz-Carton, Hong Kong

B.P. International House

맥도날드

Superdry Store

찜사쪼이
경찰서

MAP 15·16

세인트 앤드류 교회
St. Andrew's Church

까우룽
영국인 학교

Stanford
Hillview Hotel

The Empire
Hotel Kowloon

Park Lane
Shopper's
Boulevard

The Luxe Manor

Knutsford Terrace

Kimberley Road

Kowloon Park

The Kimberley Hotel

Kimberley Street

찜사쪼이 방면

The Miră Hong Kong

Ramada Hotel

The One

Granville Road

Park Hotel

A   B   C   D

MTR 윙따이씬 역
방면

Tai Hang Tung
Recreation Ground

윤포 거리 새 공원
Yuen Po Street Bird Garden
園圃街雀鳥花園

1

MTR
썽쑤이뽀우 역
방면

Boundary Street

Newton
Hotel

Mong Kok
Stadium

N

Playing Field Road

0   100m

Flower Market Road

꽃시장
Flower Market
花墟道

MTR
프린스 에드워드
Prince Edward
太子驛

Prince Edward Road West

Royal Plaza
Hotel

2

Citi Bank

Metro Park Hotel
Mong Kok

mannings

파윤 거리 재래시장
Fa Yuen
Street Market
花園街

Yee Shun Milk
Company

장국영 자탁

Arran Street

금붕어 시장
Goldfish Market
金魚街

MTR 웡꼭 이스트
Mong Kok East
旺角東 驛

맥도날드

80m Bus
model Shop

Bute Street
2번버스
Bute Street

식당가

맥도날드

Argyle Street

The Metropole

Yoshinoya

BEA

3

House of Tang

Fife Street

Sin Tat Plaza
先達廣場

Café de Coral

맥도날드

Mong Kok Road

Fife Street

NaRaYa

스타벅스

캔톤 로드 재래시장
Canton Road model Market
廣東道

Citi

MTR 웡꼭
Mong Kok 역
旺角 驛

Anne Black
Guest House

Jollibee

Café de Coral

4

랑함 플레이스
Food Court 美食廣場
80m Bus model Shop

mannings
watsons

Pui Ching Road

여인가
Ladies' Market
女人街

mannings · watsons

스포츠 거리
Sports Street
波鞋街

Mos Burger
cau Tsui Restaurant

Sasa

Cordis
Hong Kong
Ming Court
明閣

2번버스 SmarTone

Nelson Street

전자제품 거리
Electronic Goods
Street

Knockbox
Coffee Company

KFC

3-D Gold

맥도날드

샤오미 Mi Home
(Hollywood Plaza 8/F층)

Stanford Hotel

공중 화장실

포틀랜드 거리 유흥가
Portland Street
砵蘭街

요시노야

피자헛

Mi Home   SmarTone

Café
de Coral

세븐 일레븐

Sino Centre
信和中心

Hui Lau Shan

Good Hope Noodle

건숩 골목

肥姐小食店

맥도날드

스타벅스

City Chain

Dundas Street

mannings

MAP 20

Ajisen Ramen

2번버스
Pitt Street

KFC·버거킹

A2

Sasa

isai

5

MAP 22 싼까우롱 New Kowloon

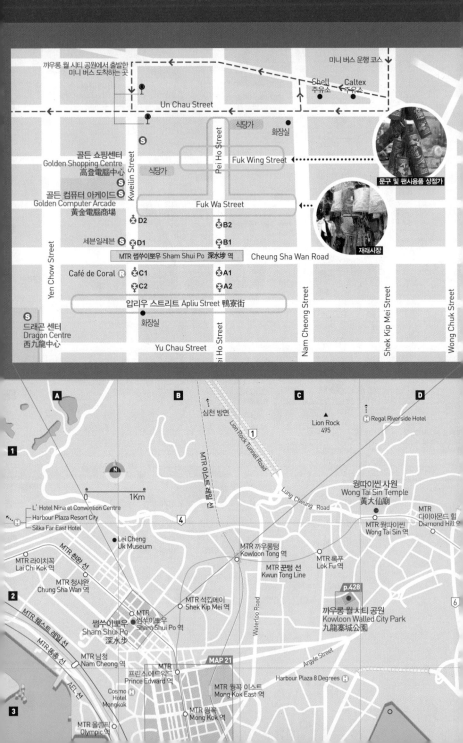

까우롱 월 시티 공원에서 출발한
미니 버스 도착하는 곳

미니 버스 운행 코스

Shell
주유소

Caltex
주유소

Un Chau Street

식당가

화장실

골든 쇼핑센터
Golden Shopping Centre
高尙電腦中心

식당가

Pei Ho Street

Fuk Wing Street

문구 및 팬시용품 상점가

골든 컴퓨터 아케이드
Golden Computer Arcade
黃金電腦商場

Kweilin Street

Fuk Wa Street

재래시장

세븐일레븐 ⑤ ✿D1

✿D2

✿B2

✿B1

MTR 썸쑤이뽀우 Sham Shui Po 深水埗 역

Cheung Sha Wan Road

Café de Coral ⑧ ✿C1

✿C2

✿A1

✿A2

Yen Chow Street

압리우 스트리트 Apliu Street 鴨寮街

화장실

⑤
드래곤 센터
Dragon Center
西九龍中心

Yu Chau Street

Pei Ho Street

Nam Cheong Street

Shek Kip Mei Street

Wong Chuk Street

A **B** **C** **D**

심천 방면

Lion Rock
495

Ⓗ Regal Riverside Hotel

1

MTR 이스트 레일 선

Lion Rock Tunnel Road

①

웡따이씬 사원
Wong Tai Sin Temple
黃大仙廟

MTR 다이아몬드 힐
Diamond Hill 역

Lung Cheung Road

MTR 웡따이씬
Wong Tai Sin 역

0   1Km

L' Hotel Nina et Convention Centre
Harbour Plaza Resort City
Silka Far East Hotel

④

MTR 까우롱텅
Kowloon Tong 역

MTR 쿤텅 선
Kwun Tong Line

MTR 록푸
Lok Fu 역

Lei Cheng
Uk Museum

MTR 라이치꼭
Lai Chi Kok 역

MTR 청사완 선

p.428

MTR 청사완
Chung Sha Wan 역

MTR 석킵메이
Shek Kip Mei 역

까우롱 월 시티 공원
Kowloon Walled City Park
九龍寨城公園

2

MTR 웨스트 레일 선

MTR 통청 선

썸쑤이뽀우
Sham Shui Po
深水埗

MTR 썸쑤이뽀우
Sham Shui Po 역

Waterloo Road

⑥

AEL 선

MTR 남청
Nam Cheong 역

MTR
프린스에드워드
Prince Edward 역

MTR
썸쑤이뽀우
Sham Shui Po 역

MAP 21

Argyle Street

Harbour Plaza 8 Degrees Ⓗ

3

Cosmo
Hotel
Mongkok

MTR 웡꼭 이스트
Mong Kok East 역

MTR 올림픽
Olympic 역

MTR 웡꼭
Mong Kok 역

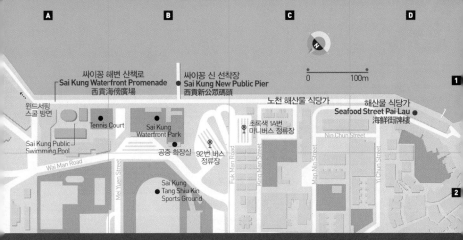

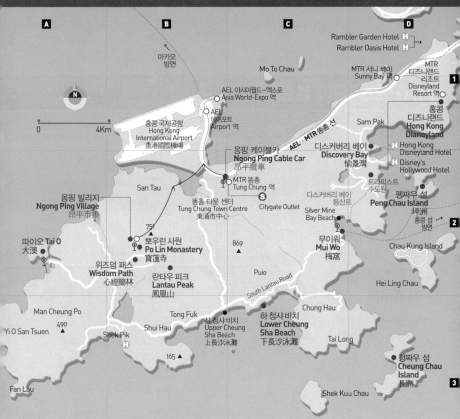

MAP 25 샤틴 Sha Tin

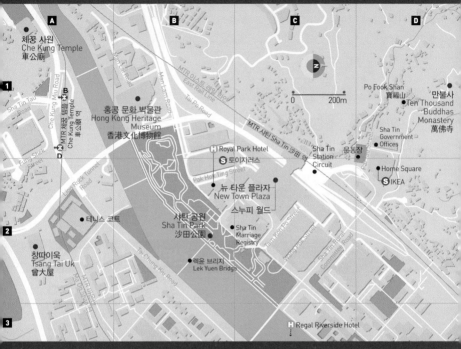

체궁 사원
Che Kung Temple
車公廟

Po Fook Shan
寶福山

만불사
Ten Thousand
Buddhas
Monastery
萬佛寺

Sha Tin
Government
Offices

0   200m

MTR 이스트레일 라인
East Rail Line

MTR 샤틴 Sha Tin 沙田 역

홍콩 문화 박물관
Hong Kong Heritage
Museum
香港文化博物館

Royal Park Hotel

토이자러스

뉴 타운 플라자
New Town Plaza

스누피 월드

샤틴 공원
Sha Tin Park
沙田公園

Sha Tin
Marriage
Registry

렉윤 브리지
Lek Yuen Bridge

Sha Tin
Station
Circuit

윤동장

Home Square

IKEA

테니스 코트

창따이욱
Tsang Tai Uk
曾大屋

MTR 체공템플 역
Che Kung Temple

Che Kung Miu Road

Sha Tin Tau
Road

Tai Po Road

Man Lai Road

Man Lam Road

Ma Lok Road

Pak Hok Ting Street

Wang Pok Street

Tai Chung Kiu Road

Sha Tin Rural
Committee Road

Tate's Cairn Tunnel

Ling Pok Tunnel Road

Lung Shan Street

Wong Kon Po Street

Regal Riverside Hotel

MAP 26 람마 섬 Lamma Island

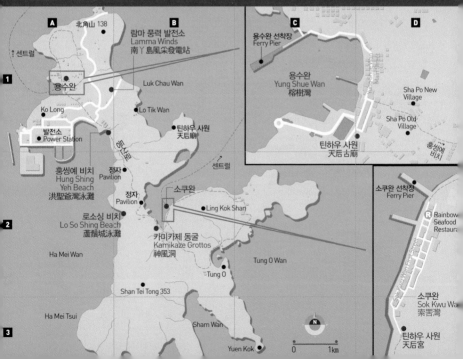

센트럴

北角山 138

람마 풍력 발전소
Lamma Winds
南丫島風采發電站

용수완 선착장
Ferry Pier

Sha Po New
Village

Sha Po Old
Village

홍씽예
비치

용수완
Yung Shue Wan
榕樹灣

Luk Chau Wan

Ko Long

용수완

Lo Tik Wan

틴하우 사원
天后廟

발전소
Power Station

홍씽예 비치
Hung Shing
Yeh Beach
洪聖爺灣泳灘

정자
Pavilion

로소싱 비치
Lo So Shing Beach
蘆鬚城泳灘

정자
Pavilion

소쿠완

틴하우 사원
天后古廟

소쿠완 선착장
Ferry Pier

Rainbow
Seafood
Restaura

Ling Kok Shan

카미카제 동굴
Kamikaze Grottos
神風洞

Ha Mei Wan

Tung O Wan

Tung O

소쿠완
Sok Kwu Wa
索罟灣

Shan Tei Tong 353

Ha Mei Tsui

Sham Wan

틴하우 사원
天后宮

0   1km

Yuen Kok

N

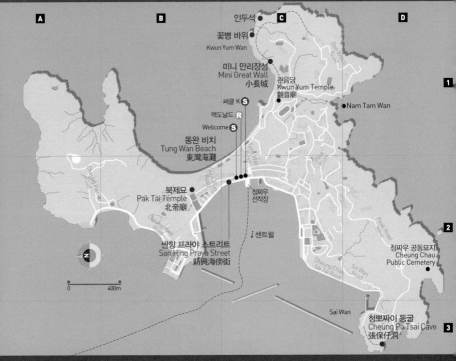

Cheung Chau Island 청짜우 섬　MAP 27

인두석

꽃병 바위

Kwun Yum Wan

미니 만리장성
Mini Great Wall
小長城

권음당
Kwun Yum Temple
觀音廟

써클 K Ⓢ

맥도날드 Ⓡ

Wellcome Ⓢ

똥완 비치
Tung Wan Beach
東灣海灘

Nam Tam Wan

북제묘
Pak Tai Temple
北帝廟

청짜우
선착장

센트럴

쌴힝 프라야 스트리트
San Hing Praya Street
新興海傍街

청짜우 공동묘지
Cheung Chau
Public Cemetery

Sai Wan

청뽀짜이 동굴
Cheung Po Tsai Cave
張保仔洞

0　400m

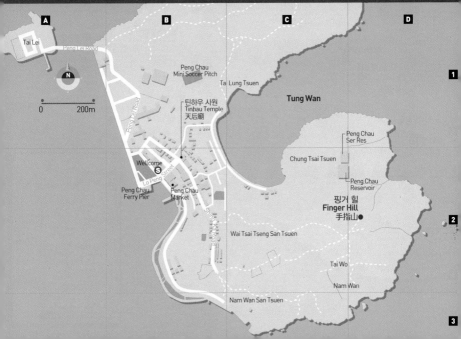

Peng Chau Island 펑짜우 섬　MAP 28

Tai Lei

Peng Lei Road

Peng Chau
Mini Soccer Pitch

Tai Lung Tsuen

틴하우 사원
Tinhau Temple
天后廟

Tung Wan

Peng Chau
Ser Res

Chung Tsai Tsuen

Peng Chau
Reservoir

Wellcome Ⓢ

Peng Chau
Ferry Pier

Peng Chau
Market

핑거 힐
Finger Hill
手指山

Wai Tsai Tseng San Tsuen

Tai Wo

Nam Wan

Nam Wan San Tsuen

0　200m

MAP 29 마카오 반도 Macau

A **B** **C** **D**

1

중국
PEOPLE'S REPUBLIC
OF CHINA
중국 국경

주하이
珠海

쑨얏센
메모리얼
파크

Esprit Outlet
S
맥도날드
Daiso
써클 K

Ilha Verde
靑洲

N

0   600m

中國銀行 B
중국은행 B
경견장 입구
경견장
연봉묘
Victoria Hotel

몽하 요새

2

관음당

까봉이스
공원

Royal
S

The Phoenix Terrace

지수지
Reservatio de Aqua
貯水塘

성안토니오 성당

St-Michael's
Cemetery

쑨얏센
기념관

게이블카 타는 곳

관광인포메이션
센터

3

MAP 30

세인트 폴
대성당

기아 요새

Oceanus Casino

마카오 페리터미널
Macau Ferry
Terminal

East Asia Hotel
東亞酒店 H

몬테 요새

Casa Real Hotel
皇家金堡酒店 H

Casino Hotel Golden Dragon H
마카오 와인 박물관
그랑프리 박물관

Hotel Sun Sun
新新酒店 H

성 도밍고
교회

성 아고스띠노
성당

세나도 광장

황금 연꽃 광장

Grand Lapa H

마카오 피셔맨즈 워프
**Macau Fisherman's
Wharf**

홍콩

성호세
성당

Casino
Diamond

Sands N

성로렌소
성당

Pharaoh's
Palace N

888 Buffet R

4

정씨 가문의 집

Lisboa H

Star World Casino

Babylon Casino N

해양 박물관
해상청

Grand Lisboa
Casino N H

Wynn Macau N
Wynn Casino

마카오 과학관

펜야 성당

아마 사원

MGM Macau H
MGM Macau Casino N
Pastry Bar R

관음상

Pousada de São Tiago
聖地牙哥古堡酒店 H

5

남반 호수
Nam Van Lakes
南灣湖

마카오 타워

360 Cafe R

꼴로안 섬·마카오 국제공항

타이파 섬
New Century Hotel
新世紀酒店 H
Casino New Century N
Casino Taipa N
Jockey Club Casino N
Casino Marina N
베네시안 카지노 N
Venetian Casino

0   3Km

마카오 페리터미널

마카오

타이파
페리터미널

New Century
Hotel

타이파섬

마카오
국제공항

타이파대교

베네시안
카지노

주하이

꼴로안섬

Grand Coloane
Resort H

학사 비치
Hac Sa Beach

꼴로안 빌리지 P.490

MAP 31 세나도 광장 주변 Senado Square

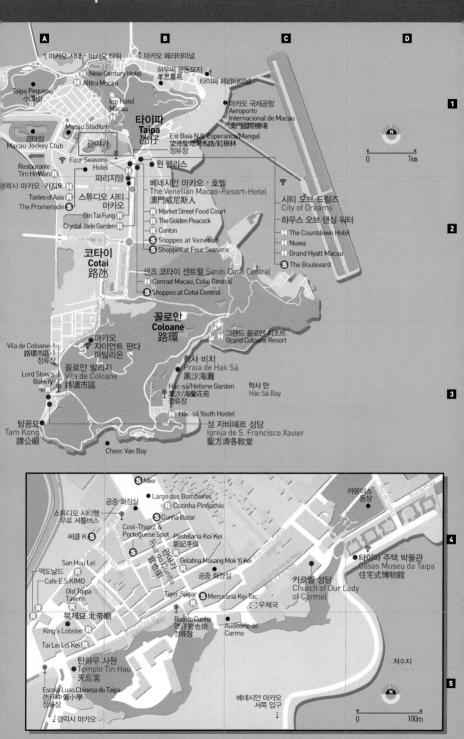

A　　B　　C　　D

마카오 시내·마카오 타워　마카오 페리터미널

New Century Hotel

Attira Macau

하우씨 공동묘지
孝思嘉苑

타이파 페리터미널

Taipa Pequena
小潭山

Inn Hotel
Macau

마카오 국제공항
Aeroporto
Internacional de Macau
澳門國際機場

1

타이파
Taipa
冰子

경마장
Macau Jockey Club

Macau Stadium

관야가

Est Baia N.S. Esperança/Mangal
望德聖母灣馬路/紅樹林
정류장

Four Seasons
Hotel

원 팰리스

Restaurante
Tim Ho Wan

파리지앵

베네시안 마카오·호텔
The Venetian Macao-Resort-Hotel
澳門威尼斯人

시티 오브 드림즈
City of Dreams

갤럭시 마카오 카지노

Tastes of Asia

The Promenade

스튜디오 시티
마카오

Market Street Food Court

하우스 오브 댄싱 워터

Din Tai Fung

The Golden Peacock

The Countdown Hotel

Crystal Jade Garden

Canton

Nuwa

Shoppes at Venetian

Grand Hyatt Macau

2

코타이
Cotai
路冰

Shoppes at Four Seasons

The Boulevard

샌즈 코타이 센트럴 Sands Cotai Central

Conrad Macao, Cotai Central

Shoppes at Cotai Central

꼴로안
Coloane
路環

그랜드 꼴로안 리조트
Grand Coloane Resort

Vila de Coloane-1
路環市區-1
정류장

마카오
자이언트 판다
파빌리온

학사 비치
Praia de Hak Sá
黑沙海灘

3

꼴로안 빌리지
Vila de Colcane
路環市區

Hác-sá/Hellene Garden
黑沙/海蘭花苑
정류장

학사 만
Hác Sá Bay

Lord Stow's
Bakery

Hác-sá Youth Hostel

탐꽁묘
Tam Kong
譚公廟

성 자비에르 성당
Igreja de S. Francisco Xavier
聖方濟各教堂

Cheoc Van Bay

N
0　　1km

Nike

공중 화장실

Largo dos Bombeiros

까몽이스
동상

스튜디오 시티행
무료 셔틀버스

Cozinha Pinocchio

Cunha Bazar

써클 K

Cool-ThigzZ &
Portuguese Spot

Pastelaria Koi Kei
鉅記手信

타이파 주택 박물관
Casas Museu da Taipa
住宅式博物館

San Hou Lei

Gelatina Musang Mok Yi Kei

4

맥도날드

Cafe E.S.KIMO

공중 화장실

카르멜 성당
Church of Our Lady
of Carmel

Old Taipa
Tavern

Tiger Sugar

Mercearia Kei Tac

우체국

북제묘 北帝廟

King's Lobster

Rua do Cunha
官也街
정류장

Auditório do
Carmo

Tai Lei Loi Kei

저수지

틴하우 사원
Templo Tin Hau
天后宮

5

Escola Luso Chinesa da Taipa
冰仔中葡小學
정류장

베네시안 마카오
서쪽 입구

갤럭시 마카오

N
0　　100m

MAP 33 심천 Shen Zhen

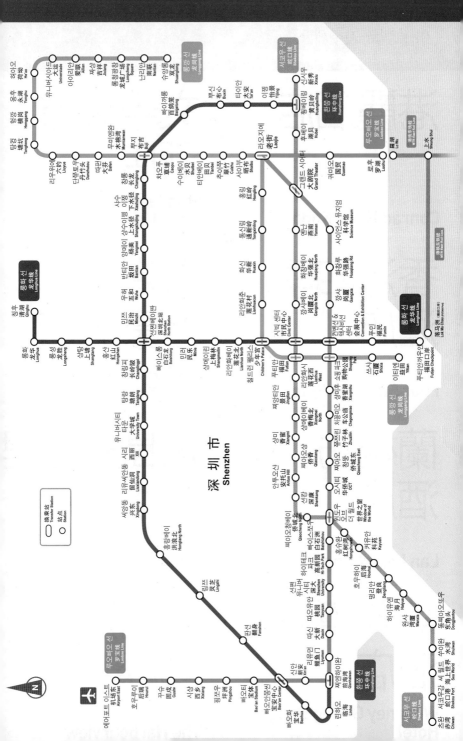

港麗酒店

Conrad Hong Kong

文華東方酒店

Mandarin Oriental Hong Kong

香港四季酒店

Four Seasons Hotel

香港 JW 万豪酒店

JW Marriott Hotel Hong Kong

蘭桂坊酒店

Lan Kwai Fong Hotel

港島香格里拉大酒店

Island Shangri-La Hong Kong

華美粵海酒店

Wharney Guang Dong Hotel

香港灣景國際

The Harbourview

香港諾富特
世紀酒店

**Novotel Century
Hong Kong Hotel**

逸蘭精品
酒店

Lanson Place Hotel

怡東酒店

The Excelsior Hong Kong

香港銅鑼灣
海景酒店

**L'Hotel Causeway Bay
Harbour View**

朗豪酒店

Langham Place Hotel

8度海逸
酒店

Harbour Plaza 8 Degrees

香港半島
酒店

The Peninsula

香港洲際
酒店

**Intercontinental
Hong Kong**

九龍酒店

The Kowloon Hotel

香港基督教青年會(港青

The Salisbury YMCA

香港凱悦酒店尖沙咀

Hyatt Regency Hong Kong, Tsim Sha Tsui

香港帝樂文娜公館酒店

The Luxe Manor

香港金域假日酒店

Holiday Inn Gold Mile Hong Kong

仕德福山景酒店

Stanford Hillview Hotel

美麗華酒店

The Mira Hong Kong

香港麗思卡爾頓酒店

The Ritz-Carlton Hong Kong

請送我到這酒店

이 호텔로 가주세요.

※ 택시 기사에게 보여주세요. 원하는 호텔 또는 호텔과 가까운 목적지로 쉽게 이동할 수 있습니다.

W酒店 香港 **W Hotel**	隆堡麗景 酒店 **Hotel Panorama**
馬哥孛羅 香港酒店 **Marco Polo Hongkong Hotel**	唯港薈 **Hotel Icon**
香港港威 酒店 **Gateway Hotel**	晉逸精品酒 店 尖沙咀 **Butterfly on Prat**
香港九龍諾 富特酒店 **Novotel Nathan Road Kowloon Hong Kong**	逸東酒店 **Eaton Hotel**

請送我到這酒店

이 호텔로 가주세요.

※ 택시 기사에게 보여주세요. 원하는 호텔 또는 호텔과 가까운 목적지로 쉽게 이동할 수 있습니다.

格蘭酒店 Best Western Hotel Taipa Macau	**皇家金堡酒店** Casa Real Hotel
維景酒店 Metropole Hotel	**澳門銀河酒店** Galaxy Macau
東亞酒店 East Asia	**澳門金麗華** Grand Lapa Macau
澳門維景酒店 Metro Park Macau	**總統酒店** Presidente Hotel
美高梅 MGM Macau	**澳門四季酒店** Four Seasons Hotel
聖地牙哥古堡酒店 Pousada de Sao Tiago	**新麗華酒店** Hotel Sintra
新新酒店 Hotel Sun Sun	**皇冠度假酒店** Crown Towers
硬石飯店 Hard Rock Hotel	**威尼斯人度假村酒店** The Venetian Macau Resort Hotel

기화병가
Kee Wah Bakery

기화병가 Kee Wah Bakery 는 1938년에 설립되었으며 80 여년의 전통 및 노하우를 바탕으로 전통 중식 결혼과자, 추석 월병, 계절 식품과 전통 간식 등을 제작하는 중식 제과브랜드입니다.

현재까지 기화병가는 세계적으로 유명한 중식 제과기업이고, 기화병가 상품들은 현지인뿐만 아니라 외국관광객들도 많이 찾는 홍콩의 대표적인 기념품입니다.

Wan Chai Flagship Store (완차이) - G/F, 188 Queen's Road East

Central (센트럴IFC몰) - Shop 1018B, 1/F, ifc mall

Tsim Sha Tsui (침사추이) - Shop C, G/F, Han Kwong Mansion, 25-29 Hankow Road

Mong Kok (몽콕) - Shop 39, Level B2, Langham Place

Shop Address

MADE IN HONG KONG

f 奇華餅家 kee wah bakery 🔍   ⓞ keewahbakery 🔍

벽화 거리 1
거리 곳곳에 숨겨진 벽화를 찾는 재미의
'인생사진' 포인트 ➡p.112

타이쿤 2, 3
세련된 미술관과 숍·카페·레스토랑이
가득한 160년 역사의 건물 ➡p.171

PMQ 4
톡톡 튀는 감성의 패션 아이템과 예술품이
공존하는 아트 빌리지 ➡p.170

스타의 거리 5
성룡·주윤발 등 유명 스타의
핸드프린팅이 전시된 해변산책로 ➡p.310

힐사이드 에스컬레이터 6, 7
세계에서 가장 긴 에스컬레이터를 따라
펼쳐지는 바 & 레스토랑가 ➡p.169

뤼가드 로드 전망대 8, 9
홍콩이 한눈에 내려다보이는 숨 막힐 듯한
풍경의 전망대 ➡p.217a

6

7

8

영업 08:30~19:00,
토 · 일요일 08:30~20:00
교통 MTR 아일랜드 선의 케네디 타운
Kennedy Town 역 하차, A번 출구를 나와
정면으로 도보 9분.
GPS 22.283660, 114.126700

Ralph's Coffee 1
랄프 로렌이 프로듀싱한 커피 숍. 플랫
화이트와 초콜릿 케이크 절대강추
➡p.331

Hey Tea 2
밀크티·과일음료에 크림치즈를 토핑한
단짠단짠의 재미난 맛 ➡p.257

Amber Coffee Brewery 3, 4
풍부한 과일향과 강렬한 신맛의 개성만점
커피. 해가 지면 '바'로 변신! ➡p.179

Hexa 5, 6
모던한 인테리어와 맛, 멋진 전망을
자랑하는 딤섬 & 광둥요리 레스토랑
➡p.321

Dim Sum 7
홍콩 제일의 딤섬 명인이 선보이는
귀족 딤섬. 장국영의 단골집으로도 유명
➡p.252

Maze Grill 8, 9, 10
스타 셰프 고든 램지의 레스토랑.
황홀한 전망과 어우러진 감동적인 맛의
향연 ➡p.323

My Story

《클로즈업 홍콩》을 만들기 시작한 지도 어느덧 10여 년이 넘었습니다. 10년이면 강산이 변한다더니 지난 세월 홍콩도 엄청나게 달려졌네요. 살인적인 물가 인상과 더불어 제가 사랑하던 수많은 단골 레스토랑과 숍들이 사라진 것이죠. 하지만! 제가 실감하는 최대의 변화는 바로 높아진 한국의 위상입니다. 사실 처음 《클로즈업 홍콩》을 만들던 때와 비교하면 현지인들의 한국에 대한 인지도는 '상전벽해'라고 할 만큼 많이 바뀌었답니다. 당시 홍콩 사람들에게 한국은 '아웃 오브 안중'이었는데 드라마 《대장금》이 선풍적인 인기를 끌면서 인지도가 높아지기 시작했죠. '장금이' 덕분에 많은 현지인들이 한국에서 온 저희에게 호의를 베풀어 인터뷰 취재에 큰 도움이 된 것도 사실이고요. 2010년 마카오에서의 MAMA, 2011년 랑함 플레이스 호텔에서의 SBS 《런닝맨》, 2012년부터 2016까지 홍콩에서 열린

손미경 Son Mi Kyung

MAMA까지 저희들이 홍콩에 머무는 동안 홍콩 친구들을 통해 해당 프로그램의 촬영 일정을 실시간으로 전해 듣는 재미가 무척 쏠쏠했답니다. 특히 출퇴근 시간 지하철에서 한국에서 방영 중인 한국 드라마를 다운받아 시청하고 있는 홍콩 사람들을 볼 때마다 어찌나 뿌듯하던지! 열심히 인터넷을 뒤져 프로그램을 찾아보는 그들의 열정에 박수를 보내고 싶네요. 앞으로도 좋은 드라마와 음악으로 대한민국이 더 많이 알려지기를 격하게 기원해 봅니다.

About Her 프로젝트가 생겨야만 남편군과 함께(!) 생활하는 '프로젝트 부부'의 마눌님. 이화여대에서 영문학을 전공하고 대한민국의 무궁한 발전을 위해 훌륭한 교육자가 되고자 하였으나 여행의 길로 '발을 헛디딤'과 동시에 여행작가란 유별난 명함을 갖게 됐다. 깐깐해 보이는 외모와 달리 낯가림 지수는 '제로'! 처음 만난 사람도 10년 지기 친구처럼 완벽하게 포섭하는 환상의 재주를 가졌다. 강력한 친화력을 무기로 홍콩 취재 기간 동안 막대한 분량의 인터뷰를 소화해냈다. 취미는 전 세계 아웃렛 가격 비교 & 콘서트 관람이며 지금도 취재를 빙자해(!) 지구촌 어딘가를 헤매고 있다. 저서로는 《캐나다 100배 즐기기》·《홍콩 100배 즐기기》·《클로즈업 도쿄》·《클로즈업 일본》·《클로즈업 오사카》·《클로즈업 Top City》가 있으며 《클로즈업 홍콩》의 센트럴·란콰이펑·소호·완짜이·코즈웨이 베이 & 쇼핑·레스토랑을 담당했다.

My Story

여행작가란 꼬리표를 달고 살아온 지도 19년. 하지만 홍콩 취재는 그간의 경험을 무색케 할 만큼 어려웠습니다. 문제의 발단은 바로 변화무쌍한 홍콩의 날씨! 현지인조차 이해하지 못할 기상이변 때문에 해를 제대로 본 날이 며칠이나 손에 꼽을 정도네요. 돌이켜 보면 황당한 일도 많았죠. 새벽 첫차를 타고 도착한 뽀우린 사원에서 카메라가 고장나 사진 한 장 못 찍고 돌아온 건 약과! 심천 국경에서는 입국장 사진을 찍다가 공안에게 끌려갔고, 심천의 해산물 식당에서는 10인분 이상의 음식을 혼자 주문해 놓고 사진 찍고 밥 먹고 '쌩쑈'를 했습니다. 궂은 날에도 불구하고 무리한 취재를 강행하다 병원에 장기 입원하는 초유의 사태를 빚기도 했죠. 도대체 깨진 돈이 얼마야 —.—;; 어쨌거나 유종의 미를 거두는 이 자리를 빌어 알콩달콩 신혼임에도 불구하고 작업 기간 내내 별거 아닌 별거 생활을 감내해야 했던 김 모씨의 따님,

김형일 Kim Hyung Il

모 동희 양에게 사랑한다는 말로 그동안의 미안함과 고마움을 전하고자 합니다.

About Him 세계 민간 외교 클럽 회원·전문 암벽 등반가·아마추어 카 레이서·라틴 댄스 강사 등 개성 넘치는 경력의 소유자. 1993년 2개월에 걸친 필리핀 배낭여행을 계기로 여행작가로서의 삶을 시작했다. 지칠 줄 모르는 열정으로 동남아·인도차이나 반도·인도·유럽·호주·일본·중국·팔라우·사이판 등 총 30개국을 여행했다. 어느 나라건 구석구석 돌아다니는 스타일의 여행을 즐기는 편! 해마다 6개월 이상의 여행을 통해 인생의 낙을 찾고 있다. 여행 강연·여행 관련 TV 프로그램 출연·여행 칼럼 기고 등 여행 전문가로서도 꾸준히 활동하고 있다. 저서로는 《동남아 100배 즐기기》·《홍콩 100배 즐기기》가 있으며, 《클로즈업 홍콩》의 아우마떼·웡꼭·싼까우롱·란타우 섬·펭짜우 섬·심천 & 호텔을 담당했다.

My Story

드디어 피를 말리는 마감 전쟁이 끝났습니다! 만세!! 이번 개정 작업은 책의 내용은 물론 전체 디자인까지 완전히 바꾸는 '전면 개정 작업'이었기에 평소보다 많은 시간과 노력이 요구되었습니다. 말이 전면 개정 작업이지 실제로는 책을 한 권 새로 만드는 것과 다름없는 일이었고, 작업 시간이 길어져 출판사 관계자는 물론 전면 개정판을 학수고대하신 여러 독자님께들도 본의 아니게 많은 민폐를 끼치고 말았습니다.

하지만! 엄청난 고생의 결과 《클로즈업 홍콩》이 지금까지와는 다르게 더욱 보기 쉽고 읽기 편해졌으며, 예전보다 훨씬 풍성한 정보를 다룰 수 있게 되었기에 진심으로 만족합니다. 어느덧 눈 밑을 지나 지구 반대편을 뚫고 내려갈 기세인 저의 다크 서클과 마감 일수에 비례해 끝없이 늘어나는 새하얀 새치, 그리고 많은 분들의 노고가 더해져 만들어진 이 책이 여러 독자님들께 조금이나마 도움이 되기를 기원합니다. 그리고 지난 14년 동안 변함없이 저를 믿고 따라주신 세계 최고의 홍콩 여행 전문가 손미경 · 김형일 저자 두 분께도 이 자리를 빌어 깊은 감사의 인사를 드립니다!

유재우 Yu Jae woo

About Him 오늘도 독수공방 마눌님을 그리워하는 프로젝트 부부의 남편군. '도라'라는 애칭으로 통한다. 대학 시절 '커피 한잔'이란 달콤한 유혹에 빠져 배낭여행 동아리 세계로 가는 기차에 가입한 뒤 일명 '잘 나가는 아이'로 대변신했다. 특기는 아무 말 없이 집 나가기. 한창 '잘 나갈' 때는 "잠깐 나갔다 올게요"란 말만 남긴 채 가출. 인천에서 유럽까지 8개월에 걸친 실크로드 육로 횡단 여행을 하기도 했다. 1992년 생애 첫 해외여행지로 일본을 택한 이래 지금까지 여행한 나라는 총 45개국, 500여 개 도시. 목표는 언제나 나잇수와 동일한 국가 수를 채우며 여행하는 것이다.

대한민국 여행 문화에 한 획을 그은 《해외여행 100배 즐기기》 시리즈를 탄생시키고 이끌어온 주역으로도 유명한데, 십수 년에 걸쳐 가이드북을 만들며 느낀 문제점과 단점을 보완하고자 《해외여행 100배 즐기기》와의 완전 절판을 선언하고, 대한민국 출판계에 신선한 바람을 몰고 온 《클로즈업 시리즈》를 탄생시켰다. 2006년에는 한일 관광교류 확대에 기여한 공로를 인정받아 한국 문화관광부와 일본 국토교통성이 수여하는 한일관광 교류대상 일본 국제관광진흥회 이사장상을 수여했다.

저서로는 《배낭여행 길라잡이-일본》· 《유럽 100배 즐기기》· 《일본 100배 즐기기》· 《동남아 100배 즐기기》· 《호주 · 뉴질랜드 100배 즐기기》· 《캐나다 100배 즐기기》· 《도쿄 100배 즐기기》· 《홍콩 100배 즐기기》· 《클로즈업 도쿄》· 《클로즈업 일본》· 《클로즈업 오사카》· 《클로즈업 Top City》 등이 있으며, 《클로즈업 홍콩》의 총기획과 오션 파크 · 애버딘 · 리펄스 베이 · 스탠리 · 섹오 · 찜사쪼이 · 홍함 · 샤틴 · 람마 섬 · 청짜우 섬 · 디즈니랜드 & 레스토랑을 담당했다.

Special Thanks to

Our Friend Fibee, Raymond of "Tai Woo Restaurant", Annie & Edwin of "The Repulse Bay", Bonnie of "Conrad Hong Kong", Loying Yeung of "The Peninsula Hong Kokng", Sylvia of "The Ritz–Carlton Hong Kong", Ivy of "Grand Hyatt Hong Kong", Terry & Shirley of "Cha Yuen Fong Tea Room", Jimmy of "The Red Pepper Restaurant", Sarah of "Lock Cha Tea House", Jenny of "Hong Kong Disneyland", Mandy of "譽滿坊", Jennifer of "Big Bug Tours", Raphael & Andrew of "Harbour City", 파크 모텔의 박용호 님, 560페이지에 달하는 방대한 분량의 책을 편집하고 지도까지 꼼꼼하게 다듬어주신 장수비 님, 마지막 편집 작업을 멋지게 마무리해주신 에디터의 승영란 대표님, 옥구슬 같은 목소리로 피곤에 지친 영혼을 달래준 가수 이승환 님 그리고 《클로즈업 홍콩》을 구입해주신 모든 독자 여러분께 킹왕짱 감사드려요!

CONTENTS

Must in Hong Kong 홍콩에서 반드시 해야 할 것들

홍콩 기초 정보 Hong Kong Info

홍콩 Hong Kong

Must in Macau 마카오에서 반드시 해야 할 것들

마카오 기초 정보 Macau Info

마카오 Macau

심천 Shen Zhen

Best Hotel & Guest House

Travel Q&A

클로즈업 홍콩 일러두기

전철, 지하철역의 출구를 나왔을 때 보이는 거리의 모습을 담은 파노라마 사진

코스에 소개된 명소의 위치와 이동 루트를 표시하는 지도

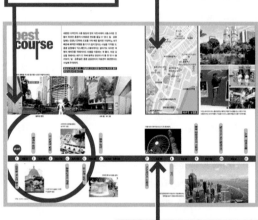

명소 간의 이동 교통 수단 및 소요 시간을 알려주는 코스

1 각 도시 및 지역의 첫 페이지에는 해당 지역과 연결되는 가장 편리한 지하철·버스 노선이 자세히 소개돼 있습니다.

2 각 지역의 맨 앞에 위치한 퀵 가이드에서는 해당 지역의 주요 볼거리·먹거리·쇼핑 정보를 요약해서 보여드립니다. 또한 주요 포인트별 정보를 상세히 소개하므로 퀵 가이드를 통해 해당 지역의 전반적인 여행 정보를 파악할 수 있습니다.

3 베스트 코스에서는 해당 지역을 가장 효율적으로 여행할 수 있는 최적의 코스를 제안합니다. 여행의 출발점이 되는 지하철역의 출구가 꼼꼼히 표시돼 있으며, 출구를 나오자마자 보이는 건물과 도로의 파노라마 사진, 그리고 주요 명소의 방향이 상세히 실려 있습니다.

4 저자가 추천하는 최고의 맛집에는 '강추' 표시가 붙어 있습니다. 현지어에 익숙하지 않아도 쉽게 주문할 수 있도록 추천 메뉴에는 영어·중국어가 병기돼 있습니다.

5 한자 지명·인명·업소명은 광둥어 발음으로 표기함을 원칙으로 했습니다. 단, 장국영·홍콩·심천 등 우리에게 이미 익숙한 인명과 고유명사는 기존의 한국식 표기법을 따르고 있습니다.

6 홍콩·마카오의 건물 층수 표기 방식은 한국과 다릅니다. 일반적으로 1층은 G/F (Ground Floor), 2층은 1/F, 3층은 2/F입니다. 클로즈업 홍콩에서는 층수를 현지와 동일한 방식으로 표기합니다.

7 클로즈업 홍콩에 실린 정보는 현지에서 수집된 최신 정보입니다. 단, 교통 요금·숙박비·음식값 등은 예고 없이 수시로 변동되니 주의하시기 바랍니다. 변경된 현지 정보와 개정 데이터는 클로즈업 홍콩 홈페이지를 통해 정기적으로 제공됩니다.

Bonus Tip **구글맵 GPS 좌표**

이 책에 실린 모든 명소·숍·레스토랑에는 GPS 좌표가 기재돼 있습니다. 스마트폰의 구글맵 검색창에 GPS 좌표를 입력하면 해당 명소·숍·레스토랑의 정확한 위치가 지도상에 표시됩니다.

지도 사용 기호

● 관광 명소
ℝ 레스토랑·카페
Ⓢ 숍·쇼핑센터·백화점
Ⓗ 숙소·호텔
ⓘ 관광 인포메이션 센터
Ⓑ 은행
Ⓝ 클럽·유흥업소

✴ MTR(지하철) 출구 번호 및 방향
✉ 우체국
🎓 학교
✝ 성당·교회
📍 버스 정류장

클로즈업 홍콩 www.clzup.com

Must in HONG KONG

홍콩에서 반드시 해야 할 것들

Must Know
홍콩 여행 Best 일정짜기 | 모델 코스 1~5 | 스마트한 Wifi 사용법

Must See
전망 & 야경 | 영화 속 홍콩 명소 | 로맨틱 콜로니얼
꿈과 환상의 홍콩 디즈니랜드 | 2층 버스에서 바라보는 홍콩의 이모저모

Must Eat
홍콩의 간판 요리 딤섬 | 홍콩 미식대상 수상 요리 | 스타 셰프 레스토랑
애프터눈 티 | 길거리 음식 & 편의점 주전부리 | 죽 · 면
디저트 | 패스트푸드 & 한식

Must Buy
쇼핑 명소 | 명품 & 패션 · 액세서리 숍 | 화장품 | 짝퉁 천국 야시장 & 재래시장
슈퍼마켓 쇼핑 | 홍콩의 쿠키 | 선물 고르기 | 개성만점 인테리어 & 잡화 CD · DVD · 서적
가전제품 · 스마트폰 액세서리 · 모형 구입하기

Must Do
벽화 거리 인생사진 | 트램 타고 홍콩 유람

홍콩 여행 Best 일정 짜기

손바닥만하다는 표현이 딱 들어맞는 홍콩. 하지만 이 도시에도 다양한 볼거리 · 먹거리 · 쇼핑 아이템이 있다. 이러한 홍콩의 진면목을 제대로 즐기려면 효율적인 일정은 필수! 여행의 즐거움을 100배로 '업'시켜주는 테마별 일정 짜기 노하우를 알아보자.

쇼핑 SHOPPING

온갖 패션 아이템을 저렴하게 구입할 수 있다

'쇼핑의 천국' 홍콩을 찾아간다면 무엇보다 시즌 선택이 중요하다. 노려야 할 시기는 7~8월의 여름 세일과 12월~2월 사이의 크리스마스 · 구정 세일 기간이다. 이때 가면 평소보다 20~70% 저렴하게 온갖 아이템을 손에 넣을 수 있다.

핵심 여행지로는 대형 쇼핑센터가 밀집한 센트럴 · 코즈웨이 베이 · 찜사쪼이를 추천한다. 크고 작은 숍과 쇼핑센터를 구경하려면 각 지역마다 하루씩이 걸리니 최소 3박 4일 이상의 일정이 필요하다. 이틀 정도 시간을 늘려 잡는다면 애버딘과 란타우 섬의 아웃렛, '짝퉁 쇼핑'으로 인기 높은 웡꼭의 여인가 등을 추가로 돌아볼 수 있다.

숙소는 구입한 물건을 손쉽게 옮길 수 있도록 센트럴 · 코즈웨이 베이 · 찜사쪼이 지역에 있는 곳을 선택하는 게 현명하다.

식도락 GOURMET

홍콩의 명물 딤섬을 맛보자

온갖 산해진미를 맛보는 것이야말로 식도락의 파라다이스 홍콩을 제대로 즐기는 여행법. 언제 가더라도 상관없지만 일부 레스토랑이 문을 닫는 구정연휴 기간만은 피하는 게 좋다.

핵심 여행지는 내로라하는 맛집이 모인 센트럴 · 란콰이퐁 · 소호 · 완짜이 · 코즈웨이 베이 · 찜사쪼이다. 음식 콘테스트인 '홍콩 미식대상'을 수상한 레스토랑과 홍콩의 명물 딤섬에 집중하면 중화요리의 진수를 두루 섭렵할 수 있다. 여력이 되면 세계적인 명성의 스타 셰프 레스토랑과 이국적인 포르투갈 요리를 맛볼 수 있는 마카오도 놓치지 말자.

숙소는 시내에서 가깝다면 어디든 상관없다. 하루에 3끼 이상 먹기 힘들다는 사실을 감안할 때 다양한 요리를 맛보려면 최소 3박 4일 이상의 일정이 필요하다. 일정에 차질을 빚지 않도록 레스토랑은 예약하고 이용하기를 권한다.

관광 SIGHTSEEING

대표적 관광 명소인 빅토리아 항

솔직히 쇼핑과 식도락을 빼면 홍콩의 관광지로서의 매력은 상당히 떨어진다. 재개발의 여파로 대부분의 역사적 명소와 유적이 사라졌기 때문에 볼거리는 현대적인 건축물과 현지인들로 복작이는 재래시장이 주를 이룬다. 홍콩 영화의 배경이 된 명소 찾기, 홍콩의 상징인 2층 버스 타기, 100만 불짜리 홍콩의 야경 즐기기 등 나름의 테마를 정해서 여행하는 게 조금이라도 재미있게 홍콩을 돌아보는 요령이다.

핵심 여행지는 관광 명소가 밀집한 센트럴 · 빅토리아 피크 · 찜사쪼이 · 오션 파크 · 웡꼭 · 홍콩 디즈니랜드 · 마카오 반도 등이다. 낮에는 센트럴, 밤에는 빅토리아 피크를 구경하는 식으로 하루에 두 지역을 묶어서 돌아보는 일정도 가능하기 때문에 핵심 여행지 위주로 여행한다면 최소 3박 4일, 넉넉잡고 5박 6일이면 충분하다.

숙소는 어디든 상관없지만 편히 다니려면 센트럴 · 완짜이 · 코즈웨이 베이 · 찜사쪼이 등의 시내 중심을 선택하는 게 좋다.

휴양 RELAXATION

홍콩에서 쾌적한 시간을 보내려면 우리나라의 초여름 날씨를 보이는 3~4 · 10~11월에 가는 게 좋다.

핵심 여행지는 쇼핑 · 레스토랑 · 명소가 밀집한 센트럴 · 란콰이퐁 · 소호 · 완짜이 · 코즈웨이 베이 · 찜사쪼이 · 홍콩 디즈니랜드다. 동남아 여행에서 떠올리기 쉬운 하얀 백사장과 푸른 바다의 해변은 전무하니 섬이나 해변 여행에 대한 꿈은 잠시 접어두는 게 좋을 듯. 미련이 남는다면 그나마 깨끗한 해변을 가진 리펄스 베이 · 스탠리 · 섹오로 가보자.

숙소는 휴양지 분위기를 십분 낼 수 있도록 수영장 · 스파가 딸린 고급 호텔을 선택하는 게 좋다. 센트럴 · 완짜이 · 찜사쪼이에 훌륭한 전망과 시설의 고급 호텔이 모여 있다.

홍콩의 명소, 24개 지역 홍콩의 명소는 다음의 24개 지역으로 압축된다. 이 가운데 센트럴·찜사쪼이·란타우 섬·마카오 반도·심천을 여행하려면 각각 하루씩 걸리며, 나머지 지역은 반나절씩의 시간이 필요하다. 따라서 하루 여정이 필요한 큰 지역에 반나절 정도의 시간이 걸리는 작은 지역을 하나씩 추가하거나, 반나절 여정이 필요한 작은 지역을 두세 개 묶어 하룻동안 돌아보는 식으로 일정을 짜면 시간을 효율적으로 활용할 수 있다.

홍콩의 지역별 특징

구분	지역	테마	특징	소요시간
홍콩섬	센트럴	관광·건축·식도락·쇼핑	초고층 빌딩과 역사적 건물이 공존하는 곳. 최고급 명품 숍·대형 쇼핑센터·맛집이 모여있다.	1일
	란콰이퐁·소호	식도락·유흥	전 세계의 음식을 맛볼 수 있는 이국적인 거리. 가볍게 와인이나 맥주를 즐길 수 있는 바가 많다.	½일
	썽완	관광	예스러운 모습을 고스란히 간직한 서민적인 거리. 골동품 전문 상가로도 유명하다.	½일
	빅토리아 피크	관광	홍콩 제일의 관광 명소. '100만 불짜리' 홍콩의 야경을 원 없이 감상할 수 있다.	½일
	완짜이	관광·식도락·건축기행	서민적인 냄새가 폴폴 풍기는 지역. 재래시장 주변으로 저렴한 맛집을 찾아볼 수 있다.	½일
	코즈웨이 베이	식도락·쇼핑	홍콩에서 가장 인기 높은 식당가 겸 쇼핑가. 명품에서 유행 패션까지 쇼핑 아이템도 무궁무진!	½일
	애버딘	쇼핑	홍콩 섬 외곽에 자리한 소박한 주택가. 대형 아웃렛 단지가 있어 쇼핑객이 즐겨 찾는 곳이다.	½일
	오션 파크	관광	홍콩 제일의 인기를 구가하고 있는 테마 파크. 스릴 만점 놀이기구가 많다.	1일
	리펄스 베이	관광·해변	백만장자들이 모여 사는 곳. 한적한 해변을 거닐며 휴식을 취하기에 좋다.	½일
	스탠리	관광·해변	유러피언 스타일의 해변 식당가와 재래시장이 공존한다. 이국적인 분위기를 즐기기에 좋은 곳.	½일
	섹오	등산·해변	완만한 등산 코스와 고운 백사장, 깨끗한 바다를 즐길 수 있다. 단, 그밖의 볼거리는 전무!	½일
까우롱반도	찜사쪼이	관광·쇼핑·식도락	해변에서 아름다운 야경을 즐길 수 있다. 홍콩 제일의 쇼핑·맛집 거리로도 유명하다.	1일
	홍함	쇼핑	대규모 주거단지를 중심으로 형성된 쇼핑 타운. 하지만 여행자의 흥미를 끄는 볼거리는 없다.	½일
	야우마떼·웡꼭	관광·쇼핑	구시가와 재래시장의 모습이 고스란히 보존된 곳. 전형적인 홍콩의 거리가 펼쳐진다. 재래시장을 중심으로 현지인의 일상을 체험할 수 있다. 짝퉁 쇼핑의 메카이기도 하다.	½일
	싼까우롱	관광·쇼핑	현지인이 즐겨 찾는 사원과 재래시장·컴퓨터 전문상가를 돌아볼 수 있다.	½일
	샤틴	관광	서울로 치면 일산이나 분당에 해당한다. 약간의 명소와 쇼핑센터가 있을 뿐 큰 볼거리는 없다.	½일
	싸이꿍	관광·해변	현지인이 해산물 구입을 위해 즐겨 찾는 조그만 어촌. 이렇다할 명소는 없다.	½일
도서지역	란타우 섬	관광·해변·쇼핑	홍콩의 명물로 떠오른 5.7㎞짜리 케이블카와 초대형 불상으로 유명한 뽀우린 사원이 볼거리.	1일
	홍콩 디즈니랜드	관광	세계적인 명성의 테마 파크. 세계에서 가장 작은(!) 디즈니랜드라는 사실도 알아둘 것.	1일
	람마 섬	관광·해변	조그만 해변과 야산을 따라 정비된 트레킹 코스가 볼거리. 이렇다할 명소는 없다.	1일
	청짜우 섬	관광·해변	현지인이 즐겨찾는 해변 휴양지이지만 장기 체류자가 아니라면 굳이 가볼 필요는 없을 듯.	½일
마카오	마카오 반도	관광·유흥·식도락·건축기행	홍콩·마카오 여행에서 놓칠 수 없는 보석 같은 존재. 다양한 볼거리와 이국적인 먹거리가 가득하다.	1일
	타이파·꼴로안섬	관광·유흥	최근 인기 급상승 중인 지역. 세계 최대의 카지노와 드라마 〈궁〉의 무대를 볼 수 있다.	1일
중국	심천	관광	중국 여행을 덤으로 즐길 수 있는 곳. 재미난 테마 파크와 짝퉁 시장이 인기가 높다.	1일

model Course 01

족집게 알짜 명소 홍콩 4박 5일

홍콩을 집중적으로 여행할 사람과 커플·가족 여행자에게 어울리는 일정. 특히 짧은 휴가를 이용해 홍콩 여행을 즐기려는 직장인에게 강추한다! 인기 명소만 콕콕 집어서 돌아보는 일정이라 홍콩의 진면목을 속속들이 살펴볼 수 있다.

Check 이 일정의 필요충분 조건은 우리나라에서 오전 일찍, 홍콩에서는 오후 늦게 출발하는 항공편이다. 귀국 항공편의 경우 자정 무렵 출발하는 심야편도 있다는 사실을 알아두자.

DATA

준비물 홍콩 왕복 항공권
숙박 홍콩 4박

기본 경비
숙박비 4박×HK$900=HK$3,600
생활비 5일×HK$300=HK$1,500
교통비 HK$350
항공권 40만 원~
Total HK$5,100 + 40만 원~

DAY 1 ▶ 한국 → 홍콩, 찜사쪼이·웡꼭

홍콩 국제공항에서 시내까지는 이동 시간을 최대한 줄일 수 있도록 공항 특급 AEL을 타고 간다. 호텔 체크인을 마친 뒤 네이던 로드와 캔톤 로드의 쇼핑가를 보고, 홍콩 최대의 쇼핑센터인 Harbour City를 구경하며 이른 저녁을 먹는다. 해진 뒤에는 해변 산책로에서 빅토리아 항의 화려한 야경을 감상한다. 그리고 2층 버스를 타고 웡꼭으로 가서 짝퉁 쇼핑의 메카인 여인가의 야시장을 구경한다.

Best course

12:00 홍콩 국제공항 도착
13:00 숙소 체크인(또는 짐맡기기)
14:00 네이던 로드
14:30 캔톤 로드
16:00 Harbour City
17:30 저녁 식사
18:30 시계탑·해변 산책로
19:30 2층 버스(찜사쪼이 → 웡꼭)
20:00 여인가

화려한 야경이 압권인 해변 산책로

캔톤 로드에서 명품 쇼핑을 즐기자

DAY 2 ▶ 센트럴·썽완·빅토리아 피크

오전 중에 센트럴의 고층 빌딩가를 구경한 뒤, 힐사이드 에스컬레이터를 거쳐 썽완으로 이동한다. 점심 무렵부터 활기를 띠는 썽완의 골동품가를 보고 트램을 이용해 명품 숍이 밀집한 Pacific Place 쇼핑몰로 간다. 해질 무렵 Pacific Place 근처에서 출발하는 피크 트램을 타고 빅토리아 피크를 올라가 100만 불짜리 야경을 감상한다.

Best course

09:00 황후상 광장
09:30 홍콩상하이은행
10:00 중국은행
10:30 트램
11:00 힐사이드 에스컬레이터
12:00 점심 식사
13:00 할리우드 로드
13:30 만모우 사원
15:00 트램(썽완 → 애드미럴티)
15:30 Pacific Place
16:30 홍콩 공원
17:30 피크 트램
18:00 피크 타워

홍콩에서 다섯 손가락 안에 꼽히는 명품 쇼핑몰 Pacific Palace

수많은 사람이 오가는 힐사이드 에스컬레이터

DAY 3 ▶ 완짜이 · 코즈웨이 베이

오전 중에 완짜이의 주요 명소를 섭렵하고 가볍게 점심을 해결한다. 오후에는 트램을 타고 쇼핑가로 유명한 코즈웨이 베이로 이동해 쇼핑을 즐긴다. 대형 쇼핑센터 · 백화점과 크고 작은 숍이 모여 있어 인테리어 소품이나 패션 아이템을 구입하기에 좋다. 대표적인 곳은 Times Square 쇼핑센터, Lee Gardens 쇼핑센터, Fashion Walk, Hysan Place, IKEA 등이다. 맛집도 많아 저녁 식사를 해결하기에도 좋다.

Best course

09:00 골든 보히니아 광장
09:30 엑스포 프로머네이드
10:00 홍콩 컨벤션 & 엑시비션 센터
10:40 타이윤 시장
11:30 호프웰 센터 · 점심 식사
13:00 트램(완짜이 → 코즈웨이베이)
13:30 Times Square
15:00 Lee Gardens
16:30 Hysan Place
18:00 Fashion Walk · 저녁 식사
20:00 IKEA

코즈웨이 베이의 대형 쇼핑센터 Hysan Place

SHEL'TER @ D-mop

완짜이의 랜드마크 홍콩 컨벤션 & 엑시비션 센터

DAY 4 ▶ 리펄스 베이 · 스탠리 or 홍콩 디즈니랜드

아침 일찍 버스를 타고 리펄스 베이로 간다. 한적한 해변을 거닐며 여행의 낭만을 즐긴다. 봄부터 가을까지는 해수욕도 가능하니 수영복을 가져가는 것도 좋다. 오후에는 스탠리로 가서 재래시장과 주요 명소를 구경한다. 아니면 하루 종일 홍콩 디즈니랜드에서 노는 것도 좋은 방법!

Best course

10:00 버스(센트럴 → 리펄스 베이)
10:30 리펄스 베이 쇼핑 아케이드
11:00 리펄스 베이 맨션
11:30 리펄스 베이 비치
12:00 틴하우상
13:00 버스(리펄스 베이 → 스탠리)
13:30 머리 하우스 · 점심 식사
15:00 틴하우 사원
15:30 스탠리만
16:00 스탠리 마켓

신나는 놀이동산 홍콩 디즈니랜드

홍콩 제일의 부촌으로 유명한 리펄스 베이

DAY 5 ▶ 찜사쪼이, 홍콩 → 한국

호텔 체크아웃을 하고 도심공항터미널에서 미리 탑승 수속을 밟는다. 짐을 공항으로 보내 놓은 다음 남는 시간 동안 찜사쪼이 주변의 명소를 구경한다. 그리고 AEL을 타고 공항으로 간다.

늦지 않게 공항으로 돌아가자

Best course

09:00 호텔 체크아웃
09:30 도심공항터미널
10:30 페닌슐라 호텔
11:00 까우룽 공원 · 점심 식사
13:00 AEL(시내 → 공항)
13:30 홍콩 국제공항

model Course 02

쇼핑 & 식도락 홍콩 4박 5일

철저하게 쇼핑과 식도락에 집중하고자 하는 20~30대 여성에게 추천하는 일정. 한마디로 '지름신'을 대동한 작렬 쇼핑 투어다. 흔해 빠진 명소는 최대한 적게, 인기 쇼핑가와 숍은 최대한 많이, 홍콩 제일의 맛집은 속속들이 들를 수 있게 짜여진 코스가 특징!

Check 쓰면 쓸수록 돈 버는(!) 알짜 쇼핑 명소와 감동의 맛을 선사하는 레스토랑에서 홍콩 여행의 즐거움을 한껏 만끽하자.

DATA

준비물 홍콩 왕복 항공권
숙박 홍콩 4박

기본 경비
숙박비 4박×HK$900＝HK$3,600
생활비 5일×HK$600＝HK$3,000
교통비 HK$350
항공권 40만 원~

Total HK$6,950 + 40만 원~

DAY 1 ▶ 한국 → 홍콩, 찜사쪼이

호텔에 여장을 풀고 페닌슐라 호텔의 The Lobby에서 정통 애프터눈 티를 맛본다. 호텔의 쇼핑 아케이드를 시작으로 캔톤 로드의 명품 숍을 둘러보고 본격적인 쇼핑은 홍콩 최대의 쇼핑센터인 Harbour City에서 한다. 해진 뒤 해변 산책로에서 멋진 야경을 감상하고 전망 좋은 레스토랑에서 로맨틱한 디너를 즐긴다.

Best course

12:00 홍콩 국제공항 도착
13:00 호텔 체크인(또는 짐 맡기기)
14:00 애프터눈 티 The Lobby
15:30 Peninsula Shopping Arcade
16:30 캔톤 로드
17:30 Harbour City
19:30 해변 산책로
20:30 저녁 식사
　　　 Wooloomooloo Prime

찜사쪼이에는 멋진 전망의 레스토랑도 많다.
귀족적인 분위기에서 정통 애프터눈 티를 맛보자.

DAY 2 ▶ 센트럴 · 빅토리아 피크

숍 오픈 전에 황후상 광장 주변을 가볍게 둘러본다. 센트럴의 주요 쇼핑몰을 구경하고 점심을 해결한 뒤 힐사이드 에스컬레이터까지 본다. 그리고 트램을 타고 대표적인 명품 쇼핑몰인 Pacific Place로 간다. 저녁에는 피크 트램을 타고 빅토리아 피크에 올라가 화려한 야경과 근사한 저녁을 즐기고, 란콰이퐁으로 이동해 이국적인 나이트 라이프를 경험한다.

Best course

09:00 황후상 광장
10:00 Landmark Atrium
11:00 IFC Mall
13:00 점심 식사 Tsim Chai Kee 또는
　　　 Yung Kee Restaurant
14:00 힐사이드 에스컬레이터 · 소호
15:00 트램(센트럴 → 애드미럴티)
15:30 Pacific Place
18:00 피크 트램
18:30 피크 타워
19:30 저녁 식사 Bubba Gump
21:00 미니버스
　　　 (빅토리아 피크 → 센트럴)
21:30 란콰이퐁

화려한 밤의 유흥가 란콰이퐁
센트럴의 중심지에 해당하는 황후상 광장

DAY 3 코즈웨이 베이 · 윙꼭

오전에 SOGO 백화점과 IKEA를 보고 점심에는 홍콩의 명물 딤섬을 맛본다. 오후에는 대형 쇼핑센터 하이산 플레이스 Hysan Place, Times Square, 명품 쇼핑몰 Lee Gardens 등을 구경한다. 저녁을 먹고 윙꼭으로 이동해 여인 가의 야시장에서 짝퉁 쇼핑을 즐긴다.

홍콩의 최신 트렌드를 읽을 수 있는 숍이 즐비하다

코즈웨이 베이 제일의 명품 쇼핑몰 Lee Gardens

DAY 4 리펄스 베이 · 애버딘 · 완짜이

내로라하는 갑부가 모여 사는 리펄스 베이 맨션과 한적한 해변을 구경하고 점심을 먹는다. 오후에는 애버딘의 아웃렛 매장에서 착한 가격의 명품 쇼핑을 즐긴다. 아웃렛 매장으로 갈 때는 버스보다 택시를 이용하는 게 편하다. 저녁에는 완짜이로 가서 주요 명소를 돌아보고 저녁 식사를 한다.

해변 산책을 즐기기 좋은 리펄스 베이

완짜이 최고의 레스토랑 One Harbour Road

DAY 5 찜사쪼이, 홍콩 → 한국

홍콩에서의 마지막 쇼핑은 하버 시티에서!

호텔 체크아웃을 하고 도심 공항터미널로 가서 미리 탑승 수속을 밟는다. 남은 시간은 쇼핑으로 마무리~. 짐을 먼저 보내고 가벼운 몸으로 움직이는 게 포인트다!

model Course 03

홍콩 & 마카오 일주 5박 6일

홍콩은 물론 중국 속의 작은 유럽으로 통하는 도박의 도시 마카오까지 한 번에 돌아보는 일정. 이국적인 정취가 진하게 녹아든 마카오의 풍광과 함께 다채로운 음식 문화, 짜릿한 카지노의 매력에 퐁당 빠져들 수 있는 게 최대의 매력이다.

Check { 주말에는 마카오 행 페리와 호텔 요금이 평소보다 비싸지며 자리 구하기도 힘들다. 되도록 마카오에 가는 3·4일째는 평일이 되게끔 일정을 잡자.

DATA

준비물 홍콩 왕복 항공권
숙박 홍콩 5박

기본 경비
숙박비 5박×HK$900=HK$4,500
생활비 6일×HK$300=HK$1,800
교통비 HK$800
항공권 40만 원~
Total HK$7,100 + 40만 원~

DAY 1 ▶ 한국→홍콩, 찜사쪼이·웡꼭

대표적인 쇼핑 명소인 캔톤 로드와 Harbour City를 보고 해변 산책로에서 고층 빌딩으로 뒤덮인 빅토리아 항의 풍경을 즐긴다. 저녁을 먹고 센트럴과 빅토리아 항의 화려한 야경을 감상한 다음, 2층 버스를 타고 여인가로 이동해 활기찬 야시장을 구경한다.

Best course

12:00 홍콩 국제공항 도착
13:00 호텔 체크인(또는 짐 맡기기)
14:00 캔톤 로드
15:00 Harbour City
17:00 시계탑·해변 산책로
18:00 저녁 식사
19:30 해변 산책로 야경 감상
20:30 2층 버스(찜사쪼이 → 웡꼭)
21:00 여인가

산책을 즐기기에도 좋은 해변 산책로

오색찬란한 홍콩의 야경도 놓치지 말자

DAY 2 ▶ 센트럴·썽완·빅토리아 피크

오전에 센트럴의 주요 명소를 본다. 점심 식사 후 홍콩 마카오 페리터미널로 가서 마카오 행 페리 티켓을 예매해 놓고 썽완을 돌아본다. 오후 늦게 빅토리아 피크로 올라가 홍콩의 전경과 100만 불짜리 야경을 감상하고 내려온다. 여유가 되면 란콰이퐁·소호로 가서 가볍게 맥주 한 잔 기울이며 홍콩의 밤을 즐기는 것도 좋다.

Best course

09:00 황후상광장
09:30 홍콩상하이은행
10:00 중국은행
11:00 IFC·점심 식사
13:00 홍콩 마카오 페리터미널
13:30 웨스턴 마켓
14:30 캣 스트리트
15:30 만모우 사원
16:00 할리우드 로드
17:00 힐사이드 에스컬레이터
18:00 15C번 버스 & 피크 트램
18:40 피크 타워·저녁 식사
20:30 버스(빅토리아 피크 → 센트럴)
21:00 란콰이퐁·소호

센트럴의 초록빛 오아시스 홍콩 공원

뤼가드 로드의 전망대에서는 홍콩 제일의 야경을 볼 수 있다

DAY 3 ▶ 홍콩 → 마카오, 마카오 반도

아침 일찍 마카오로 출발한다. 출입국 과정을 거치게 되므로 여권은 필수! 남유럽 특유의 화사한 색감이 감도는 마카오의 거리와 주요 명소를 찬찬히 살펴보고 해진 뒤에는 마카오 반도의 대형 카지노에서 인생 역전, 대박 찬스에 도전해 보자.

중국 속의 작은 유럽 마카오

카지노에서 일확천금의 행운을 잡아보자

Best course

09:30 마카오 도착
10:00 호텔에 짐 보관
10:30 마카오 피셔맨즈 워프
11:30 황금 연꽃 광장
12:20 세나도 광장 · 점심 식사
13:30 성 도밍고 교회
14:00 세인트 폴 대성당 · 교회 미술관
15:00 몬테 요새
16:00 성 아고스띠노 성당 · 성호세 성당
17:30 호텔 체크인
18:00 저녁 식사 · 카지노

DAY 4 ▶ 타이파 · 꼴로안 섬, 마카오 → 홍콩

오전에 체크아웃을 마치고 호텔에 짐을 맡겨 놓는다. 마카오 페리터미널로 가서 무료 셔틀버스를 타고 타이파 섬 최대의 볼거리인 베네시안 마카오로 간다. 근처의 타이파 주택 박물관과 관야가 등의 볼거리를 보고 오후에 드라마 〈궁〉 촬영지로 유명한 꼴로안 빌리지로 간다. 홍콩으로 돌아가는 시간을 최대한 늦추면 선상에서 홍콩의 야경도 볼 수 있다.

드라마 〈궁〉의 무대가 된 꼴로안 빌리지

동양 최대의 카지노 베네시안 마카오

Best course

10:00 호텔 체크아웃, 짐 맡기기
10:30 마카오 페리터미널 · 무료 셔틀버스
10:45 베네시안 마카오
12:00 타이파 주택 박물관
13:00 관야가 · 점심 식사
14:30 버스(관야가 → 꼴로안 빌리지)
14:50 꼴로안 빌리지
17:00 버스(꼴로안 빌리지 → 시내)
17:30 호텔에서 짐 찾기
18:00 마카오 페리터미널
19:30 홍콩 도착

DAY 5 ▶ 리펄스 베이 · 스탠리 · 코즈웨이 베이

리펄스 베이를 본 다음 스탠리로 가 인기 레스토랑에서 런치 메뉴를 맛본다. 스탠리 마켓에서 간단히 쇼핑을 한 뒤, 미니 버스를 타고 코즈웨이 베이로 이동해 본격적인 쇼핑 삼매경에 빠진다.

유러피언 스타일의 노천식당가가 형성된 스탠리

Best course

09:30 리펄스 베이 맨션
      리펄스 베이 쇼핑 아케이드
10:30 리펄스 베이 비치
11:00 틴하우 상
11:30 버스(리펄스 베이 → 스탠리)
12:00 머리 하우스 · 점심 식사
14:00 스탠리 마켓
15:30 미니버스(스탠리 → 코즈웨이 베이)
16:10 Times Square
18:30 IKEA · 저녁 식사

DAY 6 ▶ 완짜이, 홍콩 → 한국

호텔 체크아웃을 하고 도심공항터미널로 가서 미리 탑승 수속을 밟는다. 비행기 출발까지 남는 시간 동안 완짜이로 가서 주요 명소를 구경하고 점심을 해결한 뒤 공항으로 간다.

Best course

09:00 호텔 체크아웃 · 도심공항터미널
10:00 완짜이 시내 구경
10:30 엑스포 프로머네이드
12:30 AEL(시내 → 공항)
13:00 홍콩 국제공항

model Course 04

초단기 엑기스 홍콩 2박 3일

'번갯불에 콩 볶아 먹는' 그야말로 초단기 코스. 기껏해야 주말밖에 시간을 낼 수 없는 바쁜 직장인에게는 나름대로 훌륭한 일정이다. 체류 기간이 짧고 전반적으로 비용이 적게 드는 것도 장점이라면 장점. 단, 몸이 피곤할 각오는 단단히 해야 한다.

Check { 이 일정을 소화하기 위해서는 홍콩에서 자정 무렵 출발하는 항공편 예약이 필수! 홍콩 도깨비·올빼미·반딧불 여행이란 이름으로 판매하는 비슷한 일정의 여행 상품도 있다.

DATA

준비물 홍콩 왕복 항공권
숙박 홍콩 2박

기본 경비
숙박비 2박×HK$900=HK$1,800
생활비 3일×HK$300=HK$900
교통비 HK$350
항공권 40만 원~

Total HK$3,050 + 40만 원~

DAY 1 ▶ 한국 → 홍콩, 찜사쪼이·웡꼭

옛날 정크선이 떠다니는 빅토리아 항

주어진 시간이 짧으니 가능한 빨리 시내로 들어가야 한다. 최적의 교통수단은 AEL이다. 호텔에 짐을 놓고 찜사쪼이의 주요 명소를 돌아본다. 쇼핑을 할 요량이라면 상품이 풍부한 Harbour City에서 집중적으로 하는 게 좋다. 쇼핑센터에서 저녁을 먹고 찜사쪼이 최고의 볼거리로 유명한 해변 산책로와 스타의 거리를 구경한다. 해진 뒤에는 야경을 보고 2층 버스를 이용해 웡꼭으로 이동한다. 네온사인이 가득한 홍콩의 밤거리를 구경하는 재미가 쏠쏠하다. 여인가의 야시장에서 알뜰 쇼핑의 재미에 푹 빠져 보는 것도 좋다.

Best course

12:00 홍콩 국제공항 도착
13:00 호텔 체크인(또는 짐 맡기기)
14:00 페닌슐라 호텔, 네이던 로드
15:00 까우룽 모스크·까우룽 공원
16:00 캔톤 로드
17:00 Harbour City·저녁 식사
19:00 시계탑·해변 산책로
19:30 야경 감상
21:00 여인가

DAY 2 ▶ 완짜이·코즈웨이 베이·썽완·빅토리아 피크

완짜이의 명소를 본 뒤 트램을 타고 코즈웨이 베이로 간다. 눈 데이 건 발사 모습을 볼 수 있도록 12:00 전에 도착해야 한다. 그리고 주요 쇼핑몰과 숍을 돌아보며 가볍게 쇼핑을 즐긴다. 오후에는 너무 늦지 않게 썽완으로 이동한다. 이동 시간을 절약할 수 있도록 MTR을 이용하는 게 좋다. 캣 스트리트의 골동품 상점과 만모우 사원 등을 구경하고 할리우드 로드를 거쳐 힐사이드 에스컬레이터까지 간다. 소호·란콰이퐁에서 저녁을 먹고 피크 트램을 이용해 빅토리아 피크로 가서 홍콩 제일의 야경을 감상한다.

Best course

07:50 골든 보히니아 광장·
　　　엑스포 프로머네이드
09:00 홍콩 컨벤션 & 엑시비션 센터
09:30 센트럴 플라자·호프웰 센터
11:00 트램(완짜이 → 코즈웨이 베이)
11:30 눈데이 건·
　　　코즈웨이 베이 타이푼 셀터
12:30 빅토리아 공원·점심 식사
14:00 쇼핑, MTR(코즈웨이 베이 → 썽완)
16:30 캣 스트리트·만모우 사원·
　　　할리우드 로드
18:30 힐사이드 에스컬레이터·저녁 식사
21:00 피크 트램·피크 타워

DAY 3 ▶ 리펄스 베이·스탠리·센트럴, 홍콩 → 한국

AEL 홍콩 역의 도심공항터미널에서 미리 탑승 수속을 마친 뒤 홀가분한 몸으로 리펄스 베이와 스탠리를 여행한다. 오후에 센트럴로 돌아와 주요 명소를 보고 IFC 또는 란콰이퐁에서 마지막 만찬을 즐긴다. 저녁 늦게 비행기 출발 시각에 맞춰 공항으로 가면 된다.

Best course

09:00 호텔 체크아웃, 도심공항터미널
11:00 리펄스 베이 맨션, 틴하우 상
13:30 스탠리
17:00 Pacific Place
19:00 IFC·저녁 식사, AEL 홍콩 역
21:30 홍콩 국제공항

model Course 05

느긋느긋 홍콩 유람 3박 4일

느긋하게 홍콩의 주요 명소를 돌아보려는 이에게 어울리는 일정이다. 바삐 움직일 필요가 없으므로 가족단위 여행자에게도 안성맞춤. 주의할 점은 항공권 선택이다.

Check { 귀국 항공편은 19:30 이후에 출발하는 것으로 예약해 놓아야 마지막 날인 4일째에도 느긋하게 여행을 즐길 수 있다. 19:30 이후의 항공편이 애매할 때는 심야 출발편을 이용하는 방법도 있으니 자신의 컨디션과 상황을 고려해서 결정하자.

DATA

준비물 홍콩 왕복 항공권
숙박 홍콩 3박

기본 경비
숙박비 3박×HK$900=HK$2,700
생활비 4일×HK$300=HK$1,200
교통비 HK$350
항공권 40만 원~

Total HK$4,250 + 40만 원~

DAY 1 ▶ 한국 → 홍콩, 센트럴 · 빅토리아 피크 · 란콰이퐁

화려한 조명에 물드는 센트럴의 야경

시내로 들어갈 때는 편하게 AEL을 이용하자. 힐사이드 에스컬레이터에서 피크 트램 역까지 천천히 걷다보면 중간중간 센트럴의 주요 명소와 쇼핑센터가 나타난다. 빅토리아 피크에서 야경을 즐긴 뒤 2층 버스를 타고 란콰이퐁으로 가서 홍콩의 밤 문화를 즐긴다.

Best course

12:00 홍콩 국제공항 도착
13:00 호텔 체크인(또는 짐 맡기기)
14:00 힐사이드 에스컬레이터
16:00 홍콩상하이은행, 성요한 성당
17:30 피크 트램
18:00 빅토리아 피크 · 란콰이퐁

DAY 2 ▶ 찜사쪼이 · 야우마떼 · 웡꼭

오전에 찜사쪼이의 주요 볼거리를 보고 낮에 야우마떼 · 웡꼭의 재래시장을 구경한다. 그리고 찜사쪼이로 돌아와 홍콩 제일의 박물관인 홍콩 역사 박물관을 본 다음 네이던 로드와 심포니 오브 라이트 등의 볼거리를 챙긴다. 활기 넘치는 웡꼭의 야시장을 보기 위해 2층 버스를 타고 다시 여인가로 간다.

찜사쪼이에서 본격적인 쇼핑을 즐기자

Best course

09:00 해변산책로
11:00 딤섬 먹기 · Harbour City
13:30 야우마떼 · 웡꼭의 재래시장
16:00 홍콩 역사박물관, 네이던 로드
20:00 해변 산책로에서
　　　 심포니 오브 라이트 감상
21:00 2층 버스(찜사쪼이 → 웡꼭), 여인가

DAY 3 ▶ 란타우 섬 · 홍콩 디즈니랜드

오전 중에 란타우 섬의 명물인 옹핑 케이블카를 탄다. 점심 때쯤 홍콩 디즈니랜드로 가서 폐관 시간까지 느긋하게 놀다 나온다. 세계에서 가장 작은(!) 디즈니랜드라 붐비지만 않는다면 구경하는 데 그리 오랜 시간이 걸리지는 않는다.

세계적인 테마 파크 디즈니랜드

Best course

10:00 옹핑 케이블카
10:30 뽀우린 사원
12:30 홍콩 디즈니랜드

DAY 4 ▶ 스탠리 · 코즈웨이 베이, 홍콩 → 한국

아침에 조금 일찍 체크아웃을 하고 도심공항터미널에서 탑승 수속을 마친다. 짐을 공항으로 보내놓은 뒤 가벼운 몸으로 스탠리와 코즈웨이 베이의 명소 · 쇼핑센터를 구경하고, 늦지 않게 공항으로 가서 한국행 비행기에 몸을 싣는다. 저녁 식사는 기내식으로 때워도 된다.

Best course

08:30 AEL 홍콩 역
　　　 도심공항터미널
10:00 스탠리 마켓 ·
　　　 스탠리 만 · 머리 하우스
14:00 눈 데이 건 ·
　　　 빅토리아 공원
15:00 Times Square,
　　　 AEL 홍콩 역
18:00 홍콩 국제공항 ·
　　　 저녁 식사

스마트한 Wi-Fi & 스마트폰 활용법

지금은 세계 어디서나 무선 인터넷으로 자유로이 메일을 확인하고 스마트폰으로 필요한 정보를 검색할 수 있는 시대! 그러나 문제는 비싼 데이터 요금이다. '데이터 요금 폭탄'을 피하면서도 편하게 인터넷과 스마트폰을 사용하는 비법을 알아보자.

해외 무제한 데이터 로밍

요금 부담은 크지만 스마트폰을 가장 편하게 사용하는 방법이다. 자신이 가입한 이동통신사의 해외 무제한 데이터 로밍 서비스를 신청하면 된다. 홍콩 현지에서도 우리나라에서 쓰던 방식 그대로 사용하면 돼 기기 조작에 두려움을 가진 '기계치'에게 안성맞춤이다.

주의할 점은 현지 통신망을 사용자가 직접 수동으로 선택하지 않으면 스마트폰을 사용할 수 없는 경우가 있으며 비할인망 선택 시 데이터 사용이 불가능하다는 것. 출국 전에 통신망 수동 선택 등의 사용법을 숙지해야 한다. 또한 무제한 데이터 로밍 서비스는 인터넷 사용에만 국한될 뿐 음성 통화에는 적용되지 않아 전화 사용시 비싼 통화료(한국 발신 1분당 1,250~1,750원, 수신 1분당 620~1,000원, 홍콩 발신·수신 1분당 320~700원)를 추가로 물어야 하니 주의하자.

요 1일 9,900원~1만 3,200원

포켓 와이파이

할인 쿠폰 p.403 저렴하게 인터넷을 사용하려면 포켓 와이파이를 빌려도 좋다. 인천·김해 국제공항의 대여점에서 휴대용 와이파이 공유기를 대여해주며, 사용법은 일반적인 와이파이와 큰 차이가 없다. 기기 한 대로 5~10명이 동시에 사용할 수 있어 더욱 경제적이다.

요 1일 6,900원~

낯선 거리에서 길을 찾을 때도 도움이 된다

무료 무선 인터넷

무료 와이파이가 제공되는 쇼핑센터

홍콩에서 공짜로 인터넷을 쓰는 방법은 무료 와이파이 존을 이용하는 것이다. 공원·도서관·관공서·대형 쇼핑몰 등에서 무료 와이파이 존을 운영한다. 이 책의 각 지역별 지도에는 '무료 와이파이 존 📶'이 표시돼 있으니 그것을 참고로 이용하자. 인터넷 속도는 우리나라에 비할 바가 아니지만 무리 없이 사용할 만큼은 된다.

대형 쇼핑몰·쇼핑센터 대형 쇼핑몰과 쇼핑센터 가운데는 고객 서비스 차원에서 무료 와이파이 존을 개방해 놓은 곳도 있다. 대부분 별도의 절차 없이 웹브라우저를 열고 사용자 동의 버튼만 누르면 인터넷을 사용할 수 있다.

공원·도서관·관공서 홍콩 전역의 공원·도서관·관공서·박물관·정부기관·체육시설·실내 시장에서 무료 와이파이를 사용할 수 있다. 무료 와이파이 존에는 'Free WiFi' 표시가 붙어 있으며, 무선 네트워크 가운데 'free-govwifi'를 선택하고 '사용자 동의 I Accept' 버튼만 누르면 된다(경우에 따라서는 아이디와 비밀번호로 'govwifi'를 입력).

홍콩의 무료 와이파이 서비스 표지판

홍콩 Gov WiFi www.gov.hk/wifi

MTR(지하철) 홍콩 전역의 MTR 역에서 무료 와이파이를 사용할 수 있다. 무선 네트워크 가운데 'MTR Free'를 선택하면 된다. 네트워크 표시가 안 뜰 때는 역 구내에 'Free WiFi'라고 표시된 지역을 찾아간다. 1회 15분까지 무료다.

커피전문점 스타벅스·퍼시픽 커피 등의 커피 전문점에서는 고객에 한해 무료 와이파이를 쓸 수 있게 해준다. 음료 주문시 발행되는 영수증에 비밀번호가 찍혀 있거나 직원이 직접 알려주는 방식이며, 1회 20~30분간 무료로 사용할 수 있다.

스마트폰 & 심 카드

컨트리 락이 풀린 스마트폰은 홍콩에서 파는 심 카드(유심 카드)를 끼우면 저렴한 현지 요금으로 인터넷 또는 전화를 사용할 수 있다. 요금 및 사용 가능한 데이터 용량이 통신사·심 카드마다 다르니 꼼꼼히 비교하고 구입하자.

스마트폰에 심 카드를 장착한 뒤에는 데이터 통신이 가능하도록 심 카드에 첨부된 설명서에 따라 액세스 포인트 이름(APN)을 바꾸고 데이터 사용을 활성화시켜야 한다. 스마트폰을 다루는 데 익숙하지 않다면 사용 언어를 영어로 바꾼 뒤 점원에게 APN 및 데이터 사용 설정을 부탁해도 된다.

주의 컨트리 락이란 스마트폰을 한국에서만 사용할 수 있게 만든 소프트웨어적 제약을 말한다. 자신이 가입한 국내 이동통신사에 문의하면 해외에서 사용 가능하도록 컨트리 락을 풀 수 있다.

Three.com 4G LTE Day-Pass SIM

2·7·14일간 사용 가능한 선불제 심 카드. 해당 기간 동안 데이터를 무제한 이용하고자 할 때 유리하다. 홍콩 국제공항의 심 카드 판매점 또는 시내의 쓰리 닷컴 매장에서 판다.

요금 2 Day-Pass SIM HK$38, 7 Day-Pass SIM HK$88, 14 Day-Pass SIM HK$168, 음성통화 1분당 HK$0.1
홈페이지 www.three.com.hk

csl Discover Hong Kong Tourist SIM Card

5·8일간 사용할 수 있는 여행자용 심 카드. 데이터 용량에 제약(5일 1.5GB, 8일 5GB)이 있지만, 홍콩 현지 음성통화가 무제한이라 통화량이 많은 이에게 적합하다. 홍콩 국제공항의 심 카드 판매점 또는 시내의 편의점, csl

매장, 홍콩 관광청 찜사쪼이 사무소(MAP 15-B5) 등에서 구입한다.

요금 5 Day Pass HK$88, 8 Day Pass HK$118, 음성통화 무료. **홈페이지** www.hkcsl.com

SmarTone Broadband & Voice Stored-Value SIM

홍콩에서 1일 무제한 데이터 요금이 가장 저렴한 심 카드. 인터넷을 선택적으로 사용할 때 유리하다. 데이터 요금은 1시간 HK$8, 1일 무제한(당일 23:59까지) HK$24이다. 1일 데이터 요금이 HK$24를 넘으면 1일 무제한 요금제로 자동 전환된다. 홍콩 시내의 스마톤 매장에서 판매한다.

요금 심 카드 HK$48, HK$80, 음성통화 1분당 HK$0.05
홈페이지 www.smartone.com

China Mobile Data & Voice Prepaid SIM Card

한 달 동안 3G 데이터(Lite)를 무제한 사용할 수 있는 심카드. 최초 구입시 HK$78의 금액이 충전돼 있으며, 사용개시 직후 10일은 3G 데이터가 무료, 그 다음은 10일 간격으로 각각 HK$30씩 3G 데이터 요금이 차감된다. 나머지 금액(HK$18)은 음성 통화에 사용할 수 있다.

좀더 속도가 빠른 4G/3G로도 선택해서 사용할 수 있는데, 이 경우 5일에 HK$48의 데이터 요금이 차감돼 사용 일수가 대폭 줄어들며 데이터 총사용량은 1.5GB로 제한된다. 홍콩 시내의 차이나 모바일 매장과 편의점에서 판매한다.

요금 심 카드 HK$80, 음성통화 1분당 HK$0.1
홈페이지 www.hk.chinamobile.com/prepaid

홍콩 여행을 위한 무료 앱

My Observatory

홍콩을 지역별로 세분화해 정확하고 자세한 기상 정보를 제공한다. 주간 일기예보, 태풍 경보 서비스도 있다.
언어 영어·중국어 기종 안드로이드·아이폰

MTR Mobile

홍콩 전역의 지하철(MTR) 이용법을 자세히 소개한다. 노선·소요시간·요금 검색도 할 수 있다.
언어 영어·중국어 기종 안드로이드·아이폰

HK Tramways

홍콩 섬 북부를 운행하는 트램의 이용법 및 노선 정보를 정확한 온라인 지도와 함께 제공한다.
언어 영어·중국어 기종 아이폰

Citybus NWFB

시내버스 노선·요금 검색은 물론 타고 있는 버스의 현재 위치와 이동 루트도 확인할 수 있다.
언어 영어·중국어 기종 안드로이드·아이폰

KMB

시내버스 회사 가운데 하나인 KMB 버스의 이용법을 알려주는 앱. 노선별 요금·정류장 정보를 제공한다.
언어 중국어 기종 안드로이드·아이폰

Ferry HK

홍콩 전역의 페리 운행 스케줄·요금 정보를 알려준다. 홍콩의 도서지역을 여행할 때 편리하다.
언어 영어 기종 안드로이드

※온라인 지도 연동 앱은 데이터 통신 요금이 발생하니 주의.

전망 & 야경 Spot Best 10

세련된 스카이라인과 100만 불짜리 야경은 홍콩의 초특급 볼거리. 홍콩 여행의 달인이 엄선한 최고의 전망 포인트를 전격 공개한다. 팔색조처럼 변신하는 거리의 화려한 풍경을 즐기며 홍콩 여행의 즐거움을 '200% 업'시켜 보자!

뤼가드 로드 전망대 　무료

홍콩의 전경을 담은 대부분의 사진이 여기서 촬영됐다. 180도로 펼쳐지는 탁 트인 전망이 일품! 흠이라면 찾아가기 조금 힘들다는 것뿐이다. **area** 빅토리아 피크 p.217

해변 산책로 　무료

빅토리아 항을 따라 늘어선 고층 빌딩의 행렬이 두 눈을 사로잡는다. 홍콩의 밤을 화려하게 수놓는 빛의 향연, 심포니 오브 라이트를 절대 놓치지 말자.
area 찜사쪼이 p.307

IFC 아이에프씨 　무료

3/F층과 4/F층에 센트럴과 찜사쪼이의 풍경이 한눈에 들어오는 근사한 전망대가 있다. 밋밋한 낮의 풍경보다는 화려한 야경을 즐기기에 좋은 곳.
area 센트럴 p.167

엑스포 프로머네이드 　무료

호젓한 해안도로를 거닐며 찜사쪼이와 센트럴의 고층 빌딩을 감상할 수 있다. 구정 때 불꽃놀이가 가장 잘 보이는 곳 가운데 하나.
area 완짜이 p.229

스타의 거리 무료

해변 산책로와 연결된 또 하나의 전망 포인트. 빅토리아 항의 전경과 함께 완짜이 · 코즈웨이 베이 일대의 풍경이 거침없이 펼쳐진다.

피크 타워 유료

해발 428m의 빅토리아 피크에서 내려다보는 시원한 경관과 화려한 야경이 끝내준다. 놓쳐서는 안 될 핵심 야경 포인트다.
area 빅토리아 피크 p.214

센트럴 플라자 무료

46/F층의 전망대에서 완짜이를 중심으로 펼쳐지는 홍콩의 전경을 360도로 구경할 수 있다. 탁 트인 개방감이 최대의 매력이다.
area 완짜이 p.230

SKY 100 유료

ICC 100층에 위치한 전망대. 찜사쪼이와 홍콩섬을 색다른 각도에서 볼 수 있다.
area 찜사쪼이 p.315

스타 페리 유료

바다 위를 오가는 스타 페리 선상에서 고층빌딩이 그려내는 멋진 스카이라인과 야경을 즐기자. 특히 찜사쪼이~완짜이 구간의 풍경이 끝내준다. **area** 찜사쪼이 · 완짜이 p.308

영화 속 홍콩 명소 Best 14

'오토바이가 질주하는 거리, 홍콩의 야경이 그림처럼 펼쳐지는 근사한 레스토랑, 촛불을 사이에 두고 로맨틱한 대화를 나누는 연인…' 눈앞에 아른 거리는 영화 속 장면들, 과연 어디서 찍은 걸까? 예나 지금이나 변함없는 그 장소를 찾아 감동의 기억을 되새겨 보자.

Chung King Mansion

마약 밀매업자 임청하가 배신자를 응징하기 위해 총을 들고 헤매던 건물. 청킹 맨션에서 촬영허가를 받지 못한 왕가위 감독은 카메라를 들고 게릴라식으로 촬영을 마쳤는데, 그 결과 긴박감 넘치는 명장면이 탄생할 수 있었다고. **area** 찜사쪼이 p.312

힐 사이드 에스컬레이터

양조위의 여자친구가 허리를 숙이고 그의 집을 올려다보던 에스컬레이터. 영화 속에 등장한 양조위의 집은 2017년 초에 철거됐다.
area 센트럴 p.169

열혈남아(몽콕하문)

무이워 버스 터미널

유덕화와 장만옥이 서로의 사랑을 확인하며 좁은 전화박스 안에서 격정적인 키스신을 연출한 곳. 전화박스는 택시 승강장 바로 옆에 있다.
area 무이워 페리 선착장 p.389

Harbour Grand Kowloon

여주인공이 장국영과 처음으로 만나는 호텔. 영화 속 장면 그대로인 G/F 층의 분수대와 엘리베이터는 기념사진 촬영의 명소다.
area 홍함 MAP 18-C2 MTR 홍함 역 D2번 출구에서 도보 3분.

금지옥엽

Fringe Club

오디션 주최자 장국영이 원영의와 처음 대면하는 곳. 오디션 참가자들이 기다리던 계단과 옥상 대기실이 옛 모습 그대로다. **area** 란콰이퐁 p.191

금지옥엽

피크 타워

여주인공이 옛 애인에 대한 미련을 떨쳐버리고 장국영과 새로운 사랑을 시작하는 곳. 화려한 홍콩의 야경이 화면 가득 펼쳐진다. **area** 빅토리아 피크 p.214

성월동화

피크 갤러리아

장국영과 원영의가 허심탄회한 대화를 나누던 레스토랑. 둘이 앉은 자리는 2/F층의 창가다. 원영의를 게이로 오해한 장국영이 고민을 털어놓는 장면에도 등장한다. **area** 빅토리아 피크 p.216

빅토리아 공원
장만옥과 여명이 가수 등려군의 테이프를 팔던 곳. 중국 본토 사람에게 팔면 대박 날 것을 예상했지만 출신지 노출을 꺼린 본토 사람 모두가 그들을 외면하는 장면에 등장한다. **area** 코즈웨이 베이 p.248

첨밀밀

캔톤 로드
홍콩 드림을 꿈꾸는 여명과 장만옥이 자전거를 타고 달리던 홍콩 최대의 쇼핑가. 행인들의 엄청난 사인 공세 때문에 촬영 당시 상당히 애를 먹었다는 후문. **area** 찜사쪼이 p.338

첨밀밀

화양연화

The Verandah
양조위와 탕웨이의 첫 데이트 장소. 영화에서 양조위가 '음식 맛이 형편없어 손님이 적다'는 악평을 늘어놓지만 실제로는 홍콩에서도 명성이 자자한 애프터눈 티의 명가다! **area** 리펄스 베이 p.280

색계

Goldfinch Restaurant

2019년 폐업

배우자의 불륜을 확인하기 위해 장만옥과 양조위가 처음 만난 레스토랑. 후속편 〈2046〉에도 등장한다. 주인공이 먹던 음식을 재현한 화양연화 세트 · 2046 세트가 있지만 맛은 고만고만~!

홍콩 컨벤션 & 엑시비션 센터
성룡이 인질로 잡힌 동료를 구출하기 위해 올라간 건물. 옥상에 매달린 인질을 놓고 성룡과 악당의 목숨을 건 한판 승부가 벌어진다. **area** 완짜이 p.228

뉴 폴리스 스토리

뽀우린 사원
범죄조직 삼합회의 소탕을 위해 침투한 경찰 스파이 양조위가 보스 증지위와 함께 중국 마피아를 만나 협상을 벌이는 장면에 등장한다. **area** 란타우 섬 p.387

툼 레이더 2

IFC
안젤리나 졸리가 악당에게 쫓기는 순간 IFC 83층에서 새처럼 몸을 날린다. 악당의 실험실로 등장하는 건물은 Times Square(p.258)다. **area** 센트럴 p.167

무간도 3

로맨틱 콜로니얼 Spot Best 13

must See 03

160년에 걸친 영국 식민 역사는 홍콩 곳곳에 로맨틱한 콜로니얼 양식 건축물을 남겨 놓았다. 당시의 흔적이 깊숙이 스민 건축물을 찾아 한 세기 전의 과거로 시간 여행을 떠나보자. 하루가 다르게 현대화하는 홍콩의 거리에서 은은한 역사적 향취를 느낄 수 있다.

구 입법부 빌딩

꼭대기에 놓인 '정의의 여신상'이 말해주듯 1912년 법원으로 지어진 건물이다. 식민지 개척이 시작될 무렵부터 홍콩의 중심지 역할을 해온 곳이라 주변에 다양한 볼거리가 있다. 19세기 말에 세운 토마스 잭슨 경의 동상과 1935년에 제작된 홍콩상하이 은행의 청동 사자상도 놓치지 말자. **area** 센트럴 p.159

트램

1904년부터 운행을 개시한 2층 트램은 홍콩 섬의 역사와 함께해 온 움직이는 골동품. 덜컹이는 소음과 함께 느릿느릿 달리는 전차의 차창 너머로는 지난 세기 숨가쁘게 변화해온 홍콩 섬의 풍경이 하나둘 스쳐지나간다. 전망 좋은 2층에 앉아 느긋하게 홍콩 섬 유람을 즐기자. **area** 홍콩 섬 p.148

플래그스태프 하우스 다기박물관

하얗게 빛나는 그리스풍의 건물. 홍콩에서 두 번째로 오래된 콜로니얼 양식의 건물이다. 1846년 영국군 연대 지휘관의 저택으로 지어졌으며 일제 강점기를 제외한 1978년까지 홍콩 주둔 영국군 사령관의 거주지로 이용됐다. **area** 센트럴 p.162

눈 데이 건

매일 정오가 되면 요란한 대포 소리가 울려 퍼진다. 지난 160년간 하루도 거르지 않고 대포를 쏘며 시간을 알려왔다. 홍콩 유수의 대기업인 자딘 매드슨사와 눈 데이 건의 악연을 알고 보면 더욱 흥미롭다. **area** 코즈웨이 베이 p.247

웨스턴 마켓

붉은 벽돌을 차곡차곡 쌓아서 만든 전형적인 영국풍 건물. 1858~1906년에 지어졌으며 성완에서 가장 오래된 건물이다. 예전에는 활기 넘치는 식료품 시장이었으나 지금은 골동품과 직물을 취급하는 숍들이 그 자리를 대신하고 있다. **area** 썽완 p.198

성 요한 성당

홍콩에 주둔하는 영국군의 신앙생활을 위해 지어진 성당. 영국풍 고딕 양식의 고풍스러운 디자인이 인상적이다. 1849년에 완공됐으나 제2차 세계대전 당시 상당 부분 파괴돼 1949년 재건됐다. 내부에는 아름다운 스테인드글라스가 있다. **area** 센트럴 p.161

머리 하우스

홍콩에서 가장 오래된 식민시대의 유물. 홍콩이 영국의
지배를 받기 시작한 지 4년째 되던 해인 1844년에 지어졌
다. 빅토리안 양식의 육중한 건물은 영국 왕립 공병대가
만들었으며 오랜 기간 군 시설의 일부로 사용됐다.
area 스탠리 p.290

리펄스 베이 쇼핑 아케이드

1920년에 세워진 홍콩 제일의 리조트 '리펄
스 베이 호텔'을 개조해서 만든 곳. 홍콩 상
류층이 이용하던 곳답게 우아한 기풍이 스
며 있다. 애프터눈 티의 명가 The Verandah
에서 향긋한 홍차와 함께 식민시대의 향취
를 맛보자. **area** 리펄스 베이 p.276

홍콩 헤리티지 디스커버리 센터

초록빛의 까우롱 공원과 어우러져 고즈넉한
분위기를 풍기는 콜로니얼 스타일의 건물.
1910년 영국군 병영으로 지어졌으며 지금
은 조그만 자료관으로 이용중이다. 'ㄷ'자 모
양의 건물 가운데에 꾸며놓은 아늑한 정원이
멋스럽다. **area** 찜사쪼이 p.314

1881 헤리티지

1881년에 지어져 1996년까
지 홍콩 해경본부로 사용되
던 빅토리안 양식의 건물. 홍
콩의 100년 전 모습이 고스
란히 남겨져 있다.
area 찜사쪼이 p.305

세인트 앤드류 교회

오랜 역사가 느껴지는 빅토리안 양식의 아담한
교회. 1905년 까우롱 반도에 최초로 세워진 영
국 성공회 교회. 영롱한 빛을 발하는 스테인드
글라스와 영국 분위기를 폴폴 풍기는 화려한 장
식 기둥이 멋스럽다. **area** 찜사쪼이 p.313

시계탑

홍콩 섬에 이어 까우롱 반도가 영
국의 조차지로 편입됐음을 상징하
는 건물이다. 원래 시계탑 밑에는
찜사쪼이를 출발해 중국 대륙을
거쳐 유럽까지 이어지는 시베리
아 횡단 열차의 출발역이 있었다.
area 찜사쪼이 p.306

페닌슐라 호텔

1928년 오픈한 홍콩 최초의 호텔이자 아시아 최고의 호텔. 건축 당시의 모
습을 고스란히 간직한 고풍스러운 로비와 예스러운 스타일을 고집하는 도
어맨의 유니폼이 오픈 당시의 모습을 떠올려 보게 한다. 로비에서 즐기는
우아한 애프터눈 티도 잊지 말자! **area** 찜사쪼이 p.304

꿈과 환상의 홍콩 디즈니랜드

란타우 섬에 위치한 이곳은 세계에서 다섯 번째로 오픈한 디즈니랜드다. 미국의 오리지널 디즈니랜드를 ⅗ 규모로 축소시켜 놓은 이곳엔 구석구석 신기하고 재미난 볼거리가 가득해 누구나 신나는 하루를 보낼 수 있다.

판타지랜드에서는 매일 밤
멋진 불꽃놀이를 볼 수 있다

홍콩 디즈니랜드는 입구에 해당하는 메인 스트리트 USA를 중심으로 어드벤처랜드 · 그리즐리 걸치 · 미스틱 포인트 · 토이 스토리 랜드 · 판타지랜드 · 투머로랜드의 6개 테마 랜드가 모여 있다. 비교적 덜 붐비는 평일에 가서 강추 어트랙션 5개부터 이용하는 게 홍콩 디즈니랜드의 기본 공략 노하우! 매표소에서 안내 팸플릿 챙기기도 잊지 말자. 자세한 그림 지도와 함께 어트랙션의 위치, 퍼레이드 시각 등이 꼼꼼히 실려 있다.

홍콩 디즈니랜드
🕐 10:00~21:00(시즌에 따라 다름)
💰 **1일권** 성인 HK$639, 3~11세 HK$475
2일권 성인 HK$699~, 3~11세 HK$515~ ※3세 미만 무료
🌐 http://park.hongkongdisneyland.com

메인 스트리트 MAIN STREET USA

시청에서 필요한 정보를 구해가자

1900년대 초 미국 서부의 도시를 재현한 곳. 고풍스러운 가로등과 옛 모습을 흉내낸 상점 · 레스토랑이 눈길을 끈다. 안으로 들어가면 우선 인포메이션 센터인 시청 City Hall부터 찾아가자. 홍콩 디즈니랜드에 부속된 레스토랑의 예약 대행은 물론 퍼레이드 · 쇼의 시각도 확인할 수 있다. 광장 앞에서는 항상 다채로운 퍼레이드와 캐릭터 쇼가 열린다. 이 일대를 순환 운행하는 클래식카 Main Street Vehicles도 재미난 탈거리!

강추

Hong Kong Disneyland Railroad
디즈니랜드를 일주하는 증기 기관차. 고가철로 위를 달리는 동안 디즈니랜드 전체 모습이 한눈에 쏘~옥!

MTR 타고 홍콩 디즈니랜드 가자!

디즈니랜드는 홍콩 국제공항 근처에 있다. 홍콩 시내에서 갈 경우 MTR 뚱총 선 Tung Chung 東涌線의 서니 베이 Sunny Bay 欣澳 역에서 열차를 갈아탄다. 갈아타는 곳은 3번 플랫폼이며 한 정거장만 가면 종점인 디즈니랜드 리조트 Disneyland Resort 迪士尼 역이다. 홍콩 디즈니랜드를 연결하는 MTR 열차는 생김새가 무척 독특한데, 손잡이는 물론 창문까지도 미키 마우스 모양으로 만들었다. 객차 내부를 장식한 디즈니 캐릭터 인형도 재미난 볼거리다.

홍콩 · 센트럴→디즈니랜드 리조트 🚇 37분 소요 💰 현금 HK$29, 옥토퍼스 카드 HK$26.20
찜사쪼이→디즈니랜드 리조트 🚇 39분 소요 💰 현금 HK$23.50, 옥토퍼스 카드 HK$20.80

어드벤처랜드 ADVENTURELAND

악어떼가 손님을 맞는 Jungle River Cruise

Festival of Lion King

커다란 호수와 한 가운데 떠있는 타잔의 섬을 중심으로 꾸민 정글 탐험 코스. 정글 속에 사는 온갖 동물과 원주민의 모습을 볼수 있는 호수 유람선 Jungle River Cruise, 타잔의 집과 뗏목을 재현한 Rafts to Tarzan's Treehouse, 어린이를 위한 분수 놀이터 Liki Tikis가 메인 어트랙션이다.

Festival of the Lion King
뮤지컬 라이온 킹의 하이라이트 장면만으로 구성된 스페셜 쇼. 무대·음악·가창력·안무 모두 백점 만점! 이것만 봐도 입장료 본전이 빠진다.

토이 스토리 랜드 TOY STORY LAND

토이 스토리의 주인공 우디의 장난감 마을이 고스란히 재현된 곳. 사람 키의 몇 배나 되는 거대한 우디 인형과 장난감이 곳곳에 놓여 있어 오히려 사람들이 우디의 장난감이 된 듯한 재미난 착각에 빠지게 한다. 짜릿한 스릴을 맛볼 수 있는 바이킹 스타일의 놀이기구 RC Racer, 공중에서 뚝 떨어지는 Toy Soldier Parachute Drop, 정신없이 빙글빙글 도는 Slinky Dog Spin 등의 어트랙션이 있다.

시간 절약 도우미, 패스트패스

디즈니랜드는 항상 수많은 관광객으로 붐비기 때문에 어트랙션 이용을 위해 짧게는 30분, 길게는 1시간 이상 기다려야 하는 경우가 다반사다. 시간을 절약하려면 패스트패스 FASTPASS 를 적극 활용하자. 어트랙션 입구의 패스트패스 발권기에 디즈니랜드 입장권을 넣으면 해당 어트랙션의 입장 시간이 찍힌 패스트패스가 나온다. 다른 곳에서 놀다가 패스트패스에 표시된 시간에 해당 어트랙션을 이용하면 OK! 패스트패스 사용 가능 어트랙션에는 FASTPASS 마크가 붙어 있다.

판타지랜드 FANTASYLAND

웰컴 투 판타지랜드

이름 그대로 환상적인 동화의 세계가 현실에서 펼쳐지는 곳. 친숙한 디즈니 캐릭터들과 만날 수 있다. 단, 어린이 눈높이로 봐야 재미있다는 사실 절대 잊지 말자!

한가운데 우뚝 솟은 성은 디즈니랜드의 상징인 '잠자는 숲 속의 미녀의 성 Sleeping Beauty Castle'이다. 매일 20:00에는 이 성을 배경으로 성대한 불꽃놀이가 펼쳐진다(2018년 현재 리뉴얼 공사중). 아기 곰 푸우를 따라 꿀을 찾아 떠나는 모험 여행 The Many Adventures of Winnie the Pooh FASTPASS , 어린이에게 인기 높은 놀이기구 Dumbo the Flying Elephant, 화려한 회전목마 Cinderella Carousel, 빙글빙글 도는 찻잔 타기 Mad Hatter Tea Cups, 디즈니 캐릭터와 기념사진을 찍는 Fantasy Gardens, 민속의상을 입은 인형들에 둘러싸여 세계일주를 하는 It's a small World도 재미있다.

Mickey's Philhar Magic
실감 만점 3D 체험형 어트랙션. 미키의 마술봉이 진행하는 신나는 음악회를 온몸으로 즐기자.

투머로우 랜드 TOMORROWLAND

디즈니랜드에서 유일하게 성인을 위한 스릴 만점 어트랙션이 있는 곳. 우주여행을 테마로 꾸민 독특한 건물이 가득하다. 미니 우주선 Orbitron, 아이언맨과 멋진 기념사진을 찍을 수 있는 Iron Man Tech Showcase, 스타워즈의 세계로 여행을 떠나는 Star Wars가 흥미롭다.

Hyper Space Mountain FASTPASS
최고의 인기를 구가하는 스릴 만점 롤러코스터. 별빛만 깜빡이는 칠흑 같은 어둠 속을 질주하며 짜릿한 쾌감을 만끽하자.

Iron Man Experience FASTPASS
아이언맨과 함께 홍콩의 하늘을 종횡무진 누비는 3D 시뮬레이터. 홍콩 시내 한복판에 우뚝 솟은 스타크 타워의 웅장한 모습이 흥미롭다.

그리즐리 걸치 GRIZZLY GULCH

19세기 말 개척 시대 미국 서부의 마을을 재현해 놓은 곳. 거리에서는 흥겨운 음악과 퍼포먼스를 선보이는 Grizzly Gulch Welcome Wagon Show가 수시로 진행된다. 바로 옆에는 간헐천이 치솟는 Geyser Gulch가 있는데, 한여름에 시원하게 물놀이(?)를 즐기기에 안성맞춤! 인기 어트랙션은 스릴 만점의 롤러코스터 Big Grizzly Mountain Runaway Mine Cars다.

미스틱 포인트 MYSTIC POINT

미스틱 포인트

홍콩 디즈니의 최신 테마랜드. 신비로운 기운이 감도는 대저택 미스틱 매너 Mystic Manor를 중심으로 착시현상을 일으키는 재미난 조각들을 전시해 놓은 불가사의한 정원 Garden of Wonder 등의 볼거리가 있다. 메인 어트랙션은 모험가 헨리 경 Lord Henry의 보물을 모아 놓은 저택 미스틱 매너. 전동차를 타고 저택 안을 돌아다니며 그가 수집한 신기한 보물들을 구경하는 재미가 쏠쏠하다.

미스틱 매너

동화 속 세상, 홍콩 디즈니랜드 호텔

홍콩 디즈니랜드의 감동을 더욱 충실히 맛보려면 부속 호텔을 이용하자. 디즈니 애니메이션에서 툭 튀어나온 것 같은 인기 캐릭터 모양의 앙증맞은 딤섬을 선보이는 뷔페 레스토랑, 디즈니의 캐릭터들과 어울려 놀 수 있는 야외 수영장 등 다양한 즐길거리가 있다.

건물 곳곳에 미키 마우스 그림이 그려져 있다

Disney's Hollywood Hotel

Hong Kong Disneyland Hotel에 비해 시설이 무척 평범하다. 단체 관광객이 주로 이용하기 때문에 디럭스급 이상의 객실은 없다. 방은 넓지만 욕실이 조금 답답한 게 흠. 호텔 안에 미키 마우스 숨은 그림 찾기(?) 시설이 갖춰져 있다. 객실은 총 600개, 1/F층에 실외 수영장이 있다. 유선 및 무선 인터넷을 사용할 수 있다(24시간 HK$120).

요금 싱글 · 더블 HK$2,900~ 주소 Hong Kong Disneyland, Disney's Hollywood Hotel, Lantau Island 전화 3510−5000 지도 MAP 24−D2 교통 MTR 디즈니랜드 리조트 역을 나와 왼쪽으로 유턴해 40m쯤 가면 호텔 셔틀버스가 있다.

Hong Kong Disneyland Hotel

빅토리안 스타일의 6층짜리 호텔. 호텔 전체가 깜찍하고 귀여운 디즈니 캐릭터로 장식돼 있어 동화 속 세계로 빠져든 기분마저 든다. 숨은 그림 찾기처럼 호텔 곳곳에 숨겨진 30여 개의 미키 마우스 캐릭터를 찾아내는 재미도 쏠쏠하다. 이 때문에 어린이를 동반한 가족 단위 투숙객이 많다고.
15개의 스위트룸을 포함 총 400개의 객실이 있으며 넓은 욕실에는 사용하기 아까울 만큼 깜찍한 디즈니 캐릭터 목욕용품이 비치돼 있다. 리셉션은 3/F층. 실외 수영장 · 헬스장은 1/F층이며 유선 및 무선 인터넷을 사용할 수 있다(24시간 HK$120).

요금 싱글 · 더블 HK$4,100~ 주소 Hong Kong Disneyland, Hong Kong Disneyland Hotel, Lantau Island 전화 3510−6000 지도 MAP 24−D1 교통 MTR 디즈니랜드 리조트 역을 나와 왼쪽으로 유턴해 40m쯤 가면 호텔 셔틀버스가 있다.

빅토리안 스타일의 고풍스러운 외관

디즈니 캐릭터가 그려진 비품이 제공된다

홍콩 디즈니랜드 **쇼핑 노하우**

깜찍한 디즈니 캐릭터 상품은 기념품은 물론 선물로도 초강추 아이템. 숍은 메인 스트리트 USA에 모여 있다. 폐장 시간
에는 숍이 상당히 붐비니 쇼핑은 그보다 조금 일찍 서두르는 게 요령. 디즈니랜드에 비해 상대적으로 규모가 작지만 홍
콩 국제공항 면세점에도 디즈니 캐릭터 숍이 있다. 가격은 모두 동일!

미키 마우스
깜찍이 머그 컵
HK$108

미키마우스
냄비 받침
HK$98

미키·미니마우스
텀블러 1개
HK$78

패션 소품으로 인기 높은
미키 & 미니 티셔츠
HK$218~

선물용으로 좋은
미니 마우스 인형
HK$338

미키 마우스
스노우 볼
HK$148

미키 마우스
메모 꽂이
HK$138

칩 & 데일
미니 쿠션
HK$178

미키 마우스
모양 그릇
HK$55

미키 & 미니 마우스
인형 1개
HK$108

미키 마우스 손 모양
국자 & 뒤집개 1개
HK$58

마이크 와조스키
머그 컵
HK$108

미니 액자 겸용
마그네틱
HK$78

디즈니 캐릭터
아이폰 케이스
HK$288

토이 스토리
외계인 시계
HK$188

미키 마우스·아기 곰 푸
캐릭터 볼펜 1개
HK$38~

2층 버스에서 바라보는 홍콩의 이모저모

must
See
05

마천루의 숲 속에서 화려한 간판의 물결이 넘실대는 홍콩! 이국적인 풍경을 온몸으로 만 끽할 수 있는 최상의 교통편은 2층 버스다. 도심 구석구석을 누비는 투어 버스는 물론 현 지인들이 일상에서 이용하는 일반 버스도 있으니 주머니 사정에 맞춰 선택하자.

빅 버스 투어 BIG BUS TOURS

고층빌딩의 숲을 누비는 2층 버스
햇살이 강해 선 블록 로션은 필수다

CHANNEL

5번 채널에서
한국어가 나온다

홍콩의 풍경을 가장 편하게, 그리고 가장 낭만적으로 돌아볼 수 있는 방법이다. 천장이 없 는 2층 버스가 운행돼 글자 그대로 홍콩의 분위기를 피부로 느끼고 호흡할 수 있다. 좌석 마다 설치된 플러그에 이어폰을 꽂으면 버스가 지나가는 루트를 따라 나타나는 유명 건 물·명소에 대한 자세한 소개와 재미난 뒷이야기가 흘러나온다. 물론 한국어 안내방송 도 있어 언어적인 문제로 고생할 일은 전혀 없다.

운행 코스는 홍콩 섬·까우롱·애버딘 & 스탠리·나이트 투어의 총 4개가 있다. 티켓 종 류는 4개 코스를 24시간 동안 자유로이 이용 가능한 클래식 티켓 Classic Ticket, 48시간 동안 이용 가능한 프리미엄 티켓 Premium Ticket과 디럭스 티켓 Delux Ticket이 있다. 모든 티켓에는 센트럴~찜사쪼이 구간의 스타페리 왕복권(2층)이 포함돼 있으며, 프리미 엄 티켓에는 피크 트램 스카이 패스(또는 Sky 100 전망대 선택) 이용권, 디럭스 티켓에는 피크 트램 스카이 패스(또는 Sky 100 전망대 선택)·나이트 투어·워킹 투어·삼판선 투어 이용권이 포함돼 있다.

버스 티켓은 찜사쪼이 스타페리 선착장의 센트럴 방면 부두 1/F층의 Big Bus Visitor Centre(MAP 15–B5), 센트럴 스타페리 선착장의 7번 부두 1/F층의 Big Bus Visitor Centre(MAP 6–H1), 찜사쪼이의 페닌슐라 호텔 오피스 타워(MAP 15–C4), 센트럴의 피크 트램 역 (MAP 6–E5), 찜사쪼이 스타의 정원 맞은편 해변 산 책로(MAP 16–F4)에서 판매한다.

Big Bus
Hong Kong!

BIG BUS HONG KONG

클래식 티켓 요금 성인 HK$480, 어린이(5~15세) HK$430
프리미엄 티켓 요금 성인 HK$580, 어린이(5~15세) HK$530
디럭스 티켓 요금 성인 HK$730, 어린이(5~15세) HK$680
빅 버스 투어 홈피 www.bigbustours.com

Course 1 **홍콩 섬 투어** HONG KONG ISLAND TOUR

버스 위에서 멋진 사진을 남겨보자

센트럴·완짜이·코즈웨이 베이·썽완의 주요 명소를 두루 돌아보는 코 스. 홍콩 섬 북부의 고층빌딩가와 주택가, 골동품 거리를 빠짐없이 살펴볼 수 있는 게 매력이다.

코스는 센트럴 스타페리 선착장 7번 부두(MAP 6–H1)→홍콩 컨벤 션 & 엑시비션 센터(MAP 10–D1)→코즈웨이 베이 소고 백화점(MAP 11–C4)→코즈웨이 베이 빅토리아 공원(MAP 11–C2)→MTR 완짜이 역(MAP 10–C4)→센트럴 피크 트램 역(MAP 6– E5)→힐사이드 에스컬레이터(MAP 5–A2)→만모우 사원(MAP 9–B4)→란콰이퐁·소호(MAP 5–B3)→ 센트럴 스타페리 선착장 7번 부두의 순으로 운행한다.

운행 09:30~18:00(센트럴 스타페리 선착장 출발 기준), 30분 간격, 1시간 30분 소요

홍콩의 자연을 즐기자

삼판선 투어

Course 2 애버딘 & 스탠리 투어 ABERDEEN & STANLEY TOUR

센트럴을 출발, 홍콩 섬 남부의 애버딘과 리펄스 베이를 경유해 스탠리까지 돌아보는 코스다. 홍콩의 번잡한 도심과는 대조적인 상큼한 자연과 바다를 감상할 수 있는 게 이 코스의 포인트! 애버딘에서는 버스에서 내려 삼판선 투어(무료)도 즐길 수 있다.

코스는 센트럴 스타페리 선착장 7번 부두(MAP 6-H1)→오션 파크→애버딘(MAP 12-C1)→리펄스 베이(MAP 13-B1)→스탠리 비치 로드(MAP 14-D3)→스탠리 플라자→리펄스 베이→오션 파크→애버딘→센트럴의 성 요한 성당→센트럴 스타페리 선착장의 순으로 운행한다.

[운행] 09:45~16:45(센트럴 스타페리 선착장 출발 기준), 30분 간격, 1시간 30분 소요

Course 3 까우롱 투어 KOWLOON TOUR

간판이 즐비한 네이던 로드

활기찬 재래시장

찜사쪼이·야우마떼·웡꼭 등 까우롱 반도의 구석구석을 돌아본다. 화려한 네온 간판이 즐비한 네이던 로드를 달리며 홍콩의 이국적인 풍경을 만끽할 수 있는 게 최대의 매력이다.

코스는 찜사쪼이 이스트 프로머네이드(MAP 16-F4)→페닌슐라 호텔(MAP 15-C4)→랑함 플레이스 쇼핑몰(MAP 21-A4)→템플 거리 야시장(MAP 20-B2)→캔톤 로드→하버 시티→1881 헤리티지→페닌슐라 호텔(MAP 15-C4)→홍함 역→모디 로드(MAP 16-H2)→찜사쪼이 이스트 프로머네이드의 순으로 운행한다.

[운행] 10:00~18:00(찜사쪼이 이스트 프로머네이드 출발 기준), 30분 간격, 1시간 15분 소요

Course 4 나이트 투어 NIGHT TOUR

네온 불빛이 반짝이는 홍콩의 밤거리

찜사쪼이·야우마떼·웡꼭의 밤거리를 돌아보는 코스다. 머리 위를 스쳐 지나가는 번쩍이는 네온 간판과 수많은 인파로 북적이는 야시장의 풍경이 잠들지 않는 홍콩의 밤을 보여준다. 코스는 찜사쪼이 이스트 프로머네이드(MAP 16-H2)→여인가 야시장→템플 거리 야시장(MAP 20-B2)→찜사쪼이 이스트 프로머네이드의 순으로 운행한다.

[운행] 18:15(센트럴 스타페리 선착장 7번 부두 출발), 19:00(찜사쪼이 이스트 프로머네이드 출발), 1시간 소요

릭샤 버스 RICKSHAW SIGHTSEEING BUS

퍼스트 버스 First Bus의 투어 버스. 지붕이 없는 2층 버스가 운행되지만, 안내방송이 없고 코스가 단순해 2층 버스 여행의 재미를 만끽하기는 힘들다. 센트럴 스타페리 선착장 6번 부두 앞(MAP 6-H1)에서 출발하며 센트럴→쎵완→완짜이→찜사쪼이→코즈웨이 베이→센트럴을 일주하는 헤리티지 루트 Heritage Route(10:00~20:30, 30분 간격, 1시간 45분 소요)를 운행한다.

[요금] 1회 성인 HK$35.20, 어린이 HK$17.60, 1일권 성인 HK$200, 어린이 HK$100
[홈피] www.rickshawbus.com

릭샤 버스

2층 버스 BUS

홍콩 섬의 버스 노선 가운데 가장 경치가 좋은 것은 익스체인지 스퀘어(MAP 5-C1)를 출발해 센트럴~리펄스베이~스탠리를 운행하는 6·66번 버스(HK$7.90~8.90)다. 센트럴의 고층빌딩가, 홍콩 섬 한복판의 부촌, 산·바다의 풍경을 두루 만끽할 수 있다(p.278 참조). 찜사쪼이에서는 스타페리 선착장(MAP 15-B5)을 출발해 네이던 로드를 따라 웡꼭까지 운행하는 2번 버스(HK$4.90)를 추천한다. 도로를 따라 간판이 빼곡히 내걸린 네이던 로드의 풍경과 네온 불빛에 물든 화려한 야경은 절대 놓쳐선 안 될 홍콩 여행의 백미다(p.358 참조).

must
Eat
01

홍콩을 대표하는 간판 요리, 딤섬

'마음에 점을 찍듯' 가볍게 먹는 음식을 뜻하는 딤섬 點心은 3,000년의 역사를 자랑하는
홍콩의 대표 요리다. 우리에게 친숙한 만두부터 바삭한 튀김에 이르기까지 종류만도 무
려 200여 가지! 식후에는 달콤한 디저트 딤섬으로 산뜻하게 입가심하는 것도 잊지 말자.

강추

강추

강추

하가우 蝦餃
싱싱한 새우가 들어간 만두.
탱글탱글하게 씹히는 새우 살의
담백한 맛이 일품!

씨우마이 燒賣
다진 돼지고기와 새우를 넣은
만두 위에 게 알을 얹어준다.

차슈빠우 叉燒飽
향신료로 조미한 훈제 돼지고기를
넣은 빵. 달콤한 맛이 난다.

唔該呢一個
음거이 네이잇거
이거 주세요!

강추

촌꾼 春卷
고기·채소를 넣은 춘권 튀김.
바삭할 때 먹어야 맛있다.

짱펀 腸粉
쌀로 만든 얇은 피에 새우·고기를
넣어서 길쭉한 모양으로 찐 만두.
간장을 뿌려 먹는다.

Best 디저트 딤섬

강추

강추

강추

딴탓 蛋撻
부드러운 커스터드 크림을
넣은 에그 타르트.

마라이고 馬拉糕
카스텔라와 비슷한 맛의 빵.
입가심으로 먹기에 좋다.

찐또이 煎堆
달콤한 팥소를 넣은 찹쌀 튀김.
중국 차와 찰떡 궁합

딴싼 蛋散
계란 커스터드를 넣어서
구운 달콤한 과자.

好好美
호호메이
맛있어요~

펑짜우 鳳爪
간장 소스로 찐 닭발. 겉모습은 조금
징그럽지만 쫀득쫀득한 맛이 일품이다.

파이팟 排骨
돼지갈비찜. 간장·기름·마늘
양념으로 조리해 우리 입에 잘 맞는다.

함수이꼭 咸水角
돼지고기를 넣은 튀김. 내용물을 빼면
우리나라의 찹쌀 도넛과 맛이 비슷하다.

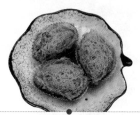

우꼭 芋角
토란을 넣어서 튀긴 일종의 크로켓.
맛이 조금 텁텁하다.

짠쮜까이 珍珠雞
찹쌀과 닭고기를 연잎으로 싸서 찐 밥.
기름지지 않은 담백한 맛이다.

씬쪽꿘 鮮竹卷
저민 돼지고기와 새우를 얇은
두부 피로 싼 다음, 굴 소스에 찐 것.

까이초이가우 韭菜餃
하가우와 비슷한 찐만두. 부추·시금치 등
채소를 넣어 담백함을 더했다.

산쪽응아우육 山竹牛肉
소고기 경단 찜. 우리나라의
떡갈비와 비슷한 스타일이다.

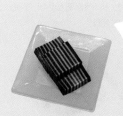

찌마고 芝麻糕
검은깨로 만든 케이크.
달콤 고소한 맛이다.

얀썸께이찌고 人蔘杞子糕
인삼을 넣은 젤리. 단맛과 인삼의
쌉쌀한 맛이 인상적!

따이렁자씬나이 大良炸鮮奶
우유 커스터드 튀김. 촉촉하게
씹히는 느낌이 훌륭하다.

차슈소 叉燒酥
훈제한 돼지고기를 넣어서 만든
과자 스타일의 미니 파이.

딤섬 레스토랑 현지인처럼 이용하기

딤섬 레스토랑의 기본적인 이용법은 일반적인 레스토랑과 크게 다르지 않다. 다만 음식 주문하는 방법과 식기 사용법에서 약간의 차이가 나니 주의하자. 물론 금방 익숙해질 수 있는 내용이라 크게 부담 가질 필요는 없다.

다채로운 맛의 딤섬을 양껏 즐겨 보자

딤섬 레스토랑 이용 ABC

하루 종일 딤섬을 제공하는 전문 레스토랑도 있지만 원래 딤섬은 아침과 점심 사이에 먹는 간식 개념의 요리다. 때문에 대부분의 레스토랑에서는 08:00~16:00에만 딤섬을 제공한다. 가격은 레스토랑의 수준에 따라 천차만별인데, 서민 레스토랑이 메뉴당 HK$18~40인 반면, 고급 레스토랑은 메뉴당 HK$50~90을 받는다. 피크 타임을 넘긴 14:00~16:00에는 딤섬 가격을 20~50% 할인해주는 곳도 있으니 저렴하게 딤섬을 맛보려면 이 시간대를 적극 공략하자!
레스토랑마다 표기 방식이 조금씩 다르지만 딤섬 메뉴는 보통 '소점 小點, 중점 中點, 대점 大點, 특점 特點, 정점 頂點'으로 분류한다. 이 순서대로 딤섬 재료의 질이 고급스러워지며 가격 또한 비싸진다.

추천 딤섬 레스토랑

1 차를 주문하자

다른 중국 요리와 마찬가지로 딤섬도 기름진 메뉴가 많아 차와 함께 먹는 게 기본이다. 일단 자리에 앉으면 종업원이 마실 차를 물어볼 테니 이때 원하는 것을 말한다. 차의 종류는 오른쪽 페이지를 참고로 고르

면 된다. 우리 입에 가장 무난한 차는 미 발효차인 '재스민 티 Jasmin Tea 茉莉花茶'다.

2 식기를 헹구자

중급 이상의 레스토랑에서는 해당사항이 없지만 저렴한 서민 레스토랑에서는 테이블에 놓인 식기를 손님이 직접 헹궈서 사용하는 게 불문율이다.
차 주문을 하면 종업원이 주전자를 두 개 갖다주는데, 각각 뜨거운 물과 주문한 차가 담겨 있다. 뜨거운 물을 이용해 찻잔·그릇·젓가락·스푼을 헹군다. 먼저 그릇에 찻잔과 스푼·젓가락을 차례로 넣고, 젓가락을 세워 그 위로 뜨거운 물을 천천히 흘리며 젓가락과 스푼을 헹구면 된다. 젓가락·스푼을 뺀 다음 그릇에 담긴 물에 찻잔을 빙빙 돌려가며 씻고, 마지막으로 그릇에 담긴 물을 옆에 놓인 커다란 도자기 통에 버리면 끝! 인원이 적은 경우 차가 담긴 주전자 하나만 주는 레스토랑도 있는데 이때는 찻물을 이용해 식기를 헹구면 된다.

찻주전자 / 물 버리는 통 / 앞접시 / 국물 음식용 그릇 / 찻잔

3 딤섬을 주문하자

전통 홍콩 스타일은 딤섬이 가득 실린 수레가 테이블 옆을 지나갈 때 내용물을 확인하고 마음에 드는 딤섬을 골라 먹는 것이다. 하지만 최근에는 딤섬 메뉴가 적힌 전표에 원하는 메뉴를 체크해서 종업원에게 건네면 딤섬을 가져다주는 방식이 많이 이용되고 있다. 중국어를 모를 때는 영어로 된 전표를 달라고 하자.

딤섬 전표

'English menu, Please'라고 하면 금방 알아듣는다. 어떤 방식이건 공통된 사항은 딤섬이 건네지는 순간, '전표'에 도장을 찍어 자신이 선택한 딤섬의 종류와 개수를 표시해준다는 것이다. 이 전표가 음식값 계산의 기준이 되니 잃어버리지 않게 주의하자.

딤섬 수레가 돌아다니는 전통 스타일 레스토랑

영어가 표기된 딤섬 주문표

4 찻물을 리필하자

찻물이 모자라면 뚜껑을 비스듬히 열어둔다

"콩콩"

찻물이 모자라거나 차가 너무 진하게 우러났을 때는 주전자 뚜껑을 비스듬히 열어놓는다. 그러면 종업원이 알아서 뜨거운 물을 보충해준다. 뜨거운 물을 따라주면 손을 테이블 위에 올려놓고 검지로 테이블을 가볍게 '콩콩' 두들겨 고마움을 표시한다.

이런 독특한 예법은 암행감찰을 나온 한 황제에게서 비롯됐다고 한다. 백성들이 알아채지 못하게 서민 복장을 한 황제는 저잣거리의 딤섬집에 들렀는데, 차가 나오자 손수 신하들에게 차를 따라주었다고 한다. 성은(!)을 입은 신하들이 어찌할 바를 모르자 어느 재치 있는 신하가 식탁 위에 손을 올리고 손가락을 절하는 모습으로 살짝 구부려 남들 모르게 황제에게 예를 표했다. 이때부터 손가락 인사는 딤섬의 기본 예법으로 자리잡았다.

5 음식값을 계산하자

종업원에게 '빌 Bill' 또는 '마이딴 埋單'이라고 말하면 지금까지 먹은 딤섬의 종류와 개수가 표시된 전표를 회수해간다. 잠시 후 그 전표에 맞춰 계산서를 가지고 오는데, 기재된 금액만큼의 현금을 주거나 신용카드를 건네면 된다. 일부 서민 레스토랑에서는 식사를 마친 뒤 전표를 가지고 직접 카운터로 가서 계산해야 하는 경우도 있다.

어떤 차(茶)를 마실까?

홍콩의 차는 재배지·발효 정도·손질 방법 등에 따라 수백 가지로 분류된다. 이 가운데 어떤 차를 마실지 고르는 것도 여간 신경 쓰이는 일이 아니다. 딱히 입맛이 까다롭지 않다면 선호도가 높은 다음의 차를 마셔보자.

미(未) 발효차 발효 과정을 전혀 거치지 않은 순수한 녹차. 비교적 우리 입에 익숙한 맛을 즐길 수 있다. 대표적인 것으로는 꽃차 花茶의 일종인 재스민 티 茉莉花茶(뭇레이화), 은은한 향의 용정차 龍井茶(룽쩽), 깔끔한 맛의 수미차 壽眉茶(싸우메이) 등이 있다.

반(半) 발효차 녹차를 살짝 발효시킨 것으로 그윽한 향과 맛이 배어나는 게 특징이다. 수선차 水仙茶(수이씬), 철관음차 鐵觀音茶(티꾼얌), 오룡차 烏龍茶(우룽)가 대표적인 반 발효차다.

발효차 녹차를 완전히 발효시킨 것으로 진한 맛과 향·색깔이 특징이다. 대표적인 발효차로는 우리에게도 친숙한 홍차 紅茶가 있다. 홍차는 홍콩의 명물인 애프터눈 티(p.94)의 기본 음료이기도 하다. 중국 요리와 궁합이 잘 맞는 발효차로는 보이차 普洱茶(뽀레이·푸얼)가 꼽힌다. 보이차는 값이 비싼 고급품이지만 곰팡내 같은 독특한 향 때문에 마시기 거북할 수도 있다.

홍콩 레스토랑 제대로 이용하기

홍콩의 레스토랑 이용법은 우리나라와 별반 다르지 않다. 사소한 부분에서 조금씩 차이가 나는데 약간의 주의만 기울이면 크게 실수하는 일은 생기지 않는다. 초보 여행자가 반드시 알아둬야 할 레스토랑 이용 십계명은 다음과 같다.

1 식사시간에 주의하라

관공서를 비롯한 회사의 점심 시간은 12:30~14:00이다. 따라서 이 시간에는 어느 식당이나 손님이 넘치게 마련! 되도록 이 시간대보다 일찍, 또는 14:00 이후에 식당을 찾아가는 게 여유 있게 식사를 즐기는 요령이다.

2 되도록 예약하라

중급 이상의 레스토랑을 이용하려면 예약을 추천한다. 아무리 붐비는 피크 타임일지라도 확실하게 자리를 확보하는 방법이자 시간을 절약하는 지름길이다! 물론 예약 필수인 레스토랑도 있으니 미리 체크해 보자. 예약할 때는 간단한 영어로 날짜 · 시간 · 자기 이름만 알려주면 된다.

3 드레스 코드에 신경 써라

고급 레스토랑 특히 호텔 레스토랑을 이용할 때는 드레스 코드에 신경 써야 한다. 눈에 거슬리는 차림새는 스스로의 품위를 떨어뜨리는 요인이 될 수 있으니 주의하자. 고급 레스토랑일수록 복장에 따라 제공되는 서비스의 질이 확연히 달라진다

는 사실도 알아두면 좋을 듯! 굳이 정장을 고집할 필요는 없으며 누가 봐도 무난한 복장이면 충분하다.

4 입구에서 순서를 기다려라

레스토랑 입구에는 가격이 표시된 메뉴판이 비치돼 있다

어느 레스토랑이건 빈자리가 보이더라도 아무 데나 앉으면 곤란하다. 우선 입구에서 종업원의 안내를 기다리자. 종업원이 인원수를 파악하고 그에 맞는 자리로 안내해줄 것이다. 선호하는 자리가 있다면 미리 얘기해두는 것도 좋다. 예약한 경우 종업원에게 이름을 알려주면 바로 예약석으로 안내해준다.

5 영어 메뉴를 요청하라

영국 식민지였던 까닭에 영어가 잘 통할 것 같지만, 고급 레스토랑이 아닌 이상 영어로 의사소통하기가 쉽지 않은 게 현실이다. 대부분의 중소형 레스토랑에서는 아주 '기초적인 영어'만 통하며, 무조건 중국어 메뉴만 보여주는 황당한(?) 곳도 많다. 중국어에 익숙하지 않다면 꼭 '영어 메뉴 English Menu'를 보여달라고 해야 조금이라도 편하게 주문할 수 있다.

메뉴판에는 영어 · 중국어가 병기돼 있다

6 식전에 차(茶)부터 주문하라

중국 요리는 차와 함께 먹어야 제맛!

대부분의 중국 요리 레스토랑에서는 기본 음료로 차를 마신다. 때문에 종업원이 제일 먼저 받는 주문도 '어떤 차를 마실 것인가'이다. 차 종류를 잘 모를 때는 우리 입에 가장 무난하면서도 저렴한 '재스민 티 Jasmin Tea 茉莉花茶'를 주문하자. 또는 p.81의 내용을 참고로 적당한 차를 골라도 된다.

찻값은 보통 1인당 HK$6~250이며 뜨거운 물은 계속 리필된다. 단, 보이차 등의 고급 차는 의외로 값이 비쌀 수 있으니 메뉴판을 꼼꼼히 살펴봐야 한다.

7 요리와 식사를 적당히 섞어서 주문하라

싸구려 서민 식당이 아닌 이상 레스토랑에서 달랑 밥 또는 면 하나만 주문해서 먹는 일은 없다. 요리와 식사 메뉴를 적절히 섞어서 주문하는 게 레스토랑을 제대로 이용하는 요령이다. 일반적으로 요리 2개와 밥·면 등의 식사 메뉴 2개를 주문해 셋이 나눠 먹으면 한 끼 식사로 적당하다. 바꿔 말하면 적어도 둘 이상 가야 제대로 된 식사를 즐길 수 있다는 뜻이다.

풍성하게 차려진 중국 요리

8 고수는 빼달라고 하라

중국 본토만큼 널리 사용되지는 않지만 홍콩 음식에도 '고수 Coriander 芫茜'가 들어간다. 고수는 음식에 향을 더하는 미나리과의 풀인데, 흔히 '빈대 냄새'라고 할 만큼 역한 냄새 때문에 우리 입에는 잘 맞지 않는다. 주문할 때 '짜우 임싸이 走芫茜'라고 하면 고수를 뺀 음식을 준다.

走芫茜
짜우 임싸이
고수는 빼주세요

9 음식값은 앉은 자리에서 계산하라

분식점 스타일의 식당이 아닌 이상 음식값은 종업원에게 계산서를 갖다 달라고 한 다음 앉은 자리에서 지불하는 게 원칙이다. 계산서를 원할 때는 종업원을 향해 손가락으로 네모 표시를 그리며 '빌 Bill' 또는 '마이딴 埋單'이라고 말하면 된다.

10 팁은 알아서 줘라

원칙적으로 음식값에 서비스 차지 Service Charge(보통 10%)가 포함된 레스토랑에서는 팁을 주지 않아도 된다. 굳이 팁을 주고 싶다면 총 식사비에 비례해 HK$5~20의 금액을 팁으로 주면 적당하다. 음식값을 현금으로 지불하면 계산서와 함께 거스름돈을 갖다주는데, 거스름돈 가운데 동전을 팁으로 남겨 두고 가는 것도 요령이다.

중국 4대 진미 맛보기

홍콩에는 중국 4대 진미인 광동 廣東·상해 上海·사천 四川·북경 北京 요리를 취급하는 레스토랑이 많다. 하지만 대부분의 레스토랑은 네 가지 요리 가운데 어느 한 분야에만 특화돼 있기 때문에 어느 레스토랑에서 어떤 요리를 잘 하는지 알아야 제대로 된 요리를 맛볼 수 있다.

참고로 광동 요리는 신선한 재료를 활용한 담백한 맛, 상해 요리는 해산물 위주의 달콤하면서도 짭짤한 맛, 사천 요리는 입안을 얼얼하게 만드는 화끈한 매운맛, 북경 요리는 궁정 요리를 기반으로 한 기름진 중후한 맛이 특징이다. 소박한 홍콩식 요리를 맛보려면 학카 客家 요리 전문점으로 가면 된다.

영국 귀족의 음식문화, 애프터눈 티

애프터눈 티는 18세기 중반 영국 귀족사회에서 탄생했다. 영국 식민시대를 통해 자리잡은 이 독특한 풍습은 홍콩 상류층에게도 인기 높은 음식문화다. 순백의 테이블 클로스와 고급 다기가 세팅된 테이블에서 우아하게 차를 음미하며 귀족적인 분위기를 만끽하자.

애프터눈 티 먹는 방법

애프터눈 티 세트에는 홍차와 함께 3단 접시에 담긴 스콘·샌드위치·케이크가 딸려 나온다. 딱히 먹는 법이 정해진 것은 아니지만 일반적으로 맨 아랫단의 스콘(따뜻한 음식), 중간의 샌드위치(짭짤한 음식), 제일 윗단의 초콜릿·케이크(디저트)의 순서로 먹는다. 소소한 간식으로 생각하기 쉽지만 애프터눈 티에 포함된 케이크·스콘·디저트는 은근히 양이 많고 칼로리도 높다. 점심이나 저녁을 건너뛰어도 될 만한 양이라는 사실을 기억하자.

Afternoon Tea, Please~

애프터눈 티 세트의 기본 세팅

1단 갓 구운 스콘
플레인·건포도·초코칩 등 다양한 스콘이 나온다. 식으면 맛이 없으니 제일 먼저 먹는다. 함께 제공되는 영국식 클로티드 크림과 잼은 레스토랑마다 맛이 다른 애프터눈 티의 얼굴이다.

2단 핑거 샌드위치
셰프의 개성이 고스란히 드러나는 메뉴. 보통 5~7종이 올라오는데 연어·계란·오이·햄 샐러드가 기본 4인방이다.

3단 달콤한 입가심 메뉴
초콜릿·케이크·과일·쿠키 등 7~10종의 메뉴가 제공된다. 역시 해당 레스토랑의 쇼콜라티에·파티시에가 자랑하는 야심작이 하나씩 숨겨져 있다.

애프터눈 티 레스토랑에서 맛있는 홍차 마시는 법

홍차는 애프터눈 티의 성패를 좌우하는 핵심 요소! 자신의 기호와 레스토랑의 자신작을 충분히 고려해서 홍차를 골라야 맛있는 애프터눈 티를 즐길 수 있다. 떫은 맛을 꺼리는 이에게는 홍차의 샴페인으로 통하는 다즐링 Darjeeling, 깔끔한 실론 Ceylon, 부드러운 잉글리시 애프터눈 티 English Afternoon Tea가 어울린다. 강한 맛을 선호한다면 시원한 향의 얼 그레이 Earl Grey, 풍부한 향의 아쌈 Assam을 추천한다.

홍차를 따를 때는 찻잎이 걸러지도록 찻잔 위에 스트레이너 Strainer를 올려놓고 따른다. 밀크·설탕은 기호에 따라 추가하는데, 초반에는 밀크 없이 스트레이트로 마시면서 홍차 본연의 향과 맛을 즐기는 게 좋다. 참고로 얼그레이를 정통 영국식으로 마시려면 밀크를 절대 넣지 말아야 한다는 사실도 알아두자.

스트레이너

놓치면 후회할 애프터눈 티 명가 BEST 4

격식을 갖춘 애프터눈 티 레스토랑은 주로 대형 호텔에서 운영한다. 전망 좋은 로비에 앉아 감미로운 음악과 근사한 메뉴를 즐길 수 있어 더욱 매력적! 주의할 점은 예약이다. 애프터눈 티는 14:00~18:00에만 제공되는 스페셜 메뉴라 예약 없이 갔다가는 긴 줄을 서야 하는 사태가 벌어질 수도 있다.

THE LOBBY

콜로니얼 풍의 중후한 인테리어

오랜 전통과 퀄리티 높은 애프터눈 티로 유명하다. 더구나 페닌슐라 호텔은 홍콩 최초로 애프터눈 티 파티가 열린 곳! 최고급 호텔이라는 사실에도 불구하고 애프터눈 티의 가격은 본고장인 영국의 반값도 안 된다. 유일한 단점은 손님이 많아 조금 시끄럽다는 것. 조용히 차를 음미하고 싶은 사람은 살짝 신경 쓰는 게 좋을 듯. **area 찜사쪼이 p.322**
🍴 **애프터눈 티** 1인 HK$398, 2인 HK$718 🕙 14:00~18:00

TIFFIN

애프터눈 티와 함께 아이스크림·셔벗이 무제한 제공된다. 일반적인 애프터눈 티보다 다양한 메뉴를 즐기고자 하는 실속파에게 추천. 볕이 잘 드는 넓은 창과 초록빛 정원, 아르누보 풍의 인테리어가 어우러진 로맨틱한 분위기도 함께 만끽하자.
area 완짜이 p.234
🍴 **애프터눈 티** 월~금요일 2인 HK$596, 토·일·공휴일 2인 HK$656 🕙 15:30~17:30

THE VERANDAH

도심을 벗어난 휴양지의 여유와 함께 애프터눈 티의 낭만을 만끽할 수 있다. 천장에서 팬이 돌아가는 1920년대 풍의 클래식한 인테리어가 멋스럽다. 페닌슐라 호텔에서 운영하기 때문에 메뉴 구성은 The Lobby와 비슷하다. **area 리펄스 베이 p.280**
🍴 **애프터눈 티** 평일 1인 HK$308, 주말 1인 HK$328
🕙 수~토요일 15:00~17:30, 일·공휴일 15:30~17:30
🚫 월·화요일

LOBBY LOUNGE

빅토리아 항의 전경이 그림처럼 펼쳐지는 홍콩 최고의 전망과 함께 애프터눈 티를 즐길 수 있다. 최고급 호텔다운 차분한 분위기에서 차를 음미할 수 있다는 사실도 무척이나 반갑다. 모던한 디자인의 3단 트레이가 인상적이다. **area 찜사쪼이 p.319**
🍴 **애프터눈 티** 1인 HK$488, 2인 HK$688
🕙 월~금요일 14:30~18:00, 토·일·공휴일 13:30~18:00

길거리 음식 & 편의점 주전부리

산해진미로 가득한 레스토랑도 좋지만 현지 분위기를 담뿍 맛보려면 역시 길거리 음식이 최고다. 노점마다 산더미처럼 쌓인 불량식품(?) 속에서 홍콩에서만 맛볼 수 있는 숨은 별미를 찾아보자. 주머니 부담은 최소, 먹는 즐거움은 최고로 즐길 수 있다.

맥도날드 아이스크림
HK$4.50
더위에 지친 목을 달래기에 그만!

KFC 에그 타르트 Egg Tart
HK$7.50
달콤한 커스터드 크림맛이 일품.

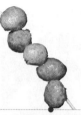

어묵 꼬치 HK$12
카레 국물에 삶은 어묵 꼬치,
가벼운 간식으로 무난.

오징어 다리 HK$20
쫄깃쫄깃 씹히는 맛이
훌륭하다.

취두부 HK$16
십리 밖에서도 냄새가 진동하는
삭힌 두부 튀김.

닭 날개 HK$15
살짝 기름진 핫윙의 느낌.
비교적 익숙한 맛이다.

문어발 HK$15
카레 소스로 간을 한 문어발.
상당히 질기다.

소시지 베이컨 말이 HK$12
우리 입에도 익숙한 무난한 맛.
출출할 때 좋다.

어육 씨우마이 HK$15
정통 씨우마이가 아님.
정말 불량식품스러운 맛!

돼지 곱창 튀김 HK$20
강인한 턱의 소유자만 도전할 것!
문어발보다도 질기다.

계란빵 HK$16~
겉은 바삭, 속은 보들보들한
계란빵.

생과일 주스 HK$20~
원하는 과일을 즉석에서
갈아준다.

길거리에서 해결하는 간단한 아침 & 간식

홍콩식 아침 식사
현지인이 아침 식사를 해결하는 곳은 죽면전가(p.88). 흰죽에 아우띠우 油條(=아우짜짜이 油炸鬼, HK$6~20)라는 꽈배기 모양의 튀긴 빵, 또는 쌀로 만든 짱펀 腸粉(HK$20~30)을 곁들이면 가벼운 아침 식사가 된다.

아우띠우

흰죽

짱펀

Afternoon Tea 下午茶
14:00~17:00에는 맥심 Maxim, 카페 드 코럴 Café de Coral, 페어우드 Fairwood(p.90) 등의 패스트푸드 점에서 애프터눈 티 세트를 판다. 격식을 갖춘 고급 애프터눈 티는 아니지만 음료수와 국수 · 토스트 · 핫도그가 세트로 제공돼 가벼운 간식으로 좋다. 가격은 HK$30~50 수준.

절대 놓칠 수 없는 **편의점 베스트 메뉴**

홍콩의 대표적인 편의점은 세븐일레븐과 써클 K다. 취급 상품은 둘 다 비슷하지만, 생과일 주스처럼 써클 K에서만 한정 판매하는 것도 있다. 편의점은 아니지만 건어물·사탕·과자 등의 군것질거리를 무게로 달아서 파는 AJI ICHIBAN도 상당한 인기를 누리고 있다.

※가격은 수시로 변동되므로 대략적인 기준치로만 생각할 것.

🅰 세븐일레븐 🅱 써클 K 🅲 AJI ICHIBAN

🅰🅱 망고 우유 HK$7.90
남국의 향취가 전해져오는
달콤한 맛.

🅰🅱 레몬티 HK$8.50
갈증을 달래주는
시원한 느낌이 좋다.

🅰🅱 멜론 맛 자일리톨 껌 HK$5.50
상큼 달콤한 멜론 향이
입안 가득 퍼진다.

🅰🅱 국화차 HK$8.50
입안을 개운하게 해준다.
음식과도 궁합이 잘 맞는다.

🅰🅱 허쉬 스페셜
다크 퓨어 초콜릿 HK$19.90
리치한 향과 맛이 매력!

🅰🅱 두유 HK$11.50
텁텁한 맛을 떠올리면 곤란!
달콤하고 깔끔하다.

🅰🅱 어포 HK$12.50
불량식품의 대명사.
간식이나 안주로 굿.

🅰🅱 우유 HK$9
고소한 맛이 일품인
팩 우유.

🅰🅱 양지깜로 楊枝甘露
HK$21 과일 주스에 톡톡
씹히는 사고 Sago가 가득.

🅰🅱 Lucozade 에너지 드링크
HK$11 허기와 갈증을
달래는 탄산 음료.

🅰🅱 Calbee 에비센
HK$14 홍콩에서만 파는
특이한 맛에 도전해보자.

🅰🅱 캔 밀크 티 HK$10.20
풍부한 향의 달콤한 맛이
끝내준다.

🅰🅱 Mr. 브라운 커피 HK$11
간편하게 풍부한 향과 맛을
즐길 수 있다.

🅰 춘추이허 純萃喝 HK$13.50
대만식 커피·밀크 티
진하고 고소한 맛이 매력이다.

🅱 생과일 주스 HK$20
신선하고 위생적이다.
종류도 다양하다.

🅲 맛밤 HK$68
군것질거리로 더할 나위
없이 좋다.

가볍게 한 끼 때우기 좋은 죽·면

현지인이 가볍게 허기를 달래는 곳은 어디서나 쉽게 눈에 띄는 대중식당인 '죽면전가粥麵專家'다. 시끌벅적한 식당에 앉아 식사를 즐기며 홍콩의 분위기를 온몸으로 느껴 보자. 죽면전가의 간판 메뉴인 담백한 죽과 면은 우리 입에도 잘 맞는다.

죽면전가는 간판만 봐도 금방 찾을 수 있다 · 죽면전가에선 낯선 사람과의 합석은 기본이다

깔끔한 레스토랑 스타일의 죽면전가도 있다

죽면전가 이용법

죽면전가는 현지인이 아침·점심·간식을 때우는 곳으로 인기가 높다. 때문에 영어 메뉴가 없는 곳이 많다. 게다가 아무리 작은 죽면전가라 해도 십여 종 이상의 죽과 면 요리를 취급하기 때문에 중국어에 익숙하지 않으면 메뉴 고르기가 상당히 어려운 게 현실! 이때는 '소고기 牛' 또는 '새우 蝦'가 들어간 메뉴를 선택하면 크게 실패하지 않는다. 면 가운데 응아우육로우민 牛肉撈麵처럼 '로우 撈'자가 들어간 메뉴는 국물 없이 면 위에 소스와 건더기만 얹어주는 것인데, 우리 입에는 잘 안 맞으니 주의하자.

추천 죽 메뉴 CONGEE

유까우쭉

대표적인 죽 메뉴는 우리나라의 흰죽과 같은 빡쭉 白粥(HK$6~15), 소고기를 넣은 응아우육쭉 牛肉粥(HK$20~50), 생선살 완자를 넣은 유까우쭉 漁球粥(HK$15~30) 등이다. 우리 입에는 빡쭉과 응아우육쭉이 잘 맞는다. 돼지고기가 들어간 죽도 있는데 누린내 때문에 먹기 힘들 수도 있다. 돼지고기를 뜻하는 '豚·猪'자가 들어간 메뉴를 피해서 주문하면 사고를 미연에 방지할 수 있다.

추천 면 메뉴 NOODLE

죽면전가에서 꼭 맛봐야 할 메뉴 가운데 하나가 바로 홍콩 면의 대표 선수 완탕면 雲呑麵(HK$18~50)이다. 우리 입에 잘 맞는 맑은 국물에 꼬들꼬들한 생면과 큼직한 새우 완자가 들어가 한 끼 식사나 간식으로 안성맞춤이다. 얼큰하게 먹으려면 테이블에 놓인 고추기름을 풀어서 먹는다.

야들야들한 소고기 안심을 넣은 응아우남면 牛腩麵(HK$20~50)과 익숙한 맛의 어묵 완자를 넣은 유딴면漁蛋麵·魚旦麵(HK$20~40)도 맛있다.

새우살이 탱글탱글 씹히는 완탕면

응아우남면

추천 죽면전가

센트럴 Tasty Congee & Noodle Wantun Shop p.176
Tsim Chai Kee Noodle p.175, Tsui Wah Restaurant p.177
썽완 Kau Kee Restaurant p.204, Sang Kee Congee Shop p.204
코즈웨이 베이 Ho Hung Kee Congee & Noodle Wantun Shop p.254
쌘께이체짜이민 新記車仔麵 p.256, Wong Chi Kei p.255
웡꼭 Good Hope Noodle p.364
마카오 Wong Chi Kei p.478

동서양의 음식문화가 만난 디저트

동서양의 음식문화가 한데 어우러져 맛깔 난 디저트를 탄생시킨 홍콩. 두부를 응용한 중국 전통 메뉴는 물론 영국의 영향을 받은 달콤한 케이크, 그리고 지역적 특성을 한껏 살린 상큼한 열대과일 디저트 등 다채로운 메뉴가 입맛 당기게 만든다.

열대 과일은 홍콩 디저트의 기본 메뉴

홍콩 디저트의 특징

홍콩 음식문화의 특징은 반드시 디저트를 먹어야 제대로 된 한 끼 식사가 완성된다는 것. 때문에 디저트 메뉴만 내놓는 전문 숍도 쉽게 찾아볼 수 있다. 디저트 숍은 취급하는 메뉴에 따라 전통 중국식과 서양식으로 나뉜다. 중국식은 호두 · 잣 · 깨 · 두부 등을 재료로 만든 건강식 메뉴와 신선한 생과일 메뉴가 많은 게 특징이다. 반면 서양식은 케이크 · 과자를 중심으로 한 달콤한 메뉴가 주를 이룬다.

홍콩 명물
에그 타르트

디저트 숍 & 메뉴 고르기

저렴한 디저트 숍 체인 허라우싼

저렴한 디저트 숍 체인으로는 지점이 가장 많은 허라우싼 Hui Lau Shan 許留山이 유명하다. 주요 메뉴는 망고를 비롯한 열대과일 디저트와 생과일 주스. 메뉴에 영어가 병기돼 있어 주문하기도 쉽다. 중국 차와 찰떡궁합을 이루는 키와 베이커리 Kee Wah Bakery 奇華餠家의 월병과 빵도 잊지 말자. 세트 상품은 선물용으로 안성맞춤이다.

디저트 메뉴 선택의 절대 원칙은 '딸기'가 포함된 메뉴는 무조건 제외시키는 것! 홍콩의 딸기는 '신맛'이 너무 강해 우리나라의 달콤한 딸기를 상상했다가는 입맛 버리기 십상이다. 딸기보다는 망고가 들어간 메뉴를 선택하면 크게 실패하지 않는다. 참고로 4~5월의 제철 과일은 라이치, 3~6월은 망고, 5~10월은 람부탄이다.

간식으로도 좋은
찹쌀 경단

커피 전문점을 활용하자

푹푹 찌는 더위를 견디기 힘들 때, 또는 줄기차게 쏟아 붓는 빗발을 피할 수 없을 때는 가까운 커피 전문점으로 가자. 우리나라와 마찬가지로 시내 곳곳에 스타벅스가 있다. 커피 값은 우리나라와 비슷한 HK$20~45 수준.

스타벅스가 꺼려질 때는 홍콩 고유 브랜드인 퍼시픽 커피 Pacific Coffee를 이용하자. 스타일과 가격은 스타벅스와 비슷하지만 한결 산뜻하고 분위기도 차분하다. 퍼시픽 커피 매장에는 인터넷 전용 PC(무료)가 비치돼 있어 인터넷 카페 대용으로 이용해도 좋다.

익숙한 맛의 패스트푸드 & 한식

다양한 음식문화를 접할 수 있는 맛의 천국 홍콩. 그러나 의외로 입에 맞지 않는 음식 때문에 고생할 가능성도 있다. 이때는 햄버거·샌드위치 등의 익숙한 패스트푸드나 얼큰한 한식으로 잃어버린 입맛을 되찾아 보자.

맥도날드

KFC

델리프랑스

서양식 패스트푸드

우리 입에도 익숙한 햄버거를 파는 패스트푸드점이 시내 곳곳에 있다. 홍콩 음식이 입에 안 맞거나 간단히 한 끼 때우려 할 때 이용하면 좋다. 대표적인 곳은 맥도날드와 KFC. 값이 무척 저렴한데, 햄버거에 감자튀김·음료수가 포함된 세트 메뉴가 HK$25~45 수준이다.

담백한 맛을 원하면 프랑스식 샌드위치 전문점 델리 프랑스 Delifrance를 이용하자. 즉석에서 만들어주는 신선한 샌드위치·핫도그·샐러드를 맛볼 수 있다. 여타 패스트푸드점과 달리 조용하고 편안한 분위기가 매력이며 시내에서 손쉽게 찾을 수 있다. 시간대별로 세트 메뉴가 바뀌는데 가격은 HK$48~75 수준이다.

델리 프랑스 비스트로 Delifrance Bistro는 델리 프랑스를 한 단계 업그레이드시킨 스타일의 세미 레스토랑. 델리 프랑스보다 메뉴와 서비스가 다양한 대신 가격이 조금 비싸다.

셀프 아니에요?

홍콩의 패스트푸드점은 우리나라의 패스트푸드점과 달리 음식을 가져갈 때만 셀프다. 다 먹고 자리에서 일어나면 종업원이 테이블을 치워주기 때문에 식사를 끝내고 빈 몸으로 나가기만 하면 OK! 굳이 식기를 반납하지 않아도 된다.

홍콩식 패스트푸드

카페 드 코럴

맥도날드처럼 패스트푸드 스타일로 조리한 덮밥·고기요리·국수 등을 파는 체인점을 말한다. 대표적인 곳은 맥심 Maxim 美心, 카페 드 코럴 Café de Coral 大家樂, 페어우드 Fairwood 大快活, 캔틴 Canteen 등이다. 맛은 그저그런 수준이라 단순히 한 끼 때우는 정도로 이용하는 게 좋다.

전반적인 분위기는 맥도날드 등의 패스트푸드점과 동일하다. 차이가 있다면 각각의 패스트푸드점에서 내놓는 음식이 100여 종에 이를 만큼 다양하며, 아침·점심·저녁으로 메뉴가 바뀐다는 것. 때문에 메뉴 선택이 무척 어려운데, 유일한 해결책은 입구에 걸린 영어 메뉴를 보고 적당한 음식을 '찍는 것'뿐이다.

푸드 코트

메뉴 선택의 고민을 덜 수 있는 푸드 코트

음식 선택과 주문에 자신 없을 때는 직접 눈으로 보고 음식을 고를 수 있는 푸드 코트를 이용하자. 푸드 코트에는 한식·중식·일식 등 10여 개 이상의 식당이 한자리에 모여 있어 선택의 폭이 넓다. 더구나 대부분의 푸드 코트가 쇼핑센터·백화점에 입점해 있어 찾아가기 쉬운 것도 장점! 가격도 한 끼 HK$30~70 수준으로 저렴하다.

페어우드

맥심

추천 푸드 코트

코즈웨이 베이 Kitchen Eleven p.256
찜사쪼이 Cooked Deli by City'Super p.327
마카오 Food Arcade p.481,
Market Street Food Court p.508

요시노야의 간판 메뉴인 규동 세트.
된장국 · 음료 · 디저트가 딸려 나온다

吉野家 YOSHINOYA
요시노야는 시내 어디서나 볼 수 있다

초밥 전문점 겡끼 스시

일본식 패스트푸드

일본식 덮밥 · 초밥을 내놓는 패스트푸드점이 무척 많다. 저렴한 값으로 인기 높은 곳은 덮밥 체인점 요시노야 Yoshinoya 吉野家. 일본식으로 조리한 소고기 · 닭고기 덮밥을 맛볼 수 있다. 동남아 특유의 '날아다니는 쌀'이 아닌, 우리가 먹는 것과 똑같은 '찰진 밥'과 된장국을 먹을 수 있는 게 매력. 기름진 중국 음식에 물렸을 때 이용해 보자. 가격은 밥 · 음료수가 포함된 세트 메뉴가 HK$38~52 수준이다.

초밥 체인점으로는 겡끼 스시 Genki Sushi와 겐로꾸 스시 Genroku Sushi가 유명하다. 회전 초밥 스타일로 운영하며 가격은 접시당 HK$10~30, 맛은 무난한 수준이다. 보통 6~7접시를 먹으면 적당히 배가 부르다.

한국 음식

한류 열풍에 힘입어 홍콩에서 한국 음식에 대한 인지도가 상당히 높아졌다. 한식당은 다운타운인 찜사쪼이 · 코즈웨이 베이의 푸드 코트(p.327) 또는 찜사쪼이의 코리아타운(p.312)에서 손쉽게 이용할 수 있다.

슈퍼마켓과 편의점에서는 우리나라에서 수입한 컵라면도 판다. 얼큰한 맛이 그리울 때 하나 사먹어도 좋을 듯. 뜨거운 물은 호텔 · 한인 민박 등의 숙소에서 쉽게 구할 수 있다. 나무젓가락 대신 컵라면 용기 안에 조그만 플라스틱 포크가 들어 있는 것도 재미있다.

얼큰한 김치찌개로 잃어버린 입맛을 되찾아 보자

물 · 음료수 어디서 살까?

더운 날씨 탓에 음료수 없이는 여행하기 힘든 곳 홍콩. 수돗물은 배탈의 가능성이 높으니 되도록 생수 Mineral Water(HK$5~15)를 사서 마시는 게 좋다. 생수를 비롯한 각종 음료수를 가장 싸게 파는 곳은 홍콩 시내에 지천으로 널린 슈퍼마켓이다. 주택가는 물론 사무실이 밀집한 도심 한복판의 쇼핑센터에도 대형 슈퍼마켓이 입점해 있어 슈퍼마켓 찾는 식은 죽 먹기다.

홍콩의 대표적인 슈퍼마켓 체인은 Wellcome 惠康, Park'n Shop 百佳, Taste. 가격은 셋 다 비슷하며 현금 외에 p.138의 옥토퍼스 카드도 사용할 수 있다. 슈퍼마켓을 찾기 힘들 때는 시내 곳곳에 위치한 세븐일레븐, 써클 K 등의 편의점을 이용하자. 가격은 슈퍼마켓보다 10~20% 비싸다.

거리 곳곳에 즉석에서 갈아주는 신선한 생과일 주스 매점도 있다. 가격은 한잔에 HK$10~20 수준. 디저트로도 좋으니 한 번쯤 맛보자.

취향저격, 홍콩 베스트 coffee & Tea

섬세한 손길로 최고의 맛을 뽑아내는 바리스타의 커피부터 수십 년 전통의 중국차까지! 이제껏 경험하지 못한 풍부한 맛의 스펙트럼을 즐기자. 현지에서 태어난 토종 커피숍은 물론 해외에서 건너온 유명 카페까지 선택지는 무궁무진하다.

Flat White HK$40

Halfway Coffee
현대와 과거가 공존하는 카페. 디테일이 살아 있는 인테리어, 앤티크한 잔에 담아내는 커피가 인상적이다.
area 썽완 p.203

Flat White HK$38

Amber Coffee Brewery
월드 바리스타 챔피언의 카페. 풍부한 과일 향과 강렬한 신맛의 커피를 선보이며, 밤에는 바로 변신한다.
area 센트럴 p.179

Mocha HK$50

Ralph's Coffee
랄프 로렌이 직접 프로듀싱한 커피숍. 쓴 맛이 강조된 클래식한 커피가 특징이며 초콜릿 케이크도 맛있다.
area 찜사쪼이 p.331

Caffe Latte HK$40~

Arabica
테이크아웃 전문점. 전 세계에서 엄선해온 원두를 직접 로스팅해서 사용하며 깔끔 고소한 맛이 특징이다.
area 센트럴 · 찜사쪼이 p.179 · 331

Cafe Latte HK$42~

Omotesando Koffee
한국인에게도 인기가 높은 일본계 커피숍. 균형 잡힌 맛과 향의 커피는 진하면서도 깔끔한 뒷맛이 매력이다.
area 완짜이 p.238

Latte HK$38

Cupping Room
모던한 스타일과 아늑한 분위기가 매력. 홍콩에서 다섯 손가락 안에 드는 수준 높은 커피를 즐길 수 있다.
area 센트럴 p.179

차찬텡에서 즐기는 홍콩의 Coffee & Tea

차찬텡 茶餐廳은 음료와 함께 가벼운 식사를 제공하는 식당을 말한다. 소박한 분위기와 저렴한 가격 때문에 현지인도 즐겨 찾는데, 인스턴트 커피 또는 티백으로 우려낸 홍차, 청량음료가 주된 메뉴다. 차찬텡에서만 맛볼 수 있는 이색 음료는 진한 홍콩식 밀크티 Milk Tea 奶茶, 인스턴트 커피와 밀크티를 섞어 만든 오묘한 맛의 원앙차 Yunyeung Tea 鴛鴦茶다.

18 Grams
한 잔에 '18 그램'의 원두를 사용한다. 가벼운 산미가 혀끝을 자극하는 모던한 스타일의 커피가 맛있다.
area 코즈웨이 베이 p.257

Flat White
HK$40~

Knockbox Coffee Company
스페셜티 커피 전문점. 커피 본연의 향과 맛을 음미할 수 있도록 신선한 원두만 사용한다는 원칙에 충실하다.
area 웡꼭 p.362

Long Black
HK$33

Starbucks Coffee
1960년대 홍콩의 모습을 재현한 이국적인 스타벅스. 재미난 기념사진을 남길 수 있는 인기 포토 스폿이다. **area 센트럴 p.175**

Coffee
HK$21~

Lock Cha Tea House
잔잔한 중국 음악이 흐르는 19세기 풍의 전통 찻집. 양질의 차를 합리적 가격에 맛볼 수 있다.
area 센트럴 p.173

Chinese Tea
HK$38~

Lan Fong Yuen
50년 역사를 뽐내는 센트럴의 터줏대감. 설탕을 듬뿍 넣은 달콤한 홍콩식 밀크티의 매력에 푹 빠져보자.
area 센트럴 p.178

Hong Kong
"Socks" Tea
HK$22~

Mido Cafe
70년 전통의 차찬텡 茶餐廳. 아주 오래된 홍콩 영화의 한 장면을 연상시키는 예스러운 멋이 일품이다.
area 야우마떼 p.363

Milk Tea
HK$20~

놓치면 후회할 3대 쇼핑 명소

쇼핑 천국 홍콩! 상상을 초월하는 매머드급 쇼핑센터와 초호화 명품 숍이 즐비하다. 홍콩 여행 초심자라면 어디부터 가야 할지 망설여지기 십상. 짧은 시간 알차게 쇼핑할 수 있는 초특급 3대 명소만 콕콕 집어 살펴보자.

강추! 포인트
최고 브랜드 총집합
고급스러운 분위기

퍼시픽 플레이스 PACIFIC PLACE

최고의 브랜드만 엄선해 놓은 고급 쇼핑몰. 주로 클래식 명품을 취급한다. 항상 수많은 사람들로 넘쳐나는 홍콩의 여타 명품 숍과 달리 호젓하게 쇼핑을 즐길 수 있는 것도 장점. 부유층 고객이 많아 물 관리(?)도 철저하다. Roger Dubuis와 Jaeger-LeCoultre처럼 눈요기만 해도 즐거운 초고가 매장이 즐비하다. 불가리 · 까르띠에 · 반 클리프 앤드 아펠 · 티파니 & Co. 등은 결혼예물을 준비하는 예비 신혼부부에게 인기. 알렉산더 왕 · 메종 마르지엘라 등의 신생 명품 브랜드를 찾는다면 L1 · L2층의 하비 니콜스와 I.T로 가보자. 프렌치 시크 스타일의 패션 브랜드 The Kooples, 심플함이 매력인 슈즈 브랜드 레페토도 인기가 높다.

area 센트럴 p.181 영업 10:00~20:00(숍마다 다름)

여성용 아이템이 충실하다

화려하고 글래머러스한 스타일의 명품이 풍부하다

IFC MALL

젊은 취향의 실용적인 중저가 브랜드 쇼핑에 안성맞춤이다. 풍부한 디자인과 착한 가격이 매력인 ZARA · 클럽 모나코 · COS 등이 추천 브랜드. 아네스 베 · Sandro · ba&sh · Max & Co. · 마쥬 Maje · 마시모 두띠 등의 고급 영 캐주얼도 눈여겨보자. 홍콩의 쇼핑몰 가운데 유일하게 이곳에만 입점한 아크네 스튜디오도 인기가 높다. 요리와 먹거리에 관심 있다면 시티 슈퍼 City'Super도 놓치지 말자. 우리나라에서 구하기 힘든 온갖 수입 식재료가 가득하다.
IFC 몰은 대형 쇼핑센터이자 페리 · MTR · AEL · 버스 터미널까지 총망라된 교통의 중심지다. 이런 특성을 십분 활용해 이동 중에 남는 자투리 시간 동안 돌아보는 것도 요령. 귀국 당일 IFC 몰 지하의 도심공항터미널(p.151)에서 출국 수속을 마친 뒤 가벼운 몸으로 최후의 쇼핑에 작렬해 보는 건 어떤는지….

area 센트럴 p.184
영업 10:30~21:00(숍마다 다름)

강추! 포인트
싸고 질 좋은 상품을 원하는 그대에게

캐주얼하면서 실용적인 상품이 많다

City'Super
에서는 수입차 구입도 가능

강추! 포인트
누구나 만족하는
브랜드 총망라

Harbour City는 스타페리
선착장 바로 옆이라 교통도 편리!

화려한 인테리어가
돋보이는 쇼핑센터 내부

하버 시티 HARBOUR CITY

명품 · 의류 · 화장품 · 인테리어 · 장난감 등 없는 것 없이 모두 모인 만능 쇼핑센터. 찜사쪼이 한복판에 위치해 교통도 편하다. 패셔니스타를 자부한다면 발망 · 토리 버치 · Y-3 · 몽클레어 · 생 로랑 · 3.1 필립 림 · 쥬세페 자노티 · McQ 등 젊은 명품 브랜드에 주목하자. 화장품 마니아는 FACESSS와 레인 크로포드 백화점의 화장품 코너에서 발몽 Valmont · Charlotte Tilbury · Too Faced · 크리스챤 루부탱 · 베어 미네랄 Bare Minerals 등 국내에 런칭하지 않은 브랜드를 집중공략할 것. Miki House처럼 깜찍한 일본계 아동복과 펜디 · 아르마니 · 랄프 로렌 · 버버리 키즈 등의 고급스러운 아동복 브랜드도 놓치지 말자.

규모가 엄청나기 때문에 무심코 들어갔다가는 '숍 찾아 삼만리'를 하기 십상! 미리 구조도를 살펴보고 쇼핑 계획을 세운 다음 가는 게 바람직하다.

area 찜사쪼이 p.332 **영업** 10:00~21:00(숍마다 다름)

화장품과 다양한 패션 아이템을 취급한다

모르면 손해! 홍콩 정기 세일 이모저모

쇼핑의 최적기는 7~8월과 크리스마스~구정연휴 기간의 정기 세일이다. 1년에 딱 두 번 홍콩 전역에서 진행되는 대규모 세일이라 할인폭도 무척 크다. 이 때문에 쇼핑 품목을 찜해 놓고 이날만 학수고대하는 '열성 마니아'까지 있을 정도. 비싼 가격 때문에 지갑을 열지 못한 명품이 있다면 이때를 노리는 것도 좋다.

세일 시작과 동시에 보통 20~40%가 할인되는데, 시간이 흐를수록 할인 폭이 커져 세일이 끝날 무렵에는 할인가가 70%에 이른다. 문제는 인기 상품의 대부분이 세일 초반에 팔려버린다는 사실! 망설이다가는 기회를 놓칠 수도 있으니 마음에 드는 물건이 눈에 띄면 즉시 지르고 보는 게 현명하다. 아쉬운 점은 구찌 · 샤넬 · 루이뷔통 등 최고급 브랜드는 세일에 참여하지 않는 경우가 많다는 것이다.

휴무일과 세일 한도 표시에 주의

대부분의 상점은 세일 기간중 연장 영업을 한다. 하지만 일부 상점은 12월 25 · 26일과 구정 당일에 한해 쉬기도 한다. 해당 시기에 방문할 계획이라면 홈페이지 또는 전화로 휴무 상황을 체크해 보는 게 안전하다.

상품의 세일 한도를 표시할 때는 '%'와 '折'을 동시에 사용한다. 둘은 서로 상반된 개념인데, '30% 세일'을 중국어로는 '7折'이라고 표기한다. 헷갈리지 않게 주의하자.

명품 & 패션·액세서리 숍

자타가 공인하는 쇼핑 마니아의 메카 홍콩. 패션 잡지에 오르내리는 '핫한 브랜드는 대형 백화점과 쇼핑몰, 저렴한 명품은 아웃렛을 집중 공략하자. 돈을 쓰면 쓸수록 돈 버는 알짜 쇼핑을 원없이 즐길 수 있다.

경제적인 명품 쇼핑은 홍콩 여행의 즐거움

명품 브랜드

홍콩 명품 쇼핑의 최대 매력은 저렴한 가격과 풍부한 상품이다. 더구나 우리나라에서 보기 힘든 신생 브랜드와 디자이너의 상품도 충실하다. 명품 브랜드를 취급하는 백화점과 쇼핑몰은 센트럴·코즈웨이 베이·찜사쪼이 일대에 모여 있다. 선호하는 브랜드가 입점한 백화점·쇼핑몰부터 파악하고 쇼핑에 나서는 게 시간과 수고를 줄이는 비결. 일부 셀렉트 숍에서는 진품 같은 '짝퉁'을 팔기도 하니 조금은 주의하는 게 좋다.

추천 명품 매장

센트럴 Pacific Place p.181, IFC Mall p.184
Landmark Atrium p.188, Harvey Nichols p.188
코즈웨이 베이 Lee Gardens p.260
Times Square p.258
찜사쪼이 Harbour City p.332, 캔톤 로드 p.338
Peninsula Shopping Arcade p.342
T Galleria Hong Kong p.345, Elements p.340

홍콩은 전 세계 명품 브랜드의 각축장

패션 · 액세서리

20~30대 여성이 선호하는 최신 디자인의 패션 명품 숍은 센트럴·찜사쪼이, 10~20대에게 인기 높은 저렴하고 발랄한 디자인의 상품은 코즈웨이 베이·웡꼭의 백화점과 로드 숍에서 쉽게 찾아볼 수 있다.
일본계 백화점과 브랜드 숍이 모인 코즈웨이 베이의 쇼핑가에는 일본의 패션 트렌드가 실시간으로 유입되기 때문에 젊은층에게 인기가 높다. 특히 우리나라에서 구하기 힘든 일본의 유명 스트리트 패션 브랜드가 풍부해 독특한 감각과 강한 개성을 추구하는 트렌드세터들의 발길이 끊이지 않는다.

메인 쇼핑가를 집중공략하자

추천 패션 · 액세서리 매장

센트럴 Pacific Place p.181, IFC Mall p.184
Top Shop p.188, Marks & Spencer p.188
코즈웨이 베이 Hysan Place p.259, Lee Gardens p.260
Times Square p.258, Fashion Walk p.261, SOGO p.258
찜사쪼이 Harbour City p.332, The One p.346
Silvercord p.346, Mira Place 1&2 p.347

한국인에게 인기 높은 Esprit Outlet

PRADA 아웃렛

패션 & 명품 아웃렛

교통이 가장 편한 곳은 찜사쪼이 한복판에 위치한 China Hong Kong City Shopping Mall이다. 가격이 착한 것은 물론 실용적인 의류가 많다. 한두 시간이면 충분히 둘러볼 수 있는 것도 매력. 시내에서 조금 떨어져 있지만 인기 브랜드가 충실한 곳은 란타우 섬의 Citygate Outlet이다. 화장품·의류·신발이 주를 이루며 공항이나 홍콩 디즈니랜드를 오갈 때 이용하면 편하다. 저렴한 명품을 원츄한다면 프라다 아웃렛으로 유명한 'PRADA'와 명품 아웃렛 종합 백화점 Horizon Plaza Outlet으로 가자. 50~70% 할인된 파격적인 가격이 지름신의 강림을 촉구한다. Horizon Plaza Outlet은 규모가 크고 상품이 많아 돌아보는데 시간이 꽤 걸린다. 더구나 교통까지 불편하니 시간 여유를 넉넉히 두고 갈 것.

성공 쇼핑을 위해서는 브랜드별 시즌 컬렉션 정도는 꿰차고 있어야 한다. 또한 이월 상품을 취급하는 아웃렛의 특성상 알짜배기를 건지기가 쉽지 않으니 '진흙 속의 진주를 캐는' 심정으로 쇼핑에 임하는 게 좋을 듯.

추천 | 패션 & 명품 아웃렛

사이즈 조견표

※브랜드마다 차이가 있으므로 대략적인 기준치로만 생각할 것.

	여성복									남성복(정장)			
	XS	S		M		L		XL					
한국	44	55		66		77		88		95	100	105	110
	85	90		95		100		105					
이탈리아	36	38	40	42	44	46	48	50	52	46	48	50	52
영국	8	10		12	14	16	18	20	26	36	38	40	42
프랑스	32	34	36	38	40	42	44	46	48	46	48	50	52
미국	2	4	6	8	10	12	14	16	18	36	38	40	42

여성 신발								
한국	220	225	230	235	240	245	250	255	260
이탈리아	35	35½	36	36½	37	37½	38	38½	39
영국	2	2½	3	3½	4	4½	5	5½	6
프랑스	36	36½	37	37½	38	38½	39	39½	40
미국	5	5½	6	6½	7	7½	8	8½	9

남성 신발								
한국	245	250	255	260	265	270	275	280	285
영국	6	6½	7	7½	8	8½	3	9½	10
프랑스	40	40½	41	41½	42	42½	43	43½	44
미국	7	7½	8	8½	9	9½	10	10½	11
페라가모	6½	7	7½	8	8½	9	9½	10	10½
프라다/D&G	5½	6	6½	7	7½	8	8½	9	9½
구찌	40	40½	41	41½	42	42½	43	43½	44

명품 숍이 입점한 대형 쇼핑몰

지역	센트럴				코즈웨이 베이			찜사쪼이			
명품 숍	Landmark Atrium	Landmark Prince's	IFC Mall	Pacific Place	Times Square	Lee Gardens	SOGO	Peninsula Arcade	T Galleria Hong Kong	Harbour City	Elements
3.1 Phillip Lim										○	
A. Testoni				○			○	○		○	
A/X Armani Exchange							○				
Agnés b			○		○		○				
Alexander McQueen	○						○			○	○
Alice & Olivia			○							○	
Anya Hindmarch	○					○				○	
Balenciaga	○				○		○			○	
Bally				○			○		○	○	
Blumarine										○	
Bottega Veneta	○		○	○	○		○		○	○	○
Burberry				○			○		○	○	○
Carven										○	
Celine	○		○	○	○		○		○	○	○
Chanel		○		○	○	○		○	○	○	○
Chloé		○	○	○			○			○	○
Coach			○		○		○		○	○	
Crome Hearts		○						○			
Delvaux	○							○		○	
Diane von Furstenberg	○			○			○				
Dior	○			○	○	○					○
Dior Homme	○				○					○	○
Dolce & Gabbana				○						○	○
Dries van Noten	○										
Dunhill			○							○	○
D'urban					○		○				
Emporio Armani				○			○			○	○
Ermenegildo Zegna			○								
Fendi	○			○	○				○	○	○
Furla			○		○		○			○	○
Givenchy			○		○					○	○
Gucci	○		○	○	○	○	○		○	○	○
Hermès		○		○		○	○			○	○
Hugo Boss								○	○	○	○
Isabel Marant				○						○	
Jil Sander											

의류 & 피혁

명품 숍이 입점한 대형 쇼핑몰

지역	센트럴				코즈웨이 베이			찜사쪼이			
쇼핑 몰 / 명품 숍	Landmark Atrium	Landmark Prince's	IFC Mall	Pacific Place	Times Square	Lee Gardens	SOGO	Peninsula Arcade	T Galleria Hong Kong	Harbour City	Elements
Jimmy Choo	○			○	○					○	○
Kate Spade		○					○			○	
Kenzo	○		○		○		○			○	○
Lanvin			○								
LOEWE	○		○	○	○				○	○	○
Louis Vuitton	○			○	○	○		○		○	○
Manolo Blahnik	○										
Maison Margiela										○	
Marc Jacobs	○			○			○		○	○	
Marni	○					○				○	
Max & Co.			○	○	○		○			○	○
Max Mara			○		○					○	○
Miu Miu	○			○			○			○	○
Moncler			○	○		○				○	○
MOSCHINO	○						○			○	
Mulberry										○	
Neil Barrett											
Paul Smith	○						○			○	
Prada				○			○			○	○
Ralph Lauren		○							○	○	
Repetto				○						○	○
Roberto Cavalli										○	
Proenza schouler											
Saint Laurent Paris					○		○		○	○	○
S. T. Dupont	○						○	○			
Salvatore Ferragamo			○	○	○		○		○	○	
Sergio Rossi										○	
Shanghai Tang				○							○
Theory			○	○		○				○	
Tod's	○			○						○	
VALENTINO	○		○			○	○			○	○
VERSACE				○			○			○	○
Vivienne Westwood					○		○			○	
Y-3					○					○	○
Zadig & Voltaire				○						○	

의류 & 피혁

명품 숍이 입점한 대형 쇼핑몰

지역	센트럴				코즈웨이 베이			찜사쪼이			
명품 숍	Landmark Atrium	Landmark Prince's	IFC Mall	Pacific Place	Times Square	Lee Gardens	SOGO	Peninsula Arcade	T Galleria Hong Kong	Harbour City	Elements
시계 & 보석 Bvlgari			○	○	○	○		○	○	○	○
Cartier		○		○	○			○	○	○	○
Chopard		○	○						○	○	○
Damiani	○										○
Frank Muller								○		○	○
Harry Winston								○			
IWC			○	○					○	○	○
Jaeger–Lecoultre		○	○	○					○	○	
MontBlanc			○	○	○		○		○	○	
Piaget			○			○		○	○	○	
Qeelin	○		○					○	○		○
Roger Dubuis								○			
Tiffany & Co.	○		○				○	○	○	○	○
Van Cleef & Arpels		○		○			○	○	○	○	
중저가 캐주얼 브랜드 CK Calvin Klein							○			○	○
Diesel					○		○				
Evisu					○		○				
Guess							○				
The Kooples			○	○						○	
Jill Stuart							○				
LeSportsac				○						○	
Maje			○		○	○	○				○
Massimo Dutti			○							○	
Nautica							○				
Nine West											
Sandro			○	○	○	○	○			○	○
Staccato					○		○			○	
Timberland					○		○				
ZARA			○	○						○	○
참고 사항 Harvey Nichols(백화점)	○			○							
I.T.(편집 매장)	○			○						○	
Joyce(편집 매장)				○						○	
Lane Crawford(백화점)			○	○						○	

must BUY 03

홍콩의 NO.1 쇼핑 아이템! 화장품

홍콩 화장품 쇼핑의 매력은 다양한 브랜드다. 특히 면세점에 없거나 우리나라에서 아직 출시되지 않은 아이템을 집중공략하자. 백화점·쇼핑센터의 화장품 코너는 물론, 시내 곳곳에 위치한 화장품 할인매장에서 온갖 종류의 상품을 손에 넣을 수 있다.

화장품 구입은 드러그 스토어

중저가 기초 및 색조 화장품은 드러그 스토어 Drug Store(약국)에서 판다. 홍콩의 약국은 약·생필품·화장품·미용용품을 종합적으로 취급하는 일종의 '미용 편의점'이란 사실을 알아두자. 고급 화장품은 우리나라와 마찬가지로 대형 백화점 1층에서 취급한다. 홍콩 국제공항 면세점의 화장품은 시내 매장과 가격 차이가 없고 종류도 빈약하단 사실도 기억할 것.

사사 SASA 莎莎

홍콩 최대의 화장품 할인점 체인. 홍콩 전역에 100여 개의 지점이 있으며 마카오와 중국 본토에도 진출했다. 400여 종의 화장품·헤어 케어·향수를 취급하며 정가의 10~50%를 할인해서 판다. 특히 고급 화장품을 파격적인 가격에 살 수 있는 게 장점. 우리나라에 없는 고급 브랜드도 다양하게 구비했다. 기초·기능성 제품이 풍부한 반면 색조 화장품이 살짝 빈약하다. 일본 중저가 화장품의 비중이 점차 높아지는 추세다.

area 센트럴 p.189, MAP 5-C3, 코즈웨이 베이 p.258, 찜사쪼이 p.347
🌐 www.sasa.com

봉주르 BONJOUR 卓悅

Sasa와 비슷한 콘셉트의 화장품 할인점 체인. 고가 브랜드 위주의 Sasa와는 달리 뉴트로지나·메이블린·레블론 등 실용적인 중저가 브랜드를 취급한다. 일본의 드러그 스토어에서 취급하는 베스트셀러 아이템이 풍부한 '일본 수입 화장품 코너'가 충실하다. 가격 대비 만족도가 높은 기능성 제품을 찾아내는 재미도 쏠쏠하다. **area** 완짜이 MAP 10-C4

왓슨스 WATSONS 屈臣氏

홍콩을 대표하는 드러그 스토어 체인. 약·생필품과 함께 뉴트로지나·OLAY·로레알 등의 중저가 화장품과 각종 미용제품을 취급한다. 부담 없는 가격의 시트 마스크 팩·세안용품·헤어용품을 구입하기도 좋다. 흉터 치료에 효과 만점인 기능성 의료제품도 우리나라보다 훨씬 저렴하다. 충동구매를 부추기는 깜찍한 캐릭터 상품도 매력적이다.

area 센트럴 MAP 5-C2, 완짜이 MAP 10-D4, 찜사쪼이 MAP 15-B4

매닝스 MANNINGS 萬寧

watsons의 뒤를 잇는 드러그 스토어 체인점. 취급 상품은 비슷하지만 좀더 고가의 화장품이 많다. 코엔자임 Q10·글루코사민 등의 건강 보조식품을 우리나라보다 20~40% 저렴하게 파는 GNC 코너도 인기가 높다. 우리나라에는 '올리브 영 Olive Young' 브랜드로 진출해 있어 은근히 친숙하게 느껴진다.

area 코즈웨이 베이 MAP 11-A3, 웡꼭 MAP 21-B2

짝퉁 천국 야시장 & 재래시장

must BUY 04

야시장과 재래시장은 홍콩 특유의 서민적인 활력과 생동감이 넘치는 이색적인 쇼핑 명소. 온갖 짝퉁이 난무하는 노점에서 기발한 아이템을 찾아보자. 단, 마무리가 허술한 짝퉁 상품이 대부분이므로 지나친 기대는 금물!

A 다양한 디자인의
티셔츠 1장 HK$29~

A E 교통카드 케이스
1개 HK$10

A 곤룡포 모양의
마그네틱 HK$10

A 경극 배우 인형
마그네틱 HK$30

A 화려한 색감이 돋보이는
손목시계 HK$30~

A 깜찍한 리락쿠마
칫솔걸이 HK$19

A B. Duck 머그컵 뚜껑
HK$19

A 폴 프랭크 아이패드
케이스 HK$100

A 고양이 핸드폰
받침대 HK$19

A F 어벤저스
케이블 타이 HK$8

A 미니언 네임 택
HK$10

A 토토로 자동차 안전벨트
커버 HK$70

A 깜찍한 고양이 집게
HK$15

A D 앙증맞은 곰돌이
병따개 HK$25

A Qposket 피규어
HK$60~

A 여인가 Ladies' Market

홍콩 최대 규모를 자랑하는 곳답게 의류·액세서리·짝퉁 명품·장난감 등 온갖 상품을 취급한다. 무조건 부르는 가격의 ⅓부터 흥정을 시작하는 게 바가지를 덜 쓰는 요령.
area 웡꼭 p.360 **영업** 12:00~23:30

B 템플 거리 야시장 Temple St. Market

여인가와 함께 홍콩 야시장의 양대 산맥을 이룬다. 취급 상품은 여인가와 비슷하지만 규모는 상대적으로 작다. 가격표를 붙여 놓은 곳이 많아 그나마 흥정하기 수월하다.
area 야우마떼 p.358 **영업** 17:00~23:30

C 캣 스트리트 Cat Street

저렴한 골동품과 홍콩 스타일의 액세서리를 구입하기 좋다. 기본적인 가격이 여인가보다 저렴하기 때문에 바가지를 쓸 위험이 상대적으로 적다. 그래도 흥정은 필수!
area 썽완 p.201 **영업** 10:00~20:00

B 재미난 디자인의
와인 마개 1개 HK$22

B 발바닥 라이터 HK$20

B 다양한 용도의 대나무
찜기 HK$11~55

B 중국 분위기가 물씬
풍기는 부채 HK10

B E 중국식 찻잔 HK$30

C 액세서리 함 HK$50

C 미니 액세서리 함 HK$50

C E 강렬한 붉은색의 고추
모양 스트랩 HK$10~

C E 재물운을 불러오는
스트랩 HK$10~

A D E 차이나 드레스 스타일
와인병 케이스 HK$29

D 캐릭터 넥타이
1개 HK$25

A D 거리 표지판 모양의
마그네틱 HK$15

A 포포베 아이언 맨
병따개 HK$29

A 원피스 스마트폰
터치 펜 HK$20

A E 러버 덕
마그네틱 HK$15

A E 원피스 열쇠고리
HK$10

A E 레고 시리즈
아이언맨 HK$10

A D 나노 블럭
미키 마우스 HK$20~

A E F 스마트폰
링 거치대 HK$10

F USB 전원 미니
캠핑등 HK$12

A F 원피스
아이폰 케이스 HK$50

A F 스마트폰용
광각 렌즈 HK$20

D 스탠리 마켓 Stanley Market

여인가·템플 거리 야시장과 비슷하지만 좀
더 외국인 구미에 맞춘 상품이 많다. 영어가
잘 통하는 대신 여인가 등의 재래시장보다
비싸며 가격을 깎기가 조금 힘들다.

area 스탠리 p.288 🕐 10:00~20:00

E 타이윤 시장 Tai Yuen St. Market

장난감·액세서리를 취급하는 상점과 노점
이 모여 있다. 특히 일제 프라모델을 취급하
는 숍이 많다. 액세서리 가격은 여인가와 비
슷하거나 살짝 비싼 수준이다.

area 완짜이 p.239 🕐 10:00~20:00

F 썸쑤이뽀우 Sham Shui Po

짝퉁 가전제품 전문(?) 시장. 값도 상상을
초월하게 저렴하다. 배터리·시계·리모콘·
이어폰·스피커처럼 고장 확률이 적고 독특
한 디자인의 상품을 노리는 게 쇼핑 포인트!

area 싼까우롱 p.375 🕐 11:00~22:00

※가격은 수시로 변동되므로 대략적인 기준치로만 생각할 것.

색다른 재미 슈퍼마켓 쇼핑

다채로운 상품이 넘쳐나는 슈퍼마켓 역시 이색 쇼핑 명소. 에스닉한 소스와 향신료, 그리고 홍콩식 인스턴트 음식처럼 우리나라에 없는 기발한 아이템을 노리자. 여행의 추억을 되새길 수 있는 멋진 기념품이 되는 것은 물론 선물로도 좋다.

주의하세요 음료수·주류·액상 소스 등의 액체류는 기내 반입이 불가능하다. 이때는 깨지지 않게 꼼꼼히 포장해서 큰 짐에 넣은 다음 수하물 탁송을 하면 된다.

A B C Davidoff 커피
개당 HK$86

A Parsley HK$23

A Taylors of Harrogate
HK$82

B C D Jacquot Truffls
초콜릿 HK$49.9

A City'Super 에코백
HK$26

A B C Lee Kum Kee
XO 소스 HK$51.90

B C D Ritter Sport
초콜릿 HK$23.50

A Muesli 유기농 시리얼 500g
HK$34~

B C D McCormick
후추 HK$36.50

B C D McCormick
이탈리안 허브
HK$41.50

B C D Eagle Brand
연유 스프레드
HK$13.70

B FIJI 인기 높은
최고급 생수 HK$22

B Nexcare Tatoo Waterproof
방수 밴드 HK$36.50

B C D 인기 만점 핸드 크림
HK$21.90

B C D Pop-Pan
야채 크래커 HK$17.50

B C 디즈니 캐릭터 화장지
15개 세트 HK$19.90

B C D Darlie 치약
HK$18.90~

A City'Super

럭셔리 & 웰빙 콘셉트의 슈퍼마켓. 값이 조금 비싼 대신 고급스러운 상품이 많다. 특히 수입 식재료가 풍부한데, 우리나라에서 구하기 힘든 비니거·올리브 오일·향신료·커피 등이 추천 아이템. 수입 맥주 코너도 충실하다.

www.citysuper.com.hk 센트럴
p.184, 코즈웨이 베이 p.258, 찜사쪼이 p.335

B Wellcome 惠康

홍콩 최대의 슈퍼마켓 체인답게 지점이 많고 가격도 저렴하다. 홍콩 스타일의 인스턴트 식품과 중국 요리 향신료가 충실하다. 과자와 생활용품은 기념품으로도 좋다.

www.wellcome.com.hk
센트럴 MAP 5-B2, 완짜이 MAP 10-B4
코즈웨이 베이 MAP 11-D4

A B C D 다양한 맛과 디자인의 수입 맥주 1병 HK$9~78

B C D Kingo Pudding
망고 푸딩 HK$13.80

B C D Lee Kum Kee 튜브식
굴 소스 HK$16.90

B C D Nissin 즉석
호두죽 HK$19.30

B C D Fujiya 페코 연유 캔디
HK$13.50

B C D Twining 레몬 &
진저 티백 HK$58.50

B C D Twinings Classics
Lady Gray Tea HK$47

B C D London
Fruit&Herb Company
복숭아 차 HK$35

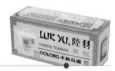

B C Luk Yu 오룡차 티백
HK$11.60

B C D Lipton 밀크 티
HK$30.50

B C D 뭉친 어깨를 풀어주는
호랑이 로션 HK$49.90

B C D 호랑이 연고
HK$32.90

B C D 호랑이 파스 9장
HK$73

B C D Lee Kum Kee
인스턴트 마파 두부 소스 HK$8

B C D 데마에잇초 出前一丁 라면
HK$4.50 일본에서도 안 파는
진귀한(!) 일본 라면.

B C D 인스턴트
Mango Pudding Powder
HK$10.90

> 키티 머리가
> 들어있다

B C D Hello Kitty
초미니 컵라면
HK$4.50

C Park'n Shop 百佳

Wellcome의 강력한 라이벌. Wellcome보다 가격이 조금 비싼 대신 좀더 고급스러운 상품이 많다. City'Super만큼은 안 되지만 수입 식품이 비교적 풍부하고 우리나라에서 보기 힘든 열대과일도 다양하게 취급한다.

홈피 www.parknshop.com
지도 찜사쪼이 MAP 16-G2

D Market Place by Jasons

홍콩에서 손쉽게 접할 수 있는 슈퍼마켓 체인 가운데 하나이다. 주로 대형 쇼핑몰에 숍인숍 형식으로 입점해 있다. 여타 슈퍼마켓보다 규모가 작지만 인기 상품은 충실히 갖춰 놓았다. 1~2인용 사이즈로 포장된 과일·도시락도 취급해 나홀로 여행자가 이용하기에도 편리하다.

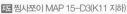

지도 찜사쪼이 MAP 15-D3(K11 지하)

※가격은 수시로 변동되므로 대략적인 기준치로만 생각할 것.

강추 선물 아이템, 홍콩의 쿠키 Best 11

부담없는 가격으로 만인에게 기쁨을 안겨줄 수 있는 선물의 '절대 강자'는 바로 달콤 고소한 쿠키! 둘이 먹다 하나가 죽어도 모를 맛난 쿠키는 굳이 선물이 아니어도 반드시 맛봐야 할 홍콩 쇼핑의 필수 아이템이다.

A Panda Cookies HK$88
간식으로 먹기 좋은 바삭한 판다 쿠키. 앙증맞은 모양과 귀여운 판다 얼굴이 그려진 양철 케이스 때문에 기념품 · 선물로도 인기가 높다.

A Assorted Fruit Shortcakes Gift Box HK$42(캔 1개당)
달콤 촉촉한 파인애플 잼이 듬뿍 들어 있는 펑리수 鳳梨酥. 따뜻한 차 또는 우유와 먹으면 더욱 맛있다.

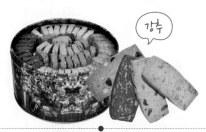

B 8 Mix Nuts Cookies Small HK$140, Large HK$200
놓치면 후회할 마약 같은 매력의 쿠키 세트. 달콤 고소한 버터 쿠키에 아몬드 등의 견과류를 넣어 풍미를 더했다. 각각 맛이 다른 8종류의 쿠키가 모둠으로 들어 있다.

B 4 Mix Butter Cookies Small HK$75, Large HK$140
제니 베이커리의 대표작. 일단 맛보면 푹푹 빠져드는 강렬한 마력(魔力)의 소유자! 진한 버터 향과 촉촉한 감촉, 달콤한 맛의 4가지 쿠키가 들어 있다.

C Heritage Collection−Naturally Nutty (Classic & Nuts)(16개) HK$535
초콜릿 러버라면 절대 놓칠 수 없는 페닌슐라 호텔의 간판 스타. 진한 초콜릿과 고소한 견과류의 조화가 훌륭하다.

C Mini Milk Chocolate Bars(5개) HK$195
허끝에서 사르르 녹는 달콤한 밀크 초콜릿의 감동에 푸~욱 빠져보자. 예쁜 양철 케이스는 액세서리함으로 사용해도 좋다.

D Original Butterfly Cookies(250g) HK$188
홍콩 제일의 버터플라이 쿠키!
바삭바삭한 식감과 고소한 버터향.
가벼운 단맛이 매력이다.

E Assorted Cookies–11 Flavors HK$218
아무리 먹어도 물리지 않는 담백한 맛의 쿠키.
쿠키스 콰르텟의 대표 메뉴 11종이
모둠으로 들어 있다.

E Palmier HK$78
쿠키스 콰르텟의 간판 상품인
버터플라이 쿠키. 바삭하면서도 달콤
해 홍차와 함께 오후의 간식으로
즐기기에 안성맞춤이다.

F Wing Wah Egg Rolls HK$84
바삭바삭한 계란 과자. 우리 입에도
익숙한 진한 계란 향과 달콤한 맛이
특징이다. 저렴한 가격에 푸짐한 양도
놓치기 힘든 매력 포인트.

G Macaron 7개 HK$260
감히 세계 제일이라 해도
과언이 아닌 마카롱. 마카롱 특유의
찐득한 느낌이 없고 기분 좋은 단맛과
그윽한 풍미가 느껴진다.

A 키와 베이커리 Kee Wah Bakery 奇華餠家
다양한 전통 과자를 취급하는 베이커리. 기념품으로 인기가 높다.
area 완짜이 p.238 **영업** 09:00~21:30 **지도** MAP 10-C5

B 제니 베이커리 Jenny Bakery 珍妮曲奇
'마약 쿠키'라고 불러도 될 만큼 중독성이 강한 수제 쿠키 전문
점. 전혀 베이커리답지 않은 초라한 외관과 달리 쿠키 맛은 홍콩
제일이다. 오픈 전부터 긴 줄이 늘어서 구입에 30분~1시간씩
걸리니 주의!
area 찜사쪼이 **영업** 09:00~19:00 **휴무** 부정기적
주소 Shop 42, 1/F, Mirador Mansion, 62 Nathan Road,
Tsim Sha Tsui **전화** 2311-8070
지도 MAP 15-D3 **교통** MTR 찜사쪼이 역 D2번 출구에서 도보
2분. 미라도 맨션 1/F층에 있다.

area 쌩완 **영업** 09:00~19:00 **휴무** 부정기적(홈페이지 참조)
지도 MAP 9-D3 **홈피** www.jennybakery.com

C 페닌슐라 부티크 Peninsula Boutique
홍콩 제일의 럭셔리 호텔 페닌슐라에서 직영하는 기념품 숍. 홍
콩에서 가장 맛있는 초콜릿·쿠키·차를 취급하는 곳으로도 유
명하다. 명성에 걸맞는 만만치 않은 가격이 유일한 흠!
area 찜사쪼이 p.342 **영업** 09:30~19:30 **지도** MAP 15-C4

D 파인 푸드 Fine Foods
세련된 맛의 빵·쿠키·케이크를 취급하는 베이커리. 홍콩의 인
기 파티셰를 다수 배출한 곳으로도 유명하다.
area 찜사쪼이 p.330 **영업** 11:00~21:00 **지도** MAP 16-G2

E 쿠키스 콰르텟 Cookies Quartet
최근 인기 급상승 중인 홈메이드 쿠키 전문점. 아무리 먹어도 질
리지 않는 균형 잡힌 단맛과 질감이 매력이다.
area 코즈웨이 베이 p.257 **영업** 11:00~21:00 **지도** MAP 11-B3

F 윙와 Wing Wah 榮華
1950년 창업한 중국 전통 과자 전문점. 노파병·월병·에그 롤
등 예스러운 과자가 메인 아이템이다. 패키지 디자인도 소박한
홍콩 스타일이라 이국적인 선물을 장만하기에 좋다.
area 찜사쪼이 **영업** 08:30~21:30 **휴무** 연중무휴
교통 MTR 찜사쪼이 역 P3번 출구에서 도보 2분.
지도 MAP 16-F3 **홈피** www.wingwah.com

G 피에르 에르메 Pierre Hermé
제과계의 피카소 피에르 에르메가 운영하는 파티스리. 깜짝 놀
랄 만큼 값이 비싸지만 맛볼 가치는 충분하다.
area 센트럴 p.180 **영업** 10:00~22:00 **지도** MAP 5-D1

여행의 즐거움, 선물 고르기

추억이 담뿍 담긴 기념품과 두고두고 간직할 선물 고르기는 여행의 즐거움. 그러나 별처럼 많은 숍들 가운데 어디서 어떤 물건을 사야 하나 망설여지기 십상이다. 기쁨 충만, 만족 백 배, 최상의 기념품 & 선물 아이템을 콕콕 집어 알아보자.

현지 냄새가 강하게 풍기는 기념품

홍콩 여행의 기념품으로는 차이나 드레스 · 옥 장신구 · 자수 주머니처럼 현지 냄새가 강하게 풍기는 물건이 좋을 듯. 이런 상품을 취급하는 곳이 Yue Hwa Chinese Products 裕華國貨, Chinese Arts & Crafts 中藝 등의 중국 상품 전문 백화점이다. 시내 곳곳에 지점이 있고 상품도 다양하다. 비교적 믿을 만한 양질의 상품을 파는 것도 장점.

고급 차이나 드레스를 구입하려면 〈화양연화〉에서 장만옥의 의상을 담당한 Linva Tailor(p.189), 상하이 최고의 장인이 운영하는 Shanghai Tang(p.345) 등을 이용하는 것도 좋다. 저렴한 값에 홍콩 색 짙은 물건을 사려면 캣 스트리트 · 템플 거리 야시장 · 여인가 등의 재래시장을 이용하는 게 요령. 수십 개의 점포가 모여 있어 취향대로 고를 수 있다.

알록달록한 디자인의 고양이 장신구

변검 가면 모양의 액세서리

창삼이라고도 부르는 차이나 드레스

추천 기념품점

센트럴 Linva Tailor p.189
썽완 캣 스트리트 p.201
완짜이 HKTDC Design Gallery p.239
웡꼭 여인가 p.360
야우마떼 템플 거리 야시장 p.358

다기는 차의 종류에 맞춰서 구입하는 게 좋다

선물 · 기념품으로 적당한 차 · 다기

차(茶)는 가격과 종류가 다양해 주머니 사정에 맞춰 구입할 수 있는 것은 물론 웰빙 트렌드에도 잘 어울린다. 가격은 100g 기준 HK$50의 저렴한 것부터 HK$30,000에 이르는 초고가품까지 천차만별. 재배 지역과 발효법에 따라 다양한 맛을 내기 때문에 골라먹는 재미가 있다.

차 상점에서는 큰 통에 담긴 찻잎을 덜어내 무게를 달아서 파는 게 일반적이지만, Fook Ming Tong Tea Shop 福茗堂茶莊 등의 차 전문점에서는 소량으로 예쁘게 포장된 제품도 취급한다. 찻잎만 살 때는 향과 맛을 보존할 수 있도록 보관 용기도 함께 구입하는 게 좋다. 차 상점은 썽완 · 센트럴 · 찜사쪼이에 많고, Fook Ming Tong Tea Shop의 지점은 IFC Mall(p.184), Harbour City(p.332), 홍콩 국제공항 등에 있다.

다기는 차의 종류에 맞춰서 구입하는 게 기본. 차 상점에서 추천하는 것이나 생활다기 전문점에서 구입하면 편하다. 찻주전자와 두세 개의 잔을 포함해 HK$100~3000이면 무난하다.

차(茶)는 선물 · 기념품으로 적당한 아이템

추천 티 & 다기 숍

센트럴 Fook Ming Tong Tea Shop p.186, Lock Cha Tea House p.173
썽완 Cha Yuen Fong Tea Room p.205
찜사쪼이 Peninsula Shopping Arcade p.342

개성만점 인테리어 숍 & 잡화점

홍콩에서는 이국적인 분위기의 인테리어 소품을 손쉽게 구할 수 있다. 평범한 일상을 화사하게 변신시켜줄 멋진 아이템을 찾아보자. 인테리어 용품 전문점은 코즈웨이 베이에 많으며 가격도 우리나라보다 20~30% 이상 저렴하다.

심플하면서도 실용적인 IKEA

심플하면서도 세련된 에그 스탠드

스웨덴계 인테리어 용품 전문점. 심플하면서도 실용적인 유러피언 스타일의 테이블 웨어 · 패브릭 · 조명 · 소품을 원츄하는 이에게 강추! 심플한 색감과 실용성이 돋보이는 주방용품, 깜찍한 디자인의 침대 시트, 포근한 느낌의 이불 커버 등이 추천 아이템이다. 우리나라로 쉽게 가져올 수 있는 부피가 작고 가벼운 상품을 고르는 게 쇼핑 포인트. 구입하기 힘든 대형 가구의 경우 디자인 위주로 살펴보면 나중에 우리나라에서 가구를 고를 때 도움이 된다.

area 코즈웨이 베이 p.259, 샤틴 p.376 영업 10:30~22:30

아침 식사 때 요긴하게 쓰이는 브레드 스탠드

홍콩 스타일의 인테리어 풍경 GOD

재미난 디자인의 그릇

키치한 감성이 돋보이는 홍콩 스타일의 잡화 및 인테리어 용품 전문점이다. IKEA에서 2% 부족한 홍콩의 맛을 느끼고 싶다면 꼭 들러보자. 생활소품 · 식기 · 욕실용품 코너가 메인 공략 포인트다. 심플한 상품 위주인 IKEA와 달리 만화적 감성이 돋보이는 재미나고 실용적인 상품이 많아 구경하는 재미가 쏠쏠하다. 단아한 느낌의 양식기 세트나 한자(漢子)를 응용한 인테리어 소품도 실속 만점 아이템이다.

area 센트럴 p.189 영업 11:00~21:00

중국풍 테이블 웨어

나무 · 도기 · 금속 소재의 실용적인 중국풍 테이블 웨어도 강추 아이템. 특히 그릇 종류는 개성적인 디자인이 많아 고르는 재미가 있다. 중국풍의 나무젓가락 · 수저 받침대 · 숟가락 등은 실용적인 것은 물론 홍콩의 향취가 담뿍 배어 있어 더욱 매력적이다.

기념품으로도 부담없는 수저 받침대

> **추천 중국풍 테이블 웨어 숍**
>
> **센트럴** PMQ p.189
> **스탠리** 스탠리 마켓 p.288
> **야우마떼** 템플 거리 야시장 p.358
> **웡꼭** 여인가 p.360

생활잡화

주방 · 욕실용 생활잡화는 슈퍼마켓과 watsons · mannings(p.101) 등의 드러그 스토어에서도 판다. 디자인은 인테리어 전문점에서 파는 것보다 조금 떨어지지만 가격이 저렴해 부담없이 사용할 수 있는 게 매력이다. 특히 watsons에서는 다양한 스타일의 기능성 칫솔을 저렴하게 구입할 수 있어 인기가 높다.

치아 미백 용품도 저렴하다!

재미난 CD·DVD·서적 구입하기

전 세계에서 수입한 희귀본 CD와 DVD, 그리고 영문 서적은 은근히 끌리는 아이템. 우리나라에서 구하기 힘든 다양한 한국 영화·드라마 DVD도 취급한다. 컬렉터의 쇼핑 욕구를 강렬히 자극하는 국내 미출시 상품 위주로 골라 보자.

서적

전 세계에서 수입한 영문 서적을 취급하는 서점이 많다. 대학·대학원 교재 원서를 해외 현지보다 더 싸게 구입할 수 있는 게 매력. 대부분의 서점은 대형 쇼핑몰에 입점해 있다. 지점이 가장 많은 영문 서점 체인은 Bookazine(www.bookazine.com.hk)이다. 다양한 장르의 서적을 취급하는데 특히 인테리어·여행·요리·사진집이 풍부하다.

영문 서적 전문점 Bookazine

추천 서점
센트럴 Bookazine IFC 몰 지점 MAP 5−D1
찜사쪼이 Eslite MAP 15−B4
코즈웨이 베이 Eslite p.259
리펄스 베이 Bookazine p.276

전 세계의 음반을 모두 취급하는 Disc Plus

CD·DVD

상품이 가장 풍부한 곳은 IFC의 음반 전문 매장 Disc Plus. 홍콩 현지는 물론 전 세계에서 수입한 온갖 장르의 음반이 매장을 가득 메우고 있다. 영화·드라마·공연·다큐멘터리·애니 DVD도 다양하게 취급한다.

찜사쪼이의 MTR 역 주변과 코즈웨이 베이의 SOGO 백화점 뒤에는 허름한 DVD 매장이 많다. 최신작과 히트작 위주로 파는데 종류에 따라서는 HMV보다 HK$10~50 정도 값이 싸다. 한류 열풍에 힘입어 한국 영화·드라마 DVD도 날개 돋친 듯 팔리고 있는데, 신기하게도 우리나라에서 출시조차 되지 않은 작품이 눈에 많이 띈다. 가격도 우리나라보다 20~50% 저렴하니 재미 삼아 사보는 것도 좋을 듯! DVD를 살 때는 지역 코드를 확인하자. 지역 코드가 다를 경우 우리나라의 DVD 플레이어에서 재생이 안 되는 경우도 있다. 홍콩의 지역 코드는 우리나라와 같은 'Area 3'이다. 지역 코드가 'All'로 표시된 것은 전 세계 어디서나 재생이 된다.

홍콩의 짝퉁 DVD에 주의하자

홍콩에서 팔리는 상당수의 DVD는 소위 짝퉁이라고 불리는 불법 복제품이다. 물론 HMV처럼 정품만 취급하는 곳에서야 속을 일이 없지만 시장이나 소형 점포에서는 정품을 쏙 빼닮은 짝퉁에 속아 넘어갈 수도 있으니 주의하자. 짝퉁 DVD는 겉면에 표시된 것과 달리 엉뚱한 언어로 재생되거나 자막이 부실한 게 많으며, 제목과는 생판 다른 영화가 담긴 황당한 경우도 있다.

추천 CD·DVD 매장
센트럴 Disc Plus MAP 5−D1

가전제품·스마트폰 액세서리·모형 구입하기

홍콩은 전 세계의 수입품이 거래되는 유통의 허브라 우리나라에서 구하기 힘든 다양한 디자인과 기능의 가전제품을 구입할 수 있다. 그러나 짝퉁과 바가지라는 함정이 도사리고 있는 것도 간과할 수 없는 현실! 안전한 쇼핑 요령을 알아보자.

홍콩의 대표적인 가전 양판점 FORTRESS

정식 가전 양판점의 제품은 믿고 살 수 있다

스마트폰 액세서리

다양한 스타일과 디자인의 스마트폰 케이스·액세서리를 구입할 수 있다. 확실한 정품을 원하면 가전 양판점·대형 쇼핑센터·HMV, 비록 짝퉁이더라도 싸고 독특한 디자인을 찾는다면 여인가(p.360)와 썸쑤이뽀우(p.375)로 가보자. 깜찍한 캐릭터 케이스는 물론, 상상을 초월하는 기발한 디자인의 케이스도 풍부하다. 가격은 HK$20~60 수준. 썸쑤이뽀우에서는 스마트폰 호환 배터리도 저렴하게 판다.

카메라·컴퓨터·가전제품

디지털 카메라는 찜사쪼이의 네이던 로드에 전문점(p.312)이 많다. 하지만 바가지를 쓸 가능성이 높으니 주의하자. 적어도 서너 군데 숍에서 가격 협상은 필수! 일본 내수용 모델은 홍콩보다 우리나라가 훨씬 저렴한 경우도 있으니 꼼꼼한 가격 비교도 잊지 말자. A/S 문제가 발생하기 쉬운 고가의 보디보다 저렴한 렌즈·액세서리 위주로 구입하는 게 안전하다.

컴퓨터 용품·부품은 썸쑤이뽀우(p.375)의 전문상가에서 알아보자. 가격이 엄청나게 저렴하고 품목도 다양하다. 단, 대부분 중국산 저가 제품이라 품질을 보장하기는 힘들다. A/S 문제가 적은 단순 부품 위주로 구입하는 게 요령. MP3 플레이어는 음질과 수명을 보장하기 힘든 중국제보다 한국산 또는 애플의 i-Pod을 구입하는 게 좋다. 가격은 우리나라보다 5~10% 저렴하다.

A/S가 보장되는 정품 디지털 카메라·MP3·가전제품을 구입하려면 가격이 조금 비싸더라도 FORTRESS 豊澤, BROADWAY 百老滙 등의 가전 양판점을 이용하자. 다양한 제품을 직접 비교하고 구입할 수 있는 게 장점이다. 지점은 대형 쇼핑몰과 주요 쇼핑가에 있다.

고급 오디오 제품 매장은 센트럴의 Pacific Place(p.181), IFC Mall(p.184), 찜사쪼이의 Harbour City(p.332) 등에서 쉽게 찾아볼 수 있다.

홍콩 식 플러그

한국식 플러그

플러그 모양에 주의하자

홍콩의 전압은 우리나라와 동일한 220V이지만 플러그 모양이 달라 가전제품 구입시 주의해야 한다. 점원에게 우리나라에서 사용할 수 있는 2-pin 타입의 플러그로 달라고 하면 바꿔주기도 한다. 아니면 한국 플러그로 변환해 주는 별도의 어댑터를 구입해야 한다.

모형·프라모델

일본 수입품이 주를 이룬다. 흥미로운 점은 수입품임에도 불구하고 일본과 가격이 비슷하거나 좀더 싸다는 사실. 프라모델 전문점으로는 UML Hobby 館, 자동차·비행기·선박 미니어처 전문점으로는 80M Bus Model Shop이 유명하다. 체인점이라 홍콩 시내 곳곳에 지점이 있다. RC 카·모델 건 마니아에게는 야우마떼의 건 숍 골목을 강추한다. 아동용 장난감을 찾는다면 대형 매장인 Toy's 'Я' Us를 이용하자.

일본에서 인기있는 모델도 쉽게 구할 수 있다

must
Do
01

소호 벽화 거리에서 인생사진 찍기

활기찬 기운이 넘치는 센트럴의 소호 SOHO. 레스토랑과 숍이 가득한 거리를 따라 발길을 옮기다보면 강렬한 색상의 벽화가 곳곳에서 시선을 사로잡는다. 가던 길을 멈추고 잠시 쪾을 내 홍콩의 추억이 가득 담긴 나만의 인생사진을 남겨보자.

소호의 벽화는 끊임없이 진화한다. 로컬 아티스트는 물론 해외의 유명 아티스트까지 초빙해 벽화를 그리는 이벤트 HKwalls를 통해 작품이 꾸준히 늘어나기 때문. 주기적으로 벽화가 바뀌는 포인트도 있어 이를 찾아보는 재미도 쏠쏠하다.

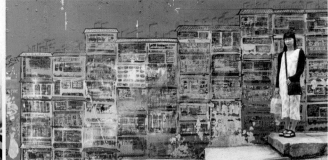

대로변에 그린 대형 벽화가 있는가 하면
후미진 골목이나 노점 사이에 놓여 눈에 잘
띄지 않는 조그만 벽화도 있다. 굳이 애쓰지
않아도 자연스럽게 시선을 옮기다보면 크고
작은 벽화가 눈에 들어온다. 느린 발걸음으로
소호의 거리를 여유롭게 산책하며 새로운
벽화를 발견하는 즐거움을 만끽하자.

must DO 02

2층 트램으로 떠나는 홍콩 섬 유람

초고층 오피스 빌딩이 밀집한 홍콩 제일의 번화가, 삶의 냄새가 물씬 풍기는 왁자지껄한 재래시장, 그리고 창밖으로 형형색색의 빨래가 내걸린 홍콩의 전형적인 아파트촌까지. 이 도시의 맨송맨송한 맨 얼굴을 가감 없이 보여주는 2층 트램을 타고 홍콩 섬 유람을 즐겨보자.

Start
케네디 타운

덜컹덜컹 옛 건물 사이를 달려가는 2층 트램

탁 트인 전망의 2층 앞 좌석

웨스턴 마켓
MTR 셩완 역

센트럴
MTR 센트럴 역

완짜이
MTR 완짜이 역

Take a Rest

해피 밸리

코즈웨이 베이
MTR 코즈웨이 베이 역

화려한 색과 광고로 치장한 전차가 도심 한복판을 달린다

2층에서 내려다본 홍콩은 어떤 모습일까?

노스 포인트
MTR 노스 포인트 역

Goal

샤우께이완
MTR 샤우께이완 역

HONGKONG TRAMWAYS
TRAM STOP
站車電
트램 정류장 표지판

홍콩 섬을 동서로 오가는 2층 트램은 지난 한 세기 이 도시의 역사와 함께 해온 '움직이는 골동품'이다. MTR(지하철)이 운행을 개시한 1979년에는 승객 감소로 폐선의 위기에 처하기도 했으나, 오랜 세월 서민의 발이자 그들의 애환이 어린 트램은 지금도 꿋꿋하게 선로를 달리고 있다. '트램 여행' 최대의 묘미는 가만히 앉아만 있어도 홍콩 구석구석을 살펴볼 수 있다는 것! 대형 쇼핑센터와 초고층 빌딩이 밀집한 센트럴, 쇠락한 유흥가와 번잡한 재래시장이 뒤죽박죽 뒤섞인 완짜이, 홍콩 제일의 번화가로 1년 365일 사람들의 발길이 끊이지 않는 코즈웨이 베이, 꼬릿한 냄새가 코를 찌르는 건어물 시장의 화이티 스트리트, 거대한 성냥갑이 줄지어선 모습의 아파트촌이 이어지는 노스 포인트 등 트램 선로를 따라 변화하는 다채로운 풍경이 여행자의 호기심을 쉴 새 없이 자극한다.
여행자를 위한 1등석으로 꼽히는 트램의 2층 맨 앞자리 또는 맨 뒷자리에 앉아 창밖으로 시선을 드리운 채 이 도시의 강렬한 매력에 빠져보자.

운행 05:10~23:50 요금 편도 HK$2.60
정보 트램 이용에 관한 자세한 정보는 p.148 참조

구간별 소요시간(도로 상황에 따라 변동이 큼)
케네디 타운 → 웨스턴 마켓 25분
웨스턴 마켓 → 코즈웨이 베이 40분
코즈웨이 베이 → 샤우께이완 40분
코즈웨이 베이 → 해피 밸리 10분

Hong Kong
香港 홍콩

ACCESS

인천 ➜ 홍콩
비행기 3시간 50분

부산 ➜ 홍콩
비행기 3시간 30분

제주 ➜ 홍콩
비행기 3시간 15분

마카오 ➜ 홍콩
페리 65~75분

홍콩
퀵 가이드

밤하늘을 화려하게 수놓는 100만 불짜리 야경으로 명성이 자자한 홍콩. 이곳은 한 세기에 걸친 영국의 식민통치와 전통적인 중국 문화가 어우러져 만들어진 이색적인 도시다. 하늘을 찌를 듯 높이 솟은 마천루의 숲을 지나면 유럽 색채로 가득한 고풍스러운 건물이 나타나며, 그 뒤로는 소박한 재래시장이 펼쳐져 현대와 과거, 동양과 서양을 자유로이 오가는 신기한 체험을 할 수 있다.

홍콩 요점 정리

여행 포인트

패션 · 인테리어 · 현대건축 등 도시적인 볼거리가 핵심이다. 물론 식도락의 즐거움도 놓칠 수 없다.

여행 기간

핵심 명소 위주로만 본다면 3~4일, 홍콩 전체를 보려면 적어도 1주일 이상의 시간이 필요하다.

베스트 시즌

화창한 날이 이어지는 10~11월이 여행의 최적기다. 여름이 시작되기 전인 2~4월도 여행하기에 좋다.

황홀한 야경은 홍콩 최고의 볼거리!

홍콩은 어떤 곳?

아시아 경제의 중심지로 일컬어지는 홍콩. 이 도시가 세계사에 본격적으로 얼굴을 내밀기 시작한 시기는 16세기 이후다. 유럽 열강과의 잦은 접촉과 교역을 통해 지리적 이점이 부각되자 홍콩은 한적한 어촌에서 아시아와 유럽을 잇는 번화한 항구로 거듭났다.

19세기 홍콩을 통해 대량의 차(茶) · 비단 · 도자기를 수입하던 영국은 늘어나는 무역적자를 해소할 요량으로 식민지 인도에서 재배한 아편을 홍콩에서 유통시켜 그 비용으로 수입대금을 치르는 부도덕한 거래를 시작했다. 이에 따라 중국인 아편 중독자가 급증했고, 격분한 청 조정에서는 홍콩에 정박한 영국 상선의 아편을 빼앗아 불태우는 극약처방을 내렸다. 이로 인해 발발한 아편전쟁(1840~1842)은 신식무기로 무장한 영국의 승리로 막을 내렸으며, 홍콩이 영국의 식민지가 되는 계기를 낳았다. 초기에는 홍콩 섬이 할양됐으며, 1860년대에 까우롱 九龍 반도, 1898년에는 까우롱 반도 북부의 신계 新界가 조차지로 편입됐다.

이후 영국과 중국의 문화가 공존하는 도시로 성장해온 홍콩은 발달된 금융 · 무역업을 통해 런던과 뉴욕의 뒤를 잇는 세계 3위의 국제금융센터 역할을 해왔다. 지난 1997년에는 영국과 중국의 합의로 홍콩의 중국 반환이 결정됐다. 동시에 중국에서 유입된 투기성 자금으로 물가 · 부동산이 폭등했고, 급기야 2014년에는 중국 중앙정부에 불만을 품은 시민들이 주체가 된 우산혁명이 일어났다. 여전히 변화의 한가운데에 서 있는 홍콩, 이 도시의 미래가 과연 어디로 흘러갈지는 꾸준히 지켜볼 일이다.

홍콩 즐기기

볼거리 한 세기에 걸친 영국 식민통치와 세계 최고의 인구밀도를 자랑하는 도시가 빚어낸 이국적인 문화가 다채로운 볼거리를 제공한다. 거리를 따라 병풍처럼 늘어선 수십 층 높이의 아파트, 도로를 가득 메운 현란한 간판, 해안선을 따라 즐비한 마천루의 숲, 그리고 곳곳에 남겨진 영국 식민시대의 건물을 찾아보는 재미에 푹 빠져보자.

번화한 도심을 벗어나면 왁자지껄한 분위기가 매력인 야시장, 시원한 밤바람을 맞으며 100만 불짜리 야경을 감상할 수 있는 해변 산책로와 전망대가 있으며, 한적한 해변에서 즐기는 느긋한 휴식의 시간도 절대 놓쳐서는 안 될 홍콩 여행의 즐거움이다.

먹거리 홍콩 여행이 선사하는 또 하나의 재미는 바로 풍부한 먹거리다. 모락모락 김이 피어오르는 먹음직한 딤섬, 탱글탱글한 새우살이 씹히는 완탕은 물론, 중국 전역의 산해진미를 한자리에서 맛보는 기쁨을 만끽하자. 더구나 전 세계의 내로라하는 요리사들이 선보이는 세련된 요리는 국제도시 홍콩이 아니고서는 경험하기 힘든 여행의 묘미다.

쇼핑 전 세계의 상품이 집결된 자유무역 도시답게 다양한 숍이 있다. 패션 · 잡화 · 인테리어 등 젊은 감성에 어필하는 숍이 많아 이를 찾아보는 재미가 쏠쏠하다. 굳이 거창한 명품이 아니어도 쇼핑의 기쁨을 더해주는 상품은 무궁무진하니 쇼핑가를 돌아보며 자기만의 아이템을 찾아보자.

홍콩에 대해 알고 떠나자

홍콩 특별행정구기

국명 홍콩 Hong Kong 香港

홍콩이란 지명은 원래 이 일대가 향나무(香)를 수출하는 항구(港)였기 때문에 붙여진 이름이다. 광동어로는 '헝꽁', 북경어로는 '샹강'이라고 발음한다.

국기 홍콩 특별행정구기(旗)

공식 국기는 중국의 오성홍기 五星紅旗다. 홍콩만을 상징할 때는 시화(市花)인 자형화(紫荊花)가 그려진 홍콩 특별행정구기를 사용한다.

면적 및 지형 1,101㎢

서울 면적의 약 두 배에 해당한다. 중국 대륙의 남동부에 위치하며 홍콩 섬과 까우롱 九龍 반도, 그리고 230여 개의 부속도서로 이루어져 있다.

인구 및 인구밀도 699만 4,500명, 6,353명/㎢

총 인구는 서울의 ⅔ 수준이다. 그러나 인구밀도는 우리나라의 14배에 달한다.

인종 중국인

인구의 99%가 광동 지방의 중국인, 나머지 1%는 영국을 포함한 서양인이다.

정치체제 홍콩 특별행정구

1997년 중국 반환 이후 일국양체제(一國兩體制) 원칙에 따라 2047년까지 기존의 홍콩 정치체제가 그대로 유지된다. 단, 영국이 임명하던 총독 제도는 중국 중앙정부가 특구행정장관(임기 5년)을 임명하는 방식으로 바뀌었다.

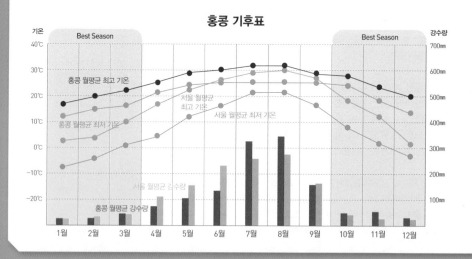

홍콩 기후표

공용어 광동어 · 영어 · 북경어

주로 통용되는 언어는 중국 남동부에서만 사용하는 광동어 Cantonese 廣東語다. 한자 표기는 간체(簡體)를 사용하는 중국 본토와 달리 번체(繁體)를 사용한다. 대부분의 표지판과 책자에 영어가 병기돼 있으나 실제로 영어를 구사할 수 있는 인구는 그리 많지 않다. 중국 반환 이후 북경어의 사용 비중이 점차 높아지는 추세다. 특히 택시 이용시 광동어 · 영어보다 북경어가 훨씬 잘 통한다.

전기 220V, 50Hz

콘센트는 우리나라와 다른 영국식의 3핀 타입을 사용한다. 우리나라의 가전제품을 사용하려면 변환 플러그를 우리나라, 또는 현지의 전자제품 매장에서 구입해야 한다. 일부 숙소에서는 변환 플러그를 빌려주기도 한다.

1인당 국민소득 US$3만 7,777

우리나라 국민소득의 약 1.6배이다.

통화 HK$ 홍콩 달러

2019년 7월 현재 HK$1≒155원이다. 홍콩 달러 환전에 대한 자세한 정보는 p.550에서 다룬다.

박물관 · 미술관 대부분 무료

일반전에 한해 무료 개방하는 곳이 많다. 특별전 또는 유료 입장인 박물관을 돌아볼 계획이라면 공통 입장권인 뮤지엄 패스 Museum Pass를 구입해도 좋다. 홍콩 역사 박물관 · 홍콩 문화 박물관 · 홍콩 과학관 · 홍콩 우주 박물관 · 홍콩 해안 방어 박물관 · 쑨얏센 기념관 등에서 사용할 수 있으며, 서너 곳만 봐도 본전이 빠진다. 뮤지엄 패스는 박물관 · 미술관 매표소에서 판매한다.

뮤지엄 패스

🎫 유효기간 1년
HK$50

공휴일

1월 1일 설날	5월 5일(음력) 단오
1월 1~3일(음력) 구정	7월 1일 홍콩 특별행정구 수립 기념일
4월 16일(해마다 변동) 부활절(2017년)	8월 15일(음력) 중추절
4월 5일(음력) 청명절	9월 9일(음력) 중양절
4월 8일(음력) 석가탄신일	10월 1일 중화인민공화국 수립일
5월 1일 노동절	12월 25 · 26일 크리스마스

업소 및 관공서 영업 시간

	평일	토요일	일 · 공휴일
은행	09:00~16:30	09:00~12:30	휴무
우체국	09:30~17:00	09:30~13:00	휴무
상점	11:00~22:00	11:00~22:00	11:00~22:00
관공서	09:30~17:00	09:30~13:00	휴무

한국에서 홍콩로

우리나라에서 홍콩으로 가는 가장 편리한 교통편은 비행기다. 홍콩 행 항공편이 취항하는 공항은 인천·김해(부산)·대구·제주국제공항의 네 곳. 각각의 공항은 규모만 다를 뿐 '탑승 수속·출국 심사·비행기 탑승'의 순으로 이어지는 출국 절차는 모두 동일하다. 공항 이용시 주의할 점은 보안검색 때문에 은근히 많은 시간이 걸린다는 것이다. 비행기 출발 2~3시간 전까지는 공항에 도착해야 무리 없이 출국 절차를 밟을 수 있다.

출국 절차 요점 정리

공항 도착	탑승 수속	출국 심사	면세점 이용	비행기 탑승
비행기 출발 2~3시간 전까지 공항으로 간다.	항공사의 체크인 카운터에서 비행기 탑승권을 받는다.	여권과 탑승권을 제시하고 출국 스탬프를 받는다.	비행기 탑승 시각 전까지 쇼핑 또는 휴식을 취한다.	지정된 자리에 앉으면 홍콩으로 떠날 채비 완료!

다양한 항공 노선이 취항하는 인천국제공항

인천국제공항

🖥 www.airport.kr

제2여객 터미널 이용 항공사
대한항공·가루다인도네시아
델타항공·샤먼항공·아에로멕시코
아에로플로트·알리탈리아
에어프랑스·중화항공·체코항공
KLM

리무진 버스

💰 9,000~1만 5,000원
🖥 www.airportlimousine.co.kr

KAL 리무진 버스

💰 1만 6,000원
🖥 www.kallimousine.com

인천국제공항

인천국제공항에서는 홍콩 행 항공편이 매일 20회 이상 출발한다. 공항 건물은 제1여객 터미널과 제2여객 터미널의 두 개로 이루어져 있다. 제2여객 터미널은 대한항공을 비롯한 11개 항공사만 이용하며, 나머지 항공사는 모두 제1여객 터미널을 이용하니 자신이 이용할 터미널을 꼼꼼히 확인해두자. 터미널을 잘못 찾아갔을 때는 제1여객 터미널~제2여객 터미널을 순환 운행하는 무료 셔틀버스를 이용한다(20분 소요).

두 터미널 모두 입국장은 1층, 출국장은 3층이다. 각 층에는 은행·환전소·약국·식당·서점·핸드폰 로밍 센터 등의 편의시설이 갖춰져 있다. 출국장에는 여러 개의 체크인 카운터가 있는데 자신이 이용할 항공사의 카운터 위치를 미리 알아두면 걷는 수고를 조금이라도 덜 수 있다.

1 공항 도착

인천국제공항은 리무진 버스와 공항철도로 연결된다. 노선이 가장 다양한 교통편은 서울 시내에서 출발하는 19개 노선의 리무진 버스이며 공항까지 1~2시간 걸린다. 자세한 경유지와 요금은

항상 수많은 여행객으로 북적이는 3층의 출국장

홈페이지를 참조하자. 서울 시내의 주요 호텔과 서울역·코엑스에서는 KAL 리무진 버스도 운행하며 공항까지 1시간 정도 걸린다. 리무진 버스가 도착하는 곳은 3층의 출국장 바로 앞이라 체크인 카운터를 찾아가기가 무척 편하다.

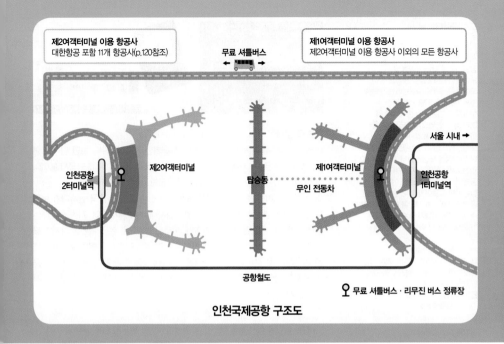

제2여객터미널 이용 항공사
대한항공 포함 11개 항공사(p.120참조)

무료 셔틀버스
← 🚌 →

제1여객터미널 이용 항공사
제2여객터미널 이용 항공사 이외의 모든 항공사

서울 시내 →

인천공항
2터미널역

제2여객터미널

탑승동

무인 전동차

제1여객터미널

인천공항
1터미널역

공항철도

인천국제공항 구조도

♀ 무료 셔틀버스 · 리무진 버스 정류장

공항철도는 서울역 · 공덕역 · 홍대입구역 · 디지털미디어시티역 · 김포공항역(서울 시내), 계양역 · 검암역 · 운서역(인천) 등에서 탈 수 있다. 열차는 서울역~인천국제공항을 단번에 연결하는 직통열차(30분 간격 운행)와 모든 역에 정차하는 일반열차(12분 간격 운행)가 있다. 자세한 노선 및 운행시각 · 요금 등은 공항철도의 홈페이지를 참조하자.

내리는 곳은 인천공항1터미널 또는 인천공항2터미널역이며, 역을 나와 표지판을 따라가면 3층의 출국장으로 연결된다.

2 탑승 수속

3층의 출국장에 설치된 안내 모니터에서 자신이 이용할 항공사의 체크인 카운터를 확인하고 그곳으로 가서 여권과 항공권을 제시한 뒤 좌석을 배정 받는다. 이때 창가 Window · 통로 Aisle 자리 가운데 원하는 좌석을 선택할 수 있다. 동시에 기내 반입이 불가능한 짐을 맡기고(수하물 탁송), 탑승권을 받으면 탑승 수속이 끝난다. 수하물 탁송시 주의할 점은 칼 · 가위 · 라이터 등의 위험물과 100㎖ 이상의 화장품을 포함한 액체류 · 젤(공항 면세점 구입품 제외)은 기내 반입이 불가능하다는 것이다. 해당 물품은 반드시 큰짐에 넣어 수하물 탁송을 해야만 비행기를 탈 수 있다. 앞서 말한 물품이 하나도 없을 때는 수하물 탁송을 하지 말고 짐을 직접 갖고 타자.

10kg 이내의 작은 짐(가로 · 세로 · 높이 3면의 합이 115cm 이하)은 기내 반입이 가능하다. 이렇게 하면 홍콩에 도착해 짐을 찾느라 시간을 허비하지 않아도 된다.

공항철도

🖥 www.arex.or.kr

서울역→인천공항1터미널
💰 일반 59분 4,150원
직통 43분 9,000원

김포공항→인천공항1터미널
💰 일반 33분 3,750원

서울역→인천공항2터미널
💰 일반 66분 4,750원
직통 51분 9,000원

김포공항→인천공항2터미널
💰 일반 40분 4,350원

액체류 기내 반입

용기에 담긴 100㎖ 미만의 액체 및 젤류(화장품 · 약품 등)는 투명한 지퍼백에 넣을 경우 기내 반입이 허용된다. 용량은 잔여량에 관계없이 용기에 표시된 것을 기준으로 하며 지퍼백은 1개(총 1ℓ 이내)만 반입할 수 있다. 투명 지퍼백은 공항 3층의 편의점에서 판매한다.

도심공항터미널

서울역 인근 및 지방 거주자는 서울역의 도심공항터미널, 서울의 강남권 거주자는 삼성동의 도심공항터미널을 이용해도 좋다. 도심공항터미널에서는 비행기 탑승 수속 · 수하물 탁송 · 출국 심사 등의 기본적인 출국 수속을 미리 밟을 수 있으며, 출국 수속을 마친 뒤에는 직통열차(서울역 도심공항터미널) 또는 전용 리무진 버스(삼성동 도심공항터미널)를 타고 인천국제공항으로 이동한다. 공항에서도 전용 통로를 이용해 탑승동으로 들어가기 때문에 혼잡한 공항에서 버리는 시간을 대폭 절약할 수 있다. 단, 비행기 출발 시각 기준 3시간 전까지만 이용할 수 있다.

서울역 도심공항터미널
대한항공 · 아시아나항공 · 제주항공 · 이스타항공 · 티웨이항공 이용 가능
🕐05:20~19:00
🚆지하철 1 · 4호선 또는 KTX · 경의선 서울역 하차
🌐www.arex.or.kr

삼성동 도심공항터미널
대한항공 · 아시아나항공 · 제주항공 · 진에어 · 이스타항공 · 타이 항공 이용 가능
🕐05:20~18:30
🚆지하철 2호선 삼성역의 5 · 6번 출구에서 도보 5분 또는 7호선 청담역 2번 출구에서 도보 20분. 삼성동 코엑스 근처에 있다.
🌐www.calt.co.kr

탑승 수속을 마친 뒤에는 출국장으로 이동한다

출국 심사에는 여권과 탑승권이 필요하다

3 출국 심사

여권과 탑승권을 제시하고 출국장으로 들어가면 간단한 세관 · 보안 검색을 한다. 고가의 귀금속 · 카메라 · 전자제품은 여기서 미리 신고해야 귀국시 불이익을 당하지 않는다. 세관 출국 신고대는 출국장에 들어가자마자 있다.

보안 검색을 하는 X-레이 검색대를 통과하면 바로 앞에 출국 심사대가 보인다. 출국 심사대는 자동 심사대와 유인 심사대로 나뉘어 있다. 자동 심사대는 여권 판독기로 여권을 확인하고, 지문과 사진 촬영으로 본인 확인을 마치면 모든 출국 심사가 완료되기 때문에 빠르고 편리하다. 따라서 특별히 유인 심사대를 이용해야 할 경우가 아니라면 자동 심사대 쪽에 줄을 서는 게 현명하다. 물론 눈치껏 사람이 적은 쪽으로 가야 줄서서 기다리는 수고를 덜 수 있다는 사실도 잊지 말자.

> **자동 출입국 심사 등록** 만 19세 이상의 국민은 별도의 등록 절차 없이 자동 출입국 심사대를 이용할 수 있다. 그러나 만 7~18세의 어린이, 개명 · 생년월일 변경 등으로 인적사항이 변경된 경우, 주민등록 발급이 30년을 경과한 경우에는 자동 출입국 심사 등록을 해야 자동 출입국 심사대를 이용할 수 있다. 등록 센터는 공항 3층에 있다(운영 07:00~19:00, 전화 032-740-7400~1).

4 면세점 · 휴게실 이용

출국 심사를 마친 뒤에는 탑승권에 표시된 비행기 탑승 시각 전까지 면세점 · 휴게실을 이용하며 시간을 보낸다. 곳곳에 인터넷을 사용할 수 있는 PC와 Wi-Fi 존, 레스토랑 등의 편의시설도 마련돼 있다.

시내 면세점 또는 인터넷 면세점에서 상품을 구입한 경우에는 면세품 인도장에서 물건부터 찾는 게 순서다. 특히 여행 성수기에는 면세품 인도장이 북새통을 이루니 최대한 서둘러 가는 게 좋다. 탑승 항공편에 따라 이용하는 면세품 인도장의 위치가 다르니 상품 주문시 받은 면세품 수령 장소 안내문을 꼼꼼히

시내 면세점 또는 인터넷 면세점을 이용한 경우 면세품 인도장에서 물건을 찾는다

살펴보는 것도 잊어서는 안 된다.

출국장에는 주요 항공사의 공항 라운지가 있는데, 멤버십 카드 소지자에 한해 음료 · 간식 · 휴게실 이용 · 인터넷 서비스가 무료 제공된다.

5 탑승

탑승은 보통 비행기 출발 시각 30~40분 전부터 시작된다. 그 시간 전에 탑승권에 찍힌 탑승구 Gate 번호를 확인하고 비행기를 타러 간다. 주의할 점은 제1여객 터미널의 경우 1~50번 탑승구는 출국 심사대와 같은 건물에 있지만, 101~132 번 탑승구는 1km쯤 떨어진 별도의 탑승동에 있다는 것이다(p.121의 인천국제공항 구조도 참고).

탑승동으로 갈 때는 28번 탑승구 맞은편에 있는 에스컬레이터를 타고 아래층으로 내려가 무인 전동차를 이용한다. 소요시간은 2~3분 정도지만 전동차를 기다리는 시간과 탑승구를 찾아가는 데 은근히 시간이 걸리니 101~132번 탑승구를 이용할 때는 여유를 넉넉히 두고 움직이는 게 좋다.

비행기를 탈 때는 입구에 놓인 잡지 · 신문부터 챙긴다. 그리고 탑승권에 찍힌 좌석 번호를 보고 자기 자리를 찾아가 캐비닛에 짐을 넣는다. 카메라 등 파손 우려가 있는 물건은 좌석 밑의 빈 공간에 넣어 두는 게 안전하다.

탑승동의 위치를 알려주는 표지판

탑승구로 이어지는 통로. 항공편의 출발 시각 안내 전광판이 보인다

쇼핑의 달인이 들려주는 면세점 200% 활용 비법

공항 면세점보다 시내 면세점과 인터넷 면세점을 적극 활용하자. 시내 · 인터넷 면세점은 공항 면세점보다 느긋하게 쇼핑을 즐길 수 있는 것은 물론 가격도 훨씬 저렴하다. 이용시 필요한 것은 여권과 항공권(또는 이용할 항공편명)뿐. 구입한 상품은 출국 당일 공항의 면세품 인도장에서 찾는다. 주의할 점은 시내 · 인터넷 면세점에는 판매 마감 시간이 있다는 것이다. 인천국제공항 이용자는 비행기 출발 5시간 전까지, 김해국제공항 이용자는 비행기 출발 24시간 전까지, 제주국제공항 이용자는 비행기 출발 48시간 전까지 상품을 구입해야 한다.

시내 면세점 알뜰하게 이용하기

시내 면세점을 알뜰하게 이용하려면 해당 면세점의 회원 가입부터 한다. 회원가는 정상가보다 3~20% 저렴하며 할인 쿠폰(일정 금액 이상 구매시 적용)을 활용하면 가격이 더욱 내려간다. 회원 가입에 앞서 해당 면세점의 입점 브랜드를 미리 체크해 보는 센스는 필수다! 직접 확인이 필요한 의류 · 가방 · 선글라스 등의 상품은 반드시 시내 면세점에서 구입한다. 특히 샤넬 · 루이뷔통 등 명품 브랜드는 시내 면세점에서만 취급한다는 사실을 잊지 말자. 백화점에서 구입할 상품의 디자인 · 가격을 미리 확인해 두는 것도 쇼핑 효율을 '200% 업' 시키는 비결이다.

인터넷 면세점 편리하게 이용하기

인터넷 면세점은 클릭 몇 번이면 상품 선택부터 결제까지 원스톱으로 해결된다. 또한 시간 손실이 적고 오프라인 매장보다 할인율이 높은 것도 매력이다. 단, 직접 상품 확인이 불가능하니 향수 · 화장품 위주로 구입하는 게 좋다. 브랜드 화장품은 홍콩보다 훨씬 저렴하다.

인터넷 면세점 역시 사용할 수 있는 쿠폰이 다양하며 각각의 인터넷 면세점마다 판매하는 상품과 가격이 천차만별이라 꼼꼼한 비교가 필수다. 또한 시즌에 따라 깜짝 세일 또는 스페셜 쿠폰을 제공하는 곳도 있으니 수시로 홈페이지를 들락거리는 수고도 잊어서는 안 된다.

인터넷 면세점은 편하고 저렴한 게 장점!

두타 인터넷 면세점 www.dootadutyfree.com 롯데 인터넷 면세점 www.lottedfs.com
신라 인터넷 면세점 www.shilladfs.com 신세계 인터넷 면세점 www.ssgdfs.com
SM 인터넷 면세점 www.smdutyfree.com

부산의 관문인 김해국제공항

김해국제공항

🌐 www.airport.co.kr/gimhae/main.do

김해국제공항행 교통편

좌석버스
307번 김해공항 하차.
요금 1,200원~1,300원

리무진 버스
BEXCO · 해운대 · 파라다이스호텔 ·
조선호텔 · 한화리조트에서 타고
김해공항 하차.
요금 6,000~7,000원

지하철
부산−김해 경전철 공항역 하차.
요금 1,300원~

김해국제공항

김해국제공항에서는 홍콩 행 비행기가 매일 3회 출발한다. 공항 건물은 국내선 청사와 국제선 청사로 나뉜다. 국제선 청사는 3개 층으로 이루어져 있으며 1층은 입국장, 2층이 출국장이다. 공항 규모가 작아 면세점 시설이 부족하니 쇼핑을 원한다면 부산 시내의 면세점 또는 인터넷 면세점(p.123)을 이용하자.

1 공항 도착
공항은 부산 시내에서 17km 정도 떨어져 있으며 시내버스 · 리무진 버스 · 경전철로 연결된다. 그리 먼 거리는 아니지만 공항까지 이어지는 도로는 상습 정체 구간으로 악명 높으니 버스를 이용할 때는 이동 시간을 넉넉히 잡고 움직이는 게 좋다. 길이 막히지 않으면 시내에서 30~40분으로 충분하지만 러시아워 때는 1시간 이상 예상해야 한다.

2 탑승 수속 · 출국 심사
탑승 수속은 국제선 청사 2층의 항공사 체크인 카운터에서 한다. 기본적인 탑승 수속 요령은 인천국제공항과 동일하니 자세한 내용은 p.120을 참조하자. 탑승 수속을 마친 뒤에는 같은 층의 출국장으로 가서 세관 · 보안 검색과 함께 간단한 출국 심사를 받는다.

3 면세점 · 휴게실 이용 및 탑승
출국 심사까지 마친 뒤에는 면세점 · 휴게실을 이용한다. 면세품 인도장은 출국 심사대를 지나 안쪽에 있다. 그리고 비행기 출발 30~40분 전에 탑승구를 찾아가 비행기에 오르면 된다.

제주국제공항

제주국제공항

🌐 www.airport.co.kr/jeju/main.do

제주국제공항행 교통편

일반버스
315 · 316 · 325 · 326 · 331 ·
332 · 365 · 465 · 466번
제주공항 하차.
요금 1,150원~

리무진 버스
600번 제주공항 하차.
요금 1,150~5,500원

제주국제공항

제주국제공항에서는 홍콩 행 항공편이 주 2회 운항한다. 공항은 'ㄱ'자 모양으로 꺾인 하나의 건물로 이루어져 있으며 왼쪽이 국제선, 오른쪽이 국내선 청사다. 공항이 작고 국제선 승객도 많지 않아 이용에 어려움은 없다. 역시 면세점과 편의시설이 부족하니 면세품 쇼핑은 시내 또는 인터넷 면세점(p.123)을 이용하자.

1 공항 도착
공항은 제주시에 있으며 좌석 버스와 리무진 버스로 연결된다. 시내에서 공항까지는 버스로 30분 정도를 예상하면 된다.

2 탑승 수속 · 출국 심사
탑승 수속은 국제선 청사 3층의 항공사 체크인 카운터에서 하며 기본적인 절차는 인천국제공항과 동일하다(p.120). 탑승 수속을 마친 뒤 같은 층의 출국장으로 들어가 세관 · 보안 검색 및 출국 심사를 받는다.

3 면세점 · 휴게실 이용 및 탑승
출국 심사를 마치고 나오면 바로 앞에 면세점 · 휴게실 · 면세품 인도장 등의 편의시설이 있다. 여기서 시간을 보내다 출발 시각 30~40분 전에 탑승구를 찾아가 비행기를 타면 된다.

홍콩 입국 요령

우리나라에서 비행기를 타고 홍콩으로 가는 데 걸리는 시간은 3시간 15분~ 3시간 50분 정도. 도착하는 곳은 홍콩 서부에 위치한 홍콩 국제공항이다. 도착과 동시에 홍콩 입국 절차를 밟게 된다. 절차 자체는 복잡하지 않지만, 항상 수많은 사람들로 붐비는 탓에 제법 오랜 시간을 기다려야 한다. 간단한 입국 심사를 거쳐, 짐을 찾고, 세관 검사를 받은 뒤 공항을 빠져 나오면 모든 입국 절차가 끝난다.

홍콩 입국 절차 요점 정리

출입국 카드 작성
영어로 필요 사항을 빠짐없이 기입한다.

➡ **입국 심사대 통과**
여권과 출입국 카드를 제시하고 체류 허가증을 받는다.

➡ **수하물 찾기**
자신이 타고 온 비행기의 편명을 확인하고 짐을 찾는다.

➡ **세관 통과**
세관을 통과하며 형식적인 짐 검사를 받는다.

➡ **홍콩 입국 완료**
드디어 홍콩 도착! 이제 시내로 들어가자.

1 출입국 카드 작성

비행기가 홍콩에 도착할 즈음이면 승무원들이 출입국 카드를 나눠준다. 홍콩 입국시 반드시 필요한 서류이므로 한 장 받아서 꼼꼼히 내용을 기입한다. 물론 비행기에서 내린 뒤에 써도 되지만 그렇게 할 경우 입국 심사대에서 아까운 시간을 허비하게 되니 기내에서 미리 작성해 두는 게 현명하다. 자세한 작성 요령은 p.127를 참고하자.

2 입국 심사대로 가는 APM · 버스 타기

기체가 완전히 멈추고 안전벨트 착용등이 꺼지면 조용히 일어나 짐을 챙긴다. 비행기에서 내려 공항 건물로 들어가면 'Immigration 入境檢查' 표지판이 곳곳에 보인다. 이것을 따라가면 홍콩 여행의 첫 번째 관문에 해당하는 입국 심사대 Immigration까지 갈 수 있다.

홍콩 국제공항은 규모가 무척 크기 때문에 도착 게이트가 공항 건물에서 멀 경우 일반적으로 APM이란 무인(無人) 전철을 타고 입국 심사대 근처까지 가게 된다. 단, 이스타항공 · 제주항공 · 진에어 · 에어부산 등 저가 항공사의 경우 APM 대신 버스를 이용하는 경우도 있다. APM · 버스에서 내린 뒤에도 계속해서 'Immigration 入境檢查' 표지판만 놓치지 않고 따라가면 된다.

홍콩 국제공항

홍콩과의 시차

우리나라와 홍콩은 1시간의 시차가 있다. 우리나라보다 1시간이 느리니 비행기에서 내릴 때 시계바늘을 1시간 뒤로 돌려놓자.

마카오로 바로 가기

홍콩 국제공항에는 마카오 행 페리터미널이 부속돼 있다. 따라서 홍콩 시내를 경유하지 않고도 공항에서 바로 마카오로 갈 수 있다. 공항에서 홍콩 입국 심사를 받을 필요는 없으며 페리로 갈아타고 마카오에 도착하면 실질적인 입국 심사를 받게 된다. 자세한 이용법은 p.436의 홍콩 국제공항 페리터미널을 참고하자.

訪客-批准逗留至2015年08月03日
Visitor-Permitted to remain
until 03 Aug 2015

JU, JAMWOO

證件號碼 Travel Document Number
J65665554
入境日期(日-月-年) Arrival Date(dd-mm-yyyy)
05-05-2015
CFT>>KOR

홍콩 체류 허가증. 입국 날짜와 체류 가능한 기간이 찍혀 있다

3 입국 심사대 찾아가기

입국 심사 표지판을 따라간다

사스 SARS 감시용(?) 체온 감지기가 있는 통로를 지나면 입국 심사대가 위치한 커다란 홀이 나타난다. 홀 중앙에는 사전에 지문과 사진을 등록한 사람만 이용 가능한 '무인 입국 심사대 Passenger e-channel'이 있다. 일반인은 무인 입국 심사대 양 옆에 위치한 유인 입국 심사대에서 입국 심사를 받는다. 항상 수많은 여행자로 북적이기 때문에 입국 심사를 받기 위해 기다리는 데만 10~30분씩 걸린다.

4 입국 심사대 통과하기

입국 심사대는 신분을 확인하고 홍콩 체류 승인을 내주는 곳인데, 우리나라에서 출발할 때 출국 심사를 했던 곳과 비슷한 곳이라고 보면 된다. 홍콩 거주민과 외국인용으로 나뉘어 있으니 표지판을 보고 방문객을 뜻하는 'Visitors 訪港旅客' 쪽에 줄을 선다. 그리고, 여권과 기내에서 작성한 출입국 카드를 제출하면 90일간의 체류 허가증과 함께 출입국 카드의 뒷면(출국 카드)을 떼서 여권에 끼워준다. 출국 카드는 홍콩 출국시 공항에 제출해야 하니 잃어버리지 않게 주의하자.

입국 심사 도중 심사관이 가끔 질문을 던지기도 하는데, 물어보는 내용은 여행 목적과 여행 일수, 그리고 숙소명 정도다. 여행 목적은 '관광 Sightseeing', 여행 일수는 1주일 이내, 숙소는 출입국 카드에 적은 것과 동일한 호텔 이름을 말하면 된다.

홍콩 입국 방법

입국 심사대 표지판을 따라간다.

거리가 먼 경우 APM · 버스를 이용한다.

입국 심사대를 찾아간다.

입국 심사대에서 순서를 기다린다.

수하물 수취대에서 짐을 찾는다.

표지판을 따라가면 세관이 나온다.

세관을 통과하면 관광 안내소가 있다.

입국 홀로 나오면 드디어 홍콩 도착!

이제 공항에서 시내로 들어가자.

5 수하물 찾기

입국 심사대를 빠져 나온 다음 수하물 탁송 때 맡긴 짐을 찾는다. 정면에 보이는 문으로 들어가면 여러 개의 컨베이어 벨트가 있는 넓은 홀이 나오는데, 바로 여기가 수하물 수취대 Baggage Reclaim이 있는 곳이다. 안내 모니터에서 수하물 수취대의 번호를 확인하고 짐을 찾으러 간다. 예를 들어 KE007편을 타고 왔다면, 'KE007'이라고 표시된 수하물 수취대로 가면 된다. 수많은 짐들이 커다란 컨베이어 벨트 위에 올려진 채 천천히 돌아가는 모습이 보일 텐데, 거기서 자기 짐이 나오기를 기다리면 된다.

6 세관 통과하기

짐을 찾은 뒤에는 바로 앞의 세관 검사대 Customs 海關를 통과한다. 대부분 아무런 제지 없이 통과시켜주지만, 간혹 깐깐한 세관원은 위험물 · 식물 · 반입 금지 품목 여부를 확인하기 위해 짐을 풀어 보라고 요구하기도 한다. 요식 행위에 가까운 것이니 지퍼만 열어주면 만사 OK다.

7 홍콩 입국 완료

세관을 지나 입국장 Arrival Hall으로 나가면 통로 중간에 조그만 관광 안내소가 있다. 여행 정보가 풍부하진 않지만 대형 홍콩 전도가 제법 요긴하게 쓰이니 잘 챙겨두자. 그리고 홍콩 시내로 들어가면 된다.

홍콩 국제공항의 **입국장**

담배 반입시 주의사항

홍콩 입국시 반입 가능한 담배의 면세 범위는 19개피까지다. 그 이상 휴대한 경우 1개피당 약 HK$2의 세금을 내야 한다. 참고로 홍콩의 담배는 1갑에 HK$50(말보로 기준) 수준이다.

짐이 없어졌어요

짐이 없어졌을 때는 수하물 수취대 7번과 8번 사이에 있는 'Baggage Enquiry Desk'에서 분실 신고를 한다. 이때 필요한 것은 우리나라에서 수하물 탁송을 하고 받은 짐표 Claim Tag와 탑승권이다. 신고서에는 분실한 가방의 생김새와 홍콩의 연락처(예약한 호텔 또는 숙소)를 적는다. 짐을 찾으면 숙소까지 무료로 배달해준다.

홍콩 출입국 카드 작성법

❶ 남자는 M, 여자는 F라고 쓴다.

❷ 호텔 · 숙소명을 적지 않으면 입국 허가가 나지 않는다. 미리 예약하지 않았다면 책에서 적당한 곳을 골라서 적어도 된다.

❸ 한국내 주소는 구체적일 필요는 없으며 구 · 동 단위까지만 적으면 된다.

❹ 자신이 타고 온 비행기 편명을 적는다. 편명은 항공권 · 탑승권에 적혀 있다.

❺ 인천 Incheon · 부산 Busan · 제주 Jeju 등 비행기가 출발한 곳을 적는다.

❻ 여권에 적힌 것과 동일한 서명을 한다.

IMMIGRATION DEPARTMENT HONG KONG 香港入境事務處
ARRIVAL CARD 旅客抵港申報表
I.D. 93 (12/2002)
IMMIGRATION ORDINANCE (Cap. 115) 入境條例 [第 115 章]
All travellers should complete this card except Hong Kong Identity Card holders
除香港身份證持有人外 · 所有旅客均須填寫此申報表
Section 5(4) and (5) 第 5(4) 及 (5) 條

Family name (in capitals) 姓 (請用正楷填寫)	Sex 性別 ❶
성 YU	성별 M

Given names (in capitals) 名 (請用正楷填寫)
명 DORA

Travel document No. 旅行證件號碼	Place and date of issue 發出地點及日期
여권번호 JR123456	여권발급지/발급일 Seoul, 2010-12-19

Nationality 國籍	Date of birth 出生日期
국적 KOREA	생년월일 19 / 12 / 1990 day 日 month 月 year 年

Place of birth 出生地點	Address in Hong Kong 香港地址
출생지 SEOUL	❷ 예약호텔 Peninsula Holtel

Home address 住址
❸ 한국주소 Seodaemun Gu, Seoul, Korea

Flight No./Ship's name 班機編號／船名	From 來自
❹ 비행기편명 KE007	❺ 출발지 INCHEON

Signature of traveller 旅客簽署 ❻ 서명

Please write clearly 請用端正字體填寫
Do not fold 切勿摺疊

NL376689

홍콩
국제공항

입국 심사를 마치자마자 가장 먼저 마주하게 되는 홍콩의 모습은 다름 아닌 '홍콩 국제공항'이다. 공항 건물이 제1터미널과 제2터미널 등 여러 건물로 나뉘어 있고 층마다 이용할 수 있는 편의시설이 다르니 주의하자. 더구나 홍콩 여행을 마치고 우리나라로 돌아올 때 한 번 더 이용하게 되므로 공항 안에서 헤매지 않으려면 특징과 이용법을 꼼꼼히 확인해두는 게 좋다.

홍콩 국제공항 요점 정리

제1터미널
홍콩 노선을 운항하는 대부분의 항공편이 출발·도착한다. 입국장은 L5층, 출국장은 L7층이다.

제2터미널
주로 저가 항공사가 이용한다. 제1터미널과 달리 출국만 가능하며 출국장은 L5층에 있다.

터미널 간 이동
제1터미널과 제2터미널은 육교로 연결돼 자유로이 오갈 수 있으며 도보 5분 정도 걸린다.

홍콩 국제공항

홍콩 국제공항

운영 24시간
홈페 www.hongkongairport.com

옥토퍼스 카드 구입
입국과 동시에 홍콩의 교통카드인 옥토퍼스 카드를 구입하면 편리하다. 제1터미널 입국장에 위치한 AEL 유인 매표소에서 판매한다. 옥토퍼스 카드에 대한 자세한 내용은 p.130을 참조하자.

홍콩 국제공항 Hong Kong International Airport

홍콩 국제공항은 인천국제공항 못지않은 거대한 위용을 자랑한다. 더구나 매일 수백 대의 비행기가 뜨고 내리며, 수십 만 명이 이용하는 대형 공항인 까닭에 처음 가는 사람은 누구나 어리둥절해지게 마련이다. 그러나 공항 이용법은 그리 어렵지 않으니 너무 걱정할 필요는 없다.

공항은 비행기를 타고 내리는 탑승동, 출입국이 이뤄지는 제1터미널과 제2터미널, 홍콩 시내를 연결하는 공항 특급열차 AEL의 공항 Airport 機場 역 등 네 개의 건물로 나뉘어 있다. 제1터미널에서는 입국·출국이 모두 이뤄지는 반면, 제2터미널에서는 출국만 할 수 있다. 따라서 홍콩 입국시에는 제1터미널 이용법만 알아두면 된다.

제1터미널 Terminal 1

제1터미널은 L4~L8층의 다섯 개 층으로 이뤄져 있으며, 입국장 Arrivals Hall 抵港層은 L5층이다. 세관 신고를 마치고 입국장으로 나오는 출구는 A와 B 두 개가 있는데, 편의상 Hall A, Hall B라고 부른다. 홍콩 시내로 들어가는 AEL·MTR(지하철)·리무진 버스를 이용하려면 Hall A, 공항버스·택시 등의 교통편을 이용하려면 Hall B 쪽으로 가면 된다. 자세한 교통편 이용법은 p.138에서 다룬다.

입국장 한가운데에는 델리프랑스·크리스탈 제이드 등의 패스트푸드점·식당과 편의점·ATM기, 그리고 홍콩에서 사용 가능한 유심 카드를 파는 가전매장 1010 등 여러 편의시설이 모여 있다.

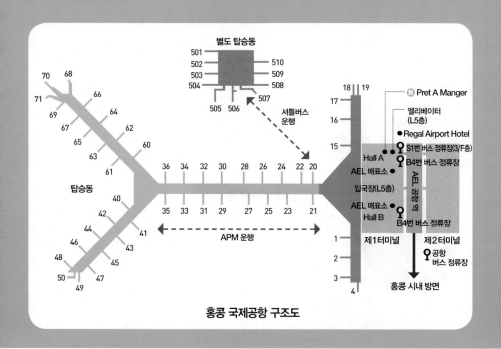

별도 탑승동

501 502 503 504 510 509 508 507
505 506

셔틀버스 운행

탑승동

70 68
71
69 66
67 64
65 62
63 60
61
40
42
44 41
46 43
48 45
50 47
49

36 34 32 30 28 26 24 22 20
35 33 31 29 27 25 23 21

APM 운행

18 19
17
16
15
Hall A
AEL 매표소
입국장(L5층)
AEL 매표소
Hall B

1
2
3
4

제1터미널

제2터미널

Ⓡ Pret A Manger
엘리베이터 (L5층)
● Regal Airport Hotel
S1번 버스 정류장(3/F층)
B4번 버스 정류장
AEL 공항역
B4번 버스 정류장

공항 버스 정류장

홍콩 시내 방면

홍콩 국제공항 구조도

출국시 홍콩 국제공항 이용법

출국은 제1터미널과 제2터미널 양쪽에서 이뤄진다. 각각의 터미널마다 이용하는 항공사가 다르니 주의하자. AEL 공항역을 사이에 두고 나란히 이어진 두 터미널은 육교를 통해 자유로이 오갈 수 있다.

제1터미널 Terminal 1

출국장은 L7층이며 '체크인 아일 Check-in Aisles 旅客登記行段' 표지판만 따라가면 쉽게 찾을 수 있다. 출국장에는 A~K로 나뉜 항공사 체크인 카운터가 있다. 곳곳에 놓인 모니터를 통해 자신이 이용할 항공사의 카운터를 확인하고 그곳으로 가서 여권 · 항공권을 제시한 뒤 탑승 수속을 한다. 그리고 출국장 안쪽으로 들어가 간단한 세관 검사와 출국 심사를 마치면 기본적인 출국 절차가 마무리되니 남는 시간 동안 면세점 · 휴게실을 이용한다.

제2터미널 Terminal 2

출국장은 L5층이며 '체크인 아일 Check-in Aisles 旅客登記行段' 표지판만 따라가면 쉽게 찾아진다. 출국장에는 N~Q로 나뉜 항공사 체크인 카운터가 있다. 자신이 이용할 항공사의 카운터를 찾아가 탑승 수속을 하고, 지하로 내려가면 세관 및 출국 심사대가 있다. 거기서 출국 절차를 마친 뒤 APM을 타고 탑승동으로 이동한다. 제2터미널에서 출발하는 APM은 1~36 탑승구까지만 운행하기 때문에 40~80번 탑승구 방면으로 갈 때는 도중에 40~80번 탑승구 방면 APM으로 갈아타야 한다.

제1터미널 이용 항공사

대한항공 · 드래곤에어 · 아시아나항공 · 에어인디아 · 에바항공 · 에어부산 · 에티오피아항공 · 중화항공 · 진에어 · 캐세이패시픽항공

제2터미널 이용 항공사

에어아시아 · 이스타항공 · 제주항공 · 타이항공 · 홍콩익스프레스

출국 카드 제출

입국시 받은 출국 카드(p.126)는 출국 심사를 받을 때 제출한다.

제2터미널 이용시 주의사항

제2터미널에서 출국 심사를 마치고 탑승구까지 이동하는 데 걸리는 시간은 25~35분. 저가 항공사의 경우 APM을 타고 탑승동으로 간 다음, 다시 버스로 갈아타고 별도의 탑승동으로 이동해야 해 시간이 더 오래 걸리니 주의하자.

TRAVEL TIP 교통비 절약 마법사, 옥토퍼스 카드

옥토퍼스 카드 Octopus Card 八達通는 AEL · MTR(지하철) · 버스 · 페리 등 홍콩의 대중교통을 자유로이 이용할 수 있는 만능 교통카드다. 최대의 장점은 대중교통 이용시 티켓 · 잔돈을 준비할 필요가 없으며 MTR과 일부 버스에서 요금 할인도 된다는 것. 또한 가맹점으로 등록된 박물관 · 미술관 · 슈퍼마켓 · 편의점에서 현금처럼 사용할 수 있다.

옥토퍼스 카드는 홍콩 입국과 동시에 구입하자

옥토퍼스 카드 구입 및 충전

홍콩 국제공항 L5층 입국장의 AEL 유인 매표소(p.129의 홍콩 국제공항 구조도 참고) 및 홍콩 전역의 MTR 역 유인 매표소에서 판매한다. 카드는 공항에서 시내로 들어갈 때부터 사용하게 되므로 공항에 도착하자마자 구입하는 게 바람직하다. 카드 종류는 성인용, 아동용(만 3~11세), 경로 우대용(만 65세 이상)이 있으니 자신에게 해당되는 카드를 선택해서 구입하면 된다.

옥토퍼스 카드의 최소 판매 금액은 왼쪽에 적힌 것과 같으며 보증금 HK$50가 포함돼 있다. 보증금을 제외한 금액을 사용할 수 있으며 잔액이 부족하면 충전해서 사용한다. 요금 충전은 MTR · AEL 역의 무인 충전기나 유인 매표소 또는 편의점 · 슈퍼마켓의 계산대에서 HK$50 · 100 단위로 최대 HK$1,000까지 할 수 있다. 무인 충전기 이용법은 아래의 사진을 참고하자. 유인 매표소 · 편의점 · 슈퍼마켓에서 요금을 충전할 때는 직원에게 'Add Value, Please'라고 하면 된다.

옥토퍼스 카드 최소 판매 금액

성인용 HK$150
아동용 HK$70
경로 우대용 HK$70

옥토퍼스 카드 무인 충전기 이용법

❶ 옥토퍼스 카드를 넣는다.

❸ 충전을 원하는 액수만큼의 돈을 넣는다.

❷ 액정 패널에 카드의 잔액이 표시된다.

맨 아래의 버튼을 누른다.

❹ 충전이 완료되면 맨 아래의 버튼을 눌러 카드를 뺀다.

옥토퍼스 카드 사용하기

기본적인 사용법은 우리나라의 교통카드와 동일하다. MTR 개찰구의 단말기에 옥토퍼스 카드를 갖다대면 카드 잔액이 표시되며 개찰구가 열린다. 내릴 때도 개찰구의 단말기에 카드를 대면 사용한 금액이 표시되며 개찰구가 열린다. 버스 · 트램을 탈 때도 요금함 옆의 단말기에 카드를 찍으면 자동으로 요금이 결제된다.

이곳에 카드를 갖다댄다.

MTR 개찰구

가맹점으로 등록된 편의점 · 슈퍼마켓 · 숍 · 패스트푸드점 · 레스토랑 · 박물관 · 미술관에서도 옥토퍼스 카드를 사용할 수 있는데, 결제 시 옥토퍼스 카드 로고가 그려진 단말기에 카드를 갖다대기만 하면 된다. 단말기 또는 모니터에 사용 액수가 표시되며, 영수증에도 사용한 금액과 카드 잔액이 찍혀 나온다. 흔하지는 않지만 옥토퍼스 카드를 사용할 수 있는 음료 자판기도 있다.

상점의 옥토퍼스 카드 단말기

옥토퍼스 카드 할인 & 잔액 확인하기

MTR의 경우 옥토퍼스 카드를 사용하면 일반 티켓을 구입할 때보다 2~13% 정도 요금이 할인된다. 시내 곳곳에 설치된 MTR 요금 할인기 Fare Saver(MAP 5–A2, MAP 7–B2, MAP 16–G2)에 옥토퍼스 카드를 찍고 지정된 역에서 MTR을 타면 편도 HK$1~2의 요금이 추가로 할인된다는 사실도 알아두자.

카드 잔액이 궁금할 때는 MTR 역의 무인 충전기에 카드를 넣거나, 잔액 확인기에 카드를 찍으면 사용 내역과 잔액을 손쉽게 확인할 수 있다. 카드의 유효기간은 마지막 충전일로부터 3년이다.

옥토퍼스 카드 환불 받기

홍콩 시내 전역의 MTR · AEL 역 유인 매표소 또는 홍콩 국제공항 제1터미널 L5층 입국장에 위치한 AEL 유인 매표소(p.129의 홍콩 국제공항 구조도 참고)에 옥토퍼스 카드를 반납하면 보증금(HK$50)과 카드 잔액을 돌려준다.

AEL 유인 매표소

옥토퍼스 카드 로고

단, 카드 사용기간이 3개월 미만이면 별도의 수수료(HK$9)가 공제된다. 수수료를 공제해도 여행 기간 동안 할인받을 교통비와 편리함을 생각하면 이득이니 옥토퍼스 카드를 적극 활용하자.

홍콩 국제공항에서 판매하는 또 다른 교통 카드

명칭	가격	내용
Airport Express Travel Pass	HK$250	AEL 1회 이용, 3일간 MTR 무제한 탑승 가능(이스트 레일 선의 1등석, 로후 역, 록마차우 역 제외). 홍콩에서 3일 이상 체류하거나 AEL을 이용하지 않으면 손해일 수 있다. 이 카드를 버스 · 페리 · 트램에서 이용하려면 추가로 HK$50 이상 충전해야 한다. 구입가에는 보증금(HK$50)이 포함돼 있으니 사용 후 환불받는 것을 잊지 말자.
	HK$350	AEL 2회 이용, 3일간 MTR 무제한 탑승 가능(이스트 레일 선의 1등석, 로후 역, 록마차우 역 제외). 나머지 이용법은 위에 설명한 것과 동일하다.
Tourist Day Pass	HK$65	MTR을 24시간 무제한 탈 수 있다(이스트 레일 선의 1등석, 로후 역, 록마차우 역 제외). 하루 종일 쉬지 않고 홍콩 전역을 돌아다니지 않는 이상 본전 뽑기가 쉽지 않다.

홍콩 국제공항에서 시내로

홍콩 국제공항은 시내에서 한참 멀리 떨어져 있다. 하지만 대중교통이 발달해 시내로 들어가는 데 별 어려움은 없다. 가장 빠르고 편한 교통편은 공항 특급열차 AEL이며, 한 푼이라도 경비를 절약하고자 한다면 저렴한 MTR(지하철)이 좋다. 특정 호텔·숙소를 찾아갈 때는 호텔 직행 리무진 버스 또는 공항 버스를 이용하는 것도 요령이다. 참고로 여행자에게 인기가 높은 것은 AEL·MTR·공항 버스다.

시내 교통편 요점 정리

AEL

요금이 비싼 대신 빠르고 편리하다. 공항에서 시내까지 직행하며 20~24분밖에 안 걸린다.

MTR

요금은 저렴하지만 시내까지 45~65분 걸린다. 공항에서 MTR 역까지 버스를 타고 가야 한다.

공항 버스

시내까지 50~60분 걸리며 요금은 MTR보다 1.5배 비싸다. 갈아탈 필요가 없는 게 장점이다.

24시간 운행하는 공항 버스

칭마대교

1997년 홍콩 국제공항이 위치한 란타우 섬과 도심을 연결하기 위해 놓인 다리. 전철과 차량이 함께 통행할 수 있는 다리 가운데 세계에서 가장 긴 복합교다. 총 길이는 2.2km이며 주교각의 거리는 1,377m에 달한다. 거대한 크기만큼이나 높이가 높아 다리를 통과할 때 보이는 경치도 끝내준다. 안타깝게도 AEL·MTR은 다리 안쪽의 터널을 통과하기 때문에 아무것도 볼 수 없지만, 버스·택시를 이용하면 주변 경관을 감상할 수 있다. 자리를 잡을 때 차량 진행방향 오른쪽 창가에 앉으면 멋진 전망이 펼쳐진다는 사실을 기억하자. 날씨가 좋을 때는 멀리 빅토리아 항과 찜사쪼이·센트럴의 모습이 바라보인다.

공항 버스 Airport Bus

일반·심야 공항 버스가 24시간 운행해 대중교통이 끊긴 한밤중에도 이용할 수 있다. 찜사쪼이가 위치한 까우롱 지역은 A21·N21번 버스, 홍콩 섬 지역은 A11·E11·N11번 버스가 운행된다.
참고로 버스 번호 앞에 붙은 'A'는 일반 공항 버스, 'N'은 심야 공항 버스, 'E'는 시 외곽을 빙빙 돌아 시내로 들어가는 완행 버스를 뜻한다. 요금은 앞서 소개한 MTR과 비슷하거나 조금 비싼 수준이다. 단, 시내까지 들어가는 데 만만치 않은 시간이 걸리니 교통체증이 심한 낮보다는 저녁 늦게 이용하는 게 좋다. 정류장 안내방송이 비교적(!) 확실해 한밤중이라도 이용에 큰 불편은 없다.

1 공항 버스 정류장 찾아가기

먼저 공항 L5층 입국장의 AEL 유인 매표소에서 옥토퍼스 카드(p.130)를 구입한다. 그리고 입국장 곳곳에 붙어 있는 'To City 住市區' 표지판을 따라가면 'Bus 巴士' 표지판이 보인다. 이 표지판이 가리키는 방향의 오른쪽 내리막길을 따라 공항 밖으로 나간다. 정면에 노선별 정류장 안내판이 보이며 그 뒤에 버스 정류장이 있다(p.129의 공항 구조도 참고).

2 공항 버스 탑승

요금은 버스를 타면서 옥토퍼스 카드로 낸다. 현금으로 낼 경우 거스름돈을 주지 않으니 미리 잔돈을 준비해야 한다. 잔돈이 없을 때는 정류장 안내판 못 미쳐 왼쪽 건물에 있는 매표소에서 버스 티켓을 구입해도 된다. 단, 매표소는 자

홍콩 국제공항에서 시내로 가는 교통편

교통편	행선지	소요시간	요금
AEL	까우롱 · 찜사쪼이	20분	HK$105
	홍콩 · 센트럴	24분	HK$115
MTR	찜사쪼이	55분	HK$20.90
	홍콩 · 센트럴	45분	HK$26.40
	완짜이	62분	HK$26.40
	코즈웨이 베이	65분	HK$26.40
공항 버스	찜사쪼이	50분	HK$33
	센트럴	50분	HK$40
	코즈웨이 베이	60분	HK$40
리무진 버스	찜사쪼이	50분	HK$130~
	센트럴	50분	HK$140~
	코즈웨이 베이	60분	HK$140~
택시	찜사쪼이	40분	HK$270~
	센트럴	50분	HK$370~
	코즈웨이 베이	50분	HK$315~

정 무렵 영업을 마치니 주의하자. 버스 1층에는 트렁크 등의 짐을 싣는 공간
이 있다. 하지만 종종 도난 사건이 발생하는 만큼 약간의 주의를 기울이는 게
좋다.

3 공항 버스 하차

안내방송이 철저한 것은 물론 차량 앞쪽의 전광판 · 모니터에 정차할 정류장의
이름이 표시된다. 이것을 보고 내릴 채비를 한다. 내릴 곳을 잘 모를 때는 운전
사에게 가고자 하는 목적지 또는 호텔 이름을 말하고 내릴 곳을 알려달라고 부
탁하는 게 안전하다.

공항 버스 주요 노선 및 요금 (홍콩 국제공항 출발 기준)

지역	노선	행선지	요금	운행	운행 간격
까우롱 방면	A21	프린스 에드워드 · 웡꼭 · 야우마떼 · 쪼돈 · 찜사쪼이 MTR 홍함 역	HK$33	05:30~24:00	10~20분
	N21	프린스 에드워드 · 웡꼭 · 야우마떼 · 쪼돈 · 찜사쪼이 찜사쪼이 스타페리 선착장	HK$23	00:20~04:40	20분
홍콩 섬 방면	A11	썽완 · 센트럴 · 애드미럴티 · 완짜이 · 코즈웨이 베이 포트리스 힐 · 노스포인트	HK$40	05:35~00:30	20~30분
	E11	썽완 · 센트럴 · 애드미럴티 · 완짜이 · 코즈웨이 베이 MTR 틴하우 역	HK$21	05:20~24:00	15~25분
	N11	센트럴 · 애드미럴티 · 완짜이 · 코즈웨이 베이	HK$31	00:50~04:50	30분

AEL(공항 출발 기준)

🕐 05:54~00:48(10~12분 간격)
🌐 www.mtr.com.hk

AEL Airport Express Line

공항 특급열차 AEL은 홍콩 국제공항에서 종점인 센트럴의 홍콩 Hong Kong 香港 역까지 불과 24분 만에 주파한다. 요금이 비싼 만큼 빠르고 시설도 쾌적하다. 더구나 AEL 홍콩 역과 까우롱 Kowloon 九龍 역에서 주요 호텔을 연결하는 무료 셔틀버스

AEL에는 안락한 좌석이 설치돼 있다

가 운행되는 것도 장점이다. 1시간 이내에 MTR로 갈아탈 경우 MTR 요금이 공짜(p.130의 옥토퍼스 카드 이용자만 해당)란 사실도 잊지 말자.

1 티켓·옥토퍼스 카드 구입

티켓은 공항 L5층 입국장의 AEL 자판기나 유인 매표소 Train Tickets 列車車票에서 구입한다. 온통

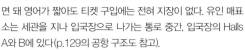

중국어·영어 설명뿐인 자판기 조작이 부담스러울 때는 유인 매표소를 이용하는 게 상책이다. 매표원에게 목적지를 말하고 돈만 건네면 돼 영어가 짧아도 티켓 구입에는 전혀 지장이 없다. 유인 매표소는 세관을 지나 입국장으로 나가는 통로 중간, 입국장의 Halls A와 B에 있다(p.129의 공항 구조도 참고).
AEL은 홍콩의 교통카드인 옥토퍼스 카드(p.130)로도 이용한다. 옥토퍼스 카드 역시 AEL 유인 매표소에서 구입한다. 매표원에게 'Octopus Card, Please'라고 말하면 된다.

AEL 소요시간 및 요금
(홍콩 국제공항 출발 기준)

목적지		칭이 Tsing Yi 靑依	까우롱 Kowloon 九龍	홍콩 Hong Kong 香港
소요시간		12분	20분	24분
편도		HK$70	HK$105	HK$115
왕복		HK$120	HK$185	HK$205
당일 왕복		HK$70	HK$105	HK$115
단체 티켓	2인	HK$100	HK$150	HK$170
	3인	HK$140	HK$210	HK$230
	4인	HK$170	HK$250	HK$280

공항~시내 MTR·AEL 노선도
MTR·AEL MAP

까우롱 반도

라이킹 Lai King 荔景

칭이
Tsing Yi
靑衣

프린스 에드워드
웡꼭
야우마떼

홍콩
국제공항

에어포트
Airport 機場

까우롱
Kowloon 九龍

쯔돈

홍콩 Hong Kong 香港

찜사쪼이

란타우섬

케네디 타운

쎵완
센트럴

완짜이

틴하우

코즈웨이베이

똥총
Tung Chung
東涌

애드미럴티

홍콩 섬

— 공항 고속철도 AEL 機場快線
— 똥총 선 Tung Chung Line 東涌綫
— 췬완 선 Tsuen Wan Line 荃灣綫
— 아일랜드 선 Island Line 港島綫

2 AEL 탑승

티켓 또는 옥토퍼스 카드를 구입한 다음 매표소 뒤로 이어지는 통로를 따라가면 'Trains to City 住市區列車' 표지판과 함께 플랫폼이 나온다. 개찰구나 검표원이 따로 없는데, 이런 스타일은 공항 역에서만 적용되는 독특한 시스템이다. 개찰은 최종 목적지에 도착한 후 역을 빠져나갈 때 딱 한 번만 한다. AEL 열차는 우리나라의 KTX처럼 순방향과 역방향 좌석이 있다. 조금이라도 편하게 가려면 순방향 좌석을 잡는 게 좋다. 열차는 출입구를 볼 때 오른쪽으로 움직이니 순방향 좌석을 잡을 때 참고하자.

3 AEL 하차

차량 양쪽 끝에는 AEL 노선도가 붙어 있다. 노선도의 램프가 차례로 점등되면서 열차의 현재 위치와 정차할 역을 표시하는데, 이것과 안내방송을 듣고 내릴 채비를 한다. 찜사쪼이·야우마떼·웡꼭·홍함의 숙소 이용자는 까우롱 Kowloon 역, 센트럴·썽완·완짜이·코즈웨이 베이의 숙소 이용자는 홍콩 Hong Kong 역에서 내리는 게 편하다.

4 무료 셔틀버스 갈아타기

AEL 홍콩 역에서는 2개 노선, 까우롱 역에서는 5개 노선의 무료 셔틀버스가 운행된다. 경유하는 호텔은 노선마다 다른데(p.137 참조), 예약한 호텔이 노선도에 표시돼 있지 않다면 매표소 또는 셔틀버스 정류장에서 근처로 가는 셔틀버스를 알려달라고 하면 된다. 셔틀버스를 탈 때는 앞서 사용한 AEL 티켓이나 옥토퍼스 카드를 보여줘야 하는 경우도 있다.

AEL 까우롱 역 셔틀버스 정류장

AEL 개찰구를 나와 대각선 오른쪽 끝에 있는 엘리베이터를 탄다. G층에서 내린 다음 'Airport Express Shuttle Bus 機場快線穿梭巴士' 표지판을 따라가면 셔틀버스 정류장이 나온다. 운행 06:12~23:12(12~20분 간격)

AEL 홍콩 역 셔틀버스 정류장

AEL 개찰구를 나오면 정면 대각선 왼쪽에 셔틀버스 정류장이 있다. 운행 06:12~23:12(20분 간격)

공항에서 시내로 갈 때 AEL 타는 방법

매표소에서 티켓을 구입한다.

표지판을 따라 플랫폼으로 간다.

열차에 오른다.

셔틀버스 정류장으로 간다.

목적지 도착 후 개찰구를 나간다.

자리를 잡고 출발을 기다린다.

셔틀버스 행선지를 확인한다.

버스 출발 시각까지 기다린다.

셔틀버스를 타고 호텔로 고고씽!

AEL 무료 셔틀버스 노선 & 주요 정류장

AEL 무료 셔틀버스 노선

H1
1. Renaissance Harbour View Hotel
2. HK Convention and Exhibition Centre
3. Grand Hyatt Hong Kong
4. Novotel Century Hong Kong
5. Pacific Place
6. JW Marriott Hotel Hong Kong
7. The Wharney Guang Dong Hotel Hong Kong
8. Empire Hotel Hong Kong (완짜이)

H2
1. Holiday Inn Express Hong Kong Soho
2. Iclub Sheung Wan Hotel
3. Ibis Hong Kong Central
4. Ramada Hong Kong Harbour View
5. Courtyard by Marriott Hong Kong / Best Western Plus Hotel Hong Kong
6. Island Pacific Hotel

H3
1. Empire Hotel Hong Kong (코즈웨이 베이)
2. Metropark Hotel Causeway Bay Hong Kong
3. Regal Hongkong Hotel
4. Rosedale Hotel Hong Kong
5. The Park Lane Hong Kong a Pullman Hotel

H4
1. Iclub Fortress Hill Hotel
2. Harbour Grand Hong Kong
3. City Garden Hotel
4. Ibis North Point Hotel
5. Harbor Plaza North Point

K1
1. MTR 쪼돈 Jordan 역
2. MTR 홍함 Hung Hom 역
3. Harbour Plaza Metropolis
4. Whampoa Garden
5. Harbour Grand Kowloon
6. Kerry Hotel
7. Eaton Hong Kong
8. Hong Kong West Kowloon Station

K2
1. Prince Hotel
2. Gateway Hotel
3. Marco Polo Hongkong Hotel
4. The Kowloon Hotel / The Peninsula
5. The Royal Pacific Hotel & Towers / China Ferry Terminal

K3
1. Holiday Inn Golden Mile Hong Kong
2. Hyatt Regency Hong Kong, Tsim Sha Tsui
3. Regal Kowloon Hotel
4. Hotel ICON
5. New World Millennium
6. InterContinental Grand Stanford Hong Kong
7. Kowloon Shangri-La

K4
1. Sheraton Hong Kong Hotel & Towers MTR 이스트 찜사쪼이 역
2. Park Hotel
3. The Luxe Manor
4. The Empire Hotel Kowloon
5. B.P. International

K5
1. The Cityview Hotel
2. Metropark Hotel Kowloon
3. Royal Plaza Hotel
4. Metropark Hotel Mong Kok
5. Dorsett Mong Kok Hong Kong

AEL 무료 셔틀버스

※셔틀버스의 노선은 수시로 바뀌니 주의할 것!

MTR Mass Transit Railway

지하철인 MTR은 시내까지 50분 이상 걸리지만 요금은 다른 어떤 교통편보다 저렴하다. AEL에 비교해 불과 ¼ 수준! 더구나 MTR 역을 기준으로 하면 숙소나 길을 찾기도 쉬워 은근히 편리하다. 그러나 공항까지 직접 연결되지 않기 때문에 MTR을 타려면 버스를 타고 MTR 똥총 Tung Chung 東涌 역까지 가야 하는 약간의 수고가 따른다.

S1번 버스

시간 05:30~24:00(5~10분 간격)
요금 HK$ 3.50
※요금을 현금으로 낼 경우 거스름돈을 주지 않으니 미리 잔돈을 준비해야 한다.

주의하세요

S1번 버스와 같은 정류장에서 출발하는 S64번 버스도 똥총 타운 센터로 간다. 하지만 S1번 버스보다 시간이 오래 걸리고(20~25분), 내릴 곳을 알아보기 힘들어 불편하다. 안전하게 가려면 S1번 버스만 이용하자.

1 MTR 똥총 역으로 이동

우선 공항 L5층 입국장의 AEL 유인 매표소에서 옥토퍼스 카드(p.130)를 구입한다. 그리고 Hall A의 끝쪽으로 가면 Pret A Manger 매장 뒤에 엘리베이터가 있다. 이 엘리베이터(p.129 공항 구조도 참고)를 타고 3/F층으로 내려간다. 엘리베이터 문이 양쪽에 달려 있는데 탈 때와 달리 내릴 때는 반대쪽 문이 열린다. 버스 정류장은 엘리베이터에서 내리자마자 바로 앞에 있다. 여기서 타야 할 버스는 S1번. 요금은 옥토퍼스 카드로 낸다. 종점인 MTR 똥총 역까지는 10~15분 걸린다.

2 MTR 갈아타기

S1번 버스가 종점에 도착하면 버스에서 내려 진행방향 정면으로 간다. 내린 승객의 대부분이 MTR 똥총 역으로 가는 것이니 무조건 앞사람만 따라가면 된다. MTR 역으로 들어가면 왼쪽에 개찰구가 있다. S1번 버스를 탈 때와 마찬가지로 개찰구에 옥토퍼스 카드를 찍고 통과한다.
바로 앞의 에스컬레이터를 타고 한층 아래로 내려가면 플랫폼이 나온다. 열차

공항에서 시내로 갈 때 MTR 이용법

입국장 Hall A로 나간다.

엘리베이터를 타고 L3층으로 내려간다.

정류장에서 S1번 버스를 탄다.

옥토퍼스 카드가 없으면 티켓을 구입.

MTR 똥총 역으로 간다.

종점인 MTR 똥총 역에서 내린다.

개찰구를 통과한다.

플랫폼에서 대기중인 열차를 탄다.

목적지에 도착하면 출구 확인 후 나간다.

가 좌우 양쪽에서 출발하는데, 둘 다 시내로 들어가는 것이니 어느 쪽이든 먼저 출발하는 것을 타면 된다. 여기가 종점이라 자리 잡기는 무척 쉽다. 단, 짐놓을 공간이 따로 없어 큰 짐을 갖고 타기는 조금 불편할 수도 있다.

3 라이킹 역에서 갈아타기

최종 목적지가 똥총 선의 종점인 홍콩 역이 아니라면 도중에 라이킹 Lai King 荔景 역(똥총 역에서 세 번째 역)에서 췬완 선 Tseun Wan Line 荃灣線으로 갈아탄다. p.134의 MTR 노선도를 보면 알겠지만 췬완 선을 이용하면 여행자의 메카(?) 찜사쪼이는 물론 홍콩 섬의 완짜이 · 코즈웨이 베이 방면으로 쉽게 갈 수 있다.

완짜이 · 코즈웨이 베이 방면으로 갈 때는 똥총 선의 종점인 홍콩 역에서 내려 아일랜드 선 Island Line 港島線으로 갈아타는 방법도 있지만 환승통로가 너무 길어 불편하다. 물론 짐이 많은 경우에는 더욱 더!

라이킹 역에서 MTR 갈아타는 방법은 무척 간단하다. 내린 곳 바로 맞은편 플랫폼에서 출발하는 센트럴 Central 中環 행 열차를 타면 된다. 그야말로 '누워서 떡 먹기'니 마음 푹 놓고 이용하자.

4 MTR 하차

출입구 쪽에 자리를 잡고 있으면 그 위에 그려진 MTR 노선도가 보인다. 역 이름 옆의 조그만 램프가 깜빡이면서 다음에 정차할 역을 알려줄 테니 눈여겨보며 내릴 채비를 하자. 물론 안내방송도 나온다.

5 목적지 도착

열차가 목적지에 도착하면 개찰구를 빠져나온다. 그리고 역 구내에 설치된 출구 표지판과 주변 지도를 참고로 숙소나 최종 목적지를 찾아가면 된다. 기타 자세한 MTR 이용법은 p.142를 참고하자.

막차 시각에 주의

홍콩에 밤늦게 도착하는 경우 시내로 들어가는 버스 · MTR의 막차 시각에 주의하자. 똥총 역에서 센트럴의 홍콩 역까지 가는 MTR은 00:43이 막차다. 그러나 다른 노선은 그보다 일찍 끊기기 때문에 도중에 MTR을 갈아타고 시내로 들어가려면 똥총 역에서 늦어도 23:55 전에 출발하는 열차를 타야 한다. 이 열차를 타려면 공항에서 S1번 버스를 타고 출발하는 시각은 늦어도 23:30 전이어야 한다.

고층 빌딩이 많아 길을 헤매기 십상이니 출구 번호를 꼼꼼히 확인하고 나간다

MTR 요금 및 소요시간 (똥총 역 기준)

목적지	현금	옥토퍼스 카드	소요시간
프린스 에드워드 Prince Edward 太子	HK$20	HK$17.40	31분
웡꼭 Mong Kok 旺角	HK$20	HK$17.40	33분
야우마떼 Yau Ma Tei 油麻地	HK$20	HK$17.40	35분
쪼돈 Jordan 佐敦	HK$20	HK$17.40	37분
찜사쪼이 Tsim Sha Tsui 尖沙咀	HK$20	HK$17.40	39분
센트럴 Central 中環	HK$26	HK$22.90	45분
홍콩 Hong Kong 香港	HK$26	HK$22.90	30분
썽완 Sheung Wan 上環	HK$26	HK$22.90	50분
애드미럴티 Admiralty 金鍾	HK$26	HK$22.90	43분
완짜이 Wan Chai 灣仔	HK$26	HK$22.90	47분
코즈웨이 베이 Causeway Bay 銅鑼灣	HK$26	HK$22.90	49분
틴하우 Tin Hau 天后	HK$26	HK$22.90	51분

리무진 버스

운행 07:00~23:00
※운행 시간이 유동적이니 주의해야
한다.

공항→까우룽 반도
요금 HK$130~160

공항→홍콩 섬
요금 HK$140~150

홍콩 시내를 오가는 리무진 버스

리무진 버스 Limousine Bus

요금이 조금 비싸지만 호텔 앞에 바로 내려주기 때문에 내릴 곳을 몰라 헤맬 우려가 없는 게 장점이다. 특히 방향 감각 '제로'인 사람에게 어울린다. 홍콩 국제공항과 시내의 주요 호텔을 오가는 리무진 버스는 에어포트 호텔링크 Airport Hotelink 機場酒店通에서 운행하며 배차 간격은 약 30분이다.

1 버스 티켓 구입

티켓은 공항 L5층의 입국장 Hall B에 위치한
B18번 여행사 부스에서 판매한다. 티켓을 구입할 때는 정확한 호텔 이름과 지역을 말하거나 호텔 바우처를 보여주면 알아서 끊어준다.
단, 혼자일 때는 리무진 버스를 이용해도 상관
없지만, 2~4명일 때는 택시를 타는 게 오히려 편하고 저렴할 수도 있다.

리무진 버스 매표소

2 리무진 버스 타러 가기

리무진 버스는 공항 제2터미널에서 출발한다. 티켓을 구입하면 제2터미널의 리무진 버스 정류장까지 버스 회사 직원이 데려다 준다. 15~30분마다 손님을 모아 한꺼번에 이동하니 티켓을 구입한 다음 직원의 눈에 잘 띄는 곳에 앉아 잠시 휴식을 취하자. 종종 승객의 목적지 구분을 위해 옷에 스티커를 붙여주기도 한다. 주의할 점은 리무진 버스 정류장을 직접 찾아가려는 섣부른 행동은 하지 말라는 것! 버스 정류장이 일정하지 않아 자칫하면 엉뚱한 곳에서 헤매기 십상이다. 버스 출발 시각이 되면 탑승자 또는 호텔의 이름을 부를 테니 그때까지 마음 편히 기다리는 게 상책이다.

3 리무진 버스 탑승

리무진 버스는 승객이 원하는 목적지에 따라 맘대로 노선을 바꾸며 운행한다. 티켓을 구입할 때 그리고 버스를 타기 전에 가고자하는 목적지 또는 호텔 이름을 말해 놓으면 원하는 곳에서 내려준다. 참고로 공항에서 시내까지는 50~60분가량 걸린다.

택시 Taxi

가장 비싸지만 동시에 가장 편한 교통편이다. 택시는 운행 지역에 따라 차체의 색이 다른데, 까우룽 반도와 홍콩 섬으로 가는 도심형 택시 Urban Taxi 市區的士는 차체가 빨간색이라 금방 눈에 띈다.

택시

요금 찜사쪼이 HK$270~
　　 센트럴 HK$370~
　　 코즈웨이 베이 HK$315~
　　 완짜이 HK$320~
※유료도로 · 터널 통행료 포함.

실전! 택시 이용하기

먼저 공항 L5층의 입국장에서 'To City 住市區' 표지판을 따라간다. 그리고 'Taxi 的士'란 표지판이 보이면 표지판이 가리키는 방향의 왼쪽 내리막길을 따라 공항 밖으로 나간다. 정류장은 바로 앞에 있다. 택시를 탈 때는 목적지를 정확히 알려줘야 한다. 영어가 잘 통하지 않을 수 있으니 목적지명을 한자 · 영어로 적어서 보여주는 게 좋다. 택시는 트렁크에 싣는 짐 값을 따로 받는다(1개 HK$5). 그리고 시내로 들어갈 때 미터 요금 외에 고속도로 · 유료도로 · 터널 통행료가 추가된다. 시내까지의 소요시간은 40~50분 정도다.

홍콩 시내 교통

이용 가능한 대중교통은 MTR(지하철) · 버스 · 트램 · 페리 · 택시 등이다. 활용도가 가장 높은 것은 대부분의 여행지와 연결되는 MTR이다. 운행 노선이 무척 단순해 이용에 큰 어려움은 없다. 버스는 홍콩 섬 남부와 란타우 섬 등 MTR로 연결되지 않는 지역을 돌아볼 때 이용하면 편리하다. 단, 안내방송 및 정류장 문제로 이용하기가 조금 까다롭다. 페리 · 트램은 활용도가 높지 않아 재미삼아 타보는 정도로 충분하다.

시내 교통편 요점 정리

MTR
홍콩 시내의 주요 명소를 빠르게 연결한다. MTR 역을 기준으로 움직이면 길 찾기도 한결 수월하다.

버스
홍콩의 명물 2층 버스가 여행의 재미를 더해준다. MTR로 연결되지 않는 명소를 찾아갈 때 유용하다.

스타페리
운항 노선은 고작 두 개 뿐이지만 요금이 저렴하고, 선상에서 홍콩의 야경을 감상할 수 있다.

트램
홍콩 섬의 동부와 서부를 연결하는 2층 트램. 이용하기가 조금 불편하지만 재미삼아 타보기에 좋다.

택시 Taxi 的士

택시는 주정차 금지구역이 아닌 곳 또는 택시 승강장 Taxi Stand 的士站에서 쉽게 잡을 수 있다. 빈차에는 'For Hire', 운행하지 않는 차에는 'Out of Service'란 표시가 들어와 있어 쉽게 구별된다. 편하게 택시를 잡으려면 가까운 호텔을 찾아가는 것도 요령이다.

편리한 택시

요금
요금은 우리나라보다 조금 비싸다. 더구나 일방통행 도로가 많아 짧은 거리를 빙빙 돌아가기도 하며, 트렁크에 짐 싣는 값을 따로 받기 때문에 생각보다 요금이 많이 나오기도 한다. 하지만 단거리에 한해 3~4명이 함께 이용하면 MTR · 버스를 타는 것과 비슷한 요금으로 훨씬 편하게 이동할 수도 있으니 요령껏 활용하자.

택시 이용시 주의사항
간단한 영어는 통하지만 의사소통에 불편을 느낄 만큼 말이 통하지 않는 경우가 많다. 운전사에게 목적지명을 한자로 적어주거나 주소를 직접 보여주는 게 가장 확실한 방법이다. 중국 본토에서 넘어온 운전사가 많아 의외로 북경어가 쉽게 통한다는 사실도 알아두면 좋을 듯.
홍콩 섬에서 까우롱 반도 또는 그 반대 방향으로 넘어갈 경우 '유료 해저터널'을 통과하게 된다. 이때 미터 요금과는 별도로 터널 통과료가 부과된다는 사실도 알아두자.

택시
요금 기본 요금 2km까지 HK$24
거리 요금 200m당 HK$1.70
시간 요금 1분당 HK$1.70
추가 요금 짐 1개당 HK$6
전화 예약 요금 HK$5
※요금이 HK$83.50 이상일 때는
거리 요금 200m당 HK$1.20,
시간 요금 1분당 HK$1.20이 적용된다.

MTR

🕐 06:00~00:50(노선마다 다름)
🌐 www.mtr.com.hk

알아두세요

MTR 찜사쪼이~애드미럴티 역 구간과
센트럴 · 홍콩~까우룽 역 구간은 한
정거장 거리에 불과하지만, 해저터널을
통과하기 때문에 편도 HK$11의
다소 높은 요금이 적용된다. 요금을
절약하려면 p.144의 스타페리를
이용해도 된다.

MTR Mass Transit Railway 地鐵

MTR 로고

홍콩 전역을 연결하는 여행자의 발과 같은 존재. 12개
노선에 총 92개의 역이 있으며 홍콩 전역을 촘촘히 연결
한다. 이 가운데 여행자가 주로 이용하는 노선은 홍콩 국
제공항~시내를 연결하는 똥총 선 Tung Chung Line 東
涌線, 까우룽 반도와 홍콩 섬을 연결하는 췬완 선 Tsuen Wan Line 荃灣線, 홍
콩 섬을 동서로 가로지르는 아일랜드 선 Island Line 港島線 등이다. 비교적 최
근에 개통한 똥총 선은 쾌적한 시설을 갖춘 반면, 췬완 선 · 아일랜드 선처럼 오
래된 노선은 열차의 폭이 좁고 조명이 어두워 무척 칙칙하게 느껴진다.
여행자의 이용 빈도가 높은 역은 홍콩 · 썽완 · 센트럴 · 애드미럴티 · 완짜이 ·
코즈웨이 베이 · 찜사쪼이 · 쪼돈 · 아우마떼 · 웡꼭의 10개다. Map Book에
실린 MTR 노선도에서 10개 역의 이름과 위치를 미리 익혀 놓으면 움직이기
가 한결 수월해진다.

요금 및 운행 시간

기본적으로 요금은 이동 거리에 비례해서 올라간다. 요금은 현금 기준 1~2정
거장 HK$5, 3~4정거장 HK$5.50, 5~6정거장 HK$7.50 수준이며, p.130
의 옥토퍼스 카드를 이용하면 현금으로 티켓을 살 때보다 HK$0.40~2.20가
할인된다. 주요 노선의 역 간 소요시간은 1~2분, 교외 노선은 3~8분이다. 자
세한 요금 및 소요시간은 MTR 영문 홈페이지를 참조하자. 출발 · 도착역의 이
름을 입력하면 요금과 소요시간이 바로 계산돼 나오며 MTR 역 주변의 상세한
지도까지 검색할 수 있다.

MTR 티켓 자판기 이용법

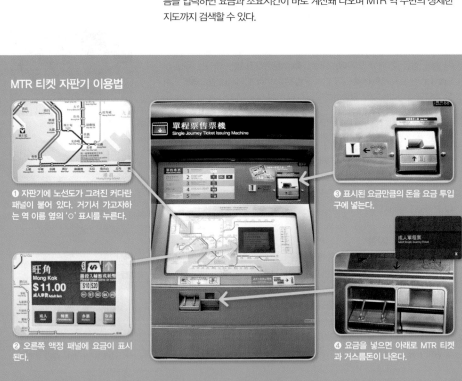

❶ 자판기에 노선도가 그려진 커다란
패널이 붙어 있다. 거기서 가고자하
는 역 이름 옆의 '○' 표시를 누른다.

❷ 오른쪽 액정 패널에 요금이 표시
된다.

❸ 표시된 요금만큼의 돈을 요금 투입
구에 넣는다.

❹ 요금을 넣으면 아래로 MTR 티켓
과 거스름돈이 나온다.

실전! MTR 타기

옥토퍼스 카드 소지자는 우리나라에서 교통카드를 이
용할 때와 마찬가지로 개찰구에 카드를 '찍고' 통과하
면 된다. 옥토퍼스 카드가 없을 때는 티켓 자판기 또는
유인 매표소에서 티켓을 구입한다. 티켓 자판기에서

사용 가능한 지폐는 HK$10 · 20, 동전은 50센트와 HK$1 · 2 · 5 · 10이다.
티켓 자판기가 동전만 사용 가능한 모델과 동전 · 지폐를 모두 사용할 수 있는
모델로 구분돼 있으니 주의하자.

기본적인 MTR 승하차 요령은 우리나라의 지하철과 동일하다. 개찰구를 통과
하면 노선별 플랫폼 안내판이 있으니 그것을 보고 플랫폼을 찾아간다. 플랫폼
에는 열차의 운행 방향을 알려주는 노선도, 열차의 행선지와 열차가 도착하기
까지 남은 시간을 알려주는 전광판, 스크린 도어 등이 설치돼 있다. 스크린 도
어 앞에 줄을 서서 열차가 들어오기를 기다린다. 열차에 오른 다음에는 출입구
위에 붙은 노선도를 주목하자. 노선도의 램프가 깜빡이며 다음 정차할 역을 알
려준다. 안내방송은 광둥어 · 북경어 · 영어의 순으로 나온다.

역 밖으로 나갈 때는 출구를 뜻하는 '出 Exit' 표시, MTR을 갈아탈 때는 갈아
타고자 하는 노선명이 적힌 표지판을 따라간다.

MTR 이용시 주의사항

러시아워는 평일 08:00~10:00, 17:30~19:00다. 가뜩이나 좁은 열차가 미
어터질 테니 되도록 이 시간대는 피해서 이용하는 게 좋다. 열차에는 물건을
올려놓을 수 있는 선반이 없으니 짐을 갖고 탈 때 주의하자.

알아두세요

MTR 역 구내에는 출구와 가까운
명소 · 건물을 표시한 표지판, 그리고
역을 중심으로 해당 지역이 상세히
묘사된 대형 지도가 붙어 있다. 출구
번호가 꼼꼼히 표시돼 있어 밖으로
나가기 전에 봐두면 길을 찾는 데 큰
도움이 된다.

MTR 기념품

MTR 애드미럴티 역 B번 출구 지하
(MAP 6-G4)와 홍콩 국제공항의 AEL
플랫폼에 있는 Tourist Services 旅客
服務에서 MTR 모형, 열차 · 개찰구
모양의 문구류 등 재미난 기념품을
판다.

MTR 타는 방법

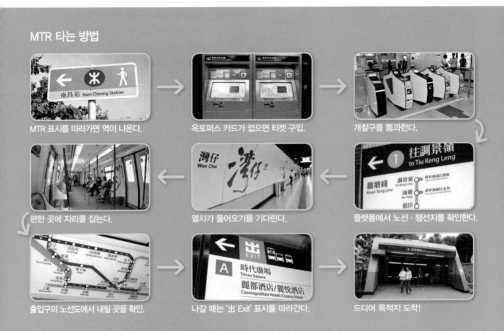

MTR 표시를 따라가면 역이 나온다.

옥토퍼스 카드가 없으면 티켓 구입.

개찰구를 통과한다.

편한 곳에 자리를 잡는다.

열차가 들어오기를 기다린다.

플랫폼에서 노선 · 행선지를 확인한다.

출입구의 노선도에서 내릴 곳을 확인.

나갈 때는 '出 Exit' 표시를 따라간다.

드디어 목적지 도착!

홍콩의 명물 스타페리

스타페리 Star Ferry 天星小輪

홍콩은 바다를 사이에 두고 까우롱 九龍 반도와 홍콩 섬의 두 지역으로 나뉜다. 해저터널 개통과 더불어 양쪽을 연결하는 MTR · 버스 노선이 생겼지만 예나 지금이나 사람들이 애용하는 교통편은 바로 스타페리다.

1888년 운항을 시작한 스타페리는 까우롱 반도와 홍콩 섬을 연결하는 찜사쪼이~센트럴, 찜사쪼이~완짜이의 두 개 노선을 운항한다. 이 가운데 홍콩의 심장부인 찜사쪼이와 센트럴을 오가는 노선은 여행자는 물론 현지인도 애용하는 메인 노선이다. 스타페리는 MTR에 비해 이동 시간이 오래 걸리지만, 요금이 싸고 바다 위에서 주변 풍경을 감상할 수 있어 '유람선 대체 코스'로도 인기가 높다. 특히 선상에서 바라보는 100만 불짜리 야경이 놓치기 힘든 매력 포인트!

스타페리

운항 찜사쪼이~센트럴 06:30~23:30
　　　 찜사쪼이~완짜이 07:20~23:00

찜사쪼이~센트럴
요금 1층 월~금요일 HK$2.20
　　　토 · 일 월~금요일 HK$3.10
　　　2층 월~금요일 HK$2.70
　　　토 · 일 · 공휴일 HK$3.70

찜사쪼이~완짜이
요금 월~금요일 HK$2.70
　　　토 · 일 · 공휴일 HK$3.70
홈피 www.starferry.com.hk

요금 및 운행 시간

요금은 운항 노선과 요일별로 다르다. 요금을 낼 때는 옥토퍼스 카드 또는 스타페리 선착장에서 파는 토큰을 사용한다. 소요시간은 찜사쪼이~센트럴 6분, 찜사쪼이~완짜이 8분 정도다.

스타페리 토큰 구입하기

토큰 자판기

스타페리의 토큰

토큰 자판기는 스타페리 개찰구 옆의 Token이라고 표시된 쪽에 있다.
❶ 자판기 상단 가운데 부분의 '성인 Adult 成人' 또는 '어린이 Concessionary 優惠' 버튼을 누른다.
❷ 패널에 표시된 액수만큼의 돈을 넣는다. 동전 또는 HK$10 · 20 지폐를 사용할 수 있다.
❸ 자판기 아래로 토큰과 거스름돈이 나온다.

실전! 스타페리 타기

선착장에서 원하는 목적지로 가는 개찰구를 찾는다. 개찰구는 옥토퍼스 카드 전용과 토큰 Token 代幣 전용으로 나뉜다. 옥토퍼스 카드가 없을 때는 개찰구 옆의 자판기에서 토큰을 구입한 다음 토큰 전용 개찰구로 들어간다.

경치를 즐기려면 되도록 바닷가 쪽 자리를 잡자. 찜사쪼이 출항의 경우 센트럴 행은 진행방향 왼쪽, 완짜이 행은 진행방향 오른쪽 자리가 최고의 명당이다. 배가 맞은편 선착장에 도착하면 사람들이 움직이는 방향으로 따라 나간다. 이때 별도의 개찰 과정은 없다.

스타페리 타는 방법

스타페리 선착장을 찾아간다.

往中環 ➡ TO CENTRAL
목적지에 해당하는 개찰구를 찾는다.

개찰구를 통과한다.

배에 올라 출항을 기다린다.

선상 유람을 즐긴다.

맞은편 선착장에 도착하면 내린다.

스타페리 이용시 주의사항

찜사쪼이~센트럴 구간의 경우 층에 따라 요금은 물론 개찰구의 위치도 다르니 주의하자. 1층은 Lower Deck 下層, 2층은 Upper Deck 上層라고 표시된 개찰구를 이용한다. 풍랑이 심한 날이나 태풍이 통과하는 시기에는 운항이 지연 또는 중지되기도 한다. 이용이 여의치 않을 때는 안전한 MTR을 이용하는 게 좋다.

일반 페리 Ferry 小輪

란타우 · 람마 · 청짜우 · 펭짜우 등의 섬을 오가는 페리는 주로 센트럴에 있는 센트럴 페리터미널(MAP 6-G1)에서 출항한다. 찜사쪼이의 스타페리 선착장 옆에도 조그만 페리터미널이 있지만 운항 편수와 노선이 제한적이라 이용 가능성이 적다.

주변의 섬을 오가는 일반 페리

요금 및 운항 시간

요금 · 운항 시간은 노선 및 운항일에 따라 다르다. 평일에는 일반 요금이 적용되지만 주말 · 공휴일에는 평일보다 1.5~2배 정도 비싼 할증 요금이 적용된다. 자세한 사항은 각 섬별 여행 정보를 참조하자. 요금은 현금 또는 옥토퍼스 카드로 낸다.

실전! 페리 타기

센트럴 페리터미널은 선착장이 행선지별로 구분돼 있다. 선착장마다 행선지명과 번호가 붙어 있으니 그것을 보고 선착장을 찾아가면 된다. 페리 좌석은 선착 순인데 배 멀미가 심한 사람은 최대한 가운데 자리에 앉는 게 좋다. 내릴 때는 별도의 개찰 과정이 없다.

페리 이용시 주의사항

운항이 뜸하거나 일찍 끊는 노선도 있으니 선착장에서 스케줄 확인을 잊지 말자! 페리는 속도가 느린 보통 Ordinary와 속도가 빠른 고속 Fast가 있다. 속도가 빠른 고속 페리의 요금이 더 비싸니 페리 시각표와 요금표를 확인한다.

홍콩의 주요 페리 노선도
FERRY MAP

스타페리
일반 페리

九龍城

까우롱 반도

觀塘

홍함

찜사쪼이
이스트

찜사쪼이 페리터미널

◀┅ 란타우 · 람마 · 청짜우 · 펭짜우 섬

◀┅ 마카오

北角
노스 포인트

三家村

홍콩 · 마카오
페리터미널

센트럴 페리터미널

西灣河

완짜이

홍콩 섬

여행의 즐거움을 더해주는 2층 버스

시내버스

運行 06:00~24:00(노선마다 다름)

KMB 버스
網址 www.kmb.hk

City 버스 · 퍼스트 버스
網址 www.nwstbus.com.hk

뉴 란타우 버스
網址 www.newlantaobus.com

버스 Bus 巴士

다양한 노선의 버스가 홍콩 전역을 거미줄처럼 연결한다. 불친절한(?) 정류장 안내방송 때문에 이용하기 불편하다는 단점이 있으나 홍콩의 명물 '2층 버스'를 탈 수 있다는 사실만으로도 이용 가치는 충분할 듯!

버스는 오션파크 · 애버딘 · 리펄스 베이 · 스탠리 · 섹오처럼 MTR이 연결되지 않는 명소를 찾아갈 때 이용하면 편하다. 주요 노선이 발착하는 버스터미널은 센트럴의 익스체인지 스퀘어 Exchange Square(MAP 5-D2)와 찜사쪼이의 스타페리 선착장(MAP 15-B5) 앞에 있다.

요금 및 운행 시간

요금은 버스 노선과 운행 구간에 따라 다른데 대략 HK$4.30~43 수준이다. 정류장에 노선별 요금이 적혀 있으니 확인하고 이용하자. 요금은 현금과 옥토퍼스 카드 모두 동일하다. 하지만 현금 지불시 거스름돈을 주지 않으니 잔돈 준비는 필수!

실전! 버스 타기

일부 앞문만 달린 버스도 있지만 대부분의 버스는 앞문으로 타고 뒷문으로 내린다. 요금은 버스를 탈 때 운전석 옆에 표시된 만큼 내면 된다. 물론 옥토퍼스 카드 소지자는 단말기에 카드를 '찍기'만 하면 OK!

오르내리기가 조금 불편하지만 여행의 재미를 만끽하려면 2층 맨 앞자리가 제일 좋다는 사실도 잊지 말자. 운전석 옆과 2층 맨 앞의 전광판에는 정차할 정류장의 이름이 한자와 영어로 표시된다(일부 전광판이 설치되지 않은 버스도 있음).

내릴 때는 우리나라와 마찬가지로 벨을 눌러 버스를 세운다. 옥토퍼스 카드는 원칙적으로 내릴 때는 찍지 않아도 된다. 내릴 때 옥토퍼스 카드를 한 번 더 찍으면 요금이 할인되는 버스(p.270)도 있지만 극히 예외적인 케이스에 해당한다.

정류장 안내방송은 기대하지 않는 게 좋다. 해주지 않는 경우가 많으며 해주더라도 알아듣기 힘들기 때문. 내리는 곳을 모를 때는 주위의 승객이나 운전사에게 영문 · 한자로 적은 목적지명을 보여주면서 도움을 청하는 게 상책이다. 버스 2층을 오르내릴 때는 안전사고의 가능성이 있으니 주의하자.

버스 타는 방법

정류장에서 버스를 기다린다.

버스를 탈 때는 앞문을 이용한다.

버스를 타면서 요금을 낸다.

내릴 때는 뒷문을 이용한다.

벨을 눌러 버스를 세운다.

2층 맨 앞에 앉아 버스 유람을 즐긴다.

미니 버스 Mini Bus 小型巴士

우리나라의 마을버스에 해당하는 것으로 크기는 봉고차보다 조금 크다. 노선을 파악하기 힘들어 일반 여행자가 이용할 가능성은 대단히 낮다. 초록 지붕의 버스와 빨간 지붕의 버스가 있는데 초록 지붕은 정해진 정류장이 있는 반면, 빨간 지붕은 일정 구간을 오갈 뿐 정해진 노선이나 정류장이 없다. 시내에서는 주로 초록 지붕의 버스가 운행된다.

요금은 시내버스와 비슷하다. 초록 지붕의 버스는 '탈 때' 현금 또는 옥토퍼스 카드로 낸다. 하지만 빨간 지붕의 버스는 '내릴 때' 현금으로 내야 한다. 요금은 운전석 옆에 표시돼 있으며 현금으로 내면 거스름돈을 주지 않는다.

실전! 미니 버스 타기

버스 앞에 표시된 행선지를 보고 손을 들어 차를 세운다. 내려야 할 정류장의 위치를 모를 때는 운전사에게 원하는 곳에서 세워달라고 미리 부탁한다. 정류장을 알 때는 목적지에 다다랐을 즈음 'Stop Please'라고 말하며 차를 세운다.

미니 버스

운행 06:00~24:00(노선에 따라 다름)

미니 버스 이용시 주의사항

미니 버스의 승차정원은 16명이다. 정원이 가득 찬 경우 더 이상 손님을 태우지 않는다. 비교적 안전 운행을 하는 초록 지붕 버스에 비해 빨간 지붕 버스는 과속·난폭 운행을 일삼는다. 더구나 노선마저 제 멋대로 바꾸기 일쑤라 길을 헤매기 십상이니 조심할 것

홍콩의 주요 버스 노선도
BUS MAP

한 세기의 역사를 자랑하는 트램

트램 Tram 電車

1904년부터 운행을 시작한 골동품이자 2층 버스와 함께 홍콩을 대표하는 명물이다. 홍콩 섬 서쪽의 케네디 타운 Kennedy Town 堅尼地城에서 동쪽의 샤우께이완 Shau Kei Wan 筲箕灣까지 연결하는 6개 노선이 운행된다. 노선은 오른쪽 페이지의 노선도를 참고하자.

트램

운행 05:10~23:50
요금 1회 HK$2.60, 4일권 HK$34
홈피 www.hktramways.com

요금 및 운행 시간

전 구간 단일 요금제이며, 현금과 옥토퍼스 카드를 사용할 수 있다. 단, 현금으로 낼 경우 거스름돈을 주지 않으니 미리 잔돈을 준비해야 한다. 정류장은 300~400m 간격으로 있으며 정류장 간 소요시간은 2~3분이다. 동쪽 끝의 케네디 타운에서 서쪽 끝의 샤우께이완까지는 편도 1시간 30분~2시간쯤 걸린다.

정류장 확인 방법

트램 정류장 표지판

트램 정류장에는 자세한 노선도가 붙어 있으며, 지붕 또는 기둥에 해당 정류장의 번호와 이름이 적혀 있다. 동쪽으로 가는 트램의 정류장은 '홀수 번호 · E', 서쪽으로 가는 트램의 정류장은 '짝수 번호 · W'로 표기해 놓아 알아보기 쉽다.

예를 들어 '43E · O'Brien Road'는 동쪽으로 가는 트램의 43번째 정류장인 O'Brien Road, '56W · O'Brien Road'는 서쪽으로 가는 트램의 56번째 정류장인 O'Brien Road를 뜻한다. 같은 이름의 정류장이 은근히 많으니 실수하지 않으려면 '정류장 번호'를 꼼꼼히 확인해야 한다.

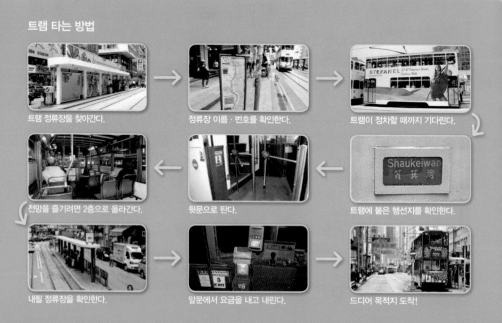

트램 타는 방법

트램 정류장을 찾아간다. → 정류장 이름 · 번호를 확인한다. → 트램이 정차할 때까지 기다린다.

전망을 즐기려면 2층으로 올라간다. ← 뒷문으로 탄다. ← 트램에 붙은 행선지를 확인한다.

내릴 정류장을 확인한다. → 앞문에서 요금을 내고 내린다. → 드디어 목적지 도착!

실전! 트램 타기

정류장은 선로가 보이는 큰길로 나가면 금방 눈에 띈다. 정류장에 도착하면 정류장 번호 · 이름으로 자신이 타려는 트램의 정류장이 맞나 확인한다.

트램이 들어오면 차량 앞의 행선지 표지판을 확인하고 탄다. 예를 들어 썽완 · 센트럴에서 코즈웨이 베이 방면으로 갈 때는 Causeway Bay 銅鑼灣, North Point 北角, Shau Kei Wan 筲箕灣 행, 코즈웨이 베이에서 센트럴 · 썽완 방면으로 갈 때는 Western Market 上環街市, Kennedy Town 堅尼地城 행을 타면 된다.

트램을 탈 때는 뒷문을 이용한다. 문 앞에 놓인 바를 밀고 안으로 들어가면 2층으로 이어진 계단이 보인다. 계단을 오르내리기 싫다면 1층, 창밖의 경치를 즐기려면 2층으로 올라가자. 참고로 전망이 가장 좋은 곳은 2층 맨 앞과 맨 뒷자리다. 트램은 정류장마다 정차한다. 하지만 안내방송이 없어 어디서 내려야할지 감을 잡기 힘들다. 2층 맨 앞에 앉아 정류장 번호를 확인하면서 내릴 곳을 찾거나, 다른 승객이나 운전사에게 내릴 곳을 물어보는 게 안전하다. 요금은 앞문으로 내리면서 낸다. 운전석 옆에 요금함과 옥토퍼스 카드 단말기가 있다.

트램 이용시 주의사항

트램 내부는 키가 175cm를 넘으면 천장에 머리 부딪힐 각오를 해야 할 만큼 천장이 낮다. 게다가 낡은 차체에는 에어컨마저 설치돼 있지 않아 한여름에는 찜통을 방불케 한다. 출퇴근 시간에는 서울의 만원 버스는 비교도 안 될 만큼 미어터지니 되도록 그때는 피해서 이용하는 게 좋다.

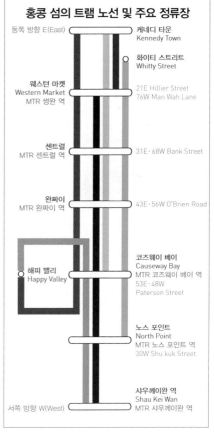

홍콩 섬의 트램 노선 및 주요 정류장

동쪽 방향 E(East)

케네디 타운
Kennedy Town

화이티 스트리트
Whitty Street

21E Hillier Street
76W Man Wah Lane

웨스턴 마켓
Western Market
MTR 썽완 역

센트럴
MTR 센트럴 역

31E · 68W Bank Street

완짜이
MTR 완짜이 역

43E · 56W O'Brien Road

해피 밸리
Happy Valley

코즈웨이 베이
Causeway Bay
MTR 코즈웨이 베이 역
53E · 48W
Paterson Street

노스 포인트
North Point
MTR 노스 포인트 역
30W Shu kuk Street

샤우께이완 역
Shau Kei Wan
MTR 샤우께이완 역

서쪽 방향 W(West)

트램의 구조

트램 정면에 행선지 표지판이 붙어 있다.

2층은 창이 열리며 전망도 좋다.

1층 좌석, 2열의 길쭉한 의자가 놓여 있다. 타고 내리기는 편하지만 조급 갑갑하다.

내릴 때는 앞문을 이용, 옥토퍼스 카드 단말기와 요금함이 있다.

트램은 뒷문으로 탄다. 입구의 바를 밀고 들어간다.

시내에서 홍콩 국제공항으로

귀국 절차는 우리나라를 떠날 때와 동일하다. 즉, 비행기 출발 시각 두세 시간 전까지 공항으로 가 출국 수속을 밟으면 되는 것. 홍콩 시내에서 공항으로 갈 때도 AEL·MTR·공항 버스·택시를 이용한다. 무조건 편하게 가려면 도심 공항터미널에서 출국 수속을 끝낸 뒤 AEL을 타고 가는 게 현명하다. 비용을 한 푼이라도 절약하려면 조금 불편하고 시간이 걸리더라도 MTR을 이용한다.

공항행 교통편 요점 정리

AEL

요금이 비싼 대신 빠르고 쾌적하다. 공항까지 21~24분 걸리며, 도심공항터미널에서 이용하면 더욱 편리하다.

MTR

요금이 저렴한 게 장점. 공항까지 45~65분 걸린다. MTR 똥총 역까지 간 다음 버스로 갈아타고 간다.

공항 버스

MTR보다 1.5배 정도 비싸며 공항까지 50~60분 걸린다. 도중에 갈아탈 필요가 없는 게 장점이다.

AEL(홍콩 역 출발 기준)

운행 05:50~00:48(10~12분 간격)
홈피 www.mtr.com.hk

옥토퍼스 카드 환불

공항에 도착하면 AEL 유인 매표소(제 1터미널의 L5층 입국장)에서 옥토퍼스 카드를 반납하고, 잔액과 보증금을 돌려받는다.

AEL p.134

열차는 센트럴의 홍콩 Hong Kong 역과 찜사쪼이 인근의 까우롱 Kowloon 역에서 출발한다. 시내에서 AEL 홍콩·까우롱 역으로 갈 때는 무료 셔틀버스를 이용하자(정류장 위치는 p.137 참고). 공항 Airport 역에 도착하면 열차의 문이 양쪽 모두 열린다. 왼쪽으로 내리면 제1터미널, 오른쪽으로 내리면 제2터미널의 출국장으로 바로 연결된다. 공항 역에는 개찰구가 없으니 연결통로를 따라 곧장 출국장으로 가면 된다.

MTR p.138

시내에서 MTR을 타고 똥총 Tung Chong 역까지 간 다음, 역 앞의 버스 터미널에서 S1번 버스(막차 24:00)로 갈아타고 공항으로 간다. 버스가 도착하는 곳은 제1터미널이며 L3층에 내려준다. 제1터미널의 출국장은 L7층에 있으니 정류장 앞의 엘리베이터를 타고 위층으로 올라간다. 제2터미널로 가려면 'Terminal 2 二號客運大樓' 표지판을 따라간다.

공항 버스 p.132

공항 버스는 길이 막힐 우려가 있으니 여유 있게 이용해야 한다. A번 계열의 공항 버스는 제1터미널과 제2터미널의 출국장 바로 앞에 내려주며, 그밖의 버스는 제1터미널 L7층 출국장 앞에 세워준다.

리무진 버스 Limousine Bus p.140

예약과 티켓 구입은 호텔 프런트에서 한다. 타는 곳은 자신이 예약한 호텔 앞이다. 리무진 버스는 도중에 여러 호텔을 경유하기 때문에 정확한 출발 시각을 가늠하기 어렵다. 자칫 버스를 놓칠 수도 있으니 예약한 시각보다 10~20분 앞서 대기하고 있는 게 안전하다. 버스를 탈 때 터미널 번호나 항공사 이름을 말하면 해당 터미널의 출국장 앞에 내려준다.

SPECIAL

편리한 도심공항터미널을 이용하자

도심공항터미널을 이용하면 공항에서 버리는 시간을 절약할 수 있음은 물론, 무거운 짐도 공항으로 미리 보낼 수 있어 무척 편리하다. 단, 도심공항터미널은 AEL 탑승자에 한해서만 이용할 수 있다.

1 도심공항터미널 찾아가기

도심공항터미널은 센트럴의 AEL 홍콩 Hong Kong 역과 찜사쪼이 인근의 AEL 까우롱 Kowloon 역에 있다. 도심공항터미널로 갈 때는 무료 셔틀버스(p.137) 또는 MTR을 이용한다. AEL 홍콩 역은 MTR 아일랜드 선의 센트럴 Central 역, AEL 까우롱 역은 MTR 똥총 선의 까우롱 Kowloon 역과 바로 연결된다. MTR을 타고 온 경우 역 구내의 'In-town Check In' 표지판만 따라가면 도심공항터미널을 금방 찾을 수 있다.

2 탑승 수속

도심공항터미널 입구의 안내 창구에서 AEL 티켓을 구입한다. 옥토퍼스 카드 소지자는 개찰구에 카드를 찍고 통과하면 된다. 해당 항공사 체크인 카운터에서 여권 · 항공권을 제시하고 탑승권을 받은 뒤 수하물 탁송을 한 다음 밖으로 나가면 탑승 수속이 끝난다. 이후 남는 시간은 홍콩 시내에서 자유로이 보내도 된다.

3 AEL 탑승 · 공항 도착

공항으로 갈 시간이 되면 AEL 플랫폼으로 간다. 플랫폼은 'Airport/AsiaWorld-Expo 機場/博覽館' 표지판을 따라 가면 쉽게 찾을 수 있다. 개찰구는 앞서 구입한 AEL 티켓 또는 옥토퍼스 카드로 통과한다. 공항 Airport 역까지는 21~24분 걸린다. 공항 역에 도착하면 연결통로를 따라 출국장으로 간다. 이미 탑승 수속을 마친 상태라 제1 · 2터미널 어느 쪽으로 가든 상관없다.

그리고 세관 · 보안 검색과 출국 심사를 받고 비행기에 오르면 된다. 옥토퍼스 카드 소지자는 출국장으로 가기 전에 AEL 유인 매표소에 들러 옥토퍼스 카드를 반납하고, 잔액과 보증금을 돌려받는다.

이용 가능 여부 확인

도심공항터미널의 전광판에서 자신이 이용할 비행기의 편명을 확인한다. 'Closed'라고 표시돼 있으면 해당 항공편의 탑승 수속이 마감됐다는 뜻이니 지체없이 공항으로 가야 한다.

주의사항

도심공항터미널에서는 비행기 출발 시각 90분 전까지 탑승 수속을 할 수 있다. 캐세이패시픽 항공 및 일부 항공사는 출발 하루 전부터 탑승 수속이 가능하다. 도심공항터미널을 이용할 수 없거나 제한적으로 이용 가능한 항공사도 있으니 주의하자. 체크인 카운터 오픈 시각은 항공사마다 다르니 전화 · 인터넷으로 도심공항터미널 이용 가능 여부와 정확한 체크인 카운터 오픈 시각을 확인하는 게 안전하다.

홍콩 역 도심공항터미널
운영 05:30~00:30
전화 2523-3627
까우롱 역 도심공항터미널
운영 05:30~00:30
전화 2736-0162

도심공항터미널 이용법

도심공항터미널까지 무료 셔틀버스를 탄다.

표지판을 따라가면 도심공항터미널이다.

전광판에서 수속 카운터를 확인한다.

AEL을 타고 공항으로 간다.

표지판을 따라 AEL 플랫폼으로 간다.

해당 카운터에서 탑승 수속을 밟는다.

센트럴 中環

볼거리 ★★★★★
먹거리 ★★★★★
쇼　핑 ★★★★☆
유　흥 ★★★☆☆

주요 금융기관을 비롯해 세계적 명성의 기업이 줄줄이 포진해 있는 비즈니스의 중심지.
거대 건물군이 이루는 화려한 스카이라인은 뉴욕의 맨해튼을 연상시키며, 대로를 따라
즐비한 최고급 호텔·레스토랑·명품 숍은 홍콩 제일의 관광명소로 여행자의 발길을
유혹한다. 현대식 고층 빌딩 아래에 19세기의 모습을 간직한 고풍스러운 건물이
점점이 위치해 영국 식민시대의 향취를 맛볼 수 있는 것도 독특한 매력이다.

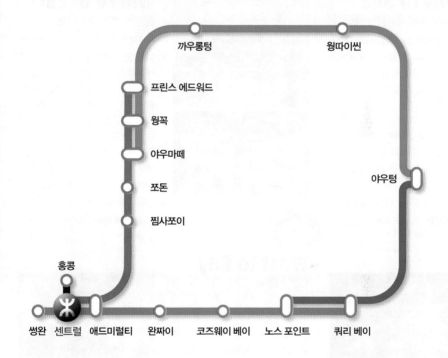

센트럴로 가는 방법

MTR **췬완 선·아일랜드 선의 센트럴 Central 中環 역 또는 뚱총 선의 홍콩 Hong Kong 香港 역 하차**

센트럴 역은 출구가 많으니 각별히 주의하자. 주요 명소는 K번 출구 쪽에 모여 있다.
홍콩 역은 센트럴 역과 지하로 이어져 있으며, A1·A2·B1·B2·E1번 출구가 IFC와 바로 연결된다.
일부 명소는 센트럴 역에서 한 정거장 떨어진 애드미럴티 Admiralty 金鐘 역에서 가깝다는 사실도 기억하자.

Ferry **찜사쪼이에서 스타페리를 타고 센트럴 선착장 Central Pier 하선**

5~7분 걸리며 요금은 월~금요일 HK$2.20(1층), HK$2.70(2층), 토·일·공휴일 HK$3.10(1층), HK$3.70(2층)이다.

central
quick guide

S
How to See
황후상 광장이 여행의 중심지

MTR 센트럴 역과 직결되는 황후상 광장을 중심으로 명소가 모여 있으며, 도로 정비가 잘 돼 있어 길 찾기도 수월하다. 가장 효율적인 여행법은 황후상 광장을 기점으로 시계 반대 방향을 그리며 주요 명소를 찾아가는 것이다. 가파른 언덕의 힐사이드 에스컬레이터와 홍콩 공원을 제외한 나머지 지역은 길이 평탄해 걸어다니며 구경하기에도 좋다. 재미 삼아 2층 트램을 타보는 것도 좋다.

박물관 · 전시관 ★★★
건축물 · 공원 ★★★
유적 · 사적지 ★★☆

E
Where to Eat
풍부한 먹거리의 보고

센트럴은 식도락을 즐기기에도 더할 나위 없이 좋다. IFC 몰 · 퍼시픽 플레이스 등 대형 쇼핑몰마다 맛집이 모인 식당가와 경제적으로 식사를 해결할 수 있는 패스트푸드 · 푸드코트가 잘 갖춰져 있다. 이국적인 요리를 경험하려면 란콰이퐁 또는 힐사이드 에스컬레이터와 연결된 소호로 가보자. 아시아는 물론 유럽 · 중동 요리까지 세계 각국의 음식을 두루 섭렵할 수 있다.

중식 ★★★
양식 ★★★
디저트 ★★☆

B
What to Buy
인기 브랜드가 총망라

내로라하는 명품과 고급 디자이너 브랜드의 숍이 풍부하다. 명품 쇼핑을 원하는 이에게는 고가 브랜드로 채워진 랜드마크 아트리움, 고급스러운 분위기가 매력인 퍼시픽 플레이스를 추천한다. 중가(中價) 인기 브랜드 위주로 실속 쇼핑을 즐기려면 IFC 몰을 추천한다. 개성을 추구하는 패셔니스타라면 신진 디자이너 컬렉션이 풍부한 레인 크로포드 · 하비 니콜스 · I.T를 놓치지 말자.

패션 ★★★
인테리어 ★★★
화장품 · 잡화 ★★☆

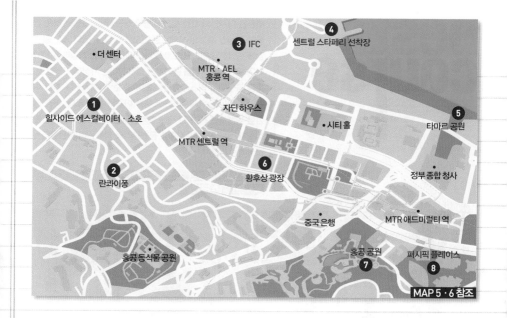

❶ 힐사이드 에스컬레이터 · 소호 p.169 · 190

800m 길이의 에스컬레이터를 타고 가파른 언덕을 오르내리며 홍콩의 이국적인 풍경을 감상할 수 있다. 나란히 이어진 소호는 홍콩의 내로라하는 맛집 거리 가운데 하나다.

볼거리 ★★☆　먹거리 ★★★　쇼핑 ☆☆☆

❷ 란콰이퐁 p.191

센트럴을 대표하는 유흥의 메카. 수많은 퍼브와 레스토랑이 모여 있다. 특히 금 · 토요일 밤이면 홍콩에 거주하는 외국인과 여행자들이 한데 모여 불야성을 이룬다.

볼거리 ☆☆☆　먹거리 ★★☆　쇼핑 ☆☆☆

❸ IFC p.167

홍콩에서 두 번째로 높은 건물. 낮의 모습은 물론 야경이 멋지기로도 명성이 자자하다. 하층부에 위치한 IFC 몰은 센트럴 최대의 쇼핑몰로 수많은 숍과 레스토랑이 모여 있다.

볼거리 ★★★　먹거리 ★★★　쇼핑 ★★★

❹ 센트럴 스타페리 선착장 p.165

찜사쪼이를 오가는 스타페리가 발착하는 곳. 수많은 선박이 오가는 빅토리아 항의 풍경을 감상할 수 있다. 주변에는 해양박물관 · 대관람차 · 해변 산책로 등 여러 볼거리가 있다.

볼거리 ★★☆　먹거리 ☆☆☆　쇼핑 ☆☆☆

❺ 타마르 공원 p.166

빅토리아 항이 한눈에 들어오는 초록빛 공원. 센트럴 스타페리 선착장까지 이어지는 해변 산책로를 따라 한가로이 산책을 즐기기에 좋다. 주말에는 다양한 이벤트도 열린다.

볼거리 ★★☆　먹거리 ☆☆☆　쇼핑 ☆☆☆

❻ 황후상 광장 p.158

영국 식민시대의 건물과 세련된 고층 빌딩이 모여 있는 센트럴의 중심지. 이곳부터 힐사이드 에스컬레이터까지는 갖가지 숍이 밀집한 대형 쇼핑가를 형성하고 있다.

볼거리 ★★★　먹거리 ★☆☆　쇼핑 ★★☆

❼ 홍콩 공원 p.162

울창한 녹지가 고즈넉한 분위기를 연출한다. 번잡한 도심에서 벗어나 잠시 휴식을 취해도 좋을 듯. 공원 안에는 영국 식민시대의 건물 등 이국적인 볼거리도 있다.

볼거리 ★★☆　먹거리 ☆☆☆　쇼핑 ☆☆☆

❽ 퍼시픽 플레이스 p.181

스타일 지수를 업시킬 수 있는 멋스러운 럭셔리 아이템이 풍부한 대형 쇼핑몰. 맛난 레스토랑과 푸드코트가 모여 있어 식도락을 즐기기에도 좋다.

볼거리 ★☆☆　먹거리 ★★☆　쇼핑 ★★★

best course

세련된 디자인의 고층 빌딩과 영국 식민시대의 고풍스러운 건물이 뒤섞인 홍콩의 다채로운 면모를 즐길 수 있다. 일·공휴일에는 엄청난 인파와 도로를 가득 메운 필리핀 가정부(p.171) 때문에 쾌적한 여행을 즐기기가 쉽지 않다는 사실을 기억할 것. 홍콩 공원에서 익스체인지 스퀘어까지는 걸어가도 되지만 여행의 재미(!)를 위해서라도 트램을 이용하는 게 좋다. 야경 감상을 위해서는 해가 진 뒤에 황후상 광장과 IFC를 한 번 더 들러보자. 일·공휴일은 홍콩 금융관리국 자료관이 휴관한다는 사실에 주의하자.

출발점 MTR 췬완 선·아일랜드 선의 센트럴 Central 역 K번 출구
예상 소요시간 8시간~

▼MTR 센트럴 역 K번 출구를 나오면 이렇게 보여요.

중국은행 타워 · 홍콩상하이 은행 · 랜드마크 프린시스

황후상 광장 · 시티 홀·IFC 몰

이국적인 외관을 뽐내는 성 요한 성당.

start		황후상 광장		구 입법부 빌딩						성 요한 성당
1	바로 앞	**2**	도보 1분	**3**	도보 1분	**4**	도보 4분	**5**	도보 3분	**6** 도보 8분 + 트램 3분

센트럴 역 K번 출구

100년 전의 모습을 간직한 구 입법부 빌딩.

홍콩상하이 은행 · 성 요한 성당

한적한 휴식처 홍콩 공원.

MAP 5 · 6 참조

맵 안의 지명:
- ⑪ PMQ
- ⑫ 소호
- ⑩ 힐사이드 에스컬레이터 타이쿤
- 더 센터
- ⑪ 란콰이퐁
- 홍콩 동식물 공원
- 익스체인지 스퀘어 ⑦
- MTR 센트럴 역
- MTR · AEL 홍콩 역
- 홍콩 금융관리국 자료관 ⑨ ⑧
- 홍콩상하이 은행
- ① 센트럴 역
- ⑤ ② 황후상 광장 ④
- 성 요한 성당
- ③ 구 입법부 빌딩
- 중국은행
- 스타페리 선착장
- IFC
- ⑥ 홍콩 공원
- MTR 애드미럴티 역
- 정부 종합 청사
- 퍼시픽 플레이스

1 도심 속의 오아시스 홍콩 공원. 2 재미난 벽화가 눈길을 끄는 소호의 거리.
3 홍콩 아티스트의 작품도 구입할 수 있다. 4 홍콩 제일의 유흥가 란콰이퐁.

어둠 속에서 밝게 빛나는 IFC와 대관람차.

홍콩 금융관리국 자료관

힐사이드 에스컬레이터 · 타이쿤

PMQ

소호 · 란콰이퐁

| ⑦ | 도보 1분 | ⑧ | 도보 5분 | ⑨ | 도보 12분 | ⑩ | 도보 5분 | ⑪ | 도보 5분 | ⑫ |

익스체인지 스퀘어

IFC

홍콩 금융관리국 자료관의 전망대에서는
센트럴 일대가 훤히 내려다보인다.

SIGHTSEEING

홍콩에서
가장 현대적인 면모
를 갖춘 지역답게
초고층 빌딩이 최대
의 볼거리다.
곳곳에 흩어져 있는
쇼핑센터와
오랜 역사를 간직한
건물을 찾아보는
재미도 제법
쏠쏠하다.

Best Spot

★★★★★ 타이쿤,
　　　　힐사이드 에스컬레이터, IFC
★★★★☆ 성 요한 성당, 홍콩 공원
　　　　홍콩상하이 은행, PMQ
★★★☆☆ 센트럴 스타페리 선착장
　　　　중국은행타워, 타마르 공원
　　　　홍콩 금융관리국 자료관
★★☆☆☆ 구 입법부 빌딩, 중국은행타워
　　　　쑨얏센 기념관, 황후상 광장
　　　　익스체인지 스퀘어, 대관람차
　　　　플래그스태프 하우스 다기 박물관
★☆☆☆☆ 구 센트럴 경찰서, 구 홍콩 총독부
　　　　리포 센터, 시티 홀, 시티 갤러리
　　　　청콩 센터, 포팅어 스트리트
　　　　홍콩 동식물 공원
　　　　홍콩 해양 박물관

皇后像廣場 황후상 광장 ★★☆☆☆

Statue Square 밸음 왕허우쩡꽝청 지도 MAP 6-E3
교통 MTR 센트럴 Central 역 하차, K번 출구를 나가자마자 바로 왼쪽에 있다. 또는 센트럴 스타페리 선착장 7번 부두(찜사쪼이 노선)를 나와 정면으로 도보 8분.
GPS 22.281072, 114.159577

19세기 말에 조성된 유서 깊은 광장. 사실 광장이라기보다는 공원에 가까운 모습이다. 광장은 차터 로드 Charter Road를 중심으로 두 부분으로 나뉘는데, 북쪽 광장에는 1·2차 세계대전 당시 희생된 병사들의 넋을 기리는 평화 기념비가 초록빛 잔디 위에 우뚝 서 있다. 출입금지 팻말이 붙어 있지만 아쉬운 대로 기념사진 정도는 찍어도 좋을 듯. 남쪽 광장은 구 입법부 빌딩과 이어진다. 광장이 조성될 당시부터 대법원·시청 등 핵심 관공서가 주위를 에워싸고 있었는데, 지금까지도 옛 전통이 이어져 이 일대는 오늘날 홍콩 정치·경제의 1번지로 굳건히 자리매김하고 있다.

초기에는 여기에 빅토리아 여왕(1819~1901)과 그의 장남인 에드워드 7세, 홍콩상하이 은행 HSBC의 은행장 토마스 잭슨 경 등의 동상이 있어서 '황후상 광장'이란 이름이 붙었다. 불행히도 제2차 세계대전 당시 군수물자를 노린 일본군에게 동상이 모조리 약탈당하는 수난을 겪기도 했으나, 전쟁이 끝난 뒤 에드워드 7세의 것을 제외한 나머지 동상은 옛 모습 그대로 돌려받을 수 있었다. 지금 황후상 광장에는 토마스 잭슨 경의 동상만 남아 있으며 빅토리아 여왕의 동상은 코즈웨이 베이의 빅토리아 공원(p.256)에 있다.

1 황후상 광장의 로맨틱한 야경.
2 일·공휴일과 구정연휴 때는 황후상 광장 주변에서 다양한 이벤트가 열린다.

長江集團中心 청콩 센터
★☆☆☆☆

Cheung Kong Centre 劉 청꽁짭툰쯩썸 地 MAP 6-E4

交 MTR 센트럴 Central 역 하차, J2번 출구를 나와 오른쪽으로 도보 2분.
GPS 22.279745, 114.160321

현대적인 디자인의 69층 건물. 홍콩 6위의 초고층 빌딩(283m)으로
1999년에 세워졌다. 설계는 세계적 건축가 레오 A. 달리 Leo A. Daly와
시저 펠리 Cesar Pelli가 맡았으며, 홍콩 최대의 재벌인 청콩 그룹이
사옥(社屋)으로 사용하고 있다. 건물 전체를 뒤덮은 반사유리와 첨단
컴퓨터 시스템으로 제어되는 조명을 이용해 밤낮으로 반짝이는 화려한
모습이 인상적이다. 꼭대기에는 청콩 그룹 회장이자 아시아 최고의 갑부
리카싱 李嘉誠의 사무실이 있다.

1928년 중국의 차오조우 潮州에서 태어난 리카싱은 전쟁과 가난으로
학업을 포기하고 세일즈맨으로 시작해 지금의 자리에 오른 입지전적
인물이다. 현재 그의 재산은 37조 원에 달하며 중화권 부자 순위 1위,
세계 부자 순위 17위에 당당히 올라 있다. 홍콩 최대의 통신사 PCCW·
전력회사 HKE·슈퍼마켓 파큰 숍·가전제품 양판점 포트리스·60여 개
언론사·드러그 스토어 왓슨 등 주요 기업을 모두 소유해 '홍콩에서
1달러를 쓰면 5센트는 리카싱이 가져간다'는
우스갯소리까지 있다.

1 홍콩 제일의 재벌로 명성이 자자한 청콩 그룹.
2 청콩 센터 뒤에는 인공 폭포와 수물이 우거진 청콩 공원이 있다.

리카싱

前立法會大樓 구 입법부 빌딩
★★☆☆☆

Former Legislative Council Building

劉 친람팟위따이라우 地 MAP 6-E3

交 MTR 센트럴 Central 역 하차, K번 출구를 나와 왼쪽으로
도보 1분. GPS 22.280990, 114.160204

1 건물 꼭대기에 놓인
정의의 여신 테미스 상.
2 일반인의 내부 출입은
금지된 까닭에 건물 외관만
살펴볼 수 있다.

황후상 광장 동쪽에 위치한 2층짜리 화강암 건물. 빅토리아
후기 신고전주의 양식의 건물로 1912년 홍콩 식민지 정부
초기에 완공됐다. 원래 대법원으로 이용하다가 1985년
대법원 업무가 이전되면서 2011년까지 입법부 빌딩으로
사용했다. 2012년 입법부가 애드미럴티 Admiralty의 정부
종합청사(p.166)로 이전됨에 따라 지금은 종심법원(終審法
院)으로 이용 중이다.

돔 지붕 바로 앞에는 두 눈을 가린 채 저울과 검을 든 정의의
여신 테미스 Themis 상(像)이 서 있어 이곳이 법원이었음을
짐작케 해준다. 이 여신상은 런던 중앙 형사법원에 있는
테미스 여신상의 복제품으로, 버킹검 궁전의 동쪽 부분과
빅토리아 알버트 박물관 Victoria and Albert Museum을
설계한 건축가 아스톤 웹 Sir Aston Webb 경이 만들었다.

香 ★★★★☆
港上海匯豊銀行 홍콩상하이 은행

HSBC **발음** 헝꽁썽허이위풍안헝 **개관** 월~목요일 09:00~16:30, 금요일
09:00~17:00, 토요일 09:00~13:00 **휴관** 일·공휴일 **요금** 무료
주소 MAP 5-D3 **GPS** 22.280670, 114.159383
교통 MTR 센트럴 Central 역 하차, K번 출구를 나와 정면으로 도보 1분.

홍콩의 대표 금융기관이자 세계 3위의 기업인 홍콩상하이 은행의
본사로 사용되던 곳. 홍콩의 중국 반환으로 인해 1993년 본사가
런던으로 이전했기 때문에 지금은 '홍콩 본점'의 역할만 수행하고
있다.

게의 모습을 본뜬 특이한 외관의 47층(178m) 건물은 영국
최고의 건축가 노만 포스터 경 Sir Norman Foster(1935~)
의 작품으로 유명하다. '접근성'을 강조한 설계 콘셉트를
극대화하고자 외벽을 투명 유리로 만들고 누구나 자유로이
드나들 수 있도록 정문이나 로비를 설치하지 않았다. 건물 맨
아래 부분 역시 도로의 일부로 완전히 개방돼 있으며 건물 내부는
텅 빈 상자처럼 가운데가 뻥 뚫려 있다.

1979년부터 1986년까지 무려 7년에 걸친 공사기간 동안 50
억 홍콩 달러의 막대한 자금과 3만 톤에 달하는 무지막지한 양의
철근이 사용돼 세계에서 가장 비싼 건물이란 명성(?)을 얻은
초현대식 건물임에도 불구하고, 풍수의 영향에서 완전히 자유롭지
못했다는 사실이 흥미롭다. 이 건물이 빅토리아 피크에서
빅토리아 만까지 이어지는 '용의 동맥'의 한복판에 세워져 '피의
흐름'을 막는다는 풍수사들의 주장이 잇따르자, 결국 피의 흐름이
방해받지 않도록 에스컬레이터의 설치 각도까지 바꿨다고.

매일 밤 색색의 조명으로 물드는 화려한 야경도 멋진 볼거리인데,
이를 위해 8개의 서치라이트와 716개의 조명, 1km에 달하는
고휘도 LED가 설치됐으며 공사비만 무려 550만 홍콩 달러가
소요됐다.

홍콩상하이 은행 앞에는 이 은행에서 발행하는 홍콩 지폐의
모델(?)인 청동 사자상이 있다. 영국의 유명 조각가 W.W.
와그스태프의 작품으로 이름은 스티븐 Stephen과 스티트 Stitt
다. 이 애칭은 예전 은행장의 이름에서 따왔으며 HSBC 빌딩을
바라볼 때 오른쪽이 스티트, 왼쪽이 스티븐이다.

동상은 1935년 상하이에서 제작해 이곳으로 옮겨왔는데 제
2차 세계대전 때 군수물자로 일본군에게 약탈당하는 수모를
겪기도 했다. 자세히 보면 몸통 곳곳에 남겨진 당시의 총알자국이
눈에 띈다. 1990년대 초에는 동상 안에서 일본군이 설치한
폭탄이 발견돼 경찰 특공대가 출동하는 해프닝을 빚기도 했다.

풍수적으로는 두 마리의 사자가
끊임없이 돈을 물어다주는
형상이라 HSBC가 지금과 같은
막대한 부를 거두게 됐다고 한다.

1 화려하게 빛나는 홍콩상하이
은행의 야경.
2 홍콩상하이 은행 입구의 사자상.
3 건물 가운데가 텅 빈 구조가
이채롭다.
4 19세기의 홍콩상하이 은행 본점.
5·6 스티븐의 동상과 스티트이
그려진 HK$500 지폐.

前 ★☆☆☆☆
法國外方傳道會大樓 구 프랑스 선교회 빌딩
Former French Mission Building 음 친팟퀵오이퐁췬또우위따이라우
지도 MAP 5-D4 교통 MTR 센트럴 Central 역 하차, K번 출구를 나와 정면으로 도보 3분.
홍콩상하이 은행 바로 뒤에 있다. GPS 22.279511, 114.159612

100년 전 모습을 고스란히 간직한 신고전주의 양식의 붉은 벽돌 건물. 그리스
신전풍의 입구와 흰색으로 빛나는 옥상의 돔이 이국적인 분위기를 더한다. 1917년
중국에 가톨릭을 포교할 목적으로 프랑스의 파리 외방 선교회 Etrangères de Paris
에서 지었으며, 30여 년 동안 선교 본부로 사용됐다. 1953년 소유권이 홍콩 정부로
이전된 뒤에는 교육부 청사·빅토리아 지방법원·고등법원·정보처 등 관공서로
이용되다가 현재는 종심법원으로 사용 중이다.

聖 ★★★★☆
約翰座堂 성 요한 성당
St. John's Cathedral 음 씬얏헌쪼우텅
개관 월·화·금요일 07:00~18:00, 수요일 07:00~18:30,
목요일 07:00~17:00, 토·일요일 07:00~19:30 요금 무료
홈피 www.stjohnscathedral.org.hk 지도 MAP 6-E4
교통 MTR 센트럴 Central 역 하차, J2번 출구를 나와 오른쪽으로
도보 5분. 청콩 센터 옆에 위치한 가든 로드 Garden Road의 언덕길을
따라 올라간다. GPS 22.278877, 114.159523

극동지역에서 가장 오래된 영국 성공회 성당. 십자가 모양의
흰색 건물은 13세기 초 영국 건축양식과 고딕양식을 채용한
것이다. 홍콩에 주둔하는 영국군의 신앙생활을 위해 1847년
빅토리아(현재의 홍콩) 최초의 주교인 조지 스미스
George Smith가 공사를 시작해 1849년에 완공시켰다. 높은
목조 천장과 위에서 길게 늘어뜨린 선풍기가 동남아 분위기를
물씬 풍긴다. 성당 입구의 바닥을 장식한 독수리 모자이크와
제단 옆의 황금 독수리 성서대(聖書臺)는 모두 성 요한을
상징하는 아이콘이다.

1873년에는 건물의 동쪽 부분을 확장해 지금의 형태를
갖췄는데, 제2차 세계대전 당시 일본군이 클럽 하우스로
개조하는 바람에 큰 피해를 입었다. 특히 성당 정면을 장식한
스테인드글라스와 주요 인테리어가 모두 파괴돼 1949년
상하이의 홀리 트리니티 교회의 도움을 받아 지금의 모습으로
재건했다. 중앙의 스테인드글라스에는 십자가에 매달린 예수와
성모 마리아, 성 요한이 그려져 있다. 십자가에 쓰인 INRI는
'유대인의 왕 나사렛 예수'를 뜻하는 라틴어다. 십자가 위에는
부활을 상징하는 태양 한가운데에 예수의 희생을 의미하는
한 마리의 어린 양이 그려져 있다. 제단 왼쪽의
스테인드글라스는 폭풍을 잠재우는 예수의 기적을 묘사한
것인데, 제2차 세계대전 당시 바다에서 숨진 이들의 넋을
기리는 의미로 한 쌍의 홍콩 남녀를 그려 놓았다.

1 고층빌딩에 둘러싸인 성 요한 성당. 19세기와 21세기의
홍콩을 모두 만날 수 있는 곳이다.
2 성 요한을 상징하는 독수리가 그려진 성당 내부.

香 ★★★★☆
港公園 홍콩 공원

Hong Kong Park 발음 헝꽁꽁윤 개관 공원 06:00~23:00, 온실 · 조류관 09:00~17:00 요금 무료 지도 MAP 6-F5
교통 MTR 애드미럴티 Admiralty 역 하차, 도보 8분. C1번 출구를 나가자마자 왼쪽의 Queensway Plaza라고 표시된 에스컬레이터를 타고 올라간다. 에스컬레이터에서 내려 뒤쪽에 Pacific Place라고 표시된 육교를 건넌 뒤 정면 오른쪽을 보면 윗층으로 올라가는 에스컬레이터가 있다. 그것을 타고 꼭대기까지 올라가면 공원 입구가 나타난다(p.183 평면도 참고). GPS 22.277126, 114.163826

1991년에 문을 연 센트럴의 상징과도 같은 공원. 여의도 면적의 ⅓ 크기인 8만㎡의 부지에는 연못 · 폭포 · 온실 · 조류관 · 카페테리아 · 타이치 가든 Tai Chi Garden 太極園 등 편의시설이 오밀조밀 모여 있어 늘 현지인과 관광객으로 붐빈다. 비록 규모는 작지만 그림처럼 예쁜 휴식처라 기념사진의 명소로도 인기가 높은데, 홍콩을 대표하는 초고층 빌딩이 주위를 빙 둘러싸며 멋진 배경을 완성시켜준다. 공원 안에는 결혼 등기소가 있어 갓 결혼한 커플들이 야외 촬영하는 모습도 심심찮게 눈에 띈다.
공원 위쪽에 자리한 타이치 가든에는 2003년 사스 SARS 발생 당시 순직한 의학자의 넋을 기리는 추모비와 이 일대가 한눈에 들어오는 전망탑이 있다. 타이치 가든에서 조금 올라간 곳에는 울창한 열대우림을 재현한 실내에서 600여 종의 조류를 사육하는 에드워드 유드 조류관 Edward Youde Aviary이 있다. 홍콩 최대 규모를 자랑하는 곳으로 지금의 명칭은 1982~1986년 홍콩 총독을 역임한 고(故) 에드워드 유드 경(卿)의 이름을 따온 것이다.
홍콩 공원 안에는 19~20세기의 역사가 고스란히 담긴 옛 건물이 곳곳에 위치한다. 대표적인 건물은 플래그스태프 하우스 Flagstaff House, 카셀스 블록 Cassels Block, 로린슨 하우스 Rawlinson House, 웨이블 하우스 Wavell House 등이다. 이런 건물이 모여 있는 까닭은 이곳이 1867~1910년 빅토리아 병영(兵營)의 일부였기 때문이다. 1979년 영국군이 철수하면서 소유권이 홍콩 정부로 이전돼 지금의 공원으로 탈바꿈했다.

1 · 2 홍콩 도심의 한적한 휴식처 홍콩 공원.
3 신혼 커플의 야외 촬영 장소로 인기가 높다.
4 색색의 열대 조류로 가득한 에드워드 유드 조류관.

茶 ★★☆☆☆
具文物館 플래그스태프 하우스 다기 박물관
Flagstaff House Museum of Tea Ware 발음 차꿰이만멋꾼
개관 월 · 수~일요일 10:00~18:00 휴관 화요일, 구정연휴 2일
요금 무료 지도 MAP 6-F4 GPS 22.278354, 114.162441
교통 MTR 애드미럴티 Admiralty 역 하차, C1번 출구에서 도보 10분.
위의 홍콩 공원 가는 방법과 동일.

1846년에 지어진 영국군 연대 지휘관의 저택. 홍콩에서 가장 오래된 식민지 양식의 건물이다. 1984년부터 다기 박물관으로 사용 중인데 9개의 갤러리에 전시된 600여 점의 자료가 8세기부터 현대에 이르기까지 중국 다도와 다기 (茶器)의 변천사를 일목요연하게 보여준다. 뮤지엄 숍에서는 찻주전자 · 찻잔 등의 다기와 30여 종의 중국 차를 판매한다.

홍콩에서 네 번째로 높은
건물인 중국은행 타워.

中 ★★☆☆☆
國銀行大廈 중국은행 타워

Bank of China Tower 　쭝꿕얀항따이하

지도 MAP 6-F4　교통 MTR 센트럴 Central 역 하차,
J2번 출구를 나와 오른쪽으로 도보 3분.
GPS 22.279519, 114.161671

1990년 준공된 비대칭 삼각형의 70층 건물. 사회주의
체제에 기반을 둔 중국은행이 자본주의의 상징인
홍콩상하이 은행을 견제하고자 세운 것으로 높이는
369m. 홍콩 고층 빌딩 순위에서 ICC 빌딩(p.323)과
투 IFC(p.175), 센트럴 플라자 Central Plaza(p.238)에
이어 4위의 자리를 차지하고 있다. 이 건물은 파리
루브르 박물관의 유리 피라미드를 설계한 건축가 아이오
밍 페이 Ieoh Ming Pei의 작품이라 더욱 유명하다.
각기 다른 높이의 삼각형 건물 4개가 모여 하나의
건물로 통합된 디자인은 대나무를 모티브로 한 것인데,
'쑥쑥 자라는 대나무'처럼 중국 경제와 중국은행이
거침없이 성장하란 의미를 담고 있다.

舊 ★☆☆☆☆
香港總督府 구 홍콩 총독부

Government House 　까우헝꽁총똑부

지도 MAP 5-C4　교통 MTR 센트럴 Central 역 하차, 도보 10분.
J2번 출구를 나와 오른쪽으로 가면 길 건너에 청콩 센터가 있다.
그 옆에 있는 Garden Road의 언덕길을 따라 올라간다.
GPS 22.278274, 114.156980

홍콩의 역대 총독이 거주하던 건물. 1855년에
세워졌으며 4대 총독 보우링 경 Sir Bowring부터
최후의 총독 크리스 패튼 Chris Patten까지 총 25명의
총독이 이곳을 거쳐갔다. 원래 영국 식민시대 분위기가
물씬 풍기는 조지안 양식의 건물이었지만, 1942년
홍콩을 점령한 일본군이 이곳을 사령부로 쓰면서 일본식
지붕을 덧씌워 지금과 같은 퓨전(?) 스타일의 독특한
건물로 바뀌었다. 원래의 모습을 복원하지 않는 이유는
일본 점령의 쓰라린 역사를 후세에 전하기 위해서다.
현재 영빈관으로 사용 중이며 내부는 1년에 딱 한 번만
공개한다.

영국과 일본의 건축 양식이 뒤섞인 구 홍콩 총독부.

중국은행과 재미있는 풍수 이야기

예리한 검 모양의 중국은행

중국은행은 홍콩 사람이 생활신조처럼 여기는 풍수(風水)에 정면으로 배치되는
건축 방식을 택해 논란을 불러일으키기도 했다. 원래 아이오 밍 페이가 설계한
건물은 'X'자 모양의 구조물을 쌓아서 만드는 방식이었다. 하지만 홍콩에서는 'X'
가 죽음을 의미하기 때문에 결국 설계를 변경해 재물을 상징하는 '다이아몬드 ◇'
형의 구조물을 쌓아올리는 방식으로 바꾸었다. 또한 중국은행 주변을 둘러보면
대부분의 건물 외벽이 짙은 색의 반사유리로 덮여 있음을 알게 된다. 이는 '각진
건물'에는 해로운 기가 흐른다는 풍수 이론 때문에 나타난 독특한 현상. 즉, 중국
은행에서 뿜어져 나오는 해로운 기를 반사시켜 혹시 모를 화를 면하고자 한 것이
다. 재미있는 사실은 중국은행이 비록 외관은 풍수 원칙과 상관없이 지은 듯해도
20세기 최고의 길일로 꼽는 '1988년 8월 8일'에 낙성식을 했다는 것. 참고로 홍
콩에서는 '8'을 재물과 돈을 불러오는 행운의 숫자로 여긴다.

力 寶中心 리포 센터

Lippo Centre 발음 릭뽀우쯍썸 지도 MAP 6-G4
교통 MTR 애드미럴티 Admiralty 역 하차, B번 출구를 나가자마자 왼쪽 바로 뒤에 있다. GPS 22.279287, 114.163457

★☆☆☆☆

금융과 쇼핑의 중심지 애드미럴티 Admiralty에 위치한 팔각형의 쌍둥이 빌딩. 1988년에 세워졌는데 SF 영화에 나올 법한 미래 감각 디자인이 인상적이다. 미국인 건축가 폴 마빈 루돌프 Paul Marvin Rudolph의 작품이며, 센터 원 Centre-I이 46층(186m), 센터 투 Centre-II가 42층(172m)으로 높이가 각기 다르다. 건물 외벽의 울룩불룩 솟아오른 부분이 코알라가 나무 기둥을 부둥켜안고 있는 것처럼 보여 흔히 '코알라 빌딩'이라고 부른다. 이 건물의 첫 소유주였던 호주계 기업을 위해 지금의 모습으로 지었다는 '소문'도 있지만, 사실은 천편일률적인 고층 빌딩 디자인에서 탈피하고자 한 폴 마빈 루돌프의 고뇌의 산물이다.

로비에는 홍콩의 강인한 생명력과 저력을 의미하는 용, 그리고 호주를 상징하는 시드니 오페라 하우스와 호주 원주민의 조각이 있다.

香 港動植物公園 홍콩 동식물 공원

Hong Kong Zoological & Botanical Gardens
발음 헝꽁똥씩멋꽁윤 개관 공원 05:00~22:00, 조류사육장·동물원 06:00~19:00, 온실 09:00~16:30 요금 무료 지도 MAP 5-B5
교통 MTR 센트럴 Central 역 하차, 도보 15분. J2번 출구를 나와 오른쪽으로 가면 길 건너에 청콩 센터가 있다. 그 옆에 있는 Garden Road의 언덕길을 따라 올라간다.
GPS 22.277584, 114.157189

★☆☆☆☆

1871년에 개원한 홍콩에서 가장 오래된 동·식물원. 원래 이름은 빙 따우 가든 Bing Tau Garden 兵頭花園이며 글자 그대로 '군 수장(兵頭)', 즉 총독의 정원이었다. 지금의 명칭은 1975년 대대적인 확장공사를 거쳐 갖게 됐다.
공원은 알바니 로드 Albany Road를 중심으로 올드 가든 Old Garden과 뉴 가든 New Garden으로 나뉜다. 올드 가든에는 놀이터·조류사육장·분수대·온실, 뉴 가든에는 70여 종의 포유류와 40여 종의 파충류를 사육하는 조그만 동물원이 있다. 올드 가든과 뉴 가든을 연결하는 계단 위에는 영국 여왕 엘리자베스 2세의 부친 조지 6세(1895~1952)의 동상이 있다.
홍콩 동식물 공원은 도심의 번잡함에서 벗어나 한가로이 휴식을 취할 수 있는 장소이긴 하지만, 너무 외진 곳에 위치해 시간이 부족한 이에게는 딱히 추천하는 여행지가 아니란 사실을 기억할 것!

1 조지 6세의 동상. 그는 제2차 세계대전 당시 국민과 위험을 같이 하며 영국을 지켜낸 인물이다.
2·3 사시사철 녹음이 가득한 홍콩 동식물 공원.

中 環碼頭 센트럴 스타페리 선착장
Central Star Ferry Pier 图暗 쭝완마터우
지도 MAP 6-H1 GPS 22.286617, 114.160983
교통 스타페리 센트럴 선착장 하선. 또는 MTR 센트럴 Central 역
하차, A번 출구에서 도보 10분.

스타페리와 함께 130여 년의 역사를 함께해 온 유서
깊은 건물. 1888년 스타페리가 운항을 개시할 당시
선착장은 시티 홀(MAP 6-F2) 근처에 있었으나 항구
매립공사로 인해 지금의 자리로 옮겨왔다. 현재의
건물은 최초의 스타페리 선착장을 복원시킨 것으로
콜로니얼 양식의 이국적인 외관이 인상적이다. 건물
꼭대기에는 네덜란드에서 만든 시계탑이 설치돼 있다.

언제나 수많은
승객들로 붐비는
센트럴 스타페리
선착장.

香 港摩天輪 대관람차
The Hong Kong Observation Wheel
图暗 헝꽁마틴레운 개관 11:00~23:00
요금 HK$20, 11세 이하 HK$10, 3세 이하 무료
홈피 www.hkow.hk 지도 MAP 6-F1
교통 센트럴 스타페리 선착장 7번 부두에서 도보 3분.
또는 MTR 센트럴 Central 역 하차, A번 출구에서 도보 10분.
GPS 22.285441, 114.161852

센트럴 스타페리 선착장 앞에 우뚝 서 있는 높이 60m의
대관람차. IFC 등 주변의 마천루와 어우러져 멋진
풍경을 연출한다. 해가 지면 대관람차 전체에 화려한
조명이 들어와 아름다운 야경을 뽐내는 것도 매력!
8명이 곤돌라 1대를 전세내서 탈 수도 있다(HK$160).

香 港海事博物館 홍콩 해양 박물관
Hong Kong Maritime Museum 图暗 헝꽁허이씨쁙맛꾼
개관 월~금요일 09:30~17:30, 토·일·공휴일 10:00~19:00
휴관 구정연휴 2일 요금 HK$30, 18세 미만 HK$15
홈피 www.hkmaritimemuseum.org 지도 MAP 6-H1
교통 센트럴 스타페리 선착장의 8번 부두 1/F층에 있다. 또는 MTR 홍콩 Hong
Kong역 하차, A2번 출구에서 도보 5분, 아니면 MTR 센트럴 Central 역 하차,
A번 출구에서 도보 10분. GPS 22.286518, 114.162016

빅토리아 항의 변천사와 선박의 역사를 소개하는 박물관. A·B·C
데크의 3개 층으로 나뉘어 있으며 층마다 각기 다른 테마의 전시물로
꾸며 놓았다. 최상층인 A 데크에서는 다양한 항해 장비를 소개하는데,
원시적인 나침반·속도계와 함께 현대적인 첨단 해상 통신기구와
조타실이 전시돼 있어 묘한 대조를 이룬다. B 데크는 해양 과학과
홍콩 항구의 변천사를 소개하는 코너로 풍부한 모형·그림·사진을
통해 해저 유물 탐사, 중국인의 해외 이주 역사, 빅토리아 항의
변천사를 보여준다. 같은 층에는 센트럴·찜사쪼이의 풍경과 주변을
오가는 선박의 모습을 살펴볼 수 있는 전망대도 설치해 놓았다.
C 데크에서는 세계 각국의 선박 모형, 18~19세기 홍콩·마카오의
모습을 담은 지도·그림, 당시 유럽과의 교역품을 전시한다. 전시물
가운데는 우리나라의 거북선 모형도 있으니 잘 찾아보자.

1 중국의 이민 역사를
소개하는 전시물.
2 센트럴 스타페리
선착장과 나란히
이어진 홍콩 해양
박물관.

添 馬公園 타마르 공원
★★★☆☆

Tamar Park 발음 팀마꽁윤 지도 MAP 6-H2
교통 센트럴 스타페리 선착장을 등지고 왼쪽으로 도보 12분. 또는 MTR
애드미럴티 Admiralty 역 하차, 도보 2분. A번 출구를 나가자마자 왼쪽 뒤로
돌아가면 육교와 이어진 에스컬레이터가 보인다. 이것을 타고 올라가 육교를
건너면 바로 앞에 있다. GPS 22.283133, 114.166160

1 개선문 모양의 정부
종합 청사.
2 타마르 공원은
한가로이 산책을
즐기기에도 좋다.

빅토리아 항을 마주보는 초록빛 공원. 전망대에서는 센트럴·
찜사쪼이·완짜이의 해변 풍경과 이 일대를 에워싼 고층 빌딩의 숲을
360도로 살펴볼 수 있으며, 주말·공휴일에는 다양한 이벤트가 열린다.
공원 한복판에 우뚝 서 있는 개선문 모양의 거대한 건물은 2013
년 완공된 정부종합청사·입법부 빌딩인데, 7,300억 원이란 막대한
공사비가 소요된 것으로 유명하다. 공원에서 센트럴 스타페리 선착장
(p.165)까지 이어지는 700여 m 길이의 해변 산책로는 휴식과 야경
감상 포인트로 인기가 높다.

展 成館 시티 갤러리
★☆☆☆☆

City Gallery 발음 진싱꾼
개관 월·수·목요일 10:00~18:00,
금·토·일요일 10:00~19:00
휴관 화요일, 구정연휴 2일 요금 무료
홈피 www.citygallery.gov.hk 지도 MAP 6-F2
교통 MTR 센트럴 Central 역 하차, 도보 6분.
K번 출구를 나와 오른쪽 뒤로 돌아가면 횡단보도
건너편에 지하도가 있다. 지하도를 통과해 정면으로
50m쯤 간 다음, 오른쪽으로 꺾어 200m쯤 가면
오른편에 있다. GPS 22.282738, 114.162075

홍콩의 발전 과정과 미래상을 보여주는
전시관. G/F~3/F층으로 나뉜 공간에 시기
순으로 이 도시의 변천사를 보여주는 사진과
자료를 전시해 놓았다. 흠이라면 아동 취향의
전시물이 주를 이뤄 어른들이 보기에는 다소
시시하다는 것! 3/F층에는 빅토리아 항이
내려다보이는 전망창이 있다.

大 會堂 시티 홀
★☆☆☆☆

City Hall 발음 따우위텅 개관 09:00~23:00, 박스 오피스 10:00~21:30
지도 MAP 6-F2 교통 MTR 센트럴 Central 역 하차, 도보 5분. K번 출구를
나가자마자 오른쪽 뒤로 돌아가면 횡단보도 건너편에 지하도가 있다. 지하도
안으로 들어가면 중간쯤에 시티 홀 방면 표지판이 조그맣게 붙어 있다.
GPS 22.282562, 114.161447

1962년에 세워진 홍콩 섬 최초의 복합 문화 공간. 연극·콘서트·
전시회 등 다양한 이벤트가 열리며, 3층의 로우 블록 Low Block
과 12층의 하이 블록 High Block, 그리고 두 건물을 연결하는
메모리얼 가든 Memorial Garden으로 이루어져 있다. 로우
블록의 주요 시설은 박스 오피스·콘서트 홀·극장·전시관·
식당인데, 2/F층의 City Hall Maxim's Palace(p.172)는 클린턴
대통령이 방문해 유명세를 얻었다. 하이 블록에는 결혼 등기소가
있어 혼인신고를 마치고 야외 촬영하는 커플의 모습도 종종 눈에
띈다. 메모리얼 가든은 1941~1945에 전사한 전몰자의 넋을
기리는 곳으로 잔디밭 가운데에 12각형의 위령탑이 세워져 있다.

다양한 문화
행사가 열리는
시티 홀.

國際金融中心商場 IFC
★☆☆☆☆

International Finance Centre 발음 퀵싸이감융풍썸썽청

영업 10:00~20:00 지도 MAP 5-D1

교통 MTR 센트럴 Central 역 하차, 도보 4분. A번 출구를 나와 오른쪽의 에스컬레이터를 타고 공중회랑으로 올라간다. 에스컬레이터에서 내려 왼쪽으로 간 다음, 공중회랑 끝에서 왼쪽으로 가면 익스체인지 스퀘어의 중앙광장을 지나 IFC의 입구가 보인다. 또는 센트럴 스타페리 선착장을 나와 정면으로 도보 4분. 공중회랑을 따라가면 쉽게 찾을 수 있다. GPS 22.284227, 114.158945

원 One IFC 빌딩과 투 Two IFC 빌딩, 그리고 쇼핑몰인 IFC 몰로 이루어진 다목적 빌딩. 주목할 것은 2003년에 완공된 투 IFC 빌딩이다. 건축가 세자르 펠리 Cesar Pelli가 설계한 것으로 단순하면서도 세련된 디자인과 하늘을 향해 우뚝 솟은 모습이 SF 영화의 한 장면을 연상시킨다. 남성적인 이미지의 강렬한 야경도 놓치지 말자! 높이는 420m(88층)로 찜사쪼이에 있는 ICC(484m, 118층)에 이어 홍콩에서 두 번째로 높은 건물이다. 참고로 현재 세계 최고(最高)의 빌딩은 두바이에 위치한 높이 828m(162층)의 부르즈 할리파 Burj Khalifa 빌딩이며 IFC의 세계 순위는 8위다.

IFC 몰은 지하 2층, 지상 5층으로 구성된 복합 쇼핑 공간(p.184)으로 200여 개의 상점·레스토랑·극장이 들어서 있다. 서울의 코엑스 몰과 같은 곳으로 쇼핑·먹거리·엔터테인먼트를 원스톱으로 즐길 수 있어 젊은 층과 관광객에게 인기가 높다. 쇼핑몰의 3/F층(Podium Level 3)과 4/F층(Podium Level 4)에는 찜사쪼이와 센트럴이 한눈에 들어오는 멋진 전망대가 있는데, 특히 스타페리 선착장과 어우러진 찜사쪼이의 근사한 야경이 펼쳐지는 곳으로 유명하다.

1 하늘을 향해 우뚝 솟은 투 IFC 빌딩.
2 4/F층 전망대에서 바라본 스타페리 선착장의 야경.
3 센트럴에서 가장 규모가 크고 세련된 숍이 많다.

香港金融管理局 홍콩 금융관리국 자료관
★★★☆☆

HKMA Information Centre 발음 헝꽁깜융꾼레이꾹

개관 월~금요일 10:00~18:00, 토요일 10:00~13:00 휴관 일·공휴일

요금 무료 홈피 www.hkma.gov.hk 지도 MAP 5-D1

교통 MTR 센트럴 Central 역 하차, A번 출구에서 도보 8분. 또는 센트럴 스타페리 선착장을 나와 정면으로 도보 6분. 우선 IFC를 찾아간 다음, 투 IFC의 G/F층에서 홍콩 금융관리국 HKMA Information Centre 표지판을 따라가면 안내 데스크가 있다. 여기서 여권을 제시하고 방문증을 받은 뒤 55/F층으로 올라간다. GPS 22.285478, 114.159283

홍콩의 화폐 발권 업무를 총괄하는 금융관리국 HKMA(Hong Kong Monetary Authority)에서 운영하는 미니 자료관. 1842년부터 현재에 이르기까지 홍콩 화폐의 변천사를 소개하며, 1800년대 중반에 통용된 화폐의 사진과 지폐의 제작 과정을 소개하는 코너가 흥미롭다. 안쪽에는 금융 관련 서적을 열람할 수 있는 미니 도서관도 있다. 55/F층에 위치해 전망이 무척 좋은데 창밖으로는 빅토리아 피크·더 센터·원 IFC·칭마대교 등이 한눈에 내려다보인다.

交 ★★☆☆☆
易廣場 익스체인지 스퀘어

Exchange Square 발음 까우익펑청 지도 MAP 5-C1

교통 MTR 센트럴 Central 역 하차, 도보 3분. A번 출구를 나와 오른쪽의 에스컬레이터를 타고 공중회랑으로 올라간다. 에스컬레이터에서 내려 왼쪽의 공중회랑을 건너 뒤 다시 왼쪽으로 조금만 가면 중앙광장의 조각들이 보인다. 또는 스타페리 선착장을 나와 정면으로 도보 5분. 공중회랑을 따라가면 쉽게 찾을 수 있다. GPS 22.284081, 114.157848

The Forum, One Exchange Square(52층), Two Exchange Square(51층), Three Exchange Square(33층) 등 네 동의 건물로 이루어진 복합 건물군. 붉은 화강암과 은색 반사 유리로 뒤덮인 화려한 건물은 스위스 건축가 레모 리바 Remo Riva가 설계했다. 여기에는 건물 명칭 그대로 홍콩 증권거래소 HKEX가 위치하며, 은행·보험사 등 세계 유수의 금융기관이 들어서 24시간 바쁘게 돌아가는 홍콩 경제의 오늘을 보여준다. 이곳의 또 다른 볼거리는 주밍 Ju Ming, 엘리자베스 프링크 여사 Dame Elisabeth Frink, 헨리 무어 Henry Moore 등 유명 작가의 청동조각 작품으로 꾸민 중앙광장이다. 주변에 벤치·화단·분수대 등의 편의시설을 갖춰 놓아 잠시 쉬어가기에도 적당하다. G/F층에는 애버딘·리펄스 베이·스탠리 등 홍콩 섬 남부를 연결하는 버스 터미널이 있다.

1 홍콩 경제의 중심지, 익스체인지 스퀘어.
2 주밍의 작품 〈타이치〉.
3 엘리자베스 프링크 여사의 작품 〈물소〉.

砵 ★☆☆☆☆
甸乍街 포팅어 스트리트

Pottinger Street 발음 붓띵자까이 지도 MAP 5-B2·7-C1

교통 MTR 센트럴 Central 역 하차, D2번 출구를 나와 오른쪽으로 도보 5분. GPS 222.282399, 114.154950

홍콩의 초대 총독인 헨리 포팅어 Henry Pottinger의 이름을 딴 거리. 400m 남짓한 가파른 언덕을 따라 돌계단과 포석(鋪石)이 깔린 길이 이어져 '돌로 포장된 거리'란 뜻의 섹판까이 石板街라고도 부른다. 센트럴에서 가장 오래된 거리이며 19세기 말의 분위기를 고스란히 느낄 수 있어 영화·드라마 촬영지로도 인기가 높다. 언덕 꼭대기까지 올라가면 1864년에 지어진 구 센트럴 경찰서가 있다.

공중회랑을 이용하면 두 다리가 편하다!

센트럴 일대에는 건널목이 많아 걸어다니기가 은근히 불편하다. 이런 불편을 해소하기 위해 이 일대의 주요 빌딩과 명소, 센트럴 스타페리 선착장은 육교처럼 생긴 공중회랑(空中回廊)으로 촘촘히 연결돼 있다. 공중회랑은 보행자 전용이라 걷기 편한 것은 물론, 지대가 높아 주변 구경을 하기에도 좋다. 또한 목적지를 쉽게 찾아갈 수 있도록 곳곳에 이정표가 붙어 있으니 최대한 활용하자. 공중회랑을 지나다 보면 경비원이 두 눈을 부릅뜨고 지키는 호텔·쇼핑센터·사무실을 통과해야 하는 경우도 있지만, 누구나 자유로이 드나들 수 있으니 당당하게 이용하자. 공중회랑은 완짜이(p.222)의 사무실 밀집 지역에도 설치돼 있다.

行 ★★★★★
人電動樓梯 힐사이드 에스컬레이터
Hillside Escalator 발음 항얀띤똥라우타이

운영 하행 06:00~10:00, 상행 10:00~24:00 지도 MAP 5-A2
교통 MTR 센트럴 Central 역 하차, 도보 7분. D1번 출구를 나와
오른쪽으로 70m쯤 가면 Queen's Road Central과 만난다. 여기서
오른쪽으로 방향을 꺾어 300m쯤 가면 육교가 보인다. 그 육교부터
힐사이드 에스컬레이터가 시작된다. 또는 IFC 1/F층의 E1번 출구에서
Hang Seng Bank 방향으로 나가 힐사이드 에스컬레이터 표지판을
따라간다(도보 5분, p.187의 IFC 평면도 참조).
GPS 22.283607, 114.154931

800m란 엄청난 길이를 자랑하는 세계에서 두 번째로 긴
에스컬레이터. 미드레벨 에스컬레이터라고 부르기도 하며,
2년 반 동안 300억 원 이상을 투자해 1994년 완공시켰다.
홍콩 교통국에서 운영하는 이 에스컬레이터는 미드레벨의
교통정체 해소를 위해 설치된 것으로 총 20대의 에스컬레이터가
데부 로드 센트럴 Des Voeux Road Central에서 고급
주택가인 미드레벨 Mid-Levels의 콘딧 로드 Conduit
Road까지 이어진다. 하지만 안타깝게도 애초의 의도와 달리
이 지역의 교통정체 해소에는 그다지 도움이 되지 못하고
있다고. 힐사이드 에스컬레이터의 이용자 수는 연간 2,000
만 명을 헤아리며, 미드레벨에 거주하는 주민들이 출퇴근하는
데 이용하기 편하도록 오전에는 하행, 오후에는 상행으로만
운행한다. 에스컬레이터 끝에서 끝까지 이동하는 데 걸리는
시간은 20분 정도. 반대 방향으로 가려면 에스컬레이터
옆으로 나란히 이어진 '끝없는(?) 계단'을 걷는 수밖에 없다.
에스컬레이터 꼭대기는 평범한 주택가일 뿐이니 단순히 관광이
목적이라면 소호 Soho(p.190) 근처까지만 가는 게 좋다.
홍콩의 대표적인 유흥가이자 식당가인 소호에는 재미난 간판의
숍이 많으며 소호까지 올라가는 도중에는 영화 〈중경삼림〉의
촬영지(p.68)와 1864년에 건립된 구 센트럴 경찰서 등의
볼거리도 있다.

1 매일 6만여 명이 이용하는
힐사이드 에스컬레이터.
2·3 소호 주변은 재미난 벽화·
간판으로 치장돼 있다.
4 가파른 언덕을 따라 하염없이 이어지는 에스컬레이터.
5 힐사이드 에스컬레이터의 위치를 알려주는 표지판.

MTR 요금을 절약하자

힐사이드 에스컬레이터와 할리우드 로드
Hollywood Road가 만나는 곳(MAP 7-
B2)에 MTR Fare Saver가 있다. 여기에
옥토퍼스 카드를 찍은 다음
센트럴·썬완·홍콩 역에
서 MTR을 타면 요금
이 HK$2 할인된다.
단, 할인 혜택은 당일
에만 적용된다.

元創方 PMQ ★★★★☆

PMQ 발음 윤창퐁 개관 07:00~23:00(숍마다 다름) 휴관 구정연휴(숍마다 다름)
요금 무료 홈피 www.pmq.org.hk 지도 MAP 7-A1
교통 MTR 센트럴 Central 역 하차, D2번 출구를 나와 오른쪽으로 도보 20분.
소호·할리우드 로드 근처에 있으며 힐사이드 에스컬레이터를 타고 가면 쉽게 찾을
수 있다. GPS 22.283214, 114.152096
무료 가이드 투어 운영 화·목·토요일 14:00, 15:30 요금 무료
예약 www.pmq.org.hk/heritage/guided-tour

'창의적인 라이프스타일'을 콘셉트로 운영하는 복합시설. 원래
이곳엔 홍콩 최초의 중등교육기관인 중앙서원 中央書院(1862년)이
있었다. 이 건물을 증축해 1951년 경찰 기혼자 기숙사 Police Married
Quarters(PMQ)를 만들었으며, 기숙사가 폐쇄된 뒤 리모델링을 거쳐
2014년 지금의 모습으로 거듭났다.
각각 7층으로 이루어진 스톤튼 Staunton 블록과 할리우드 Hollywood
블록의 두 개 건물에는 젊은 디자이너들이 발랄한 끼와 개성을 뽐내는
100여 개의 숍이 입점해 있다. G/F층의 광장에서는 수시로 이벤트와
벼룩시장이 열리며, 두 건물을 연결하는 공중정원(4/F)에는 작지만
아늑한 녹지와 휴게시설이 있어 휴식을 취하기에 좋다. 지하에는 옛
건물의 흔적을 살펴볼 수 있는 전시실, 스톤튼 동 5/F층의 S508호에는
이곳의 역사적 의미를 소개하는 미니 갤러리도 있다. PMQ의 구석구석을
살펴보는 무료 가이드 투어(1시간)도 운영하니 기회가 되면 참가해보자.
자세한 쇼핑 정보는 p.189에서 다룬다.

1·2 G/F층의 광장에서는 다양한 이벤트가 열린다

孫中山紀念館 쑨얏센 기념관 ★★☆☆☆

Dr. Sun Yat-Sen Museum 발음 쑨쭝싼꺼이님꾼
개관 월~수·금요일 10:00~18:00, 토·일·공휴일 10:00~19:00
휴관 목요일, 구정연휴 2일 요금 무료
홈피 http://hk.drsunyatsen.museum 지도 MAP 7-A3 GPS 22.282133, 114.150887
교통 MTR 센트럴 Central 역 하차, D1번 출구를 나와 오른쪽으로 도보 25분.
소호 근처에 있으며 힐사이드 에스컬레이터 곳곳에 안내판이 붙어 있다.

빈농의 자식으로 태어나 중국 혁명의 지도자로 우뚝 선 인물 쑨원 孫文
(1866~1925)을 기리는 박물관. 중국 광둥성 廣東省에서 태어난 쑨원은
14세에 하와이로 유학을 떠났다가 홍콩으로 돌아와 의술을 익히고 마카오와
광저우 廣州에서 외과의로 명성을 떨쳤다. 중국의 근대화를 위해 몸을 아끼지
않던 그는 의사란 안정된 생활을 접고 마카오·일본·유럽·미국 등을 떠돌며
혁명에 가담했다가 1911년 귀국해 중국 근대화의 서막을 여는 데 일조했다.
박물관은 쑨원의 생애와 업적을 소개하는 다채로운 코너로 꾸며 놓았다. 그의
필적이 담긴 책과 서신, 당시의 사진·자료가 파란만장한 그의 일생과 격동기
홍콩의 모습을 소상히 보여준다. 1914년에 지어진 상인의 저택을 개조해서 만든
박물관 건물도 볼거리인데, 우아한 에드워드 양식의 외관과 섬세하게 치장된
계단·기둥·창틀 등이 영국 식민시대의 향취를 고스란히 머금고 있다.

1 중국의 국부(國父)로 숭앙받는 쑨원.
2 한 세기 전의 모습이 보존된 건물도 볼거리다.

大 ★★★★★
館 타이쿤

Tai Kwun 발을 따이꾼 열림 10:00~23:00, 내부 견학 11:00~20:00,
감옥 독방 견학 11:00~18:00, JC 콘템포러리 11:00~19:00
요금 무료 ※기본적으로 자유입장 가능. 단, 관람객이 몰리는 특정시기에 한해
홈페이지에서 Tai Kwun Pass를 발급받아야 입장 가능.
홈피 www.taikwun.hk 지도 MAP 5-A3
교통 MTR 센트럴 역 D2번 출구에서 도보 11분.
GPS 22.281772, 114.153812

160여 년 전에 지어진 치안시설을 리모델링한 복합 문화공간.
경찰본부 · 경찰기숙사 · 감옥 등 16개의 건물이 모여 있으며
이 가운데 여섯 곳이 일반에 공개된다. 영국 식민시대의 향취가
고스란히 배인 이국적인 건물과 다채로운 작품이 가득한 미술관,
로컬 아티스트의 개성 만점 아이템을 판매하는 숍, 분위기 만점의
레스토랑이 모여 흥미로운 볼거리를 제공한다.
붉은 벽돌의 경찰본부 Police Headquarters Block는 1919년
준공됐다. 복도에는 홍콩 경찰의 역사를 소개하는 자료가 전시돼
있으며 내부에는 세련된 숍과 레스토랑이 모여 있다. 맞은편의 경찰
기숙사 Barrack Blok은 타이쿤에서 가장 오래된 건물로 1864년에
완공됐다. 원래 3층 건물이었으나 1905년 4층으로 증축했으며
예스러운 분위기의 복도와 난간 · 창문이 과거로의 시간여행을
가능케 한다. 층마다 위치한 숍을 돌아보는 재미도 쏠쏠하다.
경찰 기숙사 뒤편으로는 감옥 Prison Yard이 위치한다. 육중한
담장과 철조망, 쇠창살이 섬뜩한 분위기를 풍기는데, 독방은 직접
안으로 들어가 옥살이를 체험할 수 있게 꾸며 놓았다. 각각의
방에서는 체벌 · 중노동이 이어지던 당시 상황을 묘사한 그래픽
화면과 함께 생생한 효과음이 들려온다. 1931년에는 베트남 혁명
지도자 호치민이 여기에 수감되기도 했다.
타이쿤 제일 위쪽에는 유명 건축가 헤르조크 & 드 뫼론이 설계한
JC 콘템포러리 갤러리가 위치한다. 독특한 외관과 인테리어가
눈길을 끌며 수시로 현대미술 기획전이 열려 풍부한 볼거리를
제공한다.

1 경찰 기숙사 앞에는 아름드리 망고 나무가 있다.
2 인기 숍 · 레스토랑이 입점한 경찰본부.
3 감옥 독방체험도 할 수 있다.
4 무자비한 체벌로 악명 높았던 빅토리아 감옥.

홍콩의 빛과 그림자, 센트럴의 필리핀 데이

일 · 공휴일이면 센트럴의 거리와 공원이 홍콩에서 가사 도우미로 일하는 필리핀 여성들로 가득 차는 진풍경이 펼쳐진다.
이날을 가리켜 흔히 필리핀 데이 Philippines Day라고 부르는데, 흥미로운 점은 겉모습은 초라해 보여도 이들 가운데 상
당수가 필리핀에서 대학 교육까지 받은 엘리트란 사실이다.
이들이 거리로 내몰리는 이유는 홍콩의 주택이 너무 비좁기 때문. 주말이면 할아버지부터 손자까지 온가족이 모이는 게 홍
콩 가정의 관습인데, 손바닥만한 집에 방이라고는 기껏 두세 개밖에 없으니 자연스레 가사 도우미가 밖으로 밀려날 수밖
에 없는 것이다. 얼마 안 되는 월급은(50만 원 정도) 저축하거나 고향의 가족에게 보내야 하는 까닭에 큰돈을 쓸 수도 없는
형편이라, 돗자리 · 음식은 물론 돈 없이 즐길 수 있는 각종 오락거리를 바리바리 싸들고 나와 비슷한 처지의 친구나 친척을
만나는 것이다. 이들의 숫자가 워낙 많아 공원은 물론 도로와 공중회랑(p.168)까지 점령할 정도니 자칫 당황하지 말자.

RESTAURANT

❶ Steamed Pork Dumplings with Crab Roe (HK$51~52)

예산 점심 HK$200~, 저녁 HK$330~
추가 봉사료 10%, 찻값 1인당 HK$19
영업 월~토요일 11:00~15:00, 17:30~23:30, 일·공휴일 09:00~15:00, 17:30~23:30
휴업 구정 당일 **메뉴** 영어·중국어
홈피 www.maxims.com.hk
주소 2/F, Lower Block, City Hall, Central
전화 2521-1303 **지도** MAP 6-F2
교통 MTR 센트럴 Central 역 하차, 도보 5분. K번 출구를 나와 오른쪽 뒤로 돌아가면 횡단보도가 있다. 횡단보도를 건너 바로 앞의 지하도로 들어가면 중간쯤에 시티 홀 방면 표지판이 조그맣게 붙어 있다. 또는 센트럴 스타페리 선착장을 나와 정면으로 도보 8분. 레스토랑은 시티 홀 Lower Block의 2/F층에 있다.
GPS 22.282570, 114.161469

▍大會堂美心皇宮 City Hall Maxim's Palace

현지인은 물론 외국인에게도 상당히 인기가 높은 550석 규모의 대형 딤섬 레스토랑. 종업원이 딤섬 수레를 밀고 다니는 모습이 전통적인 분위기를 풍긴다. 딤섬을 주문하려면 수레가 지나갈 때 딤섬 통의 뚜껑을 열고 메뉴를 하나씩 확인한 뒤 원하는 것을 직접 고르거나 직원에게 원하는 딤섬 이름(p.78)을 알려주면 된다. 점심은 예약을 받지 않으며 선착순 원칙! 은근히 손님이 많아 12:00 이전에 가야 기다리지 않고 자리를 잡을 수 있다. 광동 요리 레스토랑으로 변신하는 저녁에는 예약하고 가는 게 좋다.

Best Menu 언제나 수십 종의 딤섬을 맛볼 수 있다. 딤섬은 사용하는 재료에 따라 소점 小點(HK$38), 중점 中點(HK$45), 대점 大點(HK$51), 특점 特點(HK$54), 정점 頂點(HK$58)으로 구분된다. 단, 토·일·공휴일에는 딤섬 가격이 메뉴당 HK$1~2씩 비싸진다. 인기 메뉴는 게 알을 얹은 신선한 씨우마이 ❶Steamed Pork Dumplings with Crab Roe 蟹籽滑燒賣(HK$51~52), 토란과 계란 흰자 반죽을 넣어 튀긴 ❷Deep-fried Taro Puffs 蜂巢炸芋角(HK$38~39), 탱글탱글 씹히는 새우 살의 담백한 맛이 일품인 하가우 Steamed Shrimp Dumplings 水晶鮮蝦餃(HK$52~54), 쌀로 만든 얇은 피에 새우를 돌돌 말아주는 짱펀 Steamed Rice Rolls with Shrimps 鮮蝦滑腸粉(HK$50~52) 등이다.

딤섬을 가득 실은 수레

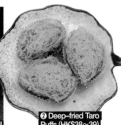

❷ Deep-fried Taro Puffs (HK$38~39)

1846년에 지어진 고풍스러운 건물을 찻집으로 사용하고 있다

예산 HK$38~ **추가** 봉사료 10%
영업 10:00~20:00, 토요일 10:00~21:00
휴업 매월 둘째 화요일, 구정연휴 2일
메뉴 영어 · 중국어
주소 G/F, K.S. Lo Gallery, Hong Kong Park, Admiralty
전화 2801-7177 **홈페** www.lockcha.com
지도 MAP 6-F5
교통 MTR 애드미럴티 Admiralty 역 하차, 도보 9분. C1번 출구를 나가자마자 왼쪽의 Queensway Plaza라고 표시된 에스컬레이터를 타고 올라간다. 에스컬레이터에서 내려 뒤쪽에 Pacific Place라고 적힌 육교를 건넌 뒤 정면 오른쪽을 보면 윗층으로 올라가는 에스컬레이터가 있다. 그것을 타고 꼭대기까지 올라가면 공원 입구가 나타나는데(p.183 평면도 참조), 거기서 오른쪽으로 가면 된다.
GPS 22.278362, 114.162432

▌樂茶軒 Lock Cha Tea House 할인 쿠폰 p.399 강추

잔잔한 중국 음악이 흐르는 19세기풍의 전통 찻집. 홍콩 공원 안에 위치한 백색의 단아한 2층 건물이 인상적이다. 재배 지역과 발효 방법에 따라 선별된 60여 종의 고급 중국차를 맛볼 수 있으며, 차 종류와 중국 다도에 대해서도 상세히 설명해준다. 일요일 16:30~18:30(HK$150)와 토요일 19:00(무료)에는 전통 음악 콘서트도 열린다.

Best Menu 제일 인기가 높은 차는 Selected Phoenix Oolong 珍選鳳凰單欉(HK$118). 향긋하고 부드러운 맛이 특징이다. 달콤한 향과 달리 뒷맛은 강렬하다. 순한 맛을 좋아하면 푸젠성 福建省 우이산 武夷山에서 수확한 Premium Wuyi Dahongpao 正欉大紅袍(HK$118)를 마셔보자. 녹차의 일종으로 향은 강렬하지만 뒷맛이 부드럽다. 1960~2010년 생산된 다양한 빈티지의 보이차도 구비했는데, Selected Yunnan Brown Pu'er 精選雲南普洱(HK$78)처럼 초심자가 부담 없이 마실 수 있는 것도 있다. 차는 최상의 품질만 고집하기 때문에 수확 상태에 따라 맛볼 수 없는 메뉴가 생기기도 하니 메뉴판의 '주문 불가 Sorry, not available' 표시에 유의하자. 차와 함께 이곳에서 직접 만드는 딤섬 · 디저트도 꼭 먹어보자. 육류와 인공 조미료를 넣지 않은 100% 채식 메뉴의 깔끔한 맛이 일품이다.

중국차도 포장해서 판매한다

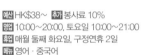

차와 함께 맛볼 수 있는 다채로운 디저트도 입맛을 돋운다

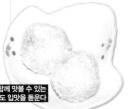

萬豪中菜廳 Man Ho Chinese Restaurant

매리어트 호텔에 딸린 고급 레스토랑. 전통 요리 기법을 살린 순도 100%의 광동 요리를 선보이며, 《미쉐린》 가이드가 뽑은 맛집 가운데 하나다. 재료의 맛을 한껏 살린 전통 딤섬과 세련된 모양의 디저트 딤섬이 시각과 미각을 동시에 만족시켜준다. 딤섬은 원래 점심에만 제공하지만 예약하면 저녁에도 맛볼 수 있다. 딤섬 메뉴는 평일 7종류, 주말 20종류 이상을 내놓는데 기름기 쏙 뺀 담백한 맛이 일품이다. 파이 스타일로 구운 Baked Pastry with Whole South African Abalone and Wild Mushrooms 原隻南非鮑魚酥(1개 HK$98)은 쫄깃한 전복과 담백한 자연산 버섯이 멋진 조화를 이룬다. 오동통한 통새우의 맛이 일품인 Steamed Shrimp Dumpling 水晶鮮蝦餃(4개 HK$90)은 크기도 넉넉해 만족도 100%다. 한 번에 여러 딤섬을 맛보려면 3가지 딤섬을 한 접시에 담아내는 ❶Dim Sum Sampler 萬豪點心拼盆(HK$98)가 좋다.

❶ Dim Sum Sampler (HK$98)

예산 점심 HK$350~, 저녁 HK$500~ 추가 봉사료 10%, 찻값 1인당 HK$20
영업 11:00~15:00, 18:00~23:00 메뉴 영어 · 중국어 전화 2810-8366 지도 MAP 6-H5
주소 Level 3, J.W. Marriott Hotel, Pacific Place, 88 Queensway, Admiralty
교통 MTR 애드미럴티 Admiralty 역 하차, F번 출구에서 도보 3분.
J.W. 매리어트 호텔 Level 3에 있다. GPS 22.277455, 114.166194

金葉庭 Golden Leaf Chinese Restaurant

격조 있는 인테리어가 인상적인 고급 광동 요리 전문점. 우아한 분위기 속에서 기분 좋게 식사를 즐길 수 있다. 《미쉐린》에서도 가볼만한 맛집으로 선정됐다. 대표 메뉴는 껍질은 바삭하고 속살은 부드러운 닭튀김 ❶Shallow-fried Crispy Chicken 金牌品炸雞(반 마리 HK$285, 1마리 HK$550). 기름기 쏙 뺀 맛이 정말 죽여준다. 새콤달콤한 소스와 탱탱한 새우 살이 어우러진 칠리 새우 Sautéed King Prawns with Pineapple and Hawthorne Herbs in Chili Sauce 菠蘿山楂川汁爆蝦球(HK$385)도 맛있다. 쫄깃한 전복 씨우마이 Steamed Pork Dumplings with Abalone 特製鮑魚燒賣皇(HK$108), 금가루를 입힌 하가우 Steamed Shrimp Dumplings with Gold Leaf 金箔蝦餃(HK$108) 등의 딤섬 메뉴도 인기가 있다.

❶ Shallow-fried Crispy Chicken
(반 마리 HK$285, 1마리 HK$550)

예산 점심 HK$220~, 저녁 HK$440~ 추가 봉사료 10%, 찻값 1인당 HK$28
영업 점심 월~토요일 11:30~15:00, 일 · 공휴일 11:00~15:00, 저녁 18:00~23:00
메뉴 영어 · 중국어 전화 2822-8870 지도 MAP 6-H5 GPS 22.276765, 114.165376
주소 Lower Lobby Level, Conrad Hong Kong, Pacific Place, 88 Queensway, Admiralty
교통 MTR 애드미럴티 Admiralty 역 하차, 도보 6분. F번 출구를 나와 Pacific Place의 L3층
으로 올라가면 콘래드 호텔 직통 엘리베이터가 있다. 이것을 타고 호텔 LL층에서 내린다.

▌沾仔記 Tsim Chai Kee Noodle 강추

60년 전통의 국수 전문점. 3대에 걸쳐 비법으로 전수돼온 담백한 국물 맛 때문에
1년 365일 문전성시를 이룬다. 메뉴는 탱글탱글한 새우살의 완탕 ❶King
Prawn Wonton Noodle 招牌雲呑麵(HK$32), 담백한 어묵 Fresh Minced
Fish Ball Noodle 鮮鯪魚球麵(HK$32), 아들아들한 소고기 Fresh Sliced
Beef Noodle 鮮牛肉麵(HK$32) 세 개뿐! 동시에 다양한 맛을 즐기려면
완탕·어묵·소고기 가운데 두 가지를 넣어주는 Two Toppings Noodle
雙併麵(HK$38), 세 가지를 모두 넣어주는 Three Toppings Noodle 至
尊三宝麵(HK$42)을 골라도 좋다. 주문시 면의 종류(꼬들꼬들한 계란면
Yellow Noodle 麵, 납작하게 퍼진 면 Flat White Noodle 河, 가느다란
쌀국수 Vermicelli 米)도 선택해야 하는데 우리 입에는 계란면이 잘 맞는다.
굴 소스에 찍어 먹는 데친 채소 Vegetable with Oyster Sauce 郊外油菜
(HK$16)는 반찬으로 좋다.

❶ King Prawn Wonton
Noodle (HK$32)

예산 HK$32~ 영업 09:00~22:00 휴업 구정연휴 3일 메뉴 영어·중국어
주소 G/F, 98 Wellington Street, Central 전화 2850-6471
지도 MAP 5-B2 교통 MTR 센트럴 Central 역 하차, D1번 출구를 나와 오른쪽으로 도보 10분.
힐사이드 에스컬레이터 근처에 있다. GPS 22.282997, 114.154507

▌星巴克咖啡室 Starbucks Coffee 강추

커피 메뉴는 우리나라와 비슷하며 가격은
우리나라보다 조금 싸다. 카운터에서는
텀블러·머그잔 등의 기념품도 판다.

색다른 인테리어가 돋보이는 스타벅스 커피. 1960년대 홍콩의 모습을 재현한
이국적인 분위기에서 향긋한 커피를 즐길 수 있다. 동양의 문화인 차와 서양의
문화를 상징하는 커피를 마시는 사람들로 북적이던 '삥삿 氷室(옛 홍콩식 카페)'
의 모습을 떠올릴 수 있게끔 한 게 기본 콘셉트다. 벽에는 옛날 냄새가 폴폴 풍기는
조악한 포스터와 온통 한자로 가득한 메뉴판이 걸려 있으며, 유리창 안쪽에는
홍콩의 옛 모습을 보여주는 간판·사진·골동품을 진열해 호기심을 자극한다.
이곳은 결혼식 야외 촬영 포인트로도 인기가 높아 드레스와 턱시도 차림으로 사진
촬영에 여념이 없는 커플을 어렵잖게 볼 수 있다. 누구든 자유로이 사진을 찍을 수
있으니 그들과 어울려 기념사진을 남기는 것도 멋진 추억이 될 듯!

예산 HK$21~ 영업 월~목요일 07:00~21:00, 금요일 07:00~22:00, 토요일 08:00~22:00,
일·공휴일 09:00~20:00 메뉴 영어·중국어 전화 2523-5685 지도 MAP 5-C4
주소 Floor M2, Baskerville House, 13 Duddell Street, Central
교통 MTR 센트럴 Central 역 하차, 도보 6분. D1번 출구를 나와 오른쪽으로 100m쯤 가면
Marks & Spencer 백화점이 있다. 백화점 정문을 등지고 오른쪽으로 150m쯤 가면
Duddell Street가 나온다. 그 길로 들어가 맨 끝에 위치한 가스등이 있는 계단을 오르면
중간쯤에 입구가 있다. GPS 22.279750, 114.156739

▌添好運點心專門店 Tim Ho Wan Dim Sum Restaurant

깔끔한 분식점 스타일의 딤섬 전문점. IFC Level 1층(AEL 홍콩 역의 도심
공항 터미널 바로 아래층)에 있어 찾아가기도 쉽다. 저렴한 가격과《미쉐린》
가이드에서 인정한 빼어난 맛으로 큰 인기를 누리고 있는데, 점심·저녁에는
항상 장사진을 이루며, 일반적인 대기시간은 30분~1시간이다. 주문은 테이블에
놓인 주문표에 원하는 딤섬을 체크해서 점원에게 건네면 된다.
추천 메뉴는 감칠맛 나는 돼지고기·새우 만두 씨우마이 ❶Steamed Pork
Dumplings with Shrimp 鮮蝦燒賣皇(HK$34). 탱글탱글한 새우 만두 하가우
Steamed Fresh Shrimp Dumplings 晶瑩鮮蝦餃(HK$34). 오븐에 구워 겉은
바삭하고 속은 촉촉한 돼지고기 빵 차슈빠우 Baked Bun with BBQ Pork 酥
皮焗叉燒包(HK$23) 등이다.

❶ Steamed Pork Dumplings with Shrimp (HK$34)

예산 HK$70~ 추가 찻값 1인당 HK$3 영업 09:00~21:00 휴업 구정연휴 3일
메뉴 영어·중국어 주소 Hok 12A, Level 1, MTR Hong Kong Station, Central
전화 2332-3078 지도 MAP 5-D1 GPS 22.284343, 114.158413
교통 MTR·AEL 홍콩 역에서 내려 B1번 출구 쪽으로 간다. 건물 밖으로 나가기 전에
오른편을 보면 식당 Can·teen이 있다. 그 맞은편의 에스컬레이터를 타고 한 층 아래로
내려가(Level 1층) 정면 왼쪽으로 30m쯤 가면 왼편에 있다.

▌正斗粥麵專家 Tasty Congee & Noodle Wantun Shop

다양한 메뉴를 선보이는 광동 요리 레스토랑. 쾌적한 시설과 친절한 서비스가
매력이다. 쇼핑의 중심지인 IFC 몰에 자리해 쇼핑 도중 가벼운 식사를
즐기기에도 안성맞춤이다. 대표 메뉴는 담백한 죽이다. 닭고기·생선·새우·
돼지고기 등 14가지 죽 메뉴가 있는데 다양한 맛을 동시에 즐기려면 원하는 죽
재료 두 가지를 섞어주는 ❶Congee with 2 Selections 雙拼粥(HK$68) 또는
죽 재료 세 가지를 섞어주는 Congee with 3 Selections 三拼粥(HK$88)를
선택하는 게 좋다. 완탕면 ❷House Specialty Wonton Noodles in Soup
正斗鮮蝦雲吞麵(소 小 HK$45, 대 大 HK$60)를 주문할 때는 되도록 큰
사이즈를 선택하자. 작은 사이즈는 양이 터무니없이 적다. 탱글탱글한 새우를
쌀로 만든 피에 돌돌 말아서 찐 짱펀 Rice Noodle Rolls Filled with Shrimps
鮮玻璃明蝦腸粉(HK$68)를 곁들여 먹어도 좋다.

❶ Congee with 2 Selections (HK$68)

예산 HK$80~ 추가 봉사료 10%, 찻값 1인당 HK$7 영업 11:00~23:00 메뉴 영어·중국어
지도 MAP 5-C1 전화 2295-0101 GPS 22.284788, 114.157776
주소 Shop 3016-3018 on Podium Level 3, IFC mall, 1 Harbour View Street, Central
교통 MTR 홍콩 역의 A1·A2·B1·B2·E1번 출구로 나가면 IFC 몰과 바로 연결된다.
에스컬레이터나 엘리베이터를 타고 3/F층(Podium Level 3)으로 올라간다.

❷ House Specialty Wonton Noodles in Soup (HK$45~)

**Shack Burger
(HK$50~)**

**Milk Tea
(HK$21)**

**Original Burger
Combo (HK$85)**

Shake Shack 강추

뉴욕의 명물 쉑쉑 버거의 홍콩 지점.
오픈과 동시에 긴 줄이 늘어설 만큼
큰 인기를 누리고 있다.
강추 메뉴는 쫄깃한 빵 사이에
토마토 · 양상추, 육즙 가득한 패티를
끼워 주는 치즈 버거 Shack Burger
(싱글 HK$50, 더블 HK$76)다.
항생제 · 성장 촉진제를 사용하지
않고 순수한 목초만 먹여서 키운
앵거스 비프의 냉장육만 고집하는
게 맛의 비결이라고. 음료(HK$20~),
감자튀김 Fries(HK$27~)은
추가로 주문해야 한다. 디저트로는
농후한 맛의 커스터드 아이스크림
Concretes(싱글 HK$41, 더블
HK$62)를 추천한다.

예산 HK$70~ 영업 11:00~23:00
메뉴 영어 · 중국어
주소 Shop 4018, Podium Level 4, IFC
Mall, 8 Finance Street, Central
홈피 www.shakeshack.com.hk
지도 MAP 5-D1
교통 MTR 홍콩 역의 A1 · A2 · B1 · B2 ·
E1번 출구로 나가면 IFC 몰과 바로
연결된다. 에스컬레이터나 엘리베이터를
타고 4/F층(Podium Level 4)으로 올라간다.
GPS 22.284938, 114.159219

翠華餐廳
Tsui Wah Restaurant

분식점 스타일의 대형 식당. 국수 ·
토스트 · 스테이크 등 다양한 메뉴를
취급하는데, 메뉴판 앞쪽에 실린 '간판
메뉴'를 선택하면 실패할 확률이 적다.
어묵 국수 Fish Balls & Fish Cakes
with Flat Rice Noodles in Fish Soup
至潮魚蛋片頭河(HK$37)는 담백한
국물과 쫄깃한 어묵이 먹을만하다. 단,
고수(p.83)가 들어가니 주의. 깜찍한
찻잔에 담겨 나오는 밀크 티 Milk Tea
香滑奶茶(Hot HK$21, Cold HK$23)
와 28cm짜리 대형 소시지로 만든
핫도그 Jumbo Frankfurter Hot Dog
法蘭克福珍寶熱狗皇(HK$35)는
간식으로 좋다.

예산 HK$37~ 영업 24시간
메뉴 영어 · 중국어
주소 G/F-2/F, 15-19 Wellington
Street, Central
전화 2525-6338 지도 MAP 5-B3
교통 MTR 센트럴 Central 역 하차, 도보 4분.
D2번 출구를 나와 오른쪽으로 가면 만나는
삼거리에서 왼쪽으로 꺾어져 약 50m 앞의
횡단보도를 건넌 뒤 언덕을 조금 올라간다.
란콰이퐁에서 가깝다.
GPS 22.281691, 114.155679

Triple O's 강추

80년 전통을 자랑하는 캐나다의
햄버거 숍. 유기농 채소와 빵, 육질이
살아 있는 두툼한 패티, 그리고 특제
소스가 어우러져 햄버거 맛의 진수를
보여준다. 가격이 조금 비싸지만 입에
맞지 않는 중국 음식에 질렸을 때
먹으면 좋다. 추천 메뉴는 감자튀김 ·
콜라 · 햄버거가 세트로 나오는
Original Burger Combo 原味牛
肉漢堡(HK$85), 베이컨 · 치즈가
추가된 Bacon & Cheese Burger
Combo 煙肉芝士牛肉漢堡
(HK$95)다. 양이 은근히 많으니 입이
짧은 사람은 햄버거(HK$58~70)
와 음료(HK$22~35)만 단품으로
주문하는 것도 요령이다.

예산 HK$85~ 영업 10:00~22:00
메뉴 영어 · 중국어
주소 Unit 9, Level LG1, Great Food Hall,
Pacific Place, Admiralty
전화 2873-4000
지도 MAP 6-H5
교통 MTR 애드미럴티 Admiralty 역 하차.
C1번 또는 F번 출구로 나가면 퍼시픽
플레이스 쇼핑몰과 연결된다. 쇼핑몰 지하
1층의 Great Food Hall에 있다.
GPS 22.277478, 114.164449

**Hong Kong "Socks" Tea
(Hot HK$22, Cold HK$24)**

**Macaron
(HK$260~1,050)**

Egg Tart (HK$10)

蘭芳園
Lan Fong Yuen

50년 역사를 뽐내는 센트럴의
터줏대감. 허름한 식당이지만 언제나
단골손님들로 북적인다. 인기 메뉴는
부드러운 맛의 홍콩식 밀크티 Hong
Kong "Socks" Tea 絲襪奶茶
(Hot HK$22, Cold HK$24)인데,
설탕을 듬뿍 넣어 달달하게 마신다.
두툼하게 썬 돼지고기와 직접 만든
마요네즈·토마토를 넣은 새콤달콤한
맛의 햄버거 Authentic Pork
Chop Bun 金牌豬扒包(HK$27)
은 양이 적어 간식으로 적당하다.
07:30~11:00·14:30~18:00
에는 밀크티와 햄버거·샌드위치·
토스트·국수 등을 함께 묶은 세트
메뉴(HK$33~39)도 맛볼 수 있다.

예산 HK$25~ 영업 07:30~18:00
휴업 일요일, 구정연휴 3일
메뉴 영어·중국어 전화 2544-3895
주소 2 Gage Street, Central
지도 MAP 7-B1 교통 MTR 센트럴 Central
역 하차, D1번 출구를 나와 오른쪽으로
도보 11분. 소호 근처에 있으며 힐사이드
에스컬레이터를 타고 가면 편리하다.
GPS 22.282632, 114.153870

Pierre Hermé 강추

세계 제일의 마카롱을 맛볼 수 있는
파티스리. '프랑스 제과계의 피카소'
란 극찬을 한 몸에 받는 명장(名匠)
피에르 에르메가 운영한다. 기존의
마카롱 제조법에서 과감히 탈피해
피에르 에르메 특유의 독창적인
미각과 감성을 가미한 게 특징인데,
여타 마카롱과 달리 찐득한 느낌이
없고 기분 좋은 단맛과 깊은 풍미가
느껴진다. 쇼케이스에 진열된 20여
가지 마카롱 Macaron(7개 HK$260,
10개 HK$380, 18개 HK$550)
가운데 원하는 것을 고르면 세련된
케이스에 담아 예쁘게 포장해준다.
홍콩 한정판 케이스도 있으며 케이스
디자인은 시즌마다 변경된다.

예산 HK$260~
영업 10:00~20:30 메뉴 영어
주소 Shop 2029, Level 2,
8 Finance Street, Central
전화 2833-5700 지도 MAP 5-D1
교통 MTR 홍콩 Hong Kong 역의
A1·A2·B1·B2번 출구 또는 MTR
센트럴 Central 역의 A번 출구와 연결되는
IFC 몰의 Level 2층에 있다.
GPS 22.284545, 114.158210

泰昌餅家
Tai Cheung Bakery

홍콩식 에그 타르트 전문점. 홍콩의
마지막 총독을 역임한 크리스 패튼
Chris Patten이 이곳의 열혈 팬이라
더욱 유명하다. 빵을 사려는 사람들로
늘 북적여 멀리서도 금방 눈에 띈다.
간판 메뉴는 에그 타르트 Egg Tart 皇
牌蛋撻(HK$10). 쿠키처럼 바삭한
타르트에 촉촉한 커스터드 크림 맛이
일품이다. 단, 먹는 이에 따라 호불호가
극명히 갈린다는 것과 테이크아웃
전문점이라 앉아서 먹을 곳이 없다는
사실에 주의하자. 찜사쪼이(MAP 15-
B5)의 분점에서도 동일한 맛의 에그
타르트를 판다.

예산 HK$10~ 영업 08:00~20:30
휴업 구정연휴 메뉴 영어·중국어
주소 G/F, 35 Lyndhurst Terrace, Central
전화 2544-3475 지도 MAP 7-B1
교통 MTR 센트럴 Central 역 하차, D1번
출구를 나와 오른쪽으로 도보 13분. 소호
근처에 있으며 힐사이드 에스컬레이터를
타고 가면 편리하다. 길 찾기가 조금 어려우
수 있으니 지도를 잘 보고 갈 것.
GPS 22.282507, 114.153550

Caffe Latte
(HK$40~55)

Latte (HK$38)

Flat White
(HK$38~)

Arabica 강추

홍콩에서 가장 핫한 커피 숍. 잔에 그려진 '%' 로고 때문에 '퍼센트' 또는 '응' 커피란 애칭으로 통한다. 원래 홍콩 브랜드의 조그만 커피숍이었는데, 2016년 해외에 처음으로 오픈한 일본의 교토 분점이 대박을 터뜨리며 홍콩에도 매장을 추가로 열게 됐다. 전 세계에서 엄선해온 원두를 직접 로스팅해서 사용한다. 고소하면서도 깔끔한 맛이 특징인 카페 라테 Caffe Latte(HK$40~55)를 놓치지 말자. 커피는 원두를 섞어서 사용하는 blend 와 한 종류의 원두만 사용하는 single origin을 선택해서 주문할 수 있다.

예산 HK$30~ 영업 08:00~21:00
메뉴 영어 · 중국어
주소 Shop 1050, Level 1, IFC Mall, 8 Finance Street, Central
전화 2319-0389
지도 MAP 5-D1, p.187
교통 MTR 홍콩 역의 A1 · A2 · B1 · B2 · E1번 출구와 연결된 IFC 몰 1/F층, City'Super 옆에 있다. 스타페리 선착장에서 갈 때는 3 · 4번 선착장 앞의 육교로 올라가 끝까지 가면 IFC 몰 입구 바로 앞에 있다.
GPS 22.286246, 114.157693

Cupping Room 강추

2014년 월드 바리스타 대회에서 2위를 차지한 커피숍. 모던한 스타일과 아늑한 분위기가 매력이다. 홍콩에서 다섯 손가락 안에 드는 수준 높은 커피를 즐길 수 있어 단골의 발길이 끊이지 않는다. 힐사이드 에스컬레이터의 초입에 위치해 시원한 커피를 마시며 잠시 쉬어가기에도 좋다. 대표 메뉴는 고소한 플랫 화이트 Flat White(HK$38), 라테 Latte(HK$38), 아이스 라테 Iced Latte(HK$45), 아이스 커피 Iced Black(HK$40) 등이다. 2층에서는 토스트 등의 간단한 조식 Breakfast(HK$68~138)와 파스타 Pasta(HK$118~128)도 맛볼 수 있다.

예산 HK$30~ 영업 08:00~17:00, 토 · 일 · 공휴일 09:00~18:00
메뉴 영어
주소 G/F, 18 Cochrane Street, Central
전화 2511-3518
지도 MAP 7-C1
교통 MTR 센트럴 Central 역 하차, D1 번 출구를 나와 오른쪽으로 도보 10분. 힐사이드 에스컬레이터 근처에 있다.
GPS 22.283090, 114.154526

Amber Coffee Brewery

2015년 월드 바리스타 챔피언의 카페. 와인 바를 연상시키는 모던한 인테리어가 인상적이다. 고작 열 명만 들어가도 꽉 차는 아담한 공간은 항상 고소한 커피 향으로 가득하다. 에티오피아 80%, 브라질 20%의 홈 블렌드로 내린 커피는 풍부한 과일향과 강렬한 신맛이 특징이며, Latte(Hot HK$38, Cold HK$48), Flat White(Hot HK$38, Cold HK$48)로 즐기기에 좋다. 싱글 오리진으로 내린 Espresso(HK$50) 와 필터 커피 Filter(HK$70)도 맛볼 가치가 충분하다. 수묵화 느낌의 커피 잔은 북유럽에서 주문 제작해온 스페셜 아이템이다. 월~금요일 18:00~21:30에는 주류도 판매한다.

예산 HK$36~ 영업 08:00~21:30, 토요일 09:00~18:00, 일요일 10:00~18:00
메뉴 영어 주소 G/F, 142 Des Voeux Road Central, Central
전화 3106-0872 지도 MAP 5-B1
교통 MTR 센트럴 Central 역 하차, 도보 9분. C번 출구를 나와 왼쪽으로 450m쯤 직진하면 왼편에 있다.
GPS 22.285415, 114.154521

런치 세트
(HK$498~)

Express Lunch Set
(HK$588~)

Mandarin Afternoon
Tea (HK$318~)

L'atelier de Joël Robuchon

《미쉐린》가이드에서 별 3개를 받은 프렌치 레스토랑. 프랑스 최고 훈장을 수상한 요리계의 거장 조엘 로뷔숑이 운영하는데, 심플한 조리법으로 재료가 가진 본연의 맛을 끌어내는 특유의 요리 철학을 한껏 음미할 수 있다. 스시 바를 응용한 붉은 색의 모던한 인테리어가 고급 레스토랑 특유의 딱딱함 대신 캐주얼한 스타일로 다가오며, 주방에 걸린 알록달록한 파프리카와 깔끔하게 진열된 싱싱한 채소가 발랄한 분위기를 연출한다. 부담 없이 즐기려면 애피타이저 · 메인 · 디저트의 3가지 요리가 제공되는 런치 세트(HK$498~)가 좋다.

예산 HK$600~ 추가 봉사료 10%
영업 12:00~14:30, 18:30~22:30
메뉴 영어 · 프랑스어
주소 Shop 401, 4/F, The Landmark
전화 2166-9000 지도 MAP 5-C3
교통 MTR 센트럴 Central 역 하차, G번 출구와 바로 연결된 Landmark Atrium 쇼핑몰 4/F층에 있다.
GPS 22.281530, 114.157829

Pierre

분자요리의 대가 피에르 가니에르 Pierre Gagnaire의 프렌치 레스토랑. 정통 프랑스 요리법에 기초하지만 독창적이면서도 정교한 '모던 프렌치 Modern French'를 선보인다. 《미쉐린》가이드에서 별 2개를 받았으니 맛에 대한 걱정은 접어도 될 듯! 최대의 매력은 서울에 오픈한 피에르 가니에르 아 쎄울 Pierre Gagnaire àSéoul보다 10~30% 저렴하게 최고급 프랑스 요리를 맛볼 수 있다는 것이다. 메뉴는 시즌마다 바뀐다. 실속 만점 메뉴로는 Express Lunch(2코스 HK$588, 3코스 HK$688, 코스 추가시 1코스당 HK$98 추가) 강추!

예산 점심 HK$650~, 저녁 HK$1,200~
추가 봉사료 10% 영업 점심 월~금요일 12:00~14:30, 저녁 월~토요일 18:30~22:00 휴업 일요일
메뉴 영어 주소 25/F, Mandarin Oriental, 5 Connaught Road, Central
전화 2825-4001 지도 MAP 5-D2
교통 MTR 센트럴 Central 역 하차, K번 출구에서 도보 5분. 만다린 오리엔탈 호텔 25/F층에 있다.
GPS 22.282052, 114.159277

Clipper Lounge

만다린 오리엔탈 호텔의 티 라운지. 장국영을 비롯 왕비 王菲 등이 단골이었으며, 작고한 다이애나 황태자비도 홍콩에 올 때마다 이곳을 즐겨 찾았다. 인기 메뉴는 Mandarin Afternoon Tea(HK$318, 토 · 일 · 공휴일 HK$338). 3단 트레이에 쇼트 케이크 · 스콘 · 패스트리 · 핑거 샌드위치를 담아서 내온다. 함께 나오는 장미 잼 Rose Petal Jam과 클로티드 크림 Clotted Cream도 일품이다. 음료는 커피 · 허브차 · 홍차 등 입맛대로 고를 수 있다. 가장 많이 찾는 것은 얼 그레이 Earl Grey. 얼 그레이를 정통 영국식으로 마시려면 밀크를 넣지 말아야 한다.

예산 HK$360~ 추가 봉사료 10%
영업 06:30~22:30, 애프터눈 티 월~금요일 14:30~18:00, 토 · 공휴일 14:00~16:00, 16:15~18:00, 일요일 15:30~18:00
메뉴 영어 · 중국어 주소 M/F, Mandarin Oriental, 5 Connaught Road, Central
전화 2825-4007 지도 MAP 5-D2
교통 MTR 센트럴 Central 역 하차, K번 출구에서 도보 3분. 만다린 오리엔탈 호텔의 M/F층에 있다.
GPS 22.282166, 114.159384

SHOPPING

太古廣場 Pacific Place

홍콩 공원 옆에 위치한 대형 쇼핑몰. 쾌적하고
넓은 매장과 세련된 인테리어가 쇼핑의 즐거움을
한층 업그레이드 시켜준다. 명품 백화점과 편집숍,
내로라하는 명품 숍이 모두 입점해 있어 홍콩 1·2위를
다투는 최고의 럭셔리 쇼핑 명소로 인기가 높다.
쇼핑몰은 LG·L1·L2·L3·L4층의 총 5개 층으로
구성돼 있는데 저층은 젊은층이 선호하는 중가(中價)
의 뷰티·패션 브랜드가 많아 자유분방한 분위기인
반면, 고층으로 올라갈수록 명품 숍이 즐비한 고급
쇼핑가로 꾸며진 게 특징이다. L1층에 있는 대표적인
숍은 자라·The Kooples·COS 등이며 트렌디한

[영업] 10:00~20:00(숍마다 다름) **[휴무]** 구정연휴
[주소] 88 Queensway, Admiralty **[전화]** 2844-8900
[홈페이지] www.pacificplace.com.hk **[지도]** MAP 6-H5
[교통] MTR 애드미럴티 Admiralty 역 하차. C1번 출구를
나가자마자 왼쪽의 Queensway Plaza라고 표시된
에스컬레이터를 타고 올라간다. 에스컬레이터에서 내려
뒤쪽에 'Pacific Place'라고 표시된 육교를 건너면 퍼시픽
플레이스의 L2층으로 이어진다. 또는 MTR 애드미럴티
역 F번 출구로 나가면 퍼시픽 플레이스의 LG층과 바로
연결된다.
[GPS] 22.277933, 114.164770

캐주얼 의류가 강세. L2층은 발망·돌체 & 가바나·
다이앤 본 퍼스텐버그·이자벨 마랑·마크 제이콥스
등 디자이너 브랜드와 I.T·조이스 등의 편집 숍이 주를
이룬다. L3층에는 불가리·까르띠에·Roger Dubuis
같은 보석·시계 브랜드와 보테가 베네타·셀린·샤넬·
에르메스·로로 피아나·고야드·펜디·프라다 등 명품
숍이 즐비하다. LG층에는 분위기 있는 레스토랑·카페와
함께 전 세계의 수입식료품을 취급하는 그레이트 푸드홀
Great Food Hall이 있다.

Best Shops 1F

Lane Crawford Home   p.183-No.126

명품 백화점 레인 크로포드의 홈 인테리어 전문 매장. 전
세계에서 엄선한 최상품의 가구·침구·식기·조명·
아로마 용품을 선보인다. 고급스럽고 세련된 아이템이
풍부해 구경하는 재미가 쏠쏠하다.

Harvey Nichols   p.183-No.L1~L2

영국계 고급 백화점. 발렌티노·마르니·폴 스미스처럼
친숙한 브랜드를 중심으로 닐 바렛·알렉산더 왕·
Acne Studios·쥬세페 자노티·TIBI·ALAIA 등
최근 각광받는 인기 브랜드를 두루 취급한다. 몽클레어
앙팡·리틀 마크 제이콥스 등 명품 브랜드의 아동복과
발몽·Kilian 등의 화장품 코너도 인기가 높다.

1 I.T에서 한발 앞선 유행 감각을 만끽하자. 2 하비 니콜스는 개성 넘치는 패션 아이템이 풍부하다. 3 센트럴 최대의 쇼핑몰로 명성이 자자한 Pacific Place.
4·5 로비에서는 전시회 등 다양한 이벤트가 열린다. 6 명품 쇼핑에도 좋은 환경을 제공한다.

Repetto p.183-No.133

플랫 슈즈의 대명사로 통하는 프랑스 구두 브랜드.
발레용 토슈즈에서 시작된 브랜드답게 편안한 착용감과
심플하면서도 우아한 디자인이 특징이다. 플랫 슈즈 외에
옥스퍼드화 · 로퍼 · 메리제인 등 다양한 스타일의 구두와
핸드백 · 지갑 · 클러치 등의 가죽 소품을 선보인다.

Theory p.183-No.103

시크한 스타일의 미국 패션 브랜드. 군더더기 없는
깔끔한 라인에 블랙 & 화이트의 무채색을 사용한 세련된
디자인으로 젊은 커리어 우먼에게 인기가 높다.

The Kooples p.183-No.149

프렌치 시크에 잉글리시 댄디를 가미한 스타일로 인기
급상승 중인 프랑스 패션 브랜드. 화려한 패턴의 셔츠를
중심으로 여성미와 걸크러시를 강조한 여성복 라인,
깔끔한 수트와 슬림한 실루엣이 매력인 스트리트 패션
스타일의 남성복 라인을 선보인다.

Best Shops 2F

I.T p.183-No.252

신진 디자이너 브랜드 소개에 주력 하는 셀렉트 숍. 꼼
데 가르송 · 준야 와타나베 · 아크네 스튜디오 · N°21 ·
톰 브라운 · Hyke · 앤 드뮐미스터 · 메종 마르지엘라 ·
리미 푸 · 츠모리 치사토 등 각광받는 디자이너 브랜드
가운데에서도 특별히 셀렉트한 아이템만 취급한다.

Balmain p.183-No.223

프랑스 명품 패션 브랜드. 톱스타들이 즐겨 찾는
브랜드로도 유명하다. 창립자 피에르 발망의 디자인
철학을 계승한 구조적인 스타일과 정교한 짜임새가
돋보이는 재킷 · 바이커진 등이 인기 아이템이다.

Best Shops 3F

Louis Vuitton p.183-No.236 · 351

홍콩의 루이뷔통 매장 가운데 가장 쾌적한 쇼핑 환경을
자랑한다. 북적이지 않는 넓은 매장에서 정중한 서비스를
받으며 쇼핑을 즐길 수 있는 게 최대의 장점이며 아이템도
우리나라에 비해 훨씬 풍부하다. 단, 우리나라와 가격
차이가 별로 없는 게 유일한 흠이라면 흠!

Chanel p.183-No.225 · 337

여성들의 로망으로 통하는 명품 패션 브랜드. 영원한
클래식 아이템인 2.55백을 비롯해 다양한 크기와
디자인의 핸드백이 가득 놓인 진열장이 발길을
사로잡는다. 가방 외에도 의류 · 액세서리 · 구두 ·
선글라스 등 다채로운 아이템을 취급한다.

Chloé p.183-No.366

젊은 명품족이 열광하는 핫한 브랜드. 의류 · 가방 ·
구두 · 선글라스 · 액세서리 등을 취급한다. 패셔니스타
사이에서 인기가 높은 드류 백 등 다양한 디자인의
가방이 최고의 인기 아이템이다.

1 홈 인테리어 전문의 Lane Crawford Home. 2 · 3 최신유행의 패션 · 가방 · 잡화 매장이 충실하다 4 명품 셀렉트 숍으로 인기가 높은 JOYCE도 입점해 있다.
5 플랫 슈즈가 메인 아이템인 Reppeto. 6 루이뷔통 등 다양한 명품 매장도 놓치지 말자.

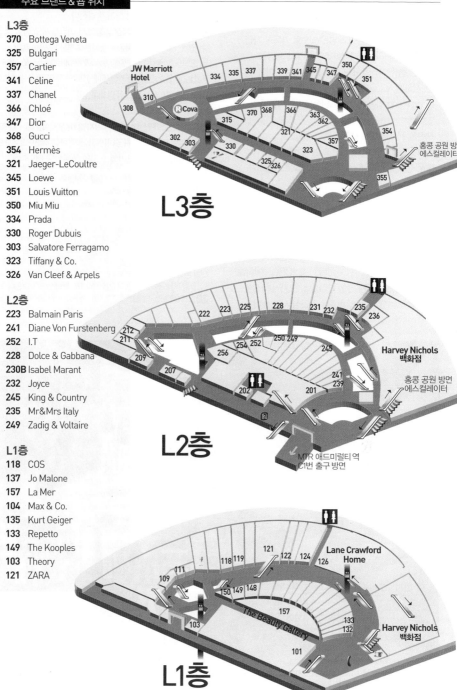

L3층

L2층

L1층

國際金融中心商場 IFC Mall

홍콩에서 두 번째로 높은 빌딩인 IFC와 연결된 쇼핑몰. 탁 트인 넓은 실내 공간과 밝은 빛으로 가득한 자연 채광 방식의 구조가 쾌적한 쇼핑 환경을 제공한다. 유일한 흠(?)이라면 규모가 큰 만큼 많이 걸어야 한다는 것. 지하에 AEL(공항 특급)과 MTR 똥총 선의 홍콩 Hong Kong 역이 있으며 쇼핑몰은 1/F∼3/F층에 있다.

프렌치 시크의 대표 브랜드 마쥬 Maje. 앨리스＋올리비아 Alice＋Olivia · 발렉스트라 Valextra · Acne Studio 등 희소성 높은 브랜드가 풍부하다.

층별 쇼핑 공략 노하우

1/F층에는 오픈 키친 Open Kitchen · 프레타 망제 Pret A Manger 등의 카페 · 식당, 코스 COS · 클럽 모나코 · Whistles 등의 어번 캐주얼 브랜드, 바비 브라운 · 샤넬 Chanel Beauté · BEYØRG · 에이솝 · 딥티크 Diptyque 등 명품 화장품 및 오가닉 화장품 매장이 모여 있다. 수입 식료품 전문점 시티 슈퍼

City'Super도 인기 만점이다. 작지만 영화관도 있어 쇼핑몰 전체에서 가장 활기가 넘친다.

2/F층과 3/F층은 쾌적한 매장에서 여유롭게 쇼핑을 즐길 수 있는 게 매력. 대부분의 매장은 지방시 · 몽클레어 · 발렌티노 Valentino · 랑방 Lanvin · 에르메네질도 제냐 Ermenegildo Zegna · 쥬세페 자노티 등의 명품 숍이다. 미국 드라마 가십걸로 유명세를 얻은 토리 버치 Tory Burch도 입점해 있다.

3/F층에는 알렉산더 맥퀸 · 이자벨 마랑 · ALAIA · 겐조 등 셀렉트 아이템을 취급하는 고급 백화점 레인 크로포드 Lane Crawford가 자리해 쇼핑의 풍부함을 더한다.

(영업) 10:00∼21:00(숍마다 다름) **(휴무)** 구정연휴
(주소) 8 Finance Street, Central
(전화) 2295-3308 **(홈피)** www.ifc.com.hk
(지도) MAP 5−D1
(교통) MTR 홍콩 Hong Kong 역 하차. A1 · A2 · B1 · B2 · E1번 출구가 IFC Mall과 바로 연결된다. 또는 MTR 센트럴 Central 역 하차, A번 출구에서 도보 4분. A번 출구를 나가자마자 오른쪽의 에스컬레이터를 타고 공중회랑으로 올라간다. 에스컬레이터에서 내려 왼쪽으로 간 다음, 공중회랑 끝에서 왼쪽으로 가면 익스체인지 스퀘어의 중앙광장을 지나 IFC 몰의 입구가 보인다.
(GPS) 22.284245, 114.158807

1 널찍한 홀에서는 공연 · 행사가 수시로 열린다. 2 시즌마다 새로운 신상품이 속속 들어오는 명품 매장이 즐비하다.
3 · 4 세련된 패션 아이템이 풍부해 패션 피플들도 즐겨 찾는다.

Tea WG p.187-No.1022

싱가포르에서 탄생한 고급 차(茶) 브랜드. 36개국에서 엄선된 최상품 찻잎만 사용해서 만드는 것으로 유명하다. 가격은 조금 비싸지만 프루티한 향과 고급스러운 디자인의 패키지 때문에 선물이나 기념품으로 인기가 높다. 바로 옆에는 티룸도 있다.

BEYØRG p.187-No.1091B

유기농 화장품 전문점. 독일 · 오스트리아 · 프랑스 · 덴마크 · 영국 · 뉴질랜드 · 미국 등 전 세계에서 셀렉트해온 유기농 · 자연주의 화장품만 선보인다. 스킨 케어 · 헤어 케어 · 보디 케어 · 유아용품 · 메이크업 제품 등 다양한 아이템을 구비했으며, 까다로운 민감성 피부는 물론 임산부도 사용할 수 있을 만큼 안전한 제품만 취급하는 것도 놓치기 힘든 매력이다. Susanne Kaufmann · Amala · Argentum · De Mamiel 등이 인기 브랜드다.

Nespresso p.187-No.1058A

식을 줄 모르는 인기를 누리고 있는 초간편 에스프레소 머신 전문점. 에스프레소 파우더가 담긴 캡슐만 있으면 손쉽게 맛있는 에스프레소 커피를 만들 수 있어 초보자나 귀차니스트에게 인기가 높다. 다양한 맛과 향의 에스프레소 캡슐도 함께 취급한다.

Max & Co. p.187-No.1053A

막스 마라의 세컨드 브랜드. 막스 마라와 달리 발랄한 디자인과 화사한 색감의 패션 아이템이 풍부해 20~30대 젊은 여성에게 인기가 높다. 가방 · 구두 · 액세서리도 두루 취급해 토털 코디네이션도 가능하다. 모든 상품이 한눈에 들어오게끔 디스플레이돼 있어 물건을 고르기도 편하다.

ZARA p.187-No.1065~75

하이패션 브랜드의 스타일을 합리적인 가격에 제공하는 스페인 브랜드. 트렌드를 신속하게 반영하기 때문에 언제나 최신 유행 스타일로 가득하다. 1주일 단위로 새로운 디자인이 출시되는 브랜드 특성상 한 번 품절된 상품은 다시 들여오지 않는다는 사실을 기억할 것!

Massimo Dutti p.187-No.1092

Zara의 프리미엄 라인. 트렌디한 Zara와 달리 고급스러운 소재에 오래 입어도 질리지 않는 클래식한 스타일을 선보인다. Zara보다 30~50% 정도 비싸지만 여타 브랜드에 비해 합리적인 가격으로 인기가 높다.

Whistles p.187-No.1036

런던을 기반으로 한 컨템포러리 패션 브랜드. 무심한 듯 시크한 스타일이 특징으로 유행을 타지 않는 럭셔리함을 표방한다. 흐르는 듯 부드러운 실루엣의 테일러링과 보헤미안 풍의 화려한 패턴으로 여성스러움을 강조한 원피스가 대표 아이템이다.

1 젊은 층을 겨냥한 여러 패션 브랜드가 입점해 있다. 2 저렴하게 최신 유행 아이템을 장만할 수 있는 ZARA. 3 젊은층이 선호하는 브랜드가 풍부하다. 4 참신한 디자인의 패션 아이템으로 가득한 Max & Co. 5 Nespresso는 귀차니스트 커피 마니아의 위시 리스트 넘버원. 6 쇼핑 도중 들러 식사를 즐기기에 좋은 Pret A Manger.

Pret A Manger p.187-No.1015

영국에서 건너 온 샌드위치 전문점. 내용물이 충실한 샌드위치 HK$19~44, 신선한 샐러드 HK$39~66, 커피 HK$27~의 부담 없는 가격이 매력이며 오렌지 · 자몽 · 망고 등 신선한 생과일 주스도 맛볼 수 있다. 쇼핑 도중에 지친 다리를 쉬어가는 휴식처로 활용하면 좋다.

Best Shops 2F

Tory Burch p.187-No.2065

미국 사교계 최고의 패셔니스타 토리 버치가 자신의 이름을 걸고 론칭한 패션 브랜드. 시크하면서도 트렌디한 스타일을 추구하는 20~30대 여성이 즐겨 찾는다. 뉴욕 업타운 걸들의 'Must have item'으로 유명한 플랫 슈즈가 대표 상품. 심플하면서도 세련된 의류와 가방 · 지갑 등의 소품도 인기가 높다.

Apple Store p.187-No.2091~95, 1100~03, 3093~97

홍콩에서 첫 번째로 오픈한 공식 애플 쇼룸. 3개 층에 걸친 드넓은 매장에는 아이폰 · 아이패드 등 애플의 최신 모델이 가득하며 관련 액세서리도 두루 취급한다. 단, 환율 때문에 우리나라와 가격 차이는 거의 없다.

Best Shops 3F

Alice + Olivia p.187-No.3078B

미국 디자이너 스테이시 벤뎃 Stacey Bendet이

2002년 론칭한 패션 브랜드. 사랑스러우면서 위트 있는 디자인으로 뉴요커를 사로잡으며 인기 브랜드로 급부상했다. 사라 제시카 파커 · 블레이크 라이블리 · 패리스 힐튼 등 할리우드 스타들이 좋아하는 브랜드로도 유명하다. 심플한 라인에 화려한 패턴이 특징인 원피스가 대표 아이템이다.

Fook Ming Tong Tea Shop p.187-No.3006

중국 차(茶) 전문점. 고급 호텔에도 납품되는 품질 좋은 차를 구입할 수 있다. 재스민차 · 보이차 · 철관음차 · 우롱차 · 녹차 · 꽃차 등 다양한 차를 취급하며 시음도 가능하다. 차를 넣어두는 보관용 캔만 별도로 구입할 수도 있는데, 인테리어 소품으로도 안성맞춤이다.

Lane Crawford p.187-No.3031~70

고가의 디자이너 브랜드만 취급하는 고급 백화점. 아크네 스튜디오 · 메종 마르지엘라 · 꼼 데 가르송 · 닐 바렛 · 발렌시아가 · 사카이 등 엄선된 디자이너 브랜드의 최신 아이템을 구경하는 재미가 쏠쏠하다. 특히 구두 마니아라면 놓치지 말아야 할 명소 가운데 하나!

Agnès b. LA LOGGIA bis p.187-No.3002~05

홍콩의 커리어 우먼에게 가장 인기가 높은 브랜드 아네스 베의 콘셉트 숍. 백화점 속의 백화점이 콘셉트이며, 여성복 Femme · 남성복 Homme · 가방 Voyage · 액세서리 Bijoux 등 패션 매장과 꽃집 · 초콜릿 숍 · 레스토랑 등 아네스 베의 모든 라인이 한곳에 모여 있다.

1 Bookazine(3/F층)에서는 영문 서적과 디자인 서적을 취급한다. 2 · 6 스타일리시한 디자이너 브랜드가 많아 눈요기에도 그만이다. 3 매장 전체를 통유리로 꾸며 개방감이 느껴지는 애플 스토어. 4 미국 드라마 가십걸로 유명세를 얻은 토리 버치. 5 귀엽고 아기자기한 디자인이 매력인 앨리스 앤 올리비아.

주요 브랜드 & 숍 위치

3/F층

3002	Agnès b.
	LA LOGGIA bis
3078B	Alice+Olivia
3006	Fook Ming Tong
	Tea Shop
3031	Lane Crawford
3086	RED Valentino
3078A	Sandro
3076	Stuart Weitzman

2/F층

2086	Acne Studios
2091	Apple Store
2050	Ermenegildo Zegna
2061	Givenchy
2087	Golden Goose Deluxe
	Brand
2083	Kenzo
2067	Moncler
2036	Mr & Mrs Italy
2065	Tory Burch
2048	Tom Ford

1/F층

1100	Apple Store
1091B	BEYORG
1085	Bobbi Brown
1041	City'Super
1089	Clarins
1039	Club Monaco
1063	COS
1055	FURLA
1025B	KIKO
1095	L'Occitane
1052B	MAJE
1092	Massimo Dutti
1053A	Max & Co.
1058A	Nespresso
1015	Pret A Manger
1087	Shiseido
1036	Whistles
1065	ZARA

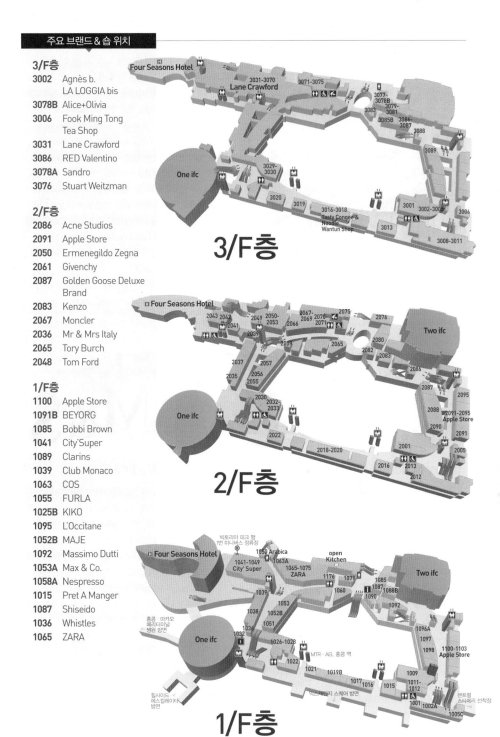

置地廣場中庭 Landmark Atrium

센트럴을 대표하는 명품 쇼핑몰. 다섯 개 층에 걸쳐 루이뷔통 · 구찌 · 디올 · 펜디 · 셀린 · 마크 제이콥스 · 델보 · 발렌티노 · 로저 비비에 · 보테가 베네타 등 100여 개의 명품 숍이 모여 있다. 오랜 전통의 럭셔리 브랜드는 물론 최신 트렌드의 인기 브랜드도 풍부해 선택의 폭이 넓다. 독창성과 개성을 자랑하는 신진 디자이너의 작품을 많이 선보이는 백화점 하비 니콜스 Harvey Nichols와 스텔라 매카트니 · 드리스 반 노튼 · 알렉산더 맥퀸 · 안야 힌드마치 · 빅토리아 베컴 등의 디자이너 브랜드도 볼만하다. 패션에 관심 많은 남성이라면 디올 옴므 · ISAIA · 발렌시아가 · 겐조 옴므 등 남성복 라인을 모아 놓은 지하 1층의 Landmark Men을 놓치지 말자. 스타 셰프 조엘 로뷔송이 운영하는 티 룸 Le Salon de Thé(3/F층)도 인기가 높다.

영업 10:00~20:00(숍마다 다름) **휴무** 구정연휴 **지도** MAP 5-C3 **주소** 12-16 Des Voeux Road, Central **전화** 2500-0555 **홈피** www.landmark.hk **GPS** 22.281694, 114.157731 **교통** MTR 센트럴 Central 역 하차, G번 출구와 바로 연결된다.

1 해가 지면 센트럴의 아름다운 야경의 일부가 되는 랜드마크 아트리움.
2 신상 아이템이 가득한 루이뷔통 매장.

Harvey nichols

200년 전통의 영국계 고급 백화점. 다섯 개 층에 화장품 · 향수 · 디자이너 의류 · 액세서리 · 문구 매장이 빼곡히 자리잡고 있다. 안토니오 마라스 · 마커스 루퍼 · 미카엘라 버거 · 미하라 야스히로 · MM6 · Ami · 마르셀로 불론처럼 인기 급상중인 신진 패션 브랜드를 주로 취급해 패션계 동향을 한눈에 파악할 수 있다.

영업 월~토요일 10:00~21:00, 일 · 공휴일 10:00~19:00 **휴무** 구정연휴 **주소** The Landmark, 15 Queen's Road **전화** 3695-3388 **지도** MAP 5-C3 **교통** MTR 센트럴 Central 역 하차, G번 출구에서 도보 2분. 랜드마크 아트리움 안에 있다. **GPS** 22.281035, 114.157557

Topshop

영국을 대표하는 SPA 브랜드. 개성 만점의 트렌디한 패션을 발 빠르게 소개한다. 클래식부터 키치한 영 캐주얼까지 다양한 스타일의 의류를 취급하며, 가방 · 신발 · 액세서리와 화장품 등의 패션 관련 아이템을 합리적인 가격에 선보여 인기가 높다. 남성복 라인인 TOPMAN도 있다.

영업 09:30~22:00 **주소** Asia Standard Tower, 59 Queen's Road, Central **전화** 2118-5353 **지도** MAP 5-B2 **교통** MTR 센트럴 Central 역 하차, 도보 5분. D1번 출구를 나와 오른쪽으로 70m쯤 가면 Queen's Road Central과 만나게 된다. 여기서 다시 오른쪽으로 방향을 꺾어 200m쯤 가면 오른편에 있다. **GPS** 22.283064, 114.155574

Marks & Spencer

실용성과 합리적 가격을 겸비한 영국계 백화점. 의류는 물론 가방 · 구두 · 액세서리 · 스킨케어 제품 등 다양한 아이템을 구비해 유행보다 소재를 중시하는 30~40대가 즐겨 찾으며, 점잖은 디자인을 선호하는 중장년층에게도 인기가 높다. 와인 · 쿠키 · 차 · 커피를 취급하는 지하 1층 식료품 코너도 놓치지 말자.

영업 월~토요일 08:00~22:00, 일 · 공휴일 10:00~22:00 **주소** B1/F~1/F, Central Tower, 28 Queen's Road, Central **전화** 2921-8323 **지도** MAP 5-C3 **교통** MTR 센트럴 Central 역 하차, D1번 출구를 나와 오른쪽으로 도보 2분. **GPS** 22.281196, 114.156949

1 · 2 개성 만점의 인테리어 소품 · 잡화를 취급한다.
3 홍콩의 100년 역사가 고스란히 녹아 있는 PMQ.

元創方 PMQ

창의적인 라이프스타일이 모토인 아트 스튜디오 겸 쇼핑 공간. 스톤튼 Staunton 블록과 할리우드 Hollywood 블록의 두 개 건물로 이루어져 있으며, 의류 · 잡화 · 액세서리를 취급하는 100여 개의 숍과 아트 스튜디오가 가득하다. 로컬 신진 디자이너의 숍이 많아 유니크한 제품을 구경하는 재미가 쏠쏠하다. 중국 전통 문양을 모티브로 만든 아이템과 코믹 · 복고적 감성이 돋보이는 의류 · 주방용품 · 문구가 풍부한 라이프스타일 숍 GOD(Goods of Desire), 유명 디자이너의 작품 및 오리지널 홍콩 디자인의 액세서리 · 시계 · 장난감 · 잡화를 판매하는 HKTDC Design Gallery가 특히 볼만하다.

영업 07:00~23:00(숍마다 다름) 휴무 구정연휴(숍마다 다름)
주소 35 Aberdeen Street, Central 전화 2811-9098
홈피 www.pmq.org.hk 지도 MAP 7-A1
교통 MTR 센트럴 Central 역 하차, D2번 출구를 나와 오른쪽으로 도보 20분. 소호 · 할리우드 로드 근처에 있으며 힐사이드 에스컬레이터를 타고 가면 쉽게 찾을 수 있다.
GPS 22.283214, 114.152096

年華時裝公司
Linva Tailor

홍콩 최고의 수제(手製) 차이나 드레스 부티크. 몸매를 고스란히 드러내는 차이나 드레스가 인상적인 영화 〈화양연화 花樣年華〉에서 장만옥의 의상을 담당한 양청화 梁淸華 씨가 오너 디자이너다. 1966년 창업했으며 유명인사들이 즐겨 찾는 명소다.

영업 월~토요일 09:30~18:00
휴무 일 · 공휴일, 구정연휴 7일간
주소 G/F, 38 Cochrane Street, Central
전화 2544-2456 지도 MAP 5-A2 · 7-B1
교통 MTR 센트럴 Central 역 하차, D1번 출구를 나와 오른쪽으로 도보 10분. 소호 근처에 있으며 힐사이드 에스컬레이터를 타고 가면 쉽게 찾을 수 있다.
GPS 22.282638, 114.154057

沙沙
Sasa

홍콩 최대 화장품 할인점의 센트럴 지점. 프랑스 명품에서 일본 중저가 화장품에 이르기까지 다양한 가격대의 상품을 취급한다. 발몽 · 마리아 갈랑 · 꼬달리 · 랑콤 · SK-Ⅱ · 라프레리 · 라 메르 등 이름을 대기도 벅찰 만큼 아이템이 풍부하며, 색조보다는 기초제품이 충실하다.

영업 09:30~21:00
주소 88 Queen's Road, Central
전화 2521-2928 지도 MAP 5-B2
교통 MTR 센트럴 Central 역 하차, 도보 7분. D1번 출구를 나와 오른쪽으로 70m쯤 가서, 오른쪽으로 방향을 꺾어 300m쯤 직진하면 왼쪽에 있다.
GPS 22.283139, 114.155344

住好啲
GOD

홍콩의 아이덴티티를 담아낸 디자인으로 유명한 라이프스타일 숍. 의류 · 주방용품 · 인테리어 소품 등 아이템도 풍부하다. 1930년대 레트로 감성을 현대적으로 풀어낸 디자인 소품이나 코믹함을 가미한 실용적인 의류가 기념품 · 선물로 인기만점이다.

영업 11:00~21:00
주소 G/F-1/F, 48 Hollywood Road, Central
전화 2805-1876 홈피 https://god.com.hk
지도 MAP 5-A2 교통 MTR 센트럴 Central 역 하차. D1번 출구를 나와 오른쪽으로 도보 14분. 소호 근처에 있으며 힐사이드 에스컬레이터를 타고 가면 편리하다.
GPS 22.282459, 114.153071

센트럴의 짜릿한 밤을 즐기자

SOHO 蘇豪

이국적인 분위기가 감도는 고급 식당가. 깔끔하고 세련된 인테리어의 바와 카페가 많아 홍콩 최고의 고급 식당가로 꼽힌다. 프랑스 · 이탈리아 · 멕시코 · 스페인 · 베트남 요리 등 세계 각국의 독특한 음식 문화를 경험해 보자.

지도 MAP 7-A2
교통 MTR 센트럴 Central 역 하차. 도보 15분. D1번 출구를 나와 오른쪽으로 가면 큰길과 만난다. 거기서 다시 오른쪽으로 방향을 꺾어 300m쯤 직진한 다음 힐사이드 에스컬레이터를 타고 간다.

LE SOUK

홍콩에서도 보기 드문 중동요리 전문점. 정통 모로코 요리와 이집트 · 레바논 음식을 맛볼 수 있으며 《미쉐린》 가이드에서 가볼 만한 맛집으로 소개됐을 만큼 탄탄한 실력을 갖췄다. 메인 요리는 HK$98~300 수준이다.
영업 17:00~02:00
지도 MAP 7-A2

OLIVE

그리스 · 중동 요리 전문점. 조금은 낯선 지중해식 요리를 맛볼 수 있어 호기심 많은 현지인 · 여행자들이 즐겨 찾는다. 클래식한 인테리어가 인상적이며, 로맨틱한 분위기도 멋스럽다.
영업 12:00~15:00, 18:00~23:00
지도 MAP 7-A2

PEAK CAFE BAR

소호의 낭만을 온몸으로 느낄 수 있는 멋진 바. 1947년 빅토리아 피크에서 오픈한 바를 이곳으로 옮겨오면서 옛 모습을 그대로 재현해 놓았다.
영업 월~금요일 11:00~02:00, 토요일 09:00~02:00, 일 · 공휴일 09:00~24:00 지도 MAP 7-A2

POSTO PUBBLICO

1900년대 초 뉴욕의 리틀 이탈리아를 테마로 꾸몄다. 이탈리아 남부 요리를 중심으로 다양한 파스타 · 피자 · 샌드위치를 선보인다. 가볍게 맥주와 와인을 즐길 수도 있다.
영업 월~일요일 12:00~22:30,
브런치 주말 · 공휴일
12:00~17:00 지도 MAP 7-A2

DE BELGIE

정통 벨기에 맥주를 선보이는 바 & 레스토랑. 1600여 종에 이르는 다양한 맥주를 취급해 골라먹는 재미가 있다. 벨기에식 감자튀김과 홍합 요리도 맛있다.
영업 월~금요일 15:00~02:00,
토 · 일 · 공휴일 11:00~02:00
지도 MAP 7-A2

SOHO SPICE

현대적인 분위기가 자랑인 인기 만점의 타이 · 베트남 요리 전문점. 메인 요리는 HK$97~178 수준이다. 에스닉한 음식을 맛보려는 이들이 즐겨 찾는다. 우리에게 익숙한 쌀국수도 맛볼 수 있다.
영업 12:00~15:00, 18:00~23:00
지도 MAP 7-A2

STAUNTON'S WINE BAR AND CAFE

소호 일대에서 가장 눈에 띄는 레스토랑 겸 바. 저녁이면 사람들이 삼삼오오 모여 와인 한잔으로 가볍게 회포를 푼다.
영업 월~금요일 10:00~03:00,
토 · 일요일 09:00~심야
지도 MAP 7-A2

LAN KWAI FONG 蘭桂坊

서울의 홍대 앞 분위기를 풍기는 홍콩 최고의 유흥가. 퍼브·클럽·레스토랑이 가득 찬 이색지대다. 낮에는 한산한 식당가지만 밤이면 활기찬 모습으로 대변신한다. 22:00 이후가 피크 타임이며, 특히 밤을 잊은 주말이 하이라이트다.

홈피 www.lankwaifong.com
지도 MAP 7-C2
교통 MTR 센트럴 Central 역 하차, 도보 3분, D2번 출구를 나와 오른쪽으로 가면 나오는 삼거리에서 왼쪽으로 간다. 약 50m 앞의 횡단보도를 건너 언덕을 조금 오르면 된다.

DRAGON-I

홍콩에서 가장 쿨한 레스토랑 겸 클럽. 퓨전 스타일의 일식과 중식을 입맛대로 골라먹을 수 있다. 밤에는 잘 나가는 언니·오빠들이 모이는 멋진 클럽으로 변신한다.
영업 12:00~04:00.
휴업 화요일
지도 MAP 7-C2

CALIFORNIA TOWER

란콰이퐁 밤 문화의 메카(?). 25층 건물에 인기 레스토랑·클럽이 모여 있다. 특히 주목할 곳은 란콰이퐁 제일의 클럽 젠트럴 Zentral(4/F층). 멋진 야경을 즐길 수 있는 클럽&바 세라비 CéLa Vi(25/F층)다.
영업 젠트럴 22:00~05:00.
세라비 수~토요일19:00~심야
지도 MAP 7-C2

INSOMNIA

밴드 연주가 유명한 바. 란콰이퐁의 터줏대감으로도 잘 알려져 있다. 매일 밤 가게 앞의 수많은 외국인들로 북적인다. 하루 종일 술을 팔아 이른 아침에 해장술도 가능하다.
영업 24시간, 라이브 22:00~심야
지도 MAP 7-C2

CIAO CHOW

세련된 스타일이 인상적인 이탈리안 레스토랑. 가볍게 맥주·와인을 즐기기에 좋으며, 피자·파스타 등의 음식도 맛있다.
영업 월~목요일 12:00~02:00.
금·토요일 12:00~04:00
지도 MAP 7-C2

MINE

광산 모양의 인테리어가 눈길을 끄는 바. 활기찬 분위기가 매력적이며 샌드위치·감자튀김 등의 간단한 음식도 판다.
영업 16:00~05:00
지도 MAP 7-C2

HARD ROCK CAFE

생생한 라이브 음악을 즐길 수 있는 락 Rock 테마 레스토랑. 머그컵·티셔츠·핀 등의 테마 상품은 기념품으로 인기가 높다.
영업 11:00~심야
지도 MAP 7-C3

FRINGE CLUB

사진전·공연 등의 문화 행사가 끊임없이 열린다. 내부의 카페나 레스토랑에서 예술의 향기로 배를 채워보는 것도 멋진 경험이 될 듯! 주말에는 재즈 라이브 공연도 열린다. 오픈 레스토랑인 Roof Garden도 운치가 있다.
영업 12:00~22:30
지도 MAP 7-C3

SHEUNG WAN

썽완 上環

볼거리 ★★☆☆☆
먹거리 ★★☆☆☆
쇼 핑 ★☆☆☆☆
유 흥 ☆☆☆☆☆

1841년 영국군이 주둔한 이래 상업지구로 성장해온 이곳은, 20세기 중반 강렬하게 몰아친 재개발의 홍수에 밀려 옛 모습을 간직한 거리로 남겨졌다. 금방이라도 쓰러질 듯한 낡은 건물 사이에 손때 묻은 골동품 상점이 줄줄이 늘어선 풍경은 전형적인 홍콩 주택가의 모습을 보여준다. 또한 가파른 언덕이 이어지는 골목과 세월의 흔적이 스민 돌계단도 옛 정취를 담뿍 느끼게 한다.

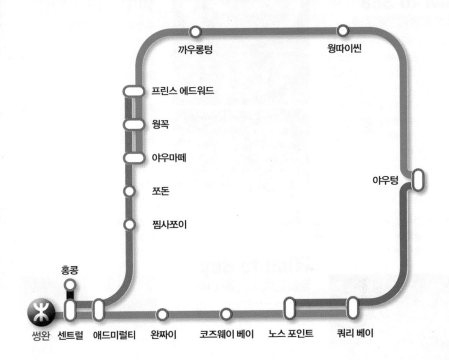

까우롱텅   웡따이씬   프린스 에드워드   웡꼭   야우마떼   쪼돈   찜사쪼이   야우텅   홍콩   썽완   센트럴   애드미럴티   완짜이   코즈웨이 베이   노스 포인트   쿼리 베이

썽완으로 가는 방법

MTR **아일랜드 선의 썽완 Sheung Wan 上環 역 하차**
주요 볼거리는 C번 또는 A2번 출구에서 가깝다.

Tram **웨스턴 마켓 터머네스 Western Market Terminus 上環總站 하차**
완짜이 · 코즈웨이 베이 등에서 갈 때 이용하면 싸고 편리하다.
웨스턴 마켓 Western Market 西港城 또는 케네디 타운 Kennedy Town 堅尼地城 행 트램을 타면 된다.

sheung wan
quick guide

S How to See
명소의 폐관 시간에 주의!

썽완은 그리 넓은 지역이 아니다. 다만 MTR 썽완 역에서 주요 명소가 모인 할리우드 로드까지 가는 길이 조금 복잡하니 길을 헤매지 않게 주의하자. 또한 할리우드 로드 주변의 숍·명소는 대부분 18:00에 문을 닫으니 너무 늦게 가면 곤란하다. 할리우드 로드를 따라 동쪽으로 200m쯤 가면 센트럴의 소호·힐사이드 에스컬레이터와 연결되니 두 지역을 함께 묶어서 봐도 좋다.

| 박물관·전시관 ★☆☆
| 건축물·공원 ★☆☆
| 유적·사적지 ★★☆

E Where to Eat
소박한 현지 음식에 도전

근사하게 식도락을 즐길 만한 곳이 아니다. 오히려 소박한 홍콩의 식문화를 체험하기에 좋은 지역이니 허름한 식당에 앉아 현지인들과 어깨를 나란히 한 채 죽·딤섬·국수를 맛보는 재미에 빠져보자. 마카오 행 페리가 출발하는 홍콩 마카오 페리 터미널에는 저렴한 패스트푸드점, MTR 썽완 역과 웨스턴 마켓 주변에는 현지인이 즐겨 찾는 로컬 레스토랑이 많다.

| 중식 ★★★
| 일식·양식 ★☆☆
| 디저트 ★☆☆

B What to Buy
골동품·다기가 인기 아이템

낡고 손때 묻은 골동품을 구입하기에 적당한 곳이다. 세련된 맛은 없지만 지난 세월과 생활의 향기가 묻어나는 아이템이 많아 구경하는 재미가 제법 쏠쏠하다. 주요 숍이 모인 할리우드 로드에서는 값비싼 골동품, 저렴한 노점이 모인 캣 스트리트에서는 에스닉한 액세서리와 잡화, 홍콩의 옛 모습이 담긴 사진을 구입할 수 있다. 중국 전통 차와 다기·도자기를 취급하는 숍도 간간이 눈에 띈다.

| 인테리어 ★☆☆
| 중국차·다기 ★★☆
| 골동품 ★★☆

① 홍콩 마카오 페리터미널　　　p.424

마카오 여행을 계획한다면 꼭 알아둬야 할 곳. 마카오 행 페리가 24시간 운항한다. MTR 썬완 역과 바로 연결되며, 2/F층에 저렴한 패스트푸드점, 3/F층에 매표소·출국장이 있다.

볼거리 ☆☆☆　먹거리 ★☆☆　쇼핑 ☆☆☆

② 웨스턴 마켓　　　p.198

150여 년의 역사를 자랑하는 유러피언 양식의 건물. 특별한 볼거리는 없지만 홍콩의 옛 모습을 추억할 수 있어 흥미롭다. G/F층에 맛집으로 유명한 허니문 디저트가 있다.

볼거리 ★☆☆　먹거리 ★☆☆　쇼핑 ★☆☆

③ 본햄 스트랜드　　　p.199

오랜 전통을 뽐내는 건어물 상점가. 고급 식재료로 명성이 자자한 제비집·전복·해삼을 주로 취급한다. 수십~수백 만원을 호가하는 최고급 식재료가 두 눈을 휘둥그레지게 한다.

볼거리 ★☆☆　먹거리 ☆☆☆　쇼핑 ☆☆☆

④ Hillier Street 식당 골목

현지인이 즐겨 찾는 로컬 레스토랑이 모인 거리. 점심 무렵이면 이 주변에서 일하는 직장인들로 북적인다. 죽·완탕 등 홍콩 음식은 물론 일식·양식 같은 트렌디한 음식도 취급한다.

볼거리 ☆☆☆　먹거리 ★☆☆　쇼핑 ☆☆☆

⑤ 캣 스트리트　　　p.201

골동품 노점이 모여 있는 허름한 벼룩시장. 세련된 맛은 없지만 가볍게 구경을 하거나 저렴하게 기념품을 장만하기에 적당하다. 18:00 무렵이면 파장하니 너무 늦게 가면 곤란!

볼거리 ★★☆　먹거리 ☆☆☆　쇼핑 ★★☆

⑥ 할리우드 로드　　　p.202

홍콩을 대표하는 골동품 쇼핑가. 불상·도기 등 중국은 물론 아시아 전역에서 수집한 다채로운 골동품이 쇼윈도를 장식하고 있어 산책하는 기분으로 돌아보기에 좋다.

볼거리 ★★☆　먹거리 ☆☆☆　쇼핑 ★☆☆

⑦ 만모우 사원　　　p.200

170여 년의 역사를 간직한 홍콩에서 가장 오래된 도교 사원. 학문의 신 문창제와 무예·재물의 신 관우를 모시기 때문에 소원을 비는 현지인들의 발길이 끊이지 않는다.

볼거리 ★★☆　먹거리 ☆☆☆　쇼핑 ☆☆☆

⑧ 힐사이드 에스컬레이터　　　p.169

할리우드 로드를 따라 동쪽으로 가면 센트럴의 소호·힐사이드 에스컬레이터와 이어진다. 크고 작은 갤러리와 골동품점이 있으며, 인기 갤러리·숍이 모인 PMQ와도 가깝다.

볼거리 ★☆☆　먹거리 ★☆☆　쇼핑 ★☆☆

best course

홍콩의 소박한 모습을 살펴보기에 좋은 코스. 주요 숍들이 10:00~18:00에만 영업하니 시간을 잘 맞춰서 가야 한다. 세련된 맛은 없지만 빛바랜 건물로 가득한 서민가와 고즈넉한 골동품 상가 등 화려한 홍콩의 모습과는 상반된 분위기의 거리를 구경하는 재미가 남다르다. 캣 스트리트의 골동품 노점에서는 적당한 가격에 이색적인 기념품도 장만할 수 있으니 찬찬히 둘러보자. 코스 후반부의 홍콩 대학에 관심이 없다면 할리우드 로드를 따라 센트럴의 소호로 이동해(도보 5~10분) 근사한 저녁을 즐겨도 좋다.

출발점 MTR 아일랜드 선의 썽완 Sheung Wan 역 C번 출구
예상 소요시간 5시간~

▼MTR 썽완 역 C번 출구를 나오면 이렇게 보여요.

홍콩 마카오 페리터미널

웨스턴 마켓   센트럴

한 세기 전에 지어진 웨스턴 마켓.

보람 스트랜드

캣 스트리트

start

① ──도보 2분── ② ──도보 2분── ③ ──도보 3분── ④ ──도보 1분──

MTR 썽완 역

웨스턴 마켓

저렴한 골동품 상점가로
인기가 높은 캣 스트리트.

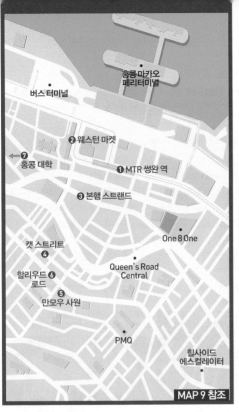

홍콩 마카오
페리터미널

버스 터미널

❷ 웨스턴 마켓

❼
홍콩 대학

❶ MTR 쎵완 역

❸ 본햄 스트랜드

One 8 One

캣 스트리트
❹

할리우드 ❻
로드

Queen's Road
Central

❺
만모우 사원

PMQ

힐사이드
에스컬레이터

MAP 9 참조

1 예스러운 공기가 감도는 쎵완의 거리. 2 빈티지한 골동품도 취급한다.
3 인도 · 동남아 스타일의 불상. 4 아기자기한 기념품도 구입할 수 있다.

만모우 사원에서는
여러 신을 모신다.

홍콩 대학은 아시아의 명문대로 명성이 자자하다.

할리우드 로드

❺   바로 앞   ❻   도보 10분 + MTR 4분   ❼

만모우 사원

아아 대학

홍콩 최대의 골동품 거리인
할리우드 로드.

SIGHTSEEING

서민적인 삶을 엿볼 수 있는 곳. 특별한 볼거리는 없지만 산책하듯 거리 곳곳을 기웃거리는 재미가 무척 쏠쏠하다. 특히 100년 전통의 쇼핑가 할리우드 로드 주변이 가장 볼만하다. 숍이 오픈하는 10:00 이후에 가야 함을 잊지 말자.

Best Spot

★★★☆☆ 만모우 사원, 캣 스트리트
홍콩 대학
★★☆☆☆ 할리우드 로드
★☆☆☆☆ 만와 레인, 본햄 스트랜드
웨스턴 마켓

西 港城 웨스턴 마켓 ★☆☆☆☆

Western Market 발음 싸이꽁씽 영업 10:00~24:00 지도 MAP 9-B2
교통 MTR 씅완 Sheung Wan 역 하차, C번 출구를 나와 왼쪽으로 도보 2분.
GPS 22.287128, 114.150316

붉은 외벽과 크림색 줄무늬가 인상적인 에드워드 양식의 건물. 홍콩 최고(最古)의 역사를 자랑하는 실내 시장으로 원래 식료품을 팔던 곳이다. 1858년과 1906년에 세운 남·북쪽 건물 두 동으로 이루어져 있었으나 1980년 남쪽 건물이 철거되고 지금은 문화재로 지정된 북쪽 건물만 남았다. 규모가 무척 작은데 G/F층에는 카페·디저트 숍·전통 공예품점·골동품점·액세서리 숍, 1/F층에는 각종 원단을 취급하는 상점이 모여 있다. 내부는 붉은 벽돌로 치장한 인테리어와 상들리에·스테인드글라스가 운치를 더하며, 2/F층에는 높은 목조 천장과 근사한 테이블 등 건축 당시의 모습이 고스란히 보존된 레스토랑 그랜드 스테이지 The Grand Stage가 고풍스러운 멋을 뽐내고 있다.

1 씅완의 상징 웨스턴 마켓과 2층 트램.
2 한 세기 전의 모습이 고스란히 보존돼 있다.

文 華里 만와 레인 ★☆☆☆☆

Man Wa Lane 발음 만와레이 영업 11:00~18:00(숍마다 다름)
지도 MAP 9-C3 GPS 22.286003, 114.152410
교통 MTR 씅완 Sheung Wan 역 하차, A2번 출구를 나와 왼쪽으로 도보 1분.

조그만 도장 가게가 다닥다닥 모여 있는 골목. 인감부터 회사용 직인까지 다양한 도장을 즉석에서 파준다. 소요시간은 디자인에 따라 1~4시간 정도 걸린다. 가게마다 샘플이 비치돼 있으니 그것을 보고 마음에 드는 곳을 고르면 된다. 단, 전문점에 비해 세련된 맛이 떨어지며 가격이 천차만별이라 흥정이 필수란 사실에 주의!

도장의 문양과 재료는 마음대로 선택 가능.

1 오랜 역사와 전통을 자랑하는 본햄 스트랜드 상점가.
2 제비집 등 진귀한 건어물이 가득하다.

文 咸東街 본햄 스트랜드
★☆☆☆☆

Bonham Strand 　발음 만함똥까이　영업 10:00~20:00(상점마다 다름)
지도 MAP 9-B3　GPS 22.286303, 114.150326
교통 MTR 썽완 Sheung Wan 역 하차, 도보 1분. A2번 출구를 나와
오른쪽으로 10m쯤 가면 편의점 세븐일레븐이 있다. 그 앞의 힐리어 스트리트
Hillier Street를 따라 30m쯤 가면 된다.

본햄 스트랜드에서 서쪽의 본햄 스트랜드 웨스트까지 이어지는
건어물 상점가. 150여 년의 역사를 자랑하는 곳으로 300m 남짓한
도로를 따라 수십 개의 상점이 모여 있다. 전복 · 해삼 · 인삼 ·
제비집 등 최고급 식재료만 취급해 일명 '인삼과 제비집의 거리'란
애칭으로 통한다. 이곳에 지금과 같은 상가가 형성된 때는 영국인이
홍콩에 첫발을 디딘 지 10년째 되던 1851년 무렵이다. 당시에는
중국의 인삼 · 녹용 · 해산물, 그리고 동남아에서 수입한 코코넛 ·
향신료 · 고무 등이 주로 거래됐기 때문에 '동남아(南)와 중국(北)의
상품을 거래하는 무역회사(行)가 모인 거리'란 뜻의 남빡홍까이
南北行街라고 불리기도 했다.
단연 눈길을 끄는 상품은 수프의 재료로 사용되는 제비집이다.
깎아지른 절벽에 바다제비가 해초를 물어다 만든 둥지를 일일이
사람의 손으로 채취하는 것이라 최상품의 경우 1kg당 수백만 원에
거래되기도 한다. 지금과 같은 인기를 누리게 된 것은 건륭제와
서태후의 식탁에 제비집 수프가 오르며 장수 · 미용에 효능이
탁월하다고 알려졌기 때문이다.
제비집은 품질에 따라 황제의 식탁에 오르던 최상품의 관연 官燕,
중등품인 모연 毛燕, 최하품인 연사 燕絲로 구분된다는 사실도
알아두면 좋을 듯!

홍콩 최초의 국제 비즈니스가(街) 썽완

썽완은 1841년 1월 26일 영국군이 유니언 잭을 꽂으며 개발
되기 시작한 지역이다. 당시 영국 식민정부는 홍콩에 거주하거
나 새로 이주한 중국인에 대해 불간섭 원칙을 적용하고 있었기
때문에 중국인은 누구나 자유로이 이곳에서 살 수 있었다.
이를 계기로 썽완에는 활기 넘치는 차이나타운이 만들어졌다.
지금의 할리우드 로드(p.202) 주변에는 주택가가 형성됐고,
북쪽으로는 상업지구가 조성됐으며, 그들의 신을 모시는 사원
이 곳곳에 건립됐다. 해안에는 부두가 정비돼 해상교통의 요
지로 발전하게 된다. 불과 15년 뒤인 1856년에 이미 인구과밀
문제가 대두될 정도였으니 발전 속도가 얼마나 빨랐나 실감할

20세기 초 번영을 구가하던 썽완의 거리와 항구

수 있을 듯. 동시에 중국과 동남아를 잇는 지리적 이점을 살려 썽완은 동남아 국제무역의 중심지로 성장하게 되는데, 지
금의 본햄 스트랜드 주변이 상점과 오피스 타운으로 명성을 날렸다. 당시의 면모는 지금까지 남아 있는 상점가와 건물들
을 통해 살펴볼 수 있다. 하지만 아쉽게도 썽완에서 담당하던 무역 및 금융 업무는 현재 센트럴과 찜사쪼이로 완전히 이
전됐기 때문에 과거의 화려한 모습은 찾아보기 힘들다.

文 ★★★☆☆
武廟 만모우 사원

Man Mo Temple [발음] 만모우미우 [개관] 08:00~18:00,
음력 매월 1·15일 07:00~18:00 [요금] 무료 [지도] MAP 9-A4
[교통] MTR 썽완 Sheung Wan 역 하차, 도보 8분. A2번 출구를 나와
오른쪽으로 10m쯤 가면 편의점 세븐일레븐이 있다. 그 앞의 힐리어
스트리트 Hillier Street를 따라 직진하면 된다. 길이 조금 애매하니 지도를
잘 보고 가야 한다. [GPS] 22.284071, 114.150235

1847년 창건된 홍콩 최고(最古)의 도교 사원. 재력가로 소문난
중국인 노아귀 盧阿貴와 담아재 譚阿才에 의해 만들어졌으며,
학문의 신 문창제 文昌帝와 무예·재물의 신 관우 關羽를
주신(主神)으로 모신다. 안으로 들어가면 소용돌이 모양의
커다란 선향(線香)이 천장을 가득 메우고 있다. 선향은 향
가루를 반죽해 가늘고 길게 뽑아서 만드는데, 길이가 7~8m나
되기 때문에 다 타려면 꼬박 3~4일은 걸린다. 선향에는 향을
기부한 사람의 이름과 소원이 적힌 붉은 꼬리표가 달려 있다.
상상을 초월하는(?) 거대한 향을 매다는 이유는 끊이지 않고
피어나는 연기처럼 자신의 소원이 오래오래 신에게 전달되기를
바라기 때문이다.

매캐한 향 연기로 뒤덮인 사원 제일 안쪽에 4개의 신상이 놓여
있는데, 붉은 옷을 입은 신상이 문창제, 초록 옷을 입은 신상이
관우다. 문창제상 앞에는 붓을 든 손 모양의 조각, 관우상
앞에는 커다란 청룡언월도가 놓여 있어 금방 구별된다. 참고로
학문 성취는 붓, 사업 번창은 청룡언월도를 쓰다듬으면서
소원을 빌어야만 효험이 있다고. 관우상 왼쪽에는 우리에게
판관 포청천(包靑天, 999~1062)이란 이름으로 익숙한
정의의 신 포공(包公, 포증 包拯이라고도 부른다)의 신상이
있다.

또 하나 눈에 띄는 볼거리는 입구 왼쪽 유리 캐비닛에 있는
두 개의 가마다. 티크 목으로 만든 집 모양의 가마인데 각각
1862년, 1885년에 제작됐다. 정교한 세공에 금박을 입힌
가마는 행사가 있을 때마다 이 사원에 모신 신상을 옮기는 데
사용한다. 바로 옆에는 10명의 신성한 법관(法官)을 모시는
십왕전 十王殿이 있다. 이들은 지옥의 입구를 지키고
있다가 죽은 자들이 내려오면 그들의 과거 행실을
심판해 천국 또는 지옥으로 보낸다고 한다.

흥미롭게도 만모우 사원은 창건될 당시 법원의 역할도
겸했다. 당시 법률제도에 따르면 피고와 원고가 먼저
사원에서 서약을 하고, 서약의 내용을 노란 종이에
적어야 했다. 그리고 닭을 제물로 바쳐 그 피를
종이에 흘린 뒤 불에 태우면서 신에게 정직을 고할
것을 맹세했다. 만약 그 맹세를 저버리면 천벌을
받는다고 믿었다.

> 학문 성취의 소원을 빌 때는
> 붓 모양의 조각을 쓰다듬는다

1 홍콩에서 가장 오래된 도교 사원이다.
2 지옥의 입구를 지키는 10명의 신성한 법관.
3 사원 내부는 항상 매캐한 향 연기로 가득하다.
4 소원을 들어주는 관우(왼쪽)와 문창제(오른쪽)의 신상.

摩羅上街 캣 스트리트 ★★★☆☆

Cat Street [발음] 모로썽까이 [영업] 10:00~20:00(숍마다 다름)
[지도] MAP 9-A4 [GPS] 22.284436, 114.150228
[교통] MTR 쎵완 Sheung Wan 역 하차, 도보 7분. A2번 출구를 나와 오른쪽으로
10m쯤 가면 편의점 세븐일레븐이 있다. 그 사이의 힐리어 스트리트 Hillier Street를
따라 직진하면 된다. 길이 조금 애매하니 지도를 잘 보고 가야 한다.

쎵완의 특징이 한눈에 드러나는 거리. 정식 명칭은 어퍼 래스카 로우
Upper Lascar Row다. 전형적인 서민풍 벼룩시장이며 150m쯤 되는
골목길을 따라 불상·옥·보석·다기 등 출처불명의 골동품을 파는
노점이 촘촘히 늘어서 있다. 온통 녹슬고 때가 탄 물건투성이지만
잡동사니 무더기를 뒤지다 보면 의외로 괜찮은 보물(?)이 눈에 띄기도
한다. 홍콩이 중국에 반환된 이후 마오쩌둥 毛澤東 어록이나 시계처럼
공산주의 색채가 물씬 풍기는 물건을 취급하는 곳이 부쩍 늘어났다는 사실도
흥미롭다. 저렴하게 중국풍 골동품을 사려는 이에게는 쇼핑 강추 지역!
골동품을 고르는 안목이 없더라도 값이 싸기 때문에 짝퉁에 대한 부담
없이 쇼핑을 즐길 수 있다. 물론 흥정만 잘하면 값은 하염없이 내려간다.
캣 스트리트란 지명은 도둑을 쥐새끼, 장물아비를 고양이라고 부르던
홍콩의 관습에서 유래했다. 장물아비들이 이곳에 모여 장사를 하다 보니
자연스레 거리 이름도 '캣 스트리트'라고 불리게 된 것. 이 거리의 한자
표기인 '마라가 摩羅街'는 '인도인의 거리'란 뜻인데, 여기에 인도 선원이
묵는 숙소가 있기 때문에 붙여졌다. 참고로 '래스카 Lascar'는 인도
선원 또는 영국군에 배속된 인도 포병(砲兵)을 뜻한다.

1·3 중국풍 액세서리가 풍부한 캣 스트리트.
2 빈티지한 영화 포스터도 취급한다.

도교의 신 문창제와 관우

만모우 사원 제1의 신으로 꼽는 문창제. 흔히 문창제군 文昌帝君이라 불리는데, 그
의 탄생에 관해 정확히 알려진 바는 없다. 일설에 의하면 북두칠성을 신격화해서 그
렇게 부른다고도 하며 당나라 때의 실존 인물 장아 張亞를 가리킨다고도 한다. 하지
만 일반적으로 중국에서는 쓰촨 四川에서 태어난 황제의 아들 휘(揮;287~?)가 지금
의 문창제라고 말한다.

그는 출중한 외모와 총명한 두뇌의 소유자로 명성이 자자했는데 원(元) 나라 때인
1314년까지 총 98번 환생하며 학문 발전에 지대한 업적을 세웠다. 이후 신으로 떠받
들어지기 시작해 과거제도가 활성화된 명(明) 나라 때에 이르러서는 전국적으로 문창
제를 모시는 사당이 세워질 만큼 대중적인 신이 됐다. 중국 역사 1,300년에 걸쳐 출
세의 지름길이 바로 '과거급제'였으니 그의 인기가 하늘을 찔렀음은 당연지사. 물론
지금도 그 인기는 식을 줄 몰라서 수험기간이면 만모우 사원은 문전성시를 이룬다.

청룡언월도를 쓰다듬으며
소원을 비는 사람들

우리에게도 익숙한 이름의 관우는 《삼국지연의 三國志演義》에 등장하는 인물
(?~219)이자, 촉(蜀) 나라의 명장이다. 강직한 성품의 소유자로 주군에게 충성을 다한 까닭에 의리의 표상으로 유명하
다. 게다가 산술(算術)에도 능했던 까닭에 중국에서는 무신(武神) 겸 재신(財神)으로 추앙받고 있다. 관우를 도교의 신으로
받들기 시작한 것은 송(宋;420~478) 나라 때부터라고 한다. 흥미로운 점은 오랜 세월이 흐르면서 군인·비밀결사단체·
전당포 등 다양한 계층의 수호신으로 모셔지게 됐다는 것. 심지어 도둑의 수호신으로 섬기기도 하는데, 아이러니하게도
경찰의 수호신까지 겸하고(?) 있다.

荷 ★★☆☆☆
李活道 할리우드 로드

Hollywood Road 음급 허레이웃또 영급 10:00~18:00(상점마다 다름)
지급 MAP 9-B4 교급 MTR 썽완 Sheung Wan 역 하차, A2번 출구에서 도보 8분.
가는 방법은 p.209의 캣 스트리트와 동일하다. GPS 22.284180, 114.150161

골동품으로 유명한 거리. 썽완의 포제션 로드 Possession Road부터
센트럴의 힐사이드 에스컬레이터(p.169)까지 이어진다. 1844년
홍콩을 점령한 영국군이 이 도로를 닦을 당시 호랑가시나무 관목
Holly Shrubs이 많아 할리우드 로드란 이름을 붙였다고 한다. 동시에
중국인이 모여들어 대규모 상업지구를 이루었는데 그들 사이에서는
지금의 지명과는 전혀 무관한 '타이핑싼 Tai Ping Shan 太平山'이란
이름으로 불리기도 했다.

골동품 시장의 유래는 지금부터 100년 전으로 거슬러 올라간다. 당시는
간척사업이 시작되기 전이라 할리우드 로드에서 항구까지의 거리가
무척 가까웠다. 그래서 인근에 기항한 외국 상인과 선원이 본국으로
돌아가기 전에 각지에서 수집한 골동품을 이 근처에서 처분했고, 이를
계기로 지금과 같은 골동품 시장이 형성된 것.

편도 2차선 도로를 따라 끝없이 이어지는 크고 작은 골동품 상점에는
진귀하고 값비싼 물건이 잔뜩 쌓여 있다. 깜찍한 향수병부터 도자기,
옥 장식품, 동양화, 오래된 불상, 전통 가구까지 취급하는 품목이 무척
다양하며 가격도 천차만별. 주의할 점은 비싼 값에도 불구하고 여기서
파는 물건의 상당수가 '짝퉁'이란 사실이다. 골동품에 대한 안목이
없다면 두 눈을 즐겁게 하는 정도로 만족하는 게 좋을 듯!

1 전 세계에서 들여온 골동품을 취급한다.
2 느긋하게 산책하는 기분으로 돌아보기에 좋다.

香 ★★★☆☆
港大學 홍콩 대학

The University of Hong Kong 음급 헝꽁따이혹 홈피 www.hku.hk
교급 MTR 아일랜드 선의 홍콩 대학 HKU 역 하차, A2번 출구가 캠퍼스와 바로
연결된다. GPS 22.284402, 114.137836
※홍콩 대학 HKU 역은 홍콩에서 가장 깊은 곳에 위치한 지하철역(지하 70m)이며,
A2번 출구를 통해 홍콩 대학 캠퍼스까지 수직 100m의 엘리베이터가 운행된다.

1 100년의 역사가 고스란히
녹아든 대학 본부 건물.
2 캠퍼스에는 중화민국을
건국한 쑨원의 동상도 있다.

130여 년의 역사를 자랑하는 홍콩 제일의 대학. 아시아 순위 3위, 세계
순위 35위에 랭크된 명문대로 유명하다. 1887년 홍콩 의과대학으로
개교해 1911년 종합대학으로 승격됐으며, 현재 교육 · 법률 · 경영 ·
인문 등 10개 학부에 2만 1,000여 명의 학생이 재학 중이다. 이 대학이
배출한 인물로는 중화민국을 건국한 쑨원 孫文(p.170)이 잘 알려져 있다.
드넓은 캠퍼스에서 단연 눈에 띄는 명소는 르네상스 양식의 고풍스러운
외관이 특징인 대학 본부 Main Building다. 1910년에 착공해 1912년
완공됐으며, 제2차 세계대전 당시에는 병원으로 사용되기도 했다. 일본
강점기(1941~1945)에는 건물에 큰 손상을 입어 출입이 금지됐다가
1950년대 초에 복구공사를 거쳐 현재에 이르고 있다. 강의실을 제외한
건물 내부는 누구나 자유로이 구경할 수 있어 여행자도 즐겨 찾는다.

RESTAURANT

Snow White Sago (HK$37)

씨우마이 干蒸燒賣 (HK$30)

Latte (HK$40)

滿記甜品
Honeymoon Dessert
강추

여성층에 인기가 높은 디저트 전문점. 전통 디저트는 물론 열대 과일로 만든 상큼한 디저트도 선보인다. 코코넛 밀크에 망고·바나나·용과·타피오카를 넣은 Snow White Sago 白雪黑珍珠(HK$37) 강추! 시원 달콤한 맛이 입맛을 돋운다. 망고 퓌레에 코코넛 밀크·망고 과육·타피오카·포멜로 알갱이를 넣은 Mango Pomelo & Sago Sweet Soup 楊枝甘露(HK$37)도 맛있다. 차가운 망고 퓌레와 새콤 쌉싸름한 포멜로 과육, 톡톡 씹히는 타피오카의 조화가 절묘하다. 생크림과 달콤한 망고로 만든 Mango Pancakes 芒果班戟(HK$27)는 간식으로 좋다.

예산 HK$21~ 영업 12:00~23:00
휴업 구정 당일 메뉴 영어·중국어
주소 Shop 4-6, G/F, Western Market, 323 Des Voeux Road, Sheung Wan
전화 2851-2606 지도 MAP 9-B2
교통 MTR 쎵완 Sheung Wan 역 하차. B번 출구를 나와 오른쪽으로 도보 2분. 웨스턴 마켓의 G/F층에 있다.
GPS 22.287197, 114.150453

蓮香樓
Lin Heung Tea House

1926년 창업한 서민형 딤섬 레스토랑. 맛과 인테리어 모두 옛 모습을 고스란히 유지하고 있다. 손님들이 느긋하게 신문을 읽거나 옆 사람과 담소를 나누며 딤섬을 먹는 모습에서 홍콩다운 분위기가 물씬 느껴진다. 합석은 기본이며 접시·찻잔·전표를 획획 던져주는(?) 등 서비스가 무척 터프하니 너무 놀라지 말 것. 주문은 수레가 지나갈 때 딤섬을 고른 뒤 전표에 도장을 받는 것으로 OK! 인기 메뉴는 하가우 鮮蝦餃(HK$34), 씨우마이 干蒸燒賣(HK$30), 새우 짱펀 鮮蝦腸粉(HK$34), 춘꾼 韮王炸春卷(HK$26), 차슈빠오 蜜汁叉燒包(HK$26) 등이다.

예산 HK$80~ 추가 찻값 1인당 HK$13
영업 딤섬 06:00~17:00.
휴업 구정연휴
메뉴 영어·중국어 전화 2544-4556
주소 G/F, 160-164 Wellington Street
지도 MAP 9-D4
교통 MTR 쎵완 Sheung Wan 역 하차. A2번 출구를 나와 왼쪽으로 도보 6분.
GPS 22.284334, 114.153452

半路咖啡
Halfway Coffee
강추

카페 순례자의 발걸음을 재촉하는 매력적인 공간. 골동품 상점가 한편에 자리한 조그만 카페지만, 아기자기하게 꾸민 인테리어와 홍콩의 정서를 담뿍 머금은 골동품·사진이 두 눈을 즐겁게 한다. 여타 카페와 달리 커피를 앤티크한 중국식 찻잔에 내오는 탁월한 센스. 중국 다기처럼 만든 화려한 테이크아웃 컵도 무척 탐나는 아이템이다.

곱고 부드러운 거품의 Latte·Cappuccino·Flat White(Hot HK$40, Iced HK$45)를 놓치지 말자.

테이크아웃 컵

예산 HK$30~ 영업 08:00~19:00
메뉴 영어 전화 9511-7197
지도 MAP 9-A3
주소 G/F, 12 Tung Street, Sheung Wan
교통 MTR 쎵완 Sheung Wan 역 하차. 도보 9분. A2번 출구를 나와 오른쪽으로 10m쯤 가면 편의점 세븐일레븐이 있다. 그 사이의 Hillier Street를 따라 간다. 캣 스트리트 바로 아래에 있지만 입구가 눈에 잘 띄지 않으니 주의!
GPS 22.285267, 114.149515

Beef Brisket in E-Fu Noodle in Broth (HK$60)

Fresh Sliced Beef Congee (HK$34~43)

토마토 수프 라면
蕃茄公仔麵 (HK$28~42)

九記牛腩
Kau Kee Restaurant

깔끔함과는 인연이 먼 분식점 스타일의 로컬 식당. 그럼에도 불구하고 하루종일 손님의 발길이 끊이지 않는다. 60년 전통의 간판 메뉴는 야들야들한 고기를 듬뿍 얹은 소고기 안심 국수 Beef Brisket in E-Fu Noodle in Broth 上湯牛腩伊麵(HK$60). 커다란 솥에 소고기 안심과 15가지 한약재를 넣고 여덟 시간 동안 푹 고아서 우려낸 국물은 그야말로 '진국'이다. 단, 국물이 짤 수 있으며 조금이지만 고수(p.83)가 들어가기도 하니 주의하자. 카레를 좋아하면 카레 소고기 안심 국수 Beef Tendon in E-Fu Noodle in Curry 咖喱牛筋腩伊麵(HK$60)에 도전해 봐도 좋다.

예산 HK$55~ 영업 12:30~22:30
휴업 일·공휴일 메뉴 한국어·영어·중국어
주소 G/F, 21 Gough Street, Central
전화 2850-5967 지도 MAP 9-C4
교통 MTR 쎵완 Sheung Wan 역 하차,
A2번 출구를 나와 왼쪽으로 도보 6분.
길이 복잡하니 지도를 잘 보고 가야 한다.
GPS 22.284208, 114.152500

生記粥品專家
Sang Kee Congee Shop

3대째 비법으로 전수돼온 담백한 죽으로 유명하다. 소고기·돼지고기·생선·내장 죽 등 40여 가지 죽을 취급하는데, 우리 입에는 혀에서 살살 녹는 소고기 안심 죽 Fresh Sliced Beef Congee 鮮牛肉粥 (소 小 HK$34, 대 大 HK$43)가 잘 맞는다. 소고기는 파와 생강을 넣은 간장에 찍어 먹으면 더욱 맛있다. 양이 모자랄 때는 꽈배기 모양의 튀긴 빵 Deep Fried Chinese Fritter 炸油條(HK$9), 동그랑땡 스타일의 어묵 Fried Fish Meat Pancake 香煎魚餅 (HK$17)를 곁들여 먹으면 좋다. 어묵은 07:00~17:15에만 판다.

예산 HK$34~
영업 06:30~20:30, 공휴일 06:30~18:00
휴업 일요일, 음력 4/5·5/5·9/9,
추석 다음날 메뉴 영어·중국어
주소 G/F, 7-9, Burd Street, Sheung Wan
전화 2541-1099 지도 MAP 9-C3
교통 MTR 쎵완 Sheung Wan 역 하차,
A2번 출구를 나와 오른쪽으로 도보 3분.
길이 복잡하니 지도를 잘 보고 가야 한다.
GPS 22.285186, 114.151553

勝香園
Sing Heung Yuen

깔끔함과는 너무나 거리가 먼 노천 식당. 하지만 현지인들이 꼽는 최고의 맛집이다. 인기 절정의 메뉴는 새콤한 토마토 수프 라면 蕃茄公仔麵(HK$28~42). 스팸 Luncheon Meat·채소 Mixed Vegetables·소시지·베이컨·계란·소고기·치킨 윙 등 토핑 재료를 자유로이 선택할 수 있으며 그에 따라 가격이 다르다. 고소한 버터와 달콤한 연유를 바른 홍콩식 토스트 Condensed Milk & Butter on Crispy Bun 奶油脆脆(HK$20) 역시 간식으로 인기가 높다. 영어가 거의 통하지 않으니 주문할 때는 영어 메뉴판을 달라고 하거나 같은 테이블의 손님 가운데 영어를 할 수 있는 사람에게 도움을 구하는 게 좋다.

예산 HK$28~ 영업 08:00~17:00
휴업 일·공휴일 메뉴 영어·중국어
주소 2 Mee Lun Street, Central
전화 2544-8368 지도 MAP 9-C4
교통 MTR 쎵완 Sheung Wan 역 하차,
A2번 출구를 나와 왼쪽으로 도보 6분.
GPS 22.284123, 114.152568

SHOPPING

1 항상 즉석에서 우린 차를 권하는데 부담 없이 맛을 봐도 좋다.
2 중국풍 다기도 취급한다. 찻주전자와 서너 개의 찻잔이 기본 세트다.

茶綠坊 Cha Yuen Fong Tea Room 할인쿠폰 p.399

가족이 운영하는 조그만 차 전문점. 차 종류는 많지 않아도 최상품만 취급한다는 자부심이 대단한 만큼 중국차에 문외한이라도 차를 고르는데 실패할 확률이 적다. 추천 상품은 스페셜 재스민 티 Special Jasmine Tea 龍珠香片(75g HK$70)와 로즈 티 Rose Red Tea 玫瑰紅茶(75g HK$70). 로즈 티는 라이치 Lychee 향을 더해 천연의 달콤한 맛이 매력이다. 섬세한 맛과 향을 즐기기에 좋은 우롱차 Fu Jian Oolong 黃金桂烏龍(75g HK$80), 철관음차 Spring Tieguanyin 正春鐵觀音(75g HK$180), 20년 이상 숙성된 보이차 Old Pu-er 陳年舊藏普洱(75g HK$160)도 강추한다.

영업 10:00~18:00 휴무 구정연휴, 5월 초
주소 Shop No.202, Welland Plaza, 368 Queen's Road Central
전화 2815-1803 지도 MAP 9-A3 GPS 22.285852, 114.149173
교통 MTR 썽완 Sheung Wan 역 하차, 도보 9분. A2번 출구를 나와 오른쪽으로 200m쯤 가면 Morrison Street가 있다. 거기서 왼쪽으로 100m쯤 간 다음 Queen's Road Central과 만나면 길을 건너 다시 오른쪽으로 50m쯤 간다. 그러면 왼쪽에 Welland Plaza 偉利廣場가 보인다. 그 건물 2/F층 안쪽에 차윤풍 티 룸이 있다.

80M 巴士專門店
80M Bus Model Shop

미니어처 마니아가 열광하는 미니카 전문점. 서너 평 남짓한 초미니 숍이지만 자동차 · 트램 · 비행기 · 선박 등 온갖 종류의 모형이 가득하다. 주력 상품인 2층 버스는 색상은 물론 디자인까지 현재 운행 중인 홍콩의 모든 버스를 그대로 재현하고 있다.

영업 10:30~19:30
주소 G/F, Western Market, 323 Des Voeux Road, Sheung Wan
전화 2851-3643 지도 MAP 9-B2
홈피 www.80mbusmodel.com
교통 MTR 썽완 Sheung Wan 역 하차, C번 출구를 나와 왼쪽으로 도보 2분. 웨스턴 마켓의 G/F층에 있다.
GPS 22.287437, 114.150393

利豐瓷莊有限公司
Lee Fung China Ware

다기 · 접시 · 꽃병 등 다양한 아이템을 취급하는 도기 전문점. 생활도기부터 수백만 원을 호가하는 최고급 도자기까지 여러 상품을 구비하고 있다. 찻잔 · 다기 세트 · 밥 그릇 · 접시 같은 식기류가 비교적 저렴해 기념품을 장만하기에 좋다. 종종 염가 세일도 한다.

영업 10:00~19:30
주소 G/F, Fung Woo Building, 279-281 Des Voeux Road, Central
전화 2850-6888
지도 MAP 9-C2
교통 MTR 썽완 Sheung Wan 역 하차, B번 출구를 나와 오른쪽으로 도보 1분.
GPS 22.286793, 114.151548

Homeless

개성 만점의 라이프스타일 스토어. 기발한 아이디어 상품은 물론 재미난 디자인의 문구 · 가구, 실용도 높은 생활 소품, 이국적인 멋과 감성의 액세서리 등 쇼핑 욕구를 자극하는 물건이 많아 구경하는 재미가 쏠쏠하다. 자체 브랜드 상품은 물론 유럽 · 일본에서 셀렉트해온 아이템도 취급한다.

영업 월~토요일 12:00~21:30, 일 · 공휴일 11:00~19:00
주소 G/F, 29 Gough Street, Central
전화 2581-1880
홈피 www.homeless.hk 지도 MAP 9-C4
교통 MTR 썽완 Sheung Wan 역 하차, A2번 출구를 나와 왼쪽으로 도보 6분. 길이 조금 복잡하니 지도를 잘 보고 가야 한다.
GPS 22.284225, 114.152437

VICTORIA
PEAK

빅토리아 피크 太平山頂

볼거리 ★★★★☆
먹거리 ★★☆☆☆
쇼 핑 ★☆☆☆☆
유 흥 ★☆☆☆☆

백만 불짜리 야경으로 유명한 홍콩 여행의 하이라이트. 빅토리아 항을 정면으로 바라보는 타이핑싼 太平山의 정상에 위치해 발군의 경치를 뽐낸다. 구름 한 점 없이 맑은 날이면 홍콩 섬 일대는 물론 중국 내륙까지 한눈에 들어오는 장대한 파노라마가 펼쳐져 홍콩 여행의 특별한 추억을 만들어준다. 해진 뒤에는 눈을 뗄 수 없을 만큼 화려한 빛의 향연이 빅토리아 항을 중심으로 펼쳐진다.

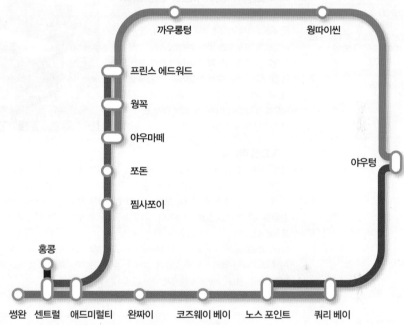

까우롱텅
윙따이씬
프린스 에드워드
웡꼭
야우마떼
쪼돈
찜사쪼이
야우텅
홍콩
빅토리아 피크
썽완　센트럴　애드미럴티　완짜이　코즈웨이 베이　노스 포인트　퀴리 베이

  빅토리아 피크로 가는 방법

MTR **피크 트램 Peak Tram 종점 하차**
MTR 센트럴 Central · 애드미럴티 Admiralty 역 인근의 홍콩 공원에서 빅토리아 피크까지 피크 트램이 운행된다. 일반 트램과 다른 것이니 주의(편도 HK$37, 왕복 HK$52). 자세한 이용법은 p.208 참조.

BUS **15번 2층 버스 종점 하차**
센트럴의 스타페리 선착장, 익스체인지 스퀘어, MTR 애드미럴티 Admiralty 역, 완짜이의 호프웰 센터 맞은편에서 15번 2층 버스가 운행된다(HK$10.30). 자세한 이용법은 p.209 참조.

BUS **1번 미니 버스 종점 하차**
센트럴의 IFC와 시티 홀 앞에서 1번 미니 버스가 다닌다(HK$10.20). 자세한 이용법은 p.209 참조.

TRAVEL TIP   빅토리아 피크 어떻게 올라갈까?

홍콩 섬에서 가장 높은 곳에 위치한 관광지 빅토리아 피크. 이곳을 연결하는 교통편은 다음의 세 가지가 있는데, 저마다 장단점이 다르니 상황에 맞춰 이용하자. 참고로 홍콩 여행의 낭만을 만끽하려면 피크 트램, 조금이라도 경비를 절약하려면 2층 버스가 유리하다.

피크 트램

운행 07:00~24:00
(10~15분 간격)
요금 편도 HK$37, 왕복 HK$52,
11세 이하 편도 HK$14,
왕복 HK$23
※옥토퍼스 카드 사용 가능
홈피 www.thepeak.com.hk

피크 트램 Peak Tram 山頂纜車

불과 7분이면 빅토리아 피크에 도착할 만큼 빠른 속도를 자랑한다. 하지만 이보다 큰 매력은 창밖으로 펼쳐지는 멋진 경치! 진행방향 오른쪽 창가에 앉으면 고도가 높아짐에 따라 점차 모습을 달리하는 센트럴의 전경이 두 눈 가득 들어온다. 게다가 45도 각도로 기울어진 채 언덕을 기어오르기 때문에 마치 롤러코스터를 탄 듯 짜릿한 스릴을 맛볼 수 있다.

피크 트램의 1회 승차 인원은 최대 120명. 1일 90회 정도 운행한다

피크 트램 이용법

피크 트램이 출발하는 곳은 홍콩 공원 근처, 가든 로드 Garden Road의 피크 트램 역(MAP 5-D5)이다. MTR 센트럴 역 J2번 출구를 나와 오른쪽으로 100m쯤 가면 길 건너편에 청콩 센터가 보이는데, 그 옆에 위치한 가든 로드의 가파른 언덕 길을 올라가면 피크 트램 역이 있다. J2번 출구에서 피크 트램 역까지는 도보 12분쯤 걸린다.

MTR 애드미럴티 Admiralty 역(MAP 6-G4)의 경우 C1번 출구에서 홍콩 공원을 거쳐 피크 트램 역까지 도보 20분쯤 걸린다. 홍콩 공원에는 피크 트램 역의 위치를 알려주는 이정표가 곳곳에 세워져 있어 길 찾기는 어렵지 않다.

걷기 힘들 때는 15C번 버스를 이용하자. 센트럴의 스타페리 선착장 8번 부두

15C번 버스

운행 10:00~23:40
(15~20분 간격)
요금 편도 HK$4.40

15C번 셔틀버스
정류장 표지판

피크 트램 역이 위치한 건물.
독특한 외관 때문에 금방 눈에 띈다

앞(MAP 6-G1)을 출발, 시티 홀(MAP 6-F2)을 거쳐 종점인 가든 로드의 피크 트램 역까지 직행하며 소요시간은 10분 정도다.

피크 트램 역은 트램을 타려는 사람들로 언제나 북적인다. 특히 관광객이 몰리는 해질녘과 주말에는 티켓 구입과 승차에 30분~1시간씩 걸리니 주의해야 한다. 피크 트램이 도착하는 곳은 피크 타워 P1층(MAP 8-D3)이며, 출구를 나와 왼쪽으로 가면 전망대로 올라가는 에스컬레이터가 있다. 빅토리아 피크에서 가든 로드로 돌아가는 피크 트램은 P1층 바로 위의 G층에서 타야 한다는 사실도 알아두자.

2층 버스 Bus 巴士

빅토리아 피크까지 운행하는 노선은 15번 버스다. 장점은 피크 트램의 절반 수준에 불과한 저렴한 요금과 '2층 버스를 타는 재미'. 버스가 산기슭을 올라가는 동안 창밖으로 센트럴의 풍경이 간간이 보일 테니 전망 좋은 2층 맨 앞 오른쪽 자리에 앉아서 가자. 단점은 피크 트램이나 미니 버스에 비해 이동 시간이 오래 걸린다는 것인데, 빅토리아 피크까지 가는 동안 도심과 주택가를 빙빙 돌아서 운행하기 때문에 적어도 30~45분은 걸린다.

2층 버스 이용법

버스 정류장은 센트럴의 스타페리 선착장 6번 부두(MAP 6-G1), 익스체인지 스퀘어(MAP 5-D2), 시티 홀(MAP 6-F2), MTR 애드미럴티 역 C1번 출구(MAP 6-G4), 완짜이의 호프웰 센터 맞은편(MAP 10-B5) 등에 있다. 주의할 점은 스타페리 선착장 6번 부두에서 출발하는 버스는 10:00부터 운행을 시작한다는 것! 10:00 이전에 버스를 타려면 스타페리 선착장 6번 부두 이외의 정류장을 이용해야 한다.
내리는 곳은 종점인 피크 갤러리아의 버스 터미널(MAP MAP 8-D3)이다. 버스에서 내려 버스 진행방향으로 10m쯤 가면 왼편에 출구가 보인다. 출구를 나간 다음 오른쪽으로 100m쯤 가면 피크 타워가 있다.

미니 버스 Mini Bus 小型巴士

1번 미니 버스가 빅토리아 피크까지 올라간다. 소요시간은 25~30분이며, 2층 버스보다 속도가 빨라 빅토리아 피크에 거주하는 현지인들이 애용한다. 단점은 2층 버스에 비해 안락함이 떨어지고 감상할 만한 경치가 전혀 없다는 것!

미니 버스 이용법

IFC의 미니 버스 터미널(MAP 6-G1)에서 출발한다. 미니 버스 터미널은 IFC 몰의 City'Super 쪽 출구에서 가깝다. 출구를 나오자마자 왼쪽의 에스컬레이터를 타고 내려가 정면으로 13m쯤 가면 왼쪽에 미니 버스 터미널이 있다.
센트럴 스타페리 선착장에서는 3·4번 선착장 쪽으로 가서 육교 위로 올라간 뒤, 그 끝(IFC 몰)에서 에스컬레이터를 타고 육교를 내려가 정면으로 13m쯤 가면 왼쪽에 미니 버스 터미널이 있다(도보 9분).
미니 버스는 도중에 경유하는 시티 홀(MAP 6-F3)의 미니 버스 정류장에서도 탈 수 있다. 하지만 출퇴근 시간과 주말에는 자리가 꽉 차서 타기 힘들 가능성이 높으니 IFC의 미니 버스 터미널에서 타는 게 안전하다.
1번 미니 버스도 15번 버스와 마찬가지로 피크 갤러리아의 버스 터미널(MAP 8-D3)이 종점이다. 버스에서 내려 버스 진행방향 정면 왼쪽을 보면 출구가 있다. 출구를 나간 뒤 오른쪽으로 100m쯤 가면 피크 타워가 보인다.

IFC의 미니 버스 터미널

빠른 속도가 장점인 1번 미니 버스

2층 버스

운행 스타페리 선착장 6번 부두 10:00~00:15
익스체인지 스퀘어 및 기타 정류장 06:15~00:15
운행 간격 10~15분
요금 편도 HK$10.30

1번 미니 버스

운행 06:30~11:59
일·공휴일 07:25~12:25
(5~12분 간격)
요금 편도 HK$10.20

미니 버스 활용법

피크 트램은 올라갈 때와 달리 내려갈 때의 느낌은 그저 그렇다. 게다가 성수기와 주말에는 수많은 관광객 때문에 피크 트램을 이용하기가 무척 불편하다. 줄서서 기다리는 데만 30분 이상 걸리는 건 기본! 시간과 비용을 절약하면서 여행의 재미도 만끽하려면 올라갈 때는 피크 트램, 내려갈 때는 1번 미니 버스를 타자. 미니 버스는 속도가 빠른데다가 센트럴의 Landmark Atrium 쇼핑몰(MAP 5-C3)과 스타페리 선착장 근처(MAP 6-G1)에도 내려줘 편리하다.

victoria peak
quick guide

S How to See
날씨와 일몰 시각에 유의

빅토리아 피크는 홍콩의 전경과 야경을 보기 위해 올라가는 곳이다. 따라서 일기예보 확인은 필수! 비가 오거나 흐린 날은 아무것도 안 보이니 그때는 피해서 가야 한다. 또한 아침 일찍 올라가기보다는 일몰 시각 3~4시간 전에 올라가 홍콩의 전경과 주변 명소를 살펴보고, 해가 진 뒤에 야경을 감상한 다음 내려오는 게 빅토리아 피크를 제대로 여행하는 방법이다.

| 전시관 ★☆☆
| 건축물 · 공원 ★☆☆
| 풍경 · 야경 ★★★

E Where to Eat
전망 카페 · 레스토랑을 이용

레스토랑이 얼마 없는 것은 물론, 관광지란 특성상 퀄리티에 비해 음식값이 무척 비싸다. 즉, 마음 놓고 식도락을 즐길 만한 곳은 아니라는 뜻! 맛보다는 분위기와 바라볼 수 있는 경치에 포커스를 맞춰야 즐거운 식사가 될 가능성이 높다. 전망 카페 · 레스토랑은 피크 타워와 피크 갤러리아에 있다. 전망 좋은 창가 자리는 일찌감치 차니 예약을 서두르는 게 현명하다.

| 중식 ★☆☆
| 일식 · 양식 ★☆☆
| 카페 ★☆☆

B What to Buy
쇼핑 욕심은 금물

쇼핑이 가능한 곳은 피크 타워와 중급 규모의 쇼핑몰인 피크 갤러리아 뿐이다. 하지만 취급하는 아이템이 무척 한정적이라 쇼핑의 재미를 보기는 힘들다. 그나마 구입할 만한 것은 빅토리아 피크를 테마로 만든 기념품이며, 주로 피크 타워의 기념품점에서 판매한다. 이곳에서 파는 기념품은 원꼭의 야시장 등에 비해 1.5~3배 정도 가격이 비싸다는 사실은 알아두는 게 좋을 듯!

| 패션 ★☆☆
| 인테리어 · 잡화 ★☆☆
| 기념품 ★★☆

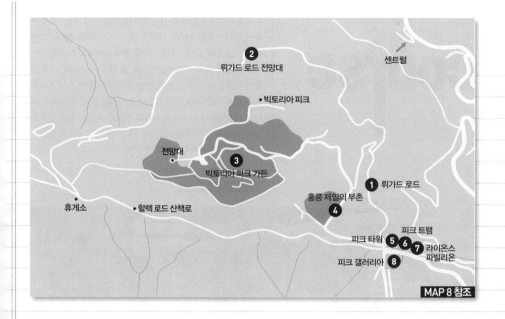

전망대

뤼가드 로드 전망대 **2**

센트럴

빅토리아 피크

빅토리아 피크 가든 **3**

휴게소

할렘 로드 산책로

홍콩 제일의 부촌 **4**

뤼가드 로드 **1**

피크 타워 **5** **6** **7** 라이온스 파빌리온

피크 트램

피크 갤러리아 **8**

MAP 8 참조

---

1 뤼가드 로드   p.218

빅토리아 피크를 일주하는 상쾌한 트레킹 코스. 울창한 녹지와 함께 평지와 다름없는 잘 닦인 도로가 이어져 산책·조깅 코스로 인기가 높다. 한 바퀴 도는 데 1시간쯤 걸린다.

볼거리 ★★☆   먹거리 ☆☆☆   쇼핑 ☆☆☆

2 뤼가드 로드 전망대   p.217

명실상부한 홍콩 제일의 전망 포인트. 180도로 펼쳐지는 홍콩의 전경과 야경을 두루 감상할 수 있다. 해질녘에 가서 노을지는 풍경을 즐기는 것도 운치 있다.

볼거리 ★★★   먹거리 ☆☆☆   쇼핑 ☆☆☆

3 빅토리아 피크 가든   p.217

홍콩 섬에서 가장 높은 곳에 위치한 공원. 홍콩 섬 서부가 훤히 내려다보이는 전망대와 피크닉을 즐기기에 좋은 녹지가 마련돼 있다. 단, 가파른 언덕길을 올라가야 하니 주의!

볼거리 ★☆☆   먹거리 ☆☆☆   쇼핑 ☆☆☆

4 홍콩 제일의 부촌

피크 타워에서 빅토리아 피크 가든까지 이어지는 가파른 언덕길. 내로라하는 갑부들이 사는 곳이라 호화 빌라가 모여 있다. 주성치 등 홍콩 유명 스타의 집도 여기에 있다고.

볼거리 ★☆☆   먹거리 ☆☆☆   쇼핑 ☆☆☆

5 피크 타워   p.214

반달 모양의 진기한 형태가 눈길을 끄는 건물. 옥상에는 멋진 전망을 뽐내는 스카이 테라스 428 전망대, 그 아래층에는 전망 카페·레스토랑·기념품점이 모여 있다.

볼거리 ★★★   먹거리 ★★☆   쇼핑 ★★☆

6 피크 트램   p.208

1888년부터 운행을 개시한 홍콩의 명물. 가파른 산기슭을 오르내리는 동안 창밖으로 홍콩 섬과 찜사쪼이의 그림 같은 풍경이 펼쳐진다. 해질녘과 주말에는 이용객이 몰리니 주의!

볼거리 ★★☆   먹거리 ☆☆☆   쇼핑 ☆☆☆

7 라이온스 파빌리온   p.215

빅토리아 피크에서 가장 먼저 생긴 전망대. 다른 전망대에 비해 높이가 낮지만, 접근성이 좋고 공짜라 여행자들이 즐겨 찾는다. 안쪽으로는 한적한 산책로가 이어진다.

볼거리 ★★☆   먹거리 ☆☆☆   쇼핑 ☆☆☆

8 피크 갤러리아   p.216

빅토리아 피크 최대의 쇼핑몰. 중가(中價)의 패션·잡화 매장이 주를 이룬다. 옥상에는 무료 전망대. G/F층에는 센트럴과 빅토리아 피크를 연결하는 버스 터미널이 있다.

볼거리 ★★☆   먹거리 ★★☆   쇼핑 ★☆☆

best course

빅토리아 피크 여행의 핵심 포인트인 야경 만끽 코스. 이 주변을 보는 데는 오랜 시간이 걸리지 않으니 오전에는 센트럴 주변을 돌아보고 해가 지기 두세 시간쯤 전에 빅토리아 피크로 가는 게 요령이다. 홍콩 여행의 분위기도 낼 겸 올라갈 때는 피크 트램을 이용한다. 주말·공휴일에는 승객이 폭증하니 시간 여유를 넉넉히 두고 피크 트램 역으로 가자. 빅토리아 피크를 보고 나서 란콰이퐁(p.191)으로 이동해 짜릿한 홍콩의 밤을 즐겨도 좋다. 빅토리아 피크에서 1번 미니 버스 또는 15번 2층 버스를 타면 란콰이퐁 근처에서 내릴 수 있다.

출발점 피크 타워의 피크 트램 역
예상 소요시간 3시간~

▼피크 트램 역을 나오면 이렇게 보여요.

스카이 테라스 428 · 마담 투쏘 밀랍인형 박물관

가파른 산등성이를 오르내리는 피크 트램.

스카이 테라스 428

피크 타워

start

① 바로 앞 ② 도보 5분 ③

피크 트램 역

반달 모양의 건물 옥상에 전망대가 있다.

깜찍한 피크 트램 기념품도 판매한다.

The Peak TRAM

휴게소 •

할렉 로드
산책로

빅토리아 피크 가든

빅토리아 피크

• 마운트
오스틴 공원

❺
뤼가드 로드
전망대

피크
갤러리아   ❶ 피크 트램 역
❻   ❷ 피크 타워
              ❸ 스카이 테라스 428
              ❹ 라이온스 파빌리온

MAP 8 참조

1 백만 불짜리 야경은 홍콩 여행의 백미! 2 영화 속 장면을 재현한 마담 투쏘 밀랍인형 박물관. 3 날이 맑을 때는 홍콩 일대가 훤히 바라보인다. 4 산책 코스로 인기가 높은 빅토리아 피크 가든.

피크 갤러리아는 빅토리아 피크 최대의 쇼핑몰.

뤼가드 로드 전망대

호젓한 산책로가 이어지는 뤼가드 로드.

피크 갤러리아

| 도보 7분 ❹ | 도보 21분 ❺ | 도보 21분 ❻ |

라이온스 파빌리온

홍콩 전역이 한눈에 내려다보이는 라이온스 파빌리온 전망대.

SIGHTSEEING

거칠 것 없이
==탁 트인 홍콩의==
==전경과 화려한 야경==이
최대의 볼거리.
해가 지기 두세 시간
전에 가면 ==전경과==
==야경을 두루 감상==할
수 있다. 단, 날씨가
조금이라도 흐리면
만족도가 엄청나게
떨어지는 만큼
==반드시 일기예보를==
==확인==하고 올라가야
한다.

★★★★★
山 頂凌霄閣 피크 타워

The Peak Tower 발음 싼땡링씨우꼭 개관 07:00~24:00
홈피 www.thepeak.com.hk 지도 MAP 8-D2 GPS 22.271177, 114.149861
교통 피크 트램 종점 하차. 또는 피크 갤러리아의 버스 터미널에서 도보 2~3분.
스카이 테라스 428 개관 월~금요일 10:00~23:00, 토·일·공휴일 08:00~23:00
요금 HK$52, 11세 이하 HK$26 ※옥토퍼스 카드 사용 가능
Peak Tram Sky Pass 가든 로드의 피크 트램 역에서 파는 피크 트램·스카이
테라스 428 공통 입장권 요금 편도 HK$84, 왕복 HK$99, **11세 이하** 편도 HK$38,
왕복 HK$47

중국식 프라이팬 웍 Wok을 본떠서 만든 독특한 모양의 건물. 센트럴의
스카이라인과 주변 산세, 그리고 중국 전통 이미지가 동시에 조화를
이룰 수 있도록 디자인한 영국 건축가 테리 파렐 Terry Farrell의
작품이다. 가운데가 오목한 모양은 쏟아지는 복을 받아 부자가 되라는
깊은 뜻을 담고 있다. 총 6개 층으로 이루어진 건물 내부에는 피크 트램
역·레스토랑·기념품점·우체국 등 다양한 편의시설을 모아놓았다.
핵심시설은 옥상에 위치한 전망대. 스카이 테라스 428 Sky Terrace
428(해발 428m)이다. 홍콩 전역은 물론 멀리 중국 내륙까지 한눈에
들어올 만큼 발군의 경치를 자랑해 1년 365일 관광객의 발길이 끊이지
않는다. 당연히 백만 불짜리 야경을 감상할 수 있는 베스트 포인트로도
인기가 높다. 스카이 테라스 428 입장객에게는 전망대에서 바라보이는
건물과 홍콩의 역사·문화를 소개하는 오디오 가이드를 무료로 빌려준다.
편하게 야경을 즐기려면 Pacific Coffee(p.220), Bubba Gump(p.219)
등 피크 타워의 전망 카페·레스토랑을 이용해도 좋다.

1 중국식 프라이팬 모양을 본뜬 피크 타워. P1층에는 기념품 상점가도 있다.
2 관광객들로 북적이는 스카이 테라스 428. **3** 스카이 테라스 428에서 바라본 홍콩의 전경.

✏️ **Best Spot**

★★★★★ 피크 타워
★★★★☆ 뤼가드 로드 전망대
★★★☆☆ 피크 갤러리아
★★☆☆☆ 라이온스 파빌리온
　　　　　마담 투소 밀랍인형 박물관
★☆☆☆☆ 빅토리아 피크 가든

香 ★★☆☆☆
港杜沙夫人蠟像館 마담 투소 밀랍인형 박물관
Madame Tussauds Hong Kong 발음 헝꽁뚜우사우후안랍쩡꾼

개관 10:00~22:00 요금 HK$329, 11세 이하 HK$265,
인터넷 사전 구매 HK$250~, 11세 이하 HK$205~
콤보 티켓(박물관+피크 트램 왕복) HK$305~, 11세 이하 HK$220~
콤보 티켓(박물관+피크 트램 왕복+스카이 테라스 428) HK$350~, 11세 이하 HK$260~
※콤보 티켓은 인터넷 사전 구매 가격이며 예약 시점에 따라 가격이 변동된다. 가든 로드의 피크 트램 역(MAP 5-D5)에서도 콤보 티켓을 판매하지만 인터넷으로 살 때보다 비싸다.
홈피 www.madametussauds.com/hong-kong
지도 MAP 8-D2 교통 피크 타워 P1층에 있다. GPS 22.271237, 114.149888

세계적인 스타들과 함께 원 없이 기념사진을 찍을 수 있는 곳. 성룡 · 비틀즈 · 아인슈타인 · 베컴 · 타이거 우즈 등 친숙한 스타와 유명인사의 실물 크기 밀랍인형 100여 개가 박물관 가득 전시돼 있다. 100% 쏙 빼닮은 모습은 아니지만 많이 닮은 밀랍 인형 바로 옆에서 그들의 체취(?)를 느끼는 것만으로도 가슴 설레는 기쁨을 만끽할 수 있을 듯. 간판 스타는 영국 드라마 〈셜록〉으로 우리에게도 친숙한 데이비드 컴버배치, 홍콩 영화계의 대부 성룡, 미국 전대통령 버락 오바마, 할리우드 스타 안젤리나 졸리와 브래드 피트, 미국 팝 음악의 전설로 통하는 마이클 잭슨, 록의 황제 프레디 머큐리의 인형이다. 영화 〈7년만의 외출〉의 의상으로 갈아입고 마릴린 몬로와 함께 치마를 휘날리며 기념사진을 찍을 수 있는 코너처럼 특별한 즐길거리도 곳곳에 마련돼 있다.

최근 신설된 한류 스타 존 K-Wave Zone에서는 서울의 모습을 재현한 거리에서 수지 · 김수현 · 배용준 · 이종석 · 동방신기 등 유명 스타와 함께 멋진 기념사진을 남길 수 있다는 사실도 알아두면 좋을 듯!

1 홍콩 영화계의 영원한 스타 이소룡.
2 한류 스타 존의 배용준.
3 안젤리나 졸리 & 브래드 피트.
4 치마가 펄럭이는 마릴린 몬로 인형.

太 ★★☆☆☆
平山獅子亭 라이온스 파빌리온
Tai Ping Shan Lions View Point Pavilion
발음 타이핑싼씨지팅 요금 무료 지도 MAP 8-D2
교통 피크 타워를 등지고 왼쪽으로 도보 1분.
GPS 22.270823, 114.150913

산기슭에 세워진 조그만 정자 모양의 전망대. 1976년 9월에 만들어져 피크 타워와 함께 오랜 동안 관광객의 사랑을 받아왔다. 2층으로 구성된 테라스에서는 홍콩 섬과 까우롱 반도가 한눈에 내려다보인다. 테라스에는 주변 건물의 위치와 명칭을 소개하는 사진 안내판이 설치돼 있다.

山頂廣場 피크 갤러리아

★★★☆☆

The Peak Galleria 발음 싼땡꽝청

🕐 08:00~23:00, 숍 10:00~21:00(숍마다 다름)
🗺️ MAP 8-D3 교통 피크 타워 바로 앞. 15번 버스나 1번 미니버스를 타고 간 경우 버스 진행방향 뒤쪽의 입구로 들어가면 피크 갤러리아 내부로 이어지는 에스컬레이터가 있다.
📍 22.270655, 114.149856
Monopoly Dreams 홈피 http://monopolydreams.com

대형 쇼핑몰이자 빅토리아 피크를 대표하는 또 하나의 전망대. 전망대는 옥상에 있으며 홍콩 시내의 마천루와 빅토리아 항구, 그리고 홍콩 섬 남부의 해안 풍경이 한눈에 들어온다. 쇼핑몰 내부에는 의류 · 기념품 · 액세서리를 취급하는 숍과 레스토랑이 여럿 입점해 휴식과 쇼핑의 두 마리 토끼를 잡을 수 있다. 입구 쪽의 광장에는 과거 빅토리아 피크를 오르내리던 구형 피크 트램을 개조해서 만든 인포메이션 센터가 있어 기념사진을 남기기에도 좋다. 보드 게임 마니아라면 '부루마블'이란 명칭으로 우리에게도 친숙한 모노폴리 게임의 테마파크 Monopoly Dreams 가 2019년 가을 피크 갤러리아에 오픈한다는 사실도 알아두면 좋을 듯!

1 숍 · 편의점 · 레스토랑 등 다양한 편의시설이 모여 있는 피크 갤러리아.
2 옥상 전망대에서 바라본 홍콩의 전경.

빅토리아 피크와 피크 트램의 유래

1 가마를 타고 빅토리아 피크를 오르던 19세기 부유층의 모습.
2 1888년에 운행을 개시한 피크 트램 역.

빅토리아 피크는 한여름의 찌는 듯한 더위를 피할 수 있도록 개발된 홍콩 최초의 별장 단지다. 선풍기도 에어컨도 없던 시절, 시내보다 2~3℃ 이상 기온이 낮은 이곳은 훌륭한 여름 피서지로 각광받았다. 1868년 제일 먼저 여기에 별장을 지은 이는 총독 리차드 맥도넬 경이었다. 이후 부유한 외국인과 거상(巨商)이 그 뒤를 따르면서 자연스레 별장촌이 형성됐다. 하지만 문제는 빅토리아 피크까지 이어지는 험난한 도로! 언덕이 가파른 것은 물론 도로마저 좁고 구불구불해 자동차가 다닐 형편이 아니었다. 이 때문에 단지 이 위를 오르내릴 목적으로 말을 기르는 사람도 있었고, 상류층은 가마를 타고 다니며 주말을 보내기도 했다.

이에 착안해 피크 트램을 부설한 사람은 핀들레이 스미스 Findlay Smith다. 1873년 빅토리아 피크에 호텔을 개장한 그는 사업 확장을 위해 시내와 바로 연결되는 교통편을 만들고자 했다. 결국 로비를 벌여 HK$2,000란 헐값에 트램 부설권을 따냈고, 1888년 홍콩 최초의 대중 교통수단인 피크 트램을 개통하게 된다. 처음 도입된 피크 트램용 열차는 석탄을 때는 증기기관차였다. 지금과 같은 스타일의 전차(電車)로 바뀐 것은 1926년, 현재 운행하는 차량은 1989년 교체된 모델이다. 운행 첫 해에는 승객이 15만 명 정도였는데, 해마다 이용객이 급증해 지금은 매일 9,500여 명, 연간 350만 명 이상이 이용하고 있다.

재미있는 사실은 1908년부터 1949년까지 맨 앞의 두 좌석을 홍콩 총독용으로 항상 비워뒀다는 것이다. 이 자리는 출발 2분 전 홍콩 총독이 타지 않는다는 소식이 전해져야만 승객을 앉힐 수 있었다.

山頂花園 빅토리아 피크 가든
★☆☆☆☆

Victoria Peak Garden 발음 싼땡화윤 지도 MAP 8-B2

교통 피크 타워에서 도보 25~30분. 피크 타워 입구를 등지고 오른쪽을 보면 마운트 오스틴 로드 Mount Austin Road가 있다. 그 길을 따라 가파른 언덕길을 올라간다. GPS 22.274202, 114.143427

해발 544m의 빅토리아 피크 정상을 중심으로 조성된 넓은 공원. 관광지에서 멀찍이 떨어진데다 찾는 이가 별로 없어 무척 한적하다. 정상까지 이어지는 도로 주변은 고급 주택가로 유명한데 주성치의 집도 바로 여기에 있다. 정상에는 초록빛 잔디의 공원이 펼쳐져 있으며 안쪽에는 홍콩 서남부의 바다와 주변 섬이 내려다보이는 전망대가 있다.

전망대는 아름다운 저녁 노을을 감상하기에도 좋다.

1 탁 트인 전망을 자랑하는 뤼가드 로드 전망대.
2 발 아래로 마천루의 숲이 펼쳐진다.
3 야경이 가장 아름다운 때는 해 질 무렵이다.

盧吉道觀景點 뤼가드 로드 전망대
★★★★☆

Lugard Road Lookout 발음 로우깟또우꾼껭딤

지도 MAP 8-C1 GPS 22.278177, 114.146781

교통 피크 타워에서 도보 15~20분. 피크 타워 정문을 등지고 오른편 뒤쪽으로 20~30m 가면 베이지색 건물 앞에 'Hong Kong Trail' 표지판이 있다. 그 표지판이 가리키는 방향으로 1km쯤 걸어간다(p.218 약도 참조).

홍콩 제일의 경치를 자랑하는 전망대이자 숨겨진 명소! 사실 온갖 그림엽서와 포스터를 장식한 홍콩의 멋진 풍경은 모두 여기서 촬영된 것이다. 숲 속으로 이어진 산길을 걷다보면 탁트인 공간이 나타나는데, 거기서부터 200여m 구간이 전망 포인트다. 아찔한 낭떠러지 아래로 삐죽삐죽 솟은 고층 빌딩과 거칠 것 없이 펼쳐진 광대한 파노라마는 다른 어디서도 경험할 수 없는 '감동의 쓰나미' 그 자체! 단, 은근히 많이 걸어야 하고 밤이면 인적이 드물어지니 주의하자. 중간중간 가로등이 설치돼 있지만 밤눈이 어두운 사람은 따로 플래시를 준비해 가는 게 안전하다. 또한 모기가 극성을 부리는 봄~가을에는 이에 대비하는 것도 잊어서는 안 된다.

2

호젓하게 즐기는 뤼가드 로드 트레킹

뤼가드 로드에는 도보 1시간가량의 짧은 트레킹 코스가 정비돼 있다. 평지나 다름없는 잘 닦인 길이 이어져 누구나 부담없이 가벼운 트레킹을 즐길 수 있는데, 홍콩 도심에서는 경험하기 힘든 상쾌한 바람과 탁 트인 전망이 도보 여행의 즐거움을 선사한다. 단, 이 코스에는 식수를 구할 곳이 전혀 없으니 갈증을 느끼기 쉬운 여름에는 피크 갤러리아의 편의점·슈퍼마켓에서 미리 음료수를 구입해 가는 게 좋다.

트레킹 코스는 아래 약도의 Ⓐ지점, 베이지색의 피크 트램웨이 컴퍼니 Peak Tramways Company Limited 빌딩 앞에서 시작된다. 여기부터 반대편의 휴게소까지는(도보 40분) 화장실이 없으니 급한 볼 일은 미리 해결하고 가야 한다. 공중 화장실은 피크 트램웨이 컴퍼니 빌딩 앞의 계단을 내려가면 있다.

Ⓐ~Ⓑ 구간에서는 길을 따라 울창한 숲이 이어진다. 길 중간 중간 고급 주택으로 이어지는 도로와 커다란 철문이 나타나 이곳에 갑부들이 모여 산다는 사실을 실감케 한다.

Ⓑ 지점, 즉 뤼가드 로드 전망대에 다다를 즈음이면 숲이 끝나고 시야가 트이기 시작한다. 난간 너머로 홍콩 전역이 훤히 내려다보일 테니 천천히 구경하자.

Ⓑ~Ⓒ 구간에서는 다시 숲이 이어진다. 간간이 벤치가 놓인 전망 포인트가 나타나는데, 날씨가 좋을 때는 칭마 대교와 란타우 섬의 모습이 손에 잡힐 듯 바라보인다.

Ⓒ 지점에는 높이 20m가량의 커다란 인도 고무나무가 뿌리를 길게 드리운 채 자라고 있어 감탄을 자아내게 한다. 관상용으로 인도에서 들여온 이 나무는 성장 속도가 무척 빠르기로 유명하다. 하지만 홍콩에는 이 나무의 꽃가루를 옮겨줄 곤충이 없어 번식은 불가능하다.

Ⓒ~Ⓓ 구간에서는 울창한 숲이 다시 이어진다. Ⓓ 지점의 휴게소에는 화장실과 벤치·정자 등이 있으니 잠시 지친 다리를 쉬어가자. Ⓓ~Ⓔ~Ⓐ로 이어지는 구간에는 특별한 볼거리가 없다. 대신 중간중간 벤치가 놓인 곳에서는 홍콩 섬 남부와 바다 건너 람마 섬을 볼 수 있으니 느긋하게 구경하며 가도 좋다.

뤼가드 로드 전망대&트레킹 코스

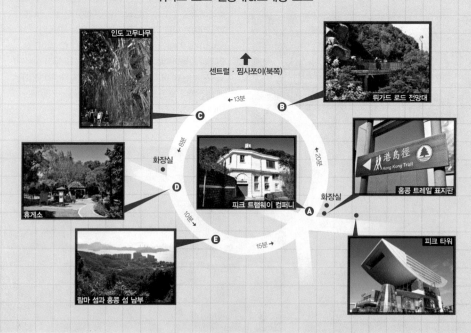

太平山餐廳 The Peak Lookout

유럽풍의 깜찍한 석조 건물에 자리한 퓨전 레스토랑. 1901년 빅토리아 피크에 오르는 관광객을 위한 휴게소로 만들어졌으며 이후 각종 편의시설을 덧붙여 지금의 모습을 갖췄다. 알프스의 산장을 연상시키는 내부는 포근한 인테리어가 부드러운 조명과 어우러져 차분한 분위기를 연출한다. 전 세계의 요리가 총망라된 The Peak Lookout Combo Platter(HK$548)가 대표 메뉴인데 춘권, 프렌치 스타일 오징어 튀김, 훈제 연어, 소프트셀 크랩 튀김, 찐 새우, 치킨 퀘사딜라 등을 커다란 2단 접시에 가득 담아낸다. 두세 명이 배불리 먹을 수 있을 만큼 양도 푸짐하다. 일종의 스테이크인 ❶Tandoori Lamb Shoulder(HK$238)는 양고기 특유의 누린내가 없고 육질이 부드러워 인기. 디저트로는 초콜릿이 줄줄 녹아 흐르는 Warm Chocolate Lava Cake(HK$88)와 새콤달콤한 Passion Fruit Cheese Cake(HK$88)가 먹을만하다.

❶ Tandoori Lamb Shoulder (HK$238)

예산 HK$270~ 추가 봉사료 10% 영업 월~목요일 10:30~23:30, 금요일 10:30~01:00 토요일 08:30~01:00, 일요일 08:30~23:30 메뉴 영어 · 중국어 주소 G/F, 121 Peak Road, The Peak 전화 2849-1000 지도 MAP 8-D2 교통 피크 타워를 등지고 오른쪽으로 도보 1분. GPS 22.271019, 114.149446

Bubba Gump

캐주얼한 스타일의 미국계 패밀리 레스토랑. 영화 〈포레스트 검프〉를 테마로 운영하는 곳답게 내부는 온통 영화 의상 · 사진 · 소품으로 장식돼 있다. 음식 맛은 평범하지만 피크 타워 꼭대기에 자리해 발군의 전망을 뽐내는 게 특징이다. 야경 감상이 목적이라면 어떻게든 창가 자리를 달라고 하자. 주문 방식이 조금 독특한데 테이블 위에 빨간색의 'Stop Forrest Stop' 팻말을 세워 놓으면 종업원이 주문을 받아간다.

가장 무난한 메뉴는 ❶Dumb Luck Coconut Shrimp(HK$169), Mama Blue's Southern Charmed Fried Shrimp(HK$169) 등의 새우튀김이다. 칼로리가 높은 감자튀김이 함께 제공돼 혼자 먹기에는 양이 살짝 많은 느낌이다. 입이 짧은 경우에는 둘이서 새우튀김과 샐러드를 하나씩 주문해 나눠먹어도 양이 충분하다.

음료로는 상큼한 레모네이드나 맥주가 잘 어울린다.

❶ Dumb Luck Coconut Shrimp (HK$169)

예산 HK$240~ 추가 봉사료 10% 메뉴 영어 · 중국어 영업 일~목요일 11:00~22:00, 금 · 토요일 및 공휴일 전날 11:00~23:00 주소 Shop 304 & 305, Level 3, The Peak Tower, 128 Peak Road, The Peak 전화 2849-2867 지도 MAP 8-D2 교통 피크 타워 3/F층에 있다. GPS 22.271344, 114.149889

'Siu Mai' Pork & Mushroom Dumplings (HK$50)

커피 (HK$21~44)

Beef Wellington (HK$888)

爐峰
Lu Feng

전통 홍콩 요리를 선보이는 레스토랑.
예스러운 분위기를 살린 클래식한
인테리어와 창밖으로 펼쳐지는
풍경이 멋스럽다. 하루 종일 딤섬을
맛볼 수 있는데, 추천 메뉴는 죽순을
넣은 새우 만두 'Har Gow' Shrimp
Dumplings with Bamboo Shoot
筍尖蝦餃(HK$58), 새우 · 버섯
씨우마이 'Siu Mai' Pork, Shrimp &
Mushroom Dumplings with Crab
Roe 北菇燒賣(HK$50), 육즙 가득한
씨우롱빠우 Steamed Minced Pork
Soup Dumpling 鮮肉灌湯小籠飽
(HK$50) 등이다.

[예산] HK$150~
[추가] 봉사료 10%, 찻값 1인당 HK$20
[영업] 11:00~23:00, 토 · 일 · 공휴일
10:00~23:00
[메뉴] 영어 · 중국어
[전화] 2886-8680
[지도] MAP 8-D2
[주소] Shop 206, Level 2,
The Peak Tower, 128 Peak Road,
The Peak
[교통] 피크타워 2층에 있다.
[GPS] 22.271344, 114.149889

Pacific Coffee

강추

빅토리아 피크의 야경을 감상하기에
좋은 카페. 피크 타워의 여타
레스토랑에 비해 가격이 저렴해
주머니 사정이 열악한 여행자에게
강추한다. 커피 값은 홍콩 시내와
동일한 HK$21~44 수준이며,
샌드위치 같은 가벼운 음식도 맛볼
수 있다. 통유리 너머로 홍콩 전역이
훤히 내려다보일 만큼 발군의 경치를
자랑해 값비싼 전망 레스토랑이 결코
부럽지 않다.
흠이라면 이용객이 워낙 많아 창가
자리를 잡기가 쉽지 않다는 것! 특히
해질녘에 많이 붐비는데 편히 앉아
야경을 감상하려면 조금 서둘러가는
게 좋다.

[예산] HK$21~
[영업] 일~목요일 07:30~22:00,
금 · 토 · 공휴일 07:30~23:00
[메뉴] 영어 · 중국어
[주소] Unit G10, Level G, The Peak
Tower, 128 Peak Road, The Peak
[전화] 2849-6608
[지도] MAP 8-D2
[교통] 피크 타워 G층에 있다.
[GPS] 22.271211, 114.150311

Bread Street Kitchen
& Bar

세계적 명성의 스타셰프 고든 램지의
레스토랑. 캐주얼 레스토랑을
지향하는 까닭에 경제적으로 그의
요리를 맛볼 수 있다. 샐러드 ·
애피타이저는 HK$78~138,
버거 · 리조토 등의 메인 메뉴는
HK$158~238 수준이다. 기왕 고든
램지의 대표 요리를 맛볼 생각이라면
돈이 좀 들더라도 비프 웰링턴 Beef
Wellington, Mashed Potatoes
and Peppercorn Sauce 威靈頓
牛扒(HK$888, 2인분)을 맛보자.
두툼한 소고기 안심을 파이에 싸서
오븐에 구워내는데 부드러운 식감과
농축된 육향이 감탄을 자아내게
한다.

[예산] HK$400~
[영업] 08:00~22:00
[주소] Shop G02, G/F, The Peak
Galleria, 118 Peak Road, The Peak
[전화] 2350-3888
[지도] MAP 8-C3
[교통] 버스 터미널이 위치한 피크
갤러리아의 G/F층에 있다.
[GPS] 22.270813, 114.150086

풍수를 알면 홍콩이 보인다?!

빅토리아 피크에 오르면 빼빽한 마천루의 숲이 내려다보인다. 흥미로운 점은 현대 공학기술의 결정체인 이들 마천루가 실은 풍수의 흐름에 따라 건축됐다는 것이다. 풍수사상은 홍콩 사람의 생활 전반에 걸쳐 지대한 영향을 미치는데, 건물을 세우거나 인테리어를 할 때 풍수사(風水師) 즉 지관(地官)의 조언이 빠지지 않는 것은 물론, 풍수를 고려해 요일별로 다른 색의 옷을 입는 사람까지 있을 정도다.

홍콩 풍수의 역사

풍수는 글자그대로 '바람과 물'이 들지 않는 곳을 골라 집이나 무덤을 세우기 위해 고안된 이론이다. 역사적으로는 중국의 전국시대(기원전 403년~기원 221년)에 음양오행 사상과 점술이 융합되며 그 원형을 이뤘다. 이후 지리학이 가미되면서 서서히 기초가 잡혔고, 후한대(947~950년)에 이르러 하나의 사상으로 정립됐다. 풍수란 명칭이 본격적으로 사용된 때는 진나라(265~419년)에 이르러서다. 곽박 郭璞이 지리학을 집대성한 〈장경 葬經〉을 편찬하며 이 단어를 처음 사용했다. 이후 중국 역사의 흐름과 함께 풍수도 다양한 변천을 거치는데, 명·청대에 이르러 몇 개의 유파로 세분돼 발전일로를 걷는다. 하지만 20세기 초 공산화와 더불어 종교·사상의 자유가 억압된 중국 대륙에서 풍수는 자취를 감췄다. 그러나 이와 달리 사상의 자유가 보장된 홍콩에서는 풍수의 명맥이 그대로 유지돼 오늘에 이르게 된다.

풍수적으로 산의 기운이 통하도록 한가운데를 뻥 뚫어놓은 건물도 있다.

풍수의 영향을 받은 건물

홍콩 전역이 풍수의 영향을 받은 도시라 해도 과언이 아닐 만큼 모든 건물과 도로에는 풍수 이론이 접목돼 있다. 그중 대표적인 곳이 센트럴의 중국은행(p.163)과 홍콩상하이 은행(p.160), 리펄스 베이 맨션(p.277), 찜사쪼이의 인터콘티넨털 호텔(p.319)이다. 특히 중국은행과 홍콩상하이 은행에 얽힌 비하인드 스토리는 '풍수 전쟁'이라고 불릴 만큼 강렬한 이슈로 부각됐기에 더욱 인상적이다.

1990년 중국은행이 세워지기 전까지 센트럴에서 가장 높은 건물은 번영을 상징하는 게 모양의 홍콩상하이 은행(영국계 자본)이었다. 하지만 그보다 높은 중국은행(중국계 자본)이 세워지자 불길한 소문이 퍼지기 시작했다. 거대한 삼각형 건물을 본 한 풍수사가 '삼각형은 검을 상징한다. 검의 날이 총독 관저를 향한 채 센트럴 전체를 위협한다'고 했기 때문. 게다가 '검의 날'은 총독 관저와 홍콩상하이 은행 사이를 베어 놓듯 미묘한 방향을 향하고 있어 소문에 더욱 힘을 실어줬다. 절묘하게도 그 즈음 홍콩 총독이 의문의 죽음을 맞고, 천안문 사태까지 발생하자 이런 사실은 홍콩 정치·경제에 적지 않은 파장을 몰고 왔다.

그리고 몇 년 뒤 이번에는 영국계 자본의 스탠더드 채터드 은행이 중국은행을 겨누는 대포 모양으로 지어지며 풍수 전쟁은 2차전에 돌입했다. 그러자 중국은행에서는 기다렸다는 듯 건물에 '독기 어린 지네' 모양의 헬기 착륙장을 지어 맞대응했다. 이렇듯 무의미한(?) 일로 각각의 은행이 쏟아 부은 돈이 수백억 원에 달한다는 사실만 봐도 홍콩 사람이 얼마나 풍수에 집착하나 충분히 짐작 가고도 남을 것이다.

마천루의 상당수가 풍수의 영향 아래 지어졌다

번영을 상징하는 게 모양의 홍콩상하이 은행

WAN CHAI

완짜이 灣仔

볼거리 ★★★☆☆
먹거리 ★★★☆☆
쇼 핑 ★☆☆☆☆
유 흥 ★★☆☆☆

완짜이는 삶의 냄새가 풋풋이 묻어나는 재래시장을 중심으로 형성된 홍콩 섬의 대표적인 서민가다. 그러나 불과 한 블록 떨어진 다운타운에는 베트남전 특수로 탄생한 환락가가 현란한 네온 불빛으로 취객을 유혹하며, 해안가를 따라서는 홍콩 경제의 번영을 상징하는 거대 건물군이 병풍처럼 드리워져 있다. 이렇듯 미묘한 조화를 이루는 삼색의 스펙트럼은 지난 한 세기 숨 가쁘게 변화해온 홍콩의 과거를 돌이켜보게 한다.

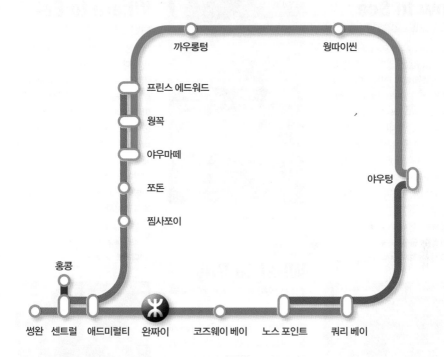

까우롱텅 · 웡따이씬 · 프린스 에드워드 · 웡꼭 · 야우마떼 · 쪼돈 · 찜사쪼이 · 야우텅 · 홍콩 · 썽완 · 센트럴 · 애드미럴티 · 완짜이 · 코즈웨이 베이 · 노스 포인트 · 쿼리 베이

 완짜이로 가는 방법

MTR 아일랜드 선의 완짜이 Wan Chai 灣仔 역 하차
주요 볼거리는 A5번과 A3번 출구에서 가깝다.

Ferry 찜사쪼이에서 스타페리를 타고 완짜이 선착장 Wan Chai Pier 하선
요금은 월~금요일 HK$2.70, 토·일·공휴일 HK$3.70이다. 완짜이 선착장을 등지고
오른쪽으로 가면 홍콩 컨벤션 & 엑시비션 센터가 나온다.

Tram 오브라이언 로드 O'Brien Road 柯布蓮道 정류장(43E · 56W) 하차
센트럴·썽완·코즈웨이 베이에서 갈 때 이용하면 편리하다. 안내방송이 없어 정류장을 알아보기 힘드니
운전사나 현지인에게 MTR 완짜이 역 앞에 내려달라고 부탁하는 게 좋다.

wan chai
quick guide

S How to See
교통편에 따라 여행 코스를 결정

그리 넓은 지역이 아니라 돌아보는 데 큰 어려움은 없다. 주요 명소는 완짜이 스타페리 선착장이 위치한 북부와 MTR 완짜이 역이 위치한 남부에 모여 있다. 북부와 남부를 연결하는 공중회랑을 이용하면 이동하기가 수월한 것은 물론 길 잃을 염려도 없다. 스타페리를 타고 왔을 때는 북부→남부, MTR · 트램을 타고 왔을 때는 남부→북부의 순으로 돌아보는 게 효율적이다.

| 박물관 · 전시관 ★☆☆ |
| 건축물 · 공원 ★★☆ |
| 유적 · 사적지 ★☆☆ |

E Where to Eat
다양한 음식에 도전!

세련된 중화요리에서 초저가 완탕면까지 다양한 음식을 맛볼 수 있는 지역이다. 고급 레스토랑은 홍콩 컨벤션 & 엑시비션 센터가 위치한 완짜이 북부에 많다. MTR 완짜이 역을 중심으로 한 남부에는 저렴한 로컬 레스토랑이 모여 있어 한 끼 가볍게 때우는 것은 물론, 현지 분위기를 즐기기에도 좋다. 맛난 케이크 · 빵을 선보이는 디저트 숍과 베이커리도 놓치지 말자.

| 중식 ★★★ |
| 양식 ★★★ |
| 디저트 ★★☆ |

B What to Buy
잡화 · 토이 등의 아이템이 풍부

쇼핑과는 다소 거리가 먼 지역이라 이에 관한 기대는 잠시 접어두는 게 좋다. 대신 잡화 위주의 기발한 아이디어 제품과 유명 디자이너가 만든 오리지널 캐릭터 상품을 전시 · 판매하는 홍콩 디자인 갤러리, 피규어 · 장난감 · 프라모델 전문점이 모여 있는 타이윤 시장, 컴퓨터 · 디지털 기기를 전문으로 취급하는 완짜이 컴퓨터 센터 등 다소 마니악한 쇼핑 명소를 돌아보는 재미는 쏠쏠하다.

| 패션 ★☆☆ |
| 인테리어 ★☆☆ |
| 토이 · 잡화 ★★☆ |

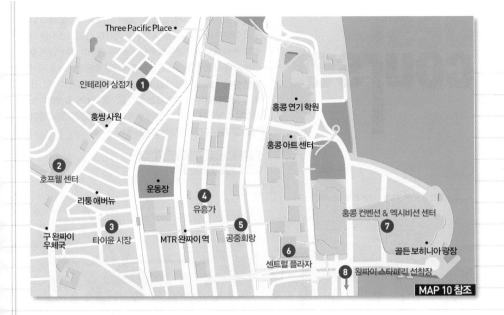

Three Pacific Place

인테리어 상점가 **1**

홍씽 사원

홍콩 연기 학원

홍콩 아트 센터

2
호프웰 센터

리퉁 애버뉴

운동장

4
유흥가

홍콩 컨벤션 & 엑시비션 센터
7

구 완짜이
우체국

3
타이윤 시장

MTR 완짜이 역

5
공중회랑

골든 보히니아 광장

6
센트럴 플라자

8 완짜이 스타페리 선착장

MAP 10 참조

❶ 인테리어 상점가

조명·가구·커튼 등 인테리어 전문점이 모인 상점가. 중간중간 위치한 골목마다 인기 맛집이 숨어 있다는 사실도 기억하자. 이곳엔 스탠리·빅토리아 피크 행 2층 버스 정류장도 있다.

볼거리 ★☆☆   먹거리 ★★☆   쇼핑 ☆☆☆

❷ 호프웰 센터   p.233

홍콩을 대표하는 마천루로 명성을 날리던 건물. 꼭대기인 62/F층에는 홍콩 유일의 회전식 전망 레스토랑이 있다. 짜릿한 스릴의 전망 엘리베이터를 타는 재미를 놓치지 말자.

볼거리 ★☆☆   먹거리 ★☆☆   쇼핑 ☆☆☆

❸ 타이윤 시장   p.232

홍콩 섬 최대의 재래시장. 저렴하게 식료품·잡화·의류를 구입할 수 있어 현지인이 즐겨 찾는다. 토이·프라모델·피규어·문구 전문점이 많아 마니아에게도 인기가 높다.

볼거리 ★☆☆   먹거리 ☆☆☆   쇼핑 ★☆☆

❹ 유흥가

나이트 클럽 등 성인업소가 모인 환락가. 어둑어둑해질 무렵이면 화려한 조명과 함께 요란한 호객 행위가 시작된다. 퇴폐적인 분위기 때문에 딱히 권할 만한 지역은 아니다.

볼거리 ☆☆☆   먹거리 ★☆☆   쇼핑 ☆☆☆

❺ 공중회랑

MTR 완짜이 역과 홍콩 컨벤션 & 엑시비션 센터를 연결하는 육교. 일직선으로 뻗어 있어 길을 찾거나 이동하기가 편리하다. 도중에 센트럴 플라자 등의 명소와도 이어진다.

볼거리 ☆☆☆   먹거리 ☆☆☆   쇼핑 ☆☆☆

❻ 센트럴 플라자   p.230

홍콩에서 세 번째로 높은 빌딩. 화려한 야경도 볼만하다. 46/F층에는 무료로 개방된 조그만 전망대가 있는데 홍콩 섬과 까우롱 반도 전역의 풍경이 360도로 펼쳐진다.

볼거리 ★★☆   먹거리 ☆☆☆   쇼핑 ☆☆☆

❼ 홍콩 컨벤션 & 엑시비션 센터   p.228

아시아 최대 규모를 자랑하는 박람회장. 1년 내내 수많은 전시회가 열려 관람객의 발길이 끊이지 않는다. 바로 앞에는 홍콩의 중국 반환을 기념하는 골든 보히니아 광장이 있다.

볼거리 ★★★   먹거리 ★★☆   쇼핑 ★☆☆

❽ 완짜이 스타페리 선착장

완짜이~찜사쪼이를 연결하는 스타페리의 선착장. 두 지역을 오가는 10분 남짓한 시간 동안 빅토리아 항의 풍경을 선상에서 감상할 수 있다. 야경을 즐기기에도 좋다.

볼거리 ☆☆☆   먹거리 ☆☆☆   쇼핑 ☆☆☆

best course

완짜이 구석구석을 빠짐없이 돌아보는 코스. 바닷가를 따라 나란히 이어진 초현대식 건물과 웅장한 마천루, 그리고 소박한 서민들 등 다채로운 풍경이 펼쳐진다. MTR 완짜이 역의 A5번 출구를 나와 바로 앞의 공중회랑을 따라가면 홍콩 컨벤션 & 엑시비션 센터, 센트럴 플라자 등의 명소가 차례로 나타난다. 단, 센트럴 플라자의 무료 전망대는 토·일·공휴일에 휴관한다는 사실에 주의하자. 해가 진 뒤에는 엑스포 프로머네이드로 돌아가 아름다운 홍콩의 야경을 즐겨도 좋다.

출발점 MTR 완짜이 역 A5번 출구
예상 소요시간 5시간~

▼MTR 완짜이 역 A5번 출구를 나오면 이렇게 보여요.

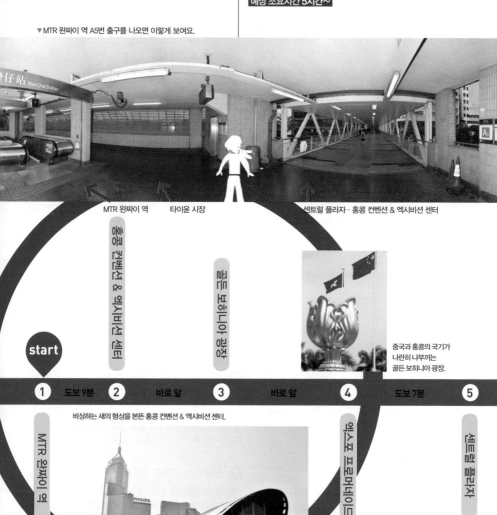

MTR 완짜이 역   타이윤 시장   센트럴 플라자·홍콩 컨벤션 & 엑시비션 센터

start

홍콩 컨벤션 & 엑시비션 센터

골든 보히니아 광장

중국과 홍콩의 국기가 나란히 나부끼는 골든 보히니아 광장.

| 1 | 도보 9분 | 2 | 바로 앞 | 3 | 바로 앞 | 4 | 도보 7분 | 5 |

MTR 완짜이 역

비상하는 새의 형상을 본뜬 홍콩 컨벤션 & 엑시비션 센터.

엑스포 프로머네이드

센트럴 플라자

PHILIPS

엑스포 프로머네이드 ④

③ 골든 보히니아 광장

홍콩 컨벤션 & 엑시비션 센터 ②

완짜이 스타페리 선착장 →

홍콩 연기학원

홍콩 아트 센터

⑤ 센트럴 플라자

퍼시픽 플레이스

MTR 완짜이 역 ①

운동장

MTR 완짜이 역 A5번 출구

⑥ 타이윤 시장

⑩ 리퉁 애버뉴

홍씽 사원 ⑨

⑧ 호프웰 센터

구 완짜이 우체국 ⑦

MAP 10 참조

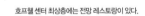

1 전차가 다니는 완짜이 도심. 홍콩 섬의 대표적인 서민가다.
2·4 1900~1980년대 홍콩의 풍경을 살펴볼 수 있는 옛 건물도 있다.
3 빌딩 숲 사이에 예스러운 사원이 숨어 있다.

호프웰 센터 최상층에는 전망 레스토랑이 있다.

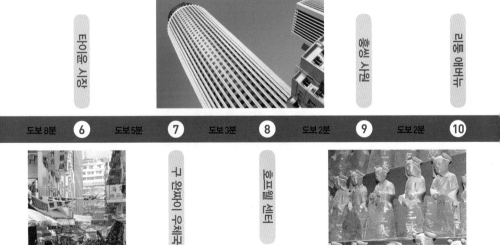

타이윤 시장

어씽 사원

리퉁 애버뉴

| 도보 8분 ⑥ | 도보 5분 ⑦ | 도보 3분 ⑧ | 도보 2분 ⑨ | 도보 2분 ⑩ |

구 완짜이 우체국

호프웰 센터

홍씽 사원의 소박한 신상들.

타이윤 시장은 홍콩 섬
최대의 재래시장이다.

SIGHTSEEING

해안선을 따라 늘어선 세련된 빌딩, 365일 북적이는 활기찬 재래시장, 세월의 흐름이 고스란히 배어 있는 허름한 사원 등 홍콩의 전형적인 모습을 한자리에서 살펴볼 수 있다. 빅토리아 피크와 찜사쪼이의 뒤를 잇는 야경 감상 포인트이기도 하다.

香 ★★★☆☆
港會議展覽中心 홍콩 컨벤션 & 엑시비션 센터
Hong Kong Convention & Exhibition Centre

발음 헝꽁우이이찐람쭝썸 **개관** 전시회 일정에 따라 다름 **지도** MAP 10-C1 **교통** 완짜이 스타페리 선착장에서 도보 7분. 선착장을 나와 정면으로 100m쯤 간 다음 오른쪽으로 꺾어 200m쯤 가면 정면에 있다. 또는 MTR 완짜이 Wan Chai 역 하차, 공중회랑과 바로 연결되는 A5번 출구로 나간 뒤 공중회랑을 따라 직진 도보 12분. **GPS** 22.282863, 114.173062

1988년 완공된 구관(舊館)과 1997년 확장된 신관(新館), 이 둘을 잇는 110m 길이의 중앙 홀로 이루어진 매머드급 컨벤션 센터. 아시아 최대의 박람회장으로 오픈 이래 3만 5,000여 건의 전시회가 열렸으며, 지금도 매일 5회 이상의 박람회와 이벤트가 열린다.

비상하는 새의 형상을 본뜬 신관은 1997년 7월 1일 홍콩 식민지 역사에 마침표를 찍은 반환식 행사가 열린 곳이다. 설계는 초고층 빌딩과 모더니즘 건축의 선구자로 명성이 자자한 미국 최대의 건축 사무소 SOM(Skidmore, Owings & Merrill)이 맡았는데, 그들이 설계한 대표적 건물로는 세계 최고층 빌딩인 부르즈 할리파 Burj Khalifa 와 시카고 시어스 타워 · 존 행콕 센터 등을 꼽을 수 있다. 바다를 메워 축구장 9개 넓이에 맞먹는 건물을 만들기 위해 소요된 기간은 무려 4년, 땅값을 제외한 건축비만 6,200억 원이 들었다. 내부에는 3,000명 규모의 저녁 만찬을 열 수 있는 그랜드 홀 Grand Hall이 있으며, 공중회랑을 통해 구관의 그랜드 하얏트 호텔 · 르네상스 하버 뷰 호텔과 연결된다. 로비에 설치된 세계에서 가장 큰 유리창(높이 30m) 너머로는 빅토리아 항과 찜사쪼이의 전경이 시원스레 펼쳐진다. 51층 높이의 구관은 홍콩의 건축가 데니스 라우 Dennis Lau와 응춘만 Ng Chun Man이 설계한 복합 오피스 빌딩으로 1,400여 개의 객실을 갖춘 고급 호텔과 쇼핑 아케이드, 대형 전시홀 5개, 6,100석 규모의 컨벤션 홀 2개, 1,000명을 수용하는 극장 2개, 회의실 52개, 대형 로비 2개, 식당 7개가 들어서 있다.

1 내부에는 엄청난 규모의 전시장과 이벤트 홀이 있다.
2 웅장한 외관을 뽐내는 홍콩 컨벤션 & 엑시비션 센터.

Best Spot

★★★☆☆ 센트럴 플라자, 호프웰 센터
　　　　 홍콩 컨벤션 & 엑시비션 센터
★★☆☆☆ 골든 보히니아 광장
　　　　 엑스포 프로머네이드
　　　　 타이윤 시장, 홍씽 사원
★☆☆☆☆ 구 완짜이 우체국, 블루 하우스
　　　　 홍콩 아트 센터, 홍콩 연기 학원

金 紫荊廣場 골든 보히니아 광장
★★☆☆☆

Golden Bauhinia Square 발음 깜찌깡펑청 지도 MAP 10-D1
교통 완짜이 스타페리 선착장을 등지고 오른쪽으로 도보 10분. 또는 MTR 완짜이 Wan Chai 역 하차, 공중회랑과 바로 연결되는 A5번 출구로 나간 뒤 공중회랑을 따라 직진 도보 15분. GPS 22.284284, 114.173755

1997년 홍콩의 중국 반환을 기념해서 만든 광장. 국기 게양대와 함께 홍콩의 시화(市花)인 자형화 紫荊花를 형상화한 높이 6m의 금빛 조형물이 서 있다. 중국 중앙정부가 기증한 것으로 156년 만에 홍콩을 돌려받은 중국 인민의 기쁨을 담았다고 한다. 그 밑의 화강암 좌대와 만리장성 모양의 기단은 오성홍기와 같은 '붉은색'이 의미하듯 홍콩이 중국의 영토임을 상징한다. 이 앞에서는 매일 07:50에 국기 게양식, 18:00에 국기 하강식을 거행하며 매년 7월 1일에는 홍콩 반환 기념식도 성대하게 치러진다. 광장 반대쪽에는 홍콩 반환 당시 중국 최고의 권력자였던 장쩌민 江澤民의 친필을 새긴 통합 기념비가 있다. 켜켜이 쌓인 206개의 석판은 홍콩이 할양된 1842년부터 중국에 완전히 통합되는 2047년까지의 206년을 상징한다. 중간중간 끼어 있는 밝은색의 6개 석판은 역사적 사건이 발생한 1842년· 1860년· 1898년· 1982년· 1984년· 1990년을 나타내며, 맨 위의 불꽃 모양 조형물은 홍콩 반환을 자축하는 것이다.

1 1997년 홍콩 반환을 자축하는 통합 기념비.
2 순금을 입힌 자형화 동상. 중국 관광객의 기념사진 촬영지로 인기가 높다.

博 覽海濱花園 엑스포 프로머네이드
★★☆☆☆

Expo Promenade 발음 뽁람허이빤화윈 지도 MAP 10-C1
교통 완짜이 스타페리 선착장을 등지고 오른쪽으로 도보 11분. 또는 MTR 완짜이 Wan Chai 역 하차, 공중회랑과 바로 연결되는 A5번 출구로 나간 뒤 공중회랑을 따라 직진 도보 15분. GPS 22.284892, 114.172902

골든 보히니아 광장 앞으로 이어진 길이 200m 남짓한 해안 산책로. 고층 빌딩이 빼죽빼죽 솟아오른 찜사쪼이와 센트럴 일대의 스카이라인을 감상하기에 그만이다. 찜사쪼이의 해변 산책로와 달리 찾는 이가 별로 없어 여유롭게 야경을 즐길 수 있는 게 매력! 매일 밤 20:00부터는 찜사쪼이와 센트럴을 무대로 펼쳐지는 화려한 레이저 쇼를 감상할 수 있는 베스트 포인트로 변신한다. 또한 구정에는 빅토리아 항을 화려하게 수놓는 불꽃놀이를 감상할 수 있는 곳으로도 인기가 높다.

스타페리를 유람선으로

찜사쪼이에서 완짜이로 갈 때는 스타페리를 이용하자. 빅토리아 항을 대각선으로 가로질러 가는 동안 센트럴과 완짜이의 고층빌딩가 풍경을 바다 위에서 감상할 수 있다. 페리 진행방향 오른쪽 자리가 최고의 뷰 포인트! 완짜이에 도착할 즈음에는 홍콩 컨벤션 & 엑시비션 센터의 웅장한 모습이 한눈에 들어온다.

中 ★★★☆☆
環廣場 센트럴 플라자
Central Plaza [발음] 쭝완꽝청 [지도] MAP 10-D3

[교통] 완짜이 스타페리 선착장에서 도보 10분. 선착장을 나와 정면으로
100m쯤 가면 오른쪽에 육교가 있다. 그 위로 올라가 육교를 건넌 뒤
오른쪽으로 가면 공중회랑을 통해 센트럴 플라자로 이어진다.
또는 MTR 완짜이 Wan Chai 역 하차. 공중회랑과 바로 연결되는
A5번 출구로 나간 뒤 공중회랑을 따라 직진 도보 6분.
[GPS] 22.279835, 114.173668
스카이 로비 [개관] 월~금요일 07:00~21:00
[휴관] 토 · 일 · 공휴일 [요금] 무료
[교통] 센트럴 플라자 2/F층의 오피스 메인 로비 Office Main Lobby에서
'46-75/F'라고 표시된 엘리베이터를 타고 46/F층의 스카이 로비 Sky
Lobby에서 내린다.

삐죽 솟은 첨탑이 인상적인 높이 374m의 78층 건물. 초기 설계
단계에서는 뉴욕의 엠파이어스테이트 빌딩보다 높은 92층을
계획했다가 경제적인 이유로 포기했다고 한다. 1992년 완공
당시에는 아시아 최고(最高)의 지위를 누렸지만 지금은
가까스로 홍콩 3위의 자리를 고수하고 있을 뿐이다.
이 건물의 특징은 중국은행의 실패(?)를 거울삼아 건물 모서리의
각진 부분을 모두 없애 나쁜 기를 발산하지 않도록 세심하게
배려한 것. 때문에 지금까지 풍수적으로 문제가 된 적은 한 번도
없다고 한다. 건물 외벽은 축구장 11개를 뒤덮을 수 있는 5만㎡
의 유리창, 내외부는 축구장 9개의 면적과 맞먹는 4만㎡(총 720
톤)의 화강암으로 장식돼 있다. 외벽을 따라서는 총연장 6km에
이르는 1,000개의 네온 등이 설치돼 있어 어둠이 깔림과
동시에 건물 전체가 화려하게 빛난다.
꼭대기의 첨탑에도 밝은 불이 켜지는데, 15분 단위로 불빛의
색과 형태가 바뀌기 때문에 이것을 시계 대용으로 활용할 수
있다. 시간을 나타내는 색은 빨강 18:00, 흰색 19:00, 보라 20:00,
노랑 21:00, 핑크 22:00, 초록 23:00으로 표시된다. 24:00부터는
다시 '빨강→흰색→보라…'의 순으로 반복해서 색이 바뀐다.
첨탑을 자세히 보면 불이 켜진 부분이 4칸으로 나뉘어 있는데,
각각의 한 칸이 15분을 나타낸다. 그리고 맨 위부터 한 칸씩
다음 시간을 나타내는 색으로 바뀌며 시간의 흐름을 표시한다.
즉 18:00에는 4칸이 모두 빨강이지만, 18:15에는 맨 위 첫칸이
흰색, 18:30에는 맨 위의 두 칸이 흰색으로 바뀌는 것. 이렇게
해서 4칸이 모두 흰색으로 바뀌면 19:00이 된다.
센트럴 플라자 46/F층에는 전망대인 스카이 로비 Sky Lobby가
있다. 원래 이 건물의 47~75/F층으로 올라가는 엘리베이터를
갈아타는 곳이지만, 일반인에게도 개방돼 있어 누구나 자유로이
이용할 수 있다. 여기서는 창 너머로 홍콩의 전경이 360도로
펼쳐진다. 동쪽의 코즈웨이 베이, 북쪽의 찜사쪼이, 서쪽의
센트럴, 남쪽의 해피 밸리 · 빅토리아 피크 등 고층 빌딩과
자연이 어우러진 홍콩 도심의 풍경을 맘껏 감상하자.

밤이면 색이 변하는 첨탑

1 하늘을 향해 우뚝 솟은 센트럴 플라자.
2 홍콩 컨벤션 & 엑시비션 센터와 함께 아름다운 야경을 뽐낸다.
3 46/F층의 전망대 스카이 로비.
4 전망대에서 내려다본 완짜이의 풍경.

藍屋 ★★★☆☆
블루 하우스

Blue House 廣음 람욱 Ⓜ MAP 10-D5 Ⓖ 22.274003, 114.174079
Ⓣ MTR 완짜이 Wan Chai 역 하차, 도보 7분. A3번 출구를 나와 정면
오른쪽에 보이는 타이윤 스트리트 Tai Yuen Street를 따라 200m 직진한다.
길이 끝나는 곳에서 왼쪽으로 방향을 꺾어 50m 간 다음, 오른쪽으로 길을 건너
50m 직진하면 왼쪽에 있다.

건축 문화재로 지정된 푸른빛의 4층 건물. 건물 전체를 하늘색
페인트로 칠해 지금의 이름이 붙었다. 층층이 발코니가 딸린 구조는
19세기 말부터 1960년대까지 홍콩과 동남아에서 유행한 주상복합
건물인 통라우 唐樓의 전형을 잘 보여준다. 1층은 식료품점 · 전당포
등의 가게, 2층 이상은 주거용으로 사용했다. 지금도 주민이 살고
있어 외부인은 출입이 금지된다. 대신 G/F층에 위치한 무료 갤러리
Hong Kong House of Stories에서 이 건물과 완짜이의 옛 모습을
살펴볼 수 있다.

100년 전 완짜이의 모습이 고스란히 남겨진 블루 하우스.

香港藝術中心 ★☆☆☆☆
홍콩 아트 센터

Hong Kong Arts Centre 廣음 헝꽁아이숫쭝썸
Ⓞ 10:00~18:00 휴관 구정연휴 홈 www.hkac.org.hk
Ⓜ MAP 10-B3 Ⓖ 22.280306, 114.170859
Ⓣ MTR 완짜이 Wan Chai 역 하차, A1 · C번 출구를 나와 왼쪽으로
도보 10분. 또는 완짜이 스타페리 선착장에서 도보 15분. 홍콩 컨벤션
& 엑시비션 센터 앞의 하버 로드 Harbour Road를 따라가면 쉽게 찾을
수 있다.

각종 전시회와 공연이 끊이지 않는 홍콩 문화 · 예술의
중심지. 1977년 설립 이후 행위 예술 · 비주얼 아트 · 영화 ·
비디오 아트 등 현대예술의 소개와 교육에 주력해왔다. 이
안에는 수용인원 2,200명의 슈손 극장 Shouson Theatre
壽臣劇院와 미술 · 사진전이 열리는 빠우 갤러리 Pao Galleries
包氏畵廊, 영화관 · 스튜디오, 그리고 4/F층에는 조그만 전망
카페겸 레스토랑이 있다.

물 위의 도시 완짜이?!

1920년대 완짜이의 모습

홍콩 컨벤션 & 엑시비션 센터, 센트럴 플라
자, 홍콩 아트 센터 등의 건물이 자리한 곳
은 원래 바닷물이 넘실대는 항구였다. 바다
가 육지로 탈바꿈한 결정적 계기는 1920
년대에 대두된 심각한 인구과밀 문제였다.
이에 대한 타개책으로 9년에 걸친 대규모
간척사업이 시행됐고 1930년대에는 항구
대신 거대한 매립지가 모습을 드러냈다. 현
재의 완짜이 지도를 볼 때 트램 선로를 기준
으로 북쪽 일대의 땅이 모두 원래는 바다였
다고 보면 된다.

❶

❷

1 다양한 전시회와 공연을 관람하는
즐거움도 놓칠 수 없다.
2 홍콩 아트 센터 앞에는 유명 작가의
조각품이 전시돼 있다.

洪 ★★☆☆☆
聖古廟 훙씽 사원

Hung Shing Temple 발음 훙씽꾸미우 개관 08:30~17:30
요금 무료 지도 MAP 10-B5 GPS 22.275539, 114.170886
교통 MTR 완짜이 Wan Chai 역 하차, 도보 6분. A3번 출구를 나와 정면의
횡단보도를 건넌 뒤 오른쪽으로 200m쯤 가면 Tai Wong Street East가 있다.
그 길을 따라 100m쯤 가면 길 건너 오른편에 있다.

어부의 신 훙씽을 모시는 사원. 따이윙 사원 Dai Wong Temple
大王廟이라고도 부른다. 1847년 이전에 세워졌다지만 정확한 건립
시기는 아무도 모른다. 뱃사람의 안전을 기원하는 사원답게 원래는
바닷가에 세워져 있었으나 대규모 간척사업(p.231)이 진행되면서
사원 앞의 바다가 모두 매립돼 지금은 바닷가에서 한참 동떨어진
곳에 남겨졌다. 사원 한복판에는 검게 그을린 훙씽의 신상이 있으며
그 왼쪽에 재앙을 물리치기 위해 향을 피우는 소재단 消災壇,
오른쪽에 소원을 비는 태세보전 太歲寶殿이 있다. 제일 오른쪽의
검은 얼굴에 초록 옷을 입은 신상은 판관 포청천이다.
사원 오른쪽에는 관음보살을 바다의 여신으로 모시는 망해관음
望海觀音 사당이 있다. 전설에 의하면 대홍수로 피폐해진 세상을
관음보살이 구원해주었기 때문에 그를 바다의 여신으로 모시게
됐다고 한다. 음력으로 매월 1일과 15일, 그리고 관음의 탄신일인
음력 2월 19일에는 사원에서 조촐한 제사를 지낸다.

1 고층빌딩의 숲속에 남겨진 완짜이의 옛 모습, 훙씽 사원.
2 소원을 비는 사람들의 발길이 끊이지 않는 훙씽의 제단.

太 ★★☆☆☆
原街 타이윤 시장

Tai Yuen Street Market 발음 타이윤까이 영업 10:00~20:00
지도 MAP 10-C4 GPS 22.276473, 114.173150
교통 MTR 완짜이 Wan Chai 역 하차, A3번 출구에서 도보 1분. A3번 출구를 나와
정면의 횡단보도를 건넌다. 오른쪽의 KFC가 위치한 골목부터 타이윤 시장이다.

진정한 완짜이의 모습이라 해도 과언이 아닌 홍콩 섬 최대의 재래시장.
언제나 활기찬 분위기가 매력이다. 조악한 물건 일색이지만 구경하는
재미가 은근히 쏠쏠하다. 자세한 쇼핑 요령은 p.239를 참조하자.

1년 365일 왁자지껄한 타이윤
시장. 깜찍한 기념품·캐릭터
상품도 취급한다.

훙씽은 누구인가?

전설에 따르면 원래 훙헤이 洪熙가
본명으로 당나라 때(618~907) 꽝
레이 廣利 지방의 관리를 역임했다.
천문학·지리학·수학에 관심이 많아
직접 천문대를 세우고 날씨를 예측
해 어부와 상인에게 큰 도움을 주었
는데, 이를 계기로 백성의 존경을 한
몸에 받았다. 사후에는 황제가 그의
업적을 기려 꽝레이 훙씽 따이윙 廣
利洪聖大王이란 호칭을 하사했고,
이때부터 훙씽 또는 따이윙이란 이
름으로 불리게 됐다. 동시에 훙씽을
신으로 모시는 사원도 중국 전역에
퍼졌다. 지금도 바람이 거친 날이면
바다로 나가기에 앞서 훙씽에게 무사
안전을 기원하는 풍습이 남아 있다.

舊 灣仔郵政局 구 완짜이 우체국
★☆☆☆☆

Old Wan Chai Post Office
발음 까우완짜이야우찡꾹 **개관** 월 · 수~일요일 10:00~17:00
휴관 화 · 공휴일(일요일 제외) **지도** MAP 10-D5
교통 MTR 완짜이 Wan Chai 역 하차, 도보 6분. A3번 출구를 나와
정면의 횡단보도를 건넌 뒤 타이윤 시장(오른쪽에 KFC가
있는 곳)으로 들어가 직진한다. 시장이 끝나는 곳 길 건너에 있다.
GPS 22.274416, 114.173315

1913년에 세워진 홍콩에서 가장 오래된 우체국.
L자 모양의 흰색 단층 건물인데 바로크 양식을 혼합한
중국풍 기와 지붕이 인상적이다. 우체국이 이전된
1992년 이후로는 옛 모습을 보존해 환경보호 홍보관으로
이용 중이다. 실내에는 우체국일 당시 사용하던 빨간색
사서함이 보존돼 있다.

1 100년 동안 완짜이의 변화를 묵묵히 지켜봐온 구 완짜이 우체국.
2 우체국일 당시 사용하던 빨간색 사서함.

合 和中心 호프웰 센터
★★★☆☆

Hopewell Centre **발음** 합와풍쌈 **지도** MAP 10-B5
교통 MTR 완짜이 Wan Chai 역 하차, A3번 출구를 나와
정면으로 도보 8분. **GPS** 22.274917, 114.171761
전망 엘리베이터
운행 월 · 수~일요일 09:00~24:00, 화요일 12:00~24:00
교통 우선 호프웰 센터 3/F층(스타벅스가 있는 곳)까지
에스컬레이터로 올라간다. 오른쪽에 '31-17'층 표시가 붙은
엘리베이터로 갈아타고 17/F층에서 내려 왼쪽 또는 정면을 보면
'The Grand Buffet' 표시와 함께 62층행 전망 엘리베이터가 있다.

1980년 완공된 66층짜리 원통형 건물. 높이 216m
로 중국은행이 세워지기 전인 1989년까지 아시아 최고
(最高) 빌딩의 자리를 굳건히 지켜왔다. 이후 갈수록
치열해진 높이 경쟁에서 밀려 지금은 홍콩 내 고층 빌딩
순위에서도 10위권 밖으로 밀려난 지 오래다.
62/F층에는 홍콩 유일의 회전식 전망 레스토랑인 The
Grand Buffet가 있다. 전망 레스토랑으로 통하는
엘리베이터는 56/F층에서 갈아타는데, 56/F층까지
연결하는 전망 엘리베이터가 절대 놓치지 말아야 할
호프웰 센터의 명물이다. 전망 엘리베이터가 건물
외벽을 타고 17/F층에서 56/F층까지 올라가는 동안
고층건물로 가득한 완짜이 일대와 높이 솟은 센트럴
플라자, 그리고 빅토리아 항 · 찜사쪼이의 전경을
원 없이 감상할 수 있다. 물론 이용료는 공짜!

1 아찔한 높이의 호프웰 센터.
전망 엘리베이터는 내려갈
때의 스릴이 압권이다!
2 전망 엘리베이터에서
바라본 완짜이의 풍경.
3 완짜이의 빌딩 숲 너머로
찜사쪼이가 보인다.

RESTAURANT

Tiffin

그랜드 하얏트 호텔의 카페 겸 레스토랑. 1930년대 프랑스와 중국의 아르데코 스타일을 모티브로 꾸민 섬세한 인테리어가 눈길을 끈다. 낮에는 초록빛 공원의 풍경, 밤에는 화려한 조명이 연출하는 멋진 야경을 즐길 수 있다. 런치 뷔페·애프터눈 티·디너 뷔페·디저트 뷔페 등 시간대별로 다양한 코스를 운영하는데, 특히 **❶**애프터눈 티 세트 Afternoon Tea Set(HK$298~)의 인기가 높다. 멋스러운 은제(銀製) 트레이에 에끌레르·베린느·피낭시에 등 프랑스식 디저트를 비롯해 스콘·샌드위치·패스트리가 먹음직하게 담겨 나오며, 수제 아이스크림과 셔벗이 무제한 제공되는 아이스크림 코너도 이용할 수 있다.

❶ Afternoon Tea Set (HK$298~)

예산 선데이 브런치 HK$738 **애프터눈 티 세트** 월~금요일 2인 HK$596, 토·일·공휴일 2인 HK$656 **추가** 봉사료 10% **메뉴** 영어
영업 12:00~23:00, **선데이 브런치** 11:00~14:30, **애프터눈 티 세트** 15:30~17:30
주소 M/F, Grand Hyatt Hong Kong, 1 Harbour Road, Wan Chai
전화 2584-7722 **지도** MAP 10-C2 **교통** 완짜이 스타페리 선착장을 등지고 오른쪽으로 도보 11분. 또는 MTR 완짜이 Wan Chai 역 하차, 공중회랑과 바로 연결되는 A5번 출구로 나간 뒤 공중회랑을 따라 직진 도보 11분. 그랜드 하얏트 호텔 M/F층에 있다.
GPS 22.281023, 114.171997

One Harbour Road

그랜드 하얏트 호텔을 대표하는 광둥 요리 레스토랑. 7~8/F층의 두 개 층에 걸쳐 있으며 커다란 창 너머로 빅토리아 항이 한눈에 들어온다. 홍콩 역사상 가장 화려한 시대로 추억되는 1930년대의 상류층 저택을 모티브로 꾸민 인테리어는 아늑한 분위기가 인상적이다. 이곳의 대표 메뉴인 Wok-fried Prawns, Spicy Crab Roe Sauce 蟹皇四川蝦球(소 HK$268, 대 HK$468)를 놓치지 말자. 탱글탱글한 새우 살을 매콤한 소스로 볶은 뒤 게장을 바른 요리로 1989년부터 꾸준한 인기를 누려왔다. ❶Crispy "Loong Kong" Chicken 脆皮龍崗雞 (반 마리 HK$292, 한 마리 HK$578)도 꼭 맛봐야 할 메뉴인데 바삭한 닭 껍질과 담백한 닭고기가 훌륭한 조화를 이룬다. 딤섬 메뉴는 신선한 제철 재료를 사용하기 때문에 2주일 단위로 메뉴가 바뀐다.

❶ Crispy "Loong Kong" Chicken (HK$292~)

예산 HK$300~ **추가** 봉사료 10%, 찻값 1인당 HK$35(일반), HK$70(프리미엄)
영업 **점심** 월~토요일 12:00~14:30, 일요일 11:00~15:00, **저녁** 18:30~22:30
메뉴 영어·중국어 **주소** 7-8/F, Grand Hyatt Hong Kong, 1 Harbour Road, Wan Chai
전화 2584-7722 **지도** MAP 10-C2 **GPS** 22.281346, 114.172069
교통 MTR 완짜이 Wan Chai 역 하차, 공중회랑과 바로 연결되는 A5번 출구로 나간 뒤 공중회랑을 따라 직진 도보 11분. 그랜드 하얏트 호텔 7·8/F층에 있다.

奇華餅家 Kee Wah Bakery 할인쿠폰 p.397 강추

81년 전통의 과자 전문점 키와 베이커리의 플래그십 스토어. 베이커리(G/F),
카페(1/F), 쿠킹 클래스(2/F)의 3개 층으로 이루어져 있다. 베이커리의 대표
메뉴는 달콤한 파인애플 빵 Pineapple Shortcake 鳳梨金酥(HK$9.50),
바삭한 에그롤 Butter Eggrolls 牛油蛋卷(HK$18), 노파병 Winter Melon
Pastry 冬蓉老婆餅(HK$10) 등이며, 예쁜 디자인의 선물 세트는 기념품으로도
인기가 높다. 레트로 풍의 아늑한 카페는 골동품 가구와 창밖 풍경이 아름다운
조화를 이룬다. 식빵에 새우와 햄을 얹어 바삭하게 튀긴 Prawn Toast 馳名大
蝦多士(HK$65)처럼 여기서만 맛볼 수 있는 이색 메뉴가 입맛을 돋운다.
쿠킹 클래스(예약 필수 https://studio.keewah.com, studio@keewah.com)
에서는 전통 과자 만들기 체험도 가능하다.

예쁜 모양과 훌륭한 맛의 전통과자

예산 베이커리 HK$9.50~, 카페 HK$100~
영업 09:00~21:30, 일·공휴일 10:00~21:30 주소 G/F, 186–190 Queen's Road East
전화 2898-3662 지도 MAP 10-C5 홈피 www.keewah.com
교통 MTR 완짜이 Wan Chai 역 하차, 도보 6분. A3번 출구를 나와 정면의 횡단보도를 건넌
뒤 오른쪽으로 40m쯤 가면 Lee Tung Avenue 쇼핑가가 있다. 그곳을 가로질러 간 다음 길
끝에서 오른쪽으로 꺾어 10m쯤 가면 오른편에 있다.
GPS 22.275177, 114.171751

福臨門酒家 Fook Lam Moon Restaurant

홍콩 굴지의 광동 요리 레스토랑. 유명인도 즐겨 찾는데 주성치가 단골이다. 한
마리에 수백만 원짜리 전복이 나오는 ❶Dry-aged Japanese Abalone from
Aomori, Oma or Iwate, Braised in Supreme Sauce 蠔皇原隻乾鮑,或鮑脯
(시가), 1인분에 HK$600~1,550인 샥스핀 Shark's Fin 魚翅이 간판 메뉴다.
경제적으로 즐기려면 명물 딤섬을 맛보자. 메뉴 당 HK$55~200로 그리
만만한 가격은 아니지만 다른 메뉴보다는 저렴하다. 양질의 재료를 사용한
새우 만두 Fresh Shrimp Dumplings with Bamboo Shoots 筍尖鮮蝦餃
(HK$80)가 인기 만점이다. 피부에 좋은 샥스핀 만두 Shark's Fin Dumpling
with Superior Broth 魚翅灌湯餃(HK$160)는 여성이 즐겨 찾는다. 딤섬
타임은 언제나 만석이니 예약을 잊지 말자.

❶ Dry-aged Japanese Abalone (시가)

예산 HK$400~ 추가 봉사료 10%. 찻값 1인당 HK$20, 스낵 HK$40,
XO 소스 HK$60(접시당) 영업 런치 11:30~15:00, 디너 18:00~23:00(예약 필수)
휴업 구정 전날과 당일 메뉴 영어·중국어 전화 2866-0663 지도 MAP 10-B4
주소 Shop No.3, Newman House, 35–45 Johnston Road, Wan Chai
홈피 www.fooklammoon-grp.com GPS 22.276740, 114.171068
교통 MTR 완짜이 Wan Chai 역 하차, A3번 출구를 나와 오른쪽으로 도보 4분.

스테이크
(HK$300~)

완탕면 招牌雲呑
(HK$20)

돼지고기 덮밥
叉燒飯 (HK$34)

The Pawn

완짜이의 랜드마크로 유명한
레스토랑. 1888년에 지어진 콜로니얼
양식의 3층 건물이며 원래는 전당포로
사용됐다. 전당포를 뜻하는 'The
Pawn'이란 이름도 그래서 붙은 것.
지금은 바(1/F)와 레스토랑(2/F)으로
이용 중인데 고풍스러운 외관과 달리
내부는 무척 모던하다. 발코니에서는
전차가 오가는 완짜이의 풍경을
바라보며 식사 · 음료를 즐길 수 있다.
메뉴는 시즌별로 다르며 캐주얼한
양식이 주를 이룬다. 자세한 메뉴는
홈페이지에서 확인할 수 있다.

예산 HK$200~ 영업 바 월~목요일
12:00~01:00, 금·토요일 12:00~
02:00, 일요일 11:30~01:00,
레스토랑 브런치 토·공휴일 12:00~
14:00, 일요일 11:30~22:00,
런치 금~금요일 12:00~14:30,
디너 일~목요일 18:00~22:00,
금·토요일 18:00~22:30
메뉴 영어 · 중국어
주소 62 Johnston Road, Wan Chai
전화 2866-3444 지도 MAP 10-B4
교통 MTR 완짜이 Wan Chai 역 하차,
도보 5분, A3번 출구를 나와 오른쪽으로
200m 가면 왼쪽 길 건너편에 있다.
GPS 22.276326, 114.171459

權記雲呑麵
꾼께이완탕민

서민적인 스타일의 국수 전문점. 모든
메뉴가 HK$20~29라는 파격적인
가격 때문에 하루 종일 붐빈다.
그리 빼어난 맛은 아니지만 가볍게
간식삼아 먹기에 좋다. 인기 메뉴는
탱글탱글한 새우가 씹히는 완탕면
招牌雲呑(HK$20)이다. 완탕면
특유의 향이 싫다면 맑은 국물의 어묵
국수 自制魚旦(HK$20)를 먹어보자.
테이블에 놓인 고추기름을 넣으면
국물이 한결 시원해진다. 주문할 때
면의 종류를 선택해야 하는데 우리
입에는 하 河(넙적하게 퍼진 면)나 미
米粉(쌀국수)보다 민 麵(꼬들꼬들한
계란면)이 잘 맞는다.

예산 HK$20~
영업 10:30~20:00
휴업 구정연휴
메뉴 중국어
주소 10 Cross Street, Wan Chai
지도 MAP 10-C5
교통 MTR 완짜이 Wan Chai 역 하차,
도보 5분. 타이윤 시장 중간쯤에 위치한
Cross Street에 있다.
GPS 22.275525, 114.173145

再興燒臘飯店
쪼이힝슈랍판딤

전형적인 홍콩식 로컬 식당. 입구에
돼지고기와 거위가 주렁주렁 매달린
광경이 눈길을 끈다. 주방장이
부지런히 고기를 썰어서 밥 위에
얹어주는 모습도 흥미롭다. 20여
명이 들어가면 꽉 차는 조그만
식당이라 합석은 기본이며 영어는
거의 통하지 않는다. 인기 메뉴는
돼지고기 덮밥 叉燒飯(HK$34)
과 거위고기 덮밥 燒鴨飯(HK$34)
인데, 우리 입에는 달콤한 소스에
재운 쫄깃한 돼지고기 덮밥이 잘
맞는다. 테이블 위에 놓인 소스와
따끈한 차는 맘대로 먹어도 된다.
12:00를 전후한 점심시간에는 무척
붐비니 이때는 피해서 가자.

예산 HK$34~ 영업 09:30~22:00
휴업 일 · 공휴일 · 구정연휴
메뉴 중국어
주소 Shop C1, 265-267 Hennessy
Road, Wan Chai
전화 2519-6639 지도 MAP 10-D4
교통 MTR 완짜이 Wan Chai 역 하차,
A2번 출구를 나와 왼쪽으로 도보 6분.
GPS 22.278192, 114.176787

Paisano's Pizza
(한 조각 HK$45)

Honey Ham in White
Bread (HK$110)

Prawn with Sliced Meat
Noodles (HK$66)

Paisano's Pizzeria

패스트푸드점 스타일의 피자 전문점.
뉴욕 스타일의 두툼한 도우와 푸짐한
토핑이 특징이며 24인치의 특대
사이즈 피자도 판다. 조각 피자 하나에
음료 한 잔이면 한 끼 식사로 충분할
만큼 양이 많아 현지인도 즐겨 찾는다.
소시지 · 페퍼로니 · 버섯 · 올리브 ·
양파를 토핑한 파이사노스 피자
Paisano's Pizza 招牌薄餠(한 조각
HK$45, 14인치 HK$170, 16인치
HK$200, 24인치 HK$340), 심플한
맛의 마르게리타 피자 Margherita
Pizza 拿波里風薄餠(한 조각
HK$35, 14인치 HK$135, 16인치
HK$160, 24인치 HK$270)가
먹을만하다. 피자 외에 샐러드 ·
파스타 · 샌드위치도 취급하며, 음료로
맥주도 선택할 수 있다.

예산 HK$30~ **영업** 09:00~심야
메뉴 영어 · 중국어
주소 5 O'Brien Road, Wan Chai
전화 2573-4554 **지도** MAP 10-D4
교통 MTR 완짜이 Wan Chai 역 하차, 도보
1분. A3번 출구를 나오자마자 왼쪽 뒤로
돌아 40m쯤 가면 오른쪽에 있다.
GPS 22.277179, 114.173469

留園雅叙
Liu Yuan Pavilion

모던한 인테리어가 인상적인 상하이
요리 레스토랑. 해산물을 주재료로
하는 상하이 요리의 특징을 반영하듯
메뉴의 ¼ 정도가 해산물 요리다.
상하이 요리를 대표하는 털게 Crab
大閘蟹(시가)가 추천 메뉴. 단, 상하이
털게의 제철인 10월 중순~12월에만
주문 가능하다. 뜨거운 육즙이 톡
터져 나오는 담백한 씨우롱빠우
Steamed Pork Dumplings 蒸小
籠飽(4개 HK$52), 꿀에 잰 달콤한
생선과 햄을 중국식 빵에 싸 먹는
Honey Ham in White Bread 蜜汁
火肪(2개 HK$110)도 맛있다.

예산 HK$200~ **추가** 봉사료 10%,
찻값 1인당 HK$16~
영업 12:00~15:00, 18:00~23:00
휴업 구정연휴 **메뉴** 영어 · 중국어
주소 3/F, The Broadway, 54-62
Lockhart Road, Wan Chai
전화 2804-2000 **지도** MAP 10-B4
교통 MTR 완짜이 Wan Chai 역 하차,
C번 출구를 나와 왼쪽으로 도보 4분.
The Broadway 빌딩 3/F층에 있다
GPS 22.278023, 114.170872

蝦麵店
Prawn Noodle Shop

분식점을 연상시키는 조그만 식당.
정직하게 맛으로 승부하는 곳이라
손님이 끊이지 않는다. 오랜 동안
완짜이의 맛집으로 인기를 누려왔으나
최근 주인이 바뀌면서 맛이 예전만
못하단 사실이 아쉽다. 식당 이름
그대로 새우를 푹 끓여서 우려낸
감칠맛 나는 국물이 군침을 돌게
하며, 고추기름을 넉넉히 사용한
매콤한 맛도 인상적이다. 짬뽕처럼
얼큰하면서도 달콤한 국물의 Prawn
with Sliced Meat Noodles 蝦肉
肉片麵(HK$66)가 추천 메뉴인데,
돼지고기 · 새우 · 어묵 · 숙주를 듬뿍
넣어 식사로도 거뜬하다. 느끼한 중국
음식에 지친 속을 달래기에도 좋다.

예산 HK$47~ **영업** 11:30~21:00, 일 ·
공휴일 11:30~18:00
휴업 구정연휴 **메뉴** 영어 · 중국어
주소 Shop 4, G/F Rialto Bldg., No. 2,
Landale Street, Wan Chai
전화 2520-0268 **지도** MAP 10-A4
교통 MTR 완짜이 Wan Chai 역 하차, A3번
출구를 나와 오른쪽으로 도보 8분.
GPS 22.277177, 114.169376

Caffe Latte (HK$42~)

Cold Milk Tea without Ice (HK$23)

Tiramisu (HK$46)

Omotesando Koffee

한국인에게도 인기가 높은 일본계 커피 숍. 원래 도쿄의 오모테산도에 있었으나 2016년 이곳으로 자리를 옮겨 왔다. 향과 맛의 밸런스가 절묘한 커피는 진하면서도 깔끔한 뒷맛이 특징이다. 커피 본연의 맛을 즐기려면 Omotesando Koffee(Hot HK$38, Iced HK$45) 또는 Hand Drip Koffee(HK$68) 를 주문하자. 포근한 거품이 가득 담긴 그윽한 향을 즐기기에는 Cafe Latte(싱글 HK$42, 더블 HK$55), Cappuccino(싱글 HK$42, 더블 HK$55)가 좋다. Espresso Macchiato(HK$40)도 맛있다.

예산 HK$32~ 영업 08:00~20:00, 토·일·공휴일 09:00~21:00
메뉴 영어·일어
주소 G24, Lee Tung Avenue, 200 Queen's Road East, Wan Chai
전화 2601-3323 지도 MAP 10-C5
교통 MTR 완짜이 Wan Chai 역 하차, 도보 3분. A3번 출구를 나와 정면의 횡단보도를 건넌 뒤 오른쪽으로 80m쯤 가면 왼편에 Lee Tung Avenue 쇼핑가가 있으며, 그곳 G/F층에 있다.
GPS 22.275707, 114.172457

金鳳茶餐廳
Kam Fung Cafe

서민적인 스타일의 분식점 겸 베이커리. 현지인에게는 '향수를 자극하는 맛'이라 언제나 수많은 손님들로 붐빈다. 특히 주말이면 긴 줄이 늘어설 정도. 국수· 샌드위치·빵·음료를 취급하는데, 진한 향의 쌉쌀한 아이스 밀크 티 Cold Milk Tea without Ice 原裝凍奶茶 (HK$23), 쫄깃 달콤한 파인애플 빵 Pineapple Bun 脆皮波蘿飽(HK$7), 파인애플 빵에 버터를 끼운 Pineapple Bun with Butter 鮮牛油波蘿飽 (HK$10), 달콤한 소를 넣은 Coconut Bun 金鳳鷄尾飽(HK$7)이 맛있다. 음료를 주문하지 않으면 찻값으로 HK$10이 추가되니 주의!

예산 HK$23~ 영업 06:45~19:00
메뉴 영어·중국어
주소 41 Spring Garden Lane, Wan Chai
전화 2572-0526 지도 MAP 10-C5
교통 MTR 완짜이 Wan Chai 역 하차, 도보 5분. A3번 출구를 나와 정면의 횡단보도를 건넌 뒤 오른쪽으로 40m쯤 가면 Spring Garden Lane과 만난다. 그 길로 들어가 100m쯤 직진하면 오른쪽에 있다.
GPS 22.275420, 114.172591

Passion by
Gerard Dubois

강추

세련된 스타일의 베이커리 겸 카페. 스위스 출신의 스타 파티시에 제랄드 뒤부와 Gerard Dubois가 운영한다. 화덕에서 전통 방식으로 굽는 프랑스 빵과 디저트· 샌드위치가 맛있다. 매장 입구에는 빵, 가운데에는 디저트·케이크, 안쪽에는 샌드위치·샐러드· 키슈 판매대가 있다. 가벼운 식사는 물론 디저트와 음료를 한 자리에서 즐길 수 있어 편리하다. 100여 가지 빵과 디저트를 취급하는데 추천 메뉴는 달콤 쌉싸름한 티라미수 Tiramisu(HK$46)와 고소한 크루아상 AOP French Butter Croissant(HK$21)이다.

예산 HK$21~ 영업 08:00~22:00
메뉴 영어·중국어
주소 G11, Lee Tung Avenue, 200 Queen's Road East, Wan Chai
전화 2833-6778 지도 MAP 10-C4
교통 MTR 완짜이 Wan Chai 역의 A3번 출구를 나와 오른쪽으로 도보 3분. Lee Tung Avenue 쇼핑가가 G/F층에 있다.
GPS 22.275576, 114.172159

買 SHOPPING

1 · 2 이국적인 멋이 감도는 리퉁 애버뉴 쇼핑가.

利東街 Lee Tung Avenue

유럽의 거리를 모티브로 꾸민 로맨틱한 쇼핑가. 파스텔 톤의 건물과 노천 테이블이 딸린 카페 등 이국적인 분위기 때문에 데이트 코스로도 인기가 높다. 쇼핑가 입구에 신혼부부의 조각이 놓여 있는 것은 원래 이 일대가 청첩장 인쇄소 골목으로 유명했기 때문이다. 패션 · 주얼리 · 화장품 · 문구 · 잡화 · 스위트를 취급하는 숍이 주를 이루며, '청첩장 거리'의 전통을 잇는다는 의미로 청첩장 및 웨딩 업체가 많은 것도 눈에 띄는 특징이다. 요쿠모쿠 Yoku Moku, Ms B's Cakery 등 유명 베이커리와 수제 유기농 빵으로 유명한 벨기에의 브런치 카페 르 팽 코티디앵 Le Pain Quatidien이 있다는 사실도 알아두면 좋을 듯!

영업 11:00~20:00(숍마다 다름)
주소 200 Queen's Road East, Wan Chai
전화 3791-2304 홈피 www.leetungavenue.com.hk
지도 MAP 10-C4
교통 MTR 완짜이 Wan Chai 역 하차, D번 출구와 바로 연결된다. 또는 A3번 출구를 나와 정면의 횡단보도를 건넌 뒤 오른쪽으로 80m쯤 가면 왼편에 있다.
GPS 22.276369, 114.172534

香港 · 設計廊
HKTDC Design Gallery

홍콩 무역진흥협회에서 직영하는 갤러리. 홍콩 상품의 창의성과 우수한 디자인을 홍보하는 곳답게 유명 디자이너가 개발한 개성 만점의 신상품을 가장 먼저 선보인다. 세련된 디자인은 물론 기발한 아이디어 상품도 풍부하다.

영업 10:30~19:30 전화 2584-4146
주소 G/F, Hong Kong Convention & Exhibition Centre, 1 Harbour Road
지도 MAP 10-D2
교통 MTR 완짜이 Wan Chai 역의 A5번 출구에서 도보 12분. 홍콩 컨벤션 & 엑시비션 센터 구관 G/F층에 있다.
GPS 22.280946, 114.173505

太原街
Tai Yuen Street Market

서울의 남대문 시장에 비견되는 재래시장. 생필품 · 식료품 · 액세서리 · 장난감이 주력 상품이다. 특히 일제 장난감 · 캐릭터 상품 · 프라모델을 취급하는 상점과 노점이 많은데, 현지인을 상대하는 곳이라 웡꼭 · 야우마떼의 시장보다 값이 싸다. 장난감 상점은 시장 입구, 기념품 · 액세서리 노점은 시장 중간쯤에 모여 있다. 물건 가격은 상점보다 노점이 저렴하다.

영업 10:00~20:00 지도 MAP 10-C4
교통 MTR 완짜이 Wan Chai 역 하차, 도보 1분. A3번 출구를 나와 정면의 횡단보도를 건넌 뒤 오른쪽에 KFC가 있는 골목으로 들어간다.
GPS 22.276447, 114.173153

灣仔電腦城
Wanchai Computer Centre

80여개의 숍이 모여 있는 미니 전자상가. 취급하는 상품은 PC 부품 · 노트북 PC · 스마트폰 · 디지털 카메라 · 게임 등이며 가격은 썸쑤이뽀우의 전자상가(p.375)보다 살짝 비싸다. 아주 매력적인 쇼핑 포인트는 아니지만 하드웨어에 관심이 있다면 재미삼아 들러볼만하다. 단, 정품과 짝퉁이 뒤섞여 있으니 꼼꼼한 비교와 가격 흥정은 필수다.

영업 11:00~20:00 휴무 구정연휴
지도 MAP 10-D4 교통 MTR 완짜이 Wan Chai 역 하차, A4번 출구를 나오자마자 바로 왼쪽에 있다.
GPS 22.277450, 114.173190

CAUSEWAY
BAY

코즈웨이 베이 銅鑼灣

볼거리 ★★☆☆☆
먹거리 ★★★★☆
쇼 핑 ★★★★☆
유 흥 ★☆☆☆☆

서울의 명동에 비견되는 이곳은 1년 365일 인파가 끊이지 않는 홍콩 제일의 번화가다. 홍콩 섬 최고의 쇼핑가로도 명성이 자자한데, 이런 사실을 반증하듯 메인 스트리트인 Hennessy Road에서 Yee Wo Street까지 뻗은 대로에는 백화점과 상점이 줄줄이 이어진다. 주말이면 홍콩 전역에서 몰려나온 사람들로 발 디딜 틈 없이 붐비며, 대낮처럼 환하게 불을 밝힌 쇼핑가의 풍경이 홍콩의 잠들지 않는 밤을 보여준다.

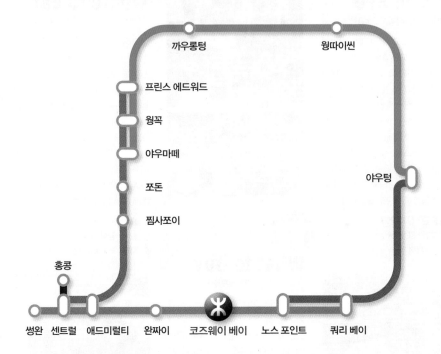

코즈웨이 베이로 가는 방법

MTR 아일랜드 선의 코즈웨이 베이 Causeway Bay 銅鑼灣 역 하차
출구가 무척 많으니 역 구내의 안내도를 보고 출구 위치부터 확인한 뒤 움직이자. 주요 볼거리는 D1·E·F번 출구에서 가깝다.

Tram 소고 백화점 Sogo Department Store 宗光 인근의 Paterson Street 百德新街 (53E·48W) 정류장 하차
센트럴·썽완·완짜이 등에서 갈 때 이용하면 편리하다. MTR보다 시간이 오래 걸리지만 요금은 절반 이하. 창밖으로 펼쳐지는 풍경도 볼만하다. 해피 밸리 Happy Valley 跑馬地 행을 제외한 모든 노선이 코즈웨이 베이를 경유한다.

causeway bay
quick guide

S How to See
시계 방향으로 움직여야 효율적

지역이 협소하고 볼거리가 빈약해 돌아보는 데 오랜 시간이 걸리진 않는다. 명소 위주로 볼 때는 눈 데이건→코즈웨이 베이 타이푼 셀터→빅토리아 공원→중앙 도서관→뽀링꾹 역사 박물관→해피 밸리 경마장→홍콩 경마 박물관의 순서, 즉 시계 방향으로 코스를 잡는 게 효율적이다. 쇼핑이 목적이라면 패션 워크 · 하이산 플레이스 · 타임즈 스퀘어 등 대형 쇼핑몰 중심으로 돌아본다.

박물관 · 전시관 ★☆☆
건축물 · 공원 ★☆☆
유적 · 사적지 ★☆☆

B What to Buy
인기 브랜드가 총망라

코즈웨이 베이는 홍콩의 4대 쇼핑가 가운데 하나다. 현지인에게 인기가 높은 로컬 패션 브랜드는 물론, 우리에게도 친숙한 수입 명품, 일본에서 핫하게 뜨고 있는 트렌디한 스트리트 패션까지 온갖 아이템을 취급하는 숍이 가득하다. 또한 아기자기한 소품이 풍부한 IKEA · Franc franc 등 가구 · 인테리어 매장과 토이자러스 등의 토이 · 장난감 숍도 놓치기 힘든 쇼핑 명소다.

패션 · 액세서리 ★★★
인테리어 ★★★
화장품 · 잡화 ★★★

E Where to Eat
현지인이 즐겨 찾는 식도락가

코즈웨이 베이의 매력은 중식 · 양식 · 한식 · 일식 · 디저트 등 다양한 음식을 맛볼 수 있다는 것이다. 젊은층이 선호하는 트렌디한 스타일의 레스토랑은 하이산 플레이스 · 타임즈 스퀘어 · 월드 트레이드 센터 등 대형 쇼핑몰의 식당가에 모여 있다. 현지인이 즐겨 찾는 맛집 거리로는 MTR 코즈웨이 베이 역의 C번 출구 앞에 위치한 Lockhart Road와 Jaffe Road가 유명하다.

중식 ★★★
일식 · 양식 ★★★
카페 ★★★

❶ 해피 밸리 경마장   p.250

홍콩에서 가장 오랜 역사를 가진 경마장. 시즌 중에는 박진감 넘치는 경기가 열린다. 내부의 박물관에서는 19세기 중반부터 시작된 홍콩의 경마 역사를 살펴볼 수 있다.

볼거리 ★☆☆   먹거리 ★☆☆   쇼핑 ☆☆☆

❷ 타임즈 스퀘어   p.258

코즈웨이 베이의 인기 쇼핑몰. 트렌디한 브랜드가 많이 입점해 있어 20~30대가 즐겨 찾는다. 10~13/F층에는 유명 맛집이 모인 식당가도 있다.

볼거리 ☆☆☆   먹거리 ★★★   쇼핑 ★★★

❸ 하이산 플레이스   p.259

100여 개의 숍이 입점한 대형 쇼핑몰. 중급 브랜드의 트렌디한 숍이 많은 게 특징이다. 특히 홍콩에서 인기가 높은 일본 패션 브랜드가 풍부하다.

볼거리 ☆☆☆   먹거리 ★★☆   쇼핑 ★★★

❹ 맛집 거리

Lockhart Road와 Jaffe Road는 현지인이 즐겨 찾는 맛집 거리. 저렴한 로컬 레스토랑은 물론 유명 맛집과 디저트 숍이 도로를 따라 즐비하다.

볼거리 ☆☆☆   먹거리 ★★★   쇼핑 ☆☆☆

❺ 눈 데이 건   p.247

이름 그대로 매일 정오에 대포를 쏘는 곳. 170여 년의 유서 깊은 역사를 간직하고 있다. 시간을 맞춰 가면 귀청을 울리는 굉음과 함께 대포가 발사되는 모습을 볼 수 있다.

볼거리 ★☆☆   먹거리 ☆☆☆   쇼핑 ☆☆☆

❻ 패션 워크   p.261

홍콩에서 가장 발달한 쇼핑가. 거리를 따라 일본·유럽의 인기 패션 브랜드 숍이 모여 있다. 안쪽에는 세련된 스타일의 레스토랑이 모인 식당가도 있다.

볼거리 ☆☆☆   먹거리 ★★☆   쇼핑 ★★★

❼ 빅토리아 공원   p.248

1957년에 문을 연 홍콩 최대의 공원. 깔끔하게 정비된 녹지와 함께 여러 체육 시설을 갖춰 놓아 현지인들이 즐겨 찾는다. 조깅과 산책의 명소로도 인기가 높다.

볼거리 ★☆☆   먹거리 ☆☆☆   쇼핑 ☆☆☆

❽ 명품 쇼핑가

코즈웨이 베이를 대표하는 명품 쇼핑가. 디올·구찌·샤넬 등 인지도 높은 유명 브랜드가 모두 모여 있어 발품 팔지 않고도 만족도 높은 쇼핑을 즐길 수 있다.

볼거리 ☆☆☆   먹거리 ☆☆☆   쇼핑 ★★★

best course

코즈웨이 베이의 주요 관광지와 3대 쇼핑 명소를 모두 돌아보는 코스. 단, 주말은 반드시 피해서 가자! 이때는 홍콩 전역에서 몰려나온 현지인들 때문에 여행은 고사하고 길을 걷기조차 힘들다. 대부분의 숍이 10:00~11:00에 오픈하며, 눈 데이 건 역시 12:00에 맞춰 가야 대포 쏘는 모습을 볼 수 있으니 너무 서둘러 갈 필요는 없다. 쇼핑에 관심이 없다면 패션 워크~타임즈 스퀘어 대신 '중앙 도서관→뽀렁꾹 역사 박물관→해피 밸리 경마장→홍콩 경마 박물관'의 순으로 유명 명소를 구경하자. 예상 소요시간에는 큰 차이가 없다.

출발점 MTR 코즈웨이 베이 역의 D1번 출구
예상 소요시간 6시간~

▼ 코즈웨이 베이 역 D1번 출구를 나오면 이렇게 보여요.

소고 백화점

Lockhart Road

눈 데이 건 · 코즈웨이 베이 타이푼 셸터

눈 데이 건

빅토리아 공원

start

도심 속의 한적한 휴식처
빅토리아 공원.

1 ———— 도보 8분 ———— **2** ———— 바로 앞 ———— **3** ———— 도보 5분 ———— **4**

코즈웨이 베이 역

정오가 되면 어김없이 발사하는 눈 데이 건.

코즈웨이 베이 타이푼 셸터

호화 요트가 정박해 있는
코즈웨이 베이 타이푼 셸터.

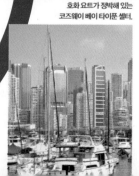

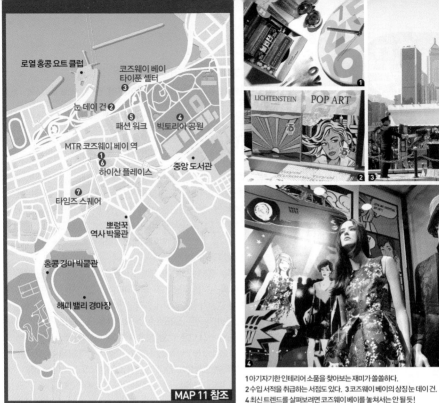

로열 홍콩 요트 클럽

코즈웨이 베이
타이푼 셸터
3

눈 데이 건 **2**

5 패션 워크

코즈웨이 베이
타이푼 셸터

4 빅토리아 공원

MTR 코즈웨이 베이 역
1
6
하이산 플레이스

중앙 도서관

7 타임즈 스퀘어

뽀렁꾹
역사 박물관

홍콩 경마 박물관

해피 밸리 경마장

MAP 11 참조

1 아기자기한 인테리어 소품을 찾아보는 재미가 쏠쏠하다.
2 수입 서적을 취급하는 서점도 있다. 3 코즈웨이 베이의 상징 눈 데이 건.
4 최신 트렌드를 살펴보려면 코즈웨이 베이를 놓쳐서는 안 될 듯!

최신 유행 흐름을 고스란히
반영하는 패션 워크.

하이산 플레이스

타임즈 스퀘어

| 도보 5분 | **5** | 도보 5분 | **6** | 도보 5분 | **7** |

패션 워크

대형 쇼핑몰인 하이산 플레이스와
타임즈 스퀘어에는 젊은층이
열광하는 세련된 숍이 가득하다.

SIGHTSEEING

몇몇 역사적 명소와 대형 공원을 제외하면 이렇다할 볼거리가 없다. 오히려 쇼핑과 식도락에 집중하는 게 코즈웨이 베이를 제대로 즐기는 요령! 메인 쇼핑가는 타임즈 스퀘어와 하이산 플레이스를 중심으로 형성돼 있다.

Best Spot

★★☆☆☆ 눈 데이 건, 중앙 도서관
해피 밸리 경마장
주술 골목
★☆☆☆☆ 빅토리아 공원
뽀랑꾹 역사 박물관
코즈웨이 베이 타이푼 셸터
홍콩 경마 박물관

避風塘 코즈웨이 베이 타이푼 셸터 ★☆☆☆☆
Causeway Bay Typhoon Shelter 발음 베이펑텅 지도 MAP 11-C1
교통 MTR 코즈웨이 베이 Causeway Bay 역 하차. 도보 8분. D1번 출구를 나와 오른쪽으로 60m쯤 가면 삼거리가 있다. 삼거리에서 왼쪽으로 방향을 꺾어 150m쯤 직진하면 The Excelsior 호텔 맞은편에 Wilson Parking 지하 주차장으로 내려가는 입구가 보인다. 그 안으로 들어가 벽에 붙은 눈 데이건 Noon Day Gun 표지판을 따라간다. 지하도를 나오면 바로 앞에 있다. GPS 22.282771, 114.183985

태풍에 대비해 만든 홍콩 최초의 선박 피난소. 거대한 방파제가 빅토리아 항을 따라 길게 이어진다. 원래의 타이푼 셸터는 1883년 완공됐는데, 불과 20년 뒤인 1903년 공간 부족으로 확장 공사의 필요성이 제기됐다. 그러나 예산 부족으로 공사를 차일피일 미루다 1906년 9월에 급습한 초대형 태풍으로 1만 5,000명의 목숨과 3,653척의 선박을 잃은 뒤 본격적인 확장 공사가 진행됐다.

지금의 타이푼 셸터는 1960년대에 조성된 것으로 26만㎡의 공간에 7,000여 척의 선박을 수용할 수 있다. 여기서는 천양지차로 벌어진 홍콩의 빈부 격차가 적나라하게 드러난다. 방파제를 기준으로 서쪽은 호화 요트 군단, 동쪽은 초라한 수상가옥에 점령돼(?) 있는 것. 선착장에는 영국 왕실에서 하사 받은 '로열' 칭호가 그대로 유지된 로열 홍콩 요트 클럽 Royal Hong Kong Yacht Club이 있다. 낡디 낡은 수상가옥은 쓰레기더미처럼 보일 정도인데, 기온이 조금만 오르면 역한 하수구 냄새가 코를 찔러 가까이 가고 싶은 생각이 절로 사라진다.

1 호화 요트가 즐비한 로열 홍콩 요트 클럽.
2 1960년대의 코즈웨이 베이 타이푼 셸터.
3 타이푼 셸터 동쪽에는 허름한 수상가옥이 모여 있다.

午炮 눈 데이 건 ★★☆☆☆

Noon Day Gun 閏 웡파우

開館 07:00~24:00, 포대 개방 12:00~12:30
요금 무료 지도 MAP 11-B2
교통 MTR 코즈웨이 베이 Causeway Bay 역 하차. 도보 8분. D1번 출구를 나와 오른쪽으로 60m쯤 가면 삼거리가 있다. 삼거리에서 왼쪽으로 방향을 꺾어 150m쯤 직진하면 The Excelsior 호텔 맞은편에 Wilson Parking 지하 주차장으로 내려가는 입구가 보인다. 그 안으로 들어가 벽에 붙은 눈 데이건 표지판을 따라간다. 지하도를 나오자마자 왼쪽 뒤편에 있다.
GPS 22.282640, 114.183904

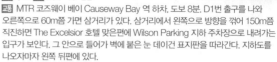
눈 데이건 표지판

이름 그대로 매일 정오에 쏘는 대포. 1840년부터 일본 강점기 (1941~1947)를 제외한 170여 년 동안 하루도 거르지 않고 대포를 쏴왔다. 1924년에는 영국의 유명 극작가이자 가수인 노엘 카워드 Noel Coward 가 영국군과 눈 데이 건을 주제로 만든 풍자곡 '매드 독스 앤드 잉글리시맨 Mad Dogs and Englishmen'을 히트시키면서 순식간에 유명해졌다. 현재 눈 데이 건이 놓여 있는 자리는 1844년 마카오에서 이전해온 자딘 매드슨 사의 본사가 있던 곳이다. 안타깝게도 처음 사용하던 대포는 일본에 점령당한 1941년 12월에 사라져버렸으며, 제2차 세계대전이 끝난 뒤 영국 해군에서 양도받은 6파운드짜리 대포가 그 자리를 대신했다. 1961년에는 대포의 소음이 문제시돼 지금의 3파운드짜리 해군 속사포로 대체됐다.

매일 12:00 정각에 대포 옆에 놓인 종을 울리고 대포를 쏘는데 의외로 요란한 소리에 깜짝 놀라기 십상이다. 홍콩이 중국에 반환되기 전까지는 포수(砲手)의 제복이 흰색의 영국 해군복이었으나 지금은 짙은 색의 중국 군복으로 바뀌었다. 대포를 쏜 직후 포대를 개방하는 30분 동안 대포 바로 앞에서 사진을 찍을 수 있다.

흥미로운 점은 눈 데이 건을 탄생(?)시킨 자딘 매드슨사의 설립자가 사실은 아편 밀무역으로 거부가 된 윌리엄 자딘 William Jardine과 제임스 매드슨 James Matheson이라는 것이다. 그들로 인해 아편전쟁(1840~1842)이 발발하고 홍콩이 영국의 수중에 넘겨졌음은 누구나 아는 사실! 아이러니하게도 현재 자딘 매드슨사는 8개 계열사를 거느린 홍콩 제일의 기업으로 승승장구하고 있다.

1 정오가 되면 종을 울리고 대포를 발사한다.
2 대포에서는 깜짝 놀랄 만큼 요란한 소리가 난다.
3 1961년부터 사용 중인 눈 데이건.

눈 데이 건의 기원

19세기의 홍콩은 잘 나가는 무역항이었지만 그만큼 해적의 약탈도 기승을 부렸다. 당시 영향력이 큰 회사였던 자딘 매드슨 사는 해적의 공격에 대비해 자체적으로 방어용 대포를 설치했다. 그러나 원래 대포는 군에서만 사용할 수 있었고 민간인은 소유조차 금지돼 있었다. 그럼에도 불구하고 자딘 매드슨 사는 사장이 탄 배가 빅토리아 항을 지날 때면 예포를 쏘는 의식까지 거행했다. 그러던 어느 날 신임 해군제독이 이 앞을 지나다 대포 소리에 깜짝 놀라는 사건이 발생했다. 결국 자딘 매드슨 사의 '황당 스토리'를 알게 된 제독은 격분해 그들에게 매일 정오, 시간을 알리는 대포를 쏘게 만들었다고.

1 드넓은 녹지의 공원. 구정
무렵에는 홍콩 최대의 꽃 시장이
열린다.
2 공원의 입구를 지키고 있는
빅토리아 여왕의 동상.

維多利亞公園 빅토리아 공원

★☆☆☆☆

Victoria Park 웨이또레이아꽁윤 지도 MAP 11-D2
교통 MTR 코즈웨이 베이 Causeway Bay 역 하차, E번 출구를
나와 왼쪽으로 도보 4분.
GPS 22.281035, 114.189430

1957년 10월 개장한 홍콩 최대(最大)의 공원. 지금의
이름은 입구에 놓인 빅토리아 여왕의 동상에서
유래했다. 이 동상은 원래 센트럴의 황후상 광장
(p.158)에 있던 것인데, 제2차 세계대전 당시 일본군에
약탈당한 것을 되찾아다 지금의 자리에 세워놓았다.
흥미로운 점은 지금의 공원 터가 원래는 육지가
아니라 바다였다는 사실이다. 어선이 태풍을 피하던
타이푼 셸터는 원래 이곳에 있었다. 1950년대 대규모
간척사업으로 육지를 만들고 그 자리에 지금의 공원을
조성한 것. 공원 안에는 누구나 자유로이 이용할 수
있는 축구장 · 농구장 · 수영장 · 조깅 코스 등 다양한
체육시설이 갖춰져 있다. 이른 아침이나 땅거미가 질
무렵이면 태극권을 즐기는 사람들로 북적인다. 주말 ·
공휴일에는 홍콩에서 가사 도우미로 일하는 인도네시아
출신 여성들이 모여 이야기꽃을 피우는 모습을 볼 수
있으며 조그만 벼룩시장도 선다.

香港中央圖書館 중앙 도서관

★★☆☆☆

Central Library 헝꽁쭝옝토쒀꾼
기간 월 · 화 · 목~일요일 10:00~21:00,
수요일 13:00~21:00, 공휴일 10:00~19:00
휴관 1/1, 구정연휴 3일간, 부활절 전 금요일, 12/25 · 26
지도 MAP 11-D2
교통 MTR 코즈웨이 베이 Causeway Bay 역 하차, E번 출구를
나와 왼쪽으로 도보 8분. 또는 트램 Victoria Park 維多利亞公園
(57E · 42W) 정류장 바로 앞. GPS 22.280092, 114.189510

빅토리아 공원 맞은편에 있는 12층짜리 건물. 홍콩 최대의
도서관으로 신고전주의와 포스트 모더니즘 양식이 결합된
독특한 디자인이 멋스럽다. 안으로 들어가면 건물 가운데
부분이 뻥 뚫려 있어 더욱 인상적이다. 200만 권에 달하는
장서 외에 1만 2,000여 장의 CD · DVD도 소장하고
있는데 누구나 자유로이 열람할 수 있다. 특히 눈에 띄는
곳은 5/F층의 신문 · 잡지 코너. 전망 테라스 스타일로
꾸며져 시민들의 휴식처로도 인기가 높다. 창 너머로는
빅토리아 공원과 찜사쪼이의 멋진 전망이 펼쳐진다.

1 웅장한 규모를 자랑하는 중앙 도서관.
2 전망 테라스 스타일의 5/F층 열람실.

打 ★★☆☆☆
小人 주술 골목

Villain Hitting 발음 따씨우얀 영업 오전~일몰
지도 MAP 11-A3 GPS 22.279225, 114.181186
교통 MTR 코즈웨이 베이 Causeway Bay 역 하차, B번 출구를
나와 오른쪽으로 도보 4분.

악인에게 저주를 내리는 주술을 행하는 곳. '영적
기운이 충만한 곳'이라고 믿는 캐널 로드 Canal Road
의 고가도로 밑에 10여 명의 주술가 할머니가 모여 있다.
저주를 내리고 싶은 상대를 말하면 종이 인형 · 호랑이에
이름을 적은 뒤 신발로 마구 때리고 불에 태우는데,
이렇게 하면 당사자에게 실제로 저주가 내린다고 한다.
복채는 HK$50~150 수준이다. 이는 호랑이의 습격을
막으려는 민간신앙이 변형된 것으로 홍콩을 비롯한 중국
남부 지역에서 오래 전부터 행해온 주술이다.

에어컨이 빵빵해 잠시 쉬어가기에도 좋다.

保 ★☆☆☆☆
良局歷史博物館 뽀렁꾹 역사 박물관

Po Leung Kuk Museum 발음 뽀렁꾹릭시뽁맛꾼
개관 월~토요일 09:30~17:30 휴관 일 · 공휴일
요금 무료 지도 MAP 11-C3 GPS 22.276773, 114.184846
교통 MTR 코즈웨이 베이 Causeway Bay 역 하차, F번 출구를
나와 오른쪽으로 도보 10분.

1878년 설립된 자선 구호 단체 뽀렁꾹 保良局을 소개하는
박물관. 부녀자 유괴를 방지할 목적으로 설립됐으며,
지금은 사회 · 교육 · 건강 · 문화 · 의료 등 다방면에 걸친
구호활동을 벌이고 있다. 조그만 전시실에는 뽀렁꾹의
역사를 보여주는 문서와 사진, 그리고 여기서 활동한 자선
사업가들의 초상화가 걸려 있다.

홍콩 영화계의 빛나는 별, 장국영을 기억하나요?

1980~1990년대 홍콩 영화 황금기의 중심에 우뚝 선 배우 장국영. 〈영웅본색〉·〈천녀유혼〉·〈아
비정전〉·〈패왕별희〉 등 우리 기억에 각인된 수많은 영화를 남기고 2003년 4월 1일 거짓말처럼 우
리 곁을 떠났다. 장국영을 기억하는 팬이라면 그가 좋아하던 곳이나 그를 추모하는 장소를 찾아
뜻 깊은 추억을 만들어보자.

구 장국영 자택 장국영이 마지막까지 살던 곳. 인적이 드문 고급 주택가에 위치한 자그마한 빌라
스타일의 집이다. 현관 앞에는 언제나 그를 추모하는 꽃다발이 놓여 있다.
주소 32A Kadoorie Avenue, Mong Kok 지도 21-D2 교통 MTR 웡꼭 Mong Kok 역 하차, D2번 출구
를 나와 정면으로 도보 15분. GPS 22.322688, 114.177168

Mandarin Oriental Hotel 장국영이 생을 마감한 곳이자 생전에 즐겨 찾던 곳.
자주 이용하던 피트니스 클럽, 클리퍼 라운지(p.179) 등 호텔 곳곳에 그의 흔적이
서려 있다. 4월 1일이면 호텔 앞에 전 세계의 팬들이 보낸 흰색 꽃다발과 편지로
뒤덮이는데, 장국영은 백합과 흰 꽃을 무척 좋아했다(p.521).

Madame Tussauds 장국영의 밀랍인형을 볼 수 있다. 100% 닮진 않았지만
〈패왕별희〉의 의상을 입은 모습 그대로 그가 서 있다. 생전의 모습을 담은 사진이
장국영의 인형을 둘러싸고 있어 그의 부재가 더욱 아쉽게 다가온다(p.215).

The Spices 푸른 바다가 내려다보이는 운치 있는 아시아 요리 레스토랑. 장국영이 조카 · 친구들과 자주 찾던 곳이다. 따사
로운 햇살이 비치는 야외 테이블에서 바다를 바라보며 즐거운 한때를 보내던 모습을 옛 사진에서도 찾아볼 수 있다(p.281).

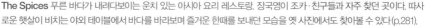

跑 ★★☆☆☆
馬地馬場 해피 밸리 경마장
Happy Valley Racecourse 발음 빠오마떼이마청

기관 경마 일정에 따라 다름 요금 HK$10~
홈페 www.hkjc.com 지도 MAP 11-B4
교통 해피 밸리 Happy Valley 행 트램을 타고 종점인 Happy Valley
Terminus 跑馬地總站 하차. 트램 진행방향으로 250m 쯤 가면 경마장
입구가 있다.
GPS 22.271025, 114.181927

1 경마 시합이 없을 때는 체육 시설이 개방된다.
2 잔디가 두껍게 깔린 경주 트랙.

지축을 울리는 말발굽 소리와 우레 같은 함성이 울려 퍼지는
곳. 원래 이곳엔 영국군 주둔지가 있었다. 하지만 1840
년대 초 말라리아가 창궐해 사망자가 속출하자 주둔지를
폐쇄하고 거대한 공동묘지를 만들었다. 이때 붙여진 이름이
역설적이게도 '해피 밸리'였다. 1846년에는
계곡에 둘러싸인 U자형의 지형을 살려 공동묘지를
경마장으로 개발하고 지금과 같은 모습을 갖췄다.
경마는 주로 9~6월 평일 밤에 열리며 자세한 스케줄은
홈페이지에서 확인할 수 있다. 마권은 G/F층의 카운터에서
판매한다. 베팅 방식은 1등마를 맞추는 단승식 Win,
1~3등마를 순서대로 맞추는 연승식 Place, 순서에 상관없이
1·2등마를 맞추는 복승식 Quinella, 순서에 상관없이 1~3
등마 가운데 두 마리를 맞추는 복연승식 Quinella Place 등
12가지가 있으며 최저 베팅 금액은 HK$10이다.
경마장 한가운데에는 축구장·럭비장·조깅 코스가 만들어져
있다. 경마 시합이 없을 때는 누구나 자유로이 이용할 수
있으니 초록빛 트랙을 좀더 가까이서 느끼려면 들어가보자.
홍콩 경마 박물관을 등지고 오른쪽, 지하주차장으로 이어지는
통로로 들어가면 된다. 요금은 무료이며 'Infield 中場席'
표지판을 따라가면 쉽게 찾을 수 있다.

해피 밸리는 어떤 곳?

경마장이 위치한 해피 밸리 일대는 홍콩에서
도 손꼽히는 부촌이다. 강남의 아파트 값이 대
한민국의 부동산 시세를 좌우하는 것처럼 해
피 밸리 역시 홍콩 부동산 시장의 바로미터 역
할을 한다. 이곳은 드라마 촬영지로 인기가 높
은 것은 물론, 홍콩 연예계 스타가 즐겨 찾는
레스토랑이 많아 파파라치의 주요 활동무대로
도 명성(?)이 자자하다.

기수의 몸무게를 재던 저울.

香 ★☆☆☆☆
港賽馬博物館 홍콩 경마 박물관
Hong Kong Racing Museum 발음 헝꽁초이마뽁맛꾼

기관 12:00~20:30, 야간 경기일 12:00~21:00 요금 무료 지도 MAP 11-A4
교통 MTR 코즈웨이 베이 Causeway Bay 역 하차, A번 출구에서 도보 15분. 또는
센트럴의 익스체인지 스퀘어에서 90·97번 버스를 타고 Happy Valley Racecourse
하차, 버스 진행방향으로 도보 2분. GPS 22.274355, 114.179948

해피 밸리 경마장 2/F층에 있는 미니 박물관. 첫 경기가 열린 1846년부터
지금까지 홍콩 경마의 역사를 소개하는 자료가 전시돼 있다. 특히 눈에
띄는 것은 1860~1870년대의 트로피, 1918~1950년대의 경마 잡지,
1933~1978년의 마표(馬票) 컬렉션 등이다. 박물관 제일 안쪽에는 기수의
몸무게를 잴 때 사용하던(1975~1985년) 빨간색의 커다란 저울도 놓여
있다.

RESTAURANT

❸ Baked Aus. Lobster & Fried Rice-Vermicelli in Supreme Sauce (시가)

📋 HK$180~
추가 봉사료 10%, 찻값 1인당 HK$14.80
영업 11:00~03:00
휴업 구정연휴 첫날 메뉴 영어 · 중국어
주소 9/F, Causeway Bay Plaza 2,
463-483 Lockhart Road, Causeway Bay
전화 2893-0822 지도 MAP 11-C4
교통 MTR 코즈웨이 베이 Causeway Bay 역
하차, 도보 2분. C번 출구를 나와 왼쪽으로
30m쯤 가면 나오는 사거리에서 오른편 대각선
방향으로 보이는 건물인 Causeway Bay Plaza 2
의 9/F층에 있다.
GPS 22.280541, 114.182258

게임에서 이기면 선물을 드려요

매니저 Mr. Raymond Shin

❶ Pan Fried Prawns with Soy Sauce (HK$188)

▌太湖海鮮城 Tai Woo Restaurant 할인 쿠폰 p.397 강추

해산물 요리로 정평이 난 레스토랑.《미쉐린》가이드에도 맛집으로 소개됐으며, 다년간의 '홍콩 미식대상' 수상 경력이 말해주듯 음식 하나는 끝내준다. 매니저 Raymond Sinn씨가 테이블을 돌아다니며 손님들에게 중국식 다기를 이용한 '차 따르기 이벤트'를 제안하는 것도 재미있다. 차를 한 방울도 흘리지 않고 찻잔에 따르면 중국차나 다기를 선물로 준다.

Best Menu 통통하게 살이 오른 자이언트 새우를 센 불에 볶은 뒤 간장 소스와 파로 맛을 낸 ❶Pan Fried Prawns with Soy Sauce 甜醬油煎海中蝦(HK$188)가 인기 만점. 탱글탱글한 새우살과 달콤한 소스의 조화가 일품이다. 새끼 돼지 한 마리를 통째로 구운 ❷Roasted Suckling Pig 脆皮BB豬(반 마리 HK$238, 한 마리 HK$468)는 바삭한 껍질과 어우러진 부드러운 속살의 식감이 인상적이다. 호주 산 랍스터와 볶은 쌀국수가 다채로운 맛을 연출하는 ❸Baked Aus. Lobster & Fried Rice-Vermicelli in Supreme Sauce 金湯焗澳州龍蝦(시가)와 살짝 익힌 소고기를 간장 소스에 재워 낸 Crispy Juicy Stewed Beef 三弄回味牛肉(HK$198)도 이 레스토랑의 대표 메뉴다. ❹하가우 太湖蝦餃皇(HK$48) · 씨우마이 鮮蝦燒賣皇(HK$48) · 완탕면 鮮蝦雲吞麵(HK$48) 등의 딤섬과 일곱 가지 요리를 정상가의 절반에 맛볼 수 있는 한국인 스페셜 세트 Menu for Korean(2인 HK$688)도 먹을만하다.

❹ 딤섬 (HK$48~)

❷ Roasted Suckling Pig (HK$238~468)

③ Shrimp & Scallops
Dumplings (HK$80)

예산 HK$250~
추가 봉사료 10%, 찻값 1인당 HK$15
영업 11:00~17:00, 18:00~22:00
휴업 구정연휴 **메뉴** 한국어 · 영어 · 중국어
주소 G/F, 63 Sing Woo Road, Happy Valley
전화 2834-8893 **지도** MAP 11-C5
교통 해피 밸리 Happy Valley 행 트램 종점
하차. 트램에서 내려 트램 진행방향 반대편으로
20~30m쯤 가면 Sing Woo Road가 있다.
그 길로 들어가 언덕길을 250m쯤 올라가면
왼쪽에 있다. 또는 MTR 코즈웨이 베이
Causeway Bay 역에서 택시로 7분.
GPS 22.268106, 114.186707

▌響滿坊 Dim Sum　할인 쿠폰 p.399　강추

1950년대 올드 상하이 스타일의 클래식한 인테리어가 멋스러운 딤섬
전문점. 우리나라에는 '예만방'이란 이름으로 잘 알려져 있다. 딤섬은
점심까지란 통념을 깨고 홍콩 최초로 한밤중에도 딤섬 메뉴를 제공하기
시작했다. 전복 · 제비집 · 금박 등 최고급 재료만 엄선해서 만든 귀족
딤섬을 맛볼 수 있어 유명 연예인도 즐겨 찾는다. 인기가 높은 만큼
예약하고 가는 게 안전하다.

Best Menu 70여 종의 딤섬 가운데 대표 메뉴는 랍스터 · 캐비어를
얹은 ❶Lobster & Shrimp Dumplings with Crab & Black Fish Roe
鴛鴦魚子龍蝦鮫(HK$120) 씨우마이에 전복 한 마리를 통째로 얹은
❷BB Abalone Dumplings 原隻BB鮑燒賣(HK$120), 피부에 좋은
제비집을 넣어 여성에게 인기가 높은 새우 만두 Bird's Nest Shrimp
Dumplings 翡翠官燕鮮蝦餃(HK$120) 등 '귀족 딤섬 貴族點心'이다.
싱싱한 새우와 해산물을 넣은 Bamboo Fungus & Shrimp
Dumplings 竹笙海皇鮮蝦餃(HK$70), 가리비 · 게알 · 새우로 감칠맛
나게 만든 ❸Shrimp & Scallops Dumplings 海皇鳳眼雙子座
(HK$80)와 다진 새우를 핫도그 모양으로 튀긴 ❹Deep Fried Shrimp
with Sugar Cane 粵式香芋炸蔗蝦(HK$90)도 인기 메뉴다. 찜기에
찌는 전통방식과 달리 빵처럼 오븐에 구워내는 이색 차슈빠우 Baked
BBQ Pork Bun 香焗叉燒餐飽仔(HK$60) 또한
먹을만하다.

❶ Lobster & Shrimp Dumplings
with Crab & Black Fish Roe (HK$120)

❷ BB Abalone
Dumplings (HK$120)

❹ Deep Fried
Shrimp with
Sugar Cane ($90)

❶ Fried Prawns with
Chilli Sauce(Sizzling)
(소형 HK$350, 중형 HK$510)

예산 HK$250~
추가 봉사료 10%, 찻값 1인당 HK$10,
기본 반찬(Snack) 한 접시 HK$15
영업 11:30~23:00 휴업 구정 당일과 다음날
메뉴 한국어 · 영어 · 중국어
주소 G/F, 7 Lan Fong Road,
Causeway Bay
전화 2577-3811
홈피 www.redpepper.com.hk
지도 MAP 11-D4
교통 MTR 코즈웨이 베이 Causeway Bay 역
하차, 도보 5분. F번 출구를 나와 오른쪽으로
60m쯤 가면 삼거리가 나온다. 거기서 왼쪽으로
꺾어져 120m쯤 가면 Lan Fong Road가
있다. 그 길로 100m쯤 가면 오른쪽에 있다.
GPS 22.278661, 114.184129

南北樓 The Red Pepper Restaurant 할인 쿠폰 p.399

40여 년 역사를 자랑하는 사천 요리 전문점. 창업 때부터 정통 사천
요리의 기본을 고수해온 까닭에 수많은 골수팬을 확보하고 있다. 실제로
20년 이상의 단골도 많다고. 이곳은 이소룡의 마지막 영화 〈사망유희
The Game of Death 死亡遊戲〉가 촬영된 곳이기도 하다. 촬영 당시의
모습이 거의 그대로 남아 있으니 팬이라면 한 번쯤 찾아봐도 좋을 듯.

Best Menu 우리 음식처럼 마늘과 고춧가루를 넉넉히 사용해 매콤 ·
달콤 · 새콤한 맛이 특징! 느끼한 중국요리에 지친 위장을 달래기엔
그만이다. 지글거리는 철판에 나오는 칠리 새우 ❶Fried Prawns with
Chilli Sauce(Sizzling) 鐵板干燒蝦球(소형 HK$350, 중형 HK$510)
가 대표 메뉴. 매콤하면서도 담백한 맛이 최고다. 살짝 식혀 먹으면
단맛이 밴 새우 살의 쫄깃함을 즐길 수 있다. ❷Sour and Pepper
Soup 酸辣湯(소형 HK$150, 중형 HK$210)는 맵지만 깔끔한 뒷맛이
훌륭하다. 사천식 탄탄면 ❸Sichuan Hot Noodles 擔擔麵(HK$60)
는 매콤하면서도 고소한 맛이 일품이다. 가늘게 채 썬 소고기를 매콤하게
양념한 Shredded Beef with Hot Garlic Sauce 魚香牛肉絲
(소형 HK$150, 중형 HK$210), 깍둑썰기한 닭고기를 캐슈넛과 함께
매콤하게 볶은 ❹Diced Chicken with Pepper and Cashew Nuts
宮保雞丁(소형 HK$150, 중형 HK$215)도 먹을만하다. 매운 음식과
찰떡궁합인 달콤한 '리치 잎 차 Lycee Tea'도 이 레스토랑만의 자랑.
기념품으로 사가도 좋다(100g HK$80).

❹ Diced Chicken with
Pepper and Cashew Nuts
(소형 HK$150, 중형 HK$215)

❸ Sichuan Hot
Noodles (HK$60)

❷ Sour and Pepper Soup
(소형 HK$150, 중형 HK$210)

❷ Popping Prawn with Spiced Salt (1마리 HK$288~)

▌喜記避風塘炒辣蟹 Hee Kee Fried Crab Expert

50여 년의 전통을 자랑하는 해산물 요리 레스토랑. 코즈웨이 베이 타이푼 셀터의 어민들이 즐겨 먹던 매콤한 해산물 요리가 전문인데, 대표 메뉴는 튀긴 마늘과 고추로 매운 맛을 한껏 살린 칠리 크랩 ❶Fried Crab with Chilli(Specialty) 避風塘炒辣蟹(37.8g당 HK$28)다. 새빨간 생김새만큼이나 입안이 얼얼해지는 강렬한 매운맛이 특징! 매콤하게 양념한 소금으로 맛을 낸 갯가재 튀김 ❷Popping Prawn with Spiced Salt 椒鹽瀨尿蝦(1마리 HK$288~350) 역시 이 레스토랑을 대표하는 메뉴로 사랑받고 있다. 당면과 마늘로 맛을 낸 맛조개 Steamed King Razor Clam in Golden Garlic with Glass Noodle 避風塘蒜蓉蒸蟶子皇(1개 HK$68), 매콤한 조개볶음 Fried Clams with Chilli 豉椒炒蜆(HK$98)는 밥과 함께 먹기에 적당한 메뉴다.

예산 HK$300~ 추가 봉사료 10%, 찻값 1인당 HK$9, 스낵 1인당 HK$20
영업 12:00~03:00 메뉴 영어 · 중국어 홈피 www.heekeecrab.com 지도 MAP 11–A2
주소 Shop 1–4, G/F, 379–389 Jaffe Road, Causeway Bay 전화 2893–7565
교통 MTR 코즈웨이 베이 Causeway Bay 역 하차, 도보 7분. C번 출구를 나와 왼쪽으로 350m쯤 간다.
GPS 22.279954, 114.179629

❶ Fried Crab with Chilli (Specialty) (37.8g당 HK$28)

▌何洪記粥麵專家 Ho Hung Kee Congee & Noodle Wantun Shop

1946년 창업한 죽 · 면 전문점. 《미쉐린》 가이드에서 별 하나를 받으며 실력을 공인받았다. 일반적인 죽 · 면 전문점에 비해 가격이 조금 비싸지만 모던한 분위기와 정갈한 음식이 매력이다. 고소한 소고기 볶음면 ❶Stir Fried Rice Noodles with Beef 干炒牛河(HK$120)가 맛있다. 우리 입에 잘 맞는 것은 물론 양이 넉넉해 둘이 먹기에도 충분하다. 탱글탱글한 새우 살과 꼬들꼬들한 면발의 완탕면 ❷House Specialty Wonton Noodles in Soup 正斗鮮蝦雲吞麵(소 HK$42, 대 HK$60) 역시 놓치기 아쉽다. 완탕면은 양이 무척 적으니 큰 사이즈로 주문하는 게 좋다. 생선 · 소고기 · 돼지고기 · 계란 · 피단 · 곱창 가운데 원하는 재료를 1~3개 골라서 주문하는 방식의 죽 Congee with 1 Selection 單拼粥(HK$64), Congee with 2 Selections 雙拼粥(HK$68), Congee with 3 Selections 三拼粥(HK$92)도 있는데, 소고기 Sliced Beef 牛肉 위주로 선택하면 실패하지 않는다.

❷ House Specialty Wonton Noodles in Soup (HK$42~60)

예산 HK$60~ 추가 봉사료 10%, 찻값 1인당 HK$3
영업 11:30~23:30 메뉴 영어 · 중국어 전화 2577–6060
주소 Shop No.1204, 12/F, Hysan Place, 500 Hennessy Road, Causeway Bay
지도 MAP 11–C4 교통 MTR 코즈웨이 베이 Causeway Bay 역 하차, 도보 5분. F2번 출구와 바로 연결된 하이산 플레이스 쇼핑몰 12/F층에 있다. GPS 22.279791, 114.183722

❶ Stir Fried Rice Noodles with Beef (HK$120)

Tan-Tan Noodle in
Spicy Soup (HK$49)

Signature Under
Bridge Spicy Crab (시가)

Ramen (HK$95)

金滿庭 강추
Modern China Restaurat

현지인에게도 인기가 높은 레스토랑.
메뉴판에 인기 메뉴의 사진이 붙어
있어 주문하기 편리하며 추천
메뉴에는 주방장 모자 표시가 붙어
있다. 메뉴판의 고추 표시(1~3개)
는 매운 정도를 뜻한다. 마일드한
국물에 고소한 땅콩과 곱게 간 고기로
양념한 탄탄면 Tan-Tan Noodle in
Spicy Soup 招牌擔擔麵(HK$49),
만두피 사이로 뜨거운 육즙이
주루룩 흘러나오는 한 입 사이즈의
씨우롱빠우 Xiao Lung Bao 一口小
籠包(8개 HK$69)가 맛있다.

예산 HK$180~ 추가 봉사료 10%,
찻값 1인당 HK$13, 애피타이저 1인당
HK$20(디너에만 해당)
영업 11:45~16:30, 17:45~23:00
메뉴 영어 · 중국어 주소 Shop No.1301,
13/F, Times Square, 1 Matheson
Street, Causeway Bay
전화 2506-2525 지도 MAP 11-A2
교통 MTR 코즈웨이 베이 Causeway Bay
역 하차, A번 출구에서 도보 3분. Times
Square 쇼핑몰 13/F층에 있다.
GPS 22.278136, 114.181764

橋底辣蟹
Under Bridge Spicy Crab

인기 만점의 매운 게 요리 전문점.
1960년대 초반 코즈웨이 베이 타이푼
셸터의 허름한 배 위에서 영업을
시작해 지금은 이 일대에 3개의
분점을 거느린 대형 레스토랑으로
성장했다.
간판 메뉴는 살이 꽉 찬 게와 화끈한
매운 맛이 입을 즐겁게 하는 매운 게
요리 Signature Under Bridge Spicy
Crab 招牌橋底辣蟹(시가)이다.
주문할 때 매운 정도는 Super ·
Very · Medium 가운데 하나,
조리법은 칠리 · 블랙빈 소스 Chilli
and Black Bean Sauce를
선택하면 실패하지 않는다.

예산 HK$300~
추가 봉사료 12:00~22:00 10%,
22:00~04:00 없음, 찻값 1인당 HK$10,
스낵 1접시 HK$8
영업 11:00~03:00 메뉴 영어 · 중국어
주소 G/F, Ascot Mansion, 421-425
Lockhart Road, Causeway Bay
전화 2893-1289 지도 11-A2
교통 MTR 코즈웨이 베이 역 C번 출구를
나와 왼쪽으로 도보 5분.
GPS 22.279888, 114.180780

一蘭
Ichiran

후쿠오카의 라면 맛집 이치란의
홍콩 분점. 오로지 라면을 먹는데
집중할 수 있도록 자리를 독서실
스타일의 1인석으로만 만든 게
특징이다. 메뉴는 라면 Ramen 拉麵
(HK$95) 하나뿐이며, 진한 돼지고기
육수와 고춧가루 · 마늘로 매운 맛을
살린 얼큰한 국물이 우리 입에도 잘
어울린다. 자리에 앉으면 주문용지를
주는데 '코리안 Korean'이라고 하면
한글로 된 것을 준다. 주문 용지에
면발의 강도, 국물 맛과 매운 정도
등 선택사항을 체크해서 종업원에게
건네면 주문은 끝. 선택에 실패하지
않으려면 무조건 '기본 基本'에만
체크하자.

예산 HK$105~ 추가 봉사료 10%
영업 24시간 메뉴 한국어 · 영어 · 중국어
주소 Shop H&I, G/F, Lockhart House,
Block A, 440 Jaffe Road, Causeway Bay
전화 2152-4040 지도 MAP 11-C4
교통 MTR 코즈웨이 베이 Causeway Bay
역 하차, C번 출구를 나와 왼쪽으로
도보 3분.
GPS 22.280596, 114.181505

체짜이민 車仔麵
(HK$30~)

Pepper Lunch
스테이크 (HK$50~)

Steamed Milk
(HK$36)

新記車仔麵

강추

싼께이체짜이민

토핑 재료와 면을 맘대로 골라서
주문하는 체짜이민 車仔麵 전문점.
12가지 향신료와 재료로 우러낸
감칠맛 나는 국물이 인상적이다. 토핑
재료는 육류 · 해산물 · 채소 등 40여
가지에 이르며 면 종류도 9가지나
된다. 주문표에서 원하는 토핑 재료와
면을 고르면 되며 선택한 숫자에 따라
값이 올라간다(1개 HK$10). 주문표가
중국어뿐이니 영어 메뉴와 비교하며
주문하자. 추천 토핑 재료는 소시지
腸仔 · 카레 어묵 咖喱魚蛋 · 오징어
완자 墨魚丸 · 게맛살 蟹柳 · 소고기
안심 五香牛腩 · 닭날개 雞中翼 ·
배추 白菜仔 등이다. 면 종류는 주문표
하단부에 있으며 라면 公仔麵을
선택하면 실패하지 않는다.

예산 HK$36~ 영업 15:00~23:00
메뉴 영어 · 중국어 주소 Shop B, 49 Tang
Lung Street, Causeway Bay
전화 2573-5438 지도 MAP 11-C4
교통 MTR 코즈웨이 베이 Causeway Bay
역 하차, B번 출구를 나와 오른쪽으로 도보
2분. 골목 안쪽에 있어 찾기 힘드니 주의!
GPS 22.279314, 114.182620

美食廣場
Kitchen 11

하이산 플레이스 쇼핑몰의 푸드코트.
쇼핑 도중 출출한 속을 달랠 겸
이용하면 좋다. 총 11개의 식당이
모여 있으며, 우리 입에 익숙한 한식 ·
일식 · 양식을 취급하는 식당이
많아 이용하기 편리하다. 이화원
익스프레스의 비빔밥(HK$62),
해산물 순두부찌개(HK$70), 스테이크
전문점 Pepper Lunch의 스테이크
(HK$50~), 카레 전문점 Curry
House Coco Ichibanya의 다양한
카레(HK$57~) 메뉴가 먹을만하다.
가볍게 한 끼 해결하려면 마루가메
제면 丸龜製麵의 우동(HK$39~)을
선택해도 좋다.

예산 HK$39~
영업 일~목 · 공휴일 11:00~23:00,
금 · 토요일 및 공휴일 전날 11:00~24:00
메뉴 영어 · 중국어
주소 500 Hennessy Road, Causeway Bay
전화 2886-7222 지도 MAP 11-C4
교통 MTR 코즈웨이 베이 Causeway Bay
역 하차, F2번 출구에서 도보 5분. 하이산
플레이스 Hysan Place 쇼핑몰 11/F층에
있다. GPS 22.279852, 114.183812

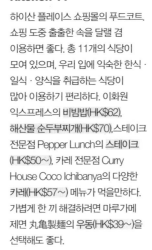

義順牛奶公司
Yee Shun Milk Company

마카오에서 건너온 우유 푸딩 전문점.
재료는 마카오에서 2~3일마다
공수해 온다. 분위기는 우리나라의
분식점을 연상시킬 만큼 수수하다.
인기 메뉴는 깔끔한 맛의 우유 푸딩
Steamed Milk 馳名雙皮燉奶(Hot/
Cold HK$36)이다. 부드러운 감촉과
담백한 단맛이 살짝 여운을 남기며
뜨거운 것보다 찬 게 더 맛있다. 생강
우유 푸딩 Ginger Steamed Milk
巧手薑汁燉奶(Hot/Cold HK$37)
는 생강즙의 알싸한 맛이 혀끝을
자극한다. 달콤 상큼한 망고 우유
셰이크 Mango Milk Shake 冰凍芒
果鮮奶(HK$38)도 강추!

예산 HK$36~ 영업 12:00~24:00
휴업 구정연휴 4일 메뉴 영어 · 중국어
주소 G/F, 506 Lockhart Road,
Causeway Bay
전화 2591-1837
지도 MAP 11-C4
교통 MTR 코즈웨이 베이 Causeway
Bay 역 하차, D1번 출구를 나와 왼쪽으로
도보 2분.
GPS 22.280578, 114.183249

쿠키 모둠 세트
(HK$188~228)

Mango Cheezo
(HK$45)

Flat White
(HK$40~)

曲奇4重奏
Cookies Quartet 강추

홈메이드 스타일의 쿠키 전문점.
아무리 먹어도 질리지 않는 균형 잡힌
단맛과 식감이 매력이다. 가볍게 맛만
보려면 종이봉투에 담긴 소형 사이즈
(HK$58~98), 다양한 맛을 원하면
9~11종의 쿠키가 담긴 모둠 세트
(HK$188~228)를 구입하자. 직접
맛을 보고 구입할 수 있도록 30여
가지 쿠키의 시식품도 비치되어 있다.
찜사쪼이에도 분점 주소 Shop E, G/F,
Carnarvon Mansion, 10B Carnarvon
Road, Tsim Sha Tsui 지도 MAP 15-D3)
이 있다.

예산 HK$58~
영업 11:00~21:00
메뉴 영어 · 중국어
주소 Shop 1, G/F, Yan Wo Yuet
Building, No. 432-436 Hennessy
Road, Causeway Bay
홈피 www.cookiesquartet.com
전화 2382-2827
지도 MAP 11-B3
교통 MTR 코즈웨이 베이 Causeway
Bay 역 하차, B번 출구를 나와
오른쪽으로 도보 4분.
GPS 22.279182, 114.181488

喜茶
Hey Tea 강추

선풍적 인기의 크림치즈 티 전문점.
흑당이나 크림을 가미한 기존
버블티와 달리 크림치즈로 맛을
살린 게 특징이다. 밀크티 또는
과일 음료에 크림치즈를 듬뿍
토핑해주는데 단맛과 짭짤한 맛이
어우러져 '단짠단짠'의 환상적인
콜라보를 이룬다. 강추 메뉴는
달콤 상큼한 망고 음료에 크림치즈를
올린 Mango Cheezo 芝芝芒芒
(HK$45)다. 언제 가더라도
20~30분은 기다려야 할 만큼
붐비니 주의! 타임즈 스퀘어(MAP
11-B3) 지하 2층에도 분점이 있다.

예산 HK$19~
영업 10:00~22:00
메뉴 영어 · 중국어
주소 Shop No. 326, 3/F, Hysan Place,
500 Hennessy Road, Causeway Bay
지도 MAP 11-C4
홈피 www.heytea.com
교통 MTR 코즈웨이 베이 Causeway Bay
역 하차, 도보 5분. F2번 출구와 연결된
하이산 플레이스 쇼핑몰 3/F층에 있다.
GPS 22.279791, 114.183722

18 Grams 강추

아늑한 분위기의 조그만 커피숍.
커피 한 잔에 '18 그램'의 원두를
사용한다는 원칙을 고수해 원두가
지닌 고유의 풍미를 온전히 즐길
수 있다. 가벼운 산미가 혀끝을
자극하는 모던한 스타일의 커피를
선보이며, 원두 종류는 한 달에 한
번씩 바뀐다. 추천 메뉴는 풍부한
향과 고소한 맛, 부드러운 질감이
매력인 Flat White(레귤러 HK$40,
라지 HK$46, 아이스 HK$48)다.
가벼운 식사로 안성맞춤인 All Day
Breakfast(HK$58~108)도 맛있다.
찜사쪼이 하버시티 쇼핑몰 3/F층의
시티슈퍼 City'Super(p.335) 안에도
분점이 있다.

예산 HK$32~ 영업 08:00~19:00,
토 · 일 · 공휴일 08:00~20:00
메뉴 영어
주소 Shop C, G/F, Hoi To Court, 15
Cannon Street, Causeway Bay
전화 2893-8988 지도 MAP 11-C3
교통 MTR 코즈웨이 베이 Causeway Bay
역 하차, 도보 3분. D1번 출구를 나와
왼쪽으로 50m쯤 간 다음, 오른쪽으로
방향을 꺾어 100m쯤 가면 왼쪽에 있다.
GPS 22.281541, 114.183594

SHOPPING

1 타임즈 스퀘어의 시계탑은 약속 장소로도 유명하다.
2 건물 한가운데가 뻥 뚫린 독특한 인테리어가 눈길을 끈다.

時代廣場 Times Square

젊음의 거리 코즈웨이 베이에서 선호도 1위인 쇼핑몰. 젊은층을 겨냥한 쇼핑몰답게 트렌디한 인기 브랜드가 충실하다. 샤넬 · 생로랑 · 지방시 · 구찌 · 발렌시아가 · 보테가 베네타 등의 명품, 토리버치 · 산드로 · 마쥬 · ba & sh · 아네스 베 등의 준명품, 막스 & 스펜서 · 자라 등의 중저가 브랜드, Evisu · Aape by Bathing Ape · 프레드 페리 같은 스트리트 패션 브랜드 등 풍성한 라인업을 자랑한다. 디자이너 브랜드의 셀렉트 아이템과 명품 화장품을 두루 취급하는 Lane Crawford와 고급 수입 식료품을 취급하는 City'Super도 놓치지 말자. 화장품 마니아라면 사봉 · KIKO · Trésor Rare · POLA(지하 2층)와 샬롯 틸버리 · Valmont(G/F) 등 한국에 론칭하지 않은 화장품 브랜드를 집중공략하자.

영업 10:00~22:00 **주소** 1 Matheson Street, Causeway Bay **전화** 2118-8900 **홈피** www.timessquare.com.hk **지도** MAP 11-B3 · 11-C5 **교통** MTR 코즈웨이 베이 Causeway Bay 역 하차, A번 출구와 바로 연결된다. **GPS** 22.278487, 114.182485

崇光百貨 Sogo

다양한 연령대를 아우르는 일본계 백화점. 명품에서 중저가 패션 · 잡화에 이르기까지 여러 아이템을 취급한다. 젊은층을 겨냥한 스포츠 캐주얼 브랜드가 충실하며, Evisu · 23구 区 · 오니츠카 타이거 · ICB 등 일본의 인기 브랜드도 풍부하다. 지하 2층에는 일본 식료품을 취급하는 슈퍼마켓도 있다.

영업 일~목요일 10:00~22:00, 금 · 토요일 및 공휴일 전날 10:00~22:30 **주소** 555 Hennessy Road, Causeway Bay **전화** 2833-8338 **홈피** www.sogo.com.hk **지도** MAP 11-D4 **교통** MTR 코즈웨이 베이 Causeway Bay 역 하차, D번 출구와 바로 연결된다. **GPS** 22.280296, 114.184770

莎莎 Sasa

홍콩 최대의 화장품 할인점. SK-Ⅱ · 시슬리 · 라프레리 · 발몽 · 라 메르 등 유명 메이커는 물론, 드꼴레오 · Suisse Programme · 마리아 갈랑 등의 희소성 높은 에스테틱 브랜드도 선보인다. 향수 · 헤어 제품은 물론 기초 · 색조 · 세안제품 등 일본 드러그 스토어의 베스트셀러 아이템도 있다.

영업 10:30~23:00 **주소** Shop 118, 1/F, Windsor House, 311 Gloucester Road **전화** 2177-3368 **지도** MAP 11-C2 **교통** MTR 코즈웨이 베이 Causeway Bay 역 하차, 도보 4분. E번 출구를 나와 바로 앞의 길을 건넌 다음 오른쪽으로 120m쯤 가면 된다. Windsor House 1/F층에 있다. **GPS** 22.280691, 114.186594

Jack Wills

캠퍼스 라이프를 모티브로 한 프레피 룩 브랜드. 영국의 윌리엄과 해리 왕자가 이곳을 애용하면서 귀족 브랜드로서의 위상을 얻었다. 기숙사 생활에 어울릴 법한 편안한 트레이닝복 · 티셔츠, 클럽과 파티용 셔츠 · 청바지 · 니트 · 드레스 · 재킷 등이 메인 아이템이다. 침구 · 뷰티 · 에코백 등 영국 감성의 잡화도 풍부하다.

영업 11:00~22:00 **전화** 3105-1798 **주소** Leighton Centre Shop L02, 77 Leighton Road, Causeway Bay **홈피** www.jackwills.com **지도** MAP 11-C5 **교통** MTR 코즈웨이 베이 Causeway Bay 역 하차, A번 출구에서 도보 4분. **GPS** 22.277333, 114.182594

希慎廣場 Hysan Place

17개 층에 100여 개의 숍이 입점한 대형 쇼핑몰. 고가의 명품보다 희소성 있는 브랜드로 차별화를 시도했다. 주목할 곳은 3층 규모의 대형 Apple Store. 항상 수많은 사람들로 붐비며 쇼핑몰 내에서 가장 활기찬 분위기를 자랑한다. 2/F층에는 홍콩 최초로 오픈한 라인 프렌즈 스토어가 있는데, 의류ㆍ문구ㆍ소품ㆍ인형 등 다양한 캐릭터 상품을 판매한다. 홀리스터(2/F층), SNIDELㆍ Mo & Co.ㆍ라비엔코ㆍMoussy(3/F층), :Chocoolateㆍ 닥터 마틴ㆍSuperdry(5/F층), i.t. blue block(6/F층), 6IXTY 8IGHTㆍ스타카토ㆍC.P.U(7/F층) 등 10~20대 취향의 패션 브랜드도 충실하다.

영업 일~목요일 10:00~22:00, 금ㆍ토요일 및 공휴일 전날 10:00~23:00 주소 500 Hennessy Road, Causeway Bay 전화 2886-7222 홈피 www.leegardens.com.hk 지도 MAP 11-B2ㆍ11-C4 교통 MTR 코즈웨이 베이 Causeway Bay 역 하차, F2번 출구와 바로 연결된다. GPS 22.279778, 114.183881

1 에스컬레이터가 저층용과 고층용으로 구분돼 있으니 이용시 주의하자.
2 여행자를 위한 각종 화장품을 취급하는 T Galleria.

誠品 Eslite

홍콩 최대의 서점. 8/F층 베스트셀러ㆍ 아동ㆍ비즈니스, 9/F층 문학ㆍ아트, 10/F층 여행ㆍ리빙ㆍ레저 코너로 이루어져 있으며, 문구ㆍ생활소품을 취급하는 라이프스타일 코너도 갖췄다. 맛난 버블티 Bubble Tea 珍珠奶茶를 파는 티앤런밍차 天仁名茶(10/F층)도 강추!

영업 10:00~22:00, 금ㆍ토요일 및 공휴일 전날 10:00~23:00 주소 8~10/F, Hysan Place, 500 Hennessy Road 전화 3419-6789 지도 MAP 11-C4 교통 MTR 코즈웨이 베이 Causeway Bay 역 하차, F2번 출구와 바로 연결된 Hysan Place 쇼핑몰 8~10/F층에 있다. GPS 22.279746, 114.183870

宜家家居 IKEA

스웨덴 브랜드의 인테리어 소품 전문점. 실용적인 디자인과 발랄한 색상, 저렴한 가격으로 인기가 높다. 매장이 무척 넓으니 입구에서 플로어 가이드를 챙겨서 돌아보자. 지하 1층 가구ㆍ침대ㆍ주방용품. 지하 2층 식기ㆍ욕실용품ㆍ침구ㆍ 조명ㆍ식료품 코너로 이루어져 있다.

영업 10:30~22:30 휴업 구정연휴 주소 Basement, Park Lane Hotel, 310 Gloucester Road, Causeway Bay 전화 3125-0888 홈피 www.ikea.com.hk 지도 MAP 11-C2 교통 MTR 코즈웨이 베이 Causeway Bay 역 하차, E번 출구를 나와 왼쪽으로 도보 3분. GPS 22.280784, 114.186379

廣生堂雙妹嘜 Two Girls

1898년에 탄생한 홍콩 최초의 화장품 브랜드. 1900년대 스타일의 복고풍 디자인이 눈길을 끈다. 양질의 제품을 합리적인 가격에 선보이며, 대표 아이템은 향수 Florida Water 花露水ㆍ페이스 크림ㆍ헤어 오일 등이다. 핸드크림도 가격대비 만족도가 높은 상품 가운데 하나다.

영업 12:00~21:00 휴업 구정연휴 주소 Shop No. 283, Causeway Place, 2-10 Great George Street 전화 2504-1811 지도 MAP 11-D4 교통 MTR 코즈웨이 베이 Causeway Bay 역 하차, 도보 2분. E번 출구 정면 왼쪽에 위치한 쇼핑몰 2/F층에 있다. GPS 22.280301, 114.185423

利園 Lee Gardens 1&2

홍콩을 대표하는 전통의 명품 쇼핑센터. 여타 대형 쇼핑몰에 비해 매장 수는 적지만, 럭셔리 브랜드의 비중이 높아 고급진 쇼핑을 즐길 수 있다. 리 가든스 원에는 샤넬 · 쇼메 · 루이뷔통 · 에르메스(G/F층), 모스키노 · 발렌티노 · St. John(1/F층), 안야 힌드마치 · 마르니 · 레드 발렌티노 (2/F층) 등 최고급 브랜드가 입점해 있다. 고가의 디자이너 안경을 취급하는 Puyi Optical도 놓치지 말자. 리 가든스 투에는 Loro Piana · 로저 비비에 · 구찌 · 몽클레어 · 피아제 · 토리 버치 · 띠오리 등 명품 브랜드와 비교적 저렴한(?) 준명품 브랜드가 모여 있다. 버버리 칠드런 · 베이비 디올 · Bape Kids · Bonpoint 등의 프리미엄 아동복 브랜드와 명품 아동복 멀티숍 Abebi(2/F층)도 볼만하다.

영업 10:30~20:30(매장마다 다름) **휴무** 매장마다 다름
주소 33 Hysan Avenue, Causeway Bay **전화** 2907-5227
홈페 www.leegardens.com.hk **지도** MAP 11-D4
교통 MTR 코즈웨이 베이 Causeway Bay 역 하차, 도보 5분. F1번 출구를 나와 오른쪽으로 60m쯤 간 다음, 왼쪽으로 꺾어 직진한다.
GPS 22.278544, 114.185259

1 홍콩 섬을 대표하는 명품 쇼핑몰로 명성이 자자한 리 가든스.
2 누가 들어도 알만한 최고급 브랜드가 즐비하다.

Franc Franc

모던한 생활잡화 및 인테리어 용품 전문점. 시티 라이프를 즐기는 20대 중반의 싱글 여성을 타깃으로 한 브랜드답게 군더더기없는 깔끔하고 세련된 디자인이 돋보인다. 테이블웨어 · 주방 · 욕실 · 조명 등 다양한 상품을 취급하는데, 화사한 색상으로 시선을 사로잡는 식기 · 욕실용품이 추천 아이템이다.

영업 일~목요일 11:00~22:00, 금 · 토요일 11:00~22:30
주소 Shop B, G/F & 1/F, 8 Kingston Street, Fashion Walk, Causeway Bay
전화 3583-2528 **지도** p.292
교통 MTR 코즈웨이 베이 Causeway Bay 역 하차, E번 출구를 나와 왼쪽으로 도보 5분. 자세한 위치는 오른쪽 페이지 약도 참조.
GPS 22.281743, 114.186241

皇室堡
Windsor House

유아용품 및 중저가 패션 쇼핑몰. 장난감 백화점 토이저러스 Toys 'Я' Us와 깜찍한 아이템이 풍부한 CL Mall and Brick House에 주목하자. Monki · Wego Tokyo · GU · Bershka 등 가성비 높은 중저가 패션 브랜드도 눈여겨볼만하다.

영업 10:00~23:00(매장마다 다름)
주소 311 Gloucester Road, Causeway Bay
전화 2895-0668 **지도** MAP 11-C2, p.261
교통 MTR 코즈웨이 베이 Causeway Bay 역 하차, 도보 3분. E번 출구를 나와 바로 앞의 길을 건넌 다음 왼쪽으로 150m쯤 가면 오른쪽에 있다.
GPS 22.280658, 114.186421

小米之家
Mi Home

가성비 높은 가전 브랜드 샤오미의 쇼룸 겸 매장. 홈페이지로 미리 가격비교를 해보고 가는 게 성공 쇼핑의 비결이다. 여기보다 상품이 풍부한 윙꼭의 대형 매장도 이용할 수 있다(p.365).

영업 10:30~20:30 **전화** 3596-7365
주소 8/F, Hang Lung Centre, 2-20 Paterson Street, Causeway Bay
지도 p.261 **홈페** www.mi.com/hk
교통 MTR 코즈웨이 베이 Causeway Bay 역 하차, 도보 4분. E번 출구를 나와 왼쪽으로 60m 간 다음, 오른쪽으로 길을 건너 40m쯤 가면 왼쪽에 있는 Hang Lung Centre 건물 8/F층에 있다.
GPS 22.280169, 114.185811

名店坊 Fashion Walk

홍콩 스트리트 패션의 메카로 급부상하고 있는 지역. 80여 개의 유명 패션 브랜드 숍이 모여 있는데, 고가의 명품 브랜드보다 젊은층이 선호하는 최신 트렌드의 캐주얼 의류가 주를 이룬다. 눈에 띠는 특징은 일본 브랜드가 많다는 것. 유망 디자이너 브랜드를 셀렉트해 일본의 패션 스타일을 전 세계에 선보인다는 야심 찬 콘셉트의 편집숍 Studious Tokyo · United Tokyo는 물론, 꼼 데 가르송 · 츠모리 치사토 · 메종 키츠네 Maison Kitsune · Y-3 · 마스터마인드 · Kura Chika · 오니츠카 타이거 등 다양한 브랜드를 모두 만날 수 있다. 캠퍼 Camper · McQ · 아네스 베 agnes b 등 일본에서 인기가 높은 해외 브랜드도 풍부하다.

뉴욕과 파리에서 주목받는 신진 디자이너 레이블에 관심이 많다면 셀렉트 숍 I.T를 놓치지 말자. 화려한 패턴과 독특한 디자인으로 급부상한 이탈리아 브랜드 MSGM과 프렌치 시크의 대표주자 이자벨 마랑 Isabel Marant, 감각적인 프랑스 의류 브랜드 아페쎄 A.P.C · 마쥬 Maje · Ami도 눈길을 끈다. 합리적인 럭셔리를 표방하는 프랑스 브랜드 Zadig & Voltaire도 관심을 가져볼만하다.

🕙 11:00~23:00(매장마다 다름) 🚇 매장마다 다름
🗺 MAP 11-C2 📍 MTR 코즈웨이 베이 Causeway Bay 역 하차, E번 출구를 나와 왼쪽으로 도보 1분.
📍 22.281480, 114.185240

1 · 4 여성에게 인기가 높은 여러 브랜드가 모여 있다. 2 · 3 젊은 층이 선호하는 패션 아이템이 풍부하다. 5 홍콩의 유행이 한눈에 들어오는 게 매력이다.

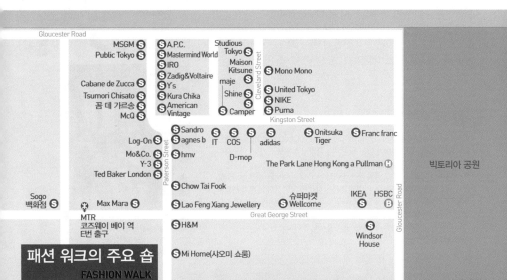

패션 워크의 주요 숍 FASHION WALK

Gloucester Road

MSGM Ⓢ · Public Tokyo Ⓢ
Ⓢ A.P.C. · Ⓢ Mastermind World · Ⓢ IRO · Ⓢ Zadig&Voltaire · Ⓢ Y's · Ⓢ Kura Chika · Ⓢ American Vintage
Studious Tokyo Ⓢ · Maison Kitsune · maje Ⓢ · Shine Ⓢ · Ⓢ Camper
Cleveland Street
Ⓢ Mono Mono
Ⓢ United Tokyo · Ⓢ NIKE · Ⓢ Puma

Cabane de Zucca Ⓢ · Tsumori Chisato Ⓢ · 꼼 데 가르송 Ⓢ · McQ Ⓢ

Kingston Street

Log-On Ⓢ · Mo&Co. Ⓢ · Y-3 Ⓢ · Ted Baker London Ⓢ
Ⓢ Sandro · Ⓢ agnes b · Ⓢ hmv
IT · COS · D-mop · adidas
Ⓢ Onitsuka Tiger
Ⓢ Franc franc
The Park Lane Hong Kong a Pullman Ⓗ
Paterson Street

빅토리아 공원

Sogo 백화점 Ⓢ · ❋ MTR 코즈웨이 베이 역 E번 출구 · Ⓢ Max Mara
Ⓢ Chow Tai Fook
Ⓢ Lao Feng Xiang Jewellery
슈퍼마켓 Ⓢ Wellcome
IKEA Ⓢ
HSBC Ⓑ
Great George Street
Gloucester Road

Ⓢ H&M
Ⓢ Windsor House

Ⓢ Mi Home(샤오미 쇼룸)

수상생활자의 고향 애버딘

지금은 아파트촌으로 변모한 지 오래지만 애버딘 Aberdeen 香港仔은 원래 수백 척의 삼판선이 바다를 가득 메우고 있는 대규모 '수상가옥촌'이었다. 그러나 안전과 미관을 이유로 대대적인 재개발사업이 진행돼 수상생활을 고집하는 일부 어민의 집을 제외한 대부분의 수상가옥이 철거됐다. 그래서 몇몇 명소를 제외하고는 큰 볼거리가 없는 게 현실! 명소보다는 쇼핑 위주로 일정을 짜는 게 애버딘을 알차게 여행하는 요령이다.

교통 센트럴의 익스체인지 스퀘어(MAP 5-D2) 또는 시티 홀 앞(MAP MAP 6-E2)에서 70번 버스를 타고 애버딘 프로머네이드 Aberdeen Promenade 香港仔海濱公園 하차(20~30분 소요, HK$5.10).

香 ★★☆☆☆
港仔海濱公園 애버딘 해변 산책로

Aberdeen Promenade
발음 헝꽁짜이허이빤꽁윤 지도 MAP 12-B1
교통 70번 버스 애버딘 프로머네이드 Aberdeen Promenade 香港仔海濱公園 하차. 정류장 바로 앞에 있다. GPS 22.246838, 114.156095

해변을 가득 메운 아파트촌과 바다를 오가는 삼판선의 모습이 보이는 산책로. 해안에 줄지어 묶여 있는 배는 수상생활자의 집인데, 영화 〈툼레이더-2〉에서 악당에게 쫓기던 안젤리나 졸리가 잠시 쉬어가던 곳으로도 등장한다. 밋밋한 산책로라 큰 볼거리는 없지만 홍콩과 애버딘의 과거를 소개하는 패널이 곳곳에 놓여 있어 눈길을 끈다. 빛바랜 흑백 사진 속에는 1900년대 초 빈곤한 삼판선 마을에서 시작해 오늘날 홍콩의 대표적인 서민 거주지로 변모한 애버딘의 모습이 소상히 담겨 있다. 이른 아침과 해질녘에는 산책로 곳곳에서 태극권을 하는 현지인들의 모습이 보이곤 한다. 해변 산책로 서쪽에는 람마 섬 Lamma Island(p.392)를 오가는 페리의 선착장(MAP 12-B1)도 있다.

1 선박이 정박해 있는 애버딘 해변 산책로.
2 고단한 어부의 삶을 묘사한 동상.
3 이른 아침 태극권을 연마하는 주민들.

Best course

애버딘은 애버딘 도심과 근교의 압레이차우 Ap Lei Chau 鴨脷洲, 두 지역으로 나뉘어 있다. 주요 명소가 있는 도심부터 가볍게 살펴보고, 인기 아웃렛이 모인 압레이차우로 이동하는 게 효율적인 여행법이다.
우선 애버딘 프로머네이드 정류장에서 내려 바로 앞의 애버딘 해변 산책로를 돌아보고 삼판선 투어를 한다. 가볍게 기분만 내려면 삼판선 대신 무료 셔틀보트를 타고 점보 플로팅 레스토랑을 다녀와도 된다. 그리고 애버딘 도심에 위치한 틴하우 사원을 본 다음, 버스 또는 택시를 이용해 압레이차우로 넘어가 프라다 아웃렛→호라이즌 플라자 아웃렛의 순서로 돌아보면 된다.
예상 소요시간은 5~6시간이다.

舢 舨船 삼판선 ★★☆☆☆

Sampan 발음 쌘빤슘 지도 MAP 12-C1
교통 70번 버스 애버딘 프로머네이드 Aberdeen Promenade 香港仔海濱公園 하차. 버스 진행방향 반대편으로 해변 산책로를 따라 300m쯤 걸어가면 삼판선 승선장이 있다. GPS 22,246771, 114,159454

해상 교통수단이자 수상가옥의 역할을 하던 배. 지금은 관광 상품으로 변신해 이 일대를 누비고 있다. 수상생활자의 배가 모여 있는 애버딘 항구를 출발해 호화 요트로 가득한 요트 클럽 선착장까지의 2km 거리를 왕복하는 게 통상적인 코스다. 삼판선에는 10명 정도 탈 수 있으며 요금은 30분에 HK$60~100 정도. 물론 흥정은 필수다. 요금이 부담스러울 때는 점보 플로팅 레스토랑 행 무료 셔틀보트(p.265)를 타보자. 해가 진 뒤에는 '애버딘의 명물' 점보 플로팅 레스토랑의 야경까지 덤으로 구경할 수 있다.

天 后古廟 틴하우 사원 ★☆☆☆☆

Tin Hau Temple 발음 틴하우꾸미우 개관 08:00~17:00 요금 무료
지도 MAP 12-C1 교통 70번 버스 애버딘 프로머네이드 Aberdeen Promenade 香港仔海濱公園 하차. 정류장 바로 뒤에 있는 지하도로 들어간 다음, 지하도 끝에서 왼쪽 방향의 출구로 나간다. 출구를 나오자마자 오른쪽으로 5분쯤 걸어가면 정면에 있다. GPS 22,249551, 114,155693

1851년 애버딘의 어부들이 세운 도교 사원. '어부의 수호신' 틴하우를 모시는 곳답게 원래는 바닷가에 있었으나, 20세기 중반부터 진행된 대규모 매립 공사로 인해 지금은 바닷가에서 동떨어진 주택가 한복판에 남겨지고 말았다. 본당에는 스프링 모양으로 돌돌 말린 거대한 선향이 줄줄이 매달려 있으며, 한가운데에 붉은 옷을 입은 틴하우의 신상을 모셔 놓았다. 오른쪽의 신상은 의선 화타 華陀, 왼쪽의 신상은 정재(正財)의 신이다. 사원 왼쪽에는 관음당, 오른쪽에는 웡따이씬(p.373)의 사당도 있다. 사원 안쪽에는 애버딘 인근의 바다에서 어부들이 우연히 건져 올린 동종(銅鐘)이 보관돼 있는데, 조사 결과 1726년에 주조된 역사적 유물임이 밝혀졌다.

1 · 2 160년의 역사를 가진 틴하우 사원.

틴하우는 누구?

틴하우는 중국 남부에서 가장 널리 숭배되는 여신이다. 그녀는 960년 중국 남부 후젠성 福建쏨의 한 마을에서 태어났으며, 13살 때 선인(仙人)에게 도력(道力)을 전수받아 조난당한 어민을 구하는 등 온갖 기적을 행해 '마음씨 착한 초능력 소녀'로 소문이 자자했다. 하지만 안타깝게도 27세의 젊은 나이에 요절하고 말았다. 이후 그녀는 신으로 추앙받기 시작했고 점차 신자가 늘어남에 따라 황제도 인정하는 '하늘의 황후 틴하우'로 떠받들어지게 됐다.
틴하우 신앙이 홍콩에 유입된 때는 11세기 무렵으로 초기에는 어부의 수호신이란 개념이 강했지만, 시간이 흐르면서 곤경에 처한 사람을 돕는 자비의 여신으로 모셔지게 됐다. 지금은 홍콩 전역에서 가장 쉽게 볼 수 있는 사원 가운데 하나가 바로 틴하우 사원이다.

1 밋밋한 외관 때문에 찾기가 조금 힘들 수도 있다.
2·3 스타일리시한 핸드백을 구입하기에 좋다.

Prada 프라다

프라다·미우미우의 아웃렛 매장. 아웃렛답지 않게(?) 깔끔한 인테리어를
자랑하며 상품이 한눈에 들어오게끔 잘 정돈돼 있다. 입구에는 가방·소품·
향수·선글라스 코너가 있으며, 안쪽으로는 여성 의류·구두·액세서리. 남성
의류·구두·액세서리 코너가 차례로 이어진다. 전반적으로 한두 시즌 지난
상품의 비중이 높고 남성복보다는 여성복이 충실하다. 할인율은 30~70%
수준이며, 가방·구두보다 유행을 많이 타는 의류의 할인율이 좀 더 높다.
단, 스테디셀러 아이템보다 살짝 유행을 놓친 디자인이 많고, 의류는 원하는
사이즈를 찾기 힘드니 지나친 기대는 금물!

영업 화~일요일 10:30~19:30, 월·공휴일 12:00~19:00 휴무 구정연휴
주소 2/F, East Commercial Block, Marina Square, South Horizons, Ap Lei Chau
전화 2814-9576 지도 MAP 12-B2
교통 MTR 사우스 아일랜드 선의 사우스 호라이즌스 South
Horizons 역 하차. A번 출구를 나오면 바로 왼쪽에 있다.
또는 애버딘의 Yue Fai Road 漁暉道 버스 정류장
(MAP 12-C1)에서 Ap Lei Chau 鴨脷洲 행 95C번 버스를
타고 Yee Wan Court South Horizons 海怡半島怡韻閣 하차
(6분 소요, HK$3.10). 버스 진행방향 반대편으로 도보 4분.
GPS 22.243541, 114.149009

新海怡廣場 Horizon Plaza Outlet

골동품·가구·장난감·인테리어·아웃도어 용품 숍 100여 개가
모인 아파트형 아웃렛. 홍콩의 대표적인 편집매장 Joyce(21/F층)
의 인기가 특히 높은데, 질 샌더·꼼 데 가르송·3.1 필립 림·
닐 바렛·릭 오웬스·알렉산더 맥퀸·오스카 드 라 렌타·톰
브라운·드리스 반 노튼 등 고가의 디자이너 브랜드가 가득하다.
50~80% 할인된 착한 가격도 매력. 일반인이 소화하기 힘든
파격적인 디자인이 대부분이지만 개성 넘치는 코디를 원하는
이에게는 천국처럼 느껴질지도! Lane Crawford(25/F층)는
백화점 아웃렛답게 의류·구두·액세서리·가방·인테리어 소품
등 취급 상품이 다양하다. 아크네 스튜디오·랑방·사카이·
빅토리아 베컴·알렉산더 왕·끌로에·스텔라 매카트니·오프닝
세리머니·생 로랑 등 유명 브랜드 의류에 포커스를 맞추자.
나머지 상품은 유행이 한참 지난 아이템이 많아 진흙 속의 진주를
찾는 심정으로 꼼꼼히 들여다봐야 대박의 확률이 높아진다는
사실도 기억할 것! 모스키노·블루마린·Anya Hindmarch·
까르뱅 등을 취급하는 Bluebell Fashion Warehouse(19/F층).
하이엔드 스트리트 패션 셀렉트 숍인 I.T 아웃렛(21/F층), 막스
마라 패션 그룹 아웃렛·Hugo Boss(27/F층)도 있다.

1·3 여성용 구두와 패션 아이템이 풍부한 Lane Crawford 백화점.
2 버스에서 내리면 바로 앞에 호라이즌 플라자 아웃렛이 있다.

영업 09:00~19:30(숍마다 다름, Joyce·Lane Crawford·막스 마라는 10:00~19:00)
주소 2 Lee Wing Street, Ap Lei Chau 지도 MAP 12-B2
교통 MTR 사우스 아일랜드 선의 사우스 호라이즌스 South Horizons 역 하차, C번 출구를 나와
오른쪽으로 도보 10분. 또는 프라다 아웃렛에서 도보 12분. 아니면 애버딘의 Yue Fai Road 漁暉
道 버스 정류장(MAP 12-C1)에서 Ap Lei Chau 행 95번 버스를 타고 Horizon Plaza 海怡工貿
中心 하차(10분, HK$3.40). GPS 22.239221, 114.152510

❶ Baked Crab with Ginger & Scallion (시가)

예산 딤섬 HK$150~, 점심 HK$300~,
저녁 HK$500~
추가 봉사료 10%, 찻값 1인당 HK$18
영업 1/F층 12:00~15:00, 17:30~23:30,
일·공휴일 12:00~16:30, 17:30~23:30,
2/F층 월~토요일 11:00~23:30,
일·공휴일 09:00~23:30
메뉴 영어·중국어·한국어
주소 Shum Wan Pier Drive, Wong Chuk
Hang, Aberdeen **전화** 2553-9111
홈피 www.jumbo.com.hk
지도 MAP 12-C2
교통 애버딘 해변 산책로의 선착장
(MAP 12-B1)과 애버딘 요트 클럽 옆의
선착장(MAP 12-B1)에서 무료 셔틀보트가
운행된다.
GPS 22.243523, 114.162021

❸ Sautéed Milk in Crab's Cream with
Bamboo Fungus & Crab Meat (HK$280)

▌珍寶海鮮舫 Jumbo Floating Restaurant

바다 위의 성을 연상시키는 대형 선상 레스토랑. 애버딘의 상징인
동시에 이색 볼거리다. 1976년부터 4년의 시간과 45억 원이란 막대한
비용을 들여 중국 왕실 분위기의 레스토랑으로 꾸며 놓았다. 2/F층의
대형 연회장에는 기념사진을 찍을 수 있는 황제의 옥좌도 있다. 메인
메뉴는 광동 요리와 해산물 요리다. 수족관에서 직접 해산물을 고르면
즉석에서 요리해 준다.

Best Menu ❶Baked Crab with Ginger & Scallion 薑蔥焗肉蟹(
시가), 고추와 소금으로 간을 한 바삭하게 튀긴 갯가재 요리 Fried Fresh
Sea Mantis with Chilli & Salt 椒鹽富貴蝦(시가)가 맛있다. 취한 새우
요리 ❷Flamed Drunken Shrimp 火焰醉仙蝦(1인당 HK$150~,
4인 이상 주문 가능)도 인기 메뉴. 살아 있는 새우에 40도짜리 술을
부어서 취하게 만든 다음, 손님이 보는 앞에서 불을 붙여 조리해준다.
단, 고수(p.83)가 들어간다는 사실에 주의! 싫어하는 사람은 고수를
완전히 빼달라고 해도 되지만 특유의 풍미를 즐기려면 조금이라도
넣는 게 좋다. 망태버섯과 게살로 만든 담백한 ❸Sautéed Milk in
Crab's Cream with Bamboo Fungus & Crab Meat 玉影翠珊瑚
(HK$280)도 먹을 만하다. 무엇을 먹을까 고민될 때는 다양한 요리에
밥·디저트가 포함된 세트 메뉴(2~12인용, HK$1,030~6,150)를
선택하는 것도 방법이다.

❷ Flamed Drunken Shrimp
(1인당 HK$150~)

즐거움이 가득! 오션 파크

오션 파크 Ocean Park 海洋公園는 홍콩 섬 남부, 애버딘 인근의 거대한 야산을 통째로 깎아서 만든 대형 유원지다. 면적은 87만㎡로 서울의 여의도 공원보다 세 배 정도 넓다. 유원지 안에는 스릴 만점의 놀이기구와 동물원, 그리고 다양한 볼거리가 있어 1년 내내 수많은 관광객으로 붐빈다.

교통 MTR 사우스 아일랜드 South Island 선의 오션 파크 Ocean Park 역에서 내려 B번 출구로 나가면 바로 앞에 있다. 또는 센트럴 스타페리 선착장 6번 부두 앞(MAP 6-G1)에서 출발하는 오션 파크 행 629번 버스를 타고 종점 하차(09:30~11:30, 30분 간격 출발, 30분 소요, HK$11.40).

오션 파크는 한가운데에 불룩 솟은 남롱 산 南塑山 (284m)을 경계로 크게 두 지역으로 나뉜다. 정문쪽(북쪽)을 더 워터프런트 The Waterfront, 반대쪽(남쪽)을 더 서미트 The Summit라고 부르며, 각각의 지역은 다양한 테마 존으로 구성돼 있다. 대체로 볼거리와 어린이를 위한 놀거리는 더 워터프런트, 짜릿한 스릴의 놀이기구는 더 서미트 쪽에 모여 있으며, 두 지역을 연결하는 케이블카와 산악 열차 오션 익스프레스도 놓치기 힘든 오션 파크의 명물. 일반적으로 더 워터프런트→오션 익스프레스→더 서미트→케이블카→더 워터프런트의 순으로 돌아보면 전체를 빠짐없이 살펴볼 수 있다.

오션 파크의 인기 볼거리인 돌고래 쇼

오션 파크 Basic Info

개관 10:00~18:00 (성수기에는 연장 운영)
요금 자유이용권 성인 HK$480,
어린이(3~11세) HK$240
홈피 www.oceanpark.com.hk
※MTR 애드미럴티 역 B번 출구 지하의 Tourist Services 旅客服務에서 오션 파크 입장권을 구입하면 요금을 할인해주거나, MTR 숍에서 사용 가능한 할인 쿠폰을 준다. 단, 적용 시즌과 할인 금액은 유동적이다.

The Waterfront 더 워터프런트

오션 파크 정문에 위치한 지역. 아쿠아 시티 Aqua City, 어메이징 아시안 애니멀스 Amazing Asian Animals, 위스커스 하버 Whiskers Harbour 등 세 개의 테마 존으로 구성돼 있다.

아쿠아 시티에는 400여 종, 5,000여 마리의 해양생물을 키우는 대형 수족관 그랜드 아쿠아리움 Grand Aquarium, 회전목마 시 라이프 카루젤 Sea Life Carousel, 1950~1970년대 홍콩의 거리를 그대로 재현한 Old Hong Kong, 다양한 공연이 열리는 Waterfront Plaza, 호주의 광활한 대자연과 야생동물을 만나는 Adventures in Australia 등의 볼거리·놀이기구가 가득하다.

바로 옆의 어메이징 아시안 애니멀스에는 너구리·악어·해달을 볼 수 있는 미니 동물원, 그리고 위스커스 하버에는 어린이를 위한 다양한 놀이기구도 마련해 놓았다. 하지만 그 어느 것보다 눈길을 끄는 볼거리는 바로 Giant Panda Adventure! 여기서는 오션 파크의 간판 스타인 자이언트 판다를 만날 수 있다. 중국에서 기증 받은 잉잉 Ying Ying 盈盈과 러러 Le Le 樂樂 두 마리의 판다를 자연 상태 그대로 사육하고 있는데, 느지막한 오후에 가면 우물우물 대나무를 먹는 귀여운 모습을 볼 수 있다.

저녁 식사 중인 잉잉 / 신기한 동물 쇼가 펼쳐진다

The Summit 더 서미트

오션 파크의 남쪽 남롱 산 정상에 위치한 서미트에는 스릴 마운틴 Thrill Mountain, 레인 포레스트 Rain Forest, 마린 월드 Marine World, 어드벤처 랜드 Adventure Land, 폴라 어드벤처 Polar Adventure 등 5개의 테마 존이 있다.

스릴 마운틴에는 짜릿한 쾌감의 롤러코스터 헤어 레이저 Hair Raiser, 공중에 매달린 채 빙글빙글 회전하는 더 플래시 The Flash 등 스릴 만점의 놀이기구가 있다. 바로 옆의 마린 월드에는 오션 파크 일대가 한눈에 내려다보이는 회전 전망대 오션 파크 타워 Ocean Park Tower, 바다사자가 한가로이 헤엄치는 퍼시픽 피어 Pacific Pier, 돌고래 쇼가 공연되는 오션 시어터 Ocean Theatre, 56.4m의 아찔한 높이에서 뚝 떨어지는 더 어비스 The Abyss, 시속 77km로 레일 위를 쾌속 질주하는 롤러코스터 더 드래곤 The Dragon 등 재미난 놀이기구가 가득하다. 남롱 산 기슭의 어드벤처 랜드에는 산을 오르내리는 225m 길이의 에스컬레이터 Escalator, 시속 71km로 질주하는 롤러코스터 마인 트레인 Mine Train, 통나무배를 타고 총 길이 527m의 수로를 달리는 레이징 리버 Raging River 등의 놀이기구도 있다.

Cable Cars 케이블카

더 워터프런트와 더 서미트를 연결하는 길이 1.5km의 케이블카. 이동하는 동안 창밖으로 오션 파크와 동지나해의 멋진 경치가 펼쳐지는데, 이 광경이 오션 파크의 특급 볼거리란 사실을 절대 잊지 말자! 케이블카는 외줄에 매달린 채 아찔한 높이를 이동하기 때문에 바람이 조금만 불어도 짜릿한 스릴(?)을 맛볼 수 있다.

멋진 경관을 감상할 수 있는 케이블카

Ocean Express 오션 익스프레스

더 워터프런트와 더 서미트를 연결하는 또 다른 교통편. 남롱 산을 관통하는 1.3km의 지하터널을 불과 3분 만에 주파하는 산악열차다. 특수효과를 사용해 마치 심해를 여행하는 듯한 기분을 느끼게 한다.

1 스릴 만점의 레이징 리버.
2 놀이기구로 가득한 더 서미트의 야경.

REPULSE
BAY

리펄스 베이 淺水灣

볼거리 ★★☆☆☆
먹거리 ★★☆☆☆
쇼 핑 ★☆☆☆☆
유 흥 ☆☆☆☆☆

초록빛 바다와 황금빛 백사장이 인상적인 천혜의 휴양지. 20세기 초에는 매일 밤 상류층의 사교 파티가 열리던 곳이며, 지금은 홍콩 제일의 부촌으로 명성이 자자하다. 실제로 해안선을 따라 달리는 도로 양옆에는 산뜻한 외관의 고층빌딩과 고급 맨션이 이어져 이 일대의 럭셔리한 분위기를 한눈에 확인시켜준다. 소음에 찌든 도심을 벗어나 편안한 휴식의 시간을 가질 수 있는 것도 리펄스 베이만의 매력이다.

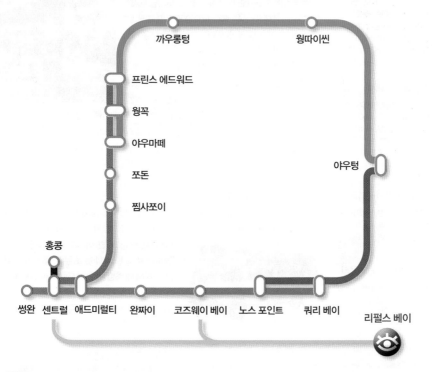

 리펄스 베이로 가는 방법

BUS 6 · 6A · 6X · 66 · 260번 버스 리펄스 베이 비치 Repulse Bay Beach 淺水灣海灘 하차

센트럴의 익스체인지 스퀘어 Exchange Square 交易廣場에서 스탠리 Stanley 赤柱 행 6 · 6A · 6X · 66 · 260번 버스로 20~40분. 자세한 이용법은 p.270 참조.

BUS 40번 미니 버스 또는 63 · 65번 버스 리펄스 베이 비치 하차

코즈웨이 베이에서 스탠리 마켓 Stanley Market 赤柱市集 행 40번 미니 버스 또는 63 · 65번 버스로 20~40분. 자세한 이용법은 p.270 참조.

BUS 973번 버스 리펄스 베이 비치 하차

찜사쪼이에서 스탠리 행 973번 버스로 1시간. 자세한 이용법은 p.271 참조.

TRAVLE TIP　리펄스 베이 & 스탠리, 버스 이용법

리펄스 베이 · 스탠리 행 버스는 센트럴 · 코즈웨이 베이 · 찜사쪼이의 세 곳에서 출발한다. 이용 가능한 노선은 9개가 있는데, 노선마다 경유지가 달라 소요시간과 요금은 물론 창밖으로 보이는 경치까지 판이하게 다르다. 다음의 내용을 살펴보고 자신에게 적합한 노선을 선택하자.

센트럴→리펄스 베이

6번 30~40분, HK$8.50
6A번 25~30분, HK$9
6X번 25~30분, HK$9
66번 30~40분, HK$9.40
260번 20분, HK$11.40

센트럴→스탠리

6번 45~60분, HK$8.50
6A번 40~50분, HK$9
6X번 40~50분, HK$9
66번 45~60분, HK$9.40
260번 35분, HK$11.40

코즈웨이 베이→리펄스 베이

40번 20~25분, HK$10.80
63번 30~40분, HK$9.40
65번 25~30분, HK$9.40

코즈웨이 베이→스탠리

40번 30~40분, HK$10.80
63번 45~60분, HK$9.40
65번 40~50분, HK$9.40

센트럴 출발

센트럴의 익스체인지 스퀘어 버스 터미널(MAP 5-D2)에서 6 · 6A · 6X · 66 · 260번 등 5개 노선의 버스를 이용할 수 있다. 기본요금은 현금 · 옥토퍼스 카드 모두 동일하다.

하지만 옥토퍼스 카드를 이용할 경우, 리펄스 베이에서 내릴 때 운전석 옆의 카드 단말기에 옥토퍼스 카드를 한 번 더 찍으면 6번 HK$2.80, 6A · 6X번 HK$3.30, 260번 HK$4.30의 요금이 반환된다. 즉, 그만큼 요금 할인이 되는 것. 단, 66번 버스는 옥토퍼스 카드 요금 할인이 없으며, 260번 버스는 토 · 일 · 공휴일에는 요금 할인이 되지 않는다. 또한 6A번 버스는 월~토요일 07:00~08:20(센트럴 출발), 17:30~18:30(스탠리 출발)에만 운행한다는 사실도 알아두자.

리펄스 베이 · 스탠리 행 2층 버스.

코즈웨이 베이 출발

코즈웨이 베이에서는 40번 미니 버스, 63 · 65번 버스 등 3개 노선을 이용할 수 있다. 40번 미니 버스는 MTR 코즈웨이 베이 역 F1번 출구 근처의 정류장(MAP 11-D4), 63 · 65번 버스는 리갈 홍콩 호텔 Regal Hong Kong Hotel 앞의 정류장(MAP 11-C3)에서 출발한다. 센트럴에서 출발하는 버스와 달리 옥토퍼스 카드 요금 할인은 없다. 그리고 코즈웨이 베이가 종점이라 100% 앉아

홍콩 섬의 다채로운 풍경을 즐기자

리펄스 베이 · 스탠리 행 버스는 노선마다 경유지가 달라 홍콩 섬의 경치를 구경하는 데도 활용할 수 있다. 6A · 6X · 65 · 260번 버스는 홍콩 섬을 남북으로 관통하는 애버딘 터널을 지나간다. 터널을 빠져나오면 잠시 후 해안도로를 따라 달리기 시작하는데, 제법 수려한 해안 풍경이 두 눈을 즐겁게 한다. 경치를 제대로 즐기려면 2층 맨 앞, 오른쪽 자리에 앉아서 가자.

반면 6 · 63 · 66번 버스는 홍콩 섬 한복판의 니콜슨 산(해발 430m)을 넘어간다. 산을 오르는 동안 센트럴 · 코즈웨이 베이의 빌딩가와 해피 밸리의 드넓은 경마장이 한눈에 들어온다. 그리고 산을 내려갈 때는 주변 산악지대와 해안 일부는 물론 홍콩 섬 곳곳에 위치한 고급 별장 · 주택을 줄줄이 구경할 수 있다. 산 정상까지 오르는 동안은 버스 진행방향 왼쪽, 산을 내려갈 때는 오른쪽 자리에 앉아야 가장 멋진 경치를 즐길 수 있다.

이 노선들을 조합해 리펄스 베이 · 스탠리로 갈 때는 6A · 6X · 65 · 260번(해안도로 코스), 시내로 돌아갈 때는 6 · 63 · 66번 버스(산악도로 코스)를 이용하면 수려한 해변 풍경과 홍콩 도심의 멋진 야경을 두루 감상할 수 있다.

서 갈 수 있는 40번 미니 버스와 달리, 63 · 65번 버스는 노스 포인트 North Point 에서 출발해 코즈웨이 베이를 경유하는 것이라 출퇴근 시간과 주말 · 공휴일에는 자리 잡기가 힘들 수도 있다. 63번 버스는 월~토요일, 65번 버스는 일 · 공휴일에 만 운행한다.

찜사쪼이 출발

찜사쪼이에서는 973번 버스를 이용할 수 있다. 버스 정류장은 실버 코드 Silvercord 쇼핑몰(MAP 15-B3)과 1881 헤리티지 Heritage(MAP 15-B4) 앞에 있다. 장점 은 버스를 타고 가는 동안 까우롱 Kowloon 반도와 홍콩 섬을 연결하는 해저 터널, 그리고 홍콩 섬 서부의 주택가 · 해변 풍경을 볼 수 있다는 것. 그러나 센트럴에서 출 발하는 버스와 달리 옥토퍼스 카드 요금 할인이 없으며, 홍콩 섬을 빙 돌아서 가는 까닭에 이동시간이 무척 오래 걸린다.

찜사쪼이→리펄스 베이
973번 1시간, HK$14.50

찜사쪼이→스탠리
973번 1시간 15분, HK$14.50

리펄스 베이 하차

정류장 이름이 간단히 문자로만 표시될 뿐 차내 안내방송은 없다. 가장 확실하게 내 리는 방법은 버스 2층 맨 앞에 앉아 있다가 오른쪽의 사진과 같이 리펄스 베이 맨 션이 보이면 내릴 채비를 하는 것이다. 그리고 버스가 '오른쪽으로 커브를 돌아' 건 물 바로 앞에 섰을 때 내리면 된다. 정류장 이름은 리펄스 베이 비치 Repulse Bay Beach 淺水灣海灘다. 그래도 불안할 때는 운전사 옆에 앉아 있다 가 건물 사진을 보여주며 리펄스 베이 맨션 앞에 내려달라고 부탁하 는 '진짜 쉬운 방법'도 있다.

리펄스 베이 비치 정류장
GPS 22.238599, 114.195289

사진 정면의 구멍 뚫린 건물이 리펄스 베이 맨션이다

스탠리 하차

Stanley Village · Stanley Village Road 赤柱村 · 赤柱村道 정류장 (MAP 14-D3)에서 내린다. 역시 별도의 안내방송이 없으니 현지인 또는 운전사에게 해당 정류장에서 내려달라고 부탁하는 게 안전하다.

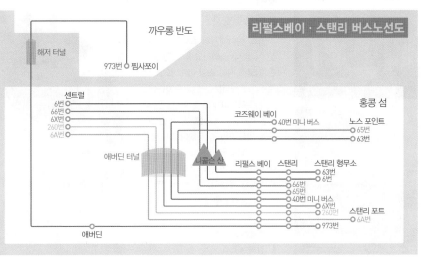

리펄스베이 · 스탠리 버스노선도

까우롱 반도
해저 터널
973번 · 찜사쪼이

홍콩 섬
센트럴
6번
66번
6X번
260번
6A번
코즈웨이 베이
40번 미니 버스
노스 포인트
65번
63번
애버딘 터널
니콜슨 산
리펄스 베이 · 스탠리
스탠리 형무소
63번
6번
66번
65번
40번 미니 버스
6X번
260번
스탠리 포트
6A번
973번
애버딘

repulse bay
quick guide

S How to See
느긋하게 시간을 보내기에 적합

한적한 해변을 제외하고는 큰 볼거리가 없다. 따라서 무언가를 보기 위해 바삐 움직이기보다는 느긋하게 해변을 산책하며 여유로운 시간을 즐기는 게 리펄스 베이를 제대로 여행하는 요령이다. 주요 명소는 리펄스 베이 비치 버스 정류장에서 도보 2~10분 거리에 있다. 더구나 딱 하나뿐인 해변 도로를 따라 걷다보면 자연스럽게 명소로 이어져 길 찾기도 쉽다.

- 박물관·전시관 ☆☆☆
- 유적·사적지 ★☆☆
- 해변 ★★★

E Where to Eat
먹거리는 무척 빈약

홍콩 제일의 휴양지란 명성에 비해 먹거리가 무척 빈약하다. 리펄스 베이 맨션에 위치한 애프터눈 티의 명가 The Verandah와 아시안 퓨전 레스토랑 Spices를 제외하면 맛집이라 할 곳은 전무하다. 더 펄스 쇼핑센터에도 몇몇 레스토랑이 있지만 가격 대비 만족도가 크게 떨어진다. 가볍게 허기만 달랠 요량이라면 해변에 있는 슈퍼마켓·편의점을 이용하는 것도 요령이다.

- 중식 ★☆☆
- 양식 ★☆☆
- 애프터눈 티·디저트 ★★☆

B What to Buy
쇼핑의 불모지

리펄스 베이에서의 쇼핑은 포기하는 게 상책! 숍이라고 부를 만한 곳은 리펄스 베이 쇼핑 아케이드와 더 펄스 쇼핑센터뿐인데, 모두 이 주변의 거주자들이 생필품을 구입할 때 이용하는 곳이라 여행자들이 관심을 가질 만한 아이템은 찾아보기 힘들다. 두 쇼핑센터에는 물놀이용품을 취급하는 대형 슈퍼마켓이 있으니 해변에서 물놀이를 계획한다면 한 번쯤 이용해도 좋을 듯.

- 패션 ☆☆☆
- 인테리어 ☆☆☆
- 잡화 ★☆☆

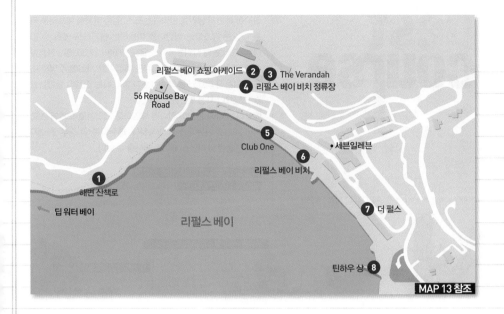

리펄스 베이 쇼핑 아케이드 **2** **3** The Verandah
4 리펄스 베이 비치 정류장
56 Repulse Bay
Road
5
Club One
6
세븐일레븐
리펄스 베이 비치
1
해변 산책로
딥 워터 베이
7 더 펄스
리펄스 베이
틴하우 상 **8**

MAP 13 참조

---

❶ 해변 산책로   p.277

리펄스 베이와 딥 워터 베이를 연결하는 호젓한 산책로. 푸른 바다를 바라보며 느긋하게 걷기에 좋다. 조깅 코스로도 무척 인기가 높다.

볼거리 ★☆☆   먹거리 ☆☆☆   쇼핑 ☆☆☆

❷ 리펄스 베이 쇼핑 아케이드   p.276

상류층이 이용하던 고급 호텔을 개조해서 만든 쇼핑센터. 영국 식민시대의 낭만적인 분위기가 감돈다. 최고급 맨션으로 명성이 자자한 리펄스 베이 맨션과 나란히 이어진다.

볼거리 ★★☆   먹거리 ★★☆   쇼핑 ★☆☆

❸ The Verandah   p.280

리펄스 베이의 대표 맛집. 20세기 초의 모습을 간직한 인테리어가 멋스럽다. 창밖으로 펼쳐지는 해변 풍경을 감상하며 정통 애프터눈 티를 맛볼 수 있다.

볼거리 ★☆☆   먹거리 ★★★   쇼핑 ☆☆☆

❹ 리펄스 베이 비치 정류장

버스 정류장의 위치에 주의하자. 시내에서 오는 버스의 정류장은 딱 하나뿐이지만, 시내로 돌아가는 버스의 정류장은 목적지에 따라 세 곳으로 나뉘어 있다.

볼거리 ☆☆☆   먹거리 ☆☆☆   쇼핑 ☆☆☆

❺ Club One

물놀이용품을 대여·판매하는 매점. 수영복·물안경은 물론 파라솔과 비치 체어도 빌려준다. 시즌 중에는 귀중품 보관용 라커도 이용할 수 있다.

볼거리 ☆☆☆   먹거리 ☆☆☆   쇼핑 ☆☆☆

❻ 리펄스 베이 비치   p.278

길이가 500여m에 달하는 드넓은 해변. 탈의실·샤워실 등의 편의시설은 모두 무료로 이용할 수 있다. 본격적인 해수욕 시즌은 4월 말~10월이다.

볼거리 ★☆☆   먹거리 ★☆☆   쇼핑 ★☆☆

❼ 더 펄스   p.278

40여 개의 숍·레스토랑이 모인 중급 규모의 쇼핑센터. 음료·먹거리·물놀이용품을 파는 슈퍼마켓도 있다. 에어컨이 빵빵해 더위에 지쳤을 때 이용하면 편리하다.

볼거리 ☆☆☆   먹거리 ★☆☆   쇼핑 ★☆☆

❽ 틴하우 상   p.279

어부의 수호신 틴하우를 모시는 사원. 여러 소원을 들어주는 불상과 신상이 가득해 리펄스 베이를 찾는 이라면 누구나 들를 만큼 인기가 높다.

볼거리 ★★☆   먹거리 ☆☆☆   쇼핑 ☆☆☆

best course

한적한 해변의 낭만을 만끽하는 코스. 정통 영국식 애프터눈 티를 내놓는 레스토랑 베란다를 이용하는 즐거움도 놓칠 수 없다. 애프터눈 티 타임은 수~토요일 15:00~17:30, 일 · 공휴일 15:30~17:30이며, 월 · 화요일은 휴업이란 사실에 주의하자. 또한 결혼식 피로연 등의 이벤트가 열릴 때는 이용이 불가능할 수도 있으니 사전 확인은 필수다.

애프터눈 티에 관심이 없다면 베란다를 제외하고 오후에 스탠리(p.282)로 가는 일정도 가능하다. 베란다를 뺄 경우 2~3시간이면 충분히 리펄스 베이를 돌아볼 수 있다.

출발점 리펄스 베이 비치 버스 정류장
예상 소요시간 4시간~

▼리펄스 베이 비치 버스 정류장에서 내리면 이렇게 보여요.

코즈웨이 베이 행 40번 미니 버스 정류장

센트럴 행 버스 정류장

찜사쪼이 행 버스 정류장

리펄스 베이 쇼핑 아케이드   리펄스 베이 비치   딥 워터 베이

물놀이를 즐기기에 좋은 리펄스 베이 비치.

start

리펄스 베이 쇼핑 아케이드

리펄스 베이 비치

| ① | 바로 앞 | ② | 바로 앞 | ③ | 도보 5분 | ④ |

리펄스 베이 비치 버스 정류장

20세기 초 리펄스 베이의 모습을 보여주는 전시물도 있다.

리펄스 베이 맨션

리펄스 베이 쇼핑 아케이드(앞)와 리펄스 베이 맨션(뒤).

딥 워터 베이

해변 산책로

리펄스 베이 비치 버스 정류장 ❶
리펄스 베이 쇼핑 아케이드
❷
베란다 ❼
❸
리펄스 베이 맨션

리펄스 베이 비치 ❹

세븐일레븐

❺
탄하우 상
❻ 더 펄스

스탠리

MAP 13 참조

1 드넓은 백사장이 펼쳐진 리펄스 베이 비치. 2 재물운을 불러오는 정재의 신상 앞에서 소원을 비는 사람들. 3 뱃사람의 안전을 기원하던 탄하우 사원. 4 영국 식민시대의 분위기가 물씬 풍기는 리펄스 베이 맨션.

탄하우 상 주변에는 다채로운 형태의 신상·조각이 있다.

정통 영국식 애프터눈 티를 즐길 수 있는 베란다.

더 펄스

베란다

도보 8분 **5**   도보 1분 **6**   도보 7분 **7**

탄하우 상

소원을 빌러 오는 사람들로 1년 내내 북적이는 탄하우 상.

SIGHTSEEING

해변을 제외하면 이렇다 할 볼거리가 없다. 바삐 움직이기 보다는 해변에서 느긋하게 쉬어가자. 굳이 해수욕이 아니어도 이른 아침의 한적한 분위기나 해질녘의 노을을 즐기는 것도 제법 운치 있다.

 Best Spot

★★★☆☆ 리펄스 베이 맨션
리펄스 베이 비치
★★☆☆☆ 리펄스 베이 쇼핑 아케이드
틴하우 상
★☆☆☆☆ 더 펄스, 해변 산책로

淺 ★★☆☆☆
淺水灣商場 리펄스 베이 쇼핑 아케이드
The Repulse Bay Shopping Arcade [발음] 친쑤이완썽청
[개관] 10:00~19:00(숍마다 다름) [홈피] www.therepulsebay.com [지도] MAP 13-B1
[교통] 6·6A·6X·63·65·66·260·973·40번 버스 리펄스 베이 비치
Repulse Bay Beach 淺水灣海灘 하차. 버스 진행방향 정면 왼쪽의 계단을 올라간 다음, 분수대를 지나 왼쪽으로 간다. [GPS] 22.238228, 114.196661

찜사쪼이의 페닌슐라 호텔과 함께 홍콩 최고의 호텔로 꼽던 리펄스 베이 호텔(1920~1982)을 개조해서 만든 조그만 쇼핑센터. 아케이드 내외부는 호텔로 사용되던 당시의 모습을 그대로 유지하고 있으며 정문을 장식한 순백의 분수대와 영국 식민시대의 향취가 고스란히 배인 콜로니얼 스타일의 현관, 나무로 만든 우아한 창문 등이 무척 멋스럽다. 아케이드와 지하 주차장을 연결하는 에스컬레이터 옆에는 옛 모습을 담은 흑백사진을 걸어 놓아 화려한 과거를 돌이켜보게 한다. 에스컬레이터 아래에는 이곳이 호텔로 이용되던 당시의 홍보용 포스터, 객실 사진·가구 그리고 해변 풍경을 담은 사진 등을 전시한 미니 갤러리가 있다. 갑부들이 이용하는 곳이란 럭셔리한 이미지와 달리 아케이드는 고작 20여 개의 숍과 레스토랑으로 이루어진 수수한 분위기다. 눈에 띄는 숍은 아늑한 생활잡화·가구를 취급하는 Indigo, 유기농 식품·화장품 전문점 Just Green, 영문 서적 전문점 Bookazine, 대형 슈퍼마켓 Market Place by Jasons 등이다. 건물 앞의 잔디 정원에서는 내로라하는 유명 인사들의 호화 결혼식이나 야외 파티 등 대형 이벤트가 수시로 열려 여행자에게 색다른 볼거리를 선사한다.

1 20세 초 리펄스 베이의 풍경.
2 호텔로 사용하던 때의 물건이 전시된 갤러리.
3 분수대 너머로 리펄스 베이 쇼핑 아케이드와 리펄스 베이 맨션이 보인다.

影 灣園 리펄스 베이 맨션

Repulse Bay Mansion 발음 잉완윤 지도 MAP 13-C1

★★★☆☆

교통 6 · 6A · 6X · 63 · 65 · 66 · 260 · 973 · 40번 버스 리펄스 베이 비치 Repulse Bay Beach 하차. 맨션 입구는 리펄스 베이 쇼핑 아케이드 안쪽에 있다. GPS 22.238439, 114.197148

리펄스 베이의 대명사로 통하는 최고급 맨션. 파도의 형상을 본뜬 S자형의 외관과 창문처럼 뚫린 8층 높이의 거대한 구멍 때문에 금방 눈에 띈다. 평당 수억 원을 호가하는 최고급 맨션에 이토록 큼직한(?) 구멍을 뚫어놓은 이유는 일종의 액땜을 위해서다.

리펄스 베이 맨션이 뒷산과 바다를 오가는 용신(풍수에서는 기의 흐름을 용 또는 용신이라 부른다)의 길을 가로막아 큰 화를 초래할지 모른다는 소문이 퍼지자, 공사 도중 바로 설계를 변경해 건물 한복판에 '용신 전용 통로'를 뚫어버린 것. 구멍 너머로 뒷산이 보여 마치 건물 가운데에 거대한 액자를 끼워 넣은 것처럼 보이기도 한다.

현재 이곳에는 유덕화 · 곽부성 등 홍콩의 내로라하는 갑부와 유명 스타가 모여 살기 때문에 일반인의 출입이 철저히 통제되며, 쇼핑 아케이드를 통해 맨션 입구까지만 들어갈 수 있다. 아담한 중국식 정원으로 꾸민 입구에서는 머리 위로 리펄스 베이 맨션의 거대한 구멍이 올려다 보인다.

1 용신 전용(?) 통로가 뚫려 있는 모습이 신기하다.
2 내부의 통로는 중국풍으로 꾸며 놓았다.

麗 海堤岸路 해변 산책로

★☆☆☆☆

Seaview Promenade 발음 라이호이타이웅로우 지도 MAP 13-A2

교통 6 · 6A · 6X · 63 · 65 · 66 · 260 · 973 · 40번 버스 리펄스 베이 비치 Repulse Bay Beach 하차. 도보 5분. 버스 진행방향 정면의 횡단보도를 건넌 뒤 아래로 이어지는 계단을 따라 해변에 위치한 큰길까지 내려간다. 그리고 오른쪽으로 꺾어 100m쯤 가면 왼쪽에 있다. GPS 22.238367, 114.194101

아침 · 저녁으로 현지인들이 즐겨 찾는 산책 및 조깅 코스. 길이는 1.2km 정도다. 요트와 어선이 점점이 정박해 있으며, 산책로 끝 쪽에는 딥 워터 베이 Deep Water Bay 深水灣라는 조그만 해변이 있다. 리펄스 베이 비치의 반도 안 되는 규모에 모래도 거칠지만 호젓한 해변이라 조용히 쉬어가기에 좋다. 탈의실 · 샤워실 · 바비큐장은 모두 무료다.

호젓하게 산책을 즐기기에 좋은 해변 산책로.

커피 한 잔의 여유를 즐기자

리펄스 베이 쇼핑 아케이드 안쪽에 커피 전문점 Pacific Coffee Company 가 있다. 손님이 별로 없어 조용히 쉬어 갈 수 있는 게 매력! 커피 값은 시내와 동일하며 인터넷 전용 PC(무료)와 잡지도 비치돼 있다. 아늑한 실내도 좋지만 날씨 가 좋을 때는 노천 테이블에 앉아 보자. 머리 위로 이곳의 명물 리펄스 베이 맨션 이 올려다 보인다.

예산 커피 · 음료 HK$21~51, 샌드위치 HK$23~40
영업 월~일요일 07:00~21:00

淺 ★★★☆☆
水灣海灘 리펄스 베이 비치

Repulse Bay Beach 발음 친쑤이완호이탄

지도 MAP 13-B2 **GPS** 22.237846, 114.195820

교통 6·6A·6X·63·65·66·260·973·40번 버스 리펄스
베이 비치 Repulse Bay Beach 하차, 도보 3분. 버스 진행방향
정면의 횡단보도를 건넌 뒤, 아래로 이어지는 계단을 내려가면
해변이 나온다.

홍콩 섬 최고의 인기를 구가하는 해수욕장. 완만한
곡선의 해안선을 따라 폭 80m, 길이 500m 남짓한
백사장이 이어지며 탈의실·샤워실·화장실 등 각종
편의시설을 완벽히 갖춰 놓았다. 물론 이용료는 공짜!
거대한 백사장이 해외에서 들여온 모래로 만든 인공
해변이란 사실도 놀랍다. 본격적인 해수욕 시즌은
4월 말~10월 이지만 겨울에도 햇살이 내리쬘 때는
섭씨 20도 가까이 기온이 올라 일광욕을 즐기기에
무리가 없다. 바닷물에 잠시 발을 담그고 여행의 낭만을
즐겨보자. 돗자리·선블록·음료수 등은 리펄스 베이
쇼핑 아케이드의 슈퍼마켓, 해변 바로 옆의 편의점
세븐일레븐(MAP 13-C2), 더 펄스의 슈퍼마켓
(MAP 13-D2)에서 판다. 세븐일레븐에는 귀중품
보관용 코인라커도 있다.
'리펄스 베이'란 이름의 유래에 대해서는 다양한
이야기가 전해오는데, 가장 유력한 설은 이 주변에서
약탈을 일삼던 해적을 물리친(repulse) 영국 함대의
업적을 기리기 위해서라는 것과 이곳에 정박해 있던 영국
전함 HMS Repulse호의 이름에서 따왔다는 것이다.

1·2 백사장에 앉아 한가로이 휴식을 취해도 좋다. 물놀이 용품과 돗자리·
음료수 등은 해변가의 슈퍼마켓·편의점에서도 판매한다.
3 드넓은 해변 너머로 고급 맨션들이 보인다.

淺 ★★★☆☆
水 더 펄스

The Pulse 발음 더 펄스

영업 10:00~22:00(숍마다 다름) 지도 MAP 13-D2

교통 6·6A·6X·63·65·66·260·973·40번 버스 리펄스
베이 비치 Repulse Bay Beach 하차, 도보 7분. 버스 진행방향
정면의 횡단보도를 건넌 뒤 아래로 이어지는 계단을 따라 해변 앞의
큰길까지 내려간다. 그리고 왼쪽으로 꺾어 200m쯤 가면 오른쪽에
있다.

GPS 22.236582, 114.197365

리펄스 베이 비치와 나란히 이어진 쇼핑센터. 규모는
크지만 숍은 고작 40여 개에 불과하다. 이용객이 많지 않아
느긋하게 구경하거나 쉬어가기에 적당하다. 에어컨이 무척
빵빵해 해변에서 뜨겁게 달궈진 몸을 식힐 때 이용해도 좋을
듯! L1층에는 레스토랑·슈퍼마켓도 있다.

天后像 틴하우 상 ★★☆☆☆

Tin Hau Statue 발음 틴하우쩡 기간 일출~일몰 요금 무료
지도 MAP 13−C3 GPS 22.234787, 114.198462
교통 6·6A·6X·63·65·66·260·973번 버스 또는 40번 미니 버스
리펄스 베이 비치 Repulse Bay Beach 하차, 도보 10분. 버스 진행방향
정면의 횡단보도를 건넌 뒤 아래로 이어지는 계단을 따라 해변으로
내려간다. 그리고 왼쪽으로 꺾어 350m쯤 가면 된다.

울긋불긋 화려한 원색으로 치장한 전형적인 도교 사원. 홍콩의
유력 인사·단체가 기증한 크고 작은 불상과 신상이 가득하지만,
너무 조악해 신비롭거나 경건한 느낌을 받기는 힘들다. 틴하우 天
后와 관음보살 觀音菩薩을 모시기 때문에 사원 앞에는 두 개의
거대한 신상이 놓여 있다. 오른쪽에 '복 福'자가 잔뜩 새겨진 화려한
옷과 황금관을 쓴 게 틴하우, 왼쪽의 흰옷을 두른 게 관음보살이다.
어부의 수호신 틴하우는 홍콩을 비롯한 중국 남부에서 가장 널리
숭배되는 여신이다. 960년 중국 남부의 후젠 성 福建省에서 태어난
틴하우는 13살 때 선인(仙人)에게 도력을 전수받아 조난당한
어부를 구하는 등 많은 기적을 행하다 27살에 요절했으며, 이후
신으로 떠받들어지기 시작했다. 관음보살 역시 곤경에 처한 이들이
그의 이름을 부르면 33가지 화신으로 나타나 도움을 준다는
믿음 때문에 어부들이 바다로 나가기에 앞서 여기서 두 신에게
무사안전과 풍어를 기원했다.
관음보살상 앞은 언제나 수많은 인파로 북적인다. 그 앞에 '부자
만들어주는 정재(正財)의 신상'이 있기 때문인데, 먼저 신상 왼쪽에
놓인 구리 그릇의 양 귀퉁이를 세 번 문지른 뒤 신상의 머리에서
발목까지를 쓰다듬고 바로 자기 주머니에 손을 넣으면 부자가
된다고 한다. 그 옆에는 동자상에 둘러싸인 흰색의 배불뚝이 신상이
있다. 역시 이것을 쓰다듬으면 아이를 갖게 된다고 한다. 딸을
원하면 여자, 아들을 원하면 남자 아이의 조각을 열심히 문지르자.
바닷가의 정자 앞에는 반질반질 윤이 나는 검은 돌이 있다. 돌에
쓰인 이름 그대로 '인연석 姻緣石'이라 불리는데, 이 돌을 문지르며
소원을 빌면 원하는 사람과 맺어진다고 한다. 그 옆에 있는 흰
도포차림의 석상은 월하노인 月下老人이라 불리는 중매의 신이다.
전설에 따르면 월하노인이 가진 붉은 실로 두 사람을 묶어주면
반드시 부부의 연을 맺게 된다고!

1 왼쪽이 관음보살, 오른쪽이 틴하우 상이다. 2 한 번 건널 때마다 3일씩 수명이 늘어난다는 장수교.
3 바닷가에 수많은 신상이 놓여 있다. 4 부부의 연을 맺어주는 월하노인.
5·6 열심히 쓰다듬으면 재물운이 생긴다는 정재의 신상과 구리 그릇.
7 아이를 점지해주는 배불뚝이 신상.

RESTAURANT

❷ The Repulse Bay Soufflé (HK$138)

예산 점심 HK$418~, 저녁 HK$808~.
클래식 애프터눈 티 1인 HK$308,
토 · 일 · 공휴일 1인 HK$328
※미니멈 차지 1인당 평일 HK$294,
주말 · 공휴일 HK$302 **추가** 봉사료 10%
영업 점심 수~토 · 공휴일 12:00~15:00,
애프터눈 티 수~토 · 공휴일 15:00~17:30,
일요일 15:30~17:30, **저녁** 19:00~22:30,
선데이 브런치 일요일 11:00~15:00
휴업 월 · 화요일(공휴일 제외) **메뉴** 영어
주소 G/F, The Repulse Bay,
109 Repulse Bay Road
전화 2292-2822 **지도** MAP 13-C1
홈피 www.therepulsebay.com
교통 6 · 6A · 6X · 63 · 65 · 66 · 260 ·
973 · 40번 버스 리펄스 베이 비치 Repulse Bay
Beach 하차. 버스 진행방향 정면 왼쪽의 계단을
올라간다. 리펄스 베이 쇼핑 아케이드 G/F층에
있으며 분수대를 지나면 바로 입구가 보인다.
GPS 22.238262, 114.196759

❶ The Classic Repulse Bay Afternoon Tea (HK$308~328)

I The Verandah 강추

1920~1930년대의 모습을 고스란히 간직한 레스토랑. 원래 리펄스
베이 호텔의 메인 레스토랑이었는데, 1982년 호텔과 함께 문을
닫았다가 1986년 재개장했다. 우아한 인테리어와 창 너머로 펼쳐진
해변의 풍경이 멋스러우며 영화 〈색계〉의 배경으로도 유명하다. 밤이면
테이블마다 촛불을 밝혀 낭만적인 분위기를 연출한다. 당연히 데이트나
특별한 이벤트를 원하는 커플에게 인기 만점! 단, 비치 샌들 · 반바지 ·
민소매 티(여성은 예외) 차림으로는 들어갈 수 없으며, 주말에는 결혼식
피로연 등의 행사로 오픈하지 않는 경우도 있으니 확인하고 가야 한다.

Best Menu 철저한 영국식 메뉴를 고집한다. 점심은 적당하지만
저녁은 조금 비싼 편. 가볍게 즐기려면 정통 영국식 애프터눈 티에
도전해보자. 반짝반짝 빛나는 은제 식기와 최고급 웨지우드 접시로
서빙을 받으면 귀부인이 된 듯 황홀한 기분마저 든다. 애프터눈 티
❶The Classic Repluse Bay Afternoon Tea(평일 1인 HK$308, 주말
1인 HK$328)는 3단 접시에 스콘 · 샌드위치 · 패스트리 · 케이크 ·
벨기에 와플이 차곡차곡 담겨 나오는데 따뜻하고 가벼운 것부터
시작해 무겁고 진한 맛의 순서(스콘→샌드위치→패스트리→디저트)로
먹는다. 음료는 다양한 차와 커피 가운데 하나를 선택할 수 있다. 색다른
메뉴로는 수플레 ❷The Repulse Bay Soufflé(HK$138)도 강추! 1920
년부터 전통을 이어온 인기 디저트로 부드럽고 달콤한 맛이 일품이다.

❷ Thai Red Curry Barbecued Duck with Lychees (HK$238)

예산 HK$300~ 추가 봉사료 10%
영업 평일 12:00~15:00 · 18:30~22:30,
토 · 일 · 공휴일 11:30~22:30
메뉴 영어 · 중국어
주소 G/F, The Repulse Bay, 109 Repulse Bay Road
전화 2292-2821
홈피 www.therepulsebay.com
지도 MAP 13-C1
교통 6 · 6A · 6X · 63 · 65 · 66 · 260 · 973 · 40번 버스 리펄스 베이 비치 Repulse Bay Beach 하차. 버스 진행방향 정면 왼쪽의 계단을 올라간다. 분수대를 지나 오른쪽으로 가면 건물 모퉁이를 돌아서 레스토랑 입구가 보인다. 리펄스 베이 쇼핑 아케이드 G/F층에 있다.
GPS 22.238123, 114.196933

| Spices

The Verandah 바로 아래층에 위치한 아시안 레스토랑. 한국 · 인도 · 싱가포르 · 인도네시아 · 말레이시아 · 타이 · 베트남 · 일본 등 아시아의 대표 요리를 모두 맛볼 수 있다. 장국영이 즐겨 찾던 레스토랑으로도 잘 알려져 있는데, 푸른 바다가 바라보이는 가든 테이블이 이국적이면서도 로맨틱한 분위기를 연출한다. 정규 메뉴 외에 단골을 위한 프로모션 메뉴도 정기적으로 선보인다.

Best Menu 장국영이 무척 좋아하던 매콤한 똠얌꿍 ❶Tom Yam Kung Spicy Prawn Soup 冬陰蝦湯(스몰 HK$58, 레귤러 HK$112)이 대표 메뉴다. 껍질째 먹을 수 있는 게 튀김 Deep-fried Soft Shell Crabs with Salt and Pepper 鬆炸椒鹽軟殼蟹(스몰 HK$138, 레귤러 HK$188)은 바삭하면서도 부드러운 식감이 일품이다. 달콤한 라이치로 매운 맛을 중화시킨 태국식 오리 바비큐 레드 카레 ❷Thai Red Curry Barbecued Duck with Lychees 紅咖喱荔枝燒鴨(HK$238)도 인기다. 다양한 맛을 즐기고 싶다면 타이 비프 샐러드, 게살 · 포멜로 샐러드, 탄두리 치킨 샐러드, 타이 그린 파파야 샐러드로 구성된 모둠 샐러드 ❸Spices Asian Salad Platter 亞州沙律拼盆(HK$258), 그리고 연어 · 양고기 커틀릿 · 양고기 케밥 · 닭고기가 함께 나오는 모둠 탄두리 요리 ❹Tandoori Mixed Grill 雜錦燒烤(HK$278)를 선택해도 좋다.

❹ Tandoori Mixed Grill (HK$278)
❶ Tom Yam Kung Spicy Prawn Soup (HK$58~)
❸ Spices Asian Salad Platter (HK$258)

스탠리 赤柱

볼거리 ★★☆☆☆
먹거리 ★★☆☆☆
쇼 핑 ★★☆☆☆
유 흥 ★☆☆☆☆

오랜 옛날 불타오르듯 붉게 빛나는 나무가 있어 츠쭈 赤柱, 즉 '붉은 기둥의 해변'이라 불리던 곳이다. 19세기 중반에는 홍콩의 임시 수도 역할을 했으며, 제2차 세계대전 때는 악명 높은 일본군 감옥이 들어서 애꽃은 생명을 수없이 앗아가기도 했다. 하지만 지금은 산뜻한 멋이 흐르는 고급 주택가와 낡은 재래시장이 묘한 대조를 이루는 홍콩 섬 남부의 대표적인 관광지로 변모해 여행자의 발길을 끌어모으고 있다.

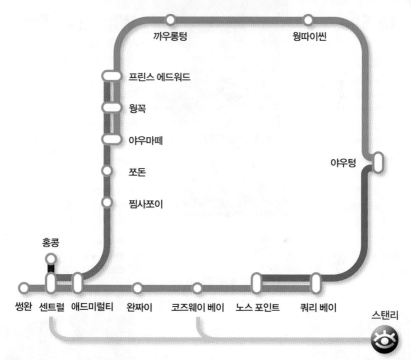

스탠리로 가는 방법

BUS 6·6A·6X·260번 버스 Stanley Village·Stanley Village Road 赤柱村·赤柱村道 하차

센트럴의 익스체인지 스퀘어 Exchange Square 交易廣場에서 스탠리 Stanley 赤柱 행 6·6A·6X·260번 버스로 40~60분. 자세한 이용법은 p.270 참조.
리펄스 베이에서 스탠리까지의 소요시간은 15~20분. 요금은 6·6A·6X번 HK$4.90, 260번 HK$7.10이다.

BUS 40번 미니 버스 또는 63·65번 버스 Stanley Village·Stanley Village Road 赤柱村· 赤柱村道 하차

코즈웨이 베이에서 스탠리 마켓 Stanley Market 赤柱市集 행 40번 미니 버스 또는 63·65번 버스로 35~60분. 자세한 이용법은 p.270 참조.

BUS 973번 버스 Stanley Village·Stanley Village Road 赤柱村·赤柱村道 하차

찜사쪼이에서 스탠리 행 973번 버스로 1시간 15분. 자세한 이용법은 p.271 참조.

stanley quick guide

S How to See
여행 시기에 주의

한정된 지역에 볼거리가 옹기종기 모여 있어 크게 발품 팔지 않고도 돌아볼 수 있다. 한적함을 즐기려면 평일, 스탠리 특유의 활기찬 분위기를 만끽하려면 주말·공휴일에 가는 게 바람직하다. 외지인이 몰리는 주말·공휴일에는 스탠리를 오가는 도로가 정체를 빚기 일쑤니 시간 여유를 넉넉히 두고 움직여야 한다. 4월 말~10월의 해수욕 시즌에는 물놀이 이용품을 챙겨가는 것도 좋다.

■ 건축물·공원 ★☆☆
■ 유적·사적지 ★☆☆
■ 해변 ★★★

E Where to Eat
분위기 좋은 레스토랑을 이용

식당은 스탠리 마켓과 스탠리 만, 머리 하우스 등에 모여 있다. 푸른 바다와 유러피언 스타일의 건물이 어우러진 스탠리 특유의 분위기를 만끽하려면 스탠리 만·머리 하우스의 레스토랑을 이용하는 게 좋다. 서양인들이 즐겨 찾는 까닭에 레스토랑은 양식의 비중이 높다. 또한 부촌이자 관광지의 성격이 강해 음식값 역시 만만치 않게 비싸다는 사실도 알아두는 게 좋을 듯!

■ 중식 ★☆☆
■ 양식 ★★★
■ 디저트 ★☆☆

B What to Buy
저렴한 기념품이 추천 아이템

스탠리의 쇼핑 포인트는 홍콩 섬 제일의 짝퉁 시장으로 유명한 스탠리 마켓이다. 규모가 크진 않지만 여행자의 구미에 맞는 아이템만 엄선해서 팔기 때문에 구경하는 재미가 쏠쏠하다. 단, 품질은 보장하기 힘드니 가볍게 기념품을 장만하는 정도로 만족하는 게 좋다. 현대적인 쇼핑센터인 스탠리 플라자에는 인테리어·잡화점·슈퍼마켓이 모여 있어 생필품을 장만하기에 좋다.

■ 패션 ★★★
■ 인테리어 ★★★
■ 화장품·잡화 ★★☆

스탠리 메인 비치

스탠리 플라자

관음묘

스탠리 빌리지 버스 터미널

머리 하우스

스탠리 만

홍콩 해양 학교

스탠리 마항 공원

스탠리 마켓

운동장

스탠리 군인 묘지

세인트 스티븐 비치

스탠리 형무소

MAP 14 참조

❶ 스탠리 마항 공원　　　　　p.291

해변을 따라 조성된 호젓한 공원. 안쪽에는 바다의 신 빡타이를 모시는 북제고묘, 야트막한 산 위에는 스탠리 만이 훤히 내려다보이는 전망대가 있다.

볼거리 ★☆☆　먹거리 ☆☆☆　쇼핑 ☆☆☆

❷ 머리 하우스　　　　　　　p.290

19세기 중반에 지어진 영국풍의 석조 건물. 1·2/F층에는 분위기 만점의 레스토랑, 바로 앞에는 100년 전의 모습을 고스란히 간직한 블레이크 선착장 등의 볼거리가 있다.

볼거리 ★★☆　먹거리 ★★☆　쇼핑 ☆☆☆

❸ 스탠리 만　　　　　　　　p.289

스탠리의 대표적인 먹자거리. 유러피언 스타일의 노천카페와 레스토랑이 모여 있다. 주말이면 차량 통행이 제한된 거리를 사람들이 활보하는 활기찬 풍경이 펼쳐진다.

볼거리 ★☆☆　먹거리 ★★☆　쇼핑 ☆☆☆

❹ 스탠리 마켓　　　　　　　p.288

홍콩 섬 최대의 짝퉁 시장. 독특한 디자인과 프린트의 티셔츠, 저렴한 전통의상, 아기자기한 기념품 등 재미난 아이템이 풍부하다. 단, 품질은 조금 떨어지는 편이다.

볼거리 ★☆☆　먹거리 ★☆☆　쇼핑 ★★☆

❺ 스탠리 빌리지 버스 터미널

스탠리의 교통 중심지. 홍콩 시내와 스탠리를 오가는 대부분의 버스가 여기서 출발·도착한다. 이곳을 중심으로 움직이면 길 찾기도 한결 수월하다.

볼거리 ☆☆☆　먹거리 ☆☆☆　쇼핑 ☆☆☆

❻ 스탠리 메인 비치　　　　　p.292

고급 주택가와 나란히 이어진 해변. 모래가 조금 거칠지만 탈의실·샤워실 등의 편의시설이 잘 갖춰져 있어 해수욕을 즐기기에 더할 나위 없이 좋다.

볼거리 ★☆☆　먹거리 ☆☆☆　쇼핑 ☆☆☆

❼ 스탠리 군인 묘지　　　　　p.292

19세기에 조성된 공원묘지. 초록빛 잔디와 유럽풍의 묘비가 나란히 늘어선 모습이 이국적 분위기를 연출한다. 느긋하게 휴식을 취하거나 산책을 즐기기에 적당하다.

볼거리 ★☆☆　먹거리 ☆☆☆　쇼핑 ☆☆☆

❽ 세인트 스티븐 비치　　　　p.292

스탠리 도심에서 살짝 벗어난 곳에 있는 한적한 해변. 백사장이 짧고 모래도 거칠지만 찾는 이가 드물어 호젓한 휴식의 시간이나 해수욕을 즐기기에 안성맞춤이다.

볼거리 ★☆☆　먹거리 ☆☆☆　쇼핑 ☆☆☆

best course

산뜻한 해변과 서구적인 식당가, 활기찬 재래시장 등 다채로운 풍경을 살펴보는 코스. 사람들로 북적이는 활기찬 모습을 즐기려면 주말·공휴일, 호젓한 시간을 보내려면 되도록 평일에 가는 게 좋다. 스탠리 마켓의 숍들은 대부분 10:00~11:00에 오픈하니 조금 천천히 가야 한다. 시간 여유가 될 때는 아래의 코스를 다 돈 다음 스탠리 메인 비치로 가서 물놀이를 즐기거나, 도보 15분 거리에 위치한 스탠리 군인 묘지에 다녀오자. 예상 소요시간은 1~2시간을 추가하면 된다. 앞서 소개한 리펄스 베이와 묶어 하루 코스로 돌아봐도 좋다.

**출발점 스탠리 빌리지 · 스탠리 빌리지 로드 버스 정류장
예상 소요시간 4시간~**

▼스탠리 빌리지 · 스탠리 빌리지 로드 버스 정류장에서 내리면 이렇게 보여요.

도서관　　　스탠리 빌리지 버스 터미널

스탠리 군인 묘지　　　스탠리 마켓 · 스탠리 만　　　스탠리 메인 비치

19세기의 모습이 보존된 머리 하우스와 그 앞의 산책로.

스탠리 만

머리 하우스

start

① ──도보 5분── ② ──도보 2분── ③ ──도보 2분── ④

스탠리 빌리지 버스 정류장

데이트 코스로도 인기가 높은 스탠리 만.

틴하우 사원

뱃사람들의 안녕을 기원하는 틴하우 사원.

우체국

스탠리 빌리지
버스 정류장
❶

스탠리
메인 비치

도서관

❼ 스탠리 마켓

미니 축구장

전망대

스탠리
워터프런트 마트

❷ 스탠리 만

따이웡예
사원

블레이크
선착장
❺

풍수회랑

❹ 머리 하우스

스탠리 플라자

스탠리
마항 공원
❻

❸ 틴하우 사원

MAP 14 참조

1 조각배가 떠 있는 스탠리 만의 고즈넉한 풍경.
2 전몰자의 넋을 기리는 스탠리 군인묘지.
3 스탠리 메인 비치는 홍콩에서도 손꼽히는 해수욕의 명소다.

센트럴에서
옮겨온 블레이크
선착장.

스탠리 마항 공원

왁자지껄한 분위기가 매력인 스탠리 마켓.

스탠리 마켓

바로 앞　5　　바로 앞　6　　도보 5분　7

블레이크 선착장

스탠리 마항
공원의 전망대에서
내려다본 스탠리의
전경.

遊

SIGHTSEEING

북적이는
재래시장과
영국 식민시대의
모습이 남겨진 건물,
새하얀 백사장이
주요 볼거리다.
워낙 조그만 동네라
불과 몇 시간이면
전역을 훑어볼 수
있으니 인근의
리펄스 베이와
묶어서 1일 코스로
돌아봐도 좋다.

✏ Best Spot

★★★☆☆ 머리 하우스, 스탠리 마켓
★★☆☆☆ 스탠리 군인 묘지, 스탠리 만
　　　　　스탠리 메인 비치, 틴하우 사원
★☆☆☆☆ 따이왕예 사원, 북제고묘
　　　　　블레이크 선착장, 스탠리 플라자
　　　　　세인트 스티븐 비치
　　　　　스탠리 마황 공원

赤柱市場 스탠리 마켓 ★★★☆☆

Stanley Market 영문 첵취씨청 가관 10:00~20:00(상점마다 다름)
지도 MAP 14–B1 · 14–D4
교통 스탠리 빌리지 버스 터미널에서 도보 2분. 버스 터미널 앞 사거리의 횡단보도를
건넌 뒤 언덕 아래로 내려간다. GPS 22.218441, 114.212216

서울의 남대문 시장을 연상시키는 전형적인 재래시장. 일명 '짝퉁 천국'
으로 유명해 언제나 호기심 왕성한 관광객들로 북적인다. 하지만 규모는
그리 크지 않아서 200m 남짓 이어지는 폭 2~3m의 골목길(?) 스탠리
메인 스트리트 Stanley Main Street 赤柱大街가 시장의 전부라 해도
과언이 아니다.
좁은 골목 양쪽에는 의류 · 전통의상 · 신발 · 가방 · 패션 소품 · 기념품 ·
장난감 · 골동품 · 그림을 파는 상점 160여 개가 줄줄이 늘어서 있다.
영어가 비교적 잘 통하고 관광객이 선호하는 디자인의 상품이 많지만,
질이 떨어져 단순히 쇼핑 목적으로 갔다가는 실망하기 십상이다.

1 도기로 만든 중국식 수저받침.
2 시장은 언제나 수많은 관광객들로 북적인다.

🚌 버스 정류장에 주의!

스탠리 빌리지 버스 터미널

스탠리로 갈 때는 스탠리 빌
리지 · 스탠리 빌리지 로드
Stanley Village · Stanley
Village Road 정류장에서
내린다. 하지만 시내로 돌아
갈 때는 바로 옆의 스탠리 빌
리지 버스 터미널 Stanely
Village Bus Terminus에서 버스를 타야 한다.
또한 66번 버스(MAP 14–A3)와 40번 미니 버스(MAP 14–D3)는
정류장의 위치가 여타 버스들과 조금 다르다는 사실도 잊지 말자.
스탠리 빌리지 · 스탠리 빌리지 로드 정류장 GPS 22.219157, 114.212904

赤柱灣 스탠리 만 ★★☆☆☆

Stanley Bay 쳅튀완 MAP 14-B4 GPS 22.218573, 114.211446
교통 스탠리 빌리지 버스 터미널에서 스탠리 마켓 방향으로 도보 5분.

스탠리에서 가장 서구적인 스타일을 뽐내는 곳. 부채꼴 모양의 해안을
따라 패셔너블한 바와 레스토랑이 모여 있다. 스탠리 만의 진면목을
만끽하려면 주말에 가자. 차량통행이 금지되는 금요일(19:00~23:00)과
토·일·공휴일(11:00~23:00)이면 노천 테이블이 즐비한 모습이
유럽의 어느 거리를 옮겨다 놓은 듯 이국적인 풍경으로 다가온다.
한여름에는 노천 테이블에 앉아 시원하게 맥주를 들이키며 활기찬 거리의
모습을 구경하는 것도 재미있다. 해마다 5~6월에는 바닷가에서 박진감
넘치는 용선제 Dragon Boat Race가 열려 흥미로운 볼거리를 제공한다.
스탠리 만 동쪽엔 스탠리 워터프런트 마트 Stanley Waterfront
Mart(07:00~22:00)라는 조그만 상가와 노천식당·공원이 조성돼
있다. 그 안쪽의 암초지대에서는 스탠리 만 일대와 바닷가에 우뚝 선 머리
하우스·블레이크 선착장의 모습이 한눈에 들어온다.

1 주말 데이트 코스로도 인기가 높은 스탠리 만.
2 유럽풍의 레스토랑이 모여 있다. 가격은 조금 비싼 편!

赤柱廣場 스탠리 플라자 ★☆☆☆☆

Stanley Plaza 쳅튀꽝청
영업 10:00~21:00(숍마다 다름) 지도 MAP 14-A3
교통 66번 버스의 종점인 스탠리 플라자 Stanley Plaza 하차.
또는 스탠리 빌리지 버스 터미널에서 스탠리 마켓 방향으로
도보 8분. GPS 22.219059, 114.209876

난민 거주지를 정비해서 만든 현대적인 쇼핑몰.
패션·잡화·슈퍼마켓·식당 등 40여 개의 숍이
입점해 있어 현지인들이 즐겨 찾는다. 눈에 띄는 숍은
인테리어 전문점 GOD, 아기자기한 침구·잡화를
취급하는 Rapee Living, 슈퍼마켓 스리식스티 등이다.
스탠리 플라자 앞에는 다채로운 공연과 이벤트가
열리는 야외극장, 4·5/F층에는 머리 하우스와 그
주변이 시원스레 내려다보이는 조그만 전망대도 있다.

大王爺廟 따이웡예 사원 ★☆☆☆☆

Tai Wong Ye Temple 따이웡예미우 개관 일출~일몰
요금 무료 지도 MAP 14-B4 GPS 22.218783, 114.210420
교통 스탠리 빌리지 버스 터미널에서 스탠리 마켓 방향으로 도보 7분.

어부의 수호신 웡예 王爺를 모시는 사당. 몇 사람만
들어가도 꽉 차는 좁은 실내에는 향 연기에 둘러싸인
조촐한 제단과 함께 웡예의 신상이 모셔져 있다. 전해오는
바에 따르면 황금 곤봉을 든 그가 두 눈을 부릅뜬 채
뱃사람의 안전을 지켜준다고 한다. 중국 본토에서는
웡예가 질병을 몰고 오는 역신(疫神)으로 여겨지지만,
18세기 무렵 웡예 신앙의
전래 과정에서 질병치료·
항해안전·풍어기원 등의
소원을 들어주는 신으로
와전돼 지금에 이르렀다.

홍콩·타이완 등에서는 어부의
여신 '틴하우'에 견줄 만큼 영험한
신으로 숭앙받고 있다.

天 后廟 틴하우 사원 ★★☆☆☆

Stanley Bay 발음 틴하우미우 기간 07:00~18:00 요금 무료
지도 MAP 14-A4 GPS 22.218978, 114.209332
교통 스탠리 빌리지 버스 터미널에서 스탠리 마켓 방향으로 도보 10분.

어부의 여신 틴하우를 모시기 위해 1767년에 세운 사원(자세한
내용은 p.271 참조). 하지만 최근 재건돼 예스러운 멋을 찾아보기는
힘들다. 화려한 장군상과 봉황이 새겨진 정문으로 들어가면 중정
(中庭)을 지나 제단이 나타난다. 한가운데에 붉은 옷의 황금빛 틴하우
상(像), 그리고 그 양쪽에는 재물·풍어·건강을 관장하는 24개의
신상을 모셔 놓았다. 왼쪽 벽에는 악령을 물리치는 호랑이 가죽이
검게 퇴색된 채 걸려 있다. 이 호랑이는 1942년 스탠리 경찰서에서
잡혔다. 호랑이 가죽이 틴하우 사원에 안치됐을 무렵 두 차례나
일본군의 공습을 받았으나, 사원은 물론 이곳에 피신한 사람은
아무런 피해도 입지 않아 '호랑이의 보호를 받는 사원'으로 알려졌다.
틴하우의 탄생일인 음력 3월 23일에는 이 앞에서 경극 공연을 한다.
사원 앞에는 틴하우 사원과 바다를 오가는 기의 흐름이 원활하도록
바닷가까지 터놓은 풍수회랑 風水回廊이 있다. 풍수회랑이 끝나는
바닷가에는 물을 상징하는 두 마리의 물고기를 바닥에 새겨 놓았다.

1 사원 입구는 두 마리의 사자상이 지키고 있다.
2 화려하게 치장된 틴하우 상.

美 利樓 머리 하우스 ★★★☆☆

Murray House 발음 메이레이라우 영업 10:00~24:00
지도 MAP 14-A4 GPS 22.218399, 114.209874
교통 스탠리 빌리지 버스 터미널에서 스탠리 마켓 방향으로 도보 10분.

영국 분위기를 한껏 뽐내는 석조 건물. 원래 센트럴 한복판에
있었으나 그 자리에 중국은행이 세워지면서 지금의 위치로 옮겨왔다.
1840년 영국 왕립 공병대에 의해 빅토리아 병영의 일부로 지어졌으며
홍콩 최고(最古)의 식민지풍 건물로 유명하다.
1846~1963년에는 군용 식량창고, 제2차 세계대전 때는 일본군
취조실로 이용된 까닭에 기둥 곳곳에는 전쟁 당시의 탄흔이 남아
있다. 이렇듯 기구한 역사를 가진 탓에 1960~1970년대에는 유령이
출몰하는 건물로 명성(?)을 떨치다가 1970년대 말 퇴마의식을 거행해
유령을 쫓아냈다고 한다. 수십 개의 돌기둥이 떠받친 우아한 기풍의
건물은 총 40만 개의 벽돌로 이루어져 있다. 이축 당시 하나하나 분해해
이 자리에 재조립했다니 엄청난 노고가 짐작이 가고도 남을 듯.
1·2/F층에는 스탠리의 명물인 두 개의 레스토랑(p.294)이 있다.
머리 하우스에서 틴하우 사원으로 이어지는 풍수회랑 옆에는 10여
개의 돌기둥이 일렬로 늘어서 있다. 야우마떼의 상하이 스트리트
(p.356)를 재개발할 당시 철거된 건물의 기둥을 모아놓은 것으로,
기둥에는 건물에 세 들어 있던 전당포의 이름이 새겨져 있다.

1 머리 하우스는 신혼 커플의 야외 촬영지로도 인기가 높다.
2 상하이 스트리트에서 옮겨온 건물의 기둥을 세워 놓은 산책로.

赤 柱卜公碼頭 블레이크 선착장

Blake Pier at Stanley [발음] 첵취뽁꽁마터우

[개관] 24시간 [요금] 무료 [지도] MAP 14-B5
[교통] 스탠리 빌리지 버스 터미널에서 스탠리 마켓 방향으로 도보 11분.
머리 하우스 바로 앞에 있다. [GPS] 22.217729, 114.209963

은은한 가스등 불빛과 나무로 만든 천장, 검은 철골 기둥이 예스러운
분위기를 자아내는 선착장. 명칭은 홍콩의 12대 총독 헨리 아서
블레이크 Henry Arthur Blake의 이름에서 따왔다. 1900년에
지어졌으며 원래 센트럴의 스타페리 선착장 인근에 있었다. 당시에는
신임 총독과 영국 왕실 인사가 홍콩을 방문할 때 공식 사용하는
선착장이기도 했다. 하지만 1993년 오피스 부지 확장을 위해 센트럴의
해안을 매립하면서 철거되고 말았다. 지금의 자리로 옮겨온 때는
2007년이며 지붕을 제외한 나머지 부분은 옛 모습을 그대로 유지하고
있다. 스탠리와 뽀또이 蒲苔島 섬을 연결하는 선착장으로도 이용
중인데 선박 운행이 워낙 뜸해 오히려 낚시터 겸 휴식처로 각광받고
있다. 주말·공휴일에는 선착장을 배경으로 웨딩 촬영에 여념이 없는
신혼 커플을 심심찮게 볼 수 있다.

1 한여름의 무더위를 피하기에 좋은 블레이크 선착장.
2 해가 지면 아름다운 야경을 뽐낸다.

赤 柱馬坑公園 스탠리 마항 공원

Stanley Ma Hang Park [발음] 첵취마항꽁윤

[개관] 06:00~22:00 [요금] 무료 [지도] MAP 14-A4
[교통] 스탠리 빌리지 버스 터미널에서 스탠리 마켓 방향으로
도보 11분. 머리 하우스를 바라볼 때 바로 왼쪽에 있다.
[GPS] 22.217743, 114.209645

느긋하게 산책을 즐길 수 있는 조그만 공원. 해안선을
따라 이어진 목조 보도를 걸으며 호젓한 시간을 보내기에
좋다. 산책로 끝에는 북제고묘가 있으며, 산 위로 이어진
계단을 따라 꼭대기까지 오르면(도보 5분) 스탠리
만이 훤히 내려다보이는 조그만 전망대와 휴게시설이
있다. 산책로를 따라 공원 뒤로 넘어가면 관음보살을
모시는 관음묘 Kwun Yam Temple 觀音廟가 나온다.
뱃사람들이 항해의 안전을 기원하던 곳인데 딱히 큰
볼거리는 없으니 힘들여 갈 필요는 없을 듯.

北 帝古廟 북제고묘

Pak Tai Temple [발음] 빡타이꾸미우

[개관] 07:00~20:00 [요금] 무료 [지도] MAP 14-A5
[교통] 스탠리 빌리지 버스 터미널에서 스탠리 마켓 방향으로
도보 14분. 머리 하우스를 바라볼 때 왼쪽에 위치한
스탠리 마항 공원에 있다. [GPS] 22.217010, 114.208691

바닷가를 향해 툭 튀어나온 절벽에 세운 조그만 사원.
1805년에 지어졌으며 온통 붉은색으로 치장한 제단
안쪽에 바다의 신 빡타이 北帝를 모셔 놓았다. 세상의
모든 소리를 듣는 큰 귀와 천리안을 가진 빡타이는
뱃사람의 소원을 들어주는 신으로도 인기가 높다.
때문에 사원 안은 항상 소원을 빌기 위해 태우는 향
연기로 가득하다. 사원 아래에는 '천년고정 千年古井'
이란 이름의 오래된 우물도 있다.

赤 ★★☆☆☆
柱軍人墳場 스탠리 군인 묘지
Stanley Military Cemetery 발음 첵취콴얀판청 개관 08:00~17:00 요금 무료
지도 MAP 14-C2 교통 스탠리 빌리지 버스 터미널에서 도보 15분. 버스 터미널 앞 사거리의
횡단보도를 건너자마자 왼쪽으로 150m쯤 가면 삼거리가 나온다. 거기서 오른쪽에 있는 Wong Ma
Kok Road를 따라 600m쯤 가면 왼쪽에 있다. GPS 22.213246, 114.216289

관광객으로 가득한 스탠리의 시끌벅적한 소음에서 잠시 벗어날 수 있는 곳. 한적한 도로가
이어져 가볍게 산책삼아 다녀오기에도 좋다. 해변을 마주보는 언덕 위에 자리한 조그만
묘지는 원래 1870년대에 영국 주둔군용 공동묘지로 조성됐다. 홍콩이 일본 식민치하에
놓인 1942년에는 스탠리 감옥에서 옥사한 죄수들이 묻혔으며, 제2차 세계대전이 막을
내린 뒤에는 홍콩 방어전(1941~1945) 당시 전사한 영국 · 캐나 · 싱가포르 · 인도인
병사 691명을 위한 영면의 장소로 이용되고 있다. 야트막한 구릉을 따라 구불구불 이어진
참배로 양쪽에는 여러 이름과 문양의 비석이 도열해 있다. 호젓한 분위기 때문에 연인들의
데이트 코스로도 은근히 인기가 높다.

赤 ★★☆☆☆
柱正灘泳灘 스탠리 메인 비치
Stanley Main Beach 발음 첵취찡탄윙탄 지도 MAP 14-C1
교통 스탠리 빌리지 버스 터미널에서 스탠리 마켓을 등지고 정면으로
도보 3분. GPS 22.221112, 114.213726

스탠리에서 가장 인기가 높은 해변. 물은 맑지만 모래가 조금
거친 게 흠이다. 총 길이 400m 남짓한 해변은 한가운데의 워터
스포츠 센터 Water Sports Centre를 중심으로 둘로 나뉘어
있다. 바다를 바라볼 때 오른쪽이 윈드서핑 용품 및 낚싯배
대여소, 왼쪽이 해수욕 전용 비치. 해변에서는 초록빛 바다와
곳곳에 자리한 고급 주택, 리조트 호텔이 바라보인다. 샤워실 ·
탈의실 등의 편의시설은 무료이며, 해변 북쪽에는 누구나
자유로이 이용할 수 있는 무료 바비큐 시설도 있다. 해변 주위에는
가게가 하나도 없으니 음료수 · 물놀이용품은 스탠리 마켓 근처의
슈퍼마켓 Wellcome(MAP 14-D4) 또는 스탠리 플라자의
슈퍼마켓 스리식스티(MAP 14-A3)에서 미리 사는 게 좋다.

聖 ★☆☆☆☆
士提反泳灘 세인트 스티븐 비치
St. Stephen's Beach 발음 씽스타이판윙탄
지도 MAP 14-C2 GPS 22.213345, 114.215413
교통 스탠리 빌리지 버스 터미널에서 도보 13분. 버스
터미널 앞 사거리의 횡단보도를 건너자마자 왼쪽으로
150m쯤 가면 삼거리가 나온다. 거기서 오른쪽에 있는
Wong Ma Kok Road를 따라 500m쯤 가면 오른쪽에
해변의 위치를 알려주는 표지판과 계단이 있다.

200m 남짓한 길이의 모래사장이 이어지는
아담한 해변. 모래는 조금 거칠다. 규모가
작고 시내에서 살짝 떨어져 있어 찾는 이가
많지 않다. 그만큼 느긋하게 해수욕을 즐길 수
있는 게 나름의 매력! 무료 탈의실 · 샤워실 ·
화장실 · 바비큐 시설이 완비돼 있지만, 상점 ·
식당이 없으니 음료수와 먹거리는 스탠리
시내에서 준비해 가야 한다.

돈 속에서 찾아보는 홍콩의 명소

홍콩의 지폐는 세 개 은행(HSBC · 중국은행 · 스탠다드 차터드)에서 서로 다른 도안으로 발행한다. 유일하게 통일된 사항은 액면가와 색깔뿐(HK$20 청색, HK$50 녹색, HK$100 적색, HK$500 다갈색, HK$1,000 황색)이다. 다채롭게 디자인된 지폐 속에는 20여 개에 이르는 유명 관광지가 상세히 묘사돼 있어 이 자체로 조그만 화보 구실을 한다.

2010~2015년에 발행된 신권 지폐

HSBC 지폐의 앞면은 모두 은행 본점 건물과 사자상(p.160)으로 장식돼 있다. 중국은행 지폐 역시 앞면에는 중국은행 본사 건물(p.163)이 그려져 있다. 하지만 뒷면에는 HK$1,000 빅토리아 피크에서 바라본 센트럴(p.152), HK$100 빅토리아 피크에서 바라본 까우롱 반도(p.206), HK$20 리펄스 베이(p.278)의 풍경을 그려 넣어 다양한 홍콩의 모습을 보여준다.

2003~2009년에 발행된 지폐

HSBC 지폐의 앞면에는 모두 사자상(p.160)이 그려져 있다. 뒷면에는 HK$20 빅토리아 피크(p.206), HK$50 뽀우린 사원(p.387), HK$100 칭마 대교(p.132), HK$500 홍콩 국제공항(p.128), HK$1,000 홍콩 컨벤션 & 익시비션 센터(p.228)의 모습이 담겨 있다.

중국은행 지폐의 앞면은 은행 본사 건물(p.163)로 통일돼 있다. HK$20의 뒷면은 빅토리아 피크(p.206), HK$50은 홍콩 문화 센터(p.309), 그리고 HK$100 · 500 · 1,000에는 HSBC 지폐와 마찬가지로 칭마 대교, 홍콩 국제공항, 홍콩 컨벤션 & 익시비션 센터가 그려져 있다.

스탠다드 차터드 은행은 지폐 디자인에 풍수사상을 도입한 게 특징이다. 그래서 앞면에는 잉어 · 거북 · 기린 · 봉황 · 용 등의 성수(聖獸)가 그려져 있다. 뒷면에는 HK$20 찜사쪼이에서 바라본 빅토리아 피크의 1850년대 풍경(p.206), HK$50 빅토리아 피크에서 바라본 센트럴과 찜사쪼이의 1890년대 풍경(p.206), HK$100 찜사쪼이에서 바라본 센트럴과 빅토리아 피크의 1930년대 풍경(p.307), HK$500 빅토리아 피크에서 바라본 센트럴의 1970년대 풍경(p.206), HK$1,000 찜사쪼이에서 바라본 센트럴과 완짜이의 2000년대 풍경(p.307)이 담겨 있다.

2003년 이전에 발행된 지폐

HSBC 지폐의 앞면은 HK$10을 제외하고는 모두 사자상이다. 뒷면에는 HK$10 정크선, HK$20 홍콩 문화 센터와 시계탑(p.306), HK$50 드래곤 보트, HK$100 샤틴 沙田의 만불사 萬佛寺(p.376), HK$500 구 홍콩 총독부(p.163), HK$1,000 구 입법부 빌딩(p.159)이 그려져 있다.

중국은행 지폐의 앞면 디자인은 신권과 동일하게 은행 본사 건물이다. 뒷면은 HK$20 센트럴(p.152), HK$50 홍콩 섬과 까우롱 반도를 연결하는 해저터널, HK$100 찜사쪼이 스타페리 선착장(p.308), HK$500 빅토리아 항 컨테이너 부두, HK$1,000 빅토리아 피크에서 바라본 센트럴의 풍경(p.206)으로 장식돼 있다.

중국은행권 HK$1,000 지폐의 앞면과 뒷면

스탠다드 차터드 은행권 HK$500 지폐의 뒷면

중국은행권 · 홍콩상하이 은행권 HK$20 지폐의 앞면과 뒷면

食 RESTAURANT

❶ Tapas (HK$85~145)

❷ Pasta (HK$175~235)

Ocean Rock Seafood & Tapas

머리 하우스 1/F층의 분위기 좋은 스페인 요리 레스토랑. 쾌적한 실내 또는 스탠리 만 전체가 한눈에 내려다보이는 근사한 야외 테라스를 이용할 수 있다. 대표 메뉴는 채소 · 해산물 · 고기 타파스 ❶ Tapas(HK$85~145)인데, 올리브 오일에 볶은 새우 Prawns in Olive Oil 橄欖油浸蒜片蝦(HK$145), 바삭한 오징어 튀김 Crispy Fried Squid with Aioli 脆炸魷魚圈 · 蒜香醬(HK$90)이 맛있다. 두세 가지 타파스에 음료를 곁들이면 가벼운 식사가 된다. 파스타 ❷ Pasta(HK$175~235)는 면의 종류 · 소스 · 주재료를 자유로이 선택해서 주문할 수 있는데, 선택한 주재료(해산물 · 소고기 · 닭고기 · 아스파라거스 · 햄)에 따라 가격이 달라진다. 평일 11:30~14:30에는 다양한 요리를 맘껏 먹을 수 있는 브런치 뷔페 Brunch Buffet(HK$275), 14:30~16:30에는 차와 함께 여러 요리가 제공되는 티 뷔페 Tea Buffet(HK$198)도 선보인다.

예산 HK$300~ 추가 봉사료 10% 영업 11:30~23:30
메뉴 영어 · 중국어 홈피 www.kingparrot.com
주소 Shop 102, 1/F, Murray House, Stanley 전화 2899-0858 지도 MAP 14-A5
교통 스탠리 빌리지 버스 터미널에서 도보 9분. 머리 하우스 1/F층에 있다.
GPS 22.217996, 114.209780

The Boat House

샛노란 건물이 눈길을 사로잡는 로맨틱한 레스토랑. 지중해 스타일의 인테리어가 인상적이다. 층마다 딸린 테라스 석은 스탠리의 풍경을 만끽할 수 있어 인기 만점인데, 1/F층은 거리 모습, 2/F층의 테라스는 바닷가 풍경을 즐기기에 좋다. 해산물 · 샐러드 · 파스타 등 다양한 메뉴를 취급한다. 회향과 아스파라거스를 곁들인 새우 스파게티 ❶Tiger Prawns Spaghetti(HK$168)는 누구에게나 어울리는 부담없는 메뉴다. 각종 채소와 과일에 로즈마리 드레싱을 더한 Boathouse Salad(HK$125), 게 · 새우 · 홍합 · 가리비 등이 나오는 차가운 모둠 해산물 Chilled Seafood Platter(HK$358), 홍합 · 새우 · 조개 가운데 원하는 해산물을 고르면 조그만 양동이에 담아내오는 Bucket of Fresh Seafood(HK$168~278)도 먹을만하다. 메뉴판의 요리사 모자 표시는 주방장 추천, 풀잎 표시는 채식주의자용 메뉴라는 사실도 알아두면 좋을 듯!

예산 HK$230~ 추가 봉사료 10% 메뉴 영어 전화 2813-4467
영업 11:00~22:30 주소 G/F, 88 Stanley Main Street
지도 MAP 14-C4 GPS 22.218636, 114.211568
교통 스탠리 빌리지 버스 터미널에서 도보 5분. 버스 터미널 앞 사거리의 횡단보도를 건너 언덕 아래로 내려간 다음 처음 만나는 삼거리에서 오른쪽으로 간다.

❶ Tiger Prawns Spaghetti (HK$168)

Set Lunch
(HK$180~)

Dim Sum
(HK$18~)

Sausage Sampler
(2~3인용 HK$310)

Henry's

따뜻한 분위기가 감도는 레스토랑.
스탠리에 거주하는 외국인이 즐겨
찾는 곳이다. 1994년 오픈 이래
23년간 Lucy's란 이름으로 사랑
받아왔으나, 오랜 동안 이곳의 주방을
맡아온 Henry가 2017년 레스토랑을
인수하며 지금의 이름으로 바뀌었다.
샐러드 · 파스타 · 디저트 등 20여
가지의 소박한 가정식 요리를
선보인다. 점심에는 샐러드 · 메인 ·
디저트가 포함된 경제적인 세트
런치 Set Lunch(2코스 HK$180,
3코스 HK$210)도 맛볼 수 있다.
일부 메뉴에 고수(p.83)가 들어가니
싫어한다면 미리 빼달라고 하자.

예산 HK$200~ **추가** 봉사료 10%
영업 11:15~15:00, 18:00~22:00
메뉴 영어
주소 G/F, 64 Stanley Main Street, Stanley
전화 2813-9055
지도 MAP 14-D4
교통 스탠리 빌리지 버스 터미널에서
도보 3분. 버스 터미널 앞 사거리의
횡단보도를 건넌 뒤 언덕 아래로 내려가
스탠리 마켓 방향으로 간다. 슈퍼마켓 U購
Select 옆의 계단을 오르면 오른쪽에 있다.
GPS 22.218491, 114.212511

鍾菜
Chung's Cuisine

모던한 스타일의 광동 요리 레스토랑.
다양한 요리를 합리적인 가격에
선보이는데 특히 딤섬을 저렴하게
맛볼 수 있다. 딤섬은 재료에 따라 소점
小點 · 중점 中點 · 대점 大點으로
구분되며, 가격은 월~금요일 소점
HK$18, 중점 HK$20, 대점 HK$23,
토 · 일 · 공휴일 소점 HK$29, 중점
HK$34, 대점 HK$39이다. 주문용지에
원하는 메뉴를 체크해서 종업원에게
건네면 돼 주문하기도 쉽다. 추천
메뉴는 돼지고기 · 새우 만두 씨우마이
Steamed Siu Mai with Matsutake
松茸燒賣皇, 새우만두 하가우
Steamed Premium Prawn
Dumpling 鍾菜鮮蝦餃 등이다.

예산 HK$100~ **영업** 11:30~16:30,
18:00~22:30. 딤섬 11:30~16:00
메뉴 한국어 · 영어 · 중국어
주소 Shop No.308, 3/F, Stanley Plaza,
23 Carmel Road, Stanley
전화 8300-8006 **지도** MAP 14-A3
교통 스탠리 빌리지 버스 터미널에서 도보 8분.
스탠리 플라자 3/F층에 있다.
GPS 22.219181, 114.210012

King Ludwig Beerhall

정통 독일식 비어홀을 표방하는
맥주 전문점. 목조로 마무리한
천장과 카운터에 놓인 각양각색의
맥주잔이 멋스럽다. 활기찬 분위기를
만끽하려면 최대한 느지막이
가는 게 좋다. 5가지 독일산 생맥주
(500㎖, HK$78~88)를 취급한다.
안주로는 네 종류의 소시지를
동시에 맛볼 수 있는 Sausage
Sampler(2~3인용 HK$310),
양배추 절임 · 감자와 함께 나오는
독일식 족발 학센 King Ludwig's
Pork Knuckle(1~2인용 HK$270)
이 적당하다.

예산 HK$230~
추가 봉사료 10%
영업 일~목요일 및 공휴일 전날
12:00~01:00, 금 · 토 · 공휴일
12:00~02:00
메뉴 영어 · 중국어
주소 Shop 202, 2/F Murray House
전화 2899-0122
지도 MAP 14-A5
교통 스탠리 빌리지 버스 터미널에서
도보 9분. 머리 하우스 2/F층에 있다.
GPS 22.217984, 114.209769

홍콩 제일의 해변 섹오

섹오 Shek O 石澳는 홍콩 섬 서부에 위치한 조그만 해변 마을이다. 여행 포인트는 밀가루처럼 고운 모래의 백사장과 청정해역을 자랑하는 섹오 비치, 그리고 가벼운 트레킹을 즐길 수 있는 드래곤스 백 등산로다. 그러나 이 둘을 제외하면 아무런 볼거리도 없는 게 현실! 무턱대고 갔다가는 실망하기 십상이니 자신의 여행 스타일과 목적을 감안해서 가야 한다.

교통 MTR 아일랜드 선의 샤우께이완 Shau Kei Wan 筲箕灣 역 하차. A3번 출구 앞의 샤우께이완 버스 터미널에서 섹오 Shek O 石澳 행 9번 버스를 타고 간다.

石 ★★★★★
澳泳灘 섹오 비치

Shek O Beach 발음 섹오윙탄 지도 MAP 19-A2 교통 샤우께이완 버스 터미널에서 9번 버스를 타고 종점인 섹오 버스 터미널 Shek O Bus Terminus 石澳巴士總站 하차(25~30분 소요, HK$7.20), 도보 3분. 또는 토테이완 정류장에서 9번 버스를 타고 종점인 섹오 버스 터미널 하차(10~15분 소요, HK$4.10), 도보 3분. GPS 22.229194, 114.250944

섹오 제일의 관광 명소로 꼽히는 해변. 길이 300m 남짓한 백사장이 부채꼴 모양으로 펼쳐져 있다. '바위에 둘러싸인 곳'을 뜻하는 섹오 石澳란 이름처럼 해변 양쪽은 암초와 바위산이 가로막고 있다. 해변은 홍콩 최고라 해도 손색이 없을 만큼 고운 모래로 덮여 있으며 파도도 잔잔하다. 아름다운 풍경 때문에 뮤직 비디오나 화보 촬영지로도 인기가 높아 운이 좋으면 홍콩 스타의 모습을 바로 코앞에서 볼 수도 있다. 비치 한가운데에는 샤워실·탈의실 등의 편의시설, 동쪽 끝에는 바비큐장이 있다. 물론 이용료는 공짜! 해변 바로 앞의 주차장 쪽에는 비치 용품을 파는 상점과 식당이 모여 있다.

Best course

샤우께이완 버스 터미널에서 9번 버스를 타고 케이프 콜린슨 Cape Collinson 정류장에서 내린다. 여기부터 두세 시간 동안 드래곤스 백 등산로를 일주하고 토테이완 버스 정류장으로 간다. 다시 9번 버스를 타고 종점인 섹오 버스 터미널에서 내린다. 그리고 2~3분만 걸어가면 영화 〈희극지왕〉의 촬영지인 섹오 건강원과 섹오 비치가 나온다. 시간과 체력이 허락하면 따이또차우 전망대까지 다녀와도 좋다. 예상 소요시간은 3~5시간이다.

大 ★☆☆☆☆
頭洲 따이또차우 전망대

Tai Tau Chau 발음 따이또차우
지도 MAP 19-D1 GPS 22.229784, 114.259045
교통 섹오 버스 터미널에서 도보 15분.

푸른 바다와 수평선이 펼쳐지는 한적한 전망대. 섹오 비치에서 동쪽으로 가면 고급 주택가를 지나 따이또차우 大頭洲란 이름의 조그만 바위산과 만나게 된다. 바다를 향해 불룩 튀어나온 산 정상에는 정자와 함께 전망대가 놓여 있다. 이 위에서는 끝없이 펼쳐진 남지나해와 섹오 일대를 에워싼 초록빛 산맥의 모습을 감상할 수 있다.

龍脊 ★★★★☆ 드래곤스 백 등산로

Dragon's Back 〔지도〕 롱적

〔교통〕 샤우께이완 버스 터미널에서 9번 버스를 타고 케이프 콜린슨 Cape Collinson 歌連臣角 하차(10~15분 소요, HK$7.20) 또는 토테이완 To Tei Wan 土地灣 하차 (15~20분 소요, HK$7.20).
〔GPS〕 22.232862, 114.243512

드래곤스 백 전망대에서는 가슴이 탁 트이는 멋진 풍경이 펼쳐진다

이름 그대로 산등성이가 '용의 등'처럼 구불구불 이어진 등산로. 길이는 4.5km, 가장 높은 봉우리도 해발 284m에 불과해 누구나 두세 시간이면 완주할 수 있다. 최대의 볼거리는 정상에서 내려다보이는 짙푸른 남지나해와 아담한 섹오 비치의 풍경이다. 등산로에서는 물을 구할 수 없으니 MTR 샤우께이완 역 근처의 슈퍼마켓 Wellcome(A2번 출구를 나와 왼쪽)이나 편의점에서 미리 준비해가자. 등산로가 시작되는 곳은 케이프 콜린슨 Cape Collinson 버스 정류장이다. 'Shek O Country Park' 표지판 옆의 계단을 올라 오르막길을 6~8분 걸으면 등산로 입구를 알리는 팻말과 함께 'Dragon's Back' 이정표가 보인다. 이 이정표만 따라가면 손쉽게 코스를 완주할 수 있다.

B~C는 등산로에서 가장 지루한 구간이다. 밋밋한 오솔길을 40~50분 걸어야 하는데 우기에는 불어난 개울물 때문에 길이 중간중간 끊기기도 한다. 트레킹의 백미는 멋진 전망을 자랑하는 D~E 구간이다. 섹오 비치를 비롯한 이 일대의 풍경이 한눈에 들어오는 드래곤스 백 전망대 Dragon's Back View Compass의 전망이 아주 끝내준다. 단시간에 핵심 코스만 돌아보려면 토테이완 To Tei Wan 정류장에서 내려 G~D 구간만 거꾸로 돌아봐도 된다. 이 구간을 왕복하는 데는 두 시간 정도 걸린다.

〈희극지왕〉 촬영지 찾아가기

주성치 팬이라면 〈희극지왕〉 촬영지를 놓치지 말자. 섹오 버스 터미널에서 버스 진행방향 반대편으로 조금만 가면 오른쪽에 '섹오 건강원 石澳健康院'이라고 쓰인 아치문이 있다. 그 안쪽으로 들어가면 영화의 배경이 된 바·건물·해변 등을 모두 볼 수 있다.

샤우께이완 버스 터미널

버스 10~15분

DRAGON'S BACK

등산로의 위치를 알려주는 이정표

Cape Collinson Road

Cape Collinson 버스 정류장

A Shek O Country Park 표지판

교도소

오르막 길 도보 15~20분

화장실

B 이정표

오솔길 도보 40~50분

C 이정표

가파른 오르막 계단 도보 10~15분

D

굽이굽이 이어지는 드래곤스 백 등산로

오르막 길과 내리막 길이 반복, 도보 15~20분

Dragons' Back 전망대

E

정자

F

피크닉 에어리어

내리막 길 도보 12~15분

이정표

내리막 계단 도보 12~15분

G To Tei Wan 버스 정류장 (섹오 방면)

섹오 버스 터미널 Shek O Bus Terminus

To Tei Wan 버스 정류장 (샤우께이완 방면)

버스 10~15분

TSIM SHA TSUI

찜사쪼이 尖沙咀

볼거리 ★★★★★
먹거리 ★★★★★
쇼 핑 ★★★★★
유 흥 ★★★☆☆

까우룽의 대표적인 다운타운. 홍콩 섬에 이은 영국의 두 번째 조차지(租借地)로 편입되면서 개발이 진행된 이곳은 1960~1970년대로 이어지는 경제 부흥기에 급속도로 발전했다. 산뜻하게 정비된 해안선을 따라 세련된 고층 빌딩이 줄줄이 이어지지만, 불과 한 블록 안쪽에는 과거의 모습을 고스란히 간직한 낡은 아파트와 현란한 네온 간판의 밀림이 펼쳐져 홍콩 여행의 낭만을 담뿍 느끼게 한다.

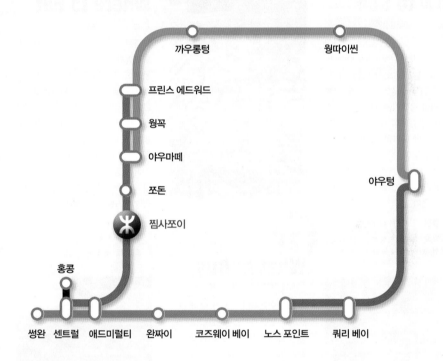

찜사쪼이로 가는 방법

MTR 췬완 선의 찜사쪼이 Tsim Sha Tsui 尖沙咀 역 하차

찜사쪼이 역은 출구가 30여 개나 되니 역 구내의 안내판을 보고 위치를 파악한 뒤 나가자.
스타페리 선착장을 비롯한 해변 방향으로 갈 때는 F번 출구와 연결된 L6번 또는 J3번 출구를 이용한다.
찜사쪼이 역 주변 지도의 자세한 이용법은 MAP-17의 '찜사쪼이 지하도'를 참고하자.

Ferry 센트럴·완짜이에서 스타페리를 타고 찜사쪼이 선착장 Tsim Sha Tsui Pier 하선

5~7분 걸리며 요금은 센트럴에서 월~금요일 HK$2.20(1층), HK$2.70(2층), 토·일·공휴일 HK$3.10(1층), HK$3.70(2층), 완짜이에서 월~금요일 HK$2.70, 토·일·공휴일 HK$3.70이다.
선착장을 등지고 오른쪽으로 가면 시계탑 등 찜사쪼이의 주요 명소가 나타난다.

tsim sha tsui
quick guide

S How to See
네이던 로드 · 해변 산책로가 중심지

주요 명소는 메인 스트리트인 네이던 로드와 해변 산책로에 모여 있다. MTR 찜사쪼이 역 또는 스타페리 선착장을 기점으로 크게 원형을 그리며 움직이면 자연스럽게 주요 명소를 섭렵할 수 있다. 전반적으로 평지나 다름없는 길이 이어져 걷기도 편하다. 핵심 볼거리인 야경 · 레이저쇼를 감상하려면 늦어도 19:30~20:00에는 해변 산책로로 가야 한다.

박물관 · 전시관 ★★★
건축물 · 공원 ★★★
유적 · 사적지 ★★☆

B What to Buy
풍부한 아이템의 쇼핑 천국

초고가 명품부터 중저가 로컬 브랜드까지 없는 게 없는 쇼핑의 천국. 메인 쇼핑가는 명품 브랜드의 각축장인 캔톤 로드, 그리고 10~20대가 즐겨 찾는 스트리트 패션과 중저가 브랜드의 집합소인 네이던 로드다. 특히 패션 · 인테리어 · 스포츠 · 아동용품 등 다양한 브랜드와 희소성 높은 아이템을 취급하는 대형 쇼핑센터 하버 시티는 찜사쪼이 쇼핑의 필수 코스라 해도 과언이 아니다.

패션 ★★★
인테리어 ★★★
화장품 · 잡화 ★★★

E Where to Eat
홍콩 식도락의 메카

저렴한 딤섬은 물론 최고급 프랑스 요리까지 온갖 먹거리를 맛볼 수 있는 식도락의 천국이다. 현지인이 즐겨 찾는 로컬 레스토랑은 네이던 로드를 중심으로 볼 때 동쪽 지역과 찜사쪼이 이스트에 많다. 대형 쇼핑센터인 하버 시티 · i 스퀘어 · 더 원 · K-11 등에는 유명 맛집이 모여 있어 쇼핑과 식도락을 즐기기에 좋다. 아름다운 야경을 감상할 수 있는 전망 레스토랑도 놓치지 말자.

중식 ★★★
양식 ★★★
디저트 ★★★

❶ 하버 시티   p.332

홍콩을 대표하는 초대형 쇼핑센터. 700여 개의 숍이 입점해 있어 구경만 하는 데도 적잖은 시간이 걸린다. 정문 앞에서는 수시로 재미난 이벤트가 열린다.

볼거리 ★★☆   먹거리 ★★★   쇼핑 ★★★

❷ 캔톤 로드   p.338

찜사쪼이 제일의 명품 쇼핑가. 곧게 뻗은 도로를 따라 내로라하는 세계적 브랜드의 명품 숍이 줄줄이 이어진다. 최신 트렌드를 파악하기에 좋다.

볼거리 ☆☆☆   먹거리 ★☆☆   쇼핑 ★★★

❸ 스타페리 선착장   p.308

찜사쪼이와 센트럴·완짜이를 연결하는 페리터미널. 스타페리는 홍콩에서 반드시 타봐야 할 명물 교통수단인데, 오랜 역사를 자랑하는 만큼이나 낭만적이다.

볼거리 ★☆☆   먹거리 ★☆☆   쇼핑 ☆☆☆

❹ 해변 산책로   p.307

센트럴과 완짜이가 마주 보이는 산책로. 낮에는 180도로 펼쳐진 홍콩 섬의 파노라마, 밤에는 화려한 야경과 흥겨운 레이저쇼를 감상할 수 있다.

볼거리 ★★★   먹거리 ☆☆☆   쇼핑 ☆☆☆

❺ 스타의 거리   p.310

유명 배우와 감독의 핸드프린팅을 모아 놓은 해변 산책로. 성룡·유덕화·홍금보 등 친숙한 스타의 핸드프린팅을 찾아보는 재미가 쏠쏠하다. 모든 전시품은 직접 만져볼 수 있다.

볼거리 ★★★   먹거리 ☆☆☆   쇼핑 ☆☆☆

❻ 찜사쪼이 이스트

찜사쪼이의 오피스 밀집 지역. 현지인이 즐겨 찾는 저렴한 로컬 레스토랑이 모여 있는 곳이기도 하다. 홍콩 역사 박물관·홍콩 과학관 등 약간의 볼거리도 있다.

볼거리 ★☆☆   먹거리 ★★☆   쇼핑 ★☆☆

❼ 민박·게스트하우스·레스토랑 밀집 지역

좁은 도로를 따라 저렴한 민박·게스트하우스가 모여 있는 곳. 로컬 레스토랑은 물론 드러그 스토어·잡화점도 많다. 특히 Hau Fook Street가 맛집 거리로 유명하다.

볼거리 ☆☆☆   먹거리 ★★☆   쇼핑 ★★☆

❽ 네이던 로드   p.312

찜사쪼이의 메인 도로. 도로 양쪽으로 수많은 숍·레스토랑이 이어진다. i 스퀘어·더 원 등 대형 쇼핑몰에 맛집과 훌륭한 전망의 레스토랑이 모여 있다는 사실을 기억할 것!

볼거리 ★★☆   먹거리 ★★☆   쇼핑 ★★☆

best course

찜사쪼이의 핵심 명소만 콕콕 집어서 돌아보는 최상의 코스다. 우선 MTR 찜사쪼이 역과 해변 산책로 주변의 볼거리부터 살펴본다. 홍콩에서 놓치지 말아야 할 명소 가운데 하나인 홍콩 역사 박물관은 소장품과 볼거리가 풍부해 관람에 두 시간은 기본으로 걸린다. 단, 화요일은 휴관일이니 이때는 피해서 가야 한다. 해변 산책로에서 레이저 쇼를 감상하려면 늦어도 19:30까지는 전망이 좋은 뷰잉 데크 2층에 자리를 잡아야 한다. 워낙 관광객이 많아 레이저 쇼 시간(20:00)에 딱 맞춰서 가면 편히 앉아서 보기는 힘들다.

출발점 MTR 췬완 선의 찜사쪼이 역 E번 출구
예상 소요시간 8시간~

▼MTR 췬완 선의 찜사쪼이 역 E번 출구를 나오면 이렇게 보여요.

세라톤 호텔

페닌슐라 호텔

페닌슐라 호텔 · 해변 산책로   까우롱 공원

페닌슐라 호텔

시계탑은 약속 장소로 인기가 높다.

1881 헤리티지에서는 언제나 다양한 이벤트가 열린다.

start

| 1 | 도보 3분 | 2 | 도보 4분 | 3 | 도보 3분 | 4 | 바로 앞 | 5 |

MTR 찜사쪼이 역

1881 헤리티지

시계탑

해변 산책로

해변 산책로에서 바라본 센트럴의 전경.

• 찜사쪼이 이스트

❼ 홍콩 역사 박물관

인터콘티넨탈 호텔

• 너츠포드 테라스

• K-11

스타의 거리 ❻

세인트 앤드류 교회

MTR 찜사쪼이 역 ❶

네이던 로드

페닌슐라 호텔 ❷

해변 산책로 ❿

❽ 까우롱 공원

1881 헤리티지 ❸ ❺

시계탑 ❹

하버 시티 ❾

차이나 홍콩 시티
페리터미널

MAP 15 · 16 참조

1 The One에서 바라본 찜사쪼이와 센트럴의 야경. 2 이른 아침이면 태극권을 연마하는 사람들이 몰려드는 까우롱 공원. 3 최신 트렌드의 숍이 가득! 4 박물관 · 미술관 등의 볼거리도 풍부하다.

스타의 거리

네이던 로드

까우롱 공원

해변 산책로

해변 산책로의 아름다운 야경.

| 바로 앞 | ❻ | 도보 15분 | ❼ | 도보 13분 | ❽ | 도보 3분 | ❾ | 도보 4분 | ❿ |

홍콩의 역사와 문화를 소개하는 홍콩 역사 박물관. 찜사쪼이의 대표적인 볼거리다.

하버 시티

SIGHTSEEING

센트럴 다음으로
볼거리가 풍부한
지역이다. 역사적
명소는 물론 박물
관·미술관 등의
볼거리도 가득하다.
낮의 모습 못지않게
야경이 아름다운 곳
이란 사실도 잊지
말자.

 Best Spot

★★★★★ 스타의 거리, 해변 산책로
★★★★☆ 1881 헤리티지
　　　　 홍콩 역사 박물관
★★★☆☆ 까우롱 공원, 스타페리 선착장
　　　　 시계탑, 아쿠아루나
　　　　 페닌슐라 호텔
★★☆☆☆ 네이던 로드, 스카이 100
　　　　 홍콩 헤리티지 디스커버리 센터
　　　　 홍콩 문화 센터, ICC
★☆☆☆☆ 까우롱 모스크
　　　　 까우롱 영국인 학교
　　　　 세인트 앤드류 교회, 청킹 맨션
　　　　 코리아타운, 홍콩 과학관
　　　　 홍콩 우주 박물관

半島酒店 **페닌슐라 호텔** ★★★☆☆

Peninsula 발음 뿐도우짜우띰 지도 MAP 15-C4
교통 MTR 찜사쪼이 Tsim Sha Tsui 역 하차, 도보 3분. E번 출구를 나와 정면으로
150m쯤 가면 오른쪽에 있다. GPS 22.294809, 114.171869

홍콩 최고(最古)의 역사와 전통을 자랑하는 호텔. 1928년 문을
열었으며 중후한 외관과 우아한 기풍의 인테리어 때문에 흔히 '홍콩의
귀부인 Grande Dame'이란 애칭으로 통한다. 영국 냄새가 물씬 풍기는
빅토리아풍의 구관(舊館)과 그 뒤를 엄호하듯 서 있는 30층 높이의
신관(新館)이 영국 식민시대에서 현대로 이어지는 홍콩의 역사를
보여주는 듯 묘한 대조를 이뤄 더욱 흥미롭다(p.524).
호텔 G/F층에는 식민시대의 분위기를 담뿍 맛보며 애프터눈 티를
즐길 수 있는 라운지 더 로비 The Lobby(p.322), 그리고 바로 옆에는
최고급 명품만 취급하는 페닌슐라 쇼핑 아케이드 Peninsula Shopping
Arcade(p.342)가 있어 관광객의 발길이 끊이지 않는다. 투숙객이
아니어도 라운지와 아케이드는 자유로이 구경할 수 있으니 부담 없이
들어가보자. 개방감이 느껴지는 G/F층의 높은 천장, 그리고 벽과 기둥을
장식한 고풍스러운 부조가 볼만하다. 호텔 정문 앞의 작은 분수는
풍수적으로 돈을 모으는 형상이라 이 앞에서 사진을 찍는
관광객도 종종 눈에 띈다.

1 옛 모습을 고스란히 유지하고
있는 라운지 더 로비.
2 웅장한 외관의 페닌슐라 호텔.

★★★★☆

八八一 1881 헤리티지

1881 Heritage 「발음」 얏빳빳얏

「영업」 10:00~22:00 「지도」 MAP 15−B4
「교통」 MTR 찜사쪼이 Tsim Sha Tsui 역 하차. 도보 7분. F번 출구와 연결된 L6번 출구 쪽으로 가면 '1881 Heritage' 표지판이 보인다. 표지판이 가리키는 방향으로 나가면 바로 앞에 있다. 또는 스타페리 선착장에서 도보 2분. 「GPS」 22.294699, 114.170125

1881~1996년 홍콩 해경본부로 사용되던 건물을 리뉴얼해서 만든 복합 쇼핑몰. 옛 모습을 고스란히 복원한 다섯 채의 건물 (소방서·소방서 기숙사·해경본부·마구간·시계탑)로 이루어져 있으며, 내부에는 초호화 부티크 호텔과 레스토랑·명품 숍이 입점해 럭셔리한 분위기가 철철 흘러넘친다. 입구에 위치한 광장에는 구정·크리스마스 등 시즌마다 독특한 디자인의 대형 조형물을 설치해 재미난 볼거리를 선사한다. 광장 바닥에는 홍콩의 영토를 표시한 옛날 지도도 그려져 있다. 광장 오른쪽에는 소방서 및 소방서 기숙사 Fire Station & Fire Station Accommodation Block가 있다. 1920년에 지은 붉은 벽돌 건물이며 생김새 때문에 '빨간 집'이란 애칭으로 통한다. 원래 G/F층에는 차고와 집무실, 1/F층에는 소방관 관사가 있었다. 건물 뒤로 돌아가면 빨간색 소방차가 전시된 모습도 볼 수 있다. 광장 안쪽으로는 빅토리안 양식에 신고전주의 양식이 가미된 아름다운 외관의 해경본부 Main Building of the Former Marine Police Headquarters 건물이 보인다. 1880년대에 2층으로 지은 조그만 건물이었으나 1920년대에 증축을 거듭해 지금의 모습을 갖췄다. 내부에는 해경총장·경찰대장의 관사 및 집무실이 있었으며, 지금은 내부를 리모델링해 부티크 호텔 및 고급 레스토랑으로 이용하고 있다. 건물 정면에 놓인 두 문의 대포는 코즈웨이 베이에서 1961년까지 눈데이 건(p.247)으로 사용하던 것이다.
해경본부 왼편에는 마구간 Former Stable Block이 있다. 해경본부가 창설될 무렵인 1880년대에는 말이 보편적인 교통수단이었기 때문에 마구간이 필요했다고 한다. 자동차가 보급된 뒤에는 창고로 바뀌었으며, 지금은 노천 테이블이 멋스러운 레스토랑으로 변신했다.
시계탑 Time Ball Tower은 항구를 오가는 선박에 정확한 시각을 알릴 목적으로 1884년에 만들어 1907년까지 사용됐다. 당시엔 스피커 등의 장비가 없었기 때문에 건물 위의 첨탑에 '타임 볼 Time Ball'이란 금속 공을 매달았다가 13:00 정각에 그 공을 떨어뜨리는 모습으로 시각을 알렸다. 내부에는 시계탑이 사용될 당시의 모습을 담은 그림과 타임 볼을 작동시키던 기계가 전시돼 있다. 시계탑 주변은 초록빛 잔디가 깔린 고즈넉한 공중정원으로 꾸며져 있으며, 이 위에서는 1881 헤리티지의 아름다운 야경을 감상할 수 있다. 기타 쇼핑 정보는 p.344를 참고하자.

1 시즌마다 다채로운 이벤트가 열린다.
2 웅장한 궁전을 연상시킨다.
3 눈데이 건으로 사용한 대포.
4 타임 볼이 매달린 시계탑.
5 평화로운 분위기의 노천 테이블.

코즈웨이 베이 완짜이 스타페리 선착장 센트럴 플라자 홍콩 컨벤션&엑시비션 센터

해변 산책로에서 바라본 홍콩 섬의 전경

尖 ★★★☆☆
沙咀鐘樓 시계탑
Hong Kong Clock Tower 발음 찜사쪼이쭝라우
지도 MAP 15-B5 GPS 22.293614, 114.169519
교통 MTR 찜사쪼이 Tsim Sha Tsui 역 하차, 도보 12분. E번 출구를 나와 정면으로 200m쯤 가면 큰 삼거리와 함께 횡단보도가 있다. 정면의 횡단보도를 건넌 다음 오른쪽으로 400m쯤 가면 왼편으로 스타페리 선착장과 시계탑이 보인다. 또는 스타페리 선착장을 등지고 오른쪽으로 도보 1분.

찜사쪼이의 상징으로 유명한 높이 44m의 뾰족탑. 붉은 벽돌과 화강암을 쌓아 만든 에드워드 양식의 건물로 동서남북 사면(四面)에 4개의 시계가 달려 있다. 중국과 유럽을 연결하는 시베리아 횡단철도의 출발역을 만들고자 1910년 첫 삽을 떴으나 제1차 세계대전의 발발로 공사가 지연돼 1915년에 시계탑, 그리고 1916년에 가까스로 역이 완공됐다. 시계탑의 시계는 센트럴의 페더 스트리트 Pedder Street에 있던 낡은 시계탑을 철거한 뒤 시계만 떼다가 이곳에 설치한 것이다. 공식적으로 시계탑이 가동된 때는 1921년 3월 22일이었으며, 일본 식민치하에서 잠시 작동이 멈춘 것을 제외하고는 지금껏 1분 1초의 오차도 없이 정확한 시간을 알려주고 있다. 이전에는 이 시계탑을 보고 기관사가 열차의 출발·도착 시각을 확인했다.
60년간 운영되던 철도역은 찜사쪼이의 개발이 본격화된 1976년 홍함 Hung Hom(p.348)으로 이전됐다. 역은 1977년 완전히 철거됐으나 역사 보존 차원에서 시계탑만은 옛 모습 그대로 남겨졌다. 이 주변은 약속 장소로 인기가 높아 언제나 수많은 사람들로 붐비며, 바로 앞에는 찜사쪼이와 홍콩 섬을 연결하는 스타페리 선착장과 2층 버스 터미널이 있다.

1 시계탑의 아름다운 야경.
2 시계탑 앞의 분수대와 광장은 시민들의 휴식처다.

해변 산책로에서 바라본 홍콩 섬의 야경

센트럴 플라자
홍콩 컨벤션&엑시비션 센터

중국은행　청콩 센터　빅토리아 피크　투 IFC　더 센터

원 IFC　센트럴 스타페리 선착장

홍콩상하이 은행

尖 ★★★★★
沙咀海濱公園 해변 산책로
Tsim Sha Tsui Waterfront Promenade

발음 찜사쪼이허이빤꽁윤　지도 MAP 15−B5　GPS 22.293455, 114.169388
교통 MTR 찜사쪼이 Tsim Sha Tsui 역 하차, 도보 12분. E번 출구를 나와 정면으로
200m쯤 가면 큰 삼거리와 함께 횡단보도가 보인다. 정면의 횡단보도를 건넌 다음
오른쪽으로 400m쯤 가면 왼쪽에 있다. 또는 스타페리 선착장을 등지고
오른쪽으로 도보 1분.

스타페리 선착장부터 동쪽으로 400m 가량 이어지는 산책로. 빅토리아
항을 분주히 오가는 선박과 촘촘히 늘어선 센트럴의 빌딩 숲이 그려내는
풍경, 화려한 홍콩 섬의 야경을 원 없이 즐길 수 있어 홍콩을 찾는 이라면
반드시 들러야 하는 명소다. 분위기가 좋아 데이트 코스로도 인기가 높다.
시계탑 앞의 2층 테라스 뷰잉 데크 Viewing Deck(07:00~23:00)에
오르면 빅토리아 항과 홍콩 섬의 전경이 활짝 펼쳐진다. 여기가 바로 백만
불짜리 야경과 레이저 쇼 심포니 오브 라이트(p.308)를 감상할 수 있는
최고의 명당이다. 레이저 쇼를 편하게 감상하려면 쇼가 시작되기 30분
전쯤 뷰잉 데크 2층으로 올라가 자리를 잡는 게 좋다는 사실을 기억하자.

뷰잉 데크 근처(홍콩 예술관 앞)에는
2008년 베이징 올림픽 개최를 기념해서
세운 성화 봉송대 모형이 있다. 올림픽 성화는
2008년 4월 30일 홍콩을 거쳐 베이징까지
봉송됐는데, 중국의 티베트 무력점거에
항의하는 시위대의 저항으로 봉송 도중 세
번이나 불꽃이 꺼지는 해프닝을 빚기도 했다.

성화 봉송대

1 홍콩의 주요 명소가 한눈에 들어오는 뷰잉 데크의 2층.
2 탁 트인 전망이 매력이다.

중국은행　투 IFC　더 센터

홍콩상하이 은행

1 선착장 너머로 센트럴의 고층 빌딩들이 바라보인다.
2 선상 유람을 즐길 수 있는 스타페리 하버 투어.

★★★☆☆
天星碼頭 스타페리 선착장
Star Ferry Pier 발음 탄씽마터우 영업 06:30~23:30
지도 MAP 15-A5 GPS 22.294047, 114.168412
교통 MTR 찜사쪼이 Tsim Sha Tsui 역 하차, 도보 14분. E번 출구를 나와 정면으로
200m쯤 가면 큰 삼거리와 함께 횡단보도가 보인다. 정면의 횡단보도를 건넌 다음
오른쪽으로 500m쯤 가면 있다.
스타페리 하버 투어 영업 11:55~20:55(1시간 간격) 요금 11:55~17:55(겨울 16:55)
HK$110, 18:55(겨울 17:55)~20:55 HK$200, 19:55 HK$230 ※3~12세 10% 할인
홈피 www.starferry.com.hk

홍콩에서 가장 오래된 페리터미널. 1888년부터 운영됐으며 지금의
선착장은 1957년에 만들어졌다. 12대의 페리가 찜사쪼이~센트럴·
완짜이 노선을 운항하는데 연간 이용객수는 무려 2,600만 명을
헤아린다. 선착장을 바라볼 때 오른쪽에는 1년 내내 다채로운 행사가
열리는 하버 시티(p.332)의 이벤트 코너와 대형 유람선이 정박하는
여객선 터미널이 있다.
여기서는 빅토리아 항을 일주하는 유람선인 스타페리 하버 투어 Star
Ferry's Harbour Tour 天星維港遊도 출항한다. 코스는 찜사쪼이
스타페리 선착장→빅토리아 항 서부(ICC 앞 바다)→센트럴 스타페리
선착장→완짜이 스타페리 선착장→빅토리아 항 동부(홍함 앞 바다)→
찜사쪼이 스타페리 선착장의 순으로 이어지며 1시간쯤 걸린다.

레이저 쇼 심포니 오브 라이트

홍콩의 밤을 더욱 화려하게 수놓는 레이저 쇼 심포니 오브
라이트 Symphony of Lights는 홍콩 관광청에서 운영하
는 세계적인 규모의 쇼다. 쇼의 무대는 까우롱 반도와 홍
콩 섬을 가르는 빅토리아 항, 쇼의 주역은 찜사쪼이·센트
럴·완짜이에 자리한 홍콩을 대표하는 44개의 고층 빌딩
이다. 무지개 빛으로 반짝이는 네온과 강렬한 레이저 빔이
빅토리아 항의 검은 밤하늘을 색색으로 물들이는 동안 해
변 산책로의 뷰잉 데크에 설치된 스피커에서는 흥겨운 음
악과 함께 쇼를 소개하는 안내방송이 흘러나온다. 안내방
송은 영어(월·수·금요일), 중국어(화·목·토요일), 광동어
(일요일)로 나오며, 영어 안내방송은 FM 라디오 103.4㎒
를 통해 매일 들을 수 있다.
13분간 이어지는 쇼는 총 다섯 스테이지로 구성된다. 첫
스테이지는 무지개 색으로 반짝이는 빛과 일렁이는 불
빛이 홍콩의 탄생과 성장을 알린다. 밤하늘을 가로지르
는 레이저 빔과 서치라이트 불빛이 등장하는 두 번째 스
테이지는 홍콩이 품은 강한 에너지, 행운과 부를 의미하
는 붉은 조명과 노란 조명이 건물을 물들이는 세 번째 스
테이지는 홍콩의 다채로운 문화유산과 전통을 상징한다.
레이저빔과 서치라이트의 불빛이 찜사쪼이와 센트럴의

해가 지면 고층 빌딩들이 색색의 네온 불빛으로 물든다.

건물을 번갈아 비추는 네 번째 스테이지는 협력, 쇼의 대
미를 장식하는 화려한 빛의 물결은 번영하는 아시아의 용
홍콩을 의미한다.
경제적 여유가 되면 야경이 멋지기로 소문난 레스토랑·
바에서 심포니 오브 라이트를 감상하는 것도 좋다. 강
추하는 곳은 Lobby Lounge(p.319), Aqua(p.316),
Hutong(p.326), Wooloomooloo Prime(p.321),
Ozone(p.316) 등이다.
심포니 오브 라이트 영업 20:00~20:13 요금 무료

張 ★★★☆☆
保仔 아쿠아루나

Aqualuna
발음 청뽀짜이 **기간** 12:00~17:00(1시간 간격), 17:30~20:30(1시간 간격) **요금** **12:00~17:00** HK$160, 12세 이하 HK$100, **17:30 · 18:30 · 20:30** HK$230, 12세 이하 HK$160, **19:30** HK$310, 12세 이하 HK$220
홈피 www.aqualuna.com.hk **지도** MAP 15-C5
교통 MTR 찜사쪼이 Tsim Sha Tsui 역 하차, E번 출구를 나와 정면으로 도보 10분. 또는 스타페리 선착장을 등지고 오른쪽으로 도보 3분. 해변 산책로의 뷰잉 데크 아래 있는 1번 부두에서 출항한다. **GPS** 22.293034, 114.170472

빨간 돛이 인상적인 19세기 스타일의 정크선. '청뽀짜이 張保仔' 란 선박명은 19세기말 이 일대를 주름잡던 해적의 이름에서 따왔다. 탁 트인 갑판에 앉아 45분 동안 빅토리아 항 유람을 즐길 수 있는데, 낮의 풍경도 멋지지만 해진 뒤에 야경은 더욱 낭만적이다. 앤티크한 인테리어와 몽환적인 음악이 크루즈의 즐거움을 한층 더해준다. 승선 요금에는 주류 · 청량음료도 포함돼 있다(1잔 무료). 단, 흔들림이 심하니 과음은 금물, 멀미약은 필수다!

1 〈The Flying Frenchman〉과 시계탑.
2 창문이 하나도 없는 특이한 외관의 홍콩 문화 센터.

香 ★★☆☆☆
港文化中心 홍콩 문화 센터

Hong Kong Cultural Centre
발음 헝꽁만화쭝썸 **기간** 09:00~23:00 **요금** 시설마다 다름
홈피 www.hkculturalcentre.gov.hk **지도** MAP 15-C5
교통 MTR 찜사쪼이 Tsim Sha Tsui 역 하차, 도보 6분. F번 출구와 연결된 L6번 출구 쪽으로 가면 '홍콩 문화 센터 HK Cultural Centre' 표지판과 에스컬레이터가 있다. 에스컬레이터를 타고 지상으로 올라가면 바로 앞에 있다. 또는 스타페리 선착장을 등지고 오른쪽으로 도보 3분. **GPS** 22.294084, 114.170303

서울의 덕수궁과 마찬가지로 결혼식 야외 촬영의 명소로 인기가 높은 곳. 그 때문에 언제 가더라도 웨딩드레스를 차려입은 수많은 커플과 만나게 된다. 가운데가 움푹 들어간 'U'자형의 특이한 외관이 눈길을 끄는데, 밋밋한 타일 지붕과 창문이 하나도 없이 설계된 흉측한 외관이 도시 미관을 해친다는 이유로 공사가 시작된 1984년부터 끊임없는 논쟁의 대상이 돼왔다. 내부에는 대극장 · 콘서트 홀 · 결혼 등기소 등 다양한 문화시설이 모여 있으며, 8,000개의 파이프로 만든 아시아 최대의 파이프 오르간이 설치된 콘서트 홀이 특히 유명하다.
G/F층의 기둥을 장식한 홍콩의 유명 조각가 반라우 文樓(1933~)의 작품 〈음양의 만남 The Meeting of Yin and Yang〉, 홍콩 문화 센터 앞 광장에 설치된 프랑스 조각가 세자르 Cesar(1921~1998)의 작품 〈The Flying Frenchman〉도 놓치지 말자.

星 ★★★★★

光大道 스타의 거리

Avenue of Stars 발음 씽꽝따이또우

지도 MAP 16-E5
교통 MTR 찜사쪼이 Tsim Sha Tsui 역의 F번 출구와 연결된
J3번 출구를 나와 왼쪽으로 도보 3분. 또는 스타페리
선착장을 등지고 오른쪽으로 도보 8분.
GPS 22.293236, 114.172848

홍콩 유명 배우·감독의 핸드프린팅이 전시된 해변
산책로. 홍콩 영화 마니아라면 절대 놓칠 수 없는
명소다. 400m 남짓한 길이의 산책로 난간을 따라
이름과 핸드프린팅·초상화가 새겨진 100여 개의
동판이 전시돼 있는데, 성룡·주성치·장국영처럼
우리에게 친숙한 이름도 쉽게 눈에 띈다. 동판에
새겨진 QR 코드를 스마트폰으로 찍으면 해당
배우가 출연한 영화의 한 장면이 재생된다.
산책로 곳곳에 놓인 벤치에 앉아 바다 건너 홍콩
섬의 풍경을 감상하기에도 좋다. 스타의 거리
동쪽 끝에는 매염방·이소룡의 동상과 함께 '해변
스타벅스'가 있는데, 2층의 야외 테라스에서는
주변 풍경은 물론 화려한 홍콩의 야경까지 한눈에
내려다보인다.

1 산책로 난간을 따라 핸드프린팅이 전시돼 있다.
2 바다 건너 홍콩 섬의 풍경이 아름답다.
3 세계적인 스타 이소룡의 동상.
4 성룡의 한글 이름이 쓰여 있는 핸드프린팅.
5 스타의 거리를 상징하는 금장여신상.
6 핸드프린팅에 손을 얹고 기념사진을 찍어보자.

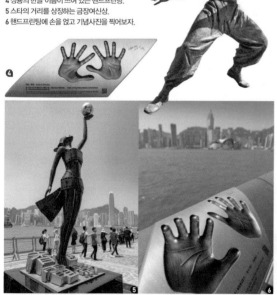

홍콩 배우·감독의 영문 이름

곽부성 Aaron Kwok Fu Shing
매염방 Anita Mui Yim Fong
서극 Tsui Hark
성룡 Jackie Chan
양자경 Michelle Yeoh Choo Kheng
양조위 Tony Leung Chiu Wai
여명 Leon Lai Ming
오우삼 John Woo Yu Sum
왕가위 Wong Kar Wai
유덕화 Andy Lau Tak Wah
이소룡 Bruce Lee
이연걸 Jet Li
임청하 Brigitte Lin Ching Hsia
장국영 Leslie Cheung Kwok Wing
장만옥 Maggie Cheung
장백지 Cecilia Cheung Pak Chi
장학우 Jacky Cheung
적룡 Tommy Ti Lung
주성치 Stephen Chow
주윤발 Chow Yun Fat
증지위 Eric Tsang Chi Wai
홍금보 Sammo Hung Kam Po

香 港歷史博物館 홍콩 역사 박물관 ★★★★☆

Hong Kong Museum of History 발음 헝꽁릭시뽁맛꾼

개관 월 · 수~금요일 10:00~18:00, 토 · 일 · 공휴일 10:00~19:00,
크리스마스 이브 · 구정 전날 10:00~17:00 휴관 화요일, 구정연휴 2일
요금 무료 홈피 http://hk.history.museum 지도 MAP 16-G1
교통 MTR 찜사쩌이 Tsim Sha Tsui 역 하차, 도보 11분. B2번 출구를
나와 정면으로 400m쯤 가면 큰길이 있다. 거기서 왼쪽으로 방향을
꺾어 100m쯤 가면 나오는 육교로 올라간다. 박물관은 육교 끝에 있다.
GPS 22.301461, 114.177233

선사시대부터 시작해 영국 · 일본 식민지를 거쳐 중국에
반환되기까지 파란만장한 홍콩의 역사를 생생하게 보여주는
박물관. 내부는 두 개 층에 걸쳐 8개의 갤러리로 구성돼
있으며 전통 생활상을 소개하는 모형과 역사적 의미가 담긴
유물 · 사진 등 4,000여 점의 자료가 소장돼 있다. 전시물이
시대순으로 배치돼 있어 홍콩의 역사를 일목요연하게 훑어볼
수 있는 게 매력이다. 관람에 두세 시간은 족히 걸리니 시간
여유를 넉넉히 두고 가자.
박물관의 최대 하이라이트는 옛 모습을 고스란히 재현한 G/F
층의 수상가옥촌 · 전통가옥 · 경극무대, 2/F층의 19~20세기
홍콩의 거리다. 특히 2/F층에 재현된 약국 · 우체국 · 전당포
등의 옛 건물을 구경하다보면 사방에서 호객꾼의 목소리와
거리의 소음이 생생히 들려와 마치 타임머신을 타고 과거로
되돌아간 듯한 기분마저 든다.

1 · 2 경극 무대와 19세기 홍콩의 거리가 재현돼 있다.

1 생명 과학 코너에 전시된 공룡뼈.
2 위치 에너지의 힘을 보여주는 에너지 머신.

香 港科學館 홍콩 과학관 ★☆☆☆☆

Hong Kong Science Museum 발음 헝꽁퍼혁꾼

개관 월 · 화 · 수 · 금요일 10:00~19:00, 토 · 일 · 공휴일 10:00~21:00,
크리스마스 이브 · 구정 전날 10:00~17:00
휴관 목요일, 구정연휴 2일 요금 HK$20, 학생 HK$10, 수요일 무료
홈피 http://hk.science.museum 지도 MAP 16-G1
교통 MTR 찜사쩌이 Tsim Sha Tsui 역 하차, 도보 11분. 찾아가는 방법은
홍콩 역사 박물관과 동일하다. GPS 22.301061, 114.177362

생활과 과학의 관계를 흥미진진하게 소개하는 과학관. 교통 · 통신 ·
에너지 등 13개의 테마 전시실에 500여 개의 체험형 전시물이 있으나
대부분 아동 취향이라 어른들에게는 조금 시시하게 느껴진다. 최대의
볼거리는 건물 한가운데에 놓인 높이 22m의 에너지 머신이다. 1.6km
의 트랙을 따라 2.3kg짜리 쇠구슬 수십 개가 굴러 내려가며 실로폰을
치거나 시소를 타는 등 온갖 묘기를 부리는데, 위치 에너지가 갖는 힘의
크기를 보여주는 것이다. 2/F층의 교통기관 코너에는 1942년 제작돼
캐세이패시픽 항공 여객기로 사용된 실물 DC-3 항공기와 인류 역사상
최초로 세계일주를 시도한 중국의 환관, 정화 鄭和(1371~1433)의
보물선 모형도 있다.

彌 ★★☆☆☆
敦道 네이던 로드

Nathan Road 발음 네이던또우 지도 MAP 15-D1 · D2
교통 MTR 찜사쪼이 Tsim Sha Tsui 역 하차, A1 · C1 · C2 · E번 출구
앞에 있다. GPS 22.298287, 114.172129

찜사쪼이에서 시작해 웡꼭 Mong Kok 旺角까지 이어지는
길이 4km의 도로. 도로명은 홍콩의 13대 총독 매튜 네이던
Matthew Nathan의 이름에서 따왔다. 네이던 로드 가운데
찜사쪼이 지역에 속하는 1.6km 구간은 제2차 세계대전 직후
급속히 발전한 지역이라 흔히 '황금의 1마일'이라고도 부른다.
왕복 6차선 도로를 따라 세련된 쇼핑센터와 호텔, 그리고
금방이라도 무너질 듯 허름한 고층 빌딩이 번갈아 가며
이어지는 묘한 풍경이 이채롭다. 거리는 언제나 관광객과
짝퉁 상품을 파는 불법체류 외국인들로 북적이는데, 한국어로
'짝퉁 시계 있어요'를 속삭이는 삐끼의 애교 넘치는(?)
호객 행위는 여기서만 볼 수 있는 진풍경이다. 하늘을 가득
메운 수백 개의 화려한 광고판 역시 볼거리로 유명하다.

1 · 2 고층빌딩의
숲이 이어지는
네이던 로드.

한때 전 세계
배낭족의 메카로
통했던 청킹 맨션.

重 ★☆☆☆☆
慶大廈 청킹 맨션

Chungking Mansion 발음 쭝힝따이하
지도 MAP 15-D3 GPS 22.296498, 114.172344
교통 MTR 찜사쪼이 Tsim Sha Tsui 역 하차, 도보 1분. C1번 출구를
나와 정면 왼쪽에 보이는 횡단보도를 건너면 바로 앞에 있다.

찜사쪼이의 근대 건축물 가운데 가장 오랜 역사를
간직한 곳. 17층짜리 주상복합 건물이며 1961년
완공됐다. 원래 주거 및 아파트형 공장으로 지어졌으나
지금은 게스트하우스 밀집촌(p.536)으로 탈바꿈했다.
흥미로운 점은 서울의 세운상가(1967년)가 이 건물을
모델로 설계됐다는 사실이다. 이곳엔 중동 · 인도 ·
아프리카 등 제3세계 출신의 불법체류자도 많이
거주하는데, 특히 아프리카계가 많아 '홍콩의 비공식
아프리카타운'으로 불리기도 한다. 이 때문에 1990
년대에는 우범지대로 악명을 떨치며 영화 〈중경삼림〉의
무대가 되기도 했다.

金 ★☆☆☆☆
巴利街 코리아타운

Kimberley Street 발음 깜바리까이
지도 MAP 16-E1 GPS 22.300500, 114.174437
교통 MTR 찜사쪼이 Tsim Sha Tsui 역 하차, B1번 출구를 나와
오른쪽으로 도보 6분.

한인 상점과 식당이 모여 있는 거리. 코리아타운이란
거창한 이름을 붙일 만큼의 규모는 아니지만, 길이
150m 남짓한 도로를 따라 줄줄이 놓인 한글 간판이
친근하게 다가온다. 최근에는 한류에 힘입어 한식당을
찾는 현지인의 발길도 끊이지 않는다.
한 끼 HK$50~120이면 진짜 한식을 맛볼 수 있으니

고향의 맛이 그리울
때 가보자. 저녁보다는
점심이 저렴하다.
한국에서 들여온 각종
식재료를 저렴하게 파는
식료품점도 있다.

거리를 따라 낯익은
한글 간판이 즐비하다.

聖 ★☆☆☆☆
安德烈堂 세인트 앤드류 교회
St. Andrew's Church 발음 씽온딱릿텅
지도 MAP 15-D1 GPS 22.301794, 114.172001
교통 MTR 찜사쪼이 Tsim Sha Tsui 역 하차, B1번 출구를 나와
오른쪽으로 도보 6분.

붉은 벽돌과 흰색의 장식 무늬가 아름다운 멋을 더하는
빅토리안 양식의 교회. 1905년 까우롱 반도에 거주하는
영국 성공회 신자를 위해 세워졌다. 일본 식민치하에 놓인
1940년대에는 신부가 쫓겨나고 교회가 신사 神社로
개조되는 황당한 일도 겪었다. 교회가 지금의 모습으로 복원된
것은 1959년에 들어서이다. 내부는 예배가 없을 때에 한해
누구나 자유로이 들어갈 수 있다. 영국식 아치 기둥으로
장식된 예배당 정면에는 십자가에 매달린 예수와 다섯 명의
성인, 최후의 만찬을 묘사한 아름다운 스테인드글라스가
설치돼 있다.

이국적인 까우롱 모스크.

九 ★☆☆☆☆
龍淸眞寺 까우롱 모스크
Kowloon Mosque 발음 까우롱칭짠찌
개관 일출~일몰 요금 무료 지도 MAP 15-C2
교통 MTR 찜사쪼이 Tsim Sha Tsui 역 하차, A1번 출구를 나와
왼쪽으로 40m 정도 가면 정문이 있다.
GPS 22.298733, 114.171876

홍콩 최대 규모를 자랑하는 모스크. 1896년 영국군
소속의 회교도 병사를 위해 세워졌다. 잿빛 얼룩이 섞인
흰색 대리석과 하얀 타일로 치장한 전통 이슬람 양식
건물은 1984년 옛 모습으로 복원시킨 것이다. 은행잎
문양의 창과 독특한 이슬람 인테리어가 눈에 띄지만,
일반적으로 볼 수 있는 모스크 특유의 화려한 멋은 많이
떨어진다. 예배가 없는 날에 한해 일반인도 자유로이
들어갈 수 있다.

前 ★☆☆☆☆
九龍英童學校 까우롱 영국인 학교
Former Kowloon British School
발음 친까우롱잉통혹까우 지도 MAP 15-D1
교통 MTR 찜사쪼이 Tsim Sha Tsui 역 하차, B1번 출구를 나와
오른쪽으로 도보 5분. GPS 22.301554, 114.172032

붉은 벽돌로 지은 빅토리안 양식의 2층 건물. 홍콩에서
가장 오래된 외국인 학교로 이곳에 거주하던 영국인을
위해 1902년에 세워졌다. 고온다습한 홍콩의 기후를
고려해 넓은 베란다와 높은 천장, 그리고 배수성을 높인
뾰족한 삼각 지붕을 가진 게 특징이다. 해진 뒤에는
아치형 복도 안쪽에 노란 조명이 들어와 로맨틱한
멋을 풍긴다. 학교로서의 기능을 상실한 지금은 문화재
관리국으로 이용되고 있어 복도 주변을 제외한 내부
관람은 불가능하다.

20세기 초 홍콩의 모습이 고스란히 남아 있다.

1 찜사쪼이의 초록빛 휴식처 까우롱 공원.
2 홍콩 만화계의 인기 스타 〈노부자〉.
3 로맨틱한 조각 정원도 있다.

★★★☆☆
九龍公園 까우롱 공원

Kowloon Park 발음 까우롱꽁윤 개관 05:00~24:00 요금 무료
지도 MAP 15-C1 · C2 교통 MTR 찜사쪼이 Tsim Sha Tsui 역 하차, A1번
출구를 나오자마자 바로 왼쪽에 있다. GPS 22.298465, 114.171666
디스커버리 플레이그라운드 개관 06:30~21:00 요금 무료
조류 사육관 개관 3~10월 06:30~18:45, 11~2월 06:30~17:45 요금 무료
수영장 개관 06:30~12:00, 13:00~17:00, 18:00~22:00
요금 월~금요일 HK$17, 학생 HK$8, 토 · 일 · 공휴일 HK$19, 학생 HK$9

**짙은 녹음 속에서 맑은 새소리를 들을 수 있는 한적한 도심
공원.** 지금은 깔끔하게 다듬어진 녹지와 함께 도시 속의 오아시스로
탈바꿈했지만 한 세기 전만 해도 이 자리에는 영국군 주둔지가 있었다.
지금과 같은 공원으로 가꿔지기 시작한 때는 1970년 무렵이며 전체
면적은 서울 여의도 공원 크기의 절반에 해당하는 15만㎡ 정도다.
중국 정원을 중심으로 분수 · 미로 · 조류사육관 등을 오밀조밀
배치했으며, 공원 안쪽의 디스커버리 플레이그라운드 Discovery
Playground 歷奇樂園에는 100여 년 전 영국군의 유물인 대포가
전시돼 있다. 이른 아침 중국 정원과 조각 공원에서 태극권 · 사교춤
연습을 하는 모습도 이채롭다. 수십여 마리의 열대 조류를 키우는
조류사육관 Aviary 百鳥苑과 오리 · 홍학이 노니는 버드 레이크 Bird
Lake 鳥湖도 독특한 볼거리를 선사한다.
공원 북쪽에는 홍콩에서 가장 큰 야외 수영장도 있다. 수영장이
오픈하는 4~9월에는 느긋하게 물놀이와 일광욕을 즐길 수 있으니
주변에 머문다면 이용해보자. 특히 수영장이 없는 호텔 · 민박 ·
게스트하우스 체류자에게 강추한다. 공원 동쪽에는 맥덜 · 노부자 등
홍콩의 인기 캐릭터 조각 20여 개가 전시된 '만화 스타의 거리
Hong Kong Avenue of Comic Stars'도 있다.

★★☆☆☆
香港文物探知館 홍콩 헤리티지 디스커버리 센터

Hong Kong Heritage Discovery Centre
발음 헝꽁만멋탐찌꾼 개관 월~수 · 금요일 10:00~18:00,
토 · 일 · 공휴일 10:00~19:00, 크리스마스 이브 · 구정 전날 10:00~17:00
휴관 목요일, 구정연휴 2일 요금 무료 지도 MAP 15-B2
교통 MTR 찜사쪼이 Tsim Sha Tsui 역 하차, A1번 출구를 나와 왼쪽으로
도보 4분. 까우롱 공원 안에 있다. GPS 22.299112, 114.169834

한 세기 전의 모습을 고스란히 간직한 고풍스러운 건물. 1910년에
지어진 영국군 병영이며 지금은 홍콩의 역사와 전통을 소개하는
자료관으로 이용하고 있다. L/G층에는 다양한 전시회가 열리는 기획
전시실, 1/F층에는 홍콩에서 발굴된 도기 · 토기 등의 유물을 시대별로
정리해 놓은 상설 전시실, 다채로운 홍콩의 건축문화를 사진 ·
동영상으로 보여주는 건축 갤러리가 있다. L/G층의 전시관 입구에는
1935년 제작된 HSBC(p.160)의 청동 정문이 전시돼 있는데,
1978년 HSBC의 세 번째 사옥이 철거될 당시 옮겨진 것이다.

環球貿易廣場 ICC ★★☆☆☆

International Commerce Centre

完까우마우익꽝청 МAP 15-A1

MTR 뚱총 선·AEL의 까우롱 Kowloon 역 하차, 도보 5분.
C·C1·C2번 출구를 나와 ICC 표지판을 따라간다. 또는 찜사쪼이
DFS 갤러리아 앞(MAP 15-C4)의 버스 정류장에서 215X번
버스를 타고 종점 하차(10~13분 소요, HK$7.50).
22.303636, 114.160451

찜사쪼이 서부에 위치한 홍콩에서 가장 높은 건물. 애초에
계획된 건물 높이는 574m였으나 건물을 주변의 산보다 높게
지을 수 없다는 건축법에 걸려 맞은편의 빅토리아 피크(552m)
보다 낮은 494m(108층)로 지어졌다. 이 건물은 상하이의 월드
파이낸셜 센터와 도쿄의 롯폰기 힐즈를 디자인한 세계적인
건축 설계사(社) 콘페더슨 폭스 어소시에이트 Kohn Pedersen
Fox Associates의 설계로 탄생했다. 하층부는 찜사쪼이의
대형 쇼핑센터 가운데 하나인 엘리먼츠(p.340)와 연결되며,
상층부(425m)에는 세계에서 가장 높은 곳에 위치한 호텔인
리츠 칼튼(p.527)과 전망대가 있다. 매일 19:45과 21:00에는
LED 조명을 사용한 라이트 & 뮤직 쇼 Light & Music Show가
진행되는데, 494m 높이의 ICC 외벽을 따라 비춰지는 재미난
글귀와 애니메이션이 흥미로운 볼거리를 선사한다.

1 ICC는 108층으로 이루어져 있다.
2 쇼핑몰에는 세련된 숍이 가득하다.

1 전망대에서 바라본 찜사쪼이와 홍콩 섬의 전경.
2 보석처럼 빛나는 황홀한 야경.

天際100香港觀景台 스카이 100 ★★☆☆☆

SKY 100 틴짜이빡헝꽁꾼껭토이

일~목요일 10:00~21:00, 금·토요일 10:00~22:30
HK$188, 3~11세 HK$128, 온라인 예매 HK$169, 3~11세 HK$115
www.sky100.com.hk МAP 15-A1
ICC 가는 방법과 동일. MTR·AEL 까우롱 Kowloon 역의 C·C1·C2
번 출구를 나와 'ICC·Sky 100' 표지판을 따라간다(도보 5분). 매표소는 ICC
L1층에 있다. 22.303517, 114.160172

ICC 100층에 있는 홍콩에서 두 번째로 높은 유료 전망대(393m).
홍콩 전역이 360°로 내려다보이며 날씨가 맑을 때는 홍콩
국제공항이 위치한 란타우 섬까지도 한눈에 들어온다. 동서남북
각 방향으로 그곳에서 보이는 주요 지역과 건물의 이름이 적힌
명판을 설치해 홍콩의 지리를 이해하는데 도움을 준다. 본전을
뽑으려면 해가 지기 한 시간쯤 전에 올라가자. 홍콩 섬과 까우롱
반도의 전경을 구경하고, 란타우 섬(서쪽)으로 떨어지는 황금빛
낙조를 감상한 뒤 색색으로 빛나는 백만 불짜리 야경을 즐기면 되는
것! 입장료가 아까울 때는 ICC 최상층에 위치한 리츠 칼튼 호텔의
전망 바 오존(490m, p.316)을 이용하자. 스카이 100 입장료보다
저렴하게(HK$100~) 홍콩의 야경과 더불어 가벼운 술까지 즐길
수 있다.

찜사쪼이의 화려한 밤을 즐기자

홍콩 시내가 한눈에 내려다보이는 멋진 전망의 바 또는 이국적인 레스토랑이 모인
활기찬 식당가에서 잠들지 않는 찜사쪼이의 밤을 즐기자. 추천 명소는 다음과
같으며 물이 오르기 시작하는 19:00 이후에 가는 게 좋다.

Aqua

이탈리아 요리를 취급하는 Aqua Rome, 일식요리 전문의
Aqua Tokyo(29/F층), 다이나믹한 바 Aqua Spirit(30/F층)
으로 이루어진 레스토랑 겸 바. 빅토리아 항이 한눈에 내려
다보이는 발군의 경치를 자랑하며 야경이 아름답기로 소문
이 자자하다.

예산 식당 HK$480~, 바 HK$150~ 영업 런치 월~금요일
12:00~14:30, 디너 18:00~23:00, Aqua Spirit 16:00~02:00
휴일 구정연휴 첫날 홈피 www.aqua.com.hk 지도 MAP 15-C4
교통 MTR 찜사쪼이 Tsim Sha Tsui 역 하차, C1번 출구에서 도보 5분.
One Peking 빌딩 29/F층에 있다.
GPS 22.296131, 114.170061

Ozone

리츠 칼튼 호텔 최상층(118/F층), 세계에서 제일 높은 곳에
위치한 레스토랑 겸 바. 스타일리시한 분위기가 더해져 홍콩
에서 가장 핫한 장소로 각광 받고 있으며 커다란 창 너머로
홍콩의 화려한 야경이 펼쳐진다.

예산 HK$110~ 영업 브런치 일요일 12:00~15:00, 저녁
18:00~22:00, 바 월~수요일 17:00~01:00, 목요일 17:00~02:00,
금요일 17:00~03:00, 토요일 15:00~03:00, 일요일 12:00~24:00
홈피 www.ritzcarlton.com/hongkong 지도 MAP 15-A1
교통 MTR 똥충 선 · AEL의 까우롱 Kowloon 역 하차, C1번 출구에서
도보 10분. 리츠 칼튼 호텔 118/F층에 있다.
GPS 22.303554, 114.160104

Felix

창밖으로 화려한 홍콩의 야경이 펼쳐지는 레스토랑 겸 바.
벽 전체를 통 유리로 만든 전위적 인테리어는 세계적인 아방
가르드 디자이너 필립 스타크의 작품이다. 여기서 놓치지 말
아야 할 명소(?)는 다름 아닌 화장실. 특히 남자 화장실은 찜
사쪼이 일대가 훤히 내려다보이는 탁 트인 전망의 소변기가
시원한(?) 경험을 선사한다.

예산 바 HK$140~, 레스토랑 HK$500~
영업 디너 18:00~22:30, 음료 17:00~01:30 지도 MAP 15-C4
교통 MTR 찜사쪼이 Tsim Sha Tsui 역 하차, E번 출구에서 도보 5분.
페닌슐라 호텔 28/F층에 있다.
GPS 22.295367, 114.171863

諾士佛臺 Knutsford Terrace

찜사쪼이에서 가장 핫한 식당가. 좁은 골목 안에 이탈리아 ·
타이 · 중국 · 스페인 · 일본 등 세계 각국의 요리를 선보이
는 레스토랑과 퍼브 · 라이브 클럽이 모여 있다. 이국적인
멋이 한껏 감돌아 색다른 음식과 여흥을 즐기려는 여행자에
게 인기가 높다.

예산 HK$300~ 지도 MAP 16-E1
교통 MTR 찜사쪼이 Tsim Sha Tsui 역 하차, 도보 5분. B1번 출구를
나와 오른쪽으로 200m쯤 가면 미라마 쇼핑센터와 만난다. 거기서
오른쪽으로 방향을 꺾어 100m쯤 가면 왼쪽에 있다.
GPS 22.301042, 114.173101

1 홍콩 섬의 야경이 파노라마처럼 펼쳐지는 Aqua.
2 몽환적 분위기가 감도는 Ozone.
3 감미로운 칵테일과 함께 황홀한 홍콩의 밤을 즐기자. ❸

食 RESTAURANT

❶ Echidna:Deep—Fried Creamy Yolk Buns (3개 HK$44)

예산 HK$120~ 추가 봉사료 10%.
찻값 1인당 HK$16, 기본 반찬 1인당 HK$18
영업 딤섬 09:00~16:30, 디너 17:30~23:30
메뉴 한국어 · 영어 · 중국어
주소 1-2/F, Hong Kong Culture Centre,
Restaurant Block, Tsim Sha Tsui
전화 2722-0932
홈피 www.maximschinese.com.hk
지도 MAP 15-C5
교통 MTR 찜사쪼이 Tsim Sha Tsui 역 하차.
도보 7분. F번 출구와 연결된 L6번
출구 쪽으로 가면 '홍콩 문화 센터 Hong Kong
Cultural Centre' 표지판과 에스컬레이터가
나온다. 지상으로 올라가 왼쪽으로 60m쯤 가면
되며, 홍콩 문화 센터 1/F층에 있다.
GPS 22.293734, 114.171131

▌翠韻軒 Symphony by Jade

홍콩 문화 센터에 자리잡은 정통 딤섬 및 광동 요리 레스토랑.
빅토리아 항과 홍콩 섬이 한눈에 들어올 만큼 전망이 좋아 현지인은
물론 여행자에게도 인기가 높다. 해가 지면 창 너머로 화려한 야경이
펼쳐진다는 사실도 알아두자. 지극히 모던한 분위기와 달리 전통 방식
그대로 종업원이 딤섬 수레를 끌고 다니는 모습도 이채롭다. 딤섬은
수레가 지나갈 때 원하는 것을 하나씩 골라 먹거나 전표에 원하는
메뉴를 체크해서 종업원에게 주문하면 된다.

Best Menu 딤섬 메뉴는 40종류 이상을 헤아린다. 그 가운데
고슴도치 · 금붕어 · 게 등 동물 모양을 본뜬 깜찍한 딤섬이 인기
만점이다. 특히 고슴도치 모양의 튀김 ❶Echidna:Deep—Fried Creamy
Yolk Buns 奶黃炸刺蝟(3개 HK$44)이 귀여운 모양으로 인기가 높다.
안에는 커스터드 크림으로 만든 달콤한 소가 들어 있다. 금붕어 딤섬
❷Goldfish:Steamed Shrimp & Bamboo Pith Dumplings 水晶金
魚餃(3개 HK$46)는 전통 하가우를 현대적으로 재해석한 메뉴인데
모양은 물론 맛도 뛰어나다. 팥소를 넣은 문어 딤섬 ❸Cuttlefish:Baked
Mashed Red Bean Pastries 豆沙墨魚仔(3개 HK$44)도 맛있다.

물론 씨우마이 · 하가우 등의 전통
딤섬도 훌륭하다.

딤섬 가격은 소점 小點 HK$29, 중점
中點 HK$37, 대점 大點 HK$43
이며, 월~금요일의 09:00~11:30,
14:00~16:00에는 소점 小點
HK$20, 중점 中點 HK$25,
대점 大點 HK$30로 할인된다.

❷ Goldfish:Steamed Shrimp & Bamboo Pith Dumpling (3개 HK$46)

❸ Cuttlefish:Baked Mashed Red Bean Pastry (3개 HK$44)

❶ Barbecued Peking Duck (HK$460)

[예산] HK$330~
[추가] 봉사료 10%, 찻값 1인당 HK$18
[영업] 11:30~15:00, 17:30~23:00
[휴업] 구정 당일과 둘째 날 오전
[메뉴] 영어 · 중국어
[주소] 3/F, Star House, 3 Salisbury Road, Tsim Sha Tsui
[전화] 2735-8211
[지도] MAP 15-A4
[교통] MTR 찜사쪼이 Tsim Sha Tsui 역 하차. 도보 8분. F번 출구와 연결된 L6번 출구 쪽으로 가면 '1881 Heritage' 표지판이 있다. 표지판이 가리키는 방향으로 나가 정면으로 130m쯤 가면 된다. 스타페리 선착장 바로 앞의 Star House(G/F층에 드러그 스토어 watsons가 있는 건물) 3/F층에 있다.
[GPS] 22.294642, 114.169020

▌北京樓 Peking Garden

중국요리의 대명사인 북경 오리 전문점. 인테리어도 중국풍으로 멋지게 꾸며놓았다. 분위기는 물론 음식 맛도 훌륭해 현지인과 여행자에게 크게 사랑 받고 있다. 저녁 시간은 늘 붐비니 예약 필수! 간판 메뉴인 북경 오리 외에 다양한 정통 중국 요리도 맛볼 수 있다.

Best Menu 두 말할 필요도 없이 북경 오리 ❶Barbecued Peking Duck 烤北京塡鴨(HK$460)이 꼭 맛봐야 할 간판 메뉴다. 쫄깃 담백한 맛은 기본이며 요리사가 오리의 껍질과 살을 자유자재로 발라내는 환상의 퍼포먼스(?)는 덤으로 구경할 수 있다. 보통 3~4명이 오리 한 마리를 먹으면 적당하다. 북경 오리는 14세기부터 전해온 특별한 요리법으로 만든다. 먼저 오리의 껍질과 살코기를 분리시키기 위해 공기를 불어넣어 몸통을 부풀리고, 특제 소스를 발라 공중에 하루 정도 매달아 놓는데 이렇게 해서 윤기와 바삭함이 배가된다. 식탁에 내오기 직전 30~40분 구우면 요리가 완성된다. 먹을 때는 우선 접시에 밀전병을 한 장 깔고 오리 고기를 한 점 올린다. 그 위에 양파 · 오이를 얹고 함께 나오는 플럼 소스 Plum Sauce를 바른 후, 밀전병을 반으로 접어서 김밥 말 듯 돌돌 말아먹으면 된다. 주로 살코기 부위만 발라주는데 말하면 다리 살도 잘라준다.

북경오리 제대로 먹는 법

요리를 주문하면 오리 살코기·밀전병· 양파·오이·플럼 소스가 나온다.

❶ 접시에 밀전병을 한 장 깔고 북경 오리의 살을 한 점 올린다.

❷ 그 위에 플럼 소스를 바르고 양파·오이를 얹는다.

好好美
호호메이
맛있어요

❹ 김밥 말 듯 돌돌 말면 완성!

❸ 밀전병을 반으로 접는다.

예산 HK$450~
추가 봉사료 10%
영업 08:00~23:00, **애프터눈 티** 월~금요일
14:30~18:00, 토 · 일 · 공휴일 13:30~18:00
메뉴 영어 · 중국어
주소 G/F, Hotel Intercontinental Hong
Kong, 18 Salisbury Road, Tsim Sha Tsui
전화 2313-2323
지도 MAP 16-E5
교통 MTR 찜사쪼이 Tsim Sha Tsui 역 하차.
도보 9분. F번 출구와 연결된 J2번 출구로 나간
다음, 출구를 등지고 오른쪽 뒤로 100m쯤
간다. 인터콘티넨탈 호텔 G/F층에 있다.
GPS 22.293455, 114.173746

▌Lobby Lounge

인터콘티넨탈 호텔 로비의 카페 겸 바. 우리나라 호텔에 비하면 '껌값'
이란 생각이 들만큼 음료가 저렴하고 오래 앉아 있어도 눈치 주는
사람이 없어 편하다. 유덕화 등 거물급 인사도 즐겨 찾는다니 운이
좋으면 멋진 추억을 만들 수 있을지도! 빅토리아 항과 화려한 홍콩 섬의
스카이라인이 한눈에 들어오는 멋진 전망은 홍콩에서 1~2위를 다툴
만큼 볼만하다. 창가 자리를 차지하려면 예약은 필수다. 보통 2~3일
전에 예약해야 하는데, 주말에는 예약을 받지 않으니 주의하자.

Best Menu 애프터눈 티 **❶**Intercontinental Afternoon Tea Set
(1인 HK$488, 2인 HK$688)는 우아한 오후를 즐기기에 딱 맞는
메뉴다. 3단 스탠드에 스콘 · 패스트리 · 샌드위치(훈제 연어 · 오이 ·
달걀 샐러드) · 초콜릿 · 과일 타르트 · 쁘띠 케이크 등이 푸짐하게
차려져 나온다. 스콘은 함께 제공되는 홈메이드 잼, 클로티드 크림과
같이 먹으면 더욱 맛있다. 양이 제법 많고 칼로리도 높으니 애프터눈
티를 먹으려면 점심이나 저녁은 과감히 생략해도 좋을 듯. 음료로는
프랑스 명품 홍차 브랜드 마리아주 프레르를 추천한다.
로비 라운지에 어둠이 내리면 창밖으로 홍콩 최고의 야경이 펼쳐진다.
거대한 창을 스크린삼아 전개되는 빛의 향연과 함께 스페셜 칵테일
(HK$125~)에 취해보자. 홍콩의 역사와 문화를 모티브로 만든 8가지
알코올 칵테일과 다섯 가지 무알코올 칵테일을 맛볼 수 있다.

❶ Intercontinental
Afternoon Tea Set (HK$488~)

칵테일 (HK$125~)

▌天龍軒 Tin Lung Heen

❶ Barbecued Iberian
Pork with Honey (HK$366)

리츠 칼튼 호텔에 부속된 광둥 요리 레스토랑. 2017년 《미쉐린》 가이드에서 별 두 개를 받았다. 102/F층에서 내려다보는 탁 트인 전망과 맛난 요리를 동시에 만끽하는 호사를 누릴 수 있어 인기가 높다. 늦어도 4주 전까지는 예약 필수! 중국과 서양의 요리를 접목시킨 모던 차이니즈를 선보인다. 대표 메뉴는 스페인산 흑돼지 고기로 만든 차슈 ❶Barbecued Iberian Pork with Honey 蜜燒西班牙黑豚肉叉燒(HK$366). 달콤한 소스와 두툼하면서도 부드러운 육질이 멋진 조화를 이룬다. 죽순을 넣은 하가우 Steamed Shrimp Dumpling with Bamboo Shoot 筍尖鮮蝦餃(4개 HK$102)는 담백한 맛과 아삭한 식감이 일품이다. 전복 타르트 Baked Middle East Yoshihama Abalone Puff 中東吉品鮑魚酥(1개 HK$138)도 맛있다

[예산] 점심 HK$400~, 저녁 HK$900~ [추가] 봉사료 10%, 찻값 1인당 HK$38~ [영업] 점심 월~금요일 12:00~14:30, 토 · 일 · 공휴일 11:30~15:00, 저녁 18:00~22:30 [메뉴] 영어 · 중국어 [전화] 2263-2270 [지도] MAP 15-A1 [주소] 102/F, The Ritz-Carlton Hong Kong, International Commerce Centre, 1 Austin Road West, Tsim Sha Tsui [교통] MTR 뚱총 선 · AEL의 까우롱 Kowloon 역 하차, 도보 10분. C1출구를 나와 정면의 The Ritz-Carlton 표지판을 따라간다. 리츠 칼튼 호텔 102/F층에 있다. [GPS] 22.303554, 114.160076

▌夜上海 YèShanghai 강추

정통 상하이 上海 요리를 선보이는 고급 레스토랑. 번영을 구가하던 1930년대 상하이 사교계의 살롱을 콘셉트로 꾸민 아늑한 인테리어가 인상적이다. 시끌벅적한 도시의 소음을 벗어나 느긋하게 식사를 즐길 수 있는 게 매력이며, 《미쉐린》 가이드에서 해마다 별을 받을 만큼 빼어난 맛을 자랑한다. 추천 음식은 오븐에 구운 상하이 털게 ❶Baked Stuffed Crab Shell 蟹粉釀蟹蓋(2개 HK$132). 싱싱한 털게의 살을 발라낸 뒤 계란 노른자와 섞어 오븐에 구워내는데, 살을 발라먹는 수고를 덜 수 있도록 고안한 특별 메뉴다. 감칠맛 나는 육즙의 씨우롱빠우 Steamed Pork Dumplings 鮮肉小籠包(4개 HK$60) 역시 놓치지 말자. 전채로는 향긋한 소스와 쫄깃한 식감의 해파리 냉채 ❷Jelly Fish in Spring Onion Oil and Cucumber 蔥油海蜇頭(HK$88)를 추천한다.

❶ Baked Stuffed Crab
Shell (2개 HK$132)

[예산] HK$350~ [추가] 봉사료 10%, 찻값 1인당 HK$20, 스낵 1인당 HK$25 [영업] 점심 11:30~15:00, 저녁 18:00~22:30 [메뉴] 영어 · 중국어 [전화] 2376-3322 [주소] Marco Polo Hongkong Hotel, 6/F, 3 Canton Road, Tsim Sha Tsui [지도] MAP 15-B4 [교통] MTR 찜사쪼이 Tsim Sha Tsui 역 하차, A1번 출구에서 도보 10분. 하버 시티 쇼핑센터와 연결된 Marco Polo 호텔 6/F층에 있다. [GPS] 22.295496, 114.169149

❷ Jelly Fish in Spring Onion Oil
and Cucumber (HK$88)

▌翡翠拉麵小籠包 Crystal Jade La Mian Xiao Long Bao 강추

30년 역사의 광동 요리 전문점. 홍콩에서도 소문난 맛집이라 12:00를 전후한
점심과 18:00 이후의 저녁시간은 무척 붐비니 서둘러 가야 한다. 쫄깃한 만두피와
달콤한 육즙이 멋진 조화를 이루는 씨우롱빠우 ❶Steamed Shanghai Xiao
Long Bao 上海小籠包(4개 HK$40)를 꼭 맛보자. 주문과 동시에 찌기 때문에
10분 이상 기다려야 한다. 돼지와 닭뼈로 우려낸 걸쭉한 육수에 직접 뽑은 수타면을
말아주는 사천식 탄탄면 ❷Szechuan Dan Dan La Mian 四川擔擔拉麵
(HK$62)은 칼칼한 매운맛이 일품이다. 단, 호불호가 극명히 갈린다는 사실에 주의!
매콤달콤한 칠리 새우 Sautéed Prawn in Chilli Sauce 京燒明蝦球(HK$138)는
새우살의 탱글탱글한 식감이 끝내준다. 대부분의 면 요리에 고수(p.83)가 들어가니
주문할 때 '짜우 임싸이 走芫茜(고수는 빼주세요)'를 외치는 것도 잊지 말자.

❶ Steamed Shanghai Xiao Long Bao (HK$40)

❷ Szechuan "Dan Dan" La Mian (HK$62)

예산HK$120~ 추가봉사료 10%. 찻값 1인당 HK$8 영업10:00~23:00
휴업구정연휴 이틀 메뉴중국어·영어 전화2622-2699 지도MAP 15-A3
주소Shop No.3328, Level 3, Gateway Arcade, Harbour City, Tsim Sha Tsui
교통MTR 찜사쪼이 Tsim Sha Tsui 역 하차, 도보 10분. A1번 출구를 나와 오른쪽 뒤로
이어지는 Haiphong Road를 따라가면 하버 시티 쇼핑센터가 나온다.
하버 시티 쇼핑센터 L3층에 있다. GPS22.296670, 114.168471

▌六公館 HEXA 강추

환상적인 전망을 자랑하는 광동 요리 레스토랑. 바다를 향해 툭 튀어나온 오션
터미널 데크의 제일 끝에 위치해 주변 풍경이 270도로 펼쳐지는 멋진 파노라마를
즐길 수 있다. 해질녘에는 일대를 황금빛으로 물들이는 노을과 화려한 야경을
차례로 감상하는 호사도 누릴 수 있다. 1960년대의 빈티지한 감성을 현대적으로
재해석한 인테리어도 인상적이다. 흑마늘을 얹은 씨우마이 ❶Steamed Pork
Dumplings with Black Garlic 'Siu Mai' 黑赫燒賣(HK$62), 대나무 숯을 섞어
만든 새까만 하가우 Steamed Shrimp Dumplings in Bamboo Charcoal
Wrapping 黑金蝦餃(HK$78)처럼 독특한 퓨전 딤섬과 쌀 모양 파스타로 만든
볶음밥 Fried Puntalette 'Yangzhou' Style 揚州炒米型意粉(HK$268) 등 다양한
이색요리를 선보인다.

❶ Steamed Pork Dumplings with Black Garlic 'Siu Mai' (HK$62)

예산HK$250~ 추가봉사료 10%. 찻값 1인당 HK$28~ 영업런치 월~금요일 11:30~15:00,
토·일·공휴일 11:00~15:00, 디너 매일 18:00~23:00 메뉴영어·중국어
주소OT G OTE 101, L1 Ocean Terminal Deck, Harbour City, Tsim Sha Tsui
지도MAP 15-A4 교통MTR 찜사쪼이 Tsim Sha Tsui 역 하차, 도보 20분. A1번 출구를 나와
오른쪽 뒤로 이어지는 Haiphong Road를 따라가면 나타나는 하버 시티 쇼핑센터의 서쪽 끝에
위치한 Ocean Terminal Deck L1층에 있다. GPS22.294615, 114.164864

❶ The Peninsula Classic Afternoon Tea (HK$398~)

▋The Lobby 강추

홍콩 최고의 호텔로 명성이 자자한 페닌슐라 호텔의 라운지. 티 포트·포크·스푼 등의 은제 식기는 모두 1928년 창업 당시부터 사용해온 골동품이며, 접시도 명품으로 유명한 티파니만 사용한다. 오후에는 클래식 현악 연주(월요일 제외), 저녁에는 재즈 밴드 연주(일요일 제외)를 라이브로 즐길 수 있다. 예약을 받지 않아 일찍 가야 자리를 잡을 수 있다는 사실을 기억할 것! 조금이라도 늦으면 엄청나게 긴 줄을 서야 한다. 창업 당시부터 전통을 이어온 정통 영국식 애프터눈 티 ❶The Peninsula Classic Afternoon Tea(1인 HK$398, 2인 HK$718)를 꼭 맛보자. 3단 접시에 스콘·슈가 아이스 스틱(1단), 핑거 샌드위치·패스트리(2단), 초콜릿·쁘띠 케이크(3단)가 차곡차곡 담겨 나온다. 전통의 맛이 진하게 담긴 홈메이드 클로티드 크림은 영국에서 직수입한 것이다. 음료는 자유로이 선택할 수 있는데, 얼 그레이·페닌슐라 애프터눈·페닌슐라 블렌드 등이 인기 홍차 메뉴다.

예산 점심 HK$450~ 추가 봉사료 10% 지도 MAP 15-C4 메뉴 영어·중국어 전화 2696-6772 영업 일~목요일 07:00~24:00, 금·토요일 07:00~01:00. 애프터눈 티 14:00~18:00 주소 G/F, The Peninsula, Salisbury Road, Tsim Sha Tsui 교통 MTR 찜사쪼이 Tsim Sha Tsui 역 하차, 도보 3분. E번 출구를 나와 정면으로 150m쯤 가면 오른쪽에 위치한 페닌슐라 호텔 G/F층에 있다. GPS 22.295140, 114.171872

▋The Lounge & Bar 강추

리츠 칼튼 호텔 102/F층에 위치한 라운지 겸 바. 식사부터 애프터눈 티·커피· 차·와인·칵테일까지 모두 즐길 수 있으며, 해발 420미터 높이에서 내려다보는 스펙터클한 홍콩의 전경이 일품이다. 작은 사치를 즐기고 싶은 이에게는 애프터눈 티 ❶The Lounge & Bar French Afternoon Tea(1인 HK$418, 2인 HK$688) 를 강추한다. 미니 버거·샌드위치·케이크·타르트·마카롱이 3단 트레이에 먹음직하게 담겨 나온다. 메뉴는 두 달에 한 번씩 교체되며, 피에르 에르메(p.180) 의 마카롱이 디저트로 제공되기도 한다. 애프터눈 티는 요일에 따라 이용 가능 시간이 다르며, 늦어도 2주일 전까지 예약해야 이용에 무리가 없다.

❶ The Lounge & Bar French Afternoon Tea (HK$418~)

예산 점심 HK$450~ 추가 봉사료 10%
영업 06:30~24:00, 애프터눈 티 월~목요일 15:00~18:00, 금요일 14:15~16:15(1차)· 16:30~18:30(2차), 토·일·공휴일 12:00~14:00(1차)·14:15~16:15(2차)· 16:30~18:30(3차) 메뉴 영어·중국어
주소 102/F, The Ritz-Carlton Hong Kong, International Commerce Centre, 1 Austin Road West, Tsim Sha Tsui 전화 2263-2270 지도 MAP 15-A1
교통 MTR 뚱총 선·AEL의 까우롱 Kowloon 역 하차, 도보 10분. C1번 출구를 나와 정면의 The Ritz-Carlton 표지판을 따라간다. 리츠 칼튼 호텔 102/F층에 있다. GPS 22.303507, 114.160076

Maze Grill 강추

'카스 광고'로 우리에게도 친숙한 스타 셰프 고든 램지의 레스토랑. 전 세계에서 공수해온 최상품 소고기, 드라이 에이징으로 4주일 이상 숙성시킨 소고기 등 양질의 재료로 만든 스테이크를 선보인다. 바다를 마주한 4층 건물에 위치해 창밖으로 펼쳐지는 홍콩의 전경과 황홀한 일몰을 감상할 수 있으며, 해가 진 뒤에는 화려한 야경과 레이저쇼를 즐기기에도 좋다. 스타터로는 부드러우면서도 바삭한 식감의 조화가 일품인 Special Confit Duck & Watermelon Salad (HK$148)가 좋다. 고든 램지의 대표 메뉴인 비프웰링턴 ❶Beef Wellington (HK$888)도 강추! 호주산 소고기 안심을 버섯·블랙 트러플·패스트리로 감싼 후 오븐에 구워 내는데, 미디엄 또는 미디엄 레어로 주문해야 맛있다. 디저트로는 Coconut & Dark Chocolate Cremaux(HK$88)를 추천한다.

❶ Beef Wellington (HK$888)

예산 HK$360~. 런치 세트 2코스 HK$328, 3코스 HK$388 추가 봉사료 10%
영업 11:30~23:00 메뉴 영어·중국어
주소 Shop OTE401, Level 4, Ocean Terminal, Harbour City, Tsim Sha Tsui
전화 2765-0890 홈피 www.diningconcepts.com 지도 MAP 15-A4
교통 MTR 찜사쪼이 Tsim Sha Tsui 역 하차, A1번 출구에서 도보 20분. 하버 시티 쇼핑센터의 Ocean Terminal L4층에 있다. GPS 22.294400, 114.164868

Wooloomooloo Prime

파노라마처럼 펼쳐지는 홍콩의 풍경을 감상하며 식사를 즐길 수 있는 스테이크 하우스. 더 원 The One 쇼핑몰 21/F층에 위치해 발군의 경치를 뽐낸다. 낮의 풍경도 멋지지만 서서히 어둠에 물들어가는 환상적인 야경은 다른 어디서도 경험하기 힘든 이곳만의 매력이다. 입안에서 스르르 녹는 연한 육질의 호주산 소고기 Australian Beef Selection(280~450g, HK$450~850), 건조 숙성 소고기 Dry Aged Beef(400g, HK$650) 스테이크가 추천 메뉴다. 고기는 최상의 맛을 낼 수 있도록 2~4주일 숙성시켜서 요리한다. 음료와 주류가 의외로 저렴하니(커피·차 HK$48~88, 맥주 HK$80~88, 칵테일 HK$118~188) 탁 트인 전망의 야외 테라스에 앉아 노을 지는 홍콩 섬의 풍경과 야경·레이저 쇼를 감상하며 느긋하게 시간을 보내도 좋다.

시원한 맥주와 상큼한 칵테일 (HK$80~)

예산 점심 HK$300~, 저녁 HK$500~ 추가 봉사료 10% 영업 11:45~24:00 메뉴 영어
주소 Level 21, The One, 100 Nathan Road, Tsim Sha Tsui 전화 2870-0087
홈피 www.wooloo-prime.com 지도 MAP 15-D2 교통 MTR 찜사쪼이 Tsim Sha Tsui 역 하차, 도보 5분. B1번 출구를 나와 오른쪽으로 100m쯤 가면 The One 쇼핑몰이 있다. 쇼핑몰 안으로 들어가 고층 전용 엘리베이터를 타고 21/F층에서 내린다.
GPS 22.299787, 114.172226

Dim sum
(HK$32~)

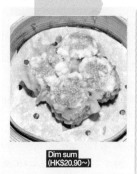
Dim sum
(HK$20,90~)

Shrimp Rice Rolls
(HK$33)

翠園
Jade Garden

딤섬 및 광동 요리 전문 레스토랑.
합리적인 가격에 맛도 좋아 현지인도
즐겨 찾는다. 전표에 원하는 딤섬을
체크해서 주문하는 방식이라
이용하기도 쉽다. 월~금요일
14:00~15:30에는 딤섬 가격이 20%
할인된다는 사실도 무척 반갑다.
추천 메뉴는 하가우 Steamed
Shrimp Dumplings 筍尖鮮蝦餃
(HK$45), 씨우마이 Stemed Pork
Dumplings 翠園四式燒賣皇
(HK$52) 등이다.

예산 점심 HK$120~, 저녁 HK$270~
추가 봉사료 10%, 찻값 1인당 HK$18,
기본 반찬 HK$25
영업 점심 월~금요일 11:00~15:30,
토·일·공휴일 10:00~15:30,
저녁 17:30~23:00
메뉴 영어·중국어
주소 4/F, Star House, 3 Salisbury Road,
Tsim Sha Tsui
전화 2730-6888 지도 MAP 15-A4
교통 MTR 찜사쪼이 Tsim Sha Tsui 역
L6번 출구에서 도보 8분. 스타페리 선착장
바로 앞의 Star House 4/F층에 있다.
GPS 22.294597, 114.169013

頂好海鮮酒家
Very Good Seafood Restaurant

현지인에게 인기가 높은 딤섬 및 광동
요리 전문점. 1970년 개업한 유서
깊은 역사를 자랑한다. 주문과 동시에
쪄주는 맛난 딤섬이 추천 메뉴다.
가격도 착한데 소점 小點 HK$20,90,
중점 中點 HK$25,90, 대점 大點
HK$31,90, 정점 頂點 HK$37,90,
짱펀 蒸腸粉 HK$31,900이며, 평일
14:00~16:30에는 소점 HK$17,90,
중점 HK$21,90, 대점 HK$28,90,
정점 HK$35,90, 짱펀 HK$27,90
으로 할인된다. 점원에게 부탁하면
딤섬 사진이 실린 영문 메뉴판도
갖다준다. 자세한 딤섬 메뉴는 p.78
를 참고하자.

예산 HK$100~ 추가 봉사료 10%,
찻값 1인당 HK$14,80
영업 08:00~23:30 메뉴 영어·중국어
주소 90-94 Nathan Road, Tsim Sha Tsui
전화 2366-5660 지도 MAP 15-D2
교통 MTR 찜사쪼이 Tsim Sha Tsui 역
하차, B1번 출구를 나와 오른쪽으로 50m
쯤 가면 오른편 지하에 있다.
GPS 22.299228, 114.172186

豪隍點心
Caterking Dim sum

강추

저렴한 가격과 훌륭한 맛이 매력인
딤섬 전문점. 2016년 홍콩 미식 대상
짱펀 腸粉 부문에서 은상을 받으며
실력을 인정받았다. 전표에 원하는
딤섬을 체크해서 주문하는 방식이라
이용하기도 쉽다. 탱글탱글한 새우를
쌀로 만든 얇은 피에 감싸서 찐 짱펀
Shrimp Rice Rolls 湄公河蝦腸
(HK$33), 마늘·치즈를 넣은 새우
춘권 튀김 Shrimp Spring Rolls with
Garlic and Cheese 蒜蓉芝士鮮蝦
長春卷(HK$37)를 놓치지 말자. 새우
만두 하가우 Shrimp Dumplings 豪
隍蝦餃皇(HK$23)와 씨우마이 Shao
Mai 蝦仁燒賣皇(HK$23)도 맛있다.

예산 HK$100~ 추가 찻값 1인당 HK$7,
18:00 이후 HK$9
영업 11:30~01:30, 금·토요일
11:30~02:00 메뉴 한국어·영어·중국어
주소 Shop 2-3, G/F, Workingport
Commercial Building, 3 Hau Fook
Street, Tsim Sha Tsui
전화 2722-6866 지도 MAP 16-E2
교통 MTR 찜사쪼이 Tsim Sha Tsui 역 하차,
B2번 출구를 나와 정면으로 도보 5분.
GPS 22.299454, 114.173957

Steamed Pork
Dumplings (HK$62)

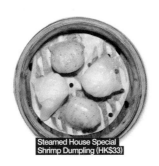

Steamed House Special
Shrimp Dumpling (HK$33)

Baked Lobster with Butter &
Cheese (1kg HK$780)

鼎泰豐
Din Tai Fung

타이완에 본점을 둔 씨우롱빠우 전문점. 뉴욕 타임즈에서 선정한 세계 10대 레스토랑 가운데 하나로 뽑히면서 유명세를 누리기도 했다. 간판 메뉴는 육즙이 가득한 씨우롱빠우 Steamed Pork Dumplings 小籠包(6개 HK$62) 다. 식사 메뉴로는 쫄깃한 새우와 돼지고기를 넣은 볶음밥 Egg Fried Rice with Shrimps and Shredded Pork 蝦仁肉絲蛋炒飯(HK$92), 간장 소스와 볶은 파로 맛을 낸 대만식 비빔면 Noodle Tossed with Spring Onion and Soy Sauce 香蔥拌麵(HK$52)를 추천한다.

예산 HK$140~ 영업 11:30~22:00
추가 봉사료 10%, 찻값 1인당 HK$9
메뉴 한국어 · 영어 · 중국어
주소 Shop 306, 3/F, Silvercord,
30 Canton Road, Tsim Sha Tsui
전화 2730-6928 지도 MAP 15-B3
교통 MTR 찜사쪼이 Tsim Sha Tsui 역 하차,
도보 8분. A1번 출구를 나와 오른쪽 뒤로
300m쯤 가면 왼쪽에 보이는 Silvercord
쇼핑센터 3/F층에 있다.
GPS 22.297392, 114.169307

逸翠軒點心專門店
Yat Chui Pavilion Dim Sum

쾌적한 딤섬 레스토랑. 가격이 저렴한 것은 물론, 하루 종일 딤섬을 팔아 아무 때나 이용할 수 있다. 전표에 원하는 딤섬을 체크해서 종업원에게 건네면 되며 옥토퍼스 카드를 사용할 수 있어 편리하다. 인기 메뉴는 새우 만두 하가우 Steamed House Special Shrimp Dumpling 逸翠鮮蝦餃(HK$33), 돼지고기 · 새우 씨우마이 Steamed Pork Siomai with Crab Roe 蟹籽蒸燒賣(HK$29), 새우 춘권 Deep Fried Spring Rolls with Shrimp 芝心蝦春卷(HK$30), 감칠맛 나는 육즙의 씨우롱빠우 Steamed Mini Buns 上湯小籠包(HK$26) 등이다.

예산 HK$80~ 추가 찻값 1인당 HK$5
영업 08:00~22:00 메뉴 영어 · 중국어
주소 Shop G11, G/F, Mirror Tower,
61 Mody Road, Tsim Sha Tsui
전화 2362-2301 지도 MAP 16-F3
교통 MTR 찜사쪼이 Tsim Sha Tsui 역
또는 이스트 찜사쪼이 East Tsim Sha
Tsui 역 하차. P2번 출구를 나와 정면으로
70m쯤 가면 왼쪽에 있다.
GPS 22.297450, 114.176675

竹園海鮮飯店
Chuk Yuen Seafood Restaurant

170여 가지 요리를 맛볼 수 있는 해산물 레스토랑. 현지인에게 인기가 높아 점심 · 저녁 시간에는 늘 손님들로 북적인다. 간판 메뉴는 바닷가재 버터 치즈 구이 Baked Lobster with Butter & Cheese 芝士牛油焗龍蝦 (1kg HK$780). 쫄깃한 바닷가재와 리치한 풍미의 치즈 소스가 찰떡궁합을 이룬다. 마늘을 듬뿍 사용한 새우 찜 Steamed Prawns with Chopped Garlic 蒜茸開邊中蝦(500g HK$182, 1kg HK$364), 매콤한 맛조개 두반장 볶음 Sauteed Clam with Fermented Black Bean 豉椒炒刀蚌(1개 HK$50)도 먹을만하다.

예산 HK$170~ 추가 봉사료 10%,
찻값 1인당 HK$6~ 영업 11:00~24:00
메뉴 한국어 · 영어 · 중국어
주소 Basement, Hong Kong Pacific
Centre, 28 Hankow Road, Tsim Sha Tsui
전화 2722-0633 지도 MAP 15-C3
교통 MTR 찜사쪼이 Tsim Sha Tsui 역 하차.
C1번 출구를 나와 정면으로 도보 3분.
GPS 22.296657, 114.171219

Crispy De-boned
Lamb Ribs (HK$448)

Curry Crab (시가)

Barbecued Peking
Duck (1마리 HK$420)

胡同
Hutong

끝내주는 전망과 야경의 레스토랑. 베이징 뒷골목을 뜻하는 '후통'이란 이름처럼 1800년대 중국을 테마로 꾸민 인테리어가 근사한데 의자와 테이블은 모두 100년 이상 된 골동품이다. 뼈를 제거한 양 갈비를 바삭하게 구워낸 Crispy De-boned Lamb Ribs 京城羊肉(HK$448)가 대표 요리. 함께 나오는 밀전병에 양 갈비와 파를 싸서 소스에 찍어 먹으면 맛있다. 껍질째 먹는 부드러운 게 튀김을 고추와 함께 볶은 Red Lantern Crispy Soft-shell Crab with Sichuan Dried Chili 大紅燈籠高高掛(HK$448)도 매콤한 맛으로 인기다.

예산 HK$550~ 추가 봉사료 10%
영업 12:00~14:30, 18:00~23:00
메뉴 영어·중국어
주소 28/F, One Peking, 1 Peking Road, Tsim Sha Tsui
전화 3428-8342 지도 MAP 15-C4
교통 MTR 찜사쪼이 Tsim Sha Tsui 역 하차, C1번 출구에서 도보 5분. One Peking 빌딩 28/F층에 있다.
GPS 22.296114, 114.170075

澳門茶餐廳
Macau Restaurant

마카오 요리 레스토랑. 분식점 스타일이라 분위기나 서비스는 떨어지지만 합리적인 가격에 이국적인 음식을 맛볼 수 있다. 부드러운 게살과 카레 소스가 찰떡궁합을 이루는 Curry Crab 招牌咖喱炒蟹(시가), 연한 소고기 안심이 일품인 Curry Beef Brisket 招牌咖喱牛腩(HK$80)이 인기 만점이다. 디저트로는 차가운 얼음과 인스턴트 커피 알갱이를 동동 띄운 진한 다방 커피 Macanese Blended Coffee 澳門特色咖啡(HK$24), 포르투갈식 에그 타르트 Portuguese Egg Tart 葡式蛋撻(HK$10)를 추천한다.

예산 HK$80~ 영업 06:30~02:00
메뉴 영어·중국어
주소 G/F, 25-27 Lock Road, Tsim Sha Tsui
전화 2366-8148
지도 MAP 15-C3
교통 MTR 찜사쪼이 Tsim Sha Tsui 역 하차. 도보 2분. A1번 출구를 나와 오른쪽 뒤로 60m쯤 가면 Lock Road가 있다. 그 길로 들어가 20m쯤 가면 오른편에 있다.
GPS 22.297818, 114.171448

鹿鳴春
Spring Deer Restaurant

현지인이 즐겨 찾는 북경 요리 전문점. 120여 가지 요리를 취급하는데 그 가운데 최고의 인기 메뉴는 바삭한 껍질의 북경 오리 Barbecued Peking Duck 烤北京塡鴨(1마리 HK$420)이다. 음식을 주문하면 15~20분 뒤 주방장이 오리를 갖고 나와 직접 고기를 썰어주는 퍼포먼스를 연출한다. 오리 고기는 담백하면서도 소박한 맛이 매력이다. 밀전병과 오이·파 등의 채소는 원하는 만큼 무료로 제공된다. 양이 제법 많으니 서너 명이 함께 가는 게 좋다.

예산 HK$440~ 추가 봉사료 10%, 찻값 1인당 HK$8, 기본 반찬 1인당 HK$5
영업 11:30~15:00, 18:00~23:00
휴업 구정연휴 메뉴 영어·중국어
주소 1/F, 42 Mody Road, Tsim Sha Tsui
전화 2366-4012 지도 MAP 16-E3
교통 MTR 찜사쪼이 Tsim Sha Tsui 역 하차. 도보 6분. G번 출구와 연결된 N1번 출구를 나와 정면으로 40m쯤 가면 보이는 Lyton 빌딩 1/F층에 있다. 입구가 작아 눈에 잘 띄지 않으니 주의!
GPS 22.297181, 114.174731

고소한 맛차
아이스크림

BLT Burger
(단품 HK$118, 세트 HK$178)

제육 비빔밥 (HK$49)

Cooked Deli by City'super

쇼핑의 메카 하버 시티에 위치한 푸드 코트. 한국 · 중국 · 타이 · 일본 요리를 취급하는 7개의 음식점이 모여 있으며, 옥토퍼스 카드도 사용할 수 있어 편리하다. 한식당 한국의 밥상에서는 HK$68~100 이면 친숙한 우리 음식을 맛볼 수 있다. 우리 입에도 익숙한 Tomikubo의 우동과 Hachiban Menya의 일본식 라면, 상큼하게 입가심하기 좋은 Honeymoon Dessert의 각종 디저트(메뉴 p.203 참조), Cha Cha의 달콤한 홋카이도 밀크 아이스크림과 고소한 맛차 아이스크림 등이 추천 메뉴다.

예산 HK$55~ 영업 10:00~22:00 메뉴 영어 · 중국어 주소 3/F, Harbour City, Gateway Arcade, Tsim Sha Tsui 전화 2375-8222 지도 MAP 15-A3 교통 MTR 찜사쪼이 Tsim Sha Tsui 역 하차, 도보 10분. A1번 출구를 나와 오른쪽 뒤로 이어지는 Haiphong Road 를 따라가면 하버 시티 쇼핑센터가 나온다. 하버 시티 쇼핑센터 L3층에 있다. GPS 22.297443, 114.168108

BLT Burger

육즙 가득한 정통 미국식 햄버거 전문점. 햄버거 세트가 2만 원을 호가할 만큼 비싸지만 한 번쯤 맛볼 가치는 충분하다. USDA 프라임 등급의 블랙 앵거스 소고기만 고집하며, 패티는 등심 · 갈비 · 목살 · 가슴살을 섞어 만든다. 가장 베이직한 햄버거인 The Classic (단품 HK$98, 세트 HK$158) 또는 베이컨 · 양상추 · 토마토가 추가된 BLT(단품 HK$118, 세트 HK$178) 가 불변의 인기 메뉴다. 세트 메뉴에는 음료 · 감자튀김이 포함돼 있다. 고기를 굽는 정도는 미디엄이 기본이며, 원하면 좀더 익혀 준다.

예산 HK$160~ 추가 봉사료 10% 영업 11:00~23:00 메뉴 영어 주소 Shop No.301 · 301A, 3/F Ocean Terminal, Harbour City 전화 2730-2338 지도 MAP 15-A4 교통 MTR 찜사쪼이 Tsim Sha Tsui 역 하차, 도보 13분. A1번 출구를 나와 오른쪽 뒤로 이어지는 Haiphong Road 를 따라가면 하버 시티 쇼핑센터가 나온다. 하버 시티 쇼핑센터의 Ocean Terminal L3층에 있다. GPS 22.295639, 114.168540

Hungry Korean

분식점 스타일의 조그만 한식당. 값이 저렴하고 맛도 무난해 느끼한 중국 음식에 물렸을 때 찾아가면 좋다. 한식 붐으로 인기가 높아진 까닭에 12:00~13:00와 18:00~20:00의 식사시간에는 무척 붐비니 그때는 피해서 가자. 불고기 · 닭고기 · 제육 · 오징어 비빔밥(HK$49), 김치찌개(HK$50), 순두부찌개 (HK$49), 불고기 · 오징어 철판구이 (HK$56), 닭고기 · 제육 철판구이 (HK$55) 등의 식사 메뉴와 떡볶이 (HK$39) · 김밥(HK$39) 등의 분식 메뉴가 먹을만하다. 반찬(김치 · 으깬 감자 · 어묵조림 세트 HK$16)과 물은 별도로 주문해야 한다.

예산 HK$39~ 영업 11:30~23:30, 금 · 토요일 11:30~24:00 메뉴 한국어 · 영어 · 중국어 주소 Unit B, G/F, Astoria Building, 24-38 Ashley Road, Tsim Sha Tsui 전화 2730-5577 지도 MAP 15-C3 교통 MTR 찜사쪼이 Tsim Sha Tsui 역 하차, C1번 출구를 나와 정면으로 도보 6분. GPS 22.297442, 114.170564

Ramen (HK$88)

Minced Pork
(500g HK$228)

Pomelo & Mango
with Sago (HK$56)

一幻
Ebisoba Ichigen

삿포로 제일의 인기를 구가하는 라멘
전문점 에비소바 이치겐의 홍콩 분점.
강추 메뉴는 돼지 사골육수에 새우의
풍미를 더해 감칠맛이 폭발하는
라멘 Ramen 拉麵(HK$88)이다.
일본 라멘의 본고장 삿포로에서도
다섯 손가락 안에 드는 맛집이니
라면 마니아라면 한 번쯤 들러봐도
좋을 듯! 주문시 국물 Soup(기본
Original, 부드러운 맛 Mild, 진한
맛 Rich), 양념 Seasonings(일본
된장 Miso, 소금 Salt, 간장 Soy
Sauce), 면 Noodle(굵은 면 Thick
Noodle, 가는 면 Thin Noodle)
을 선택할 수 있는데, 추천 조합은
'Rich · Miso · Thick Noodle'이다.

예산 HK$97~ 추가 봉사료 10%
영업 11:30~23:00 메뉴 영어 · 중국어
주소 Shop OTG59, Ocean Terminal,
Harbour City, Tsim Sha Tsui
전화 3105-1199 지도 MAP 15-A4
교통 MTR 찜사쪼이 역 Tsim Sha Tsui 역
하차, A1번 출구에서 도보 15분. 하버 시티
쇼핑센터의 Ocean Terminal G/F층에
있다. GPS 22.294795, 114.167071

美珍香
Bee Cheng Hiang

강추

한국인에게 인기가 높은 육포 전문점.
1933년 싱가포르에서 창업한 이래
홍콩을 비롯한 동남아 각국에서 성업
중이다. 10여 종의 돼지 · 소고기
육포는 야들야들한 육질과 독특한 향,
그리고 입에 착착 감기는 달콤한 맛이
매력이다. 시식도 가능하니 먹어보고
구입하자. 추천 메뉴는 소고기 육포
Sliced Beef 片裝牛肉乾(500g
HK$238), 돼지고기 육포 Minced
Pork 免治豬肉乾(500g HK$228),
매콤한 돼지고기 육포 Sliced Chilli
Pork 辣椒豬肉乾(500g HK$228)
등이다. 무게를 달아서 팔기 때문에
원하는 만큼만 살 수 있다. 단, 육포는
국내 반입이 불가능하니 주의!

예산 HK$50~ 영업 09:00~24:00
메뉴 영어 · 중국어 지도 MAP 15-C3
주소 Shop C, G/F No.35~37
Haiphong Road, Tsim Sha Tsui
교통 MTR 찜사쪼이 Tsim Sha Tsui 역 하차,
도보 4분. A1번 출구를 나와 오른쪽 뒤로
이어지는 Haiphong Road를 따라 160m
쯤 가면 왼쪽에 있다.
GPS 22.297935, 114.170450

許留山
Hui Lau Shan

홍콩에서 지점이 가장 많은 디저트
체인점. 망고 · 파파야 등 열대과일로
만든 디저트가 메인 메뉴다. 단, 망고
이외의 과일은 제값을 못하는 경우가
많으니 되도록 피해서 주문하자.
망고 · 포멜로 · 사고를 넣은 전통
디저트 양지깜로 Pomelo & Mango
with Sago 楊枝金撈(HK$56)는
달콤 상큼한 맛이 매력이다. 가볍게
맛만 보려면 저렴한 테이크아웃 메뉴
(HK$46)로 주문해도 좋다. 망고
과육과 사고를 넣은 시원한 망고
주스 Mango & Sago in Mango
Juice 粒粒芒西米(HK$43)도
맛있다.

예산 HK$28~ 영업 12:00~24:00
메뉴 영어 · 중국어 전화 2377-9766
주소 G/F, Star House, 3 Salisbury
Road, Tsim Sha Tsui 지도 MAP 15-B4
교통 MTR 찜사쪼이 Tsim Sha Tsui 역
하차, 도보 8분. F번 출구와 연결된 L6
번 출구 쪽으로 가면 '1881 Heritage'
표지판이 있다. 표지판이 가리키는
방향으로 나가 정면으로 130m쯤 가면
된다. 스타페리 선착장 바로 앞에 있다.
GPS 22.294515, 114.169038

Deep Fried Mango Spring Roll
with Mango Sabayon (HK$65)

Mango Sago
Pomelo (HK$46)

Latte
(HK45~48)

甜蜜蜜
Happy Together

여성에게 인기가 높은 디저트 전문점.
전형적인 분식점 분위기지만 맛과
모양은 일류 호텔에 뒤지지 않는다.
절대 놓치지 말아야 할 메뉴는 망고 ·
바나나를 넣은 롤 튀김에 새콤한
망고 소스를 끼얹은 Deep Fried
Mango Spring Roll with Mango
Sabayon 炸香芒春卷伴芒果沙
巴翁(HK$65)이다. 군침 돌게 하는
먹음직한 생김새는 물론 새콤달콤한
맛이 일품이다. 초코 케이크를
반으로 가르면 따뜻한 초콜릿이 줄줄
흘러나오는 Chocolate Lava Cake
焗朱古力心太軟伴雪糕(HK$62)
도 맛있다.

예산 HK$46~ 영업 월~목요일
15:00~24:00, 금요일 및 공휴일 전날
15:00~00:30, 토요일 14:00~00:30,
일요일 14:00~24:00
휴업 구정 전일 · 당일 메뉴 영어 · 중국어
주소 G/F, 5~6 Hau Fook Street
전화 2311~6078 지도 MAP 16-E2
교통 MTR 찜사쪼이 Tsim Sha Tsui 역
하차, B2번 출구를 나와 정면으로
도보 5분.
GPS 22.299526, 114.174250

發記甜品
Lucky Dessert

철저하게 맛으로 승부하는 디저트
숍. 합리적인 가격에 신선한 열대
과일과 음료를 즐길 수 있어
현지인도 즐겨 찾는다. 강추 메뉴는
망고 · 사고 · 포멜로를 넣은
양지깜로 Mango Sago Pomelo
楊枝甘路(HK$46). 상큼한 망고가
달콤 고소한 코코넛 밀크와 멋진
조화를 이룬다. 쫄깃한 찹쌀떡에
새콤달콤한 망고를 넣고 돌돌
말아주는 Mango in Sticky Rice
Roll 頂級芒果糯米卷(HK$45).
고소한 생크림을 넣은 망고 팬
케이크 Mango Pancake 芒果班戟
(HK$32)도 맛있다.

예산 HK$28~ 영업 12:30~02:00
휴업 구정연휴 메뉴 영어 · 중국어
주소 Shop 8, G/F, Bcc Building, 25~
31 Carnarvon Road, Tsim Sha Tsui
전화 2396~6928
지도 MAP 16-E2
교통 MTR 찜사쪼이 Tsim Sha Tsui 역
하차, A2번 출구를 나와 정면으로
도보 3분.
GPS 22.298365, 114.173914

查理布朗咖啡專門店
Charlie Brown Cafe

스누피 마니아라면 절대 놓칠 수 없는
카페. 스누피와 찰리 브라운 캐릭터로
꾸몄다. 오너가 2년에 걸친 노력
끝에 캐릭터 라이센스를 확보해
세계 최초로 오픈했다. 인기 메뉴는
초코 파우더로 캐릭터 그림을
그려주는 라떼 Latte(HK$45~48).
카운터에는 깜찍한 캐릭터가 그려진
조각 케이크가 한가득 진열돼 있다.
훈제연어 · 소시지 · 스크램블 에그 ·
감자튀김에 토스트 또는 와플이
곁들여 나오는 All Day Breakfast
(HK$168)를 언제든 맛볼 수 있으며,
월~금요일 11:30~14:30에는
스파게티 · 볶음밥 · 햄버거(HK$88~
158) 등의 런치 메뉴도 선보인다.

예산 HK$28~ 영업 09:30~22:00, 금요일
09:30~22:30, 토요일 09:00~22:30,
일요일 09:00~22:00 메뉴 영어 · 중국어
주소 G/F & 1/F Fortuna House, 58~60
Granville Road, Tsim Sha Tsui
전화 2366~6315 지도 MAP 16-F2
교통 MTR 찜사쪼이 Tsim Sha Tsui 역 하차,
B1번 출구를 나와 오른쪽으로 도보 6분.
GPS 22.300216, 114.175209

Tiramisu
(HK$50)

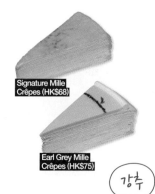

Signature Mille
Crêpes (HK$68)

Earl Grey Mille
Crêpes (HK$75)

Double Scoop
(HK$50)

帝苑餅店 Fine Foods 강추

홍콩에서 가장 맛있는 빵과 케이크를
파는 베이커리. 로열 가든 호텔에서
운영한다. 초강추 메뉴는 달콤 촉촉한
쇼트 케이크 Cakes(HK$48~),
이탈리아 본고장의 맛을 능가하는
티라미수 Tiramisu(HK$50),
생과일의 상큼함을 더한 타르트
Tart(HK$48~), 바삭한 식감과
달콤 고소한 맛이 매력인
버터플라이 쿠키 Original Butterfly
Cookie(HK$162~188) 등이다.
오리지널 이외에 참깨 Sesame,
녹차 Uji Match, 초콜릿 Chocolate
맛의 버터플라이 쿠키도 판매한다.

예산 HK$48~
영업 11:00~21:00
메뉴 영어 · 중국어
주소 69 Mody Road, Tsim Sha Tsui
전화 2733-2045
지도 MAP 16-G2
교통 MTR 찜사쪼이 Tsim Sha Tsui 역 또는
이스트 찜사쪼이 East Tsim Sha Tsui 역
하차, P2번 출구를 나와 정면으로 200m쯤
가면 왼쪽에 있다.
GPS 22.298375, 114.177693

Lady M New York 강추

뉴욕의 유명 케이크 숍 Lady M
의 홍콩 분점. 생크림 케이크로
명성이 자자해 언제나 손님의 발길이
끊이지 않는다. 추천 메뉴는 얇은
크레이프와 달콤 고소한 생크림을
켜켜이 쌓아 만든 밀 크레이프
Signature Mille Crêpes(HK$68).
은은한 얼그레이 향이 입 안 가득
퍼지는 얼그레이 밀 크레이프 Earl
Grey Mille Crêpes(HK$75),
쌉싸름한 녹차 가루를 넣어서 만든
그린 티 밀 크레이프 Green Tea
Mille Crêpes(HK$75)도 맛있다.
센트럴의 IFC 2/F층(Shop No.
2096A)과 홍콩 국제공항 출국장
안에도 분점이 있다.

예산 HK$62~ 영업 10:00~22:00
메뉴 영어 · 중국어
주소 Shop OT215K, Ocean Terminal,
Harbour City, Tsim Sha Tsui
전화 2873-2356 지도 MAP 15-A4
교통 MTR 찜사쪼이 역 Tsim Sha Tsui
역 하차, 도보 17분. A1번 출구를 나와
오른쪽 뒤로 이어지는 Haiphong Road
를 따라가면 하버 시티 쇼핑센터가 나온다.
쇼핑센터의 Ocean Terminal 2/F층에
있다. GPS 22.295048, 114.166905

XTC Gelato 강추

홍콩에서 가장 맛있는 이탈리아식
아이스크림, 젤라토 전문점. 2001년
문을 열었으며 유명 레스토랑에도
납품될 만큼 수준급의 실력을
자랑한다. 20여 종의 젤라토를
취급해 언제 가더라도 다양한
맛을 즐길 수 있다. 싱싱한 과일과
천연재료만 고집하며 유지방 함량을
5% 미만으로 낮춰 깔끔한 맛을
살렸다. 메뉴는 젤라토를 하나만 고를
수 있는 Single Scoop(HK$40),
두 가지를 고를 수 있는 Double
Scoop(HK$50), 세 가지를 고를 수
있는 Triple Scoop(HK$68) 등이
있다. HK$10을 추가하면 바삭하게
구운 와플 Waffle에 젤라토를
담아준다.

예산 HK$40~ 영업 11:00~23:30
메뉴 영어 · 중국어
주소 KP-01, Star Ferry Terminal
전화 2368-3602 지도 MAP 15-B5
교통 센트럴 행 스타페리 선착장을 등지고
오른쪽으로 20m. 스타페리 선착장 G/F
층의 스타페리 하버 투어 매표소 맞은편에
있다.
GPS 22.293571, 114.168815

**Milk Tea with Pearl
(HK$19~21)**

**Caffe Latte
(HK$40~50)**

**Flat White
(HK$45)**

貢茶
Gong Cha 강추

우리나라에도 잘 알려진 티 숍. 한국의 절반도 안 되는 가격과 둘이 마셔도 충분할 만큼 넉넉한 양으로 인기가 높다. 단, 테이크아웃만 된다. 80여 가지 차를 취급하는데 메뉴판에 왕관 표시가 붙은 게 인기 상품이다. 'H' 마크가 붙은 것은 따뜻한 차로 선택 가능함을 뜻한다. 추천 메뉴는 말캉말캉한 타피오카 알갱이를 듬뿍 넣은 밀크 티 Milk Tea with Pearl 珍珠奶茶(HK$19~21)이다. 홍콩에서 파는 일반적인 밀크 티보다 맛이 연해 갈증이 심할 때 마셔도 좋다. 바로 옆집에서 파는 계란빵이 맛있다는 사실도 알아두면 좋을 듯!

예산 HK$14~
영업 11:00~22:00
메뉴 영어 · 중국어
주소 41 Granville Road, Tsim Sha Tsui
전화 5511-8480
지도 MAP 16-E1
교통 MTR 찜사쪼이 Tsim Sha Tsui 역 하차, B1번 출구를 나와 오른쪽으로 도보 6분.
GPS 22.300220, 114.174765

Arabica 강추

홍콩에서 가장 핫한 커피 숍. 잔에 그려진 '%' 로고 때문에 '퍼센트' 또는 '응' 커피란 애칭으로 통한다. 원래 홍콩 브랜드의 조그만 커피숍이었는데, 2016년 해외에 처음으로 오픈한 일본의 교토 분점이 대박을 터뜨리며 찜사쪼이에도 매장을 추가로 열게 됐다. 전 세계에서 엄선해온 원두를 직접 로스팅해서 사용한다. 고소하면서도 깔끔한 맛이 특징인 카페 라테 Caffe Latte (HK$40~50)를 놓치지 말자. 커피는 원두를 섞어서 사용하는 blend와 한 종류의 원두만 사용하는 single origin을 선택해서 주문할 수 있다.

예산 HK$30~ 영업 09:00~20:00
메뉴 영어 · 중국어 전화 2323-5203
주소 Shop KP-41, Star Ferry Pier, Tsim Sha Tsui 지도 MAP 15-A5
교통 MTR 찜사쪼이 Tsim Sha Tsui 역 하차, 도보 14분. E번 출구를 나와 정면으로 200m쯤 가면 큰 삼거리와 함께 횡단보도가 보인다. 정면의 횡단보도를 건너 오른쪽으로 500m쯤 간다. 스타페리 선착장 1/F층에 있다(센트럴 방면 스타페리의 2층 탑승장 앞).
GPS 22.294042, 114.168348

Ralph's Coffee 강추

랄프 로렌이 직접 프로듀싱한 커피 전문점의 아시아 1호점. 화이트와 다크 그린을 메인 컬러로 만든 빈티지한 레터링 로고가 인상적이다. 미국의 스페셜티 커피 전문점 라 콜롬브 La Colombe에서 특별 블렌딩한 원두를 사용하는데, 쓴 맛이 강조된 클래식한 커피를 선호하는 랄프 로렌의 취향에 맞춰 미디엄& 다크 로스팅한 게 특징이다. 추천 메뉴는 부드러운 우유 거품의 Flat White(HK$45)와 직접 만든 초콜릿을 사용한 Mocha(HK$50)다. 풍미, 혀끝의 감촉, 달콤함의 삼박자가 어우러진 Ralph's Chocolate Cake(HK$60)도 절대 놓치지 말자.

예산 HK$45~ 영업 08:00~22:00
메뉴 영어 전화 2376-3936
주소 Shop OT311A&312, L3 Ocean Terminal, Harbour City, Tsim Sha Tsui
지도 MAP 15-A4
교통 MTR 찜사쪼이 Tsim Sha Tsui 역 하차, 도보 15분. A1번 출구를 나와 오른쪽 뒤로 이어지는 Haiphong Road를 따라가면 하버 시티 쇼핑센터가 나온다. 쇼핑센터의 Ocean Terminal L3층에 있다.
GPS 22.295002, 114.167283

SHOPPING

海港城 Harbour City 할인 쿠폰 p.397

스타페리 선착장 바로 옆에 위치한 ㄴ자 모양의
매머드급 쇼핑센터. 찜사쪼이 한복판인데다 교통이 무척
편해 언제나 수많은 사람들로 북적인다. G/F · Level
1 · Level 2 · Level 3 · Level 4의 5개 층으로 이루어져
있으며, 5개의 백화점을 비롯한 450여 개의 숍이
입점해 있다. 당연히 규모면에서는 홍콩 최대! 명품부터
가전 · 잡화 · 화장품 · 기념품에 이르기까지 취급
상품이 다양하며, 유명 레스토랑 · 카페 · 영화관 등 각종
편의시설이 집중돼 있어 데이트 코스로도 애용된다.
원래 4개의 독립된 건물을 하나로 연결시킨 것이라
실제로는 Ocean Terminal(OT) · The Marco Polo
Hongkong Hotel Arcade(HH) · Ocean Centre(OC) ·
Gateway Arcade(GW)의 4개 구역으로 구분된다.
숍 숫자가 많고 구조가 은근히 복잡해 무작정 갔다가는
건물 안에서 헤매거나 시간만 허비하게 될 공산이
크다. 쇼핑센터 전체를 꼼꼼히 둘러보려면 층별로,
몇몇 브랜드만 골라 집중적으로 쇼핑하려면 구역별로
돌아보는 게 하버 시티의 기본 공략 요령이다!

층별 쇼핑 공략 노하우

G/F층에는 하버 시티에 입점한 대부분의 명품
브랜드가 모여 있다. 특히 캔톤 로드 Canton
Road(p.338) 쪽으로는 유명 브랜드의 플래그십

스토어가 줄줄이 이어져 세계 패션계의 흐름과 홍콩의
최신 유행코드를 한눈에 파악하게 해준다. 발망 ·
발렌시아가 · 3.1 필립 림 · moncler · 생 로랑 ·
발렌티노 · 로저 비비에 등 핫한 브랜드를 놓치지 말자.
Level 1층은 The Marco Polo Hongkong Hotel
Arcade와 Ocean Centre의 두 구역에만 있으며
지방시 · 디올 옴므 · Ermanno Scervino · 메종
마르지엘라 · 까르뱅 · 폴 스미스 · 바오바오 이세이 미야케
등 개성 강한 패션 브랜드가 모여 있다.
Level 2층은 20~30대 여성이 선호하는 중저가 브랜드가
강세다. COS · 자라 · 클럽 모나코 등 합리적인 가격과
세련된 디자인을 자랑하는 패션 브랜드, 스타카토 · Venilla
Suite · Joy & Peace 등의 인기 구두 브랜드에 집중하자.
화장품 마니아라면 샬롯 틸버리 Charlotte Tilbury · 아워
글래스 Hourglass · 크리스찬 루부탱 · 발몽 Valmont 등
우리나라에 론칭하지 않은 화장품 브랜드를 놓치지 말 것!
Level 3층은 인테리어 · 전자제품 · 문구 등이 주를
이루는데, 발랄한 아이디어가 돋보이는 생활소품 브랜드
Pylones와 자라 홈 등 독특한 감성의 유럽풍 홈 인테리어
브랜드가 눈길을 끈다. 스스로 패션 리더임을 자부한다면
Y-3 · 플리츠 플리즈 이세이 미야케 등 일본계 브랜드와
비비안 웨스트우드 · mm⑥ · Marcelo Burlon도 쇼핑
리스트에 포함시켜 보자.

영업 10:00~21:00(숍마다 다름)
주소 3-27, Canton Road, Tsim Sha Tsui **전화** 2118-8666
홈피 www.harbourcity.com.hk **지도** MAP 15-A3
교통 MTR 찜사쪼이 Tsim Sha Tsui 역 하차, 도보 8분. A1번 출구를
나와 오른쪽의 Haiphong Road를 따라간다. 스타페리의 경우
선착장을 빠져나오면 바로 앞에 하버 시티의 정문이 있다.
GPS 22.294884, 114.168469

1 홍콩 최대의 쇼핑센터 하버 시티. 방대한 규모를 자랑한다. 2 여타 쇼핑몰에서 찾아보기 힘든 브랜드도 풍부하다. 3 · 4 트렌드를 선도하는 유명 디자이너
브랜드가 집결해 있다. 5 · 6 화장품과 깜찍한 디자인의 라이프스타일 잡화도 취급한다. 7 화사한 색감이 특징인 잡화 매장 Pylones.

Lane Crawford

`p.336-G01, 101, 201, 201A&301A, 330&331`

다양한 디자이너 브랜드를 취급하는 명품 백화점. 의류 · 구두 · 가방 등 패션 아이템과 화장품의 비중이 높다. G/F층은 여성 구두 · 패션 소품 및 주얼리, Level 1층은 여성 디자이너 브랜드, Level 2층은 화장품 · 고급 주얼리, Level 3층은 남성 디자이너 브랜드 및 인테리어 용품 코너다. 특히 Level 3층에는 알렉산더 맥퀸 · 꼼 데 가르송 · 닐 바렛 · 이자이아 ISAIA · 톰 브라운 · 발렌시아가 · 랑방 등 고급 남성복 브랜드가 많아 패션에 관심이 많은 남성에게 인기가 높다.

Joyce `p.336-GW G106`

홍콩 최대 규모의 명품 편집매장이다. 마르니 · 알렉산더 맥퀸 · 클로에 · 스텔라 매카트니 · 릭 오웬스 Rick Owens · 발렌시아가 · 오스카 드 라 렌타 · 메종 마르지엘라 · 발망 · 생 로랑 · 겐조 · 프로엔자 슐러 같은 최고의 디자이너 브랜드만 엄선해 놓았으며, 우리나라의 연예인도 즐겨 찾는다. 크리스찬 루부탱 · 랑방 Lanvin · 발렌티노 Valentino 등의 최고급 구두 브랜드도 볼 수 있다. 프레데릭 말 Frédéric Malle · 111 Skin · Natura Bissé · By Terry · 아닉 구딸 Annick Goutal 등을 취급하는 화장품 코너도 있다.

Moncler `p.336-GW G107&G206`

엄청난 가격에도 불구하고 폭발적인 인기를 누리고 있는 프랑스의 프리미엄 패딩 브랜드. 원래 전문 산악용품

브랜드로 출발했지만, 최고급 소재와 감각적인 디자인을 접목시키면서 할리우드 스타와 연예인들이 열광하는 인기 브랜드로 자리 잡았다.

Toys 'Я' Us `p.336-OT G21-24, OT G39-42`

동양 최대의 장난감 전문점. 인형 · 프라모델 · 모형 등 온갖 장난감이 넘쳐나는 어린이와 키덜트 족의 천국이다. 캐릭터 상품 · 레고 · 모노폴리 · 파티용품 코너가 충실하며, 0~2세 · 3~5세의 연령별로 구분된 영유아 교육용 장난감도 풍부하다. 임부복과 아기용품 · 이유식 · 유아용 목욕용품 등을 취급하는 Babies 'Я' Us 코너도 볼만하다. 고급 유모차 · 카시트와 서랍 고정대 · 냉장고 잠금장치 등의 안전소품처럼 우리나라에서 구하기 힘든 아이템에 주목하자.

KID Paradise `p.336-OT G/F`

온갖 아동용품을 한자리에 모아 놓았다. 특히 고가의 디자이너 아동복과 유모차 · 신발이 눈길을 끈다. 명품 아동복에 관심 있다면 Moncler · 모스키노 · 미스 블루마린 · 켄조 Kenzo · 베르사체 등의 아동복 편집매장 Abebi에 가보자. 아르마니 주니어 · Baby Dior · 구찌 키즈 · 버버리 칠드런 · 미키 하우스 매장도 인기가 있다. Pegperego · Chicco · Combi 등 우리나라에서 인기가 높은 브랜드의 유모차 매장도 있으며, 어린이 서점 Book Castle에서는 영어 동화책을 중심으로 다양한 연령대에 어울리는 장난감 · 잡화를 취급한다.

1 다양한 브랜드를 취급하는 레인 크로포드 백화점. 2 스컬 장식이 인상적인 Philipp Plein. 3 홍콩에서도 인기가 높은 Moncler. 4 홍콩 최대의 명품 편집매장 Joyce. 의류에서 신발 · 가방 · 액세서리까지 원스톱 쇼핑이 가능하다. 5 장난감 백화점 토이저러스. 6 화려한 패키지의 크리스챤 루부탱 뷰티.

Paul Smith p.336-OC 133

재기발랄한 디자인으로 유명한 영국 디자이너 브랜드.
피트된 슬림한 라인과 남성복으로는 드물게 화려한
색상을 많이 사용한 게 특징이다. 폴 스미스를 대표하는
멀티스트라이프의 지갑 · 가방 · 액세서리는 세련된
이미지 연출이 가능한 아이템이라 20~30대 남성에게
특히 인기가 높다. 남성복과 함께 여성복도 취급한다.

FACESSS p.337-OT 202

50여 개의 브랜드가 입점한 화장품 종합관.
바비 브라운 · MAC · 베네피트 등의 인기 브랜드와
Sofina · IPSA · Bareminerals · Roger and Gallet 등
면세점에서 찾아보기 힘든 브랜드가 풍부하다. 그리스 자
연주의 화장품 아피비타 Apivita. 미국 색조 화장품 브랜
드 Too Faced도 눈여겨보자.

SPORTS ZONE p.337-OT Level 2

인기 스포츠 브랜드가 모인 스포츠 전문관. 홍콩 최대의
스포츠웨어 매장인 기가스포츠 Gigasports가 눈길을
끄는데, 푸마 · 아디다스 · 나이키 등 유명 브랜드가
우리나라보다 20~30% 저렴하다. 뉴 발란스 · FILA ·
AIGLE · munsingwear의 플래그십 스토어도 있다.

쇼퍼스 케어 센터 Shoppers Care Centre

안락한 소파와 무료 음료가 제공되는 휴게실. 누구나
자유로이 이용할 수 있다. 코인 로커도 있어 짐이 많을
때 이용하면 편리하다. 유모차 대여 · 스마트폰 충전 · 구
급의료 등의 서비스도 제공한다.

영업 10:00~22:00 전화 2118-8666
교통 Ocean Terminal의 Level 3층, Shop No.306
Blackbarrett 매장 옆에 있다.
코인 로커 요금 소 · 중형 HK$10, 대형 HK$20
※2시간 단위 요금이며 HK$10 동전만 사용할 수 있다.

COS p.337-GW 2310

하이엔드 패션을 합리적인 가격에 선보이는 H&M의
프리미엄 라인. 베이직은 물론 트렌디한 스타일까지
다채로운 의류 · 패션 잡화를 취급한다.

ANYA HINDMARCH p.337-GW2129

가방 · 지갑 · 신발 등의 소품을 선보이는 영국 패션
브랜드. 키치한 디자인이 유명하지만 고급진 품질로도
인기가 높다. 스마일리와 eyes 시리즈가 대표 아이템.

Charlotte Tilbury p.337-HH 201 Lane Crawford

메이크업 아티스트 샬롯 틸버리의 화장품 브랜드.
립스틱 · 파운데이션 등의 색조 제품과 부드러운 피부
표현을 도와주는 Magic Cream이 유명하다.

1 화장품 마니아를 위한 Facesss. 2 색조 화장품이 풍부한 샬롯 틸버리. 3 클래식 · 이방가르드 · 모던 · 글래머러스 등 다양한 패션 스타일을 만날 수 있다.
4 · 7 가성비 좋은 색조 화장품 천국 KIKO Milano. 5 키치한 디자인이 매력인 Anya Hindmarch. 6 트렌디한 아이템이 눈길을 사로잡는 LCX.

CHA LING p.337-GW3306A

루이비통 · 지방시 등의 명품 브랜드를 소유한 프랑스의 LVMH 그룹이 론칭한 화장품. 보이차 普洱茶 추출물로 만든 스킨케어 제품은 안티에이징과 항산화 기능이 탁월하다. 환경오염에 지친 피부를 케어해주는 디톡스 기능 제품도 인기가 높다. Spring Mask와 클렌징 파우더도 추천 아이템이다.

LCX p.337-OT 300

Champion · 프레디 페리 · initial · Jack Wills(p.266) 등 10~20대가 선호하는 의류 브랜드와 액세서리 · 팬시 · 인테리어 소품이 가득한 미니 백화점. Superdry · Daniel Wellington · Harrison Wong 등 인기 급상승 중인 브랜드가 풍부하다. 지브리 애니메이션의 캐릭터 상품을 취급하는 동구리 공화국도 인기만점이다. LUSH · 닥터 시라보 · 질 스튜어트 · 키코 밀라노 등의 화장품도 판매한다.

KIKO Milano p.337-OT300

이탈리아의 국민 화장품 브랜드. 가격은 우리나라의 중저가 화장품 수준으로 저렴하지만, 명품 못지않은 뛰어난 품질을 자랑한다. 풍부한 색상의 립 메이크업과 아이 메이크업 등의 색조 제품이 인기 만점이다.

City'Super p.337-GW 3001 & 3103-4

전 세계의 수입 식료품을 취급하는 대형 슈퍼마켓(p.104). 유기농 식재료부터 향신료 · 치즈 · 시리얼 · 커피 · 차 · 맥주에 이르기까지 다양한 먹거리를 판매한다. 수입품임에도 불구하고 우리나라보다 훨씬 싸다. 식료품 외에 다양한 조리기구와 주방소품도 취급한다.

PYLONES p.337-GW 3229

디자인 전공자나 인테리어 마니아라면 절대 그냥 지나칠 수 없는 곳! 울긋불긋 화려한 색상과 독특한 일러스트가 눈길을 끄는 생활소품을 취급한다. 공주 모양의 빗자루 세트, 사람 모양의 손잡이가 달린 우산, 애벌레 모양의 옷걸이처럼 깜찍 발랄한 디자인의 인테리어 소품은 누구에게나 웃음을 선사한다. 살짝 유치틱한 디자인이지만 실제로는 어른들에게 더 인기가 높다고.

Sabon p.337-OT 309B

뷰티 제품의 트렌드세터를 자처하는 고급 보디용품 브랜드. 오일 · 스크럽 · 로션 등의 다양한 보디케어 제품을 취급한다. 파라벤을 쓰지 않고 천연 성분으로 만든 아이템이 유명한데 건성 · 민감성 피부를 가진 이들에게 특히 인기가 높다. 오일 베이스로 촉촉한 사용감을 자랑하는 보디 스크럽과 샤워 오일이 추천 아이템이다.

Hot Toys Rebel Base p.337-GW 4017

엔터베이와 더불어 홍콩을 대표하는 피규어 메이커. 정교하기 이를 데 없는 12인치 액션 피규어가 주력 아이템이며, 아이언맨 · 캡틴 아메리카 · 배트맨 · 스타워즈 등 초인기 레어템을 두루 취급한다.

1 · 3 안티에이징과 항산화 기능이 탁월한 화장품 Cha Ling. 2 · 6 지름신을 부르는 깜찍이 아이템이 가득한 동구리 공화국.
4 · 7 발랄한 디자인의 잡화를 취급하는 Pylones. 5 피규어 마니아가 즐겨 찾는 Hot Toys Rebel Base.

하버 시티 커피 & 디저트 순례

Starbucks Coffee

Mellow Brown Coffee

Ralph's Coffee

쇼핑과 함께 만끽하는 또 하나의 즐거움은 맛난 커피와 디저트다. 놓치면 후회할 유명 카페는 물론, 홍콩에서도 오직 여기서만 판매하는 특별 메뉴도 맛볼 수 있다.

Ralph's Coffee 랄프 로렌이 직접 프로듀싱한 커피숍. 플랫 화이트와 초콜릿 케이크를 꼭 맛보자. 위치 Ocean Terminal L3층, OT311~313

Mellow Brown Coffee by UCC 드립 커피와 사이폰 커피에 특화된 카페. 파스타·와플 팬케이크도 맛있다. 위치 Ocean Terminal L2층, OT233

Lady M New York 뉴욕의 명물 케이크 숍. 크레이프 케이크·치즈 케이크·생과일 케이크 강추! 위치 Ocean Terminal L2층, OT215K

Starbucks Coffee 예쁜 디자인의 홍콩 한정판 텀블러와 머그컵은 기념품으로 안성맞춤! 위치 Ocean Centre L4층, 406, 위치 Gateway Arcade L2층, 2402K

18 Grams '커피 한 잔=원두 18 그램'의 원칙을 고수한다. 풍부한 향과 맛이 매력이다. 위치 Gateway Arcade L3층, 3001

The Coffee Academics 스페셜티 커피로 인기가 높은 카페. 고소한 플랫 화이트·라테·카푸치노를 추천한다. 위치 Gateway Arcade L2층, Kiosk 1

Hattendo Café 85년 역사의 베이커리 핫텐도의 홍콩 분점. 달콤 고소한 크림빵이 대표 메뉴다. 아이스크림과 홍콩 한정판 디저트도 취급한다. 위치 Gateway Arcade G/F층, G104

The Coffee Academics

18 Grams

Hattendo Café

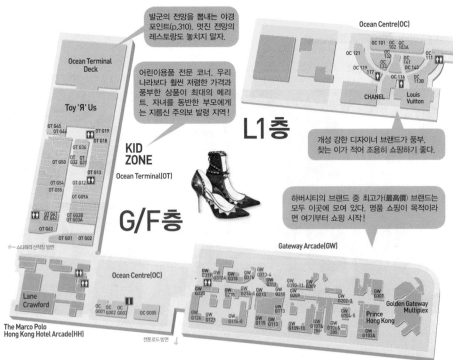

발군의 전망을 뽐내는 야경 포인트(p.310). 멋진 전망의 레스토랑도 놓치지 말자.

어린이용품 전문 코너. 우리 나라보다 훨씬 저렴한 가격과 풍부한 상품이 최대의 메리트. 자녀를 동반한 부모에게는 지름신 주의보 발령 지역!

KID ZONE
Ocean Terminal(OT)

G/F층

Ocean Terminal Deck

Toy 'Я' Us

OT G45
OT G46
OT G36
OT G50 OT G32 G31
OT G54 OT G12
OT G55
OT G61 OT G03B
OT G62 OT G03A
OT G63
OT G01 OT G02
OT G19
OT G18
OT G13
OT G09A

← 스타페리선착장 방면

Ocean Centre(OC)

OC 101 OC OC
        102 103A
OC 121
        OC   OC
OC 119 133 OC 141 111
        117 OC 143
        OC 116   OC
                     113B
CHANEL Louis Vuitton

L1층

개성 강한 디자이너 브랜드가 풍부. 찾는 이가 적어 조용히 쇼핑하기 좋다.

하버시티의 브랜드 중 최고가(最高價) 브랜드는 모두 이곳에 모여 있다. 명품 쇼핑이 목적이라면 여기부터 쇼핑 시작!

Gateway Arcade(GW)

GW
G319 GW GW GW GW
      G31A G318 G317 G313-4
      GW   GW   GW
GW   GZ1B G214-6 G312 G310-11 G309
G220   G214-5   GW
                  GW   GW   G209   GW
                  G124 G120   G202-3   GW
GW   GW   GW   GW   GW   G301
G126 G123   G116-8 G113   G109-10 G104-5
                        GW GW GW   G107& GW
                        G115 G113   G106& Prince Golden Gateway Multiplex
                              G109-10 G104 Hong Kong
                                           GW
                                           G103A

Ocean Centre(OC)

Lane Crawford

OC OC OC
G001 G002 G003   OC G005

The Marco Polo
Hong Kong Hotel Arcade(HH)

캔톤로드방면 ↓

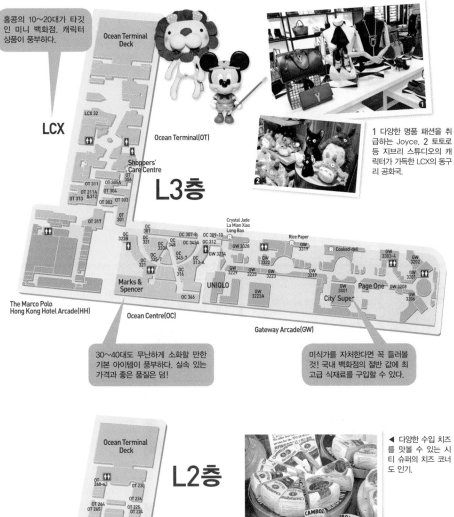

홍콩의 10~20대가 타깃인 미니 백화점. 캐릭터 상품이 풍부하다.

Ocean Terminal Deck

LCX

LCX 32

Ocean Terminal(OT)

Shoppers' Care Centre

L3층

1 다양한 명품 패션을 취급하는 Joyce. 2 토토로 등 지브리 스튜디오의 캐릭터가 가득한 LCX의 동구리 공화국.

OT 311 OT 305A
OT 311A OT 304
OT 313 &312
OT 302 OT 303
OT 301
OT 317

OC 301
OC 323B
OC 331
OC 333A
OC 321
OC 335-7
OC 316

OC 348
OC 307-8 OC 309-10
OC 343A OC 312
OC 345-7
OC 313-A

Crystal Jade
La Mian Xiao
Long Bao

GW 3028 GW 3234
GW 3229 GW 3225 GW 3223
GW 3223A
OC 366
GW 3223A

Rice Paper

Cooked-deli

GW 3319 GW 3323 GW 3319
GW 3303-4 GW 3202
GW 3201
GW 3001 Page One GW 3208
City Super GW 3206

Marks & Spencer

UNIQLO

The Marco Polo
Hong Kong Hotel Arcade(HH)

Ocean Centre(OC)

Gateway Arcade(GW)

30~40대도 무난하게 소화할 만한 기본 아이템이 풍부하다. 실속 있는 가격과 좋은 품질은 덤!

미식가를 자처한다면 꼭 들러볼 것! 국내 백화점의 절반 값에 최고급 식재료를 구입할 수 있다.

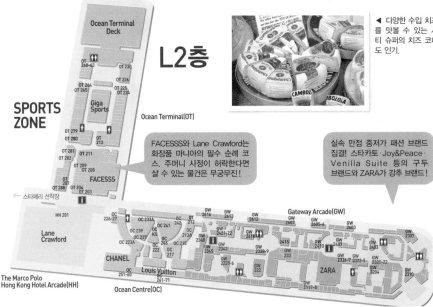

Ocean Terminal Deck

L2층

◀ 다양한 수입 치즈를 맛볼 수 있는 시티 슈퍼의 치즈 코너도 인기.

OT 260-63 OT 230
OT 264 OT 226
OT 265 OT 225
OT 224

SPORTS ZONE

Giga Sports

Ocean Terminal(OT)

OT 279 OT 213
OT 280
OT 281 OT 211
OT 282 OT 209 OT 208
OT 287
OT 288 OT 204 OT 203

FACESSS

FACESSS와 Lane Crawford는 화장품 마니아의 필수 순례 코스. 주머니 사정이 허락한다면 살 수 있는 물건은 무궁무진!

실속 만점 중저가 패션 브랜드 집결! 스타카토·Joy&Peace·Venilla Suite 등의 구두 브랜드와 ZARA가 강추 브랜드!

← 스타페리 선착장

HH 201

OC 226-27
OC 233A OC 241 OC 212
OC 239 OC 242
OC 237 K5
OC 223A OC 215
OC 222 OC 213A
OC 217

Gateway Arcade(GW)

GW 2616 GW 2613
GW 2612
GW 2607
GW 2605-6
GW 2603
GW 2421-22 GW 2418
GW 2415 GW 2410 GW 2407
GW 2345 GW 2343
GW 2338-9
GW 2328-7 GW 2323-5
GW 2320-22
GW 2310
GW 2307
GW 2603
GW 2604
GW 3204

Lane Crawford

CHANEL

Louis Vuitton
251-60 261-71

ZARA

2117-8

The Marco Polo
Hong Kong Hotel Arcade(HH)

Ocean Centre(OC)

명품 쇼핑가 캔톤 로드를 활보하자

캔톤 로드 Canton Road는 전 세계의 명품 브랜드 숍이 모두 모인 '여성을 위한 거리'. 우리나라로 치면 압구정동이나 청담동과 비슷한 성격을 띠는 곳이다. 최신 유행의 아이템을 중심으로 쇼핑의 즐거움을 만끽하자.

지도 MAP 15-B2 · B3 GPS 22.294839, 114.169510
교통 MTR 찜사쪼이 역 하차, 도보 7분. A1번 출구를 나와 오른쪽의 Haiphong Road를 따라간다. 또는 찜사쪼이 스타페리 선착장을 나와 정면으로 도보 2분.

❶ LANE CRAWFORD

폴 스미스 · 아르마니 꼴레지오니 · 휴고 보스 · 알렉산더 맥퀸 · 꼼 데 가르송 등 스마트 캐주얼 중심의 고급 남성 브랜드가 많은 백화점이다. Level 3층의 남성복 매장이 특히 잘 꾸며져 있다.
영업 10:00~22:00

❷ HERMÈS

화려한 색상과 문양의 스카프가 유명하다. 가방 · 시계 · 벨트 · 넥타이 · 액세서리는 물론 접시 · 잔 · 티 포트 등 테이블 웨어도 고루 갖췄다. 규모는 조금 작다.
영업 10:00~21:00

❸ SALVATORE FERRAGAMO

넓고 쾌적한 매장에 여성용 구두 · 핸드백 · 지갑 등 가죽제품은 물론 의류 · 스카프까지 두루 구비돼 있다. 남성복 · 향수 · 선글라스 코너도 구색을 잘 갖췄다. 대표 상품인 구두 코너가 가장 충실하다.
영업 10:00~22:00

❹ CHANEL

샤넬의 플래그십 스토어. 블랙 & 화이트 콘셉트의 로고가 눈길을 사로잡는다. 여성의 로망 2.55백을 비롯해 가방 · 의류 · 신발 · 선글라스 · 액세서리 등 따끈따끈한 신상품이 가득하다.
영업 10:00~22:00

❺ LOUIS VUITTON

항상 쇼핑객이 넘쳐나는 대형 매장이다. 대표 상품인 가방 외에도 지갑 · 벨트 · 신발 · 의류 · 패션 액세서리 등 풍부한 상품 구성을 자랑한다.
영업 10:00~22:00
휴업 부정기적

❻ GUCCI

홍콩 최대를 자랑하는 구찌 매장이다. 규모에 걸맞게 상품 종류도 다양해 찾는 이가 많다. 지상은 여성복, 지하는 남성복 코너다. 화려하고 글래머러스한 의상과 구두가 풍부하다.
영업 10:00~22:00 휴업 부정기적

❼ MIU MIU

프라다의 세컨드 라인. 심플하고 모던한 스타일의 프라다와 달리 색감이 풍부하고 디자인이 화사하다. 20대에게 어울리는 발랄한 스타일이 매력.
영업 10:00~22:00 휴업 부정기적

❽ PRADA

찜사쪼이 최대 규모를 자랑하는 프라다 매장이다. 신상품도 빠르게 입고된다. G/F층은 가방 · 지갑 · 신상 구두 · 선글라스, 지하는 남녀 의류 · 신발 · 향수 · 액세서리 코너다.
영업 10:00~22:00

❾ SAINT LAURENT

중성적인 매력이 돋보이는 락시크 스타일의 패션 브랜드다. 지 드래곤 등 인기 연예인이 사랑하는 브랜드답게 트렌드를 선도하는 대담한 디자인의 의류 · 신발 · 가방 · 선글라스가 풍부하다
영업 10:00~22:00

❿ VALENTINO

우아하고 고급스러운 꾸띠르 스타일에 강렬한 스터드 장식을 도입해 시크한 멋을 살린 패션 브랜드. 락스터드 힐과 스터드 장식의 가방이 스테디셀러 아이템이다.
영업 10:00~22:00

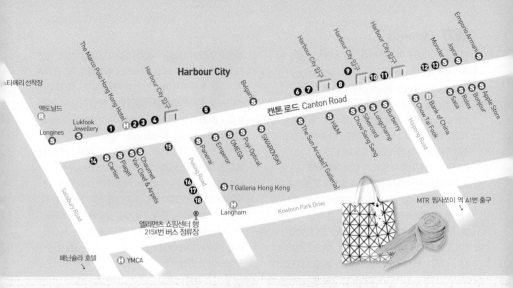

Harbour City

스타페리 선착장

맥도날드 R

Longines S

Lukfook Jewellery S

The Marco Polo Hong Kong Hotel

Harbour City 입구

Bvlgari

캔톤로드 Canton Road

Harbour City 입구
Harbour City 입구
Harbour City 입구
Harbour City 입구

Emporio Armani S
Joyce S
Moncler S

Apple Store S
Sisea S
Rolex S
Bonjour S

Chow Tai Fook S
B Bank of China
Haiphong Road

Burberry
Longchamp
Silvercord
Chow Sang Sang
H&M

The Sun Arcade(T Galleria)

S Panerai
Emperor
OMEGA
Puyi Optical
SWAROVSKI

Chaumet
Van Cleef & Arpels
Piaget
S Cartier

Peking Road

S T Galleria Hong Kong

Langham

Kowloon Park Drive

MTR 찜샤쪼이 역 A1번 출구

엘리먼츠 쇼핑센터 행
215X번 버스 정류장

페닌슐라 호텔

H YMCA

---

⑪ FENDI

가방 · 구두 · 의류 · 패션 액세서리가 주력 상품이다. 펜디의 시그니처 백인 바게트 백은 물론, 투쥬르 · 피카부 · 셀러리아 등 최신 디자인의 잇백을 모두 만날 수 있다.
영업 10:00~22:00

⑫ COACH

명품 브랜드 중에서 비교적 저렴한 가격대를 자랑한다. G/F층과 지하 1층의 두 개 층으로 이루어져 있으며 핸드백 종류가 풍부하다. 벨트 · 구두 · 시계 · 팔찌 등의 액세서리도 취급한다.
영업 10:00~22:00

⑬ DOLCE & GABBANA

돌체 앤 가바나의 홍콩 2호점이다. 대담하고 화려한 디자인의 의류 · 신발 · 가방을 취급한다. G/F층은 여성복, 지하 1층은 남성복 코너다.
영업 10:00~22:00

⑭ TIFFANY & CO.

미국의 대표적인 명품 보석 브랜드다. 다이아몬드 반지 · 목걸이 · 팔찌 등 결혼 예물로 인기가 높은 귀금속은 물론 상대적으로 저렴한 실버 제품 · 시계도 취급한다.
영업 10:00~22:00

⑮ DIOR

브랜드 이미지에 걸맞은 화사한 인테리어가 인상적이다. G/F층은 최신 디자인의 가방과 액세서리. 1/F층은 시계 · 선글라스 · 의류 · 구두 · 가방 코너다. 글래머러스한 디자인의 가방이 풍부하다.
영업 10:00~21:00

⑯ CARTIER

고급 시계와 반지를 장만하기 좋다. 프라이빗한 공간에서 느긋하게 쇼핑을 즐길 수 있는 것도 매력이다. 1/F층에는 일반인에게 그림의 떡이나 마찬가지인 하이 주얼리 High Jewelry 코너가 있다.
영업 10:00~23:00

⑰ Z ZEGNA

모던한 세미 캐주얼 스타일을 선보이는 에르메네질도 제냐의 세컨드 브랜드. 합리적인 가격으로 명품의 품격을 즐기려는 20~30대에게 인기가 높다.
영업 일~목요일 10:30~21:00,
금 · 토요일 10:30~22:00

⑱ ERMENEGILDO ZEGNA

원단 좋기로 유명한 남성 의류 전문점. 미니멀한 디자인의 스마트 캐주얼이 강세다. 기본 디자인이지만 품위 있는 감각을 드러낼 수 있는 브랜드로 인기가 높다.
영업 10:30~21:00

圓方 Elements

찜사쪼이 서부에 위치한 매머드급 쇼핑센터. 4개
층으로 이루어진 쾌적한 공간에 130여 개의 숍이
입점해 있다. G/F층에는 오픈 아이스링크 · 중국행
버스 터미널 · AEL 까우롱 Kowloon 역의 얼리 체크인
카운터, 1 · 2/F층에는 패션 · 액세서리 · 화장품 ·
가전 · 음반 매장과 식당 · 영화관, R/F층에는 분위기
좋은 옥상정원과 레스토랑이 모여 있다.
찜사쪼이 중심가에서 떨어져 있어 교통이 조금
불편하지만, 이용자가 적어 한결 쾌적하게 쇼핑을 즐길
수 있다. 귀국 당일 AEL 까우롱 역에서 얼리 체크인을
마치고 '최후의 쇼핑에 올인'해 보는 건 어떨지!
엘리먼츠의 매력은 희소성 높은 브랜드와 유행을
선도하는 패션 아이템이 풍부하다는 것이다. 하버
시티 · IFC · 퍼시픽 플레이스보다는 매장이 적지만
홍콩에서 잘 나가는 패션 브랜드는 모두 모아 놓았다.
명품으로는 샤넬 · 에르메스 · 로에베 · 프라다 ·
살바토레 페라가모 · 펜디 · 지방시 · 발렌티노 등
전통의 브랜드부터 생 로랑 Saint Laurent · 알렉산더
맥퀸 · 겐조 · Philipp Plein · 루퍼트 샌더슨 등 핫하게
뜨는 신생 브랜드까지 웬만한 명품은 모두 입점해
있다. 고급스러운 취향을 드러내기에 딱 좋은 이탈리아
하이엔드 패션 브랜드 브리오니 Brioni · 로로 피아나
Loro Piana · 벨루티 Berluti도 눈길을 끈다.

화장품은 바비 브라운 · 조르지오 아르마니 · 샤넬. 천연
재료만을 사용하는 키엘 Kiehl's을 놓치지 말 것. 요리가
취미라면 홍콩에서 가장 많은 유기농 제품을 취급하는
슈퍼마켓 스리식스티 Threesixty도 꼭 들러보자. 고급
수입 식료품이 풍부한 프리미엄 슈퍼마켓이며, 이탈리아
커피 라바짜 Lavazza · 일리 illy · 킴보 Kimbo ·
펠리니 Pellini, 일본 커피 UCC · Key Coffee · Blendy,
프랑스 커피 Destination, 영국 커피 Grumpy Mule,
오스트리아 커피 Helmut Sachers 등 전 세계에서
수입한 온갖 브랜드의 커피를 취급해 커피 러버라면 한
번쯤 들러볼만하다. 홍콩에서 제일 맛있는 크루아상을
파는 Urban Bake n Take도 강추! 식당가에는 프레타
망제 · Tasty Congee & Noodle Wantun Shop 등
맛집도 여럿 입점해 있다.

🕐 10:00~22:00
📍 1 Austin Road West, Tsim Sha Tsui
☎ 2735-5234 🖥 www.elementshk.com
🗺 MAP 15-A1
🚇 MTR 뚱총 선과 AEL의 까우롱 Kowloon 역 C · C1 · C2번
출구와 바로 연결된다. 찜사쪼이 시내에서 갈 때는 T Galleria
앞(MAP 15-C4)의 버스 정류장에서 215X번 버스를 타고
종점에서 내린다(10~13분, HK$7.50).
또는 MTR 야우마떼 Yau Ma Tei 역에서 74번 미니 버스를 타고
종점에서 내린다(20분, HK$5.10).
🧭 22.305182, 114.161031

1 엘리먼츠는 럭셔리 쇼핑몰로 인기가 높다. 2 트렌디한 디자인과 착한 가격의 ZARA. 3 높은 천장과 밝은 조명, 세련된 인테리어가 쾌적한 쇼핑 환경을 제공한다.
4 센스 있는 여성을 위한 실속 패션 아이템도 풍부하다. 5 도회적인 이미지의 메이크업 브랜드 바비 브라운.

엘리먼츠의 주요 브랜드 & 숍 위치

2/F층

2123-26	Berluti
2060A	Bottega Veneta
2007	Brioni
2089-91	Chanel
2024	Ermenegildo Zegna
2016-17	Fendi
2064	Gucci
2036A	Kwanpen
2010	Loro Piana
2048-55	Louis Vuitton
2039	Moncler
2062A-63A	PRADA
2098	Saint Laurent
2086-88	Salvatore Ferragamo
2108	TSE
2025-27	Valentino

1/F층

1007A	7 For All Mankind
1021-21A	Alexander McQueen
1025-26	Balenciaga
1049B	Evisu
1020A	Givenchy
1032	Hermès
1059	Kenzo
1087	Kiehl's
1061	Maje
1097A	Pandora
1013-14	Philipp Plein
1090	Threesixty
1038-39	Tiffany & Co.
1055	Y-3
1051-54	ZARA Women

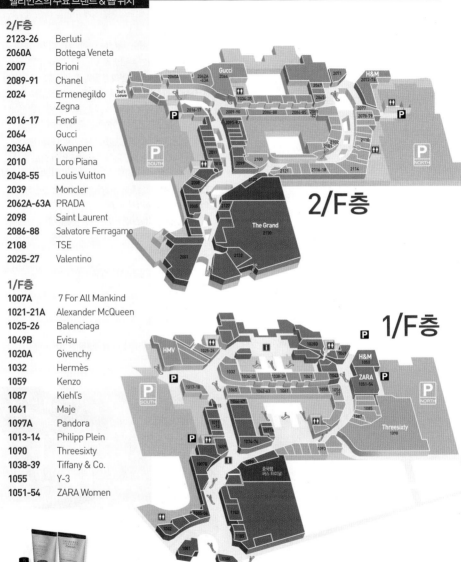

2/F층

1/F층

엘리먼츠란 이름의 유래

엘리먼츠란 이름은 이 건물이 음양오행 사상에 기초해 우주를 이루는 다섯 가지 원소 Five Elements 즉, 화(火)·수(水)·목(木)·금(金)·토(土)를 테마로 만들어진 데서 유래했다. 내부도 다섯 개의 존으로 나뉘어 있는데 각각의 존에는 해당 존을 상징하는 원소의 상징물이 놓여 있으며, 그 원소와 가장 잘 어울리는 아이템을 취급한다. 참고로 화는 엔터테인먼트 존, 수는 식음료 존, 목은 건강·웰빙 존, 금은 럭셔리 존, 토는 패션 존이다.

半島酒店 Peninsula Shopping Arcade

페닌슐라 호텔에 부속된 쇼핑 아케이드. 최고급·초일류 명품만 입점한 곳으로 유명하다. 신관 지하 1층부터 G/F 층, M/F층 (Mezzanine Floor)까지 세 개 층으로 이어진 아케이드에는 의류·보석·가죽·인테리어 용품을 취급하는 80여 개의 세련된 숍이 입점해 있다.
밀집된 공간에 여러 매장이 모여 있어 다양한 상품을 손쉽게 비교해 보고 구입할 수 있으며, 최고의 상품과 서비스를 제공하는 만큼 명품 쇼핑에 관한 한 최적의 장소라 해도 과언이 아니다. 특히 진짜 같은 가짜가 판치는 홍콩에서 믿고 살 수 있는 확신을 심어주는 것도 큰 매력이다. 친숙한 명품으로는 샤넬·델보 Delvaux·랄프 로렌·고야드·루이뷔통· 아 테스토니·크롬 하츠 Chrome Hearts 등이 꼽힌다. 불가리·까르띠에·해리 윈스턴 Harry Winston· 피아제 Piaget·프랭크 뮬러 Frank Muller·티파니 & Co.·반 클리프 & 아펠 Van Cleef & Arpels 등의 최고급 보석 브랜드도 충실하다.
중국색 짙은 액세서리를 찾는다면 홍콩 출신 디자이너 데니스 찬 Dennis Chan이 설립한 럭셔리 보석 브랜드 퀄린 Qeelin을 둘러보자. 펜더·표주박·방울·연뿌리 등 중국 전통 모티브에 현대적인 스타일을 접목시킨 독특한 디자인이 눈길을 끈다. Chamtex·Pearls &
Cashmere 등 캐시미어 전문점에서는 양질의 캐시미어 의류를 비교적 저렴하게 구입할 수 있어 인기가 높다.
지하 1층에는 초콜릿·쿠키·인형·차·다기·호텔 기념품을 판매하는 페닌슐라 부티크가 있다. 호텔에서 직영하는 곳답게 디자인과 품질이 뛰어난 것으로 명성이 자자하다. 특히 차·초콜릿·쿠키는 호텔 로고를 새긴 고급 케이스에 담겨 있어 선물이나 기념품으로 인기 만점이다. 페닌슐라 로고가 들어간 와인도 눈길을 끈다.
추천 상품은 페닌슐라 블렌드·얼 그레이 등의 홍차다. 푸얼·티꾸암·재스민 등의 중국차도 많이 찾는다. 스콘·딸기잼·클로티드 크림·페닌슐라 티백으로 구성된 Classic Afternoon Tea and Scone Set는 간편하게 애프터눈 티를 즐기기에 좋다.
유명 레스토랑 더 로비(p.322)에 공급하는 고급 핸드메이드 초콜릿은 리치하면서도 부드러운 맛이 일품인 페닌슐라 호텔의 명물이다.

🕐 09:30~19:00 🏷 숍마다 다름
🏠 Salisbury Road, Tsim Sha Tsui
🌐 www.peninsula.com
☎ 2696-6969(페닌슐라 부티크)
🗺 MAP 15-C4
🚇 MTR 찜사쪼이 Tsim Sha Tsui 역 하차, 도보 3분.
E번 출구를 나와 정면으로 150m쯤 가면 오른쪽에 있다.
📍 22.295102, 114.172144

1 최고급 호텔이자 쇼핑 아케이드인 페닌슐라. 2 페닌슐라 쇼핑 아케이드의 인기 매장 가운데 하나인 루이뷔통.
3·4 벨보이 의상의 테디 베어 인형과 초콜릿은 기념품으로 인기가 높다. 5 홍차·커피·머그컵도 페닌슐라 부티크의 인기 아이템!

K11

150여 개의 패션 · 뷰티 · 라이프스타일 숍과 레스토랑이 가득한 복합 쇼핑몰. 예술 · 인간 · 자연의 조화를 추구하는 특별한 콘셉트의 '아트 몰 Art Mall'답게 쇼핑몰 곳곳에 유명 아티스트의 작품이 전시돼 있다. 최고급 시계는 물론 유명 패션 브랜드와 떠오르는 신예 디자이너 브랜드까지 폭넓은 숍 구성을 자랑하는데, 천편일률적인 명품보다는 희소성 높은 독창적 디자인의 아이템을 발굴해 차별화를 시도한 점이 눈에 띄는 특징이다.

오직 홍콩에서만 판매하는 특별한 아이템에 관심 있다면 K11 Select(L1층)를 살펴보자. K11에서 엄선한 홍콩 로컬 브랜드가 한 자리에 모여 있으며, 유니크한 디자인의 패션 · 라이프스타일 아이템이 풍부하다. 전 세계에서 셀렉트해 온 디자이너 브랜드의 생활소품을 선보이는 라이프스타일 숍 K11 Design Store(L1층)에는 세련된 디자인과 독창성이 돋보이는 상품이 가득하다. 특히 홍콩에 처음 선보이거나 여기서만 독점 판매하는 아이템이 많아 쇼핑의 재미가 쏠쏠하다.

오리지널 핸드메이드 제품과 유기농 식재료를 선호한다면 자연과 예술을 테마로 한 K11 Natural(L2층)을 눈여겨보자. 100년 기업을 이어온 유서 깊은 커피 로스팅 브랜드 Simpli Yours도 호기심을 자극한다. 마르셀로 불론 · 하우스 오브 홀랜드 · Little Sunny Bite · Angel Chen 등 키치한 감성이 가득한 하이엔드 스트리트 패션 셀렉트 숍 D-mop(B2층)도 들러볼만하다.

오니츠카 타이거 · Puma · 닥터 마틴처럼 독특한 개성의 신발과 의류를 취급하는 C.P.U(L1층)와 아네스 베의 전 라인을 모아 놓은 Agnes b. Rue de Marseille (G/F~L1층)도 눈길을 끈다.

영업 10:00~22:00 **주소** 18 Hanoi Road, Tsim Sha Tsui
전화 3118-8070 **홈피** www.k11.com
지도 MAP 15-D3 **교통** MTR 찜사쪼이 Tsim Sha Tsui 역 하차. D2번 출구를 나와 정면으로 도보 1분. 또는 찜사쪼이 역 · 이스트 찜사쪼이 역의 N3 · N4번 출구와 지하로 바로 연결된다.
GPS 22.297337, 114.173687

1 K11 입구에서는 다양한 이벤트가 열린다. 2 패션 피플에게 인기 높은 아네스 베. 3 · 7 유니크한 아이템이 풍부한 K11 Select.
4 자연과 예술을 테마로 한 K11 Natural. 5 패션 소품도 인기가 높다.
6 · 8 감각적 디자인의 아이템을 취급하는 K11 Design Store.
9 그윽한 향의 커피를 내놓는 Simplii Yours.

1 콜로니얼 풍의 로맨틱한 분위기를 만끽할 수 있다.
2 최고급 패션 아이템이 풍부하다.

1881 Heritage

유럽의 대저택을 옮겨다 놓은 듯한 외관의 쇼핑몰. 130여 년 전 해경본부로 사용하던 건물을 리노베이션해 명품 숍과 호텔 · 레스토랑이 어우러진 복합 쇼핑몰로 탈바꿈시켰다. 입점 브랜드는 브레게 Breguet · 까르띠에 · 재거 르쿨트르 · IWC · 미키모토 · 몽블랑 · 피아제 · 티파니 Tiffany&Co. · Blancpain · Roger Dubuis · 바쉐론 콘스탄틴 · 반 클리프 앤 아펠 등이며 고급 시계와 보석 브랜드의 비중이 높다. 프리미엄 안경 마니아라면 Puyi Optical 薄儀眼鏡을 놓치지 말자. 린드버그 Lindberg · 알랭 미끌리 · 톰 브라운 · 크롬 허츠 Crome Hearts 같은 디자이너 브랜드와 유명 장인이 만든 핸드메이드 제품 등 세련된 디자인의 안경이 가득하다.

영업 10:00~22:00 주소 2A Canton Road, Tsim Sha Tsui 전화 2926-8000 홈페이지 www.1881heritage.com 지도 MAP 15-B4 교통 MTR 찜사쪼이 Tsim Sha Tsui 역 하차, 도보 7분. F번 출구와 연결된 L6번 출구 쪽으로 가면 '1881 Heritage' 표지판이 보인다. 그 방향으로 나가면 바로 앞에 있다. GPS 22.294711, 114.170149

國際廣場
i Square

중급 규모의 쇼핑몰. 명품보다 중가(中價) 패션 브랜드의 비중이 높다. 라코스테 · 판도라 · 막스& 스펜서 · Mango 등의 패션 매장과 라이프스타일 숍 프랑프랑 Francfranc(1/F층)이 눈에 띈다. 쇼핑의 메리트보다는 맛있는 레스토랑이 많은 곳으로 유명하다는 사실을 기억할 것!

영업 10:00~22:00(숍마다 다름) 주소 63 Nathan Road 전화 3665-3333 홈페이지 www.isquare.hk 지도 MAP 15-C3 교통 MTR 찜사쪼이 Tsim Sha Tsui 역 하차, H · R번 출구와 지하로 바로 연결된다. GPS 22.296654, 114.172021

Log-On

트렌디한 라이프스타일 숍. 문구 · 장난감 · 패션 · 화장품 · 주방용 품 · 먹거리 등 전 세계에서 수입해온 다양한 아이템을 취급한다. 기발한 아이디어 상품은 물론 깜찍한 캐릭터 상품이 가득해 구경하는 재미가 쏠쏠 하다. 전반적으로 일본 제품의 비중 이 높은 편이다.

영업 일~목요일 · 공휴일 11:00~22:00, 금 · 토요일 11:00~22:30 주소 Shop 201, i Square, 63 Nathan Road 전화 2736-3866 지도 MAP 15-C3 교통 MTR 찜사쪼이 Tsim Sha Tsui 역 하차. H · R번 출구와 바로 연결되는 i Square 쇼핑몰의 2/F층에 있다. GPS 22.296805, 114.171978

China Hong Kong City Shopping Mall

20여 개의 숍이 입점한 아웃렛. 찜 사쪼이 한복판이라 이용하기 편리 하다. 제옥스 · Bossini · 에스프 리 · G2000 · 미라벨 · Co Tima 등 중저가 캐주얼 패션과 아웃도어 브랜 드 위주로 구성돼 있어 실속 만점의 쇼핑을 즐길 수 있다. 할인율은 정가 의 30~70% 수준이다.

영업 10:00~20:00(숍마다 다름) 주소 33 Canton Road 전화 3119-0288 지도 MAP 15-B1 교통 MTR 찜사쪼이 Tsim Sha Tsui 역 하차, 도보 10분. A1번 출구를 나와 오른쪽의 Haiphong Road 방향으로 간다. 마카오 행 페리가 출항하는 차이나 홍콩 시티 페리 터미널 지하에 있다. GPS 22.300448, 114.168051

1 깜찍한 동물 모양의 그림도 새겨준다. **2** 도장은 1개 HK$350~2,000 수준이며, 글자 · 문양을 새기는 데는 HK$200 정도 든다.

Tangs 할인 쿠폰 p.399

30년 전통을 자랑하는 럭셔리 도장 숍. 한자 · 영자를 응용한 화려한 서체와 귀여운 그림이 눈길을 사로잡는다. 동물 · 십이간지를 새겨 넣은 깜찍한 캐릭터 도장은 자신만의 개성을 표현하기에 그만이라 홍콩의 유명 연예인도 즐겨 찾는다. 도장 재료로는 최고급 보석과 돌을 사용하는데, 각각의 재료가 가진 의미와 취향에 맞춰 선택하면 된다. 중국산 녹색 비취 Jade는 건강 · 장수, 마다가스카르 산 핑크색 크리스털 Rose Quartz 는 행복, 아프가니스탄 특산품인 청금석 Lapis Lazuli는 재물, 브라질산 페르시안 마노 Persian Agate는 성공을 의미한다. 완성에는 1~2일 걸리므로 24시간 이상의 여유를 두고 주문하자.

영업 10:00~19:00 휴업 구정연휴 1주일
주소 Shop MW-4, M/F, Peninsula Hotel, Tsim Sha Tsui
전화 2721-1382 지도 MAP 15-C4
교통 MTR 찜사쭈이 Tsim Sha Tsui 역 하차, 도보 5분. E번 출구를 나와 정면으로 150m쯤 가면 오른쪽에 위치한 페닌슐라 쇼핑 아케이드의 M/F층에 있다. GPS 22.295159, 114.171583

上海灘
Shanghai Tang

중국 전통의상을 모던하게 재해석한 토털 패션 브랜드. 실크 · 캐시미어 등 최고급 원단을 사용해 고급스러움을 살렸다. 레트로풍 디자인에 파격적인 원색과 형광색을 가미해 현대적인 멋을 더한 의류는 물론, 가방 · 스카프 · 침구 · 문구 등의 패션 소품과 생활 잡화도 취급한다.

영업 10:30~20:30 주소 1 House 1881 Heritage, 2A Canton Road
전화 2368-2932 지도 MAP 15-C4
교통 MTR 찜사쭈이 Tsim Sha Tsui 역 하차, 도보 7분. 1881 헤리티지 안에 있으며 찜사쭈이 역의 F번 출구와 연결된 L6번 출구 쪽으로 가면 찾기 쉽다.
GPS 22.294745, 114.170282

GU

유니클로의 자매 브랜드. 유니클로보다 저렴한 가격과 트렌디한 스타일로 주머니가 가벼운 10~20대에게 인기가 높다. 유행에 뒤처지지 않는 무난한 디자인에 누구나 부담 없이 소화할 수 있는 아이템이 많은 게 특징이다. 목걸이 · 귀걸이 · 벨트 · 신발 · 가방 등의 패션 소품도 다양하게 선보인다.

영업 일~목요일 11:00~22:00. 금 · 토 · 공휴일 전날 11:00~23:00
전화 2320-5268 지도 MAP 15-D1
주소 Shop 115-23, L1/F, Mira Place 1, 132 Nathan Road, Tsim Sha Tsui
교통 MTR 찜사쭈이 Tsim Sha Tsui 역 하차, B1번 출구를 나와 오른쪽으로 도보 4분. 미라 플레이스 원 쇼핑센터 L1층에 있다.
GPS 22.300597, 114.172193

T Galleria Hong Kong

홍콩 최대의 면세점. 3개 층에 걸쳐 여러 명품 숍이 모여 있다. 1/F층 화장품 · 향수, 2/F층 보테가 베네타 · 버버리 · 펜디 · 생 로랑 · 구찌 등의 패션, 3/F층 까르띠에 · 불가리 · 티파니 · 오메가 · IWC 등의 고급 시계 및 주얼리 매장이다. 단, 홍콩 자체가 원래 면세 도시라 일반 매장과 비교했을 때 가격 메리트는 별로 없다.

영업 10:00~23:00
주소 Lippo Sun Plaza, 28 Canton Road
전화 2302-6888 홈페이지 www.dfs.com
지도 MAP 15-B3 교통 MTR 찜사쭈이 Tsim Sha Tsui 역 하차, 도보 7분. C1번 출구를 나와 정면으로 30m쯤 간 다음 오른쪽으로 방향을 꺾어 직진한다.
GPS 22.296220, 114.169688

1 상층부의 레스토랑에서는 찜사쪼이 일대가 한눈에 들어온다.
2 일본 스트리트 패션 브랜드가 풍부하다.

The One

찜사쪼이를 대표하는 또 하나의 대형 쇼핑몰. 200여 개에 달하는 매장에서는 보석·시계·패션·액세서리·화장품·인테리어 소품 등 온갖 상품을 취급하며, 상층부에는 훌륭한 전망을 뽐내는 고급 레스토랑이 모여 있다. 10~20대가 열광하는 트렌디한 패션 브랜드가 풍부한 게 특징이다. 특히 홍콩에서 가장 많은 일본 스트리트 패션 브랜드가 입점해 트렌드세터임을 자부하는 패션 마니아가 즐겨 찾는다. 일본의 대표적인 셀렉트 숍 Beams · Beauty&Youth United Arrows · 저널 스탠더드(UG2층), 홍콩 로컬 패션 브랜드 :Chocoolate (G층), 부담 없는 가격이 매력인 as know as de base · tout àcoup(L1층), earth music&ecology · 에모다 EMODA(L2층) 등이 큰 인기를 누리고 있다.

영업 10:00~22:00(숍마다 다름)
주소 100 Nathan Road, Tsim Sha Tsui
전화 3106-3640 홈피 www.the-one.hk 지도 MAP 15-D2
교통 MTR 찜사쪼이 Tsim Sha Tsui 역 하차, B1번 출구를 나와 오른쪽으로 도보 2분. GPS 22.299763, 114.172176

H&M

명품 못지않게 인기가 높은 SPA 패션 브랜드. 최신 유행 아이템을 저렴하게 구입할 수 있다. 시즌마다 지미 추·칼 라거펠트·발망·이자벨 마랑 등 유명 디자이너와의 콜라보레이션 제품을 선보인다. G/F층 여성 정장·유아복·아동복·란제리, 1/F층 여성 캐주얼·남성복 코너로 구성돼 있다.

영업 10:30~23:00
주소 Silvercord, 30 Canton Road
전화 3521-1171 지도 MAP 15-B3
교통 MTR 찜사쪼이 Tsim Sha Tsui 역 하차, 도보 9분. A1번 출구를 나와 오른쪽 뒤로 이어지는 Haiphong Road를 따라간다.
GPS 22.297299, 114.169118

Silvercord

10~20대 취향의 쇼핑몰. 합리적 가격의 인기 브랜드 위주라 유행에 민감한 실속파 쇼핑객이 즐겨 찾는다. 프레드 페리·Chocoolate·5cm·Izzue·Aape by Bathing Ape·Camper·b+ab 등 스트리트 패션 브랜드가 풍부하다. 편집매장 I.T와 스트리트 패션 편집숍 i.t도 놓치지 말자.

영업 10:00~22:00(숍마다 다름)
휴업 숍마다 다름 전화 2735-9208
주소 30 Canton Road, Tsim Sha Tsui
지도 MAP 15-B3 교통 MTR 찜사쪼이 Tsim Sha Tsui 역 하차, 도보 7분. A1번 출구를 나와 오른쪽 뒤로 이어지는 Haiphong Road를 따라가면 길이 끝나는 곳 왼쪽에 있다.
GPS 22.297545, 114.169081

Twist

인기 아이템만 엄선한 명품 할인 편집 숍. 프라다·발렌시아가·지방시·펜디·모스키노·겐조·토리 버치 등 100여 개 브랜드를 취급하며 인기 아이템을 한자리에서 비교해볼 수 있어 편리하다. 일반 명품 매장보다 5~20% 저렴한 가격도 매력! 가방·지갑·신발의 비중이 높다.

영업 12:00~22:00
주소 Shop UG05, UG/F, i Square, 63 Nathan Road, Tsim Sha Tsui
전화 2377-2880 지도 MAP 15-C3
홈피 www.twist.hk
교통 MTR 찜사쪼이 Tsim Sha Tsui 역 하차. H·R번 출구와 연결된 아이스퀘어 UG층에 있다.
GPS 22.296654, 114.172021

1 실용적인 아이템이 충실한 미라마 쇼핑센터.
2 캐주얼한 의류와 패셔너블한 티셔츠가 많은 유니클로.

Mira Place 1&2

두 개 건물에 120여 개의 매장이 입점한 중급 규모의 쇼핑센터. 실속파 쇼핑객이 즐겨 찾으며 일본 스트리트 패션과 10~20대 취향의 캐주얼 브랜드 비중이 높다. 주요 매장은 미라 플레이스 원에 모여 있으며, Moussy · 밀라 오웬 Mila Owen · Snidel · 질 스튜어트 · 비비안 웨스트우드 등 20대 여성이 선호하는 패션 브랜드의 비중이 높다. 러블리한 홈웨어 브랜드 젤라토 피케 Gelato Pique, 깜찍한 여성 속옷 브랜드 6IXTY 8IGHT도 인기 만점! 빈티지 아메리칸 스타일을 추구하는 영국 캐주얼 패션 브랜드 Superdry와 유기농 자연주의 화장품 매장 Cosme Kitchen도 볼만하다. 가격대비 품질이 좋기로 소문난 패션 브랜드 GU(L1층)와 라이프스타일 숍 Homeless(L2층)도 많이 찾는다.

영업 11:00~23:00(숍마다 다름) 휴업 숍마다 다름
주소 132-134 Nathan Road, Tsim Sha Tsui 전화 2730-5300
홈피 www.miraplace.com.hk 지도 MAP 15-D1
교통 MTR 찜사쪼이 Tsim Sha Tsui 역 하차, B1번 출구를 나와 오른쪽으로 도보 4분. GPS 22.300512, 114.172123

莎莎
Sasa

저렴한 가격의 화장품 할인점. 유명 브랜드 제품도 할인 판매해 현지인은 물론 여행자에게도 인기가 높다. 색조보다 기초제품이 풍부하다. 우리나라에서 구하기 힘든 다양한 헤어케어 제품과 일본의 드러그 스토어에서 판매하는 기능성 화장품을 구경하는 재미도 쏠쏠하다.

영업 10:00~22:30 휴업 구정연휴
주소 G/F, 86-88A Nathan Road, Tsim Sha Tsui
전화 2311-7118 지도 MAP 15-D2
교통 MTR 찜사쪼이 Tsim Sha Tsui 역 하차, B1번 출구를 나와 오른쪽으로 도보 1분.
GPS 22.298977, 114.172231

崇光百貨
SOGO

중저가 상품 중심의 일본계 백화점. 코즈웨이 베이의 본점(p.258) 보다 규모가 작다. 캐주얼 패션과 화장품의 비중이 높고, 아이템은 일본의 인기 브랜드 위주로 구비돼 있다. 80여 개 브랜드가 입점한 지하 1층과 LG층의 화장품 코너가 특히 볼만하다.

영업 10:00~22:00
주소 20 Nathan Road, Tsim Sha Tsui
전화 2833-8338 지도 MAP 15-D4
홈피 www.sogo.com.hk
교통 MTR 찜사쪼이 Tsim Sha Tsui 역 하차, L1번 출구에서 도보 1분. 또는 J5번 출구와 지하로 연결된다.
GPS 22.295517, 114.172494

K11 MUSEA

스타의 거리에 오픈한 대형 쇼핑몰. 쇼핑에 아트를 접목시킨 참신한 콘셉트의 복합공간으로 찜사쪼이의 새로운 랜드마크로 급부상 중이다. 쇼핑몰 안팎을 다양한 전시공간으로 활용했으며, 건물 전체가 녹색 식물로 장식된 기발한 인테리어 감각이 돋보인다. 럭셔리 브랜드의 플래그십 스토어도 다수 입점해 볼거리가 풍성하다.

영업 10:00~22:00 지도 MAP 16-F4
주소 18 Salisbury Road, Tsim Sha Tsui
홈피 www.k11musea.com
교통 MTR 찜사쪼이 Tsim Sha Tsui 역 하차, 도보 4분. B1번 출구와 연결된 J2번 출구를 나와 정면으로 200m쯤 가면 오른쪽에 있다.
GPS 22.295204, 114.175565

까우롱의 쇼핑 타운, 홍함

홍함 Hung Hom 紅磡은 현지인에게 인기가 높은 쇼핑 명소다.
원래 이 일대는 아파트형 공장 밀집지대였는데, 심천·광저우
방면의 중국행 기차가 출발하는 홍함 역이 들어서며 급속히
발전했다. 최근 정비된 지역답게 쇼핑 중심지인 왐포아 광장
일대는 고층 빌딩과 가로수가 늘어선 깔끔한 모습을 보여준다.
또한 쇼핑센터에는 영화관·레스토랑 등이 들어서 있어 쇼핑과
오락이란 두 마리 토끼를 동시에 잡을 수 있다.

교통 MTR 꿍텅 선의 왐포아 Whampoa 黃埔 역 하차. 또는 찜사쪼이 스타페리 선착장 앞의 버스 터미널에서 8A번 버스를 타고 종점인
왐포아 가든 버스 터미널 Whampoa Garden Bus Terminal 黃埔花園總站 하차(HK$4.30). 아니면 찜사쪼이의 페닌슐라 호텔 뒤
(MAP 15–C4)에서 출발하는 6·6X번 미니 버스를 타고 왐포아 가든 버스 터미널 하차(HK$7.40).

黃埔花園 왐포아 광장 ★★☆☆☆

Whampoa Garden **발음** 웡뿌우화윤

영업 11:00~20:00(숍마다 다름)
휴무 구정연휴(숍마다 다름) **지도** MAP 18–C2
교통 MTR 꿍텅 선의 왐포아 Whampoa 黃埔 역 하차, C1·C2·D2번
출구가 쇼핑가와 바로 연결된다. 또는 8A번 버스, 6·6X번 미니 버스의
종점인 왐포아 가든 버스 터미널 Whampoa Garden Bus Terminal
黃埔花園總站 바로 앞에 있다.
GPS 22.304548, 114.190104

11개의 주상복합 건물이 한데 어우러진 대형 쇼핑 단지. 상가
건물이 여러 개로 나뉘어 있어 구경하는 데 제법 발품을 팔아야
하는데, 실제로 눈에 띄는 숍은 다음에 소개하는 4개 건물에 모여
있으니 그곳만 집중적으로 봐도 충분하다.
왐포아 광장의 핵심 쇼핑가는 바로 패션 월드 Fashion World.
이 일대에서 가장 패셔너블한 숍 30여 개가 모여 있다. 주요 취급
품목은 의류·화장품·신발·잡화이며, 트렌디한 의류와 패션
소품을 취급하는 Bauhaus·H&M도 입점해 있다.
지하 쇼핑가인 트레저 월드 Treasure World는 패션 월드와
비슷한 분위기다. 아동복·유아용품·중저가 패션 브랜드가
강세를 보인다. 다양한 서적·음반·문구류를 판매하는 종합
서점 POPULAR도 흥미롭다.
홈 월드 Home World에는 가전·인테리어·침실용품·가구
전문점이 모여 있으며, 대형 슈퍼마켓 Taste와 가전양판점
Fortress도 이용할 수 있다.
이 쇼핑 단지의 상징이자 중심지인 왐포아 Whampoa에는
할인 매장 AEON Style과 대형 슈퍼마켓·푸드코트가 입점해
있다. 이 건물은 대형 유람선 모양으로 만들어져 있어 더욱
인상적이다.

尖 ★★☆☆☆
沙咀海濱花園 찜사쪼이 해변 산책로
Tsim Sha Tsui Promenade 발음 찜사쪼이허이빤화윤

지도 MAP 18-B3 교통 MTR 찜사쪼이 Tsim Sha Tsui 역의 F번 출구와 연결된 J2번 출구를 나와 정면으로 도보 5분. 또는 노스 포인트 North Point 에서 페리를 타고 홍함 퍼스트페리 선착장에서 내리면 바로 앞에 있다 (8~10분 소요, HK$6.50) GPS 22.300607, 114.188538

찜사쪼이 스타의 정원 근처에서 홍함 퍼스트페리 선착장까지 이어지는 길이 1.6km의 호젓한 산책로. 파도가 넘실대는 해안선을 따라 노스 포인트·코즈웨이 베이·센트럴 등 홍콩 섬 북부의 풍경이 한눈에 들어오며, 천천히 걸어도 30분 정도면(편도) 충분한 거리라 느긋하게 홍콩 섬의 야경을 감상하며 산책을 즐기기에 좋다.

한적한 해변 산책로, 조깅 코스로도 인기가 높다.

▌詠藜園 Wing Lai Yuen

예산 HK$90~ 추가 봉사료 10%, 찻값 1인당 HK$4
영업 11:00~15:30, 18:00~22:30 휴무 구정연휴 메뉴 영어·중국어
주소 102~105 Whampoa Gourmet Place, Site 8, Whampoa Garden 전화 2320-6430 지도 MAP 18-C2
교통 MTR 꾼텅 선의 왐포아 Whampoa 黃埔 역 하차, C2번 출구를 나와 왼쪽으로 도보 1분. 왐포아 가든 버스 터미널이 위치한 건물인 Whampoa Gourmet Place 1/F층에 있다. 에스컬레이터를 타고 올라가 오른쪽 뒤로 돌면 바로 앞에 보인다.
GPS 22.304786, 114.190534

70여 년의 역사를 자랑하는 탄탄면 전문점. 가격이 착한 것은 물론 깔끔한 시설과 서비스 때문에 단골이 많다. 특히 주말·공휴일에는 자리 잡기가 힘드니 서둘러 가야 한다. 최고의 인기 메뉴는 하루 수백 그릇씩 팔리는 탄탄면 Signature Dan Dan Noodles 招牌擔擔麵(HK$35)이다. 으깬 땅콩을 넣어 고소하면서도 매콤한 국물이 우리 입에 잘 어울린다. 얇은 만두피 속에 뜨거운 육즙이 담긴 씨우롱빠우 Steamed Pork Dumplings 楊家小湯包(4개 HK$38) 를 곁들여 먹으면 더욱 맛있다. 메뉴판에 매운 음식을 뜻하는 고추 표시와 추천 음식을 뜻하는 '엄지 척' 표시가 있으니 그것을 참고로 주문해도 된다.

Signature Dan Dan Noodles (HK$35)

▌元氣寿司 Genki Sushi

예산 HK$80~ 봉사료 10% 영업 11:30~22:30
메뉴 영어·중국어 주소 Shop G36, G/F, Site 11, 6 Tak Hong Street, Whampoa Garden 전화 2330-2884
지도 MAP 18-C2 교통 MTR 꾼텅 선의 종점인 왐포아 Whampoa 黃埔 역 하차, C2번 출구를 나와 왼쪽으로 도보 3분. 또는 왐포아 가든 버스 터미널에서 도보 1분.
GPS 22.305858, 114.190389

깔끔한 스타일의 회전 초밥 전문점. 우리 입에도 익숙한 맛이라 기름진 중국 음식에 물렸을 때 한 번쯤 먹어볼만하다. 70여 종의 초밥을 취급하는데, 컨베이어 벨트 위에 놓인 초밥 가운데 마음에 드는 것을 골라 먹거나 메뉴판을 보고 원하는 초밥을 주문해서 먹으면 된다. 메뉴판에 초밥 이름·가격과 함께 사진이 실려 있어 주문하기도 쉽다.
초밥 가격은 한 접시에 HK$10~480이며, 초밥 접시의 무늬와 색으로 가격을 구별한다. 초밥 외에 우동·튀김도 맛볼 수 있다.

초밥 (HK$10~48)

YAU MA TEI - MONG KOK

야우마떼 · 웡꼭 油麻地 · 旺角

볼거리 ★★★☆☆
먹거리 ★★★☆☆
쇼 핑 ★★★☆☆
유 흥 ★☆☆☆☆

서울의 동대문이나 남대문 시장에 비견되는 지역. 거리를 가득 메운 사람들로 늘 혼잡의 극치를 이룬다. 장바구니를 든 현지인과 호기심 가득한 여행자의 발길이 끊이지 않는 활기찬 재래시장이 하염없이 이어진다. 세련된 쇼핑센터가 가득한 홍콩 섬과 달리 치열하게 하루하루를 살아가는 서민의 삶을 현장에서 느낄 수 있는 게 나름의 매력이다.

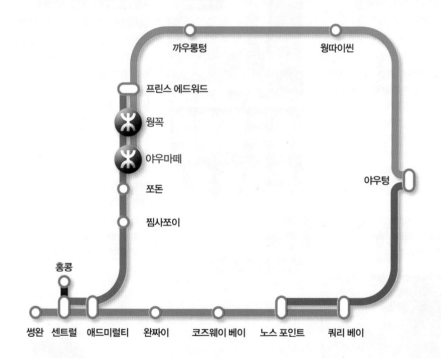

까우롱텅
웡따이씬
프린스 에드워드
웡꼭
야우마떼
쪼돈
찜사쪼이
야우텅
홍콩
썽완　센트럴　애드미럴티　완짜이　코즈웨이 베이　노스 포인트　쿼리 베이

야우마떼 · 웡꼭으로 가는 방법

MTR 쭌완 선의 야우마떼 Yau Ma Tei 油麻地 또는 웡꼭 Mong Kok 旺角 역 하차
역 밖으로 나갈 때는 안내판을 보고 출구 번호를 확인한 뒤 나가면 이동하기가 한결 수월해진다.

BUS 찜사쪼이 스타페리 선착장 앞의 버스 터미널에서 2번 버스 이용
야우마떼는 Nanking Street 또는 Man Ming Lane(10~15분 소요, HK$4.90),
웡꼭은 Nelson Street 또는 Bute Street(15~20분 소요, HK$4.90)에서 내린다. 자세한 이용법은 p.358 참조.

yau ma tei · mong kok
quick guide

S How to See
시장 영업 시간에 주의

온갖 상품으로 가득한 재래시장을 구경하는 게 이 지역 여행의 핵심 포인트다. 시장은 메인 도로인 네이던 로드를 중심으로 볼 때 동쪽 지역에 모여 있다. 가장 인기가 높은 여인 가 야시장과 전자제품 거리는 해진 뒤에 가야 시장 분위기를 제대로 즐길 수 있다. 따라서 문 닫는 시간이 이른 파윤 거리 재래시장, 금붕어 시장, 스포츠 거리 등을 먼저 보고 가는 게 좋다.

박물관 · 전시관 ☆☆☆
건축물 · 공원 ☆☆☆
재래시장 ★★☆

E Where to Eat
현지인에게 인기가 높은 먹자골목

최고급 요리에서 싸구려 불량식품까지 다양한 음식을 맛볼 수 있다. 현지인이 즐겨 찾는 먹자골목으로는 여인가와 건 숍 골목 근처의 Dundas Street가 유명하다. 저렴한 식당은 물론 군것질거리를 파는 노점도 많다. 대형 쇼핑센터인 랑함 플레이스에는 부담없는 가격과 맛의 패스트 푸드점 · 푸드 코트가 있으며, 나란히 이어진 코르디스 호텔에서는 고급 레스토랑도 이용할 수 있다.

중식 ★★★
일식 · 양식 ★★☆
군것질거리 ★★☆

B What to Buy
기념품 · 잡화가 인기 아이템

이 지역의 쇼핑 매력은 저렴한 가격이다. 물론 '짝퉁'이란 함정을 피해갈 수 없으니 고가의 아이템보다는 재미삼아 구입하기에 적당한 기념품 · 생활잡화 위주로 선택하는 게 요령이다. 요새는 깜찍한 스마트폰 케이스가 쇼핑 아이템으로 인기가 높다. MTR 웡꼭 역과 나란히 이어진 랑함 플레이스에는 젊은층이 선호하는 최신 유행의 패션 아이템이 풍부하다는 사실도 알아두자.

패션 · 인테리어 ★☆☆
잡화 · 기념품 ★★★
스마트폰 액세서리 ★☆☆

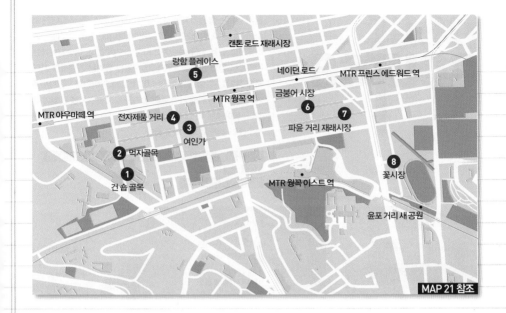

캔톤 로드 재래시장
랑함 플레이스
5
네이던 로드
MTR 프린스 에드워드 역
금붕어 시장
MTR 웡꼭 역
6
MTR 야우마떼 역
전자제품 거리 **4**
3
파윤 거리 재래시장
7
여인가
2 먹자골목
꽃시장
8
1
MTR 웡꼭 이스트 역
건 숍 골목
윤포 거리 새 공원

MAP 21 참조

---

❶ 건 숍 골목   p.365

모델 건·프라모델 전문점이 밀집한 상점가. 마니아 사이에서 인기가 높다. 요새는 깜찍한 인형·캐릭터 상품 전문점도 늘어나는 추세다.

볼거리 ★☆☆   먹거리 ★☆☆   쇼핑 ★☆☆

❷ 먹자골목

와플·꼬치·밀크 티 등 다양한 먹거리를 파는 가게가 늘어선 거리. 가격이 저렴해 현지인도 즐겨 찾는다. 우리나라에서 맛보기 힘든 진기한(?) 먹거리도 눈길을 끈다.

볼거리 ☆☆☆   먹거리 ★★☆   쇼핑 ☆☆☆

❸ 여인가   p.360

홍콩 최대의 짝퉁 시장. 짝퉁 명품에서 캐릭터 상품까지 요새 유행하는 거의 모든 아이템을 취급한다. 딱히 정해진 가격이 없어 흥정은 필수다.

볼거리 ★☆☆   먹거리 ★☆☆   쇼핑 ★★☆

❹ 전자제품 거리   p.361

젊은이들의 데이트 코스로 인기가 높은 거리. 전자제품·의류·화장품 숍이 모여 있으며, 평일 오후와 일·공휴일에는 차량 통행이 제한된 거리를 자유로이 활보할 수 있다.

볼거리 ☆☆☆   먹거리 ★☆☆   쇼핑 ★☆☆

❺ 랑함 플레이스   p.365

웡꼭 일대에서 가장 세련된 쇼핑센터. 10~20대들이 열광하는 핫한 브랜드가 모두 모여 있어 홍콩의 유행 흐름을 한눈에 파악할 수 있다. 식당을 이용하기에도 좋다.

볼거리 ★☆☆   먹거리 ★★☆   쇼핑 ★★☆

❻ 금붕어 시장   p.360

홍콩에서 규모가 가장 큰 애완동물 시장. 특히 금붕어 전문점이 많다. 가게마다 투명한 비닐봉투에 금붕어를 넣어서 매달아 놓은 모습이 인상적이다.

볼거리 ★☆☆   먹거리 ☆☆☆   쇼핑 ☆☆☆

❼ 파윤 거리 재래시장   p.359

현지인들이 생필품을 구입할 때 애용하는 시장. 여행자의 관심을 끌만한 아이템은 별로 없지만 현지인들의 소박한 일상을 살펴볼 수 있다는 점에서는 한 번쯤 가볼만하다.

볼거리 ★☆☆   먹거리 ☆☆☆   쇼핑 ☆☆☆

❽ 꽃시장   p.359

형형색색의 꽃으로 가득한 홍콩 제일의 꽃 시장. 언제나 향긋한 냄새로 가득하다. 구정 무렵이면 가게마다 복을 불러오는 금귤 나무를 파는 모습도 흥미롭다.

볼거리 ★☆☆   먹거리 ☆☆☆   쇼핑 ☆☆☆

best course

활기 넘치는 홍콩의 재래시장을 돌아보는 코스. 웡꼭 일대가 하나의 거대한 시장이라고 해도 과언이 아니며, 거리 곳곳에 각기 다른 아이템을 취급하는 여러 시장이 모여 있다. 여행자에게는 관광 코스임과 동시에 홍콩 냄새가 물씬 풍기는 기념품을 저렴하게 장만할 수 있는 쇼핑 명소이기도 하다. 여인가 · 전자제품 거리는 해가 진 뒤에 가야 좀더 활기찬 시장 분위기를 만끽할 수 있다. 돌아보는 데 그리 오랜 시간이 걸리진 않으니 인근의 싼 까우롱과 함께 묶어서 봐도 좋다.

출발점 MTR 췬완 선의 프린스 에드워드 Prince Edward 역 B1번 출구
예상 소요시간 5시간~

▼MTR 프린스 에드워드 역 B1번 출구를 나오면 이렇게 보여요.

윤포 거리 새 공원 · 꽃 시장

네이던 로드

항상 새 울음소리가 그치지 않는 새 공원.

비닐봉투에 담긴 채 팔리는 금붕어.

꽃 시장

start

| 1 | 도보 10분 | 2 | 바로 앞 | 3 | 도보 10분 | 4 | 도보 10분 |

MTR 프린스 에드워드 역

윤포 거리 새 공원

재미난 모양으로 손질한 꽃을 구경하는 재미도 쏠쏠하다.

금붕어 시장

MAP 21 참조

① MTR 프린스 에드워드 역
② 윤포 거리 새 공원
③ 꽃 시장
④ 금붕어 시장
• MTR 웡꼭 이스트 역
• MTR 웡꼭 역
랑함 플레이스
⑤ 여인가
⑥ 전자제품 거리
⑦ 네이던 로드 • 건숍 골목
• MTR 야우마떼 역

1 서민들의 소박한 삶이 느껴지는 재래시장. 2 진귀한 조류도 구경할 수 있다. 3 두 눈을 즐겁게 하는 형형색색의 꽃. 4 화려한 네온 간판에 뒤덮인 네이던 로드의 밤거리.

저렴하게 기념품을 장만하기에 좋은 여인가의 야시장.

드넓은 대로를 따라 이어지는 현란한 간판의 물결.

전자제품 거리

네이던 로드

| ⑤ | 도보 1분 | ⑥ | 도보 1분 | ⑦ |

여인가

해질녘이면 수많은 사람들로 북적이는 전자제품 거리.

SIGHTSEEING

재래시장 및
이와 관련된 것들이
주요 볼거리다.
네이던 로드를
중심으로 좌우에
있는 도로 곳곳이
시장통인데, 주로
동쪽 지역에
여행자의 눈길을
끄는 볼거리가 많다.
대부분 12:00가
넘어 영업을
시작하니 오후에
가야 제대로
구경할 수 있다.

Best Spot

★★★★☆ 여인가
★★★☆☆ 네이던 로드, 윤포 거리 새 공원
상하이 거리 주방용품시장
비취 시장, 템플 거리 야시장
★★☆☆☆ 금붕어 시장, 꽃 시장
스포츠 거리, 전자제품 거리
★☆☆☆☆ 파윤 거리 재래시장
틴하우 사원

上海街 상하이 거리 주방용품 시장 ★★★☆☆

Shanghai Street Market 성훠이까이

영업 09:00~19:00(상점마다 다름) 휴업 상점마다 다름 지도 MAP 20-A2
교통 MTR 야우마떼 Yau Ma Tei 역 하차, 도보 2분. C번 출구를 나오자마자 오른편
뒤로 직진한다. 약 110m 지점에서 좌우로 뻗은 거리가 주방용품 시장이다.
GPS 22.311699, 114.169630

중국 전통 상품을 파는 숍이 모인 거리. 주로 불구(佛具)와 주방용품을
취급하는데, 지극히 홍콩스러운 식기류가 많아 여행자의 호기심을
자극한다. 아쉬운 점이라면 현대화의 여파로 인해 대나무로 만든 전통
요리기구가 사라지고 그 자리를 스테인리스 주방용품이 대신하고 있다는
것. 눈에 띄는 아이템은 대나무 찜기(HK$17~55)와 채소·과자의
모양을 찍어내는 각종 틀(HK$10~580)이다. 정찰제이지만 여러 개를
구입하면 가격 흥정도 된다

天后廟 틴하우 사원 ★☆☆☆☆

Tin Hau Temple 틴하우미우 개관 08:00~17:00 요금 무료
지도 MAP 20-B2 GPS 22.310096, 114.170479
교통 MTR 야우마떼 Yau Ma Tei 역 하차, 도보 4분. C번 출구를 나와 오른쪽으로
170m쯤 가면 오른편에 보이는 공원 안쪽에 있다.

어부의 수호신 틴하우 Tin Hau 天后를 모시는 사원. 바다에 나가기 전
풍어와 무사 귀환을 빌던 곳이다(자세한 내용은 p.263 참조). 입구가
다섯 개인데 한가운데의 문이 틴하우를 모시는 사당으로 이어지며,
나머지 문은 각기 다른 신을 모시는 사당과 연결된다.

매캐한 향 연기로 가득한
틴하우 사원.

玉器市場 ★★★☆☆ 비취 시장

Jade Market 욕헤이씨청 09:00~18:00
MAP 20-A2 22.309107, 114.169311
MTR 야우마떼 Yau Ma Tei 역 하차, 도보 10분. C번 출구를 나와
오른쪽으로 300m쯤 가면 고가도로가 보인다. 고가도로를 지나자마자
처음 마주하는 거리인 Kansu Street에서 오른쪽으로 꺾여져 200m
쯤 가면 있다.

비취 상점 400여 개가 모인 전문 상가. 이곳에 이토록 큰
시장이 형성된 이유는 선명한 녹색의 비취를 몸에 지니면
무병장수한다는 중국인 특유의 믿음 때문이다. 상가는 작은
도로를 사이에 두고 두 곳으로 나뉘는데 황당하게도 '보석'
이란 럭셔리 이미지와 달리 허름한 조립식 간이막사 형태로
이루어져 있다. 이마저도 독서실의 칸막이 책상처럼 여러
개의 좌판이 줄줄이 이어진 모습이라 무척 비좁고 갑갑하게
느껴진다. 그러나 전 세계 비취 애호가의 메카로 여겨질 만큼
유명하다고.
조그만 반지부터 커다란 불상에 이르기까지 수많은 상품이
총망라돼 있어 단순히 구경하는 것만으로도 쏠쏠한 재미가
느껴진다. 옥 장식품은 불상이나 도교의 신상 등 종교적
상징물은 물론, 풍수적 의미를 내포한 다양한 디자인도 있다.
그 물건에 담긴 의미를 알아본 뒤 구입하면 쇼핑의 즐거움을
한층 더할 수 있을 듯!
대부분의 숍은 17:00 무렵부터 문을 닫기 시작하니 너무 늦지
않게 가야 한다. 비취를 구입할 생각이라면 '짝퉁'에 주의하자.
고가의 진품 비취도 있지만 대부분 질이 떨어지거나 싸구려
백색 비취에 색을 입힌 모조품이니 조심 또 조심해야 한다.

1 제이드 마켓의 입구를 알려주는 붉은색의 문.
2 재물운을 불러오는 신상.
3 가게마다 다채로운 형태의 옥 제품이 산더미처럼 쌓여 있다.

비취에도 급이 있다

비취에는 경옥(硬玉)과 연옥(軟玉)이 있다. 그 가운데 우리가 흔
히 비취라고 말하는 고급품은 바로 경옥이다. 경옥은 색상이 화
려하고 재질도 단단해 섬세한 가공이 가능한 게 특징이다. 그래
서 주로 반지나 비녀처럼 작고 세련된 액세서리를 만들 때 사용
한다.
그럼 여기서 상식 퀴즈 하나. 경옥으로 만든 제품은 모두 고가일
까? 정답은 절대 '아니올시다'. 실제 가격을 결정하는 3대 요소는
색·질·세공이다. 따라서 무조건 크기만 큰 경옥을 싸게 샀다고
좋아해서는 대략낭패!
하나 더. 시장에는 온갖 종류의 비취 골동품이 널려 있다. 그렇다
면 오래될수록 좋은 것일까? 정답은 역시 '아니올시다'. 200년 전의 비취 제품은 대부분 저가의 연옥으로 만들었다. 그
이유는 중국에 경옥이 전래된 시기가 18세기이기 때문. 연옥은 색상이 좋지 않아 접시·술잔·항아리 같은 저렴한 식기나
장식품 재료로만 사용된다는 사실도 알아두자.

廟 ★★★☆☆
街夜市 템플 거리 야시장
Temple Street Night Market 廣東 미우까이야씨
영업 16:00~23:30 **지도** MAP 20-B2 **GPS** 22.309159, 114.170132
교통 MTR 야우마떼 역 Yau Ma Tei 역 하차, 도보 2분. C번 출구를
나오자마자 오른쪽 뒤로 돌아 70m쯤 가면 왼쪽에 있는 골목이 야시장이다.

웡꼭의 여인가와 어깨를 겨루는 재래시장. 흔히 '남인가 男人
街 Men's Street'라고 부르기도 한다. 낮에는 시장이란 말이
무색하리만치 규모가 작지만 어둠이 깔리기 시작하면 야시장의
진가를 발휘한다. 18:00 무렵부터 출근(?)하는 상인이 많으며
이때가 되면 시장의 범위가 손오공의 여의봉처럼 죽죽 늘어난다.
주요 취급 품목은 의류 · 가방 · 시계 · DVD · 액세서리 · 중국
전통 상품이다. 대부분 가격표가 붙어 있어 흥정하기 수월하며
홍콩 재래시장의 전반적인 가격을 파악하는 데도 도움이 된다.
이곳의 특징은 점쟁이와 거리 공연을 하는 사람이 많다는 것이다.
운이 좋으면 중국 전통 춤과 경극까지 공짜로 즐길 수 있다.
그러나 사진을 찍으려면 돈을 내야 하는 경우가 많으니 주의하자.
활기찬 시장의 모습을 보려면 21:00 무렵 가는 게 좋다.

비가 오면 문을 닫는 상점이 많다.

저렴하게 즐기는 2층 버스 투어

찜사쪼이에서 야우마떼 · 웡꼭까지 가는
가장 확실한 교통수단은 MTR. 하지만 컴
컴한 지하로만 다녀서는 여행의 재미를 보
기가 힘들다. 조금이라도 모험(?)을 즐기
려면 홍콩의 명물 '2층 버스'를 타보자. 해
진 뒤에는 화려한 네이던 로드의 야경까지
덤으로 감상할 수 있다.

2번 버스에 주목

찜사쪼이와 야우마떼 · 웡꼭을 연결하는 버스 노선은 무척 다양하다.
이 가운데 여행자가 이용하기 편리한 노선은 2번 버스다. 신형 차량
위주로 운행해 쾌적한 것은 물론 정류장 안내방송이 비교적(!) 확실
해 길을 헤맬 염려도 없다. 2번 버스는 스타페리 선착장 바로 앞
의 버스 터미널에서 출발한다. 제대로 된 경치를 즐기려면 2
층 맨 앞에 앉자. 일단 자리를 잡은 다음엔 버스 제일 앞에 붙
은 조그만 전광판에 주목하자. 정차할 정류장의 이름이 영
어 · 중국어로 표시된다. 찜사쪼이~야우마떼~웡꼭 노
선의 정류장 순서는 옆의 그림과 같이 전광판과 비
교해 보고 내리면 된다. 간혹 안내방송이나 정류장을
건너뛰는 경우도 있으니 버스에서 내린 다음 정류
장 이름을 재차 확인하는 것도 잊지 말자.

운행 06:15~00:35(10~20분 간격) **요금** HK$4.90

Bute Street (B) — MAP 21-A3 금붕어 시장, 파윤 거리 재래시장

Nelson Street (B) — MAP 21-B4 랑함 플레이스 쇼핑센터, 여인가

Pitt Street (B) — MAP 21-B5 여인가

Man Ming Lane (B) — MAP 20-B2 템플 거리 야시장 틴하우 사원

Nanking Street (B) — MAP 20-B3 템플 거리 야시장

Bowring Street (B) — MAP 20-B4 MTR 쪼돈 역 C1번 출구

Kowloon Park (B) — MAP 15-D2 MTR 찜사쪼이 역 A1번 출구 까우롱 모스크 앞

Middle Road (B) — MAP 15-D4 페닌슐라 호텔, 청킹 맨션

(B) — MAP 15-B5 찜사쪼이 스타페리 선착장

KMB
7 2 13x
35A 41A 224x
巴士站
BUS STOP

尖沙咀中間道
MIDDLE ROAD TSIM SHA TSUI

2번 버스 정류장 표지판

花園街 파윤 거리 재래시장
★☆☆☆☆

Fa Yuen Street Market 발음 파윤까이

영업 11:00~22:30(상점마다 다름) 지도 MAP 21-B2
교통 MTR 웡꼭 Mong Kok 역 하차, 도보 3분. B3번 출구와 연결된 육교를
올라가 우회전한 뒤 왼쪽에 보이는 두 번째 계단으로 내려간다.
GPS 22.321259, 114.170743

액세서리·잡화·의류·청과물을 취급하는 재래시장. 다른 시장에
비해 상품이 풍부하지 않지만 가격이 저렴해 현지인이 즐겨 찾는다.
꼼꼼히 살펴보면 예상치 못한 재미난 기념품을 손에 넣을 수도 있다.

현지인의 삶을 가장 가까이서 접할 수 있는 게
재래시장의 매력이다.

花墟道 꽃 시장
★★☆☆☆

Flower Market 발음 화훠이또우

영업 07:00~19:00 지도 MAP 21-C1
교통 MTR 프린스 에드워드 Prince Edward 역 하차, 도보
4분. B1번 출구를 나오자마자 왼쪽 뒤로 돌아 200m쯤
직진하면 왼쪽에 있다.
GPS 22.324808, 114.172176

홍콩 최대의 꽃 시장. 우리나라의 양재동 꽃
시장보다 작지만 홍콩에서 유통되는 대부분의 꽃이
공급되는 곳이다. 오전에는 전 세계에서 수입된 꽃을
정리하느라 분주한 광경이 펼쳐지며, 휴일 오후와
구정 무렵엔 꽃을 사러 나온 사람들로 북새통을
이룬다. 구정 무렵에는 거의 모든 숍에서 금귤 나무를
파는데, 나무에 주렁주렁 매달린 '황금빛' 금귤이
재물운을 불러오기 때문에 누구나 한 그루씩 사가는
구정 맞이 필수 아이템이라고!

재미난 모양으로 꾸민
꽃 바구니.

진귀한 새를 구경하는
재미가 있다.

園街雀鳥花園 윤포 거리 새 공원
★★★☆☆

Yuen Po Street Bird Garden

발음 윤포우까이쩌뉴우화윤 영업 07:00~20:00
지도 MAP 21-C1 GPS 22.325491, 114.173540
교통 MTR 프린스 에드워드 Prince Edward 역 하차, 도보
10분. B1번 출구를 나오자마자 왼쪽 뒤로 돌아 500m쯤
직진하면 왼쪽에 있다.

사방에서 새 울음소리가 울려 퍼지는 공원. 광동어를
유창하게(?) 지절이는 앵무새처럼 재미난 볼거리도
있다. 예술품이나 다름없는 고가의 새장도 파는데
인테리어 소품으로 은근히 인기가 높다. 이곳을 더욱
특별하게 만드는 요소는 자기 새를 자랑하려고 모여든
조류 마니아다. 항상 새장을 들고 나와 공원에 머무는
어르신들로 비록 소일 삼아 나오는 것이지만 정보를
공유하며 친목을 다지는 모습이 흥미롭다.

金魚街 금붕어 시장

★★☆☆☆

Goldfish Market 발음 깜유까이

영업 10:30~22:00 지도 MAP 21-B2

교통 MTR 웡꼭 Mong Kok 역 하차, 도보 3분. B3번 출구와 연결된 육교를 올라가 우회전한 뒤, 왼쪽에 보이는 첫 번째 계단으로 내려가면 20m 앞에 있다. GPS 22.321487, 114.170122

100여 개의 금붕어 숍이 모인 시장. 웡꼭 역 주변의 금붕어 상가가 1980년대에 이곳으로 옮겨오면서 형성됐다. 비닐봉투에 담긴 채 가게 앞에 주렁주렁 매달린 금붕어는 이 시장을 상징하는 특별한 볼거리다. 우리나라에서 보기 힘든 품종과 다양한 열대어가 눈길을 끌며, 바닷속을 그대로 옮겨다 놓은 듯한 수족관도 판매한다.

중국 황실과 귀족의 관상어로 길러지기 시작한 금붕어는 송대에 이르러 서민층에 보급됐다. 이후 다른 나라에도 전파돼 지금과 같은 다양한 품종을 탄생시켰다. 현지인들은 금붕어를 키우면 복이 온다고 믿는데, 물고기를 뜻하는 한자 '魚'와 부유함을 뜻하는 한자 '裕'의 중국어 발음이 서로 비슷해 지금과 같은 믿음이 생겼다고 한다.

1 · 2 투명한 비닐봉투에 담긴 채 팔리는 금붕어.

女人街 여인가

★★★★☆

Ladies' Market 발음 녀우얀까이

영업 12:00~23:30 지도 MAP 21-B4

교통 MTR 웡꼭 Mong Kok 역 하차, E2번 출구를 나와 정면으로 도보 2분. GPS 22.318467, 114.170458

여행자에게 인기가 높은 홍콩 최대의 짝퉁시장. '똥초이까이 Tung Choi Street 通菜街'란 공식 명칭보다 레이디스 스트리트 Ladies' Street 또는 레이디스 마켓 Ladies' Market이란 애칭으로 더 잘 알려져 있다. 처음 시장이 생겼을 당시 여성 관련 상품만 취급했던 게 명칭의 유래다. 하지만 지금은 온갖 물건을 판매한다. 특히 명품 브랜드의 짝퉁 핸드백 · 손목시계가 대표 아이템(?)이며, 최근에는 깜찍한 디자인의 스마트폰 케이스와 캐릭터 상품 · 피규어가 큰 인기를 누리고 있다(인기 아이템은 p.102 참고). 단, 바가지를 씌우려는 경향이 강하니 여러 가게를 돌아보며 가격 확인은 기본, 흥정은 필수다! 소매치기의 활동무대로도 유명한 만큼 가방 · 배낭을 앞으로 메는 등 귀중품 보관에 각별히 주의해야 한다.

1 아기자기한 기념품을 구입하기에 좋다.
2 중국식 다기도 판다.
3 좁은 통로를 따라 이어지는 야시장.

波 鞋街 스포츠 거리
Sports Street 발음 뽀하이까이

영업 12:00~22:30(상점마다 다름) 지도 MAP 21-C4
교통 MTR 웡꼭 Mong Kok 역 하차, E2번 출구를 나와
정면으로 도보 3분.
GPS 22.318590, 114.171285

스포츠 용품 숍이 모여 있는 상점가. 원래의 거리명은
'파윤 스트리트 Fa Yuen Street 花園街'이지만, 흔히
스포츠 거리 또는 운동화 거리란 애칭으로 통한다.
최적의 쇼핑 시기는 세일 품목이 쏟아져 나오는 구정
전날부터의 약 한 달간이다.

다양한 디자인과 기능의 운동화를 저렴하게 판다.

거리에서 이벤트가 열리기도 한다.

電 器用品街 전자제품 거리
Electronic Goods Street

발음 띤헤이용빤까이 영업 11:30~23:00 지도 MAP 21-B4
교통 MTR 웡꼭 Mong Kok 역 하차, D3 · E2번 출구를 나오면
바로 앞에 있다.
GPS 22.319143, 114.170040

스마트폰을 비롯한 온갖 가전제품을 취급하는
상점가. 항상 수많은 사람들로 북적이며 젊은이들의
데이트 · 쇼핑 명소로도 인기가 높다. 전자제품 매장
못지않게 화장품 · 의류 숍이 많고, 우리에게 친숙한
에스프리 아웃렛 Esprit Outlet 매장이 있어 쇼핑을
즐기기에도 좋다. 평일 16:00~23:00, 일 · 공휴일
12:00~23:00(구역에 따라 통제시간이 조금씩 다름)
에는 차량 통행이 제한된 거리를 사람들이 자유로이
활보하는 모습도 이채롭다. 우리나라 브랜드의
광고판과 화장품 매장이 곳곳에 있어 왠지 모를
뿌듯함도 느껴진다. 거리 북쪽에는 온갖 먹거리를 파는
저렴한 식당이 모여 있다는 사실도 알아두면 좋을 듯.

彌 敦道 네이던 로드
Nathan Road

발음 네이돈또우 지도 MAP 21-A2
교통 MTR 웡꼭 Mong Kok 역 하차, 도보 1분. C1 · D1번 출구
바로 앞에 있다.
GPS 22.319409, 114.169322

홍콩에 와 있음을 실감케 하는 거리. 언제나 수많은
사람들로 북적이는 풍경은 홍콩 영화에도 빠짐없이
등장하기 때문에 홍콩 영화 마니아라면 왠지 모를
친근감마저 느껴질 듯. 왕복 6차선 대로를 따라
하늘을 가득 메운 형형색색의 간판과 고층빌딩의 숲이
이어지며, 도로 양쪽에는 금은방 · 보석 · 시계 · 의류 ·
화장품 숍이 늘어서 있어 여기가 홍콩의 다운타운임을
한눈에 알게 한다. 해가 지면 화려한 네온 간판이
울긋불긋 불을 밝히며 낮의 모습과는 전혀 다른 풍경을
연출한다. 찜사쪼이에서 출발하는 2번 버스(p.358)
를 타면 네이던 로드의 멋진 야경을 편하게 감상할 수
있다.

食 RESTAURANT

▌添好運點心專門店 Tim Ho Wan Dim Sum Restaurant

강추

《미쉐린》가이드에서 별 하나를 받은 딤섬 레스토랑. 최고급 호텔인 포시즌 호텔 출신 주방장이 직접 딤섬을 만든다. 점심때까지만 딤섬을 제공하는 일반 레스토랑과 달리 하루 종일 딤섬을 맛볼 수 있으며 가격도 저렴해 인기가 높다. 찜통에 찌는 평범한 조리법 대신 오븐에 구운 차슈빠우 ❶Baked Bun with BBQ Pork 酥皮焗叉燒包(HK$22)를 놓치지 말자. 소보로빵 같은 특유의 식감과 양념된 돼지고기의 맛이 멋진 조화를 이룬다. 돼지고기에 버섯과 새우를 넣어서 만든 씨우마이 Steamed Pork Dumplings with Shrimp 鮮蝦燒賣皇(HK$30)는 씹으면 씹을수록 깊은 감칠맛이 우러난다. 얇고 쫄깃한 만두피에 탱글탱글 씹히는 싱싱한 새우의 단맛이 어우러진 하가우 Steamed Fresh Shrimp Dumplings 晶瑩鮮蝦飯(HK$30)도 맛있다.

❶ Baked Bun with BBQ Pork (HK$22)

예산 HK$55~ 추가 찻값 1인당 HK$3 영업 10:00~21:30 휴업 구정연휴 3일
메뉴 영어 · 중국어 전화 2332-2896 GPS 22.317095, 114.162808
주소 Shop G72A&B, G/F, Olympian City2, 18 Hoi Ting Road, Mong Kok
교통 MTR 똥총 선의 올림픽 Olympic 역 하차, 도보 8분. D번 출구 표지판을 따라가면 Olympian City 쇼핑몰로 이어진다. 정면 왼쪽의 에스컬레이터를 타고 맨 아래층(G/F층)으로 내려가 오른쪽으로 20m쯤 가면 왼쪽에 출구가 있다. 출구를 나와 왼쪽으로 100m 쯤 가면 왼편에 있다.

▌KNOCKBOX COFFEE COMPANY

한 번쯤 가볼만한 스페셜티 커피 전문점. 여인가에서 가까워 야시장 구경을 갔다가 잠시 들르기에도 좋다. 커피 본연의 향과 맛을 제대로 음미할 수 있도록 로스팅한 지 4주 이내의 원두만 고집하며, '양만 늘린 대형 사이즈, 디카페인, 시럽 추가 커피는 취급하지 않는다'는 뜻의 'No Coffee' 모토가 눈길을 끈다. 원두의 품종 · 가공 이력 · 맛 · 향 등 최대한 자세한 정보를 제공해 마시는 즐거움을 극대화시킨 점도 흥미롭다. 짙은 향의 Long Black(HK$33), 농밀한 우유 거품의 Latte(HK$40), Flat White(HK$40)가 추천 메뉴다. 후덥지근한 홍콩의 날씨에 지쳤을 때는 시원한 Iced Long Black(HK$33) 또는 아이스크림을 넣은 Affogato(HK$50)로 잠시 더위를 식히는 것도 좋다.

Flat White(HK$40)

예산 HK$33~ 메뉴 영어 · 중국어 영업 11:00~21:00 메뉴 영어 · 중국어
주소 G/F, 21 Hak Po Street, Mong Kok 전화 2781-0363
지도 MAP 21-C4 홈피 http://knockboxcoffee.hk
교통 MTR 웡꼭 Mong Kok 역 하차, 도보 9분. E2번 출구를 나와 정면으로 220m쯤 직진한 다음 오른쪽으로 방향을 꺾어 Sai Yee Street를 따라 80m쯤 간다. 그리고 왼쪽으로 방향을 꺾어 60m쯤 간 뒤, 오른쪽의 Hak Po Street로 들어가 40m쯤 가면 오른편에 있다.
GPS 22.317605, 114.172599

French Toast (HK$28)

Spaghetti Carbonara (HK$78)

Coffee (HK$21~)

美都餐室 (강추)
Mido Cafe

1950년에 문을 연 오랜 전통의 홍콩식 카페. 옛 모습이 고스란히 남아 있어 홍콩 영화를 즐겨보던 이에게는 왠지 모를 친숙함마저 느끼게 한다. 2층 창가는 틴하우 사원과 템플 거리 야시장까지 한눈에 들어올 만큼 전망이 좋다. 추천 메뉴는 계란을 입힌 식빵을 기름에 살짝 튀긴 프렌치 토스트 French Toast 西多士(HK$28), 새우 · 햄 · 계란 · 돼지고기 볶음밥 Yeung Chow Fried Rice 揚州炒飯(HK$55), 홍콩식 밀크 티 Milk Tea 牛奶紅茶(Hot HK$20, Cold HK$23) 등이다. 주말에는 무척 붐비니 주의하자.

예산 HK$40~ 영업 09:00~21:00 (매주 일요일은 단축 영업)
휴일 수요일 · 구정연휴 메뉴 영어 · 중국어
주소 63 Temple Street, Yau Ma Tei
전화 2384-6402
지도 MAP 20-B2
교통 MTR 야우마떼 Yau Ma Tei 역 하차, C번 출구를 나와 오른쪽으로 도보 5분.
GPS 22.310231, 114.170335

Cafe + Kubrick

영화 감독 스탠리 큐브릭의 이름을 딴 서점겸 카페. 차분하게 차 · 커피를 즐길 수 있어 잠시 쉬어가기에 좋다. 규모는 작지만 다양한 영화 관련 서적도 취급하니 영화를 좋아한다면 한 번쯤 들러봐도 좋다. 정성이 담뿍 담긴 홈메이드 케이크 · 파스타 · 햄버거를 맛볼 수 있다. 깔끔하고 고소한 크림소스 맛이 인상적인 Spaghetti Carbonara 卡邦尼意粉(HK$78), 토스트 · 베이컨 · 소시지 등이 제공되는 푸짐한 All Day Breakfast 全日早餐(HK$108), 치즈 햄버거 Original Beef Burger with Cheese 特式芝士牛肉漢堡(HK$98)가 먹을만하다.

예산 HK$28~ 영업 11:00~22:00
메뉴 영어 · 중국어
주소 Shop h2, Prosperous Garden, 3 Public Street, Yau Ma Tei
전화 2384-8929
홈피 www.kubrick.com.hk
지도 MAP 20-A2
교통 MTR 야우마떼 Yau Ma Tei 역 하차, C번 출구를 나와 오른쪽으로 도보 8분.
GPS 22.310745, 114.168924

星巴克咖啡室 (강추)
Starbucks Coffee

1960~1970년대의 극장을 재현한 스타벅스 커피. 홍콩의 유명 디자인 업체 GOD에서 인테리어를 맡아 독특한 분위기를 연출했다. 입구 쪽의 벽은 어지러이 휘갈겨 쓴 한자와 마작 패로 만든 조형물로 장식해 홍콩의 예스러운 감성을 살렸다. 매장 곳곳엔 옛 향수를 불러일으키는 빈티지한 영화 포스터와 간판이 걸려 있으며, 실제 극장에서 사용하던 의자와 필름 케이스로 만든 좌석 · 테이블이 재미난 볼거리를 제공한다. 조그만 스크린을 갖춘 2/F층의 미니 극장에서는 영화 세미나 등의 무료 이벤트가 열리기도 한다. 여인가 야시장을 구경하다 잠시 쉬어가기에도 적당하다.

예산 HK$19~ 메뉴 영어 · 중국어
영업 일~목요일 08:00~24:00, 금 · 토요일 08:00~01:00
주소 1 · 2/F, 89~91 Wai Kee House, Sai Yee Street, Mong Kok
전화 2789-8710 지도 MAP 21-B3
교통 MTR 웡꼭 Mong Kok 역 하차. D3번 출구에서 도보 3분.
GPS 22.319577, 114.171638

Noodle with Cantonese
Wonton in Soup (HK$37)

Stone Pot Mixed
Rice (HK$52)

Octopus
(HK$13)

好旺角 粥麵專家
Good Hope Noodle

40여 년 전통의 국수 · 죽 전문점.
80여 가지 메뉴를 맛볼 수 있는데,
짭짤하게 간이 배인 통새우 완자를
넣은 완탕면 Noodle with Cantonese
Wonton in Soup 鮮蝦雲呑麵
(HK$37), 싱싱한 새우와 죽순 ·
채소로 만든 완자를 넣은 Noodle
with Shrimp Dumping in Soup 鳳城
水餃麵(HK$37), 담백한 어묵을 넣은
Noodle with Fish Ball in Soup 潮州
魚蛋麵(HK$38)가 맛있다. 색다른
맛을 원한다면 우리나라와는 전혀
다른 맛의 북경식 자장면 Braised
Noodle with Shredded Pork &
Special Sauce 京都炸醬撈麵
(HK$37)에 도전해 봐도 좋다.

예산 HK$37~ 영업 11:00~01:00
휴업 구정연휴 3일 메뉴 영어 · 중국어
주소 Shop 5-6, 18 Fa Yuen Street,
Mong Kok
전화 2384-6898
지도 MAP 21-C4
교통 MTR 웡꼭 Mong Kok 역 하차,
E2번 출구를 나와 정면으로 도보 8분.
GPS 22.316184, 114.171831

美食廣場
Food Court

랑함 플레이스 쇼핑센터 L4층의 푸드
코트. 겡끼스시 · 페퍼 런치 · 스타벅스
등 우리 입에 익숙한 양식 · 중식 ·
일식 음식점이 입점해 있으며 가격도
저렴하다. 음식점마다 메뉴 사진이
걸려 있어 영어 · 중국어를 몰라도
손쉽게 주문할 수 있다. 이용객이 많아
점심 · 저녁 시간에는 자리 잡기가
쉽지 않으니 그때는 피해서 가는 게
좋다. 추천 메뉴는 Kim's Spoon
의 돌솥비빔밥 Stone Pot Rice,
순두부찌개 Soontofu Spicy Soup
이다. 어설프지만 고향의 맛(?)이
그리울 때 한 번쯤 맛볼만하다.

예산 HK$52~
영업 11:00~23:00(업소마다 다름)
휴업 구정당일
메뉴 영어 · 중국어
주소 8 Argyle Street, Mong Kok
전화 3520-2800
지도 MAP 21-A4
교통 MTR 웡꼭 Mong Kok 역 하차,
도보 5분. E1번 출구를 나와 정면에 보이는
랑함 플레이스 쇼핑센터로 들어가 오른쪽의
에스컬레이터를 타고 L4층으로 올라간다.
GPS 22.318261, 114.168610

肥姐小食店
페이쪼씨우쎅딤

웡꼭 최고의 인기를 구가하는
군것질 가게. 가게 앞에 항상 긴 줄이
늘어서 있어 금방 눈에 띈다. 와플 ·
소시지 등의 평범한 메뉴도 있지만
가장 인기가 높은 것은 쫄깃쫄깃한
돼지곱창 꼬치 大生腸(HK$13)다.
거부감이 느껴질 때는 우리 입에도
익숙한 문어 다리 꼬치 Octopus
墨魚(HK$13)에 도전해보자.
데친 문어 다리를 간장 소스에
담갔다가 머스터드와 스위트 소스를
발라주는데 쫄깃한 식감이 매력이다.
짠맛이 강해 소스는 적당히 털어내고
먹는 게 좋다.

예산 HK$13~
영업 14:00~23:00,
토 · 일 · 공휴일 13:00~23:00
휴업 8/13 · 14
메뉴 중국어
주소 Shop 4A, 55 Dundas Street,
Mong Kok
지도 MAP 21-B5
교통 MTR 웡꼭 Mong Kok 역 하차,
E2번 출구를 나와 정면으로 도보 9분.
GPS 22.315726, 114.171747

SHOPPING

건물 한가운데에 아찔한 높이의 아트리움이 있다.

朗豪坊 Langham Place

홍콩 젊은이들의 유행을 한눈에 파악할 수 있는 대형 쇼핑센터. L4층에서 L13층까지 건물 가운데 부분을 텅 비운 원통형의 거대한 아트리움이 인상적이다. L1 · L2 층의 Beauty Avenue를 필두로 300여 개의 숍과 레스토랑 · 영화관이 입점해 있다. 10~20대를 겨냥한 i.t · Fred Perry · 스타카토 · 아디다스 · 나이키 같은 영 캐주얼과 스포츠웨어 · 신발 · 액세서리 매장이 주를 이루며, Salad · Bauhaus · G2000 등 홍콩 로컬 브랜드의 비중이 높다. 중저가 브랜드 위주라 가격 부담이 적은 것도 놓치기 힘든 매력이다. 착한 가격으로 유명한 패션 브랜드 Monki, 한국에서 인지도가 높은 화장품 브랜드 Kiehl · Bioderma · Nars · Paul & Joe 등도 입점해 있다.

영업 11:00~23:00(숍마다 다름) **휴무** 구정연휴
주소 8 Argyle Street, Mong Kok **전화** 3520-2800
홈페 www.langhamplace.com.hk **지도** MAP 21-A4
교통 MTR 웡꼭 Mong Kok 역 하차, C3번 출구와 지하로 바로 연결된다.
GPS 22.318904, 114.168563

信和中心 Sino Centre

홍콩에서도 손꼽히는 오타쿠의 메카. 1~3/F층에 걸쳐 일본 애니메이션 캐릭터 상품 · 피규어 · 만화책 · 프라모델 · 게임 전문점 100여 개가 모여 있다. 정가의 개념이 희박하니 꼼꼼한 비교와 흥정은 필수다. 지하에는 일본 애니메이션 잡지와 CD · DVD 숍이 있다.

영업 12:00~21:00(숍마다 다름)
휴무 구정연휴(숍마다 다름)
주소 582-592 Nathan Road
지도 MAP 21-B4
교통 MTR 야우마떼 Yau Ma Tei 역 하차, A2번 출구에서 도보 4분.
GPS 22.316013, 114.170224

Gun Shop Street

모델 건 · 프라모델 숍이 모인 상점가. 전동건 · 에어건 · 튜닝 부품 · 군장 등 서바이벌 게임에 필요한 모든 상품을 취급하며 가격도 우리나라보다 20~50% 저렴하다. 단, 모형일지라도 총기류의 국내 반입은 금지돼 있으니 부품 위주로 구입해야 한다. 일요일에는 문을 늦게 열거나 쉬는 숍이 있다는 사실도 알아두자.

영업 12:00~20:00(숍마다 다름)
휴무 구정연휴
지도 MAP 21-C4
교통 MTR 야우마떼 Yau Ma Tei 역 하차, A2번 출구에서 도보 8분. Yan On 빌딩 G/F층에 있다.
GPS 22.315847, 114.172286

小米之家 Mi Home

가성비 갑의 가전 브랜드 샤오미의 매장. 홍콩 최대 규모를 자랑하며 모든 아이템을 직접 만져보고 구입할 수 있다. 가전제품은 물론 캐리어 · 장난감 · 우산 등 다양한 아이템을 구비한 것도 매력이다. 우리나라와 가격 차이가 크지 않은 경우도 있으니 꼼꼼한 비교는 필수다.

영업 10:00~23:00 **전화** 3955-0581
주소 Chong Hing Square, 601 Nathan Road, Mong Kok
홈페 www.mi.com/hk **지도** MAP 21-B4
교통 MTR 웡꼭 Mong Kok 역 하차, E1번 출구에서 도보 4분.
GPS 22.316538, 114.169846

NEW
KOWLOON

싼까우롱 新九龍

볼거리 ★★★☆☆
먹거리 ★☆☆☆☆
쇼 핑 ★★★☆☆
유 흥 ☆☆☆☆☆

지금의 홍콩 국제공항이 개항하기 전까지 모든 항공 노선이 뜨고 내리던 카이탁 국제공항이 있던 곳. 1998년 공항의 기능이 모두 홍콩 국제공항으로 이전된 뒤에는 고도제한 등의 규제가 풀리면서 새로운 모습의 신도시로 거듭나고 있다. 서울로 치면 분당·일산에 해당하는 곳인데 최근 개발붐에 힘입어 악명 높은 슬럼가가 자취를 감춘 것은 물론, 시민을 위한 각종 편의시설과 고층 빌딩·쇼핑센터가 속속 들어서고 있다.

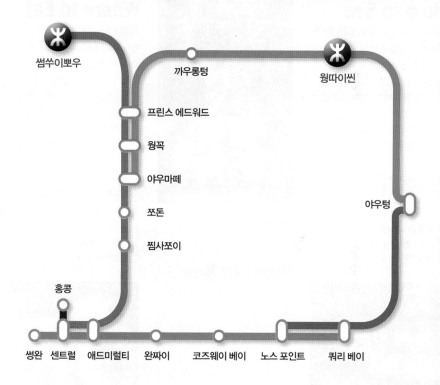

썸쑤이뽀우

까우롱텅

윙따이씬

프린스 에드워드

웡꼭

야우마떼

쪼돈

찜사쪼이

야우텅

홍콩

썽완 센트럴 애드미럴티 완짜이 코즈웨이 베이 노스 포인트 쿼리 베이

 싼까우롱으로 가는 방법

MTR 꾼텅 선의 **윙따이씬 Wong Tai Sin 黃大仙 역 하차**
역 구조가 단순해 이용하기 편리하다. 윙따이씬 사원으로 갈 때는 B3번 출구로 나간다.

MTR 췬완 선의 **썸쑤이뽀우 Sham Shui Po 深水埗 역 하차**
골든 컴퓨터 아케이드 방면으로 갈 때는 D2번 출구, 압리우 스트리트 방면으로 갈 때는 C2·A2번 출구를 이용한다.

new kowloon
quick guide

S How to See
MTR · 미니 버스 이용은 필수

완전히 성격이 다른 세 가지 볼거리가 공존하는 지역이다. 동쪽에는 홍콩 최대의 도교 사원인 웡따이씬 사원, 남쪽에는 악명 높은 슬럼가를 재개발해서 만든 한적한 공원, 서쪽에는 왁자지껄한 시장과 컴퓨터 전문점이 모인 썸쑤이뽀우가 있다. 각각의 지역이 서로 멀리 떨어져 있어 MTR · 미니 버스 등 교통편 이용이 필수다. 자세한 미니 버스 이용법은 p.374를 참조하자.

■ 박물관 · 전시관 ☆☆☆
■ 사원 · 공원 ★☆☆
■ 재래시장 ★★☆

E Where to Eat
로컬 레스토랑 · 패스트푸드점

딱히 식도락을 즐길 만한 곳은 아니다. 더구나 웡따이씬 사원과 까우롱 월 시티 공원 주변에서는 식당을 찾아보기조차 힘드니 주의해야 한다. 썸쑤이뽀우의 시장과 컴퓨터 상가 주변에는 저렴한 로컬 레스토랑과 패스트푸드점이 모여 있어 가볍게 식사를 해결할 수 있다. 이 일대 최대의 쇼핑센터인 드래곤 센터에 패스트푸드점을 비롯한 여러 식당이 모여 있다는 사실도 알아두자.

■ 중식 ★☆☆
■ 일식 · 양식 ★☆☆
■ 군것질거리 ★☆☆

B What to Buy
스마트폰 · 컴퓨터 액세서리

세련된 스타일의 아이템을 찾아보기는 힘들다. 주목할 것은 깜찍한 스마트폰 케이스 · 장난감 · 컴퓨터 부품 및 관련 액세서리다. 썸쑤이뽀우의 압리우 스트리트 노점에서는 최신 디자인의 스마트폰 케이스를 단돈 HK$20~50이면 구입할 수 있다. 바로 옆에서는 홍콩 · 마카오 등에서 사용할 수 있는 저렴한 유심 카드도 판다. 재미난 기능의 컴퓨터 부품을 찾아보는 재미도 쏠쏠하다.

■ 패션 · 인테리어 ☆☆☆
■ 컴퓨터 부품 ★★★
■ 스마트폰 액세서리 ★★☆

① MTR 남청 Nam Cheong 역

MTR 뚱총 Tung Chung 선의 역. 홍콩 디즈니랜드 · 공항 또는 홍콩 섬 방면으로 갈 때 이용하면 편리하다. 역 주변은 전형적인 서민 주택가다.

볼거리 ☆☆☆ 먹거리 ☆☆☆ 쇼핑 ☆☆☆

② 압리우 스트리트 p.375

좁은 도로를 따라 스마트폰 액세서리 · 가전제품 · 장난감 노점이 늘어선 거리. 특히 스마트폰 케이스의 종류가 풍부하며 가격도 무척 저렴하다.

볼거리 ☆☆☆ 먹거리 ☆☆☆ 쇼핑 ★☆☆

③ 드래곤 센터 p.375

썸쑤이뽀우에서 가장 세련된 쇼핑센터. 생활잡화를 취급하는 숍이 모여 있다. 패스트푸드점 · 식당도 많아 가볍게 식사를 해결하기에 좋다.

볼거리 ☆☆☆ 먹거리 ★☆☆ 쇼핑 ★☆☆

④ 골든 컴퓨터 아케이드 p.375

홍콩 최대의 컴퓨터 전문 상가. PC 본체는 물론 신기한 기능의 부품도 취급한다. 가격도 제법 저렴해 마니아라면 한 번쯤 들러볼만하다.

볼거리 ☆☆☆ 먹거리 ☆☆☆ 쇼핑 ★☆☆

⑤ 웡꼭 p.350

갖가지 상품을 취급하는 재래시장이 모여 있는 곳. 활기찬 분위기가 매력이다. 싼까우롱에서 MTR로 한두 정거장 거리라 싼까우롱과 함께 묶어서 봐도 좋다.

볼거리 ★☆☆ 먹거리 ★☆☆ 쇼핑 ★★☆

⑥ MTR 까우롱텅 역

샤틴 · 심천 등 홍콩 북부에 위치한 도시를 연결하는 역. 남부의 홍함으로 갈 때는 이스트 레일 선을 타고 종점인 홍함 Hung Hom 역에서 내리면 된다.

볼거리 ☆☆☆ 먹거리 ☆☆☆ 쇼핑 ☆☆☆

⑦ 까우롱 월 시티 공원 p.372

푸른 녹지가 펼쳐진 한적한 공원. 1990년대 초까지만 해도 온갖 범죄가 끊이지 않는 슬럼가였으나 대대적인 재개발 공사를 통해 지금과 같은 모습으로 탈바꿈했다.

볼거리 ★☆☆ 먹거리 ☆☆☆ 쇼핑 ☆☆☆

⑧ 웡따이씬 사원 p.373

20세기 초에 세워진 홍콩 최대의 도교 사원. 짙은 향 연기로 가득한 사원 내부는 소원을 비는 사람들로 언제나 인산인해를 이룬다.

볼거리 ★★☆ 먹거리 ☆☆☆ 쇼핑 ☆☆☆

best course

홍콩의 과거와 현재를 돌아보는 문화 체험 코스. 홍콩 최대의 도교 사원과 활기찬 재래시장이 세련된 모습의 다운타운과는 전혀 다른 이색적인 분위기를 보여준다. 주말에는 현지인도 즐겨 찾는 곳인 만큼 느긋하게 구경하려면 평일에 가는 게 좋다. 각각의 볼거리가 서로 멀찍이 떨어져 있어 이동하기가 조금 번거롭다. 특히 미니 버스로만 연결되는 까우롱 윌 시티 공원을 오갈 때 주의해야 한다. 전체를 돌아보는 데 그리 오랜 시간이 걸리진 않으니 인근의 웡꼭 · 샤틴 등과 묶어서 여행하는 것도 좋다.

출발점 MTR 꾼텅 선의 웡따이씬 Wong Tai Sin 역 B3번 출구
예상 소요시간 3시간~

▼MTR 웡따이씬 역 B3번 출구를 나오면 이렇게 보여요.

웡따이씬 사원

현지인과 관광객의 발길이 끊이지 않는 웡따이씬 사원.

start

① ── 도보 1분 ── ② ── 미니 버스 5분 ── ③ ── 미니 버스 20~25분 ── ④

MTR 웡따이씬 역

웡따이씬 사원

까우롱 윌 시티 공원

윙꼭 스트리트

까우롱 윌 시티 공원의 중국 정원.

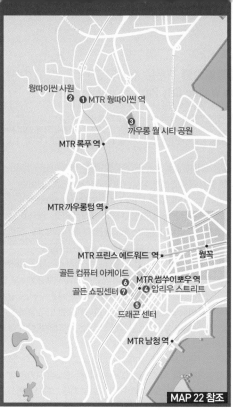

MAP 22 참조

1 웡따이씬에게 향을 바치며 소원을 비는 사람들. 2 사원 안쪽에는 중국풍 사당도 있다. 3 다채로운 조형물을 세워놓은 까우롱 월 시티 공원. 4 전형적인 서민가의 풍경이 펼쳐진다.

지도 라벨:
- 웡따이씬 사원 ❷
- ❶ MTR 웡따이씬 역
- ❸ 까우롱 월 시티 공원
- MTR 록푸 역 •
- MTR 까우롱텅 역 •
- MTR 프린스 에드워드 역 •
- 웡꼭
- 골든 컴퓨터 아케이드 ❻
- 골든 쇼핑센터 ❼
- MTR 썸쑤이뽀우 역 • ❹ 압리우 스트리트
- ❺ 드래곤 센터
- MTR 남청 역 •

수백 개의 노점이 늘어선 썸쑤이뽀우의 재래시장.

골든 컴퓨터 아케이드

골든 쇼핑센터

| 도보 3분 | ⑤ | 도보 4분 | ⑥ | 도보 1분 | ⑦ |

드래곤 센터

색색의 조명으로 밝게 빛나는 드래곤 센터.

재미난 부품과 컴퓨터 관련 장비를 취급하는 골든 컴퓨터 아케이드.

SIGHTSEEING

대표적인 볼거리는 **중국식 사원과 공원**이다. 이와 함께 남대문 시장과 용산 전자상가를 한데 합쳐 놓은 듯한 **시끌벅적한 재래시장도 구경거리**다. 대부분 노천에서 영업하는 재래시장 분위기다. 소매치기가 많으니 귀중품 보관에 주의하자.

★★☆☆☆
九龍寨城公園 까우롱 월 시티 공원

Kowloon Walled City Park 발음 까우롱짜이씽꿍윤

개관 06:30~23:00 요금 무료 지도 MAP 22-C2
교통 MTR 웡따이씬 Wong Tai Sin 역 하차. C2번 출구를 나와 30m 앞에 있는 정류장에서 웡꼭 旺角 행 미니 버스를 타고 간다(5분 소요, HK$4). 자세한 미니 버스 이용법은 p.382를 참고하자. GPS 22.332565, 114.191330

악명 높은 슬럼가를 재개발해서 만든 초록빛 공원. 원래 이곳엔 1843년부터 5년여에 걸친 공사 끝에 완성시킨 영국군 요새가 있었다. 이후 영국군이 물러나고 청나라의 군대가 주둔하기도 했으나 제2차 세계대전의 와중에 소유권이 불분명해지면서 사실상 영국·중국 어느 나라의 법도 영향력을 미치지 못하는 치외법권 지대로 남겨졌다. 1949년 중국 정부가 수립되면서 자유를 찾아 남하해온 수많은 불법난민이 이곳에 정착하기 시작했고, 수십 년에 걸쳐 상상을 초월하는 슬럼가가 형성됐다. 무계획적 증축의 결과 가로 400m, 세로 200m도 안 되는 좁은 공간에 미로 같은 통로가 수십km에 걸쳐 이어지는 개미굴 같은 기이한 건물이 만들어졌으며, 수천 명의 사람들이 아무런 법적 통제를 받지 않고 살았다. 때문에 살인·매춘·마약 등 각종 범죄의 온상이 돼 일명 '동양의 마굴(魔窟)'로 악명을 떨쳤다.
지금의 깔끔한 모습은 1994년 5월부터 1995년 8월까지 시행한 대대적인 재개발 사업의 결과물이다. 약 2만 6,000㎡에 달하는 드넓은 공간은 시민을 위한 녹지로 탈바꿈했으며 청나라 양식으로 지은 정자와 정원이 운치를 더한다. 입구가 여러 개인데 동문(東門) 근처에는 12간지의 동물 조각이 세워진 정원이 있으며, 남문(南門) 쪽에서는 대리석으로 만든 옛 출입구의 흔적과 옛 모습이 고스란히 보존된 대포를 볼 수 있다.

1·2·3 중국 정원과 까우롱 월 시티의 유적. 4 까우롱 월 시티의 옛 모습을 보여주는 모형.

Best Spot

★★★★☆ 웡따이씬 사원
★★☆☆☆ 까우롱 월 시티 공원
섬쑤이뽀우

黃 ★★★★☆
大仙廟 웡따이씬 사원

Wong Tai Sin Temple 昭 웡따이씬미우 昭 07:00~17:30
昭 무료지만, 입구에서 HK$1~2의 기부금을 내고 들어가는 게 좋다.
昭 www.siksikyuen.org.hk 昭 MAP 22-D1
昭 MTR 웡따이씬 Wong Tai Sin 역 하차, 도보 1분. B3번 출구에서 오른쪽의
계단으로 나가면 10m 앞 왼쪽에 사원 입구가 있다.
昭 22.342267, 114.193950

화려한 색과 문양으로 치장된 홍콩 최대의 도교 사원. 살아 생전 깊은
존경을 받던 인물인 웡따이씬 黃大仙(328~386)을 신으로 모신다.
열다섯 살까지 양치기를 하던 그는 한 선인(仙人)을 만나 도술을 전수
받은 뒤 불로불사의 몸이 됐으며, 만병통치의 의술로 질병에 고통 받는
수많은 사람을 도왔다고 한다.

도교·불교·유교의 성격이 뒤섞인 독특한 건축 양식과 종교적
상징물이 눈길을 끄는 이 사원은 1915년 광동 출신의 상인에 의해
처음 지어졌다. 원래 가난한 이를 위한 약국을 겸했으나 화재로 사원이
전소된 뒤 신의 계시를 받아 1921년 이곳에 지금과 같은 모습의
사원으로 재건됐다. 전형적인 중국 사원 양식을 보여주며 연못·신상·
조각 등의 모든 건축 요소는 철저히 음양오행의 원칙에 따라 배치됐다.
본전에는 웡따이씬의 초상을 모셔 놓았는데, 1915년 광동 지방에서
제작된 것을 사원이 재건된 때인 1921년에 이곳으로 가져왔다.

여기서 소원을 빌면 반드시 이루어진다는 믿음이 강해 언제나
참배객의 발길이 끊이지 않는 것도 흥미롭다. 이를 증명이라도 하듯
해마다 사원에 기부되는 금액은 웬만한 기업의 1년 매출액을 능가할
정도다. 새해(구정) 첫날, 사원에 처음으로 향을 올리는 사람은 큰
복을 받는다고 해서 구정 무렵이면 며칠 전부터 사원 앞에서 밤을
새는 사람들로 북새통을 이룬다. 언론에서 행운의 주인공을 가장 먼저
인터뷰하기 위해 치열한 경쟁전을 치르는 모습도 흥미롭다.

사원 안에서는 얇은 대나무 막대기가 담긴 통을 부여잡고 열심히
흔드는 사람을 어렵잖게 볼 수 있다. 무릎을 꿇고 앉아 약간 '맛이 간
사람'처럼 쉬지 않고 중얼대는 모습이 무척 신기한데, 이는 자신의
길흉화복을 점치는 것이다.

자신의 운세가 궁금하면 여기서 홍콩식 점치기에 도전해 보자. 점치는
도구는 본전 옆의 작은 부스에서 무료로 빌려준다. 점치는 방법은 무척
단순하다. 우선 신이 자신의 기도를 들어줄 준비가 됐는지 확인하는
차원에서 반달 모양의 나무를 바닥에 던진다. 하나는 앞면, 다른
하나는 뒷면이 나올 때까지 던져야 한다.

신의 계시가 내려졌다면 대나무 막대기가 담긴 통을 살짝 기울이고
두 손으로 열심히 흔든다. 이때 중요한 '포인트'는
자신의 소원을 간절히 염원하며 통을 흔드는 것이다.
그러다보면 통에서 막대기가 하나 떨어진다. 막대기에
숫자가 적혀 있는데 그 숫자를 잘 기억해 뒀다가 사원의
점쟁이를 찾아가 점괘를 들으면 된다. 복채는 HK$30
정도이며 점괘는 영어·중국어로 들려준다.

1 웡따이씬 사원의 정문.
2 사원 안쪽에는 멋진 중국
정원이 있다.
3 사원은 항상 매캐한 향 연기로
가득하다.
4 사원의 입구를 지키는 늠름한
사자상.
5·6 점을 칠 때 사용하는 대나무
막대기와 반달 모양 나무.

꼭 알아둬야 할 미니 버스 이용법

웡따이씬 사원에서 까우롱 월 시티 공원 또는 까우롱 월 시티 공원에서 썸쑤이뽀우로 갈 때 가장 편리한
교통편은 빨간 지붕의 미니 버스다. 그러나 이용하기 불편하기로 소문난(?) 교통편인 만큼 약간의 주의가
필요하다. 조심할 점과 코스별 이용 요령은 다음과 같다.

목적지는 한자로 적어서 보여주자

빨간 지붕의 미니 버스는 정류장 안내방송이 없다. 게다가 운전사는 영어가 안 통한다. 광
동어를 모를 때는 아래에 적힌 목적지의 한자를 운전사에게 보여준 다음, 내릴 곳을 알려
달라고 부탁하는 게 가장 확실하다.

웡따이씬 사원→까우롱 월 시티 공원 九龍寨城公園(약 5분 소요)

MTR 웡따이씬 Wong Tai Sin 역 C2번 출구 정면으로 30m쯤 가면 미니 버스 정류장이
있는 작은 광장이 나온다. 이곳 왼쪽 두 번째에 있는 정류장에서 '웡꼭 Mong Kok 旺角'
행 미니 버스를 탄다. 버스가 까우롱 월 시티 공원에 도착하면 아래 약도의 A 또는 B 지점
에 내려주는데, C 지점에 내려주는 황당한 경우도 있으니 주의하자.

까우롱 월 시티 공원→썸쑤이뽀우 深水埗(약 20~25분 소요)

약도의 C 지점에서 'Castlepeak Road 靑山道' 행 미니 버스를 탄다. 별도의 정류장 표
지판이 없으니 반드시 손을 들어 차를 세워야 한다. 열심히 손을 흔들었음에도 불구하고
차가 멈추지 않으면 자리가 없다는 뜻이니 다음 차를 기다려야 한다.
미니 버스는 웡꼭 부근의 윤포 거리 새 공원과 MTR 섹낍메이 Shek Kip Mei 石硤尾 역
을 경유해 썸쑤이뽀우의 골든 컴퓨터 아케이드 Golden Computer Arcade 黃金電腦商
場 부근을 지나간다. 주의할 점은 운행 코스가 운전사 마음대로 바뀔 가능성이 높다는 것!
웬만한 경험자가 아니고서는 어디서 내려야 할지 감을 잡기 힘드니 운전사에게 'MTR 썸
쑤이뽀우 深水埗' 역이라고 쓴 메모를 보여주며 내려달라고 부탁하자. 미니 버스 정류장
과 운행 코스는 MAP 22의 지도를 참고하자.

A 도착 지점에서 바라본 전경

**까우롱 월시티 공원 주변의
미니 버스 정류장**

深 ★★☆☆☆
水埗 썸쑤이뽀우

Sham Shui Po 發音 썸쑤이뽀우 營業 10:00~22:00(상가마다 다름)
休業 1/1일, 구정 연휴(상점마다 다름) 地圖 MAP 22-B2
交通 MTR 췬완 선의 썸쑤이뽀우 Sham Shui Po 역 하차. 또는 까우롱 월
시티 공원에서 Castlepeak Road 靑山道 행 미니 버스를 타고 간다
(20~25분 소요, HK$8). 자세한 이용법은 왼쪽 페이지를 참고하자.
GPS 22.330624, 114.161457

서울의 남대문 시장과 용산 전자상가를 한데 합쳐 놓은 듯한 곳.
품질은 믿기 힘들지만 가격만큼은 엄청나게 저렴해 언제나
수많은 사람들로 북적인다. 특히 저렴한 의류와 컴퓨터·
스마트폰·가전제품을 파는 숍이 많다. 눈에 띄는 상점가는
다음과 같다.

압리우 스트리트 Apliu Street 鴨寮街 옛날 서울의 황학동
벼룩시장을 연상시킨다. 썸쑤이뽀우 역 C2번 또는 A2번 출구
바로 앞의 좌우로 연결된 도로이며, 도로변에 가전제품을 비롯한
온갖 잡동사니가 널려 있다. 건물 안에는 스마트폰·소형
전자제품을 파는 매장이 있다. 요새는 스마트폰 케이스와 드론
등의 장난감, 카메라 액세서리, 홍콩·마카오·중국에서 사용
가능한 유심 카드를 저렴하게 구입할 수 있는 곳으로 인기가 높다.

드래곤 센터 Dragon Centre 西九龍中心 썸쑤이뽀우 역
C2번 출구를 나와 오른쪽으로 130m쯤 가면 있는 10층 높이의
대형 쇼핑센터. 홍콩 건축가 협회 디자인상을 받은 건물이다.
특이하게도 건물 안에서 '스카이 트레인 Sky Train' 이란 이름의
롤러코스터가 운행된다. 8/F층에는 실내 스케이트장과 저렴한
푸드 코트가 있으며, 맥도날드·KFC·피자헛·요시노야 등의
패스트 푸드점이나 의류 매장·슈퍼마켓도 입점해 있다.

**골든 컴퓨터 아케이드 Golden Computer Arcade 黃金電腦
商場** 홍콩판 용산 전자상가로 통하는 컴퓨터 상가. 썸쑤이뽀우
역 D2번 출구 앞 사거리에서 길 건너 왼쪽에 보이는 건물이며
입구는 건물 모퉁이에 있다. 실내는 반지하와 1층으로 나뉘는데
층에 따라 취급하는 상품이 다르다. 반지하에서는 컴퓨터 관련
소모품·액세서리·관련 서적·모니터, 1층에서는 게임기와
게임 소프트웨어를 판매한다.

골든 쇼핑센터 Golden Shopping Centre 高登電腦中心
썸쑤이뽀우 역 D2번 출구 20m 앞 사거리에서 길 건너 왼쪽에
있는 건물. 골든 컴퓨터 센터 Golden Computer Centre 黃金
電腦廣場라고도 불리는 컴퓨터 상가다. 주로 노트북·데스크
탑 등의 완제품 컴퓨터를 파는 숍이 모여 있으며 컴퓨터 부품·
모니터·게임기를 취급하는 곳도 많다. 골든 컴퓨터 아케이드와
같은 건물 2층에 있지만 들어가는 입구가 다르다. '高登電腦新
翼'이란 돌출 간판이 붙은 곳에서 조금 못 미친 곳에 쇼핑센터로
이어지는 조그만 오르막 계단이 있다. 상가를 알리는 간판의
영문과 한자 표기가 서로 다르니 주의하자.

1 여러 숍과 레스토랑이 모인 드래곤 센터.
2 최신 PC 부품을 저렴하게 장만할 수 있다.
3 온갖 잡동사니가 거래되는 압리우 스트리트의 노점.
4 밤늦게까지 영업하는 골든 컴퓨터 아케이드.

까우롱 반도의 뉴타운, 샤틴

샤틴 Sha Tin 沙田은 홍콩의 인구과밀 문제를 해결하고자 개발된 뉴타운이다. 서울로 치면 용인이나 수원에 해당하는 곳으로 고층 아파트가 빼곡히 들어서 있다. 특별한 볼거리는 없지만 뉴 타운 플라자와 IKEA 등의 쇼핑 명소가 있으니 이 근처의 호텔을 이용한다면 잠시 짬을 내 들러보자.

교통 MTR 이스트 레일 선의 샤틴 Sha Tin 역 하차. 찜사쪼이에서 27분 걸리며 요금은 현금 HK$10.50, 옥토퍼스 카드 HK$9.50이다.

萬 ★★☆☆☆
佛寺 만불사
Ten Thousand Buddhas Monastery

현지 만팟지 개관 09:00~17:30 요금 무료 지도 MAP 25-D1
교통 MTR 샤틴 Sha Tin 역 하차. 도보 15분. 가파른 계단을 10분 가까이 걸어 올라가야 하니 체력에 자신 없는 사람은 주의! GPS 22.387280, 114.184876

1957년 창건된 불교 사원. 본전으로 오르는 가파른 계단 양쪽에는 황금빛의 오백 나한상이 줄줄이 세워져 있어 묘한 분위기를 연출한다. 본전인 만불전 萬佛殿은 1만 개의 미니 불상이 벽을 빼곡히 채우고 있는데 여기서 사원의 이름이 유래했다. 본전 정면의 불탑을 오르면 샤틴 일대가 한눈에 내려다보인다. 타이 불교의 영향을 받아 경내에 파란 사자 · 흰 코끼리 · 타이식 사면불(四面佛)이 모셔져 있는 것도 흥미롭다.

Best course

볼거리가 얼마 안 돼 돌아보는 데 오랜 시간이 필요하진 않다. MTR 샤틴 역을 출발해 만불사→뉴 타운 플라자→샤틴 공원→홍콩 문화 박물관→창따이욱→체꽁 사원의 순으로 돌아보면 되며 4~5시간쯤 걸린다. 홍콩 시내로 돌아갈 때는 체꽁 사원 인근의 MTR 체꽁 템플 Che Kung Temple 역을 이용하면 편리하다.

新 ★☆☆☆☆
城市廣場 뉴 타운 플라자
New Town Plaza 현지 싼씽씨펑청

영업 10:00~21:00(숍마다 다름)
홈피 www.newtownplaza.com.hk 지도 MAP 25-C2
교통 MTR 샤틴 Sha Tin 역 하차. A1번 출구가 New Town Plaza-I 의 L3층과 바로 연결된다.
GPS 22.382015, 114.188355

360여 개의 숍이 입점한 대형 쇼핑센터. 웬만한 유명 브랜드가 모두 입점해 있으며 취급 상품도 다양하다. 쇼핑센터는 뉴 타운 플라자 원, 뉴 타운 플라자 스리, 홈 스퀘어의 세 개 건물로 이루어져 있으며, 홈 스퀘어 L6층에는 홍콩에서 가장 큰 IKEA 매장도 있다. 뉴 타운 플라자 원 L3층에 위치한 스누피 월드 Snoopy's World도 놓치지 말자. 큰 볼거리는 없지만 찰리 브라운 · 스누피 · 루시 등 실물 크기의 캐릭터 인형을 배경으로 기념사진을 찍기에 좋다. 바로 옆의 보팅 채널 Boating Channel에서는 뉴 타운 플라자 또는 홈스퀘어에서 당일 쇼핑한 영수증을 제시하면 4인승 미니 카누를 타고 짧은 뱃놀이를 즐길 수 있어 아이들에게 인기가 높다(12:00~19:00).

1 스누피 월드의 노란 스쿨버스.
2 쾌적한 뉴 타운 플라자.

沙 田公園 샤틴 공원
Sha Tin Park
[발음] 샤띤꿍윤 [개관] 06:30~23:00
[요금] 무료 [지도] MAP 25-B2 [GPS] 22.379813, 114.190351
[교통] MTR 샤틴 Sha Tin 역 하차, A1번 출구를 나와 정면으로 도보 5분.
자전거 대여 [요금] 평일 1시간 HK$20~25,
토·일·공휴일 1시간 HK$25~30

강가를 따라 길게 이어지는 초록빛 공원. 놀이터·분수대·중국정원·야외무대 등의 편의시설이 잘 갖춰져 있다. 강을 가로지르는 렉윤 브리지 Lek Yuen Bridge에서 바라보는 시가지의 풍경이 볼만하며, 자전거를 빌려 강변도로를 일주하는 것도 재미있다.

車 公廟 체꿍 사원
Che Kung Temple
[발음] 체꿍미우 [개관] 07:00~18:00
[요금] 무료 [지도] MAP 25-A1 [GPS] 22.373324, 114.182673
[교통] MTR 마온싼 선의 체꿍 템플 Che Kung Temple 역 하차, B번 출구를 나와 오른쪽으로 도보 7분.

백성을 위해 헌신한 송나라의 장수 체꿍 車公을 신으로 모시는 사원. 역병과 재난을 물리친다는 체꿍 신앙은 한 세기 전부터 시작됐는데 지금은 '행운과 재물운을 불러오는 사당'이라 해서 참배객이 몰리고 있다. 사당 안에는 날개를 돌리며 소원을 빌면 반드시 이루어진다는 선풍기 모양의 풍차가 있으니 '대박 소원'을 기원해 보자.

소원을 빌며 돌리는 풍차

香 港文化博物館 홍콩 문화 박물관
Hong Kong Heritage Museum
[발음] 헝꽁만파뽁맛꾼 [개관] 월·수~금요일 10:00~18:00, 토·일·공휴일 10:00~19:00, 크리스마스 이브·구정 전날 10:00~17:00 [휴관] 화요일, 구정연휴 2일 [요금] 무료
[지도] MAP 25-B1 [교통] MTR 샤틴 Sha Tin 역 하차, A1번 출구에서 도보 12분. 또는 MTR 마온싼 선의 체꿍 템플 Che Kung Temple 역 하차, A번 출구에서 도보 4분. [GPS] 22.377261, 114.185452

홍콩의 역사와 문화·예술을 소개하는 박물관. 6개의 테마 갤러리에서 이 지역의 역사와 관련된 영화·유물·미술품을 감상할 수 있다. 그러나 여행자의 관심을 끌만한 볼거리는 별로 없으니 시간이 없다면 과감히 패스해도 무방하다.

수시로 다양한 기획전(유료)도 열린다.

曾 大屋 창따이욱
Tsang Tai Uk
[발음] 창따이욱 [개관] 4시간 [요금] 무료
[지도] MAP 25-A2 [GPS] 22.374018, 114.190528
[교통] MTR 체꿍 템플 Che Kung Temple 역 하차, 도보 7분. D번 출구를 나와 왼쪽으로 90m쯤 가면 지하도가 있다. 지하도로 들어가 직진해서 표지판을 따라간다.

이 지역에 정착한 창 曾씨 가문의 석공기술자들이 자손에게 물려주기 위해 지은 집단주택. 약 130년 전에 지어졌으며 지금도 창씨 일가가 살고 있다. 미로처럼 이어진 좁은 통로를 따라 중정(中庭)과 가옥이 이어진다. 빛바랜 벽과 잡초가 무성한 기와지붕, 벽을 따라 어지러이 얽힌 전선이 과거 서민들의 주거형태를 짐작케 해준다. 한가운데의 충서당 忠恕堂에는 지금까지 이곳에서 살아온 창씨 일가의 초상화와 사진이 걸려 있다.

LANTAU
ISLAND

란타우 섬 大嶼山

볼거리 ★★★☆☆
먹거리 ☆☆☆☆☆
쇼　핑 ★☆☆☆☆
유　흥 ☆☆☆☆☆

해발 934m의 펑윙 산을 중심으로 울창한 숲에 둘러싸인 란타우 섬. 홍콩 섬 면적의 두 배에 달하는 홍콩 최대의 섬이다. 섬의 절반이 국립공원으로 지정돼 있어 어디서든 상쾌한 공기를 마실 수 있으며, 군데군데 놓인 한적한 해변은 주말 여행지로도 인기가 높다. 섬 북쪽에는 해안을 매립해서 만든 홍콩 국제공항과 홍콩 디즈니랜드가 위치하며, 수상가옥촌 등 독특한 명소를 찾아 떠나는 여행도 흥미롭다.

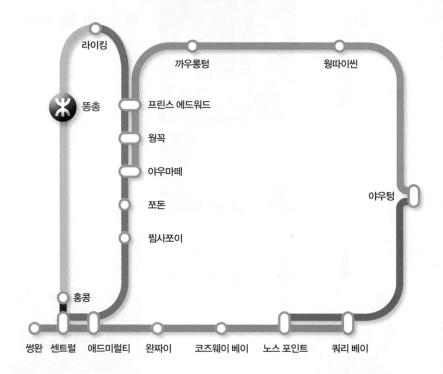

란타우 섬으로 가는 방법

MTR 뚱총 선의 종점인 뚱총 Tung Chung 東涌 역 하차

홍콩 시내에서 30~40분 걸린다. 섬 안쪽으로 들어갈 때는 뚱총 역 B번 출구 쪽의 버스 터미널에서 버스 또는 옹핑 케이블카를 이용한다.

BUS 홍함에서 출발하는 1R번 버스 이용

1R번 버스가 찜사쪼이를 거쳐 뽀우린 사원(HK$43)까지 간다. 일·공휴일의 08:30~10:00에만 운행하니 주의하자.

Ferry 센트럴의 페리 선착장 6번 부두에서 무이워 Mui Wo 梅窩 행 페리 이용

주중과 주말의 요금이 다르다(월~토요일 HK$15.90~31.30, 일·공휴일 HK$23.50~44.90). 자세한 이용법은 p.385를 참고하자.

lantau island
quick guide

S How to See

경제적인 버스 패스를 구입

제법 지역이 넓어 여행하는 데 적잖은 시간이 걸린다. 더구나 볼거리가 띄엄띄엄 떨어져 있는 것도 문제. 이용 가능한 교통편은 버스뿐인데 운행 간격이 뜸하고 요금도 만만치 않아 여러모로 불편하다. 조금이나마 편하고 저렴하게 움직이려면 란타우 패스 등의 버스 패스(p.384)를 구입하는 게 현명하다. 주말에는 교통 정체를 빚는 구간도 있으니 되도록 평일에 가는 게 좋다.

■ 박물관 · 전시관 ★☆☆
■ 자연 · 공원 ★★☆
■ 해변 ★☆☆

E Where to Eat

식당이 부족하니 주의!

의외로 식사를 해결할 곳이 마땅치 않다. 자칫하면 쫄쫄 굶게 되니 식당이 눈에 띄는 대로 배를 채워 놓는 게 안전하다. 란타우 섬의 교통 중심지인 MTR 뚱총 역 주변과 시티게이트 아웃렛에 여러 식당과 맥도날드 등의 패스트푸드점이 모여 있다. 섬 남쪽의 해변, 그리고 란타우 섬과 홍콩 섬을 연결하는 페리가 출발하는 무이워에서도 얼마 안 되지만 식당을 찾아볼 수 있다.

■ 중식 ★☆☆
■ 일식 · 양식 ☆☆☆
■ 군것질거리 ★☆☆

B What to Buy

풍부한 아이템의 아웃렛을 이용

쇼핑을 즐길 만한 곳은 뚱총 타운 센터에 있는 시티게이트 아웃렛뿐이다. 나머지 지역은 산과 바다가 펼쳐진 평범한 섬에 불과하다는 사실을 기억하자. 시티게이트 아웃렛에는 패션 · 슈즈 · 잡화를 취급하는 100여 개의 숍이 모여 있으며 가격도 저렴하다. 중국인 단체 관광객으로 붐비는 평일 오후와 토 · 일 · 공휴일에는 쇼핑을 즐기기 힘드니 되도록 평일 오전에 가는 게 좋다.

■ 패션 ★★☆
■ 잡화 ★★☆
■ 인테리어 ★☆☆

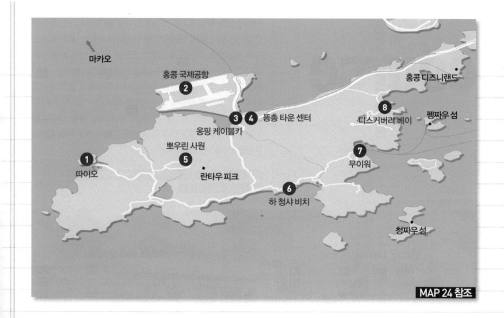

마카오

홍콩 국제공항
2

홍콩 디즈니랜드

3 **4** 똥총 타운 센터

8
디스커버리 베이

펭짜우 섬

옹핑 케이블카

뽀우린 사원

1   **5**

따이오   란타우 피크

7
무이워

6
하 청샤 비치

청짜우 섬

MAP 24 참조

---

1 따이오 — p.388

란타우 섬에 부속된 조그만 섬. 낡은 수상가옥촌이 홍콩의 옛 모습을 떠올리게 한다. 인근 지역에서 돌고래를 볼 수 있는 보트 투어도 출발한다.

볼거리 ★☆☆   먹거리 ☆☆☆   쇼핑 ☆☆☆

2 홍콩 국제공항 — p.128

매일 수백 대의 비행기가 뜨고 내리는 홍콩의 관문. 편의시설이 잘 갖춰진 세련된 공항이다. 시내까지는 AEL · MTR · 공항 버스 등 여러 교통편이 연결된다.

볼거리 ☆☆☆   먹거리 ☆☆☆   쇼핑 ☆☆☆

3 옹핑 케이블카 — p.386

똥총 타운 센터와 뽀우린 사원을 연결하는 길이 5.7km의 케이블카. 이용객이 많은 주말·공휴일에는 대기 시간이 무척 길어지니 비교적 한산한 평일에 이용하는 게 좋다.

볼거리 ★★★   먹거리 ☆☆☆   쇼핑 ☆☆☆

4 똥총 타운 센터 — p.385

MTR · 버스 · 케이블카가 모두 연결되는 란타우 섬의 교통 중심지. 각종 편의시설이 모여 있으며 100여 개의 숍이 밀집한 시티게이트 아웃렛도 이용할 수 있다.

볼거리 ☆☆☆   먹거리 ★☆☆   쇼핑 ★☆☆

5 뽀우린 사원 — p.387

90여 년의 역사를 자랑하는 사원. 아시아 최대 규모를 자랑하는 청동 좌불이 있는 곳으로 더욱 유명하다. 사원 안쪽에는 란타우 피크(934m)까지 이어지는 등산로가 있다.

볼거리 ★★☆   먹거리 ☆☆☆   쇼핑 ☆☆☆

6 하 청샤 비치 — p.389

란타우 섬에서 해수욕을 즐기기에 가장 좋은 해변. 탈의실·샤워실 등 편의시설이 잘 갖춰져 있다. 본격적인 해수욕 시즌은 4~10월이다.

볼거리 ★☆☆   먹거리 ☆☆☆   쇼핑 ☆☆☆

7 무이워 — p.389

란타우 섬과 홍콩 섬을 오가는 페리가 출발하는 조그만 마을. 이렇다 할 볼거리는 없지만 한적한 해변 때문에 현지인에게는 주말 하이킹 코스로 인기가 높다.

볼거리 ★☆☆   먹거리 ☆☆☆   쇼핑 ☆☆☆

8 디스커버리 베이 — p.390

홍콩에서도 손꼽히는 부촌. 특히 서양인 거주자가 많다. 깔끔하게 정비된 인공 해변을 따라 편의시설이 모여 있어 물놀이를 즐기기에도 적당하다.

볼거리 ★☆☆   먹거리 ☆☆☆   쇼핑 ☆☆☆

best course

란타우 섬의 핵심 포인트만 콕콕 짚어서 돌아보는 코스. 일 · 공휴일에는 섬 전체가 관광객으로 넘쳐나며 페리는 물론 버스도 탄력 요금제가 적용돼 평일보다 요금이 두 배 정도 비싸진다. 더구나 옹핑 케이블카를 타는 데만 1~2시간씩 걸리기도 하니 되도록 관광객이 적은 평일 오전에 가서 여유롭게 움직이는 게 현명하다. 뽀우린 사원에서 산 아래로 내려가는 버스는 배차 간격이 길고 이용객이 많다는 사실에도 주의하자. 홍콩 시내로 돌아갈 때는 똥총 타운 센터에서 MTR을 이용하거나, 무이워에서 센트럴 행 페리를 타면 된다.

출발점 MTR 똥총 선의 똥총 Tung Chung 역 B번 출구
예상 소요시간 5시간~

▼MTR 똥총 역 B번 출구를 나오면 이렇게 보여요.

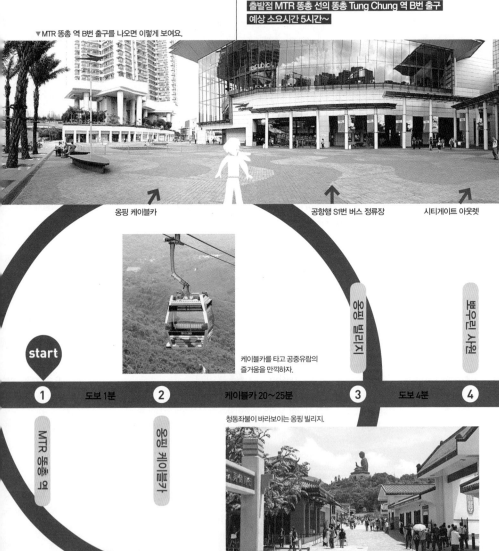

옹핑 케이블카　　　　　　　공항행 S1번 버스 정류장　　　시티게이트 아웃렛

케이블카를 타고 공중유람의
즐거움을 만끽하자.

start

옹핑 빌리지

뽀우린 사원

| 1 | 도보 1분 | 2 | 케이블카 20~25분 | 3 | 도보 4분 | 4 |

MTR 똥총 역

옹핑 케이블카

청동좌불이 바라보이는 옹핑 빌리지.

하 청샤 비치 ⑦

상청샤 비치 ●

MTR 뚱총 역 ①
② 옹핑 케이블카

홍콩
국제공항 ●

옹핑 빌리지 ③④ 뽀우린 사원
⑤ 위즈덤 패스

⑥ 따이오 ●

MAP 24 참조

1 화려하게 치장된 뽀우린 사원의 내부. 2 탁 트인 전망이 일품인 디스커버리 베이 등산로. 3 한적한 어촌 따이오. 4 뽀우린 사원 청동좌불 주위에는 여러 불상이 놓여 있다.

나무 기둥이 줄지어선 위즈덤 패스.

해수욕을 즐기기에 좋은 하 청샤 비치.

따이오

하 청샤 비치

도보 10~15분　⑤　　도보+버스 25~30분　⑥　　버스 30~40분　⑦

위즈덤 패스

홍콩의 옛 모습을 살펴볼 수 있는 따이오의 수상가옥촌.

란타우 섬, 버스 패스를 활용하자

란타우 섬에서는 택시·케이블카·버스 등의 교통편을 이용할 수 있다. 하지만 택시는 요금이 비싸고, 케이블카는 MTR 퉁총 역(퉁총 타운 센터)에서 뽀우린 사원 구간만 오가기 때문에 란타우 섬 전역을 여행하려면 버스 이용이 필수다. 요금을 절약하려면 다음의 버스 패스를 활용하자.

란타우 패스

요금 월~토요일 HK$35,
일·공휴일·특정일 HK$55

란타우 패스 Lantau Pass 大嶼通

란타우 섬의 버스 노선을 총괄하는 NLB 버스에서 판매하는 패스. 패스를 구입하면 NLB 버스(심야 버스와 일부 노선 제외)를 하루 종일 자유로이 탈 수 있다. 패스 판매소(09:00~15:00)는 옹핑 케이블카 승강장 아래에 위치한 임시 버스 터미널의 11번·23번 버스 정류장 사이에 있다.

360 스카이·랜드·시 데이 패스

요금 케이블카 스탠더드 캐빈 포함
HK$290
케이블카 크리스털 캐빈 포함
HK$370

360 스카이·랜드·시 데이 패스 360 Sky-Land-Sea Day Pass 海陸

란타우 패스에 퉁총 타운 →옹핑 빌리지 구간의 케이블카 편도 티켓, 따이오의 돌고래 탐방 보트 승

선권이 포함된 패스. 란타우 패스 판매소에서 취급하며, 뽀우린 사원과 란타우 섬 전역을 돌아보려는 이에게 적합하다. 단, 주중에 가거나 돌고래 탐방 보트를 탈 계획이 없다면 이 패스보다는 티켓을 따로 구입하는 게 저렴하다.

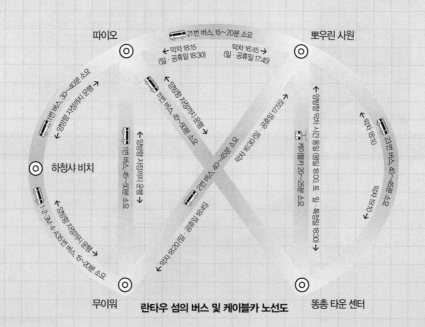

란타우 섬의 버스 및 케이블카 노선도

SIGHTSEEING

갑갑한 빌딩 숲과는 다른 자연적인 모습의 홍콩을 볼 수 있다. 바삐 지나치기 보다는 느긋하게 볼거리를 찾아다니다 해변에서 잠시 해수욕을 즐겨도 좋을 듯! 시간이 부족하다면 청동 좌불이 있는 뽀우린 사원 주변만 구경해도 좋다.

✏ Best Spot

★★★★★ 옹핑 케이블카
★★★★☆ 뽀우린 사원
★★★☆☆ 따이오, 란타우 피크
★★☆☆☆ 디스커버리 베이 등산로
★☆☆☆☆ 디스커버리 베이
　　　　　똥총 타운 센터, 무이워
　　　　　옹핑 빌리지
　　　　　트라피스트 수도원
　　　　　하 청샤 비치

東涌市中心 똥총 타운 센터
★☆☆☆☆

Tung Chung Town Centre 발음 똥총씨쭝썸　지도 MAP 24-B2
교통 MTR 똥총 선의 종점인 똥총 Tung Chung 역 하차. 또는 홍콩 국제공항에서 S1번 버스를 타고 종점 하차(15분 소요, HK$3.50).
GPS 22.289204, 113.941213

홍콩의 명물 옹핑 케이블카를 타거나 뽀우린 사원에 가려면 반드시 들러야 하는 란타우 교통의 중심지. MTR 똥총 역을 기점으로 케이블카 승강장과 란타우 섬 곳곳을 운행하는 버스 터미널이 위치한다. 하지만 대형 아웃렛 매장인 시티게이트 아웃렛(p.391)을 제외하면 이렇다 할 볼거리는 없다.

1 똥총 타운 센터를 오갈 때 이용하는 MTR 똥총 역.
2 란타우 섬 전역을 구석구석 연결하는 NLB 버스.

란타우 섬 여행, 어디서 출발할까?

란타우 섬 여행의 출발점은 교통 거점인 똥총 타운 센터 또는 무이워 Mui Wo 梅窩(p.389)다. 홍콩 시내에서 MTR을 이용한다면 당연히 똥총 타운 센터로 가는 게 바람직하다. 반면 섬 여행의 낭만(?)도 만끽할 겸 페리를 타고 간다면 무이워를 선택하는 게 좋다.

무이워 행 페리는 센트럴의 페리 선착장 6번 부두에서 출항한다(40~60분 소요, 월~토요일 HK$15.90~31.30, 일·공휴일 HK$23.50~44.90). 무이워에도 버스 터미널이 있으며 뽀우린 사원까지 버스로 40~45분 걸린다. 란타우 섬 여행을 마치고 홍콩 시내로 돌아갈 때는 무이워에서 페리(보통 Ordinary)를 타고 가며 선상에서 백만 불짜리 홍콩의 야경을 즐기는 것도 운치 있다.

昂 平纜車 옹핑 케이블카 ★★★★★

Ngong Ping Cable Car 圈 롱팽람차

🕐 월~금요일 10:00~18:00, 토·일·공휴일 09:00~18:30
💰 편도 스탠더드 캐빈 HK$160, 3~11세 HK$75, 크리스털 캐빈 HK$215, 3~11세 HK$135 왕복 스탠더드 캐빈 HK$235, 3~11세 HK$110, 크리스털 캐빈 HK$315, 3~11세 HK$190, 스탠더드 캐빈+크리스털 캐빈 HK$290, 3~11세 HK$165 ※홈페이지에서 다양한 할인 행사를 진행하니 미리 확인하고 티켓을 구입하는 게 좋다. 🌐 www.np360.com.hk 🗺 MAP 24-C2
🚇 MTR 뚱총 Tung Chung 역 하차, 도보 3분. B번 출구를 나와 왼쪽으로 30m쯤 가면 오른쪽에 케이블 승강장으로 연결되는 에스컬레이터가 있다.
📍 22.289988, 113.938835

뚱총 타운 센터와 옹핑 빌리지를 연결하는 길이 5.7km의 케이블카. 현지인에게 인기가 높은 데이트 스폿이자 란타우 섬을 대표하는 즐길거리다. 2004년 공사를 시작해 2006년에 완공됐으며, 강철 케이블과 곤돌라는 이탈리아의 케이블카 전문업체에서 제작해 공수해왔다.

옹핑 케이블카는 전 노선이 산악지대 한복판을 가로질러 가기 때문에 공사 당시 모든 자재를 헬기로 실어 날라야 했다. 케이블 하나의 무게가 자그마치 120톤, 공사 구간이 5.7km에 달했다는 사실을 감안하면 얼마나 많은 위험과 수고가 뒤따랐나 쉽게 짐작이 갈 듯! 2006년 9월 18일의 시험 운행 때는 1,688장의 티켓을 1장당 HK$88에 판매하는 이벤트를 열기도 했는데, 홍콩에서 '8'은 재물운을 부르는 '發'과 발음이 비슷해 행운의 숫자로 여긴다.

케이블카의 소요시간은 25분. 빠른 속도로 하늘을 나는(?) 동안 홍콩 국제공항의 모습은 물론, 파노라마처럼 펼쳐지는 란타우 섬의 풍경이 숨 막히는 감동을 안겨준다. 공중에 대롱대롱 매달린 채 이동하는 순간에는 웬만한 놀이기구는 저리 가랄 만큼 짜릿한 쾌감을 덤으로 맛볼 수 있다. 단, 조금이라도 구름이나 안개가 끼면 제대로 구경하기 힘드니 일기예보 확인은 필수다. 더욱 짜릿한 쾌감을 맛보려면 곤돌라의 바닥까지 투명 유리로 만든 크리스털 캐빈을 이용해보자. 발 아래로 천길 낭떠러지가 펼쳐져 하늘을 나는 듯한 기분마저 든다.

1 하늘을 나는 듯한 기분의 옹핑 케이블카.
2 케이블카의 출발역.
3 바닥이 투명 유리로 된 크리스털 캐빈.

昂 平市集 옹핑 빌리지 ★☆☆☆☆

Ngong Ping Village 圈 롱팽씨짭 🕐 월~금요일 10:00~18:00, 토·일·공휴일 09:00~18:30 💰 무료 🗺 MAP 24-A2 📍 22.256688, 113.902176
🚇 옹핑 케이블카 종점 하차(25분 소요). 또는 MTR 뚱총 Tung Chung 역의 B번 출구 쪽 버스 터미널에서 출발하는 23번 버스로 45~50분.

기념품점·레스토랑·실내극장 등의 시설을 갖춘 미니 테마 파크. 옹핑 케이블카 종점과 바로 연결된다. 그러나 테마 파크란 거창한 이름과 달리 현지인도 외면할 만큼 시시한 볼거리로 채워져 있는 게 현실. 그럼에도 불구하고 사람들이 이곳을 찾는 이유는 뚱총 타운 센터로 돌아가는 케이블카를 타거나 잠시 휴식을 취하기 위해서다.

寶 ★★★★☆
蓮寺 뽀우린 사원

Po Lin Monastery 뽀우린찌 사원 09:00~18:00,
청동 좌불 월~금요일 10:00~17:30, 토·일·공휴일 09:30~17:30
무료 MAP 24-B2 22.255374, 113.904622
옹핑 케이블카 종점(옹핑 빌리지)에서 도보 1분. 또는 MTR 뚱충
Tung Chung 역 하차, B번 출구 쪽의 버스 터미널에서 23번 버스를 타고
40~50분.

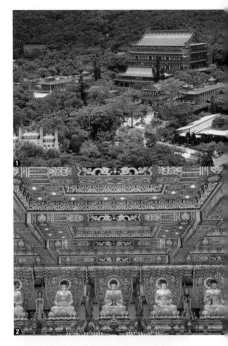

1924년에 당대(唐代)의 건축 양식을 본떠서 세운 사원.
산악지대인 옹핑 Ngong Ping 昻平에 자리 잡고 있다. 이 사원이
특별한 곳으로 인식되게끔 만든 주인공은 대형 청동 좌불 Tian
Tan Buddha Statue 天壇大佛이다. 1993년에 완성된 세계
최대의 좌불로 제작 기간만 10년에 이르며 높이 26m,
무게 202톤의 엄청난 위용을 자랑한다.

광장 오른쪽으로 이어진 가파른 계단을 오르면 정상에 청동
좌불이 있다. 불상은 연꽃 모양의 3단 좌대 위에 놓여 있으며
내부에 조그만 전시관이 있다. 안으로 들어가면 또 하나의 유료
전시관(HK$38)이 나타나는데 한가운데에 목조 불상이 놓인 작은
홀이 입구다. 여기에는 부처님의 생전 모습이 담긴 그림과 서적이
전시돼 있다. 최대의 볼거리는 2층에 전시된 부처님의 진신 사리
Relic 佛陀舍利子로 1992년 스리랑카의 유명한 사원에서 기증한
것이다. 2층 출구 조금 못 미친 곳에 있으니 주의 깊게 살펴보자.
사리는 신체 부위에 따라 색이 다른데 흰색은 뼈, 검정색은 머리카
락, 붉은색은 살에서 나온 것이라고 한다. 여기 전시된 것은 뼈에
서 나온 흰색의 사리다.

불상 안쪽에는 고인의 넋을 기리는 추모실도 있다. 여러 위패를
모셔 놓았는데 이 가운데는 암으로 요절한 홍콩 스타 매염방 Anita
Mui 梅艷芳(1963~2003)의 위패도 있으니 팬이라면 한 번쯤
찾아봐도 좋을 듯. 찜사쪼이 스타의 정원에는 그녀의 동상(p.318)
도 있다.

청동 좌불이 있는 정상에 서면 사원의 전경이 한눈에 들어온다.
뽀우린 사원은 평소에는 관광객, 휴일이면 기도의 효험을 믿는
수많은 현지인들로 북적여 언제 가더라도 느긋하게 관람하기는
힘들다. 그나마 평일 오전에 가야 비교적 여유롭게 사원을 감상할
수 있다는 사실을 알아두자.

1 뽀우린 사원의 본당.
2 화려하게 단청을 입힌
불전.
3 가파른 계단 위에
청동좌불이 있다.
4 부처님의 진신 사리를
모신 사리함.

스낵 식권을 구입하자

청동 좌불로 올라가는 계단 입구에는 사찰 음식 Vegetarian
Meal 식권을 파는 간이 매표소가 있다. 여기서 파는 모든 식권
에는 부처님의 진신 사리가 소장된 전시관의 입장료(HK$38)가
포함돼 있다. 식권은 여러 종류가 있는데 맛도 무난하고 가격도
저렴한 '스낵 Snack' 식권(HK$38)을 구입하는 게 좋다.

1 등산로 너머로 란타우 피크가 보인다.
2 불경을 새긴 나무 기둥이 즐비한 위즈덤 패스. 트레킹 여부와
상관없이 주변 경치를 감상하며 쉬어가기에 좋다.

鳳 鳳凰山 란타우 피크 ★★★☆☆

Lantau Peak 발음 펑웡싼 개관 07:00~20:00 요금 무료
지도 MAP 24-B2 GPS 22.249215, 113.920114
교통 뽀우린 사원의 청동 좌불을 정면으로 바라볼 때 왼쪽에 있는 산길을
따라가면 란타우 피크로 올라가는 등산로와 이어진다. 뽀우린 사원에서 란타우
피크 정상까지는 왕복 4~5시간이 걸린다.

홍콩에서 두 번째로 높은 산인 펑웡산 정상에 위치한 전망대. 해발
934m의 야트막한(?) 봉우리지만 란타우 섬 전체는 물론 날씨가
좋을 때는 멀리 마카오까지 한눈에 들어올 만큼 전망이 훌륭하다.
시야를 방해하는 나무가 별로 없어 올라가는 도중에 어디서나 멋진
경치를 마음껏 즐길 수 있는 것도 매력이다. 정상까지 오르는 데
상당한 시간이 걸리며 나무 그늘이 별로 없으니 자외선 차단제와
충분한 양의 물을 챙겨가는 것을 잊지 말자. 또한 강풍 · 태풍 등의
원인으로 입산이 금지되기도 하니 일기예보를 미리 확인하고 가는
것도 잊어서는 안 된다. 참고로 홍콩에서 가장 높은 산은 해발 957m
의 따이모 산 Tai Mo Shan 大帽山이란 것도 알아두면 좋을 듯.
산으로 올라가는 입구 바로 오른쪽에는 불경을 새긴 커다란 통나무가
병풍처럼 늘어서 있다. '위즈덤 패스 Wisdom Path 心經簡林'라
불리는 곳으로 홍콩의 문화유산 가운데 하나다.

大 澳 따이오 ★★★☆☆

Tai O 발음 따이오 지도 MAP 24-A2
교통 옹핑 케이블카 종점(옹핑 빌리지)과 나란히 이어진 버스 터미널에서 21번 버스로
15~20분. 또는 MTR 똥총 Tung Chung 역 하차, B번 출구 쪽의 버스 터미널에서 11번
버스를 타고 45~50분. GPS 22.253816, 113.862289
보트 투어 요금 HK$20~25(20분)

1 · 2 수상가옥촌과 오징어구이 장수.

홍콩의 베니스란 애칭이 붙은 조그만 섬. 란타우 섬에 인접해 있으며 수자원이
풍부하고 어장이 발달해 예로부터 어업과 염전업으로 부를 누렸다. 하지만
지금은 관광객을 상대로 건어물과 해산물을 파는 조그만 마을로 바뀌었다.
섬 하구에는 홍콩의 상징과도 같은 수상가옥촌이 남아 있다. 집들이 다닥다닥
붙어 있어 서로 구분이 안 될 것 같지만 엄연히 각각의 주소가 존재한다.
낡고 지저분한 광경이지만 진정한 홍콩의 모습을 보고자 한다면 가볼만하다.
육지와 연결된 다리는 1996년 10월에 놓인 것. 다리 양끝에는 수상가옥
관광용 보트 선착장이 있다. 정해진 투어 시각은 없으며 승객이 적당히 모이면
출발한다. 관광용 보트는 수상가옥 밀집 지역과 돌고래가 출몰하는 수역을
돌아보는데, 최근에는 돌고래 출몰 빈도가 점차 낮아지고 있으니 지나친
기대는 금물!
섬 안쪽의 건어물을 파는 상점 골목 부근에서는 따이오의 명물인 오징어구이
장수를 볼 수 있다. 오징어를 구운 다음 검게 탄 부분을 정성껏 발라내며
벌이는 재미난 퍼포먼스가 볼만하다.

下 長沙泳灘 하 청샤 비치
★☆☆☆☆

Lower Cheung Sha Beach 발음 하청샤잉탄 지도 MAP 24-C3
교통 따이오에서 1번 버스로 30~40분. GPS 22.233944, 113.955957

홍콩에서 가장 긴 백사장을 가진 매력적인 해변. 총 길이 2km에 달하는
해변이 암초 지대를 사이에 두고 둘로 나뉘는데, 서쪽에 위치한 곳이 상
청샤 비치 Upper Cheung Sha Beach 上長沙泳灘, 동쪽에 위치한
곳이 하 청샤 비치 Lower Cheung Sha Beach 下長沙泳灘다.
상 청샤 비치는 똥총 타운 센터에서 버스를 타고 뽀우린 사원으로 갈
때 지나치는 썰렁한 해변이다. 해변의 길이가 1.5km나 이어질 만큼
청샤 비치의 대부분을 차지하지만, 밀물 때가 되면 대부분의 백사장이
물속에 잠겨 해수욕을 목적으로 가는 사람은 드물다.
대부분의 해수욕객은 하 청샤 비치를 찾는다. 모래가 곱고 수심이 얕아
해수욕을 즐기기에 적당하며 백사장이 넓어 모래찜질을 하기에도
좋다. 단, 썰물 때는 개펄이 그대로 드러나 시커먼 바닷물을 보게 된다.
해변에는 무료 탈의실·샤워실·레스토랑 등 각종 편의시설이 마련돼
있다. 해수욕 시즌은 4~10월이다.

1 깨끗한 백사장이 펼쳐져 있는 하 청샤 비치.
2 주말에는 일광욕을 즐기는 사람들로 북적인다.

梅窩 무이워
★☆☆☆☆

Mui Wo 발음 무이워 지도 MAP 24-C2 GPS 22.264980, 114.001809
교통 하 청샤 비치에서 1·3·4·3M·A35번 버스로 15~20분. 또는 MTR 똥총
Tung Chung 역 하차, B번 출구 쪽의 버스 터미널에서 A35번 버스를 타고 40분.
아니면 센트럴에서 페리로 40~60분(자세한 이용법은 p.385 참조).

똥총 타운 센터가 생기기 전까지 란타우 섬 교통의 중심지 역할을 하던
곳. 하지만 지금은 섬 관광을 마치고 홍콩 섬으로 돌아가는 사람들이 페리를
타기 위해 찾는 조그만 마을에 지나지 않는다. 마을 곳곳에 교통의 요지로
북적이던 옛 모습이 남아 있는데, 페리 선착장·버스 터미널 주변에는
편의점·패스트푸드점과 함께 자정까지 영업하는 해산물 식당가가 형성돼
있다. 버스 터미널 옆의 공중전화 부스는 왕가위 감독의 영화 〈열혈남아
(몽콩하문)〉(1987년)에서 유덕화와 장만옥이 격정적인 키스 신을 촬영한
곳으로 유명하다.
페리 선착장 주변의 자전거 대여소에서는 MTB 자전거를 빌려준다
(1일 HK$30~). 이 주변은 차량 통행이 적어 자전거를 타기에도 좋다.
페리 선착장에서 북쪽으로 150m 정도 떨어진 곳에 위치한 '실버 마인 베이
Silver Mine Bay 銀鑛灣泳灘'에는 약 300m에 달하는 백사장과 편의시설·
식당이 모여 있다. 주로 홍콩 현지인이 찾는 곳인데, 썰물 때는 개펄과 함께
암초지대가 드러나 해수욕을 즐기기에는 불편하다. 하지만 이때가 되면
개펄에 숨어 있는 조개를 캐기 위해 가족 단위 나들이객이 몰려들어 해변이
순식간에 대형 생태체험장으로 변신한다. 해수욕을 목적으로 한다면 앞서
소개한 하 청샤 비치로 가는 게 좋다.

1 무이워의 한적한 해변. 조용히 물놀이를
즐기기에 적당하다.
2 영화 〈열혈남아〉의 무대가 된 공중전화 부스.

愉景灣 디스커버리 베이
★☆☆☆☆

Discovery Bay 발음 유징완 지도 MAP 24-C1
교통 센트럴의 페리 선착장 3번 부두에서 출항하는 디스커버리 베이 Discovery Bay 愉景灣 행 페리를 타고 간다(25~30분 소요, HK$40~57). 또는 MTR 뚱총 Tung Chung 역 하차, B번 출구 쪽의 버스터미널에서 DB01R · DB01S번 버스를 타고 종점 하차(15~20분 소요, HK$10).
GPS 22.295802, 114.016528

홍콩 최초로 리조트 개념을 도입해서 만든 신도시. 편의시설이 잘 갖춰져 있고 주변 경관도 빼어나 홍콩 거주 외국인이 선호하는 주거지 가운데 하나다. 해안선을 따라 놓인 빌라 형태의 고급 주택은 풍부한 녹지를 확보하고 있어 주거환경이 무척 쾌적하다. 공기가 오염되지 않도록 주거지 안으로는 자동차의 출입이 철저히 통제되며 주민들의 주요 교통수단으로는 전기 충전식 골프 카트가 이용된다.
페리 선착장에서 오른쪽으로 가면 중국의 하이난도 海南島에서 가져온 모래로 만든 400m 길이의 인공 백사장이 보인다. 놀이터 · 탈의실 · 샤워실 등의 편의시설이 충실해 여름에는 물놀이 장소로도 인기가 높다. 페리 선착장 주변에는 분위기 좋은 노천 카페가 모여 있으며, 선착장 왼쪽에는 편의점 · 은행 · 쇼핑몰 · 패스트푸드점, 그리고 뚱총 행 버스 터미널이 있다. 호화 요트가 정박한 부두도 눈길을 끈다.

1 물놀이를 즐기기에 좋은 해변이 길게 이어진다.
2 홍콩에서 보기 드문 세련된 거리가 눈길을 끈다.

篤會神樂院 트라피스트 수도원
★☆☆☆☆

Trappist Monastery 발음 헤이마위신록윤 지도 MAP 24-D2
교통 디스커버리 베이 페리 선착장에서 도보 35분. 또는 디스커버리 베이에서 출발하는 페리로 10분 소요.
GPS 22.279978, 114.018270

17세기에 성립된 가톨릭의 한 분파인 트라피스트 수도회의 수도원. 정식 명칭은 엄률(嚴律) 시토 수도회다. 남성 수도사를 위한 수도원이며 일반인은 성당까지만 들어갈 수 있다. 성당 내부는 소박하지만 경건한 분위기가 감돈다. 일반인과의 접촉이 철저히 금지된 수도사들은 전례에 따라 종교적 행위 이외에는 농업 · 목축업에만 전념한다. 홍콩에서 가장 맛있는 우유인 십자가표 우유(p.87)가 여기서 처음 만들어진 것도 그 때문이다.

이국적인 외관의 트라피스트 수도원.

愉 ★★☆☆☆
景灣步行徑 디스커버리 베이 등산로

Discovery Bay Country Trail 　유징완보헝껭

지도 MAP 24-C2　GPS 22.277696, 114.011401
교통 무이워 페리 선착장에서 도보 15분. 또는 디스커버리 베이 페리
선착장에서 도보 12분.

무이워~디스커버리 베이를 연결하는 길이 4km 정도의 등산로.
엄청나게 가파른 계단과 언덕이 계속 이어지는데, 끝에서
끝까지 가는 데 편도 2시간쯤 걸린다. 등산로 중간에 위치한 산
정상에서는 홍콩 전역이 한눈에 들어온다. 특히 날씨가 맑을 때는
천금이 아깝지 않은 웅장한 경치를 감상할 수 있다.

정상에서 바라본 홍콩의 전경.

란타우 섬의 쇼핑 명소 시티게이트 아웃렛

란타우 섬의 대표적인 쇼핑 명소는 대형 아웃렛 매장인 시티게이트 아웃렛 Citygate Outlet이다. 시내에서 조금 떨어져 있지만 MTR 뚱총 선이 바로 연결되며 홍콩 국제공항에서도 가까워 편하게 이용할 수 있다.

시내의 유명 쇼핑몰과 비교해도 전혀 손색이 없을 만큼 깔끔하고 쾌적한 시설을 자랑하며 지하 1층부터 2/F·10/F층까지 다섯 개 층에 걸쳐 90여 개의 숍과 17개의 레스토랑·극장이 모여 있다.

주요 취급 품목은 남녀의류·아동복·운동화·화장품·액세서리이며 유명 브랜드도 다수 입점해 있다. 특히 캘빈 클라인·라코스테·Evisu 등 영 캐주얼과 푸마·나이키·아디다스·뉴 발란스 같은 스포츠 브랜드의 비중이 높다. 명품과 중저가 브랜드가 적절히 섞여 있어 실속 쇼핑을 즐길 수 있는 것도 매력이다. 그럴잖아도 저렴한 데다 30~70%가 추가 할인된 파격적인 가격 때문에 지름신이 수시로 강림할 테니 조심~!

스포츠 브랜드 중에는 푸마와 아디다스의 상품이 풍부하다. 가격대비 만족도가 높은 실용적인 브랜드로는 르 손다 Le Saunda를 추천한다. 베이직한 디자인이 충실하고 가격도 저렴하다. 아웃도어 용품과 착용감이 편한 구두를 부담없는 가격에 장만하기 좋은 콜롬비아·팀버랜드 등도 놓치지 말자. 발리·버버리·아르마니·케이트 스페이드·폴로 랄프 로렌·코치·막스 마라 등의 명품은 2/F층에 모여 있다. 인기 매장인 버버리와 폴로 랄프 로렌은 규모가 크고 상품도 풍부해 찾는 이가 많다. Aape by Bathing Ape·어스 뮤직&에콜로지·Tout à Coup 등 일본 스트리트 패션 브랜드를 취급하는 편집매장 I.T와 Kids21·캘빈 클라인·블랙바렛 등이 메인 아이템인 Club 21도 볼만하다. 먹거리에 관심이 있다면 전 세계에서 수입한 온갖 유기농 식품을 취급하는 지하 1층의 대형 슈퍼마켓 Taste도 놓치지 말자.

영업 10:00~22:00(숍마다 다름) 휴무 구정연휴
주소 20 Tat Tung Road, Tung Chung, Lantau
전화 2109-2933　홈피 www.citygateoutlets.com.hk
지도 MAP 24-C2　GPS 22.289613, 113.940890
교통 MTR 뚱총 선의 종점인 뚱총 Tung Chung 역 하차, C번 출구를 나오면 바로 앞에 있다. 홍콩 국제공항에서는 S1번 버스가 다닌다(15분 소요, HK$3.50).

한적한 해변의 **람마 섬**

자연 그대로의 모습을 간직하고자 노력하는 람마 섬 Lamma Island 南丫島는 앰뷸런스를 제외하고는 자동차가 한 대도 없는 유별난 섬이다. 자연보호를 위해 3층 이상의 건물은 짓지 못한다는 사실도 흥미롭다. 큰 볼거리는 없지만 한적한 해변과 호젓한 등산로가 이어져 현지인의 주말 나들이 코스로 사랑받고 있다.

교통 센트럴 페리 선착장(MAP 6-G1)의 4번 부두에서 출발하는 페리로 20~40분. 홈피 www.hkkf.com.hk
센트럴→용수완 운행 06:30~24:30(30분~1시간 간격) 요금 월~토요일 HK$17.80, 일·공휴일 HK$24.70
센트럴→소쿠완 운행 07:20~23:30(1시간15분~2시간 간격) 요금 월~토요일 HK$22, 일·공휴일 HK$31

南丫島風采發電站 람마 풍력 발전소
★☆☆☆☆

Lamma Winds 발음 난잉따오펑차이팟띤짠
지도 MAP 26-B1 교통 용수완 페리 선착장에서 도보 25분.
GPS 22.225223, 114.120871

람마 섬에 전기를 공급하는 미니 발전소. 2006년 완공됐으며 파란 하늘을 배경으로 느릿느릿 돌아가는 하얀 풍차의 모습이 인상적이다. 풍차 밑에는 풍속·발전량을 보여주는 계기판이 설치돼 있다. 맞은편의 정자에 오르면 바다 건너 홍콩 섬과 볼록 솟은 피크 타워의 모습이 빤히 바라보인다.

榕樹灣 용수완
★☆☆☆☆

Yung Shue Wan 발음 용수완 지도 MAP 26-A1
교통 용수완 페리 선착장에서 도보 3분.
GPS 22.226487, 114.109013

페리 선착장과 이어진 람마 섬 제일의 번화가(?). 좁은 골목을 따라 식당과 상점이 늘어서 있다. 이른 아침에는 사람들이 딤섬 집에 모여 느긋하게 식사를 즐기는 모습을 볼 수 있다. 마을 안쪽에는 항해의 안전을 기원하는 조그만 틴하우 사원 天后古廟도 있다. 사원 내부에는 붉은 옷과 보석으로

치장한 틴하우의 신상을 모셔 놓았다. 사원 입구를 지키는 조악한 사자상은 홍콩상하이 은행의 청동 사자상(p.160)을 본떠서 만들었다.

화려하게 치장된 틴하우 사원

용수완의 상점가

Best course

람마 섬의 페리 선착장은 서북쪽의 용수완과 동남쪽의 소쿠완 두 곳에 있다. 두 지역의 거리는 5km쯤 되며, 산길을 1시간 30분 정도 걸어야 한다. 따라서 어느 한쪽에서 출발해 일정한 방향으로 이동하며 여행하는 게 효율적이다. 일반적으로는 홍콩 섬의 센트럴에서 출발해 용수완→람마 풍력 발전소→홍씽예 비치→등산로→로소싱 비치→카미카제 동굴→소쿠완의 순으로 보고, 소쿠완에서 출발하는 센트럴 행 페리를 이용하는 게 좋다. 도중에 해변에 들러 해수욕을 즐기거나 소쿠완에서 해산물을 맛보려면 페리를 타고 이동하는 시간을 포함해 5~6시간이 필요하다.

산둥성이를 따라
구불구불 이어지는
등산로.

洪 ★★☆☆☆
聖爺灣泳灘 홍씽예 비치
Hung Shing Yeh Beach 발음 홍씽예완잉탄
지도 MAP 26-A2 교통 용수완 페리 선착장에서 도보 15분.
GPS 22.218844, 114.119835

람마 섬에서 가장 인기가 높은 해변. 120m 남짓한
길이의 백사장이 이어지며 물이 제법 맑다. 평일에는
찾는 이가 별로 없어 한가로이 시간을 보내기에 좋다.
해변 옆에는 빌라형 숙소와 음료 자판기·매점·
샤워실·탈의실·화장실 등의 편의시설이 있으며
해변 서쪽 끝에는 무료 바비큐 장도 있다.

南 ★★☆☆☆
ㄚ島家樂徑 등산로
Lamma Family Trail 발음 난잉따오까록껭
지도 MAP 26-B1 GPS 22.224566, 114.113163
교통 용수완 페리 선착장에서 등산로 입구까지 도보 20분. 로소싱
비치까지 도보 1시간.

느긋하게 람마 섬의 경치를 감상하기에 좋은 등산로.
홍씽예 비치의 바비큐장 뒤로 돌아가면 깔끔하게 포장된
길이 나타난다. 해안선을 따라 이어진 야트막한 오르막과
내리막길을 걸으며 주변 경관을 두루 살필 수 있다. 손쉽게
완주할 수 있는 평이한 등산로이며 반대편의 소쿠완까지는
1시간쯤 걸린다. 소쿠완 근처에는 로소싱 비치 Lo So
Shing Beach 蘆鬚城泳灘란 조그만 해변도 있다. 홍씽예
비치보다 백사장이 살짝 거칠지만 찾는 이가 별로 없어
훨씬 한적하다. 탈의실·샤워실 등의 편의시설도 있다.

索 ★☆☆☆☆
唟灣 소쿠완
Sok Kwu Wan 발음 소쿠완 지도 MAP 26-B2
교통 소쿠완 선착장 바로 앞. GPS 22.205614, 114.131075

람마 섬 동남쪽에 위치한 조그만 마을. 10여 개 남짓한
식당이 모인 해산물 식당가를 제외하곤 아무런 볼거리도
없다. 사람들이 이곳을 찾는 이유는 홍콩 미식대상을
수상한 해산물 전문 식당 Rainbow Seafood
Restaurant(10:00~23:00)이 있기 때문이다. 1인당
HK$300~500이면 맛난 해산물 요리를 먹을 수 있으니
이용해보자. 식당 이용자에게는 소쿠완 선착장에서
찜싸쪼이 페리터미널까지의 무료 셔틀보트 서비스가
제공된다. 소쿠완 선착장에서 도보 5분 거리에는 1827
년에 세운 틴하우 사원이 있다. 내부에는 길이 2.74m,
무게 18.14kg의 산갈치 표본을 전시해 놓았다.

神 ★☆☆☆☆
風洞 카미카제 동굴
Kamikaze Grottos 발음 신풍똥
지도 MAP 26-B2 교통 소쿠완 선착장에서 도보 10분.
GPS 22.204318, 114.127534

소쿠완의 해안선을 따라 군데군데 파인 인공 동굴.
제2차 세계대전 당시 이곳을 점령한 일본군이
만들었다. 여기에 쾌속선을 숨겨 놓고 연합군의 배가
들어오면 자폭 공격을 하려 했다고 한다. 단단한 바위를
깨고 20~30m나 파고 들어간 동굴에서는 한여름에도
등골이 오싹할 만큼 섬뜩한 기운이 느껴진다.

화려하게 꾸민 틴하우
사원의 내부.

해변 휴양지 **청짜우 섬**

청짜우 섬 Cheung Chau Island 長洲는 홍콩 섬에서 10km 정도 떨어진 조그만 섬이다. 큰 볼거리는 없지만 자동차가 없는 해안도로에서 자전거를 타거나 바닷가에서 해수욕·하이킹을 즐기기 위해 주말이면 현지인이 구름떼처럼 몰려든다. 시끌벅적한 분위기가 내키지 않는다면 비교적 한적한 평일에 가는 게 좋다.

교통 센트럴 페리 선착장(MAP 6-G1) 5번 부두에서 출발하는 보통 페리로 55분, 쾌속 페리로 35분. **홈피** www.nwff.com.hk
센트럴→청짜우 섬 **운행** 09:45~23:45(20~30분 간격), 00:30~09:00(40분~2시간 45분 간격) **요금** 보통 페리 일반석 HK$13.60, 디럭스 석 HK$21.30, 일·공휴일 일반석 HK$20.20, 디럭스 석 HK$31, **쾌속 페리** HK$26.80, 일·공휴일 HK$38.80

北 ★☆☆☆☆
帝廟 북제묘
Pak Tai Temple
발음 빡타이미우 **개관** 07:00~17:00
요금 무료 **지도** MAP 27-B2 **GPS** 22.212329, 114.027830
교통 청짜우 페리 선착장을 등지고 왼쪽으로 도보 5분.

바다의 신 빡타이 北帝를 모시는 사당. 1783년 건립됐으며 처마와 기둥을 장식한 색색의 성수(聖獸)와 선인 조각이 볼만하다. 안에는 초록색 옷의 빡타이

신상을 중심으로 관음상과 틴하우 상이 놓여 있다. 제단 왼쪽의 사당에는 100여 년 전 청짜우 섬 앞바다에서 건져 올린 송나라의 강철 검을 전시해 놓았다.

여러 축제가 열리는 북제묘.

新 ★☆☆☆☆
興海傍街 싼힝 프라야 스트리트
San Hing Praya Street
발음 싼힝호이팡까이
지도 MAP 27-B2 **교통** 청짜우 페리 선착장 바로 앞.
GPS 22.210536, 114.028028
자전거 대여소 **운행** 09:00~18:00(업소마다 다름)
요금 1시간 HK$10~, 1일 HK$50~

청짜우 섬의 메인 스트리트. 페리 선착장을 나오자마자 왁자지껄한 거리와 레스토랑·상점의 모습이 눈에 들어온다. 해변에는 어선이 어지러이 정박해 있는 전형적인 홍콩 어촌의 풍경이 펼쳐진다. 도로 곳곳에 자전거 대여소가 있으니 가볍게 자전거 하이킹을 즐겨보자. 이 섬에는 앰뷸런스를 제외하고는 단 한 대의 자동차도 없어 안심하고 자전거를 탈 수 있다.

어선이 즐비한 선착장. 해안도로에서 자전거를 타는 것도 재미있다.

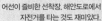

Best course

청짜우 선착장을 출발해 싼힝 프라야 스트리트→북제묘→똥완 비치→미니 만리장성→청뽀자이 동굴의 순으로 돌아보면 된다. 전체를 돌아보는 데는 5~6시간이면 충분하다. 섬 서쪽 끝에 위치한 청뽀짜이 동굴은 특별한 볼거리가 없으니 시간이 부족할 때는 과감히 패스해도 무방하다.

東 ★☆☆☆☆
灣海灘 똥완 비치
Tung Wan Beach 발음 똥완호이탄 지도 MAP 27-B1
교통 청짜우 선착장에서 오른쪽의 Tung Wan Road를 따라
도보 5분. GPS 22.209135, 114.031064

청짜우 섬에서 가장 큰 해변. 반달 모양의 해안을 따라
긴 백사장이 이어지며 무료 샤워실·탈의실·화장실
등 편의시설이 잘 갖춰져 있다. 청짜우 선착장에서
비치로 이어지는 길에는 수영복과 물놀이기구를
파는 상점·슈퍼마켓이 즐비한데 가격도 홍콩 시내와
큰 차이가 없다. 해변에는 식당이 모여 있어 가볍게
요기를 하기에도 좋다.

張 ★☆☆☆☆
保仔洞 청뽀짜이 동굴
Cheung Po Tsai Cave 발음 청뽀짜이동
지도 MAP 27-D3 GPS 22.200276, 114.017550
교통 청짜우 선착장을 등지고 오른쪽으로 도보 25분.

19세기 초 홍콩에서 악명을 떨친 해적왕 청뽀짜이
張保仔가 머물던 곳. 지금은 휑한 동굴 하나만 남겨져
있어 1,200척의 정크선과 5만 명의 부하를 부리던
그의 거처라고는 믿기지 않는다. 표지판을 따라 가면
흰 페인트로 '洞'이라고 쓴 동굴 입구가 나타난다. 동굴
안은 한 사람이 가까스로 들어갈 수 있는 좁은 입구와
사다리만 있을 뿐 조명시설이 전혀 없는 암흑천지다.
강력한 플래시가 없으면 들어갈 수조차 없으니
주의하자. 10m 정도 이어진 깜깜한 동굴을 지나
사다리를 오르면 반대편 출구로 나오게 된다.

小 ★☆☆☆☆
長城 미니 만리장성
Mini Great Wall 발음 싸우챵씽 지도 MAP 27-C1
교통 똥완 비치에서 미니 만리장성 입구까지 도보 10분.
GPS 22.206684, 114.035329

해안선을 따라 이어지는 하이킹 코스. 화강암 계단과 난간의
모습이 만리장성과 비슷하다 해서 지금의 이름이 붙었다.
은근히 가파른 계단이 이어지니 '저질 체력'의 소유자는
주의하자. 코스를 따라가면 기암절벽과 함께 푸른 바다가
펼쳐진다. 전망이 가장 좋은 곳은 미니 만리장성 정상에
위치한 정자다. 정자에서 오른쪽 내리막길로 5분쯤 가면 꽃병
바위 Vase Shape Rock 花瓶石이 있다. 절벽 위에 일부러
얹어 놓은 것처럼 거대한 바위가 똑바로 선 모습이 무척
신기하다. 꽃병 바위에서 4분 정도 가면 사람 머리 모양을 한
인두석 Human Head Rock 人頭石 등의 볼거리도 있다.

미니
만리장성과
꽃병 바위.

청짜우 섬 만두 축제

빡타이 신의 힘으로 전염병을 물
리쳤다는 18세기의 전설에서 유
래한 축제. 4월 말에서 5월 초에
열리며 북제묘 앞의 광장에 찐빵
모양의 만두로 장식한 높이 18m
의 만두 탑 搶包山이 세워진다. 붉
은 글씨를 새긴 만두는 전염병으
로 죽은 이들에게 바치는 음식이다. 5일간의 축제 때는
오직 채식만 허용되기 때문에 섬 전체의 해산물 식당이
문을 닫으며 심지어 맥도날드에서도 버섯 햄버거만 판다.
축제의 하이라이트는 기둥 위에 전통의상을 입은 어린이
를 세우고 거리를 행진하는 화려한 퍼레이드다. 그 뒤를
따라 용춤과 사자춤 행렬이 이어지며 북제묘 앞의 광장
에서는 경극 공연이 열린다. 마지막 날엔 '만두 탑 오르기
시합'을 하는데, 탑 꼭대기의 만두를 가장 먼저 집는 사
람에게 행운이 찾아온다고 한다.

주말 나들이의 명소 **싸이꿍**

싸이꿍 Sai Kung 西貢은 최근 해산물 요리 식당가 Seafood Street Pai Lau가 생기면서 현지인의 발길이 잦아진 작은 어촌이다. 홍콩에 장기 체류하며 현지인의 삶을 좀더 가까이서 느껴보고 싶다면 가볼 만한 곳으로, 삼판선과 요트가 무리지어 떠다니는 항구의 풍경, 그리고 배 위에서 해산물을 사고 파는 현지인들의 소박한 일상을 살펴보는 게 싸이꿍을 제대로 여행하는 요령이다.

MTR 꾼텅 선의 초이홍 Choi Hung 彩虹 역 하차. C2번 출구를 나와 15m 전방에 있는 버스 정류장에서 92번 버스를 타고 종점에서 내린다(25~30분 소요, HK$6.80). 또는 C2번 출구를 나와 왼쪽으로 유턴하면 바로 보이는 정류장에서 초록색 1A번 미니 버스를 타고 종점에서 내린다(20~25분 소요, HK$9.70).

西 貢海傍廣場 싸이꿍 해변 산책로
★★☆☆☆

Sai Kung Waterfront Promenade

싸이꿍호이팡꽝청 地圖 MAP 23-A1
92번 버스 · 1A번 미니 버스의 종점에서 내리면 바로 앞에 있다.
GPS 22.382890, 114.275359

찜사쪼이 해변 산책로와 비슷한 분위기의 산책로. 주말과 휴일이면 여유롭게 산책을 즐기는 사람들의 모습이 눈길을 끈다. 버스 종점에서 산책로 왼쪽으로 800m가량 걸어가면 윈드서핑 스쿨, 오른쪽으로 250m 정도 떨어진 곳에는 해산물 식당가가 있다.

야자수가 이어지는 싸이꿍 해변 산책로.

온갖 해산물이 거래되는 싸이꿍 선착장.

西 貢公眾碼頭 싸이꿍 선착장
★★☆☆☆

Sai Kung Public Pier

싸이꿍꽁중마터우 地圖 MAP 23-B1
92번 버스 · 1A번 미니 버스의 종점에서 도보 2분. 해변 산책로를 따라가면 오른쪽에 있다.
GPS 22.382042, 114.274726

온갖 해산물이 거래되는 소규모 어시장. 선착장을 따라 해산물이 가득 담긴 조그만 배가 줄줄이 정박해 있으며, 배 위에서 어부들이 목청껏 손님과 흥정을 벌이는 모습이 흥미롭다. 거래가 성사되면 기다란 잠자리채(?)를 이용해 해산물과 돈을 주고받는다. 직접 해산물 구입에 도전해볼 수도 있는데 영어가 거의 통하지 않는다는 사실에 주의하자. 구입한 해산물은 근처의 식당으로 가져가면 조리 비용만 받고 원하는 방식대로 요리해준다. 선착장에서는 해수욕을 즐길 수 있는 샤프 섬 Sharp Island 橋咀洲 등 인근 섬으로 가는 페리도 출항한다.

p.332

Harbour City

책자와 함께 본 쿠폰을 제시하면 '하버 시티 푸드 달러 Harbour City Food Dollar' 5장을 드립니다.

※ 증정 장소 : 하버 시티 게이트웨이 아케이트 2층 안내 카운터(GW2335-7 Club Monaco 매장 근처)
※ 수령 시간 : 12:00~20:00(월~일요일 및 공휴일)
※ 하버 시티 푸드 달러는 하버시티의 쿠폰 참여 레스토랑 이용시 주문 금액 HK$100당 HK$10씩 할인되는 쿠폰입니다. HK$100달러당 1장씩 최대 5장까지 사용할 수 있습니다.
※ 사용 가능한 레스토랑은 하버 시티 푸드 달러 뒷면에 표시돼 있습니다.
※ 선착순으로 제공되며 조기 품절될 수 있습니다.
※ 문제가 발생했을 경우 최종 결정 권한은 Harbour City Estates Limited에 있습니다.

유효 기간 | 2020년 8월 31일까지

Close Up Hongkong Macau

Harbour City
Food Dollar

---

p.235

Kee Wah Bakery 奇華餅家

키와 기프트 시리즈 Kee Wah Gift Series를 정가(定價) HK$100 이상 구매하시면 구매 금액의 15%를 할인해드립니다.

※ 이 쿠폰은 홍콩 내 모든 키와 베이커리 지점에서 사용할 수 있습니다(오션 파크점과 홍콩 국제공항점 제외).
※ 이 쿠폰은 현금으로 교환될 수 없습니다. ※ 이 쿠폰은 1회만 사용 가능하며, 복사본은 사용할 수 없습니다.
※ 분쟁 발생시 최종 결정 권한은 Kee Wah Bakery Limited에 있습니다.
※ 이 쿠폰은 웨딩 바우처나 상품권, 다른 할인제도와 중복해서 사용할 수 없습니다.

tel 2898-3662 **map** MAP 10-C5
address G/F, 186-190 Queen's Road East, Wan Chai

유효 기간 | 2020년 8월 31일까지

Close Up Hongkong Macau

15% OFF
on Kee Wah Gift Series with purchase of HK$100 or more(at regular price)

---

p.251

Tai Woo Restaurant 太湖海鮮城

책자와 함께 쿠폰을 제시하면 중국 차(茶) 100g을 무료로 드립니다.

※ 테이블당 1매만 사용 가능하며 타 쿠폰 및 할인 제도와 중복 사용할 수 없습니다.

tel 2893-0822 **address** 9/F, Causeway Bay Plaza 2,
463-483 Lockhart Road, Causeway Bay **map** MAP 11-C4

유효 기간 | 2020년 8월 31일까지

Close Up Hongkong Macau

Free
Chinese Tea Leaves

---

p.325

Chuk Yuen Seafood Restaurant 竹園海鮮

책자와 함께 쿠폰을 제시하면 중국 술 한 병 또는 모둠 전채 요리를 드립니다.

※ 테이블당 1매만 사용할 수 있으며 타 쿠폰 및 할인 제도와 중복 사용할 수 없습니다.
※ 저녁 시간에만 사용할 수 있습니다.
※ 테이크아웃은 불가능합니다.
※ 타 지점에서도 사용할 수 있습니다.

tel 2722-0633
address G/F, HK Pacific Centre, 28 Hankow Road, Tsim Sha Tsui
map MAP 15-C3

유효 기간 | 2020년 8월 31일까지

Close Up Hongkong Macau

Free
a bottle of chinese wine or assorted appetizer

p.332

Harbour City

Receive 5×"Harbour City Food Dollar" by presenting this coupon.

Close Up
Hongkong
Macau

※ Redemption Location：Information Counter in Level 2, Gateway Arcade, Harbour City(near GW2335~7, Club Monaco)

※ Redemption Time：12:00(noon)~20:00(Mon~Sun & Public Holidays)

※ One HK$10 Food Dollar coupon can be used upon every spending of HK$100 at any participating restaurants, two HK$10 Food Dollar Coupons for spending of HK$200, and so on(maximum 5 coupons can be used each time).

※ First come first served, while stock lasts.

※ Harbour City Estates Limited reserves the right of final decision in the event of any dispute.

expiration date | Aug 31, 2020

Harbour City
Food Dollar

---

p.235

Kee Wah Bakery 奇華餅家

Receive 15% off on Kee Wah Gift Series with purchase of HK$100 or more(at regular price).

Close Up
Hongkong
Macau

※ This coupon cannot be redeemed or exchanged for cash.

※ This coupon cannot be used in conjunction with any Wedding Vouchers, Gift Certificates and other promotional offers.

※ This coupon can only be used once and photocopies are not acceptable.

※ This coupon can only be used at all Kee Wah Bakery outlets in Hong Kong (except Ocean Park & Hong Kong International Airport outlets).

※ In case of any dispute, "Kee Wah Bakery Limited" reserves the right of final decision.

tel 2898-3662 **map** MAP 10-C5
address G/F, 186-190 Queen's Road East, Wan Chai

expiration date | Aug 31, 2020

15% OFF
on Kee Wah Gift Series with purchase of
HK$100 or more(at regular price)

---

p.251

Tai Woo Restaurant 太湖海鮮城

Present this coupon to receive free Chinese Tea Leaves(100g).

Close Up
Hongkong
Macau

※ One coupon per table.

※ Not valid with any other offers or discount.

tel 2893-0822 **address** 9/F, Causeway Bay Plaza 2,
463-483 Lockhart Road, Causeway Bay **map** MAP 11-C4

expiration date | Aug 31, 2020

Free
Chinese Tea Leaves

---

p.325

Chuk Yuen Seafood Restaurant 竹園海鮮

You can get a free bottle of chinese wine or an assorted appetizer per table.

Close Up
Hongkong
Macau

※ One coupon per table.

※ Can not use with other offer together.

※ This offer only applicable for dinner.

※ No take away.

※ Coupon can be used in other branch.

tel 2722-0633
address G/F, HK Pacific Centre, 28 Hankow Road, Tsim Sha Tsui
map MAP 15-C3

expiration date | Aug 31, 2020

Free
a bottle of chinese wine or assorted appetizer

홍콩·마카오 대백과 할인쿠폰

p.252

Dim Sum 譽滿坊

책자와 함께 쿠폰을 제시하면 무료 디저트를 드립니다.
주문 전에 쿠폰을 제시해 주세요.

tel 2834-8893 **address** G/F, 63 Sing Woo Road,
Happy Valley **map** MAP 11-C5

Free Dessert

Close Up
Hongkong
Macau

---

p.205

Cha Yuen Fong Tea House
茶綠坊

책자와 함께 쿠폰을 제시하면 총 구매액의 10%를 할인해 드립니다.

tel 2815-1803
address Shop No.202, Welland Plaza, 368 Queen's Road Central, Sheung Wan
map MAP 9-A3

10% OFF

Close Up
Hongkong
Macau

---

p.253

The Red Pepper Restaurant
南北樓

책자와 함께 쿠폰을 제시하면 Almond Beancurd 杏仁豆腐 디저트를 드립니다.
주문 전에 쿠폰을 제시해 주세요.

tel 2577-3811 **address** G/F, Lan Fong Road, Causeway Bay
map MAP 11-D4

Free Dessert

Close Up
Hongkong
Macau

---

p.173

Lock Cha Tea House
樂茶軒

음료나 음식 주문시 책자와 함께 쿠폰을 제시하면 무료 디저트를 드립니다.

tel 2801-7177
address G/F, K.S.Lo Gallery, Hong Kong Park, Admiralty
map MAP 6-F5

Free Dessert

Close Up
Hongkong
Macau

---

p.345

Tangs

책자와 함께 쿠폰을 제시하면 총 구매액의 30%를 할인해 드립니다.

※ 세일 아이템은 제외되며 타 쿠폰 및 할인 제도와 중복해서 사용할 수 없습니다.

tel 2721-1382 **address** Shop MW-4, M/F,
Peninsula Hotel, Tsim Sha Tsui **map** MAP 15-C4
유효 기간 | 2020년 8월 31일까지

30% OFF

Close Up
Hongkong
Macau

p.252

Dim Sum 譽滿坊

You can receive a free dessert with this coupon.
Please present coupon before orders.

tel 2834–8893 **address** G/F, 63 Sing Woo Road,
Happy Valley **map** MAP 11–C5

Free Dessert

---

p.205

Cha Yuen Fong Tea House
茶綠坊

You can get 10% off upon any purchase.

tel 2815–1803
address Shop No.202, Welland Plaza, 368 Queen's Road Central, Sheung Wan
map MAP 9–A3

10% OFF

---

p.253

The Red Pepper Restaurant
南北樓

You can receive Almond Beancurd 杏仁豆腐 with this coupon.
Please present coupon before orders.

tel 2577–3811 **address** G/F, Lan Fong Road, Causeway Bay
map MAP 11–D4

Free Dessert

---

p.173

Lock Cha Tea House
樂茶軒

You can get a free dessert with this coupon when you order drinks or foods.
Please present coupon before orders.

tel 2801–7177 **address** G/F, K.S.Lo Gallery, Hong Kong Park, Admiralty
map MAP 6–F5

Free Dessert

---

p.345

Tangs

Present this coupon to receive 30% discount.

※ Except sales items, ※ Not valid with any other offers or discount,

tel 2721–1382 **address** Shop MW–4, M/F,
Peninsula Hotel, Tsim Sha Tsui **map** MAP 15–C4

expiration date | Aug 31, 2020

30% OFF

p.534

파크 모텔 Park Motel

책자와 함께 쿠폰을 제시하면 숙박비를 1박당 HK$25씩 할인해 드립니다.

※ 객실 1개에 한하며 타 할인 제도와 중복 사용 불가.

tel 2722-1589, 9487-4524 **address** Flat G, 6/F.
Lyton Building, 32-34 Mody Road, Tsim Sha Tsui
web www.parkmotel.co.kr **map** MAP 16-E3
유효 기간 | 2020년 8월 31일까지

1박당
HK$25 OFF

Close Up
Hongkong
Macau

---

p.534

홍콩 호스텔 Hong Kong Hostel

책자와 함께 쿠폰을 제시하면 총 숙박비의 15%를 할인해 드립니다.

※ 객실 1개에 한하며 타 할인 제도와 중복 사용 불가.

tel 2392-6868 **address** Flat A2, 3/F.
Paterson Bldg, 47 Paterson Street, Causeway Bay
web www.hostel.hk **map** MAP 11-D3
유효 기간 | 2020년 12월 31일까지

15% OFF

Close Up
Hongkong
Macau

플레이와이파이 PLAYWiFi ⬛PLAY WiFi

쿠폰 번호 : playwifi2017

포켓 와이파이를 10% 할인된 요금으로 이용할 수 있습니다.

※ 예약시 홈페이지에서 쿠폰번호를 입력하시기 바랍니다.
※ 예약 필수이며, 성수기에는 재고 부족으로 수령이 어려울 수 있습니다.

예약 www.playwifi.co.kr 문의 1688-7035
유효 기간 | 2019년 12월 31일까지

포켓 와이파이
10% OFF

Close Up
Hongkong
Macau

플레이와이파이 PLAYWiFi ⬛PLAY WiFi

쿠폰 번호 : playwifi2017

홍콩 지역의 유심 로밍을 10% 할인된 요금으로 이용할 수 있습니다.

※ 예약시 홈페이지에서 쿠폰번호를 입력하시기 바랍니다.
※ 예약 필수이며, 성수기에는 재고 부족으로 수령이 어려울 수 있습니다.

예약 www.playwifi.co.kr 문의 1688-7035
유효 기간 | 2019년 12월 31일까지

유심 로밍
10% OFF

Close Up
Hongkong
Macau

TWIST

책자와 함께 쿠폰을 제시하면 가격의 5%를 할인해 드립니다.

※ 이 쿠폰은 일부 상품에서는 사용할 수 없습니다.
※ 이 쿠폰은 타 쿠폰 및 할인 제도와 중복 사용할 수 없습니다.
※ TWIST는 사전 공지 없이 할인 내용을 변경하거나 종료할 수 있습니다.
※ 분쟁 발생시 최종 결정 권한은 TWSIT에 있습니다.

iSQUARE address Shop UG06, UG/F, iSQUARE, 63 Nathan Road,
Tsim Sha Tsui, Kowloon **tel** 2377-2880 **open** 12:00~22:00
유효 기간 | 2020년 8월 31일까지

Close Up
Hongkong
Macau

5% OFF

홍콩 마카오 대여행 쿠폰

한 권으로 끝내는 홍콩

두타면세점 DOOTA DUTY FREE

두타면세점 동대문 본점에서 US$50 이상 결제 시 10,000원을 할인해드립니다.

※ 자세한 사용법은 뒷면을 참조하시기 바랍니다.

5 1 1 6 0 0 0 0 0 0 0 3 6 6 5

유효 기간 | 2019년 12월 31일까지

₩10,000 OFF

두타면세점 DOOTA DUTY FREE

두타면세점 동대문 본점에서 US$100 이상 결제 시 30,000원을 할인해드립니다.

※ 자세한 사용법은 뒷면을 참조하시기 바랍니다.

5 1 1 6 0 0 0 0 0 0 0 3 6 6 6

유효 기간 | 2019년 12월 31일까지

₩30,000 OFF

두타인터넷면세점 DOOTA DUTY FREE

두타인터넷면세점 이용시 10달러 더블 할인쿠폰을 드립니다.

※ 두타인터넷면세점(www.dootadutyfree.com)에서 등록 후 사용할 수 있습니다.

※ 자세한 사용법은 뒷면을 참조하시기 바랍니다.

쿠폰코드 | 2019-012

다운로드 기간 | 2019년 12월 31일까지
유효 기간 | 다운로드 일로부터 3개월까지

더블할인쿠폰
US$10

두타몰 DOOTA MALL

두타몰 F&B 3,000원 바우처 교환권을 드립니다.

※ 바우처 교환 후 두타몰 F&B(식음료) 매장에서 사용할 수 있습니다.

※ 두타몰 4층 고객데스크(10:30~23:00)에서 교환할 수 있습니다.

※ 교환 및 사용은 유효 기간 중 1인 1회에 한합니다.

F&B 바우처 교환권
₩3,000

유효 기간 | 2019년 12월 31일까지

두타면세점 DOOTA DUTY FREE

1) 본 할인권은 동대문 본점에서 출국 당 1인 1회 사용 가능합니다.

2) 본 할인권은 일부 브랜드 및 30% 이상 할인 제품은 제외될 수 있습니다.

3) 본 할인권은 내국인(한국인) 전용으로 타 할인 쿠폰과 중복 할인되지 않습니다.

4) 본 할인권의 사용 잔액은 환불되지 않으며 반품 시 재발급되지 않습니다.

5) 본 할인권은 당사 사정에 따라 사용이 제한, 변경될 수 있습니다.

open 10:30~23:00(연중무휴) **tel** 1833-8800
address 서울시 중구 장충단로 275 두산타워 7~13F
web www.dootadutyfree.com

₩10,000 OFF

두타면세점 DOOTA DUTY FREE

1) 본 할인권은 동대문 본점에서 출국 당 1인 1회 사용 가능합니다.

2) 본 할인권은 일부 브랜드 및 30% 이상 할인 제품은 제외될 수 있습니다.

3) 본 할인권은 내국인(한국인) 전용으로 타 할인 쿠폰과 중복 할인되지 않습니다.

4) 본 할인권의 사용 잔액은 환불되지 않으며 반품 시 재발급되지 않습니다.

5) 본 할인권은 당사 사정에 따라 사용이 제한, 변경될 수 있습니다.

open 10:30~23:00(연중무휴) **tel** 1833-8800
address 서울시 중구 장충단로 275 두산타워 7~13F
web www.dootadutyfree.com

₩30,000 OFF

두타인터넷면세점 DOOTA DUTY FREE

※ ID당 기간 내 1회 발급됩니다.

※ 주문금액 US$200 이상시 사용 가능합니다.

※ 쿠폰은 주문 건당 1회 사용할 수 있으며, 타 쿠폰과 중복 사용 가능합니다.

※ 사용 쿠폰은 해당 결제 상품 취소시 자동 복구되며, 쿠폰 유효기간 내 재사용 가능합니다.

※ 일부 브랜드의 경우 쿠폰 사용이 제한될 수 있습니다.

쿠폰 등록 방법

1) 두타인터넷면세점(www.dootadutyfree.com)
로그인(비회원의 경우 회원가입 필수).

2) 마이페이지 → 나의 쇼핑혜택(쿠폰 클릭) →
'쿠폰 등록하기'란에 앞면의 쿠폰 코드 7자리 입력

더블할인쿠폰

US$10

두타몰 DOOTA MALL

※ 교환한 바우처는 일부 식음료 매장에서는 사용이 제한될 수 있습니다.

open 월~토요일 10:30~05:00, 일요일 10:30~24:00
tel 02-3398-3115
address 서울시 중구 장충단로 275 두산타워 1~6F
web www.doota-mall.com

F&B 바우처 교환권

₩3,000

홍콩 마카오 깊이 읽기

太湖海鮮城
TAI WOO RESTAURANT

미쉐린 가이드에서 9년 연속으로
추천한 레스토랑

1. 주문시 이 페이지(Tai Woo Restaurant)를
   보여주신 모든 분께 중국차(5g)를 선물해드립니다!

2. 테이블당 HK$1,200 이상 주문할 경우
   8년산 소흥주 한 병을 선물해드립니다!

1. 샥스핀 수프(Causeway Bay 점, Shau Kei Wan 점 한정)
   또는 닭고기·제비집 수프

2. 전복 굴 소스 조림(1인당 1개)

3. 수프림 소스를 곁들인 캐나다 산 롭스터(1인당 반 마리)

4. 미트 플레이트(구운 오리, 돼지고기 BBQ, 구운 돼지고기)

5. 생선살·생강 볶음밥

6. 꿀을 곁들인 춘권

7. 디저트

8. 스낵

9. 중국차

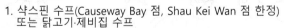

정가 : $1,388
특별가 : $688
특별가 세트 메뉴(2인분)

* 서비스 요금(10%) 포함
* Tsim Sha Tsui 점은 '닭고기·제비집 수프'만 제공됩니다.
* 주문시 이 페이지를 보여주신 분께만 특별가가 적용됩니다.
* 사정에 따라 상기 세트 메뉴가 제공되지 않는 경우도 있습니다.

Causeway Bay
9/F Causeway Bay Plaza 2
463-483 Lockhart Road, Hong Kong
Tel:(852) 2893 0822

Tsim Sha Tsui
14 Hillwood Road
Tsim Sha Tsui, Kowloon
Tel: (852) 2368 5420

오션터미널 데크

신축 확장한 새 오션터미널 5층 건물 옥상인 오션터미널 데크에 올라오면 눈앞에 삼면 바다와 빅토리아 하버가 270도 파노라마로 펼쳐지고 홍콩섬과 구룡반도 두 해안이 눈에 들어옵니다. 이곳은 황홀한 석양과 아름다운 노을을 감상할 수 있는 홍콩 최고의 명당입니다.

홍콩 쇼핑몰의 선두 주자 하버시티

하버시티는 빅토리아 하버 바로 옆 홍콩의 중심에 있습니다. 거대한 하버시티 안에는 홍콩 쇼핑몰의 선두 주자답게 450여개 다양한 매장과 호텔 3개, 갤러리가 있고 미쉐린 추천 레스토랑과 20여 개의 멋진 하버뷰 레스토랑을 포함한 70여개 레스토랑들이 다양한 국제적인 요리를 제공하고 있습니다. 여기 하버시티 안에서 원스톱 쇼핑, 식사, 엔터테인먼트 모두를 즐길 수 있습니다.

여행객에게 드리는 특혜

자세한 특혜 내역:

"pass.harbourcity.com.hk" 에서 온라인으로 등록을 하면 "Harbour Cityzen" 으로 특혜를 받을 수 있습니다. 고객안내데스크에서 여권을 보이면 다양한 쇼핑 매장과 식당에서 제공하는 "전자쿠폰"을 받게 됩니다.

길 안내:
지하철 침사추이역(A1출구) 혹은 동침사추이역(L5출구) 혹은 오스틴역(F출구)에서 도보로 10분 거리
센트럴이나 완차이 페리부두에서 침사추이 부두까지 페리로 7분 여정

전화: (852) 2118 8666 | 웹사이트: www.harbourcity.com.hk | 주소: 3-27, 캔톤 로드, 침사추이, 코룬

 :@hkHarbourCity |  :@HarbourCity | :@hkHarbourCity | :hkHarbourCity | :Harbour City

CLOSE UP

MACAU

클로즈업
마카오 심천

유재웅 송미경 김남일 지음

www.cizup.com

에디터
editor

클로즈업
시리즈

06 | Close up Fukuoka

클로즈업
후쿠오카

2019-20년 최신판.
값 13,900원

Special

① 북큐슈 5대 도시 + 12개 소도시 완벽가이드
② 450개 명소 구글맵 연동 QR코드 지도
③ 휴대하기 편리한 초정밀 Map Book
④ 더 얇고 가볍고 편리해진 가이드 북

01 | Close up Hongkong

13년 연속 베스트셀러

클로즈업
홍콩 · 마카오

2019-20년 최신 전면개정판.
값 17,500원

특별선물

① 돈 되는 할인쿠폰
② 홍콩 · 심천 최신 지하철 노선도
③ 휴대하기 편리한 초정밀 Map Book
④ 따라하기만 하면 OK!
　 22개의 완벽한 모델 코스

02 | Close up Tokyo

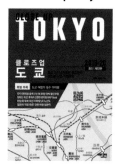

12년 연속 베스트셀러

클로즈업 도쿄

2019-20년 최신 전면개정판.
값 17,000원

특별선물

① 최신 도쿄 시내 지하철 노선도
② 보기 편한 대형 JR · 전철 노선도
③ 휴대용 초정밀 지도, MAP Book
④ 활용도 만점 여행 일본어 회화
⑤ 스마트폰 · 온라인 지도용 GPS 좌표

03 | Close up Osaka

9년 연속 베스트셀러

클로즈업
오사카

2019-20년 최신 전면개정판.
값 18,000원

특별선물

① 최신 오사카 지하철 노선도
② 최신 교토 지하철 · 버스 노선도
③ 친절한 칸사이 철도 노선 가이드
④ 휴대용 초정밀 지도, MAP Book
⑤ 돈 되는 할인쿠폰
⑥ 스마트폰 · 온라인 지도용 GPS 좌표

04 | Close up top city

대한민국 최초 해외여행 코스북

클로즈업
top city
9개국 50코스

값 18,000원

특별구성

① 테마별 강추 여행지 50곳, 50코스.
② 따라가기만 해도 여행이
　 즐거워지는 최초 코스 가이드북
③ 3~7일 코스, 45만 원~100만 원
　 코스를 다양하게 소개.

Must in MACAU

마카오에서 반드시 해야 할 것들

Must Know
마카오 여행 Best 일정 짜기 | 스마트한 Wifi 사용법 | 모델 코스

Must See
유네스코 세계문화유산 | 영화 · 드라마 속 명소
베스트 리조트 | 카지노

Must Eat
마카오 미식 기행

Must Buy
마카오 쇼핑

마카오 여행 Best 일정 짜기

마카오는 서울의 한 개 구 면적에 불과한 아주 조그만 도시다. 대부분의 명소 · 맛집 · 즐길거리는 마카오 반도와 타이파 · 꼴로안 섬의 일부 지역에 모여 있어 일정 짜기도 수월하다. 다음의 내용을 참고로 자신만의 특별한 마카오 여행을 만들어보자.

관광 SIGHTSEEING

마카오 관광의 핵심 포인트는 포르투갈의 400년 식민역사가 만들어낸 이국적인 풍광이다. 특히 마카오 반도의 세나도 광장 주변은 옛 모습이 고스란히 보존된 '중국 속의 작은 유럽'으로 통한다. 도시 곳곳에 세워진 성당과 건축물 대부분이 유네스코 세계문화유산으로 지정된 까닭에 역사 탐방을 테마로 돌아보기에도 좋다. 소박한 시골 풍경이 남겨진 꼴로안 섬과 초대형 리조트가 속속 들어서고 있는 화려한 타이파 섬도 놓치지 말자.

식도락 GOURMET

동서양의 음식을 두루 섭렵할 수 있는 게 매력이다. 딤섬 · 완탕면으로 대표되는 정통 광동 요리, 오랜 식민역사를 통해 받아들인 포르투갈 요리, 그리고 이 둘이 하나로 융합된 매캐니즈 Macanese 요리 등 다채로운 음식 문화가 호기심을 자극한다. 오랜 전통의 맛집은 구시가인 마카오 반도 특히 세나도 광장 쪽에 많다. 타이파 섬의 호텔 · 리조트에는 세련된 스타일의 중식 · 양식 · 일식 레스토랑이 모여 있다는 사실도 기억하자. 고급 요리를 저렴하게 맛볼 수 있는 런치 타임을 노리는 것도 요령!

휴양 RELAXATION

세계적인 수준의 공연도 관람하자

휴양을 목적으로 한다면 최근 지어진 럭셔리 호텔이 밀집한 타이파 섬에 주목하자. 미국의 라스베이거스를 모델로 조성된 이곳엔 5성급 호텔이 즐비하다. 호텔 내에 스파 · 수영장 · 쇼핑몰 · 식당가 등의 편의시설이 완비된 것은 물론, 세계적인 명성의 쇼를 공연하는 극장과 오락 시설까지 갖춰 온전한 휴식의 시간을 즐길 수 있다. 객실 또한 홍콩에 비해 넓고 쾌적해 커플 또는 가족 여행자가 이용하기에도 전혀 부족함이 없다.

쇼핑 SHOPPING

쇼핑 센터는 타이파 섬에 모여 있다

안타깝게도 쇼핑의 즐거움을 만끽하기는 힘들다. 전반적으로 홍콩에 비해 물건이 부족하고 가격도 비싸기 때문. 쇼핑의 만족도를 높이려면 마그네틱 · 자수 제품 등 마카오 색채가 짙은 기념품이나 마카오식 전통 과자, 포르투갈 와인 · 맥주에 주목하자. 가격도 의외로 저렴하다. 슈퍼마켓 · 기념품점은 마카오 반도의 세나도 광장과 타이파 섬의 관야가에 많으며, 대형 쇼핑센터는 타이파 섬의 리조트에서 쉽게 찾아볼 수 있다.

마카오의 지역별 특징

지역	테마	특징	소요시간
마카오 반도	관광 · 유흥 · 식도락 · 건축기행 · 유네스코 세계문화유산탐방	마카오 여행에서 절대 빠놓을 수 없는 핵심 지역. 남유럽 분위기로 가득한 이국적인 풍경과 동서양의 온갖 먹거리가 가득하다.	1~2일
타이파 · 꼴로안 섬	관광 · 유흥 · 리조트	럭셔리 호텔 · 카지노 · 쇼핑센터가 즐비한 '동양의 라스베이거스' 타이파 섬, 마카오의 옛 모습을 간직한 소박한 시골마을 꼴로안 섬으로 이루어져 있다.	1~2일

스마트한 Wi-Fi & 스마트폰 활용법

편하게 인터넷을 사용하려면 해외 무제한 데이터 로밍 또는 포켓 와이파이를 이용하자. 전화를 사용할 일이 많다면 현지 심 카드를 구입하는 게 현명하다. 인터넷 사용량이 많지 않을 때는 공원·관공서·대형 쇼핑센터의 무료 와이파이를 이용해도 된다.

해외 무제한 데이터 로밍

요금이 비싼 대신 스마트폰을 가장 편하게 사용할 수 있다. 자신이 가입한 이동통신사에 해당 서비스를 신청하기만 하면 OK. 현지에서도 우리나라에서 쓰던 방식 그대로 사용하면 돼 기기 조작에 두려움을 가진 '기계치'나 번거로운 일은 질색인 귀차니스트에게 안성맞춤이다. 단, 무제한 데이터 로밍 서비스는 인터넷 사용에만 국한될 뿐 음성 통화에는 적용되지 않아 전화 사용시 적지 않은 통화료(한국 발신 1분당 1,250~1,750원, 수신 1분당 620~1,000원, 마카오 발신·수신 1분당 320~1,000원)를 추가로 물어야 한다.

🔲 1일 9,900원~1만 3,200원(부가세 포함)

무료 무선 인터넷

마카오 전역의 공원·도서관·관공서·박물관에서 무료 와이파이를 사용할 수 있다. 무선 네트워크 가운데 'wifigo'를 선택하고 '사용자 동의 Agree' 버튼만 누르면 된다. 무료 와이파이를 개방해 놓은 대형 쇼핑센터와 카지노도 많다. 대부분 별도의 절차 없이 웹브라우저를 열고 사용자 동의 버튼만 누르면 인터넷을 쓸 수 있다. 이 책의 각 지역별 지도에 '무료 와이파이 존 🛜'이 표시돼 있으니 그것을 참고로 이용하면 된다. 인터넷 속도는 쇼핑센터와 카지노가 좀더 빠르다.

WiFi Go 🔲 www.wifi.gov.mo

포켓 와이파이

할인 쿠폰 p.401 저렴하게 인터넷을 사용하려면 포켓 와이파이를 빌려도 좋다. 인천·김해 국제공항의 대여점에서 휴대용 와이파이 공유기를 대여해주며, 사용법은 일반적인 와이파이와 큰 차이가 없다. 기기 한 대로 동시에 5~10명이 접속할 수 있어 여럿이 이용하면 더욱 경제적이다. 🔲 1일 6,900원~

스마트폰 & 심 카드

컨트리 락이 풀린 스마트폰은 마카오의 이동 통신사 심 카드(유심 카드)를 끼우면 저렴한 현지 요금으로 인터넷과 전화를 사용할 수 있다. 일정 금액의 심 카드(MOP100~200)를 구입한 뒤, 데이터 무제한 요금제(MOP50~200)를 신청하고 남은 금액은 통화료로 사용하는 방식이다. 현지 이동 통신사로는 쓰리닷컴 Three.com과 CTM이 있는데, 요금 및 사용 가능한 데이터 용량이 조금씩 다르니 꼼꼼히 비교해보고 구입하자. 심 카드는 마카오 페리터미널·마카오 국제공항의 심 카드 자판기 또는 시내의 쓰리닷컴·CTM 매장에서 판매한다.

Three.com 🔲 심 카드 MOP 100·200, **데이터 무제한 요금제** 1일 MOP50, 3일 MOP78, 7일 MOP188 🔳 www.three.com.mo

CTM 🔲 심 카드 MOP 100·200, **데이터 무제한 요금제** 3일 MOP100, 7일 MOP200 🔳 www.ctm.net

※온라인 지도 연동 앱은 데이터 통신 요금이 발생하니 주의.

마카오 여행을 위한 무료 앱

Macau Bus Guide & Offline Map

마카오 전역의 버스 이용법을 자세히 소개한다. 실제 버스 운행 노선이 지도상에 표시되기 때문에 초행자도 이용하기 편리하다.
언어 영어 **기종** 안드로이드

Macau Weather Report

마카오의 날씨와 기온을 실시간으로 보여준다. 향후 5일간의 일기예보도 확인할 수 있어 여행 계획을 세우는 데 도움이 된다.
언어 영어·중국어 **기종** 안드로이드·아이폰

Macau Offline Map

마카오 전역의 상세한 오프라인 지도를 제공한다. 인터넷이 연결되지 않은 상태라도 사용할 수 있기 때문에 데이터 요금 부담이 없다.
언어 한국어·영어·중국어 **기종** 안드로이드·아이폰

Macau Taxi 마카오 택시

마카오 시내의 주요 호텔·명소·식당 명칭이 중국어로 표시된다. 영어가 잘 통하지 않는 택시 기사와 만났을 때 이용하면 편리하다.
언어 한국어 **기종** 안드로이드

model Course 01

핵심 마카오 일주 2박 3일

마카오의 핵심 명소만 콕콕 집어서 돌아보는 일정이다. 주말 또는 연휴를 이용해 알찬 시간을 보내려는 직장인에게 적합하다. 체류 기간이 짧아 비용도 상대적으로 적게 든다. 단, 토·일요일은 관광객이 몰리는 시기라 쾌적한 여행을 즐기기는 조금 힘들다는 사실에 주의!

Check { 이 일정을 소화하려면 한국 오전 출발, 마카오 심야 출발 항공편 예약이 필수다. 경비를 절약하려면 숙박비가 저렴한 마카오 반도의 호텔을 이용해도 좋다.

DATA

준비물 마카오 왕복 항공권
숙박 마카오 2박

기본 경비
숙박비 2박 × HK$800 = HK$1,600
생활비 3일 × HK$400 = HK$1,200
교통비 HK$100
항공권 35만 원~
Total HK$2,900 + 35만 원~

DAY 1 ▶ 한국 → 마카오, 마카오 반도

세인트 폴 대성당

공항에서 호텔까지는 무료 셔틀버스를 이용한다. 셔틀버스가 없는 호텔을 예약했을 경우에는 입국장 앞에서 출발하는 AP1번 또는 26번 버스를 타고 간다. 시간이 일러 호텔 체크인이 안 될 때는 프런트에 짐을 맡기고 가벼운 몸으로 움직인다. 우선 식당이 모여 있는 세나도 광장으로 가서 점심을 먹고 주변의 명소를 돌아본다. 명소 사이의 거리가 가까워 충분히 걸어서 돌아볼 수 있다. 해가 지면 저녁을 먹고 마카오의 명물 카지노를 구경한다.

Best course

11:00	마카오 국제공항 도착
12:00	호텔 체크인(또는 짐 맡기기)
12:30	세나도 광장, 점심 식사
14:00	성도밍고 교회·대성당
15:00	육포 골목·예수회 기념 광장
16:00	세인트 폴 대성당
16:30	마카오 박물관·몬테 요새
18:30	상원의원
19:00	저녁 식사·카지노

DAY 2 ▶ 마카오 반도 남부, 꼴로안 빌리지

꼴로안 빌리지

유네스코 세계문화유산으로 지정된 마카오 반도의 성당을 중심으로 여행한다. 먼저 세나도 광장을 찾아간다. 그리고 그 맞은편의 상원의원 뒷골목으로 들어가 가파른 언덕을 오르면 성 아고스띠노 광장을 비롯한 여러 성당·건물이 나타난다. 펠리시다데 거리까지 돌아보고 26A번 버스를 이용해 꼴로안 빌리지로 향한다. 해질녘까지 꼴로안 빌리지를 구경한 다음 버스를 타고 대형 리조트인 베네시안 마카오로 가서 저녁 시간을 보낸다.

Best course

09:00	성아고스띠노 광장
09:30	로버트 호통 도서관
10:00	성아고스띠노 성당
10:30	돈 페드로 5세 극장
11:00	성호세 성당
12:00	성로렌소 성당·점심 식사
13:30	정씨 가문의 집
15:00	펠리시다데 거리
16:30	꼴로안 빌리지
18:00	베네시안 마카오·저녁 식사

DAY 3 ▶ 타이파 섬, 마카오 → 한국

호텔 체크아웃을 마치고 프런트에 짐을 맡긴다. 그리고 타이파 섬의 관야가로 가서 예스러운 거리를 구경하고 이른 점심을 먹는다. 유럽의 시골을 연상시키는 거리를 걷다 보면 자연스럽게 타이파 주택 박물관까지 갈 수 있다.

갤럭시 마카오

오후에는 타이파 섬의 유명 리조트를 구경하며 시간을 보낸다. 갤럭시 마카오에서 스튜디오 시티까지는 무료 셔틀버스를 이용하면 편리하다. 23:00 무렵엔 공항행 버스가 끊겼을 가능성이 높으니 이때는 택시를 이용한다.

Best course

10:00	호텔 체크아웃·짐 맡기기
11:00	관야가·점심 식사
12:30	타이파 주택 박물관
13:30	갤럭시 마카오
15:00	스튜디오 시티
16:00	파리지앵
17:30	윈 팰리스
18:30	저녁 식사·카지노
23:00	마카오 국제공항

model Course 02

여유만만 리조트 휴양 3박 4일

바삐 움직이기보다는 쾌적한 시설의 호텔에서 휴식을 취하며 느긋하게 시간을 보내려는 '호텔족'에게 적합한 일정이다. 이동이 적으므로 어린 자녀를 동반한 가족 단위 여행자에게도 어울린다.

Check {
한국 오전 출발, 마카오 오후 출발 항공편 예약은 필수다. 수영장 등 편의시설이 잘 갖춰진 타이파 섬의 고급 호텔을 예약하자. 관광객이 적은 월~목요일에 가야 쾌적한 여행을 즐길 수 있으며, 숙박비도 저렴해진다.
}

DATA

준비물 마카오 왕복 항공권
숙박 마카오 3박

기본 경비
숙박비 3박×HK$800=HK$2,400
생활비 4일×HK$500=HK$2,000
교통비 HK$100
항공권 35만 원~
Total HK$4,500 + 35만 원~

DAY 1 ▶ 한국 → 마카오, 타이파 섬

호텔까지는 무료 셔틀버스를 이용한다. 호텔 체크인을 마친 뒤 타이파 섬 최대의 쇼핑몰이자 카지노인 베네시안 마카오를 구경한다. 워낙 규모가 커 두세 시간은 훌쩍 지나간다. 호텔 내의 식당에서 저녁을 먹고 하우스 오브 댄싱 워터 등 유명 공연을 관람한다.

Best course

14:00 마카오 국제공항
15:00 호텔 체크인
15:30 베네시안 마카오
18:00 저녁 식사 · 공연관람

DAY 2 ▶ 마카오 반도

출근 러시아워를 피해 상원의원으로 간다. 세나도 광장을 비롯한 주변 명소를 차례로 둘러보고 인근 맛집에서 점심을 먹는다. 오후에는 세인트 폴 대성당을 중심으로 주변의 유네스코 세계문화유산을 구경하고 호텔로 돌아가 느긋하게 휴식을 취한다.

Best course

10:00 상원의원
10:30 세나도 광장 · 성도밍고 교회
11:30 점심 식사 · 세인트 폴 대성당
14:00 마카오 박물관 · 몬테 요새
16:00 성안토니오 성당 · 까몽이스 공원
17:00 호텔 휴식

DAY 3 ▶ 꼴로안 빌리지, 마카오 반도 남부

아침 일찍 한적한 꼴로안 빌리지를 구경한다. 오후에는 마카오 남부로 가서 성 아고스띠노 광장 · 로버트 호통 도서관 · 성 아고스띠노 성당 · 돈 페드로 5세 극장 · 성 호세 성당 · 성 로렌소 성당 · 정씨 가문의 집 · 펜야 성당 · 아마 사원을 차례로 구경한다.

DAY 4 ▶ 타이파 섬, 마카오 → 한국

호텔 체크아웃을 마치고 짐을 맡긴 뒤 타이파 주택 박물관으로 간다. 맛집 골목으로 유명한 관야가에서 조금 이른 점심을 먹고 공항으로 간다. 시간이 빠듯할 때는 호텔 체크아웃을 마치자마자 바로 공항으로 가도 상관없다.

Best course

10:00 꼴로안 빌리지 · 점심 식사
13:00 마카오 남부 성당 순례
18:00 저녁 식사 · 호텔 휴식

Best course

09:00 타이파 주택 박물관
11:00 관야가 · 점심 식사
15:00 마카오 국제공항

성 아고스띠노 광장

카르멜 성당

쇼핑 & 식도락 홍콩 5박 6일

마카오를 중심으로 홍콩의 핵심 명소까지 한꺼번에 돌아보는 코스. 중국·포르투갈·영국의 문화가 혼재된 이국적인 풍경과 다채로운 음식 문화를 동시에 즐길 수 있다.

Check 이 일정을 소화하려면 한국→마카오, 홍콩→한국의 다구간 여정으로 예약 가능한 항공편을 선택해야 한다. 여의치 않을 때는 한국↔홍콩 왕복 항공권을 구입해도 된다. 홍콩 국제공항에서는 마카오까지 고속페리가 다닌다. 마카오는 숙박비가 저렴해지는 월~목요일에 가는 게 좋다.

DATA

준비물 마카오 왕복 항공권
숙박 마카오 3박, 홍콩 2박

기본 경비
숙박비 5박×HK$800=HK$4,000
생활비 6일×HK$500=HK$3,000
교통비 HK$300
항공권 35만 원~

Total HK$7,300 + 35만 원~

DAY 1 　한국→마카오, 타이파 섬

파리지앵

공항에서 호텔까지는 무료 셔틀버스를 이용한다. 여장을 풀고 나와 관야가로 간다. 예스러운 거리의 모습이 흥미로운 볼거리를 제공한다. 포르투갈식 건물이 남겨진 타이파 주택 박물관까지 보고 베네시안 마카오로 간다. 규모가 큰 대형 리조트라 구경하는 데 만만치 않은 시간이 걸린다. 바로 옆에는 에펠탑이 서 있는 파리지앵 리조트도 있다. 저녁은 관야가의 맛집 또는 베네시안 마카오의 식당에서 먹는다.

Best course

14:00 마카오 국제공항
15:00 호텔 체크인
15:30 관야가·타이파주택 박물관
17:30 베네시안 마카오·저녁 식사
20:00 파리지앵

DAY 2 　마카오 반도

세나도 광장

마카오의 핵심 여행지인 세나도 광장 주변을 돌아본다. 이 일대는 포르투갈의 한 도시를 그대로 옮겨다 놓은 듯한 이국적인 분위기가 매력! 멋진 기념사진을 남기기에도 좋다. 세인트 폴 대성당까지 보고 주변의 식당에서 간단히 점심을 먹는다. 남유럽의 향기가 가득한 성 라자로 언덕과 에두아르도 마르께스 거리까지 본 다음, 오랜 전통의 식당이 모여 있는 펠리시다데 거리로 가서 저녁을 먹는다. 해질녘의 풍경도 제법 아름답다.

Best course

09:00 상원의원
09:30 세나도 광장
10:00 성도밍고 교회·대성당
11:30 세인트 폴 대성당·점심 식사
13:00 마카오 박물관·몬테 요새
15:00 성안토니오 성당·까몽이스 공원
16:30 성 라자로 언덕
17:00 에두아르도 마르께스 거리
18:00 펠리시다데 거리·저녁 식사

DAY 3 　꼴로안 빌리지, 마카오 반도 남부

오전에 꼴로안 빌리지를 구경하고 점심 식사를 한다. 26A번 버스를 타고 세나도 광장까지 이동한 다음, 성 아고스띠노 광장부터 시작해 아마 사원까지 구경한다. 미로처럼 복잡한 길과 수시로 나타나는 가파른 언덕길 때문에 걷기가 조금 불편할 수 있으니 주의! 아마 사원에서 세나도 광장까지는 도보 30분 정도 걸린다. 걷기 힘들 때는 버스·택시를 이용하자. 세나도 광장에 도착하면 저녁을 먹고 고즈넉한 야경을 즐긴다.

꼴로안 빌리지

Best course

10:00 꼴로안 빌리지·점심 식사
12:30 성 아고스띠노 광장·
　　　 로버트 호통 도서관
13:00 성 아고스띠노 성당·
　　　 돈 페드로 5세극장
14:00 성호세 성당·성 로렌소 성당
15:00 정씨 가문의 집
16:00 펜하 성당·아마 사원
18:00 세나도 광장·저녁 식사

DAY 4 ▶ 마카오 → 홍콩, 센트럴 · 빅토리아 피크

아침 일찍 체크아웃을 하고 마카오 페리터미널로 간다. 여기서 홍콩까지는 페리로 1시간쯤 걸린다. 홍콩에 도착하면 호텔 체크인 또는 짐을 맡기고 센트럴로 이동한다. 마카오와는 다른 현대적인 도시와 영국 식민시대의 건물이 묘한 대조를 이룬다. 피크 트램을 타고 빅토리아 피크로 올라가 홍콩 전역이 한눈에 들어오는 멋진 전망을 즐긴다. '100만 불짜리 야경'까지 감상하고 홍콩 제일의 유흥가 란콰이퐁에 들러 불타는 밤을 보낸다.

Best course

09:00	호텔 체크아웃
10:00	마카오→홍콩
11:30	호텔 체크인 또는 짐 맡기기
12:00	점심 식사
13:30	황후상 광장 · 구 입법부 빌딩
14:00	홍콩상하이은행
14:30	성 요한 성당
15:20	홍콩 공원
16:00	피크 트램
16:30	피크 타워
17:00	라이온스 파빌리온
18:00	뤼가드 로드 전망대
19:00	야경 감상 · 저녁 식사
21:00	란콰이퐁

성 요한 성당

DAY 5 ▶ 찜사쪼이 · 웡꼭

홍콩의 다운타운 찜사쪼이와 웡꼭을 돌아본다. 1881 헤리티지의 광장에서는 매 시즌 다채로운 이벤트가 열려 흥미로운 볼거리를 제공한다. 해변 산책로 주변에서 빅토리아 항과 홍콩 섬의 전경을 살펴보고 점심을 먹은 다음, 찜사쪼이 동부의 명소를 구경하고 까우롱 공원을 거쳐 하버 시티로 간다. 해진 뒤에는 해변 산책로에서 홍콩의 화려한 야경을 감상한다. 그리고 스타페리 선착장 앞에서 2층 버스를 타고 여인가 야시장으로 가서 쇼핑을 즐긴다.

Best course

10:00	페닌슐라 호텔
10:30	1881 헤리티지
11:30	시계탑 · 해변 산책로
12:30	점심 식사
13:30	스타의 정원
14:30	홍콩 역사 박물관
17:00	까우롱 공원
18:00	하버 시티 · 저녁 식사
20:00	해변 산책로 · 야경 감상
21:00	여인가 야시장

빅토리아 항   여인가 야시장

DAY 6 ▶ 센트럴 · 썽완, 홍콩 → 한국

아침 일찍 체크아웃을 하고 AEL 홍콩 역의 도심공항터미널로 간다. 여기서 미리 탑승수속을 하고 공항으로 짐을 보내 놓으면 홀가분하게 여행을 즐길 수 있다. 센트럴 스타페리 선착장을 출발해 천천히 걷다보면 힐사이드 에스컬레이터가 나타난다. 그리고 PMQ를 거쳐 할리우드 로드로 넘어가면 골동품 상가로 유명한 썽완의 거리가 펼쳐진다. 웨스턴 마켓까지 보고 저녁을 먹은 다음, 홍콩 역으로 돌아가 AEL을 타고 공항으로 출발한다.

Best course

09:00	호텔 체크아웃 · AEL 홍콩 역
10:00	센트럴 스타페리 선착장
10:30	타마르 공원
11:30	IFC 몰 · 점심 식사
13:00	홍콩 금융관리국 자료관
14:00	힐사이드 에스컬레이터
15:00	PMQ
16:00	할리우드 로드
16:30	만모우 사원 · 캣 스트리트
17:30	웨스턴 마켓 · 저녁 식사
19:00	AEL 홍콩 역
19:30	홍콩 국제공항

유네스코 세계문화유산 Best 15

400여 년에 걸친 유럽 열강과의 교류와 포르투갈 식민통치를 통해 탄생한 '중국 속의 작은 유럽' 마카오. 유네스코 세계문화유산으로 지정된 아름다운 광장과 남유럽 냄새가 물씬 풍기는 유서 깊은 성당을 돌아보며 이국적인 매력에 흠뻑 취해보자.

세나도 광장

로맨틱한 남유럽의 풍경이 펼쳐지는 마카오 관광의 중심지. 색색으로 빛나는 건물과 물결 무늬를 이룬 광장 바닥이 멋진 조화를 이룬다. 바닥의 돌은 모두 포르투갈에서 공수해온 것이다. **area** 마카오 반도 p.458

인자당 박물관

1569년 아시아 최초의 사회 복지단체가 설립된 곳. 지금의 건물은 1905년에 신고전주의 양식과 마누엘 양식을 혼합해서 재건된 것이다. 파란 하늘과 대조를 이루는 순백의 외관이 무척 아름답다. **area** 마카오 반도 p.458

기아 요새

마카오에서 가장 높은 언덕 위에 자리한 옛 포르투갈 군의 요새. 1622~1638년에 세워졌으며 꼭대기에는 조그만 등대와 교회가 있다. 등대 앞에 서면 마카오 시가지의 모습이 한눈에 들어온다. **area** 마카오 반도 p.473

상원의원

위풍당당한 신고전주의 양식의 건물. 1784년 남유럽 스타일로 재건된 건물이며 지금도 옛 모습이 고스란히 보존돼 있다. 내부를 장식한 푸른색의 포르투갈 전통 타일도 멋스럽다. **area** 마카오 반도 p.457

나차 사당

마카오에서 유네스코 세계문화유산으로 지정된 몇 안 되는 중국 유적 가운데 하나. 역병 퇴치를 위해 1888년에 세운 조그만 사당으로 어린아이의 모습을 한 신(神) 나차를 모신다. **area** 마카오 반도 p.462

성 도밍고 교회

마치 그림책에서 쏙 뽑아낸 듯한 아름다운 교회. 1587년에 처음 세워진 것을 1828년 지금의 모습으로 재건했다. 교회 내부를 장식한 왕실 문장과 다양한 성상도 큰 볼거리다. **area** 마카오 반도 p.459

세인트 폴 대성당

마카오의 상징으로 유명한 유서 깊은 성당. 1835년의 대화재로 파사드만 남긴 채 송두리째 불타버렸지만 남겨진 건물만 보더라도 과거의 화려한 위용이 충분히 짐작 가고도 남는다. **area** 마카오 반도 p.462

몬테 요새

높은 성벽과 육중한 대포가 파란만장한 마카오의 과거를 되새겨 보게 한다. 1617~1626년에 지은 요새로 2년에 걸친 공격에도 끄떡없을 만큼 완벽한 병기고와 식량 창고를 갖췄다. **area** 마카오 반도 p.461

해상청

1874년 포르투갈 본국에서 마카오의 치안 유지를 위해 파견한 무슬림 병사 200명의 숙소로 지어졌다. 신고전주의 양식에 이슬람 양식이 가미된 독특한 외관이 눈길을 끈다.
area 마카오 반도 p.469

성 아고스띠노 광장

일명 '역사의 교차점'이라고 불리는 조그만 광장. 세나도 광장과 마찬가지로 광장 바닥을 장식한 꽃 모양의 모자이크 문양이 아름답다. 주위를 에워싼 유러피언 스타일의 건물도 볼거리!
area 마카오 반도 p.466

성 호세 성당

1728년 예수회 수도사들이 세운 바로크 양식의 성당. 돔형 천장과 스테인드글라스가 무척 아름답다. 내부에는 성 프란시스코 자비에르의 오른팔 뼈가 안치돼 있다. **area** 마카오 반도 p.467

돈 페드로 5세 극장

1860년에 오픈한 대형 오페라 하우스. 신고전주의 양식의 웅장한 외관과 정문을 장식한 흰 줄무늬의 이오니아식 기둥이 멋스럽다. 지금도 콘서트와 오페라 공연장으로 사용되고 있다.
area 마카오 반도 p.467

아마 사원

1605년에 건립된 도교 사원으로 마카오라는 지명의 유래가 된 여신 아마 阿媽를 모신다. 항상 매캐한 향연기로 뒤덮인 경내에는 아마 여신을 태우고 온 배가 바위에 그려져 있다.
area 마카오 반도 p.469

성 로렌소 성당

1569년에 예수회에서 세운 성당. 1846년 신고전주의 양식과 바로크 양식을 혼합해 지금의 모습으로 재건됐다. 외관은 살짝 밋밋하지만 안으로 들어가면 아름다운 예배당을 볼 수 있다.
area 마카오 반도 p.468

성 아고스띠노 성당

1586년 필리핀에서 건너온 스페인의 성 아고스띠노 수도회가 세운 성당. 외벽을 장식한 흰색의 무늬와 경건한 분위기가 감도는 성당 내부가 아름답다. **area** 마카오 반도 p.467

영화·드라마 속 마카오 명소 Best 11

마카오의 인기를 한층 끌어올린 일등공신은 바로 영화와 드라마다. 2012년 개봉한 〈도둑들〉과 2009년 방영한 〈꽃보다 남자〉가 바로 그 대표작! 이 두 작품의 배경이 된 장소를 찾아 스크린의 감동과 재미를 더욱 강렬하게 느껴보자.

도둑들

청펑 극장

펠리시다데 거리

마카오에 막 도착한 10명의 도둑들이 부푼 꿈(?)을 안고 활보하던 거리다. 골목 안쪽에는 그들의 아지트로 등장하는 청펑 극장 淸平劇院이 있다. 여기서는 영화의 포스터 사진도 촬영됐다. 도둑들이 아지트에 모여 작전 구상을 하는 신을 촬영하던 도중 PD의 아이디어로 우연히 찍은 사진이 마음에 들어 지금의 포스터가 탄생했다고. **area** 마카오 반도 p.466

산바 호스텔

추적추적 비가 내리는 밤 씹던껌(김해숙)과 팹시(김혜수)가 창가에 기대 앉아 술잔을 기울이며 서로의 신세를 한탄하는 장면은 펠리시다데 거리의 산바 호스텔 San Va Hospedaria 新華大旅店에서 촬영했다. 2층의 218 호실이 바로 그곳인데 입구의 계단을 통해 한 층 위로 올라가 왼쪽으로 돌면 객실이 보인다. 이곳은 홍콩 경찰이 도둑들을 감시하는 장면에도 잠시 등장한다. **area** 마카오 반도 MAP 31-D1

218호실

도둑들

하드록 카지노

영화의 메인 무대로 등장하는 카지노다. 영화 초반 블랙리스트 39호로 낙인 찍힌 마카오박이 경비요원의 제지로 카지노에서 쫓겨나는 장면, 티파니의 관심을 끌기 위해 씹던껌과 첸(임달화)이 일본인 부부로 위장하고 바카라를 하는 장면, 카지노 경비요원의 주의를 끌고자 마카오박과 뽀빠이(이정재)가 난투극을 벌이는 장면이 모두 여기서 촬영됐다. **area** 타이파 섬 p.502

도둑들

도둑들

응아팀 카페

마카오박(김윤석)의 지령으로 팹시가 '가짜 태양의 눈물(다이아몬드)'을 건네받는 곳이다. 소박한 매캐니즈 요리를 맛볼 수 있으니 노천 테이블에 앉아 영화 속 장면을 떠올리며 식사를 즐겨도 좋을 듯! 식당 앞의 성 프란시스코 자비에르 성당은 드라마 〈궁〉의 마지막회에도 등장해 한국 여행자에게는 이미 친숙한 명소다 **area** 꼴로안 섬 p.494 · 496 · 504

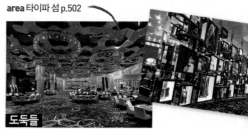

꽃보다 남자

세나도 광장

지갑을 잃어버린 금잔디(구혜선)를 위해 윤지후(김현중)가 기타를 빌려 노래를 부르며 돈을 벌던 곳은 세나도 광장의 마카오 관광청 Macau Business Tourism Centre 앞이다. 이 주변은 마카오에서도 이국적인 색채가 가장 짙은 곳이다. **area** 마카오 반도 p.458

산 마르코 광장

베네시안 마카오

드라마의 메인 무대였다 해도 과언이 아니다. 마카오에 막 도착한 금잔디가 호텔 입구를 찾아 헤메던 장면, 금잔디의 기분을 풀어주려고 F4가 그녀와 함께 곤돌라를 타는 장면, 한밤중의 가면 숨바꼭질 장면이 모두 여기서 촬영됐다. 금잔디와 F4가 함께 어울려 놀던 곳은 3/F층의 산 마르코 광장인데, 실제로 마임 연기자와 거리의 악사들이 펼치는 재미난 공연을 볼 수 있다.
area 타이파 섬 p.500

꽃보다 남자

관야가

구준표(이민호)를 만나는 데 실패한 금잔디가 시내 구경을 나섰다가 소매치기를 당한 곳은 타이파 섬의 맛집 골목인 관야가다. 이곳은 구준표를 피해 호텔에서 도망 나온 금잔디가 싼 숙소를 찾아 헤매던 곳으로도 등장한다. 트렁크를 끌고 지나가는 장면과 날치기 꼬마에게 짐을 빼앗기는 장면은 모두 식당 갈로 Galo(현재 폐업) 앞에서 찍었다.
area 타이파 섬 p.499

꽃보다 남자

세나도 광장 뒷골목

금잔디와 하재경(이민정)이 대화를 나누며 걷던 골목은 세나도 광장 안쪽에 위치한 Travessa do Meio 거리다. 포르투갈의 비좁은 골목을 연상시키는 곳으로 성모 마리아와 아기 예수의 부조를 새긴 사자머리 분수대가 있어 금방 눈에 띈다. 벽에는 1774~1852년 마카오의 풍경을 담은 다섯 개의 타일 벽화가 그려져 있다.
area 마카오 반도 MAP 31-C3

몬테 요새

윤지후가 금잔디와 함께 마카오 나들이를 시작하는 곳은 몬테 요새다. 그들이 만지고 놀던 대포는 요새 정상의 마스트 옆에 있다. 마스트에서 볼 때 첫 번째와 두 번째 대포가 바로 그것이며, 정면으로는 마카오 시내가 한눈에 내려다보인다.
area 마카오 반도 p.461

꽃보다 남자

꽃보다 남자

펜야 성당

금잔디와 윤지후가 찾아간 고즈넉한 성당은 마카오 반도 남부에 위치한 펜야 성당이다. 가슴이 탁 트이는 시원한 전망을 즐길 수 있는 곳으로 바로 앞에는 높이 솟은 마카오 타워와 타이파 섬을 연결하는 타이파 대교가 보인다. 드라마 〈궁〉의 마지막 장면에도 잠시 등장한다(p.492).
area 마카오 반도 p.496

꽃보다 남자

세인트 폴 대성당

금잔디와 윤지후가 오르던 기나긴 계단은 세인트 폴 대성당 앞에 있다. 이곳은 수많은 관광객들로 북적이는 마카오 여행의 중심지이자 기념사진 촬영 포인트로 인기가 높다. **area** 마카오 반도 p.462

즐길거리가 가득, 마카오 리조트 Best 10

must See 03

최근 마카오의 카지노는 커플·가족 여행자를 위한 리조트로 변신을 거듭하고 있다. 굳이 호텔에 묵거나 카지노를 이용하지 않아도 즐길만한 다양한 쇼와 볼거리가 넘쳐나니 색다른 여행을 즐기고자 한다면 유명 리조트로 발을 옮겨보자.

MGM 마카오

황금 사자상이 입구를 지키고 있는 대형 리조트. 안으로 들어가면 유럽의 소도시를 연상시키는 아기자기한 아트리움이 나타난다. 시즌마다 다채로운 이벤트가 열려 풍부한 볼거리를 선사한다. **area** 마카오 반도 p.456

윈 마카오

리듬에 맞춰 춤을 추는 음악분수가 유명하다. 해가 지면 화려한 조명을 받아 더욱 멋진 광경을 연출한다. 2만 1,000개의 수정으로 만든 대형 샹들리에와 황금용이 등장하는 쇼도 볼만하다. **area** 마카오 반도 p.457

갤럭시 마카오

동남아의 휴양지를 닮은 이국적인 생김새가 눈길을 끈다. 분수대에서 초대형 다이아몬드가 솟아오르는 신기한 쇼가 진행되며, 영롱한 색으로 빛나는 수정 다리 등의 볼거리도 있다.
area 타이파 섬 p.498

그랜드 리스보아

건물 전체가 황금빛 유리로 감싸인 독특한 외관의 리조트. 번영을 상징하는 활짝 핀 연꽃 모양을 하고 있다. 내부에는 218.08캐럿짜리 초대형 다이아몬드가 전시돼 있다.
area 마카오 반도 p.457

시티 오브 드림즈

풍수적으로 재물운을 불러온다는 '물'을 테마로 조성된 리조트다. 극장에서는 3,000억 원의 자금이 투입된 세계적 명성의 쇼, 하우스 오브 댄싱 워터가 상연된다. **area** 타이파 섬 p.502

베네시안 마카오

물의 도시 베네치아를 그대로 옮겨다 놓았다. 황금으로 뒤덮인 화려한 궁전과 운하 위를 유유히 떠다니는 곤돌라, 왁자지껄한 거리 공연이 펼쳐지는 광장 등 볼거리가 풍부하다. 해진 뒤에 야경도 아름답다. **area** 타이파 섬 p.500

파리지앵

파리의 거리를 거니는 듯한 착각에 빠지게 하는 대형 리조트. 입구에 우뚝 선 에펠탑과 프랑스의 궁전을 본떠서 만든 건물, 쇼핑몰 곳곳에서 들려오는 감미로운 샹송이 로맨틱한 멋을 더한다. 어둠 속에서 환하게 빛나는 에펠탑의 모습도 볼만하다.
area 타이파 섬 p.501

스튜디오 시티 마카오

〈배트맨〉의 고담 시티를 닮은 외관이 인상적이다. 리조트 이름처럼 영화 스튜디오를 테마로 꾸몄다. 배트맨의 활약을 담은 4D 영화가 상영되는 극장과 8자 모양의 대관람차 등 신나는 즐길거리가 눈길을 끈다. **area** 타이파 섬 p.501

윈 팰리스

멋진 장관을 연출하는 음악분수가 최대의 볼거리다. 낮보다는 화려한 조명이 어우러지는 밤의 모습이 더욱 아름답다. 공중유람을 즐기는 케이블카, 색색의 꽃으로 화사하게 꾸민 조형물 등 다채로운 볼거리가 눈을 즐겁게 한다. **area** 마카오 반도 p.503

샌즈 코타이 센트럴

정글 속을 걷는 기분이 느껴지는 재미난 리조트. 건물 속에서 폭포가 쏟아지고 키 큰 야자수가 자라는 진기한 풍경이 펼쳐진다. 쿵푸 팬더 · 슈렉 등 유명 캐릭터가 등장하는 쇼가 수시로 열린다.
area 타이파 섬 p.502

일확천금! 마카오의 밤을 즐기자

마카오의 밤을 더욱 화려하게 만드는 주역은 카지노다. 으리으리한 규모와 색다른 외관으로 눈길을 끄는 카지노는 쇼나 여흥을 즐기는 관광 명소로도 인기가 높으니 시간을 내 잠시 들러봐도 좋을 듯!

카지노 게임 BEST 6

카지노마다 조금씩 내용이 다르지만 마카오에서 즐길 수 있는 대표적인 게임은 다음의 6가지. 기본적인 룰만 알아도 게임의 즐거움이 더욱 커질 테니 재미삼아 알아두자.

슬롯머신 Slot Machine 가장 고전적인 게임. 코인을 넣고 버튼을 누르거나 레버를 당기면 화면에 표시된 숫자의 조합에 따라 배당금이 나온다. 일부 카지노에서는 코인대신 해당 카지노에서 발급한 슬롯머신 전용 카드를 사용해야 하는 경우도 있다.

빅 · 스몰 Big-Small 셰이커에 담긴 주사위 세 개의 합을 맞추는 게임. 숫자의 합이 4~10인 경우 Small 小, 11~17인 경우 Big 大에 걸면 이긴다. 조합 가능한 숫자의 합을 정확히 맞추면 배당금이 더욱 많아지며, 배당률은 6~50배이다.

바카라 Baccarat 두 카드의 합에서 십 단위를 뺀 나머지 숫자가 9가 되도록 만드는 게임. 카드의 패는 A를 1, J · Q · K와 10은 0, 나머지는 카드에 표시된 숫자를 그대로 계산한다. 9에 가까울수록 높은 패, 0에 가까울수록 낮은 패다.

블랙잭 Black Jack 카드의 합이 21이 되도록 만드는 게임. 카드의 패는 A를 1 또는 11, J · Q · K는 10, 나머지는 카드에 표시된 숫자로 계산한다. 카드의 합이 21에 가까울수록 높은 패가 되지만, 21을 넘으면 무조건 진다.

판탄 Fan Tan 그릇 안에 담긴 단추의 수를 맞추는 게임. 딜러가 그릇에 단추를 담아서 가져간 다음, 그릇을 치우고 단추를 4개씩 제거한다. 최종적으로 남는 단추는 1~4개인데, 이 숫자를 정확히 맞추면 이긴다.

룰렛 Roulette 카지노에서 즐길 수 있는 가장 심플한 게임 가운데 하나. 1~36의 숫자가 적힌 룰렛 판에서 구슬이 어느 쪽으로 들어가나 맞추면 된다. 정확한 숫자를 맞추면 36배의 배당금이 나온다. 숫자 외에 색깔 · 홀짝을 맞추는 쪽에 걸어도 된다.

룰렛 Roulette

블랙잭 Black Jack

마카오의 달인이 알려주는 카지노 알짜 활용법

카지노의 매력은 단순히 도박에만 있는 게 아니다. 대형 카지노에서는 손님을 끌기 위해 라이브 공연이나 마술 쇼 등 다채로운 볼거리를 매일 밤 공짜로 선보인다. 게다가 생수 · 커피 등의 음료수도 무료로 제공한다. 마카오 · 타이파 페리터미널과 중국 국경에서는 카지노까지 무료 셔틀버스가 운행된다는 사실도 잊지 말자.

카지노 무료 셔틀버스

마카오의 카지노는 슬리퍼만 신지 않으면 들어갈 수 있을 만큼 복장 규제가 느슨하다. 단, 입구에서 여권 검사를 하거나 가방 · 카메라는 보관소에 맡기고 들어가야 하는 곳도 있다. 물론 21세미만의 청소년은 출입할 수 없으니 가족 동반 여행자는 주의하자.

여름에는 카지노의
무료 생수를 잊지 말자

마카오의 8대 카지노

무려 50여 개의 정부 공인 카지노가 영업 중인 마카오지만 실제로 사람들이 몰리는 대형 카지노는 다음의 8곳으로 압축된다. 카지노마다 각기 다른 스타일과 저마다의 개성을 뽐내는 특성이 있으니 마음에 드는 곳을 골라서 가보자.

MGM 마카오

윈 마카오 Wynn Macau
차분하면서도 럭셔리한 분위기가 돋보이는 카지노. 여타 카지노에 비해 규모는 조금 작지만 번잡하지 않아 느긋하게 게임에 집중할 수 있는 게 매력이다.
지도 MAP 30-D4 교통 마카오 페리터미널에서 무료 셔틀버스로 8분.

샌즈 Sands
4,000명을 동시에 수용하는 초대형 카지노. 마카오에서 두 번째로 큰 규모를 갖췄다. 스테이지에서는 다양한 쇼가 펼쳐진다.
지도 MAP 29-D4 교통 마카오 페리터미널에서 무료 셔틀버스로 5분.

그랜드 리스보아 Grand Lisboa
층마다 각기 다른 게임을 즐길 수 있는 카지노. 카지노 내부의 극장·스테이지에서는 다양한 쇼와 이벤트가 열린다.
지도 MAP 30-D3 교통 마카오 페리터미널에서 무료 셔틀버스로 8분.

MGM 마카오 MGM Macau
입구에 세워진 초대형 황금 사자상이 눈길을 끄는 곳. 420개의 게임 테이블과 1,100대의 슬롯 머신을 갖췄으며, 룰렛·블랙잭·식보 Sic Bo·바카라 등 다양한 게임을 즐길 수 있다.
지도 MAP 29-C4 교통 마카오 페리터미널에서 무료 셔틀버스로 8분. 또는 세나도 광장에서 도보 20분.

베네시안 마카오

하드록 카지노

갤럭시 마카오

베네시안 마카오 Venetian Macau
점보 747 비행기 90대가 동시에 들어갈 수 있는 세계 최대의 카지노. 베니스의 궁전을 본뜬 화려한 인테리어와 다양한 오락시설을 갖췄다. 자세한 정보는 p.500를 참조하자.
지도 MAP 32-B1 교통 마카오 페리터미널에서 무료 셔틀버스로 15분.

샌즈 코타이 센트럴 Sands Cotai Central
쾌적한 시설이 돋보이는 카지노. 히말라야 Himalaya와 퍼시피카 Pacifica의 두 구역으로 나뉘며, 200개의 게임 테이블과 700대의 슬롯 머신을 갖췄다.
지도 MAP 32-B2 교통 마카오 페리터미널에서 무료 셔틀버스로 15분.

갤럭시 마카오 Galaxy Macau
럭셔리한 스타일이 돋보이는 대형 카지노. 카지노 양쪽 입구에는 재물운을 불러오는 거대한 물방울 샹들리에와 수정 다리 등 재미난 볼거리가 있다.
지도 MAP 32-A1 교통 마카오 페리터미널에서 무료 셔틀버스로 15분.

윈 팰리스 카지노 Wyn Palace Casino
타이파에서 가장 럭셔리한 분위기를 뽐내는 카지노. 베네시안·갤럭시 등에 비해 규모가 작지만 차분한 스타일이 돋보인다. 역동적인 분수 쇼 등의 무료 이벤트를 즐길 수 있는 것도 매력이다.
지도 MAP 32-B1 교통 마카오 페리터미널에서 무료 셔틀버스로 15분.

동서양을 넘나드는 마카오 미식기행

must Eat 01

수백 년에 걸친 동서양의 교류는 마카오에 화려한 음식문화의 꽃을 피웠다. 다채로운 중국요리, 이국적인 포르투갈 요리, 그리고 이 둘이 만나 탄생한 매캐니즈 요리까지, 마카오에서 즐길 수 있는 무궁무진한 맛의 여행을 떠나보자.

중국요리

광동 요리의 꽃 딤섬

인구의 95%가 광동성 출신의 중국인 이란 사실에서 미루어 짐작할 수 있듯 가장 쉽게 접할 수 있는 음식은 중국 요리, 그 중에서도 광동 요리. 신선한 재료를 활용한 담백하고 달콤한 맛이 특징인 광동 요리의 최고봉은 바로 딤섬! 딤섬 전문점은 마카오 반도와 호텔·카지노의 식당가는 물론 푸드코트에서도 쉽게 찾아볼 수 있다. 자세한 딤섬 메뉴는 p.78을 참고하자.

광동 요리를 포함해 중국의 4대 진미로 일컬어지는 상해·사천·북경 요리를 맛보고 싶을 때는 마카오 반도의 세나도 광장·펠리시다데 거리 주변, 또는 대형 호텔·카지노의 식당가로 가면 된다.

주의할 점은 홍콩과 마찬가지로 음식에 '고수 Coriander 芫茜'가 들어간다는 사실이다. 허브의 일종인 고수는 역한 향 때문에 우리 입에는 잘 맞지 않는다. 주문할 때 '짜우 임싸이 走芫茜' 또는 'No coriander, please'라고 하면 고수를 뺀 음식을 준다.

추천 중국 요리 레스토랑

The Eight p.476　Wing Lei p.477
Din Tai Fung p.505　Canton p.505
Restaurante Tim Ho Wan p.506

죽면전가

이름 그대로 죽과 면을 전문으로 하는 식당이다. 간단히 식사를 해결하기에 좋아 현지인도 즐겨 찾는다. 하지만 아무리 작은 식당이라도 수십 가지 죽과 면을 취급하기 때문에 중국어에 익숙하지 않으면 메뉴 고르기가 상당히 어렵다. 이때는 '소고기 牛', '새우 蝦가 들어간 메뉴를 고르면 크게 실패하지 않는다. 절대 놓치지 말아야 할 메뉴는 완탕면 雲呑麵인데, 건어물로 우린 맑은 국물에 꼬들꼬들한 생면과 큼직한 새우 완자를 넣어서 내준다.

완탕면

추천 죽면전가

Wong Chi Kei p.478

서양요리

스타 셰프 레스토랑도 찾아가 보자

호텔·카지노의 식당가에서는 스테이크·파스타 등의 서양 요리도 쉽게 맛볼 수 있다. 최근에는 미식 가이드 《미쉐린》에서 맛집으로 인정받는 레스토랑도 늘어나는 추세인데, 만점인 별 3개를 받은 레스토랑까지 있을 정도다. 호텔·카지노에서 운영하는 서양 레스토랑은 점심에 가면 저렴하게 최고급 요리를 맛볼 수 있다는 사실도 알아두면 좋을 듯!

추천 서양요리

Robushon au Dôme p.477

포르투갈·매캐니즈 요리

바칼라우

아프리칸 치킨

400여 년에 걸친 오랜 식민통치의 결과 포르투갈 음식이 자연스럽게 뿌리를 내렸으며, 포르투갈과 마카오 음식이 융합된 매캐니즈 Macanese 요리란 고유의 음식문화도 탄생했다. 두 요리의 특징은 해산물을 사용한 음식이 많다는 것. 특히 염장 대구를 재료로 만드는 바칼라우 Bacalhau가 대표 음식이다. 코코넛 밀크와 커리로 맛을 낸 커리 크랩 Curry Crab, 달콤하면서도 매콤한 맛이 입 맛을 돋우는 아프리칸 치킨 African Chicken, 스파이시한 조개찜도 한 번쯤 맛봐야 할 매캐니즈 요리로 꼽힌다. 단, 우리 입에는 무척 짜게 느껴질 수 있으니 주의! 또한 '고수 Coriander 芫茜'를 사용하는 음식이 많으니 원치 않을 때는 빼달라고 하는 게 안전하다.

추천 포르투갈·매캐니즈 식당
Boa Mesa p.478
Restaurante Fat Siu Lau p.481
Ou Mun Cafe p.481

에그타르트

에그타르트

에그타르트와 찰떡 궁합인 커피

커스터드 크림이 가득 담긴 마카오식 에그타르트 Egg Tart 蛋撻는 따뜻할 때 커피를 곁들여 먹으면 더욱 맛있다. 퍼석퍼석한 홍콩식 에그타르트와 달리 패스트리 도우를 사용하는 까닭에 바삭하면서도 촉촉한 질감이 살아있다. 관광지 어디서나 팔지만 진정한 에그타르트 맛집은 딱 두 곳밖에 없다는 사실을 절대 잊지 말자!

추천 에그타르트 맛집
Magaret's Cafe e Nata p.479
Lord Stow's Bakery p.508

쭈빠빠오

마카오의 국민 간식으로 통하는 쭈빠빠오 猪扒包는 구운 돼지갈비를 빵 사이에 끼워주는 무척 심플한 음식이다. 달콤하게 간을 했을 뿐 아무런 양념도 없으며 그 흔한 양상추 한 장도 끼워주지 않아 다소 무성의해(?) 보이기까지 한다. 하지만 의외로 맛은 훌륭하다. 음료로는 콜라 또는 달콤한 마카오식 밀크티 奶茶를 곁들여 먹으면 좋다.

추천 쭈빠빠오 식당
Tai Lei Loi Kei p.506

마카오 전통 쿠키

중국식 과자에 포르투갈식 제과기술이 접목된 전통 쿠키는 마카오에서만 맛볼 수 있는 특별한 먹거리다. 숯불에 구운 아몬드 쿠키와 바삭한 호두과자, 달콤한 에그롤은 간식은 물론 선물로도 손색이 없다. 전통 쿠키 숍은 마카오 반도의 육포 골목에 모여 있으며, 세나도 광장이나 쇼핑 센터에서도 쉽게 눈에 띈다.

독특한 향과 맛의 전통 과자

추천 마카오 전통 쿠키 숍
Pastelaria Koi Kei p.482 · 507
Choi Heong Yuen Bakery p.484

디저트

식사를 마친 뒤에는 마카오에서만 맛볼 수 있는 디저트로 깔끔하게 입가심을 하자. 중국식 디저트 음료인 양지깜루 陽枝甘露는 망고 특유의 상큼 달콤한 맛이 매력! 마카오 대표 디저트 세라두라 Serradura는 촉촉한 생크림과 곱게 간 쿠키 가루를 켜켜이 쌓아서 만든 달콤 고소한 맛이 환상적이다.

세라두라

추천 디저트 숍
Lemon Cello p.483
Gelatina Musang Mok Yi Kei p.508

두 손 가득, 마카오 쇼핑 즐기기

마카오의 성공 쇼핑 노하우는 홍콩과는 다른 이국적인 아이템을 고르는 것이다. 특히 포르투갈 색채가 강한 물건이 많아 쇼핑의 재미를 더한다. 쇼핑 센터가 모인 타이파 섬과 달리 마카오 반도에는 대형 점포가 별로 없으니 조그만 숍과 노점을 꼼꼼히 살펴보자.

기념품 SOUVENIR

'마카오 기념품=포르투갈 특산품'이란 등식이 성립할 만큼 포르투갈의 영향을 받은 물건이 풍부하다. 대표적인 아이템은 행운을 안겨주는 수탉 마스코트 갈로 Galo를 응용한 장식이다. 마그네틱·열쇠고리·와인커버 등 깜찍한 아이템이 많아 기념품은 물론 선물용으로도 좋다. 취급하는 곳은 베네시안 마카오·파리지앵·갤럭시 마카오의 기념품점 또는 세인트 폴 대성당·관야가 주변의 숍이다. 포르투갈 스타일의 자수나 예쁜 패브릭 제품 역시 기념품점에서 쉽게 구할 수 있다.

마카오의 유명 관광지를 모델로 만든 예쁜 마그네틱은 시내 어디서나 구입할 수 있는데, 세인트 폴 대성당·관야가 주변의 기념품점이 저렴하며 여러 개를 살 경우 흥정도 된다. 대형 카지노에서는 카지노 칩·카드 세트 등의 기념품도 판다. 슈퍼마켓·편의점에서는 포르투갈·마카오 맥주를 구입하는 즐거움도 잊지 말자. 가격도 무척 저렴하다.

추천 기념품점

베네시안 마카오 p.510　갤럭시 마카오 p.498
파리지앵 p.511　Cunha Bazar p.511

포르투갈 와인 PORTUGUESE WINE

마카오에서는 세계 각국에서 수입한 다양한 와인을 저렴하게 판다. 특히 우리나라에서 구하기 힘든 포르투갈 와인을 손에 넣을 수 있는 절호의 찬스다.

포르투갈의 대표적인 와인으로는 디저트 와인의 대명사이기도 한 포르토 Porto가 유명하다. 포르토는 숙성 도중 75도 이상의 브랜디를 섞어 발효를 억제하고 알코올 도수(15~21도)를 높인 와인이다. 미각을 자극하는 강렬한 단맛 때문에 식후에 디저트로 즐기기에 안성맞춤! 대중적인 맛을 선호한다면 알렌테주 Alentejo 산(産) 와인이 좋다. 초보자에게도 부담 없는 프랑스 스타일의 자연적인 맛이 특징이다. 젊은 와인으로는 베르데 Verde 지방의 카살 가르시아 Casal Garsia를 추천한다. 생산된 지 2년 이내의 신선한 맛을 즐기는 테이블 와인으로 새콤함과 알싸한 청량감이 일품이다.

와인은 마카오 시내의 슈퍼마켓에서 손쉽게 구할 수 있다. 부담 없는 가격의 와인을 구입하기에는 대중적인 슈퍼마켓인 Royal 來來(MAP 31-D4), 고급 와인과 수입 와인을 고르기에는 New Green Box Pavilion(p.485), Cool-ThingzZ & Portuguese Spot(p.511)가 좋다.

Macau
澳門 마카오

ACCESS

인천 ➡ 마카오
비행기 4시간 10분

부산 ➡ 마카오
비행기 3시간 30분

홍콩 ➡ 마카오
페리 65~75분

마카오
퀵 가이드

'동양의 라스베가스'란 별명에 걸맞게 카지노로 가득한 도시 마카오. 하지만 그에 못지않게 여행자를 끌어모으는 또 하나의 요소는 유네스코 세계문화유산으로 지정된 수많은 성당과 포르투갈 식민시대에 조성된 이국적인 풍경이다. 옛 모습이 온전히 보존된 거리를 거닐며 동서양의 문화가 공존하는 마카오의 매력에 푹 빠져보자. 이국적인 포르투갈 요리를 맛볼 수 있는 것도 흥미롭다.

마카오 요점 정리

여행 포인트
유네스코 세계문화유산에 등재된 성당, 그리고 화려한 카지노가 볼거리다. 식도락의 즐거움도 놓칠 수 없다.

여행 기간
도시 규모가 작아 핵심 명소 위주로만 본다면 1~2일, 전체를 다 본다 해도 3~4일이면 충분하다.

베스트 시즌
여행의 최적기는 화창한 날이 이어지는 10~11월이다. 날씨가 온화한 2~4월도 여행하기에 좋다.

마카오는 어떤 곳?

남유럽 분위기가 감도는 마카오의 구시가

포르투갈 색채로 가득한 풍경 때문에 흔히 '중국 속의 작은 유럽'으로 불리는 마카오. 마카오는 홍콩에서 서쪽으로 70km 가량 떨어진 주장 강 珠江 하구에 위치한다. 원래 이곳은 조그만 어촌에 불과했으나 1513년 유럽에서 신흥 해양국가로 발돋움한 포르투갈이 마카오에 상륙해 명나라와 교역을 시작하면서 엄청난 변화의 길을 걷게 됐다.

1557년 명 조정과의 협상을 통해 공식적인 마카오 체류권을 획득한 포르투갈은 이곳을 유럽과 아시아를 잇는 무역항으로 조성하려는 원대한 계획을 세웠다. 그들과 함께 들어온 예수회 선교사들 역시 선교 거점으로 마카오를 점찍으며 도시의 발전을 가속시켰다.

아편 전쟁(1840~1842)으로 홍콩을 식민지화하는 데 성공한 영국의 행동에 자극받은 포르투갈은 1845년 '마카오 자유항'을 선포하며 무력으로 마카오를 점령, 결국 1887년 마카오를 자국의 식민지로 편입시키는 데 성공했다.

하지만 번영의 일로를 구가하던 홍콩과 달리 마카오는 무역항으로서의 기능을 점차 잃어 갔다. 교역량 증가와 더불어 무역선의 수요도 급증했으나, 주장 강 하구에 쌓이는 막대한 양의 퇴적물로 인해 대형 선박 운항이 어려워지자 무역선의 거점이 자연스레 홍콩으로 이동한 것. 더구나 쇠퇴하는 포르투갈의 국력과 함께 마카오의 위상도 추락을 거듭했다.

그나마 다행스러운 일은 제2차 세계대전 당시 중립국 지위를 이용해 전화(戰禍)를 피할 수 있었다는 것이다. 덕분에 16세기부터 세워진 수많은 성당과 예스러운 건물·거리가 온전히 보전될 수 있었고, 이는 마카오가 세계적인 관광

알아두세요
마카오는 원래 마카오 반도와 타이파 섬, 꼴로안 섬의 세곳으로 나뉘어 있었다. 하지만 현재의 지도를 보면 마카오 반도와 타이파·꼴로안 섬의 두 곳으로만 구분돼 있는데, 이는 타이파 섬과 꼴로안 섬 사이의 바다를 매립해 하나의 섬으로 연결시켰기 때문이다.

도시로 거듭나는 든든한 디딤돌이 됐다. 2005년에는 마카오의 8개 광장과 22개 사적(史蹟)이 유네스코 세계문화유산에 등재됐다. 또한 정부 주도로 육성한 카지노 산업을 통해 엄청난 투자가 이뤄져 현재 연간 방문객 수가 2,000만 명에 이르는 아시아 제일의 관광도시로 성장했다.

마카오 즐기기

볼거리 수백 년에 걸친 유럽 열강과의 교류, 그리고 포르투갈 식민 역사를 통해 형성된 이국적인 문화가 다채로운 볼거리를 선사한다. 유네스코 세계문화유산으로 지정된 수많은 성당과 거리를 돌아보며 역사 여행의 재미에 빠져보는 것도 흥미롭다. 이와 더불어 '동양의 라스베가스'란 표현에 걸맞게 즐비한 대형 카지노 역시 색다른 즐길거리를 제공한다.

먹거리 딤섬·완탕 등의 광동요리는 물론, 오랜 식민 통치의 영향으로 독특한 포르투갈 요리를 맛볼 수 있는 것도 큰 즐거움이다. 대형 카지노·호텔에는 합리적인 가격으로 최고급 요리를 선보이는 레스토랑이 많아 식도락 여행을 즐기기에도 그만이다.

쇼핑 세련된 아이템을 찾아보긴 힘들다. 하지만 포르투갈 풍의 아기자기한 기념품과 진귀한 포르투갈 와인이 쇼핑의 재미를 더해준다. 구시가인 마카오 반도에는 서민적인 슈퍼마켓과 조그만 상점, 신시가인 타이파 섬에는 호텔·리조트에 부속된 대형 쇼핑몰이 모여 있다.

흥겨운 마카오 민속무용을 추는 사람들

마카오에 대해 알고 떠나자

국명 마카오 Macau 澳門

1999년 중국 반환 이후 독립된 국가의 개념은 사라졌지만, 지명은 과거 그대로 마카오로 불리고 있다. 북경어로는 '아오먼'이라고 발음한다. 마카오란 지명의 유래에 대해서는 p.469를 참고하자.

국기 마카오 특별행정구기(旗)

마카오 특별행정구로 지정돼 있어 별도의 국기를 사용한다. 아래 부분의 활짝 핀 연꽃은 영원한 번영을 상징하며 다섯 개의 별은 중국 국기인 오성홍기 五星紅旗에서 따온 것이다. 바탕의 초록색은 포르투갈 국기에서 차용한 것으로 성실과 희망을 의미한다.

면적 및 지형 23.8㎢

서울 면적의 1/25. 중국 대륙의 남동부 주장 강 珠江 하구에 위치하며, 마카오 반도와 그에 부속된 타이파 섬·꼴로안 섬 등으로 이루어져 있다.

인구 및 인구밀도 43만 3,000명, 1만 8,193명/㎢

워낙 국토가 좁아 인구밀도가 우리나라의 39배에 이른다. 하지만 대부분 마카오 도심에 모여 살기 때문에 교외의 타이파·꼴로안 섬은 상대적으로 한적하다.

인종 중국인·포르투갈인

인구의 95%는 광동 지역 출신의 중국인이다. 포르투갈인을 비롯한 백인과 기타 외국인이 5%의 비율을 차지하고 있다. 한국 교민은 300명 정도이며 대부분 여행업에 종사한다.

정치체제 마카오 특별행정구

1999년 12월 20일 중국 반환 이후 국가 기본 체제는 중국을 따르고 있으나, 그 외의 시스템은 기존의 자본주의 체제를 유지하고 있다.

공용어 광동어·북경어·포르투갈어

대부분 광동어를 사용하며 북경어·포르투갈어도 일부 통용된다. 영어가 통하는 곳은 그리 많지 않다.

1인당 국민소득 US$5만 1,430

우리나라의 약 2.2배. 국민의 87%가 카지노·서비스업에 종사한다.

전기 220V, 50Hz

콘센트는 우리나라와 다른 영국·홍콩식의 3핀 타입을 사용한다. 우리나라의 가전제품을 사용하려면 변환 플러그를 우리나라, 또는 현지의 전자제품 매장에서 구입해야 한다. 호텔에서는 변환 플러그를 빌려주기도 한다.

마카오 전화

시내 곳곳에 공중전화 부스가 있다. 공중전화 요금은 시내통화 5분당 MOP1이며, MOP1·5짜리 동전 또는 전화카드를 사용한다. 홍콩·한국에서 마카오로 전화를 걸 때는 마카오 국가번호인 853을 누르고 나머지 번호를 차례로 누른다.

통화 MOP 마카오 파타카

2019년 7월 현재 MOP1≒155원이다. 마카오의 자체 화폐는 파타카지만 홍콩 경제권에 부속된 까닭에 홍콩 달러가 마카오 파타카와 1:1의 가치로 통용된다. 즉, 식당·상점 등 거의 모든 곳에서 홍콩 달러를 액면가 그대로 사용할 수 있어 소액이라면 굳이 환전할 필요는 없다. 하지만 실제 환율은 HK$1=MOP1.01~1.03으로 홍콩 달러의 가치가 조금 높다. 따라서 HK$500 이상의 금액은 마카오 파타카로 환전해서 사용하는 게 이득이다. 예를 들어 HK$500을 환전하면 MOP514 정도를 받을수 있어 MOP14만큼 돈을 버는 셈이다. 환전소나 은행은 공항·페리터미널은 물론 시내 곳곳에 있다. 환전할 때는 '수수료 Commission' 여부를 확인하자. 대부분 수수료가 필요 없지만 일부 환전소에서는 MOP1~5의 수수료를 떼기도 한다.

마카오에서 자유로이 통용되는 홍콩 달러와 달리 마카오 파타카는 홍콩에서 전혀 사용할 수 없다. 홍콩으로 가는 순간 휴지조각이 돼버리니 남은 돈은 반드시 마카오에서 소진하거나 홍콩 달러로 바꿔 놓아야 한다.

마카오 파타카

동전
MOP1·5·10, Avos 5·10·50
(MOP1=아보스 Avos 100)

지폐
MOP10·20·50·100·500·1,000

거스름돈은 홍콩 달러로

식당·상점에서 홍콩 달러를 사용할 경우 거스름돈을 홍콩 달러로 받을 수 있다. 점원에게 'Hong kong dollar, please'라고 부탁하자.

공휴일

1월 1일 설날	6월 24일 성 밥티스트제
1월 1~3일(음력) 구정	9월 9일(음력) 중양절
5월 1일 노동절	10월 1일 중화인민공화국 수립일
5월 31일 파티마 성모 마리아 행렬	11월 2일 사은절
6월 2일 성체절	12월 24·25일 크리스마스

업소 및 관공서 영업 시간

	평일	토요일	일·공휴일
은행	09:00~16:30	09:00~12:30	휴무
우체국	09:30~17:00	09:30~13:00	휴무
상점	11:00~22:00	11:00~22:00	11:00~22:00
관공서	09:30~17:00	09:30~13:00	휴무

마카오 기후표

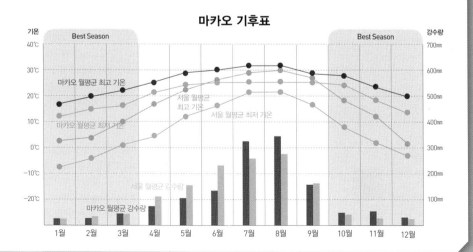

한국에서 마카오로

우리나라에서 비행기로 마카오까지 가는 데 걸리는 시간은 3시간 30분~4시간 10분. 도착하는 곳은 마카오 남부 타이파 섬에 위치한 마카오 국제공항이다. 공항이 무척 아담해(?) 이용에 큰 어려움은 없다. 도착과 동시에 간단한 입국 심사를 받고, 짐을 찾은 뒤, 세관 검사를 마치면 모든 입국 절차가 끝난다. 공항에서 시내로 들어갈 때는 호텔 무료 셔틀버스 또는 버스 · 택시를 이용한다.

마카오 국제공항 요점 정리

입국 심사
여타 국가와 달리 입국 카드를 작성할 필요가 없다. 입국 심사대에서 여권만 제시하면 OK!

공항 구조
입국장은 G/F층에 있다. 공항 규모가 작고 곳곳에 한글 표지판이 붙어 있어 이용하기 편리하다.

시내 이동
호텔 무료 셔틀버스 강추! 특정 목적지를 찾아갈 때는 택시를 이용하는 게 편리하며 요금도 저렴하다.

마카오 국제공항
Macau International Airport 澳門國際機場

홍콩과 마찬가지로 우리나라와 1시간의 시차가 있으니 비행기에서 내리기 전에 시계를 1시간 뒤로 돌려놓는다. 마카오 국제공항은 규모가 작고 곳곳에 한글 표지판이 붙어 있어 이용에 큰 어려움은 없다.

마카오 국제공항
입국장은 G/F층, 출국장은 1/F층이다.
🌐 www.macau-airport.com

1 입국 심사

비행기에서 내려 사람들이 이동하는 방향으로 따라가면 잠시 후 입국 심사대가 나타난다. 입국 심사대는 홍콩 · 마카오 거주자용과 외국인용으로 나뉘어 있으니 외국인을 뜻하는 'Visitors 訪澳旅客' 쪽에서 입국 심사를 받는다. 마카오는 여타 국가와 달리 입국 신고서를 작성할 필요가 없기 때문에 입국 심사시 여권만 제시하면 된다. 그러면 간단한 확인을 거쳐 입국일과 체류 가능 기간(90일)이 적힌 조그만 쪽지 모양의 입국 허가증을 여권에 끼워서 돌려준다.

2 세관 검사 & 도착

입국 심사대를 나와 오른쪽으로 가면 '수하물 수취대 Baggage Claim 行李認領'이 있다. 모니터에 표시된 항공편명을 확인하고 짐을 찾은 뒤 바로 앞에 보이는 '세관 Customs 海關'으로 간다. 역시 세관에서도 특별한 검사 없이 바로 통과시켜줄 것이다. 이제 '출구 Exit 出路'라고 쓰인 문을 나서면 마카오 도착이다. 입국장 앞에는 시내의 호텔을 저렴하게 예약해주는 여행사와 환전소, 왼쪽에는 관광 인포메이션 센터가 있다.

마카오 국제공항에서 시내로

마카오 국제공항은 마카오 남쪽의 타이파 섬 Taipa 氹仔에 위치하며, 시내까지는 차로 10분 정도 걸린다. 호텔을 예약한 경우 무료 셔틀버스, 그렇지 않다면 버스·택시를 이용한다. 워낙 규모가 작은 도시라 택시를 타도 그리 부담스럽지 않다.

호텔 셔틀버스 Hotel Shuttle 酒店專車

입국장을 나오자마자 오른쪽으로 가면 '호텔 리무진 Hotel Shuttle 酒店專車' 표지판이 보인다. 표지판이 가리키는 방향으로 나가면 정면에 버스 정류장이 있다. 베네시안 마카오·샌즈 코타이 센트럴·시티 오브 드림즈·갤럭시 마카

무료로 이용할 수 있는 호텔 셔틀버스

오·MGM 마카오 등 주요 호텔을 오가는 무료 셔틀버스가 대부분 여기서 출발한다. 굳이 해당 호텔 이용자가 아니어도 마음대로 탈 수 있으니 교통비를 절약하려면 호텔 셔틀버스를 적극 활용하자.

호텔 셔틀버스

일부 호텔 셔틀버스는 공항 1/F층에서 출발한다. 자세한 셔틀버스 운행 정보는 해당 호텔 홈페이지에서 확인할 수 있다.
🕐 10:00~22:30(호텔마다 다름)
💰 무료

버스 Bus 巴士

공항과 시내를 연결하는 AP1번 버스

입국장을 나와 정면 왼쪽에 여행사 카운터가 모여 있는 곳으로 가면 '대중교통 버스 Public Bus 公共巴士' 표지판이 붙은 출구가 보인다. 그쪽으로 나가 왼편을 보면 두 개의 버스 정류장이 있다.

마카오반도로 들어갈 때는 '26·51A·AP1·AP1X'번이라고 표시된 정류장에서 AP1번 버스를 타고 마카오 페리터미널(p.437)로 간 다음(15분 소요), 최종 목적지까지 가는 버스 또는 호텔 셔틀버스로 갈아탄다.

세나도 광장(p.458)이 있는 마카오 반도의 구시가 방면으로 갈 때는 'MT1·MT4·36·N2'번이라고 표시된 정류장에서 MT1번 버스를 타고 Praça Ferreira Amaral 亞馬喇前地 정류장에서 내리면 된다(20분 소요).

요금은 탈 때 운전석 옆의 요금함에 넣는다. 거스름돈을 주지 않으니 잔돈을 준비했다가 정확한 요금을 내야 한다. 안내방송은 광동어·포르투갈어·북경어·영어의 순으로 나온다. 기타 자세한 이용법은 p.440을 참고하자.

AP1번 버스

🕐 06:00~01:20
💰 MOP6

MT1번 버스

🕐 05:45~24:00
💰 MOP6

택시 Taxi 的士

입국장을 나와 오른쪽으로 가면 '택시 승강장 Taxi 計程車' 표지판이 보인다. 그쪽 출구로 나가면 택시가 줄줄이 서 있는데 그중 제일 앞에 있는 차를 타면 된다. 영어가 잘 통하지 않으니 목적지명을 한자로 적어서 보여주는 게 안전하다. 요금은 미터에 표시된 만큼만 받지만 공항에서 시내로 들어가는 경우에 한해 MOP5가 추가된다. 또한 트렁크에 짐을 실을 경우 짐 1개당 MOP3의 추가요금이 붙는다. 자세한 이용법은 p.443을 참고하자.

택시

💰 타이파 섬 MOP30~
마카오 반도 MOP70~

부담없는 요금의 택시

홍콩에서 마카오로

홍콩~마카오는 버스와 고속 페리로 연결된다. 환승 및 출입국 절차에 필요한 시간을 포함 버스는 홍콩 시내 출발 기준 2~3시간, 페리는 1시간 30분~2시간이 소요된다. 요금은 버스가 페리의 절반 수준으로 저렴하지만 버스터미널이 시내에서 멀찍이 떨어져 있어 교통이 불편한 게 단점이다. 요금이 비싸더라도 빠르고 편한 쪽을 원하면 페리, 시간이 조금 걸리더라도 요금이 저렴하고 뱃멀미의 우려가 없는 쪽을 원하면 버스를 이용한다.

마카오 행 교통편 요점 정리

직행 버스
강주아오 대교를 오가는 HZM 버스와 ONE 버스를 이용한다. 10~60분 간격으로 운행한다.

홍콩 마카오 페리터미널
홍콩 섬의 썽완에 있다. 15분~2시간 간격으로 24시간 운항해 이용하기 편리하다.

차이나 홍콩 시티 페리터미널
까우롱 반도의 찜사쪼이에 있다. 07:30~21:30에 30분 간격으로 운항한다.

홍콩 국제공항 페리터미널
홍콩 국제공항 이용자에 한해서만 이용할 수 있다. 1일 2~4회 운항한다.

홍콩 시내→HZMB 홍콩 터미널

B4번 버스
운행 24시간
요금 HK$6

A11번 버스
운행 05:10~23:30
요금 HK$40

B6번 버스
운행 24시간
요금 HK$7

A21번 버스
운행 05:15~24:00
요금 HK$33

MTR

찜사쪼이 역→똥총 역
운행 05:54~00:41
요금 HK$20

센트럴 역→똥총 역
운행 06:01~00:50
요금 HK$26

HZM 버스

운행 24시간(10~30분 간격)
요금 06:00~23:59 HK$65,
00:00~05:59 HK$70
홈피 www.hzmbus.com

HZM 버스(마카오 직행버스)

HZM 버스는 HZMB(Hongkong Zhuhai Macau Bus) 홍콩 터미널에서 출발한다. 터미널이 홍콩 국제공항 인근에 위치해 찾아가기 번거롭고 시간도 걸리지만, 요금이 저렴하며 뱃멀미의 염려가 없는 게 장점이다. 또한 세계에서 가장 긴 다리인 길이 55km의 강주아오 대교를 버스로 통과하는 재미도 놓치기 힘들다.

1 홍콩 시내에서 HZMB 홍콩 터미널 가기

홍콩 국제공항에서는 Hall A 또는 Hall B 앞의 엘리베이터를 타고 3/F층으로 내려가면 HZMB행 B4번 버스 정류장이 있다(p.129의 홍콩 국제공항 구조도 참조).

홍콩 섬(썽완·센트럴·완짜이·코즈웨이 베이)에서는 A11번 공항버스, 까우롱 반도(찜사쪼이·홍함·야우마떼·웡꼭)에서는 A21번 공항버스를 타고 HZMB Passenger Clearance Building에서 내린다.

홍콩 시내에서 MTR을 타고 갈 때는 똥총 선의 종점인 똥총 Tung Chung 역에서 내려 B번 출구로 나간다. 그리고 정면으로 200m쯤 직진하면 HZMB행 B6번 버스 정류장이 있다.

HZMB 홍콩 터미널

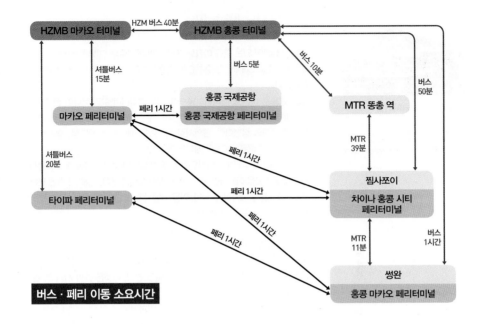

버스·페리 이동 소요시간

2 HZMB 홍콩 터미널에서 마카오 행 버스 타기

HZMB 홍콩 터미널 안으로 들어가면 출국장이 나타난다. 'Visitors 訪客'라고
표시된 출국 심사대에서 여권을 제시하고 간단한 출국심사를 받는다. 형식적
인 세관 검색대를 통과하면 버스 티켓 매표소가 있다. 여기서 마카오 행 티켓
을 구입하고(옥토퍼스 카드 사용 가능), 'Macao 澳門' 방면 표지판을 따라가
면 검표를 거쳐 HZM 버스에 오르게 된다. 수하물은 원칙적으로 무게 10kg,
사이즈 64×41×23cm 이내의 가방 한 개만 허용되지만 제약이 심하진 않다.

3 HZMB 마카오 터미널 도착

버스를 타고 40여 분을 달리면 HZMB 마카오 터미널에 도착한다. 건물 안으
로 들어가 'Visitors 訪澳旅客'라고 표시된 유인 입국심사대에서 여권을 제시
하고 입국심사를 받은 뒤, 표지판을 따라 아래층으로 내려가면 세관 검색대를
지나 입국장에 도착한다.

4 HZMB 마카오 터미널에서 마카오 시내 가기

입국장 앞의 버스 정류장에서 무료 셔틀버스를 타고 마카오 페리터미널
(p.437) 또는 타이파 페리터미널(p.439)로 간 다음, 시내 방면 버스 또는 호텔
무료 셔틀버스로 갈아타고 최종 목적지로 간다.
마카오 시내로 바로 가려면 입국장을 등지고 왼편에 위치한 G번 정류장에서
101X번 버스를 타고 세나도 광장 또는 102번 버스를 타고 마카오 페리터미
널에서 내려도 된다(자세한 버스 이용법은 p.440 참조).

ONE 버스

찜사쪼이 인근의 엘리먼츠 쇼핑몰과
MTR 쪼돈 Jordan 역을 출발해 샌즈·
베네시안 마카오·파리지앵 호텔로
직행한다(60~70분 소요).
[운행]08:25~18:20(30분~1시간 간격)
[요금]평일 08:25~17:50 HK$160,
토·일·공휴일 및 18:00 이후
HK$180
[홈피]www.onebus.hk

무료 셔틀버스

[운행]10:00~23:00(10~20분 간격)

101X번 버스

[요금]MOP6 [운행]24시간
HZMB 마카오 터미널→세나도 광장→
리스보아 호텔→세나도 광장→
HZMB 마카오 터미널

102X번 버스

[요금]MOP6 [운행]06:00~24:00
HZMB 마카오 터미널→마카오
페리터미널→윈 마카오→관야가→
리스보아 호텔→HZMB 마카오 터미널

규모가 큰 홍콩 마카오 페리터미널

홍콩 마카오 페리터미널

🕐 24시간
🌐 터보 젯 www.turbojet.com.hk
코타이 젯 www.cotaiwaterjet.com

알아두세요

이미 출발 시각이 정해져 있는 티켓을 구입했더라도 그 전에 출발하는 페리에 빈 자리가 있을 때는 시간을 조금 당겨서 페리를 탈 수 있다. 대부분 무료로 처리해준다.

홍콩 마카오 페리터미널
HK-Macau Ferry Terminal 港澳碼頭

홍콩 섬 썽완에 있는 홍콩 마카오 페리터미널은 페리터미널이 위치한 순탁 센터 Shun Tak Centre 信德中心의 이름을 따서 흔히 '순탁 페리터미널'이라고 부른다.

터보 젯(홍콩 마카오 페리터미널↔마카오 페리터미널)과 코타이 젯(홍콩 마카오 페리터미널↔타이파 페리터미널)의 두 개 노선이 운항하며 운항 편수가 많은 게 최대의 장점이다. 편의시설로는 2/F층에 패스트푸드점·레스토랑·상점, 3/F층에 매표소·출국 게이트 등이 있다.

3/F층의 매표소 주위에는 마카오의 호텔 예약을 대행하는 30여 개의 여행사가 모여 있다. 이곳을 이용하면 마카오에서 직접 호텔을 구하는 것보다 훨씬 편하고 저렴하게 호텔을 예약할 수 있다. 이들 여행사에서는 페리 티켓을 10% 정도 할인해서 판다는 사실도 알아두자.

1 페리터미널 찾아가기

마카오 행 티켓을 예매했을 때는 출항 시각 30분 전까지, 그렇지 않은 경우 늦어도 출항 시각 1시간 전까지 페리터미널로 간다. 티켓은 출항 시각 30분 전까지만 판다.

페리터미널은 MTR 썽완 Sheung Wan 역과 바로 이어진다. D번 출구 방향으로 가서 위로 이어지는 에스컬레이터를 타고 3/F층으로 올라가면 매표소와 출국 게이트가 보인다. 페리터미널의 자세한 위치는 MAP 9-C1의 지도를 참고하자.

홍콩 마카오 페리터미널 이용법

MTR 썽완 역 D번 출구로 간다.

3/F층 매표소에서 티켓을 구입한다.

출국 게이트로 들어간다.

To Macau 표지판을 따라간다.

홍콩 출국 심사를 받는다.

티켓 검사를 받는다.

탑승 게이트에서 좌석을 배정 받는다.

페리에 오른다.

좌석 번호를 보고 자리를 찾는다.

2 홍콩 출국 수속

페리터미널 3/F층에는 동쪽 East와 서쪽 West 두 개의 출국 게이트가 있는데 노선에 따라 이용하는 게이트가 다르니 주의하자. 출국 게이트로 들어가육교 모양의 통로 끝에서 티켓 검사를 받는다. 그리고 에스컬레이터를 타고한 층 아래로 내려가면 출국 심사대가 나타난다.

외국인 여행자를 뜻하는 'Visitor 訪港旅客' 쪽에 줄을 선 다음 여권을 제시하고 출국 심사를 받는다. 이때 직원들이 홍콩 입국시에 받은 출국 카드(p.126)를 회수해간다. 출국 심사 자체는 긴 시간이 걸리지 않지만 오전에 중국인 단체 관광객이 몰릴 때는 대기 시간이 길어진다. 자칫하면 페리를 놓칠 수 있으니 서둘러 가는 게 안전하다.

이제 형식적인 세관 검사대를 통과하면 조그만 면세점이 나타난다. 단, 이 면세점은 취급 상품이 적은 것은 물론 이른 아침에는 문을 안 여는 경우도 있으니 지나친 기대는 금물!

페리 운항 정보를 알려주는 안내 데스크

3 마카오 행 페리 탑승

면세점 앞에서 'To Macau and Taipa' 라고 표시된 쪽의 에스컬레이터를 타고 한 층을 더 내려가면 대기실이 있다. 여기서 모니터 또는 전광판에 표시된 페리의 탑승 게이트를 확인하고 그쪽으로 가면 좌석 번호가 찍힌 스티커를 티켓에 붙여 준다. 이것을 가지고 페리에 탄 다음 자기 자리를 찾는다. 배 안에서는 음료·컵라면 등을 판매하며, 1등석 승객에게는 간단한 기내식이 제공된다. 앞서 언급한 것처럼 배 멀미의 우려가 있으니 걱정될 때는 자리에 앉자마자 꿈나라로 떠나는 게 상책이다!

뱃멀미에 주의

바람이 심한 날은 뱃멀미의 위험이 있다. 뱃멀미가 우려될 때는 우리나라에서 멀미약을 챙겨가자. 홍콩보다 가격이 저렴하고 효과도 좋다. 그래도 걱정될 때는 페리를 타자마자 꿈나라로 떠나는 게 상책이다.

터보 젯 운항 시각 및 요금(1등석 Super Class, 2등석 Economy Class)

노선	운항 시각	요금
홍콩 마카오 페리터미널 → 마카오 페리터미널	00:30~02:30(30분 간격) 04:15, 06:00 07:00~23:59(15분 간격)	평일 07:00~17:00 1등석 HK$346, 2등석 HK$171 토·일·공휴일 07:00~17:00 1등석 HK$371, 2등석 HK$186 매일 17:10~06:30 1등석 HK$391, 2등석 HK$211
마카오 페리터미널 → 홍콩 마카오 페리터미널	00:30~02:30(30분 간격) 04:00, 06:15 07:00~00:15(15분 간격)	평일 07:00~17:00 1등석 HK$335, 2등석 HK$160 토·일·공휴일 07:00~17:00 1등석 HK$360, 2등석 HK$175 매일 17:10~06:30 1등석 HK$380, 2등석 HK$200

코타이 젯 운항 시각 및 요금(1등석 Cotai First, 2등석 Cotai Class)

노선	운항 시각	요금
홍콩 마카오 페리터미널 → 타이파 페리터미널	07:00~22:30(30분 간격)	평일 06:30~17:00 1등석 HK$293, 2등석 HK$171 토·일·공휴일 06:30~17:00 1등석 HK$310, 2등석 HK$186 매일 17:10~23:59 1등석 HK$338, 2등석 HK$211
타이파 페리터미널 → 홍콩 마카오 페리터미널	07:00 08:00~22:00(30분 간격) 23:00, 23:59	평일 07:00~17:00 1등석 HK$282, 2등석 HK$160 토·일·공휴일 07:00~17:00 1등석 HK$299, 2등석 HK$175 매일 17:10~03:00 1등석 HK$327, 2등석 HK$200

황금빛 외관의
차이나 홍콩 시티 페리터미널

차이나 홍콩 시티 페리터미널

China–HK City Ferry Terminal 中港城

찜사쪼이에 위치한 차이나 홍콩 시티 페리터미널에서는 터보 젯(차이나 홍콩 시티 페리터미널↔마카오 페리터미널)과 코타이젯(차이나 홍콩 시티 페리터미널↔타이파 페리터미널)의 두 개 노선이 운항된다.

페리터미널이 찜사쪼이 한복판에 위치해 이 근처에 묵는 여행자가 이용하기 편리한 게 장점이며, 단점은 쎵완의 페리터미널에 비해 페리의 운항 편수가 적고 편의시설이 빈약하다는 것이다. 마카오의 호텔 예약을 하려면 쎵완의 페리터미널을 이용하는 게 현명하다.

1/F층의 출국장 Depature Hall에는 매표소와 맥도날드 · 스타벅스 · Sasa · Aji Ichiban · Cafe de Coral · 코인라커, 2/F층에는 입국장과 휴게실, Esprit Outlet 등의 숍이 있다.

1 페리터미널 찾아가기

MTR 찜사쪼이 Tsim Sha Tsui 역의 A1번 출구를 나와 오른쪽의 하이퐁 로드 Haiphong Road를 따라 10~15분쯤 걸어가면 된다(MAP 15–A1). 바로 옆에 찜사쪼이 최대의 쇼핑몰인 하버 시티가 위치해 찾기는 어렵지 않다.

페리터미널 정문으로 들어가면 에스컬레이터가 보인다. 이것을 타고 한 층(UG층) 위로 올라가면 인포메이션 데스크 Concierge와 금은방 Lukfook Jewellery가 있다. 그 앞의 에스컬레이터를 지나쳐(이 에스컬레이터는 3/F층 직행이니 주의!) 오른쪽으로 가면 1/F층의 출국장으로 이어지는 에스컬레이터가 있으니 그것을 타고 올라간다.

차이나 홍콩 시티 페리터미널

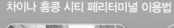

🕐 06:30~23:00
🚢 터보 젯 www.turbojet.com.hk
　 코타이 젯 www.cotaiwaterjet.com

차이나 홍콩 시티 페리터미널 이용법

페리터미널을 찾아간다. → 1/F층 매표소에서 티켓을 구입한다. → 출국 게이트로 들어간다.

면세점도 이용할 수 있다. ← 탑승 게이트 안내판을 따라간다. ← 홍콩 출국 심사를 받는다.

탑승 게이트 앞에서 기다린다. → 페리에 오른다. → 좌석 번호를 보고 자리를 찾는다.

2 홍콩 출국 수속

1/F층 출국장에는 A~Q번의 번호가 붙은 17개의 게이트가 있다. 이 가운데 F~I번이 터보 젯, N~Q번이 코타이 젯의 마카오 행 페리 게이트다. 게이트 앞에 행선지와 출항 시각을 표시한 팻말이 붙어 있으니 그것을 보고 게이트를 찾아가면 된다. 게이트에서는 페리 티켓을 확인하고 좌석 번호가 찍힌 스티커를 붙여준다.

게이트를 통과하면 바로 앞에 출국 심사대가 있다. 홍콩 · 마카오 거주자용과 외국인용으로 나뉘어 있으니 외국인을 뜻하는 'Visitors 訪港旅客' 쪽에 줄을 서서 출국 심사를 받는다. 이때 홍콩 입국시 받은 출국 카드(p.126)를 회수해 간다. 주말 또는 오전에 승객이 몰릴 때는 출국 심사에 제법 오랜 시간이 걸리기도 하니 시간 여유를 넉넉히 두고 가는 게 안전하다. 출국 심사대를 빠져나와 왼쪽으로 가면 형식적인 세관 검사대를 지나 대기실이 나온다. 조그만 면세점과 편의점이 있으니 출항 시각 전까지 자유롭게 이용하자.

3 마카오 행 페리 탑승

대기실의 전광판에 표시된 탑승 시각과 게이트 번호를 확인하고 탑승 게이트를 찾아간다. 게이트 앞에는 조그만 페리 카운터가 있다. 출국 게이트에서 좌석 번호를 배정해주지 않은 경우 여기서 좌석을 배정해주기도 한다. 페리 카운터를 통과해 에스컬레이터를 타고 한 층 아래로 내려가 표지판이 가리키는 방향으로 가면 페리를 탈 수 있다. 그리고 티켓에 적힌 번호를 보고 자기 자리를 찾으면 된다. 자리가 남을 때는 아무 데나 원하는 곳에 앉아도 되니 배 멀미가 덜한 가운데 자리를 찾아보자.

알아두세요

마카오 행 티켓을 예매했다면 출항 시각 30분 전, 아니라면 늦어도 출항 1시간 전까지는 페리터미널에 도착해야 한다. 1/F층의 매표소 옆에는 페리 티켓을 파는 여행사가 있다. 매표소보다 가격이 5~10% 저렴하니 적극 활용하자.

타이파 페리터미널로 가는 코타이 젯의 페리

터보 젯 운항 시각 및 요금(1등석 Super Class, 2등석 Economy Class)

노선	운항 시각	요금
차이나 홍콩 시티 페리터미널 → 마카오 페리터미널	07:30, 09:00, 10:30, 14:00, 15:30 17:00, 18:30, 20:00, 21:30	**평일** 07:00~17:00 1등석 HK$346, 2등석 HK$171 **토 · 일 · 공휴일** 07:00~17:00 1등석 HK$371, 2등석 HK$186 **매일** 17:10~22:30 1등석 HK$391, 2등석 HK$211
마카오 페리터미널 → 차이나 홍콩 시티 페리터미널	09:05, 11:05, 12:35, 15:35, 17:05, 18:35, 19:35, 21:35	**평일** 07:00~17:00 1등석 HK$335, 2등석 HK$160 **토 · 일 · 공휴일** 07:00~17:00 1등석 HK$360, 2등석 HK$175 **매일** 17:10~22:30 1등석 HK$380, 2등석 HK$200

코타이 젯 운항 시각 및 요금(1등석 Cotai First, 2등석 Cotai Class)

노선	운항 시각	요금
차이나 홍콩 시티 페리터미널 → 타이파 페리터미널	08:15, 09:15, 10:15, 11:15, 12:15, 13:15	**평일** 06:30~17:00 1등석 HK$293, 2등석 HK$171 **토 · 일 · 공휴일** 06:30~17:00 1등석 HK$310, 2등석 HK$186 **매일** 17:10~23:59 1등석 HK$338, 2등석 HK$211
타이파 페리터미널 → 차이나 홍콩 시티 페리터미널	10:45, 16:45, 17:45	**평일** 07:00~17:00 1등석 HK$282, 2등석 HK$160 **토 · 일 · 공휴일** 07:00~17:00 1등석 HK$299, 2등석 HK$175 **매일** 17:10~03:00 1등석 HK$327, 2등석 HK$200

코타이 젯의 페리

홍콩 국제공항 페리터미널 香港國際機場碼頭
Hong Kong International Airport Ferry Terminal

홍콩 국제공항에 부속된 페리터미널이며 스카이 피어 Sky Pier라고도 부른다. 여기서는 터보 젯(홍콩 국제공항 페리터미널→마카오 페리터미널)과 코타이 젯(홍콩 국제공항 페리터미널→타이파 페리터미널)의 두 개 노선이 운항된다. 운항 편수가 제한적이지만 홍콩 입국 절차를 밟지 않고 바로 마카오로 직행하기 때문에 마카오부터 여행하려는 이들은 시간과 비용을 절약할 수 있다.

1 페리 티켓 구입

비행기에서 내리자마자 'Mainland/Macau Ferries 內地/澳門快船' 표지판을 따라가면 터보 젯과 코타이 젯의 매표소가 나온다. 여기서 페리 티켓을 구입한다. 우리나라를 출발할 때 수하물 탁송을 한 경우 공항에서 받은 짐 표 Claim Tag를 직원에게 주면 페리 티켓과 함께 새로운 짐 표를 발권해준다. 이것을 갖고 있다가 마카오에 도착해 입국 심사를 마친 뒤 짐을 찾는다.

2 탑승 게이트로 이동

매표소를 바라볼 때 오른쪽 모퉁이를 돌면 'Ferry Boarding 登船' 표지판이 붙은 게이트가 있다. 그곳으로 가서 페리 티켓과 여권을 제시하고 아래층으로 내려가면 열차 플랫폼이 나온다. 여기서 APM(무인 전철)을 타고 3분쯤 가면 페리터미널이다.

3 페리 탑승

APM에서 내린 다음 정면의 에스컬레이터를 타고 윗층으로 올라가면 탑승 게이트가 보인다. 주변에 간단한 편의시설이 있으니 잠시 휴식을 취하다 출항 시각에 맞춰 탑승한다. 그리고 70분만 가면 마카오 도착이다. 페리 안에는 음료·컵라면을 파는 매점이 있으며, 1등석 승객에게는 간단한 기내식이 제공된다. 바람이 심한 날은 배 멀미에 주의하자.

터보젯

🖥 www.turbojet.com.hk

홍콩 공항→마카오
🕐 11:00, 18:00
💰 1등석 HK$435, 2등석 HK$270

마카오→홍콩 공항
🕐 07:15, 09:30, 11:30, 19:45
💰 1등석 HK$435, 2등석 HK$270

코타이 젯

🖥 코타이 젯 www.cotaiwaterjet.com

홍콩 공항→타이파
🕐 14:15, 16:15
💰 1등석 HK$408, 2등석 HK$270

타이파→홍콩 공항
🕐 07:55, 09:55, 11:55, 13:55, 15:55
💰 1등석 HK$408, 2등석 HK$270

HZM 버스 이용

페리 운항 시각이 맞지 않을 때는 p.430의 HZM 버스를 이용한다. 홍콩 국제공항 인근의 HZMB 홍콩 터미널에서 출발하며 빠르고 요금도 저렴하다.

홍콩 국제공항 페리터미널 이용법

Macau Ferries 표지판을 따라간다. → 매표소에서 티켓을 구입한다. → Ferry Boarding 게이트로 들어간다.

마카오 행 페리에 오른다. ← 에스컬레이터 위쪽이 탑승 게이트다. ← APM을 타고 페리터미널로 간다.

페리 이용시 마카오 입국요령

마카오 입국 요령은 홍콩과 비슷하다. 차이가 있다면 출입국 카드를 반드시 작성해야 하는 홍콩과 달리 마카오는 그럴 필요가 없다는 것뿐이다. 페리터미널의 안내 표지판 역시 한글이 병기돼 있어 이용에 어려움이 없다. 간단한 입국 및 세관 검사를 마치면 마카오 땅에 발을 딛게 된다. 페리터미널에서 시내로 들어갈 때는 버스 또는 호텔·카지노의 무료 셔틀버스를 이용하면 편리하다.

마카오 입국요령 요점 정리

입국요령

페리 하선→입국 심사→세관 검사의 순으로 진행된다. 한글 표지판만 따라가면 손쉽게 입국 절차를 마칠 수 있다.

마카오 페리터미널

마카오 도심에서 3㎞ 정도 떨어져 있다. 시내로 들어갈 때는 버스 또는 호텔 무료 셔틀버스를 이용하는 게 편리하다.

타이파 페리터미널

타이파 섬의 호텔에 묵는 여행자가 이용하면 편리하다. 호텔까지 무료 셔틀버스가 운행된다.

마카오 페리터미널
Macau Ferry Terminal 外港客運碼頭

홍콩을 출발한 페리가 속도를 줄이기 시작하면 마카오 페리터미널에 도착했다는 뜻이다. 슬슬 짐을 챙겨서 밖으로 나가자. '도착 Arrivals 入境大堂' 표지판을 따라가면 입국 심사대가 나타난다. 입국 심사대는 홍콩·마카오 거주자용과 외국인용으로 나뉘어 있으니 외국인을 뜻하는 'Visitors 訪澳旅客' 표시가 붙은 쪽에 줄을 서서 기다린다.

마카오는 여타 국가와 달리 입국 신고서를 작성할 필요가 없기 때문에 입국 심사 시 여권만 제시하면 된다. 그러면 간단한 확인을 거쳐 입국일과 체류 가능 기간 (90일)이 적힌 조그만 입국 허가증을 여권에 끼워서 돌려준다. 입국 심사대를 통과하면 형식적인 세관 검사대를 지나 입국 절차가 완료된다.

홍콩 국제공항에서 페리를 타고 온 경우에는 세관 검사대 오른쪽으로 가서 짐을 찾은 다음 세관 검사대를 빠져나오면 된다.

마카오 페리터미널

마카오 페리터미널의 편의시설

입국장 정면에는 인포메이션 센터가 있으니 시내로 들어가기에 앞서 지도와 필요한 정보를 챙긴다. 입국장 주위에는 호텔 예약을 대행하는 여행사, 그리고 은행·환전소 등이 있다. 마카오 파타카가 필요할 때는 여기서 환전해도 된다 (p.427 참조). 인포메이션 센터 옆에는 스마트폰·GSM 핸드폰용 선불식 유심 카드 SIM Card 자판기가 있는데, 단기체류자의 경우 MOP100짜리 유심 카드를 구입하면 적당하다.

마카오 입국 허가증

택시

입국장을 나와 오른쪽으로 가면 버스 정류장 옆에 택시 승강장이 있다. 마카오 도심의 세나도 광장(p.458)까지 10분 정도 걸리며 요금은 MOP35~50 정도다.

호텔 · 카지노 셔틀버스

호텔 · 카지노 셔틀버스는 해당 호텔 이용자가 아니어도 누구나 자유로이 이용할 수 있다. 자세한 이용법은 p.443를 참고하자.

셔틀버스 정류장 안내 표지판.

마카오 페리터미널에서 시내로

미키오 페리터미널은 마카오 반도의 서쪽 끝에 위치한다. 마카오 피셔맨즈 워프 · 샌즈 카지노 · 황금 연꽃 광장 등의 명소까지는 도보 5~10분 걸리며, 도심에서는 3km 정도 떨어져 있다. 시내로 들어갈 때는 버스 또는 호텔 셔틀버스를 이용하는 게 편리하다.

버스

입국장을 등지고 왼쪽 출구로 나간 다음 100m쯤 직진하면 시내로 들어가는 버스의 정류장이 있다. 여기서 3 · 3A · 10 · 10A번 버스(MOP3.20)를 타고 10~15분만 가면 마카오의 중심지인 세나도 광장(p.458)이다. 자세한 버스 이용법은 p.440를 참고하자.

호텔 · 카지노 무료 셔틀버스

호텔을 예약한 경우에는 무료 셔틀버스를 이용한다. 입국장을 등지고 정면의 출구로 나가면 바로 앞에 파란색의 '셔틀버스 정류장 Hotel and Casino Shuttle 酒店及娛樂場所客運專車' 안내판이 보인다. 그것을 따라 지하도를 건너면 셔틀버스 정류장이 있다. 베네시안 마카오 · 그랜드 리스보아 · MGM 마카오 등 대형 호텔 · 카지노의 셔틀버스는 지하도에서 올라오자마자 정면에 보이는 정류장, 기타 호텔 · 카지노의 셔틀버스는 반대편 정류장에서 출발한다. 자세한 위치는 오른쪽 페이지의 마카오 페리터미널 구조도를 참고하자.

마카오 페리터미널 입국 요령

페리가 완전히 멈추면 내린다.

입국장으로 들어간다.

도착 Arrivals 표지판을 따라간다.

인포메이션 센터에서 정보를 챙긴다.

세관을 통과하면 입국장이 나온다.

입국 심사를 받는다.

버스 표지판을 따라간다.

버스를 타고 시내로 들어간다.

마카오 시내 도착 완료!

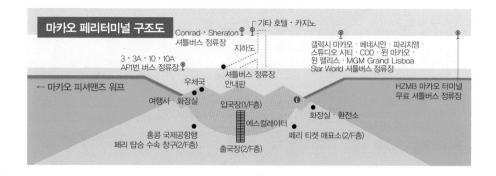

마카오 페리터미널 구조도

Conrad · Sheraton 셔틀버스 정류장

기타 호텔 · 카지노

지하도

3 · 3A · 10 · 10A AP1번 버스 정류장

갤럭시 마카오 · 베네시안 · 파리지앵 · 스튜디오 시티 · COD · 윈 마카오 · 윈 팰리스 · MGM Grand Lisboa Star World 셔틀버스 정류장

우체국

셔틀버스 정류장 안내판

← 마카오 피셔맨즈 워프

여행사 · 화장실

입국장(1/F층)

HZMB 마카오 터미널 무료 셔틀버스 정류장

에스컬레이터

화장실 · 환전소

홍콩 국제공항행 페리 탑승 수속 창구(2/F층)

출국장(2/F층)

페리 티켓 매표소(2/F층)

타이파 페리터미널
Taipa Ferry Terminal 氹仔客運碼頭

마카오의 새로운 관문인 타이파 페리터미널은 2018년 6월 오픈한 곳답게 웅장한 외관과 깔끔한 시설을 자랑한다. 전체적인 규모에 비해 구조는 무척 단순해 이용에 큰 어려움은 없다.

페리가 타이파 페리터미널에 도착하면 짐을 챙겨서 나간다. '도착 Arrivals 入境' 표지판을 따라가면 입국 심사대가 나타난다. 입국 심사대는 홍콩 · 마카오 거주자용과 외국인용으로 나뉘어 있으니 외국인을 뜻하는 'Visitors 訪澳旅客' 쪽에서 입국 심사를 받는다. 입국 신고서를 작성할 필요가 없으니 여권만 제시하면 OK! 그러면 간단한 확인을 거쳐 입국일과 체류 가능 기간(90일)이 적힌 입국 허가증을 여권에 끼워서 돌려준다. 입국 심사대를 통과하면 형식적인 세관 검사대가 나온다. 홍콩 국제공항에서 페리를 타고 온 경우 여기서 짐 표를 제시하고 자기 짐을 찾는다.

타이파 페리터미널에서 시내로

타이파 페리터미널은 마카오 시내에서 조금 떨어진 타이파 섬의 서북쪽 끝에 있다. 시내로 들어갈 때는 버스 또는 호텔 · 카지노의 무료 셔틀버스, 택시 등을 이용한다.

버스

버스 정류장은 페리터미널 바로 앞에 있다. 마카오 반도의 세나도 광장 · 그랜드 리스보아 호텔(MAP 29-B4) 쪽으로 갈 때는 MT1번 버스(20분, MOP4.20), 마카오 페리터미널(MAP 29-D3) 쪽으로 갈 때는 AP1번 버스 (15분, MOP4.20)를 이용한다.

호텔 · 카지노 무료 셔틀버스

페리터미널을 나와 바로 앞의 횡단보도를 건너면 무료 셔틀버스 정류장이 있다. 굳이 호텔 투숙객이 아니어도 누구나 자유로이 탈 수 있으니 마음 놓고 이용하자. 타이파 섬 안으로 들어갈 때는 시티 오브 드림즈 · 베네시안 마카오 · 갤럭시 마카오 · 샌즈 코타이 센트럴, 마카오 반도로 갈 때는 그랜드 리스보아 · MGM 마카오 · 윈 마카오의 셔틀버스를 타면 된다. 기타 자세한 이용법은 p.443를 참고하자.

택시

페리터미널 바로 앞에 택시 승강장이 있다. 타이파 섬 안의 주요 호텔까지 5~10분 걸리며 요금은 MOP30~50, 마카오 도심의 세나도 광장(p.458) 까지 15분쯤 걸리며 요금은 MOP70~100다.

페리터미널 바로 앞에 호텔 무료 셔틀버스 정류장이 있다

마카오 시내교통

마카오의 주요 볼거리는 마카오 반도의 세나도 광장(p.458)을 중심으로 한 반경 1.5km 지역, 그리고 타이파 섬의 베네시안 마카오(p.500)를 중심으로 한 반경 1km 지역 안에 모여 있다. 따라서 마음만 먹으면 도보 여행도 가능하다. 그러나 조금이라도 편하게 다니려면 버스·택시를 요령껏 활용하는 게 현명하다. 무료 이용 가능한 호텔·카지노의 셔틀버스가 운행된다는 사실도 잊지 말자!

마카오 시내교통 요점 정리

버스

요금은 MOP6으로 저렴하다. 주요 명소를 연결하는 3·10A·26A번 버스의 이용 빈도가 높다.

무료 셔틀버스

대형 호텔·카지노의 무료 셔틀버스를 이용하면 교통비가 절약된다. 누구나 자유로이 탈 수 있다.

택시

요금은 저렴한 편이다. 단, 영어가 잘 통하지 않으니 목적지를 한자로 적어서 보여주는 게 안전하다.

버스

🕐 07:00~24:00
💰 MOP6

주의하세요

홍콩의 옥토퍼스 카드로는 마카오의 교통편을 이용할 수 없다.

버스 Bus 巴士

손바닥만한 마카오 시내를 운행하는 버스 노선은 무려 80여 개에 이른다. 버스는 Transmac·TCM·New Era의 세 회사에서 운영하는데, 이용법은 동일하므로 노선 번호만 확인하고 타면 된다.

'여행자의 발'로 통하는 메인 노선은 마카오 반도의 주요 명소를 연결하는 3·10A번 버스, 마카오 반도와 타이파·꼴로안 섬을 오가는 26A번 버스다. 이 세 노선을 머리 속에 입력시켜 놓으면 움직이기가 한결 수월해진다. 기타 노선은 p.442의 버스 노선도 또는 관광 인포메이션 센터에서 나눠주는 버스 노선도를 활용해서 찾으면 된다.

페리터미널·리스보아 호텔·세나도 광장·아마 사원·중국 국경이 주요 버스 노선의 출발·경유지란 사실도 기억하자. 이 다섯 곳에서 버스를 타면 비교적 쉽게 원하는 목적지로 갈 수 있다.

요금 및 운행 시간

요금은 전 구간 단일 요금제이며 현금으로 낼 경우 MOP6이다. 현금 지불시 거스름돈을 주지 않으니 반드시 정확한 요금을 내야 한다. 마카오 파타카는 물론 홍콩 달러도 1:1의 가치로 사용할 수 있다.

교통카드인 마카오 패스 Macau Pass(p.441)를 사용하면 일반버스 MOP3, 노선번호에 'X' 표시가 붙은 급행버스 MOP4로 요금이 할인된다. 단, 마카오 패스는 구입과 환불이 어렵다는 단점이 있으니 버스 이용 횟수를 고려해 구입 여부를 결정하자.

마카오의 버스

마카오 버스 이용법

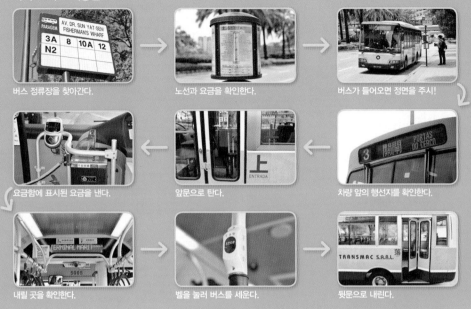

버스 정류장을 찾아간다.

노선과 요금을 확인한다.

버스가 들어오면 정면을 주시!

요금함에 표시된 요금을 낸다.

앞문으로 탄다.

차량 앞의 행선지를 확인한다.

내릴 곳을 확인한다.

벨을 눌러 버스를 세운다.

뒷문으로 내린다.

실전! 버스 타기

버스 정류장에는 노선 번호와 노선별 경유지 · 운행 시간 · 요금 등이 상세히
적혀 있다. 이것을 보고 자신이 원하는 버스의 정류장인지 확인한 다음 버스
를 기다린다.

버스가 정류장으로 들어오면 차량 정면에 붙은 목적지와 노선 번호를 확인하
고 탄다. 버스는 앞문으로 타고 뒷문으로 내린다. 요금은 탈 때 내는데 요금함
에 표시된 금액만큼 내면 된다. 앞서 언급한 것처럼 거스름돈을 주지 않으니
주의하자. 일부 소형 버스는 출입구가 하나밖에 없는 것도 있는데, 이때는 앞
문으로 타고 내린다.

안내방송은 광동어 · 포르투갈어 · 북경어 · 영어의 순으로 나오며, 운전석 왼
편 위쪽의 전광판에 4개 언어로 정류장 이름이 표시된다. 내릴 때는 우리나라
와 마찬가지로 차량 곳곳에 설치된 버튼 또는 천장의 검정색 고무 벨트를 누
르면 벨이 울리며 다음 정류장에 정차한다.

시내버스 이용시 주의사항

일방통행 도로가 많은 마카오 반도의 경우 같은 번호의 버스라도 갈 때와 올
때의 노선이 완전히 다를 수 있으니 정류장의 노선도를 꼼꼼히 살펴보자. 안
내방송이 나오더라도 어디서 내려야할지 난감한 경우도 비일비재하다. 운전
사나 주변의 승객에게 목적지를 말하고 내릴 곳을 알려달라고 하는 게 안전
하다. 영어가 통하지 않을 가능성이 높으니 목적지는 한자로 적어서 보여주
는 게 좋다.

마카오 패스 Macau Pass 澳門通

버스 · 편의점 ·
슈퍼마켓에서 현금처럼
사용 가능한 교통 카드.
마카오 전역의
편의점에서 판매하며,
최초 구입액은 보증금(MOP30) 포함
MOP130이다. 잔액 및 보증금 환불은
Macau Pass Customer Service
Center에서 한다. 구입 2개월 이내
환불시 MOP5의 수수료가 공제된다.

Macau Pass
Customer Service Center
운영 10:00~19:00
휴무 일요일을 제외한 공휴일
주소 Avenida da Amizade No.918,
World Trade Centre, 13 andar A-B
지도 MAP 30-D5
GPS 22.191761, 113.552326

마카오의 주요 버스 노선도

호텔 · 카지노 무료 셔틀버스 Shuttle Bus

주요 호텔 · 카지노와 마카오 국제공항 · 마카오 페리터미널 · 타이파 페리터미널 · 중국 국경 등에서 호텔 · 카지노의 무료 셔틀버스가 운행된다. 이 버스는 호텔 · 카지노 이용자만 탈 수 있는 게 원칙이지만, 실제로는 특별한 확인 없이 아무나 태워준다. 따라서 셔틀버스를 활용하면 차비를 아낄 수 있다. 마카오 반도의 중심지 세나도 광장과 가까운 호텔은 그랜드 리스보아 · 윈 마카오 · MGM 마카오 등이다.

일부 호텔 셔틀버스는 승차시 호텔 예약권(바우처)을 보여달라고 하는 경우도 있는데, 이때는 비슷한 곳으로 가는 다른 셔틀버스를 타면 된다. 자세한 노선은 왼쪽 페이지를 참고하자.

택시 Taxi 的士

좁은 면적에 비해 운행하는 택시가 많아 이용하기 편하다. 요금도 홍콩이나 우리나라에 비해 저렴한데, 마카오 시내에서 제아무리 장거리를 뛰어도 MOP100를 넘기기 힘들 정도다. 요금은 홍콩 달러로 내도 된다. 영어가 잘 통하지 않을 수 있으니 목적지는 한자로 적어서 보여주는 게 안전하다.

도보 Walking 徒步

마카오의 지형은 평지와 야트막한 언덕으로 이루어져 있어 걷기 편하다. 게다가 건물과 도시 생김새도 이국적인 색채가 강해 도보 여행의 재미를 한층 더해준다. 흠이라면 구불구불 이어진 좁은 골목길 때문에 자칫 길을 잃을 수도 있다는 것. 더구나 도로명이 블록이 바뀔 때마다 달라지는 경우가 많아 수시로 지도와 대조해보지 않으면 자신의 위치를 파악하기 힘든 상황이 벌어지곤 한다. 다행히 도로 · 골목 초입에 한자와 포르투갈어로 적힌 도로 표지판이 꼼꼼히 붙어 있으며, 곳곳에 주요 관광지의 방향과 거리를 알려주는 이정표가 세워져 있으니 이것과 지도만 주의 깊게 살펴보면 길 잃을 가능성은 현저히 줄어든다.

페디 캡 Pedi Cab 三輪車

일종의 자전거 택시다. 자전거를 개조한 뒤에 두 명이 앉을 수 있는 의자와 지붕을 달아놓고 운행하며 간단한 가이드도 해준다. 하지만 영어가 잘 통하지 않아 큰 의미는 없다. 페디 캡은 페리터미널과 관광지 주변에 모여 있으니 마음에 드는 사람을 골라 요금을 흥정하면 된다. 요금은 1시간 MOP150 정도면 적당하다.

택시

요금 기본요금 1.6km MOP19
추가요금 240m당 MOP2
짐 1개당 MOP3
※마카오 시내에서 꼴로안 섬으로 넘어갈 때 MOP5, 타이파 섬에서 꼴로안 섬으로 넘어갈 때 MOP2의 추가요금이 붙는다.

주요 명소의 위치를 알려주는 이정표

RUA
SUL
DO MERCADO
DE S. DOMINGOS

골목마다 도로 표지판이 붙어 있다

공짜로 이용하는 시내교통

마카오 페리터미널의 셔틀버스 정류장

주요 명소와 호텔 · 카지노를 오가는 무료 셔틀버스를 활용하면 교통비를 한 푼도 들이지 않고 마카오 여행을 할 수 있다. 추천하는 '황금 노선'은 다음과 같다. 우선 마카오 페리터미널에서 그랜드 리스보아 호텔 행 셔틀버스를 탄다. 그랜드 리스보아 호텔에서 내려 7~8분만 걸어가면 핵심 명소인 세나도 광장이다. 광장과 주변의 명소를 보고 그랜드 리스보아 호텔 옆의 윈 마카오 호텔로 간다. 윈 마카오 호텔 · 카지노를 구경한 다음 윈 마카오의 셔틀버스를 이용해 다시 마카오 페리터미널로 돌아간다. 이번에는 베네시안 마카오 행 셔틀버스를 타고 가서 베네시안 마카오 · 갤럭시 마카오 · 관야가 등 타이파 섬의 주요 명소를 구경한다. 마지막으로 베네시안 마카오에서 마카오 페리터미널로 돌아가는 셔틀버스를 이용하면 교통비는 한 푼도 들지 않는다.

마카오에서 홍콩 · 한국으로

홍콩 · 한국으로 돌아가는 절차는 마카오로 갈 때와 동일하다. 즉, 페리 · 비행기 출발 시각에 늦지 않게 페리터미널 또는 공항으로 가서 출국 수속을 밟으면 되는 것. 교통편은 호텔 · 카지노의 무료 셔틀버스 또는 버스 · 택시를 이용한다. 페리터미널은 주말 · 공휴일에 가장 붐비니 그때는 시간 여유를 넉넉히 두고 가는 게 안전하다. 심야 항공편을 이용할 때는 공항으로 가는 버스의 막차 시각에도 주의하자.

홍콩 · 한국으로 가는 방법 요점 정리

마카오 페리터미널

매표소 · 출국장은 2/F층에 있다. 평일에는 출항 시각 1~2시간 전까지 가면 이용에 무리가 없다.

타이파 페리터미널

매표소 · 출국장은 1/F층에 있다. 이용객이 몰리는 성수기를 제외하고는 출항 1~2시간 전까지만 가면 된다.

마카오 국제공항

항공사 체크인 카운터와 출국장은 1/F층에 있다. '출국 Departures' 표지판만 따라가면 된다.

마카오 페리터미널의
입국장(1/F층)과 출국장(2/F층)

마카오 페리터미널 교통편

시내에서 3 · 3A · 10 · 10A · AP1번 버스 또는 주요 호텔 · 카지노에서 운행하는 무료 셔틀버스를 타고 간다.

주의하세요

차이나 홍콩 시티 페리터미널 행 페리는 22:35이 마지막 배다. 해당 노선의 페리가 끊겼을 때는 24시간 운행하는 홍콩 마카오 페리터미널 행 페리를 타는 수밖에 없다.

마카오 페리터미널
Macau Ferry Terminal 外港客運碼頭

마카오 페리터미널에서는 썽완의 홍콩 마카오 페리터미널(MAP 9-C1), 찜사쪼이의 차이나 홍콩 시티 페리터미널(MAP 15-A1), 홍콩 국제공항(오른쪽 페이지 참조)으로 가는 세 개 노선의 페리가 운항된다.

마카오 페리터미널은 1/F층 입국장, 2/F층 매표소와 출국장, 3/F층 맥도날드 · 식당 · 휴게실 · 기념품점으로 이루어져 있다. 2/F층으로는 건물 중앙에 위치한 에스컬레이터를 타고 올라간다. 에스컬레이터에서 내리자마자 왼쪽에 매표소가 있는데, 창구가 홍콩 마카오 페리터미널 Hong Kong 香港 행과 차이나 홍콩 시티 페리터미널 Kowloon 九龍 행으로 나뉘어 있으니 주의하자 (p.439의 페리터미널 구조도 참고). 티켓은 수시로 발권하므로 주말과 성수기처럼 심각하게 붐비는 때가 아니라면 출항 1~2시간 전까지만 가도 예약 없이 티켓을 구할 수 있다. 스케줄과 요금은 p.433 · 435를 참고하자.

1/F층의 입국장을 바라볼 때 오른쪽으로 가면 여행사가 모여 있다. 여기서도 페리 티켓을 파는데, 2/F층의 매표소보다 MOP10~20 가격이 저렴하니 적극 활용하자.

탑승 수속은 출항 30~50분 전부터 시작된다. 2/F층 한가운데에 위치한 출국장으로 들어가 검표와 출국 심사를 받고, 면세점을 지나서 지정된 게이트로 가면 티켓에 좌석 번호가 찍힌 스티커를 붙여준다. 이것을 가지고 페리에 오르면 홍콩으로 가게 된다.

타이파 페리터미널
Taipa Ferry Terminal 氹仔客運碼頭

운항 편수가 적지만 타이파 페리터미널에서도 썽완의 홍콩 마카오 페리터미널(MAP 9-C1), 찜사쪼이의 차이나 홍콩 시티 페리터미널(MAP 15-A1), 홍콩 국제공항(페이지 하단의 기사 참조)으로 가는 페리가 출발한다.

페리터미널은 규모에 비해 구조가 단순해 이용하기 쉽다. 매표소와 출국장은 모두 1/F층에 있다. 티켓은 수시로 발권하므로 이용객이 몰리는 주말·성수기가 아니라면 출항 1~2시간 전까지만 가도 예약 없이 티켓을 구할 수 있다. 스케줄과 요금은 p.433·435를 참고하자. 탑승 수속은 출항 30~50분 전부터 시작된다. 출국장으로 들어가 검표와 출국 심사를 받고, 좌석을 배정받은 다음 페리에 오르면 된다.

마카오 국제공항
Macau International Airport 澳門國際機場

우리나라의 공항을 이용할 때와 마찬가지로 비행기 출발 시각 두세 시간 전까지 공항으로 간다. 마카오 국제공항의 출국장은 1/F층에 있으며 '출발 Departures 離境' 표지판만 따라가면 쉽게 찾을 수 있다. 출국장 주변에는 편의점·맥도날드 등의 편의시설이 있다. 에어마카오·에어부산·진에어·티웨이항공의 한국행 항공편은 01:00~02:30에 출발하는데, 심야에는 공항의 편의시설이 대부분 문을 닫으니 주의하자.

타이파 페리터미널 교통편

호텔·카지노에서 출발하는 무료 셔틀버스가 가장 편리하다. 시내에서 36·MT1번 버스도 이용할 수 있다.

마카오 국제공항 교통편

호텔·카지노의 무료 셔틀버스를 타고 가는 게 가장 편하다. 시내에서는 AP1번 버스 또는 택시를 타고 가도 된다. 무료 셔틀버스는 22:00 무렵, AP1번 버스는 00:00 무렵이 막차란 사실에 주의하자.

마카오 국제공항의 출국장

마카오·타이파 페리터미널에서 홍콩 국제공항으로

마카오 페리터미널의 홍콩 국제공항행 매표소

마카오·타이파 페리터미널에서 홍콩 국제공항까지 바로 갈 수 있다. 단, 페리의 운항 편수가 제한적이라 티켓을 예매해 놓는 게 좋다. 티켓 예매시에는 항공권과 여권이 필요하다. 이동 시간과 중간에 거치는 출국 절차에 적지 않은 시간이 걸리니 페리는 비행기 출발 시각보다 3~4시간 전에 떠나는 것을 타야 안전하다. 페리의 스케줄과 요금은 p.436을 참조하자.

마카오 페리터미널의 홍콩 국제공항행 매표소와 탑승 수속 창구는 2/F층(p.439), 타이파 페리터미널의 홍콩 국제공항행 매표소와 탑승 수속 창구는 1/F층에 있다.

출국세 환불증

티켓을 예매한 경우 탑승 수속 창구로 가서 여권·항공권·페리 티켓을 제시하고 탑승 수속을 밟는다. 한국으로 보낼 큰 짐은 이때 수하물 탁송을 한다. 탑승 수속을 마치면 비행기 탑승권과 '출국세 환불증 Refund Coupon 退稅券'을 준다. 이제 검표와 출국 심사를 거쳐 탑승 게이트로 가서 페리에 오른다. 70분 뒤 홍콩 국제공항 페리터미널 Sky Pier에 도착하면 페리에서 내려 공항 보안 검색대를 통과한다. 그리고 'Departure Tax Refund Desk 離境稅退款櫃檯'로 가서 출국세 환불증을 제시하고 마카오에서 페리 티켓 구입시 낸 출국세(HK$120)를 돌려받은 뒤, 지하로 내려가 APM(무인 전철)을 타고 공항 탑승동으로 이동해 비행기를 탄다.

마카오의 페리터미널에서 비행기 탑승권·출국세 환불증이 발급되지 않는 경우도 있는데, 이때는 Sky Pier에 도착해 짐을 찾은 뒤 항공사 카운터에서 다시 한 번 탑승 수속을 밟고 출국세 환불증을 받는다. 나머지 이용법은 위와 동일하다.

MACAU

마카오 반도 澳門

볼거리 ★★★★★
먹거리 ★★★★☆
쇼 핑 ★★☆☆☆
유 흥 ★★★☆☆

400여 년에 걸친 서양 문명과의 끊임없는 교류, 한 세기 남짓한 포르투갈 식민지배의 역사를 통해 중국 속의 유럽으로 변모해온 곳. 고층 빌딩이 늘어선 해안 매립지와 달리 도심 한복판에는 유네스코 세계문화유산으로 지정된 고색창연한 성당과 건물이 즐비해 지난 세월 이 도시가 겪어온 파란만장한 역사를 돌이켜보게 한다. 전반적인 느낌은 홍콩과 비슷하지만 마카오 특유의 여유로운 분위기가 여행의 즐거움을 더해준다.

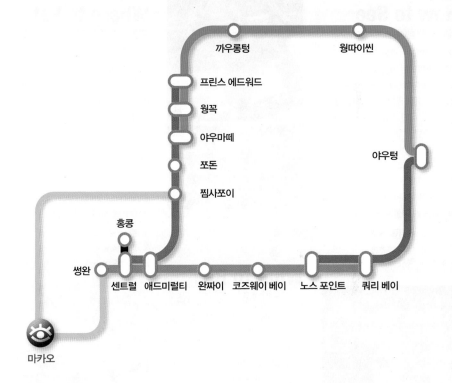

까우롱텅
윙따이씬
프린스 에드워드
윙꼭
야우마떼
쪼돈
찜사쪼이
야우텅
홍콩
썽완
센트럴   애드미럴티   완짜이   코즈웨이 베이   노스 포인트   쿼리 베이
마카오

 마카오 시내로 가는 방법

BUS 3번 버스 Almeida Ribeiro 新馬路, 또는 3A · 10 · 10A번 버스
Centro/Infante D. Henrique 中區/殷皇子馬路 하차
마카오의 중심지 세나도 광장으로 갈 때는 마카오 페리터미널에서 3 · 3A · 10 · 10A번 버스를 이용한다.
15분 정도 걸리며 요금은 MOP6이다.

BUS 10 · 10A번 버스 Templo Á Ma 媽閣廟站 하차
아마 사원 방면으로 갈 때는 마카오 페리터미널에서 10 · 10A번 버스를 이용한다.
30분 정도 걸리며 요금은 MOP6이다.

macau
quick guide

S How to See
세나도 광장이 여행의 중심지

마카오 반도는 주요 명소와 맛집·숍이 모여 있는 세나도 광장을 중심으로 여행한다. 광장 남부에는 유네스코 세계문화유산으로 지정된 건물·성당, 해안 매립지에는 대형 카지노·호텔이 밀집해 있다. 도심부는 미로 같은 골목이 이어져 길을 잃기 십상이니 지도를 잘 보고 다녀야 한다. 초행자는 버스 노선을 파악하기 힘들어 경우에 따라서는 택시를 이용하는 게 편할 수도 있다.

■ 박물관·전시관 ★★☆
■ 건축물·공원 ★★★
■ 유적·사적지 ★★★

E Where to Eat
광동·포르투갈 요리에 주목

맛집은 세나도 광장과 펠리시다데 거리에 모여 있으며, 홍콩과 마찬가지로 딤섬·완탕 등의 광동 요리가 중심이다. 이색적인 포르투갈 요리를 선보이는 레스토랑도 곳곳에 있으니 한 번쯤 도전해 봐도 좋다. 그랜드 리스보아·윈 마카오·MGM 마카오 등 대형 카지노에는 합리적인 가격에 최고급 요리를 선보이는 레스토랑도 있다. 가격이 저렴한 런치 타임을 노리는 게 포인트!

■ 중식 ★★★
■ 양식 ★★★
■ 디저트 ★★☆

B What to Buy
와인·기념품이 인기 아이템

남유럽 분위기가 물씬 풍기는 기념품과 포르투갈 와인이 인기 쇼핑 아이템이다. 기념품점은 세인트 폴 대성당 주변에 모여 있으며, 와인은 도심의 슈퍼마켓에서 손쉽게 구입할 수 있다. 해안 매립지의 대형 호텔·카지노에는 럭셔리한 명품 숍이 즐비한 현대적인 쇼핑몰, 세나도 광장 안쪽의 성 도밍고 교회 주변에는 캐주얼 의류·잡화·화장품을 파는 쇼핑가가 형성돼 있다.

■ 패션 ★☆☆
■ 잡화·기념품 ★★☆
■ 와인 ★★☆

마카오 타워
남부 성당 밀집 지역
아마 사원
세나도 광장
주하이
마카오의 다운타운
세인트 폴 대성당
경견장
호텔·카지노 밀집 지역
타이파·꼴로안 섬
관음상
기아 요새
관음당
마카오·중국 국경
마카오 과학관
마카오 페리터미널

MAP 29 참조

① 마카오 타워　　　　　　p.470

마카오 최고의 높이를 자랑하는 전망대. 마카오는 물론 중국의 주하이 珠海까지 한눈에 들어올 만큼 멋진 전망이 펼쳐진다. 아름다운 야경을 즐기기에도 좋다.

볼거리 ★★☆　먹거리 ★☆☆　쇼핑 ☆☆☆

② 남부 성당 밀집 지역

유네스코 세계문화유산으로 지정된 성당과 건물이 모여 있는 곳. 언덕을 오르내려야 하며 미로처럼 좁은 도로가 이어져 길을 잃지 않게 조심해야 한다.

볼거리 ★★★　먹거리 ☆☆☆　쇼핑 ☆☆☆

③ 마카오의 다운타운

그랜드 리스보아 호텔부터 1km가량 이어지는 직선 도로. 현지어로 '싼마로 新馬路'라고 부른다. 3차선의 좁은 도로를 따라 예스러운 건물과 숍·은행·금은방이 모여 있다.

볼거리 ★☆☆　먹거리 ★☆☆　쇼핑 ★★☆

④ 세나도 광장　　　　　　p.458

마카오 여행의 중심지. 남유럽 분위기가 물씬 풍기는 건물과 이국적인 분위기가 매력이다. 시즌마다 다채로운 이벤트가 열려 풍성한 볼거리를 제공한다.

볼거리 ★★★　먹거리 ★★☆　쇼핑 ★★☆

⑤ 세인트 폴 대성당　　　　p.462

마카오를 대표하는 명소. 금방이라도 쓰러질 듯 위태롭게 서 있는 모습이 인상적이다. 주변에 마카오 박물관·몬테 요새·성 안토니오 성당 등 여러 볼거리가 있다.

볼거리 ★★★　먹거리 ★☆☆　쇼핑 ★☆☆

⑥ 호텔·카지노 밀집 지역

마카오 반도에서 가장 현대적인 거리. 그랜드 리스보아·윈 마카오·MGM 호텔 등 대형 호텔·카지노가 밀집해 있다. 카지노에서는 쇼·이벤트 등 다채로운 볼거리도 제공한다.

볼거리 ★★☆　먹거리 ★★☆　쇼핑 ★★☆

⑦ 마카오 페리터미널　　　　p.437

마카오와 홍콩을 연결하는 페리터미널. 바로 앞에는 마카오 시내로 들어가는 버스 정류장, 주요 호텔·카지노를 오가는 무료 셔틀버스 터미널이 있다.

볼거리 ☆☆☆　먹거리 ☆☆☆　쇼핑 ★☆☆

⑧ 마카오·중국 국경　　　　p.475

중국의 주하이와 마주한 국경. 철조망 너머로 주하이 시가지가 빤히 바라보인다. 국경 앞에는 보따리상들이 이용하는 대규모 도매시장이 형성돼 있다.

볼거리 ★☆☆　먹거리 ☆☆☆　쇼핑 ☆☆☆

best course 1

마카오의 핵심 명소만 콕콕 집어 돌아보는 알짜배기 코스. 봐야할 곳이 많아 홍콩에서 당일치기로 여행하려면 아침 일찍 서둘러야 하는데, 늦어도 09:00 전에 출발하는 페리를 타는 건 필수다. 마카오 박물관은 월요일, 마카오 와인 박물관 · 그랑프리 박물관은 화요일이 휴관일이란 사실에도 주의하자. 해진 뒤에는 그랜드 리스보아 · 윈 마카오 · MGM 마카오 · 샌즈 등 마카오 반도의 대형 카지노를 구경한다. 굳이 게임을 하지 않더라도 카지노의 흥청거리는 분위기를 즐기거나 무료로 볼 수 있는 쇼 · 이벤트를 찾아보는 재미가 쏠쏠하다.

출발점 마카오 페리터미널
예상 소요시간 8시간~

▼ 마카오 페리터미널을 나오면 이렇게 보여요.

황금 연꽃 광장 · 그랑프리 박물관 | 지하도 입구 | 호텔 · 카지노 무료 셔틀버스, 시내버스 정류장

start

| ① 마카오 페리터미널 | 도보 10분 | ② 황금 연꽃 광장 | 도보 1분 | ③ 마카오 와인 박물관 | 바로 앞 | ④ 그랑프리 박물관 | 버스 10분 | ⑤ 성 라우렌시우 성당 | 바로 앞 | ⑥ 세나도 광장 |

남유럽 분위기가 물씬 풍기는 세나도 광장.

중국인 관광객이 즐겨 찾는 황금 연꽃 광장.

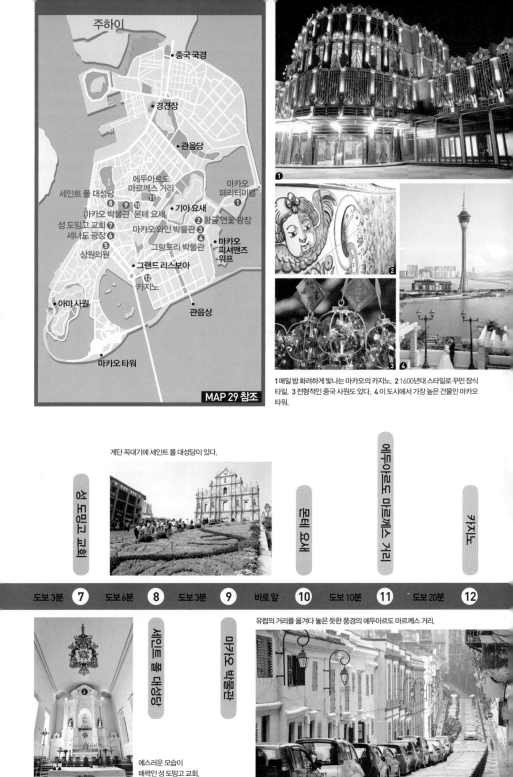

주하이

중국 국경

경견장

관음당

에두아르도 마르께스 거리

세인트 폴 대성당

마카오 페리터미널 ①

마카오 박물관 ⑧ ⑨ ⑩ 기야 요새

몬테 요새 ② 황금 연꽃 광장

성 도밍고 교회 ⑦ 마카오 와인 박물관 ③

세나도 광장 ⑥ ④

상원의원 ⑤ 그랑프리 박물관 마카오 피셔맨즈 워프

그랜드 리스보아

⑫ 카지노

아마 사원 관음상

마카오 타워

MAP 29 참조

1 매일 밤 화려하게 빛나는 마카오의 카지노. 2 1600년대 스타일로 꾸민 장식 타일. 3 전형적인 중국 사원도 있다. 4 이 도시에서 가장 높은 건물인 마카오 타워.

계단 꼭대기에 세인트 폴 대성당이 있다.

성 도밍고 교회

몬테 요새

에두아르도 마르께스 거리

카지노

도보 3분 ⑦ 도보 6분 ⑧ 도보 3분 ⑨ 바로 앞 ⑩ 도보 10분 ⑪ 도보 20분 ⑫

세인트 폴 대성당

마카오 박물관

유럽의 거리를 옮겨다 놓은 듯한 풍경의 에두아르도 마르께스 거리.

예스러운 모습이 매력인 성 도밍고 교회.

best course 2

마카오 반도 남부의 유네스코 세계문화유산을 돌아보는 코스. 포르투갈풍의 이국적 분위기를 만끽할 수 있는 게 매력이다. 그러나 16~19세기에 지어진 성당 위주라 역사·문화에 관심이 없다면 오히려 지루하게 느껴질 가능성도 있으니 주의! 또한 대부분의 성당이 17:00~18:00에 문을 닫기 때문에 너무 늦게 가서는 곤란하다는 것과 길이 복잡해 자칫 길을 헤매기 십상이란 사실도 알아두자. 아마 사원에서 세나도 광장까지는 거리가 제법 되므로(도보 30분) 세나도 광장 또는 마카오 페리터미널로 돌아갈 때는 버스·택시를 타는 게 좋다.

출발점 세나도 광장
예상 소요시간 6시간~

▼ 세나도 광장 앞에 서면 이렇게 보여요.

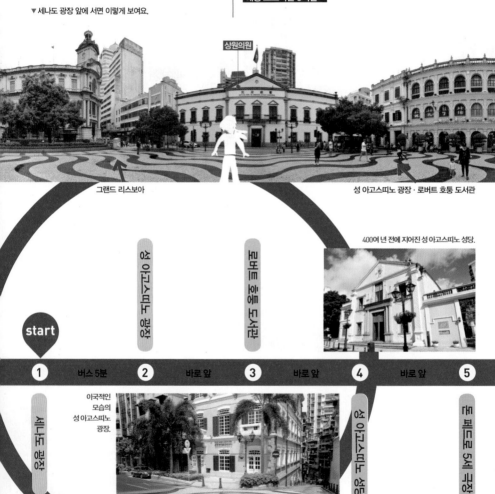

상원의원

그랜드 리스보아

성 아고스띠노 광장·로버트 호퉁 도서관

400여 년 전에 지어진 성 아고스띠노 성당.

start

| 1 | 버스 5분 | 2 | 바로 앞 | 3 | 바로 앞 | 4 | 바로 앞 | 5 |

세나도 광장

성 아고스띠노 광장

로버트 호퉁 도서관

이국적인 모습의 성 아고스띠노 광장.

성 아고스띠노 성당

돈 베드로 5세 극장

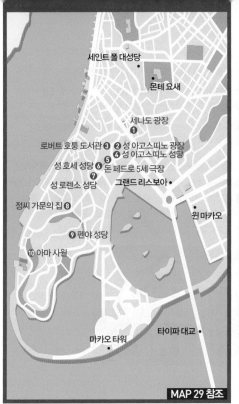

세인트 폴 대성당

몬테 요새

세나도 광장 ①

로버트 호통 도서관 ③ ② 성 아고스띠노 광장
④ 성 아고스띠노 성당

성 호세 성당 ⑥ ⑤ 돈 페드로 5세 극장
⑦

성 로렌소 성당 그랜드 리스보아 •

정씨 가문의 집 ⑧

윈 마카오 •

⑨ 펜야 성당

⑩ 아마 사원

마카오 타워 타이파 대교 •

MAP 29 참조

1 유네스코 세계문화유산으로 지정된 세나도 광장. 2 성스러운 공기가 감도는 성당 내부. 3 일요일에는 미사를 드릴 수도 있다. 4 거리 곳곳에 고풍스러운 석조건물이 가득하다.

1569년에 지어진 성 로렌소 성당.

성 호세 성당

펜야 성당

아마 사원

도보 6분 6   도보 1분 7   도보 6분 8   도보 10분 9   도보 16분 10

경건한 부누이기의 성 호세 성당.

성 로렌소 성당

정씨 가문의 집

성당을 장식한 아름다운 성상(聖像).

SIGHTSEEING

포르투갈 식민지의 영향을 받은 <mark>건물과 성당이 주요 볼거리.</mark> 풍경 또한 이국적인 멋을 담뿍 머금고 있어 산책하는 기분으로 구경하기에 좋다. <mark>세나도 광장의 낭만적인 야경과 카지노의 화려한 밤</mark>도 놓치지 말자.

Best Spot

★★★★★ 몬테 요새, 성 로렌소 성당
　　　　세나도 광장, 세인트 폴 대성당
★★★★☆ 성 아고스띠노 광장
　　　　성 아고스띠노 성당
　　　　성 도밍고 교회, 성 호세 성당
　　　　예수회 기념 광장
★★★☆☆ 그랑프리 박물관, 기아 요새
　　　　로버트 호퉁 도서관
　　　　마카오 박물관, 마카오 타워
　　　　성 라자로 언덕, 아마 사원
　　　　에두아르도 마르께스 거리
　　　　펠리시다데 거리
★★☆☆☆ 경견장, 관음당, 까몽이스 공원
　　　　대성당, 돈 페드로 5세 극장
　　　　로우 가문의 집, 마카오 와인 박물관
　　　　상원의원, 성 안토니오 성당
★☆☆☆☆ 관음상, 교회 미술관, 구 성벽
　　　　그랜드 리스보아, 까사 정원

澳門漁人碼頭 마카오 피셔맨즈 워프 ★☆☆☆☆

Macau Fisherman's Wharf 〔발음〕오우문유안마타우 〔개관〕24시간
〔요금〕무료. 〔홈페이지〕www.fishermanswharf.com.mo 〔지도〕MAP 29–D3
〔교통〕마카오 페리터미널을 등지고 왼쪽으로 도보 6분. 또는 마카오 페리터미널에서 바빌론 카지노(마카오 피셔맨즈 워프 남쪽 끝에 위치) 행 무료 셔틀버스 이용.
〔GPS〕22.193260, 113.555378

마카오 도박계의 대부 스탠리 호 Stanley Ho가 2,400억 원의 막대한 자금을 들여 만든 테마 파크. 하지만 운영 미숙으로 레전드 워프 Legend Wharf를 제외한 나머지 부분은 모두 철거됐다. 레전드 워프는 로마 · 스페인 · 암스테르담 등 유럽의 거리를 모티브로 꾸민 레스토랑 겸 쇼핑가인데, 아기자기한 파스텔톤 건물들이 동화 속 풍경을 연상시킨다.

유럽의 거리를 재현해 놓은 레전드 워프.

金蓮花廣場 황금 연꽃 광장 ★☆☆☆☆

Apraça Flor de Lodão 〔발음〕깜란화꿩청 〔지도〕MAP 29–C3
〔교통〕마카오 페리터미널에서 도보 12분. 또는 마카오 페리터미널에서 1A · 3 · 10 · 10B · 28A · 28B · 28BX · 32번 버스를 타고 Centro Actividades Turísticas 旅遊活動中心에서 내리면 바로 앞에 있다.
〔GPS〕22.194442, 113.553429

1999년 12월 20일 마카오 반환을 기념해 조성한 조그만 광장. 한가운데에 금박을 입힌 연꽃 모양 동상이 놓여 있다. 동상은 높이 6m, 무게 6.5톤의 위용을 자랑한다. 만개한 연꽃은 영원히 지속될 마카오의 번영을 상징하며 3단의 붉은색 화강암 받침대는 각각 연꽃잎, 마카오 반도, 타이파 · 꼴로안 섬을 뜻한다. 동상 뒤로는 기아 요새가 보인다.

순금을 입혀서 만든 연꽃 동상. 바로 옆에 마카오 와인 박물관이 있다.

葡 ★★☆☆☆
葡酒博物館 마카오 와인 박물관
Museu do Vinho de Macau 빨음 뽀우또우사뽓맛꾼

기관 수~월요일 10:00~18:00 휴관 화요일 요금 무료 지도 MAP 29-D3
교통 마카오 페리터미널에서 도보 12분. 또는 마카오 페리터미널에서
1A · 3 · 10 · 10B · 28A · 28B · 28BX · 32번 버스를 타고 Centro Actividades
Turisticas 旅遊活動中心 하차. 버스 정류장 맞은편의 Centro de Actividades
Turisticas 旅遊活動中心 지하에 있다. GPS 22.194872, 113.552925

1 건물 지하에 마카오 와인 박물관이 있다.
2 포르투갈의 와인 산지 사진과 지역별 민속의상을
전시한다.

포르투갈 와인 홍보를 위해 만든 박물관. 포르투갈의 유명 산지
14곳에서 생산된 와인 1,115종이 빠짐없이 전시돼 있다. 와인으로 장식된
갤러리에는 와인 산지를 표시한 지도 · 사진을 붙여 놓아 포도의 품종과
각각의 와인이 가진 특징을 한눈에 파악하게 해준다. 안쪽 깊숙이 위치한
지하 와인 저장고에는 마카오에서 제일 오래된 1815년산 와인 '뽀르또
Porto 1815'가 저장돼 있다. 먼지가 수북이 쌓여 눈에 잘 띄지 않으니
주의 깊게 볼 것. 박물관을 나가기 전에 입구에서는 와인 시음(유료)도
할 수 있다. 해박한 지식의 직원이 와인에 대해 자세히 설명해 주니 궁금한
것이 있다면 물어봐도 좋을 듯. 바로 옆의 기념품 코너에서는 다양한
빈티지의 포르투갈 와인과 와인 글라스 · 오프너도 판매한다.

大 ★★★☆☆
賽車博物館 그랑프리 박물관
Museu do Grande Prémio 빨음 따이초이체뽓맛꾼

기관 수~월요일 10:00~18:00 휴관 화요일 요금 무료 지도 MAP 29-D3
교통 마카오 페리터미널에서 도보 12분. 또는 마카오 페리터미널에서
1A · 3 · 10 · 10B · 28A · 28B · 28BX · 32번 버스를 타고 Centro
Actividades Turisticas 旅遊活動中心 하차. 버스 정류장 맞은편의 Centro de
Actividades Turisticas 旅遊活動中心 지하에 있다.
GPS 22.194872, 113.552925

1 미하엘 슈마허가 1990년 우승 당시 몰았던 스포츠카.
2 마카오 그랑프리의 역사를 한눈에 살펴볼 수 있다.

1993년 마카오 그랑프리 40주년을 기념해 세운 박물관. 아시아 최고의
권위를 자랑하는 F3 자동차 경주 대회 마카오 그랑프리 Macau Grand
Prix는 수만 명의 관광객을 끌어 모으는 마카오 최대의 이벤트다. 별도의
경주장 없이 시내의 도로가 그대로 경주 코스로 이용되는데 헤어핀
코스나 90도에 가까운 직각 코스처럼 난이도가 높은 코스가 이어져
손에 땀을 쥐게 한다. 우승자에게는 세계 제일의 자동차 경주 대회인 F1
그랑프리 출전권이 주어진다. 경주는 11월 셋째 주에 열린다.
박물관에는 마카오 그랑프리와 관련된 사진 · 소품이 가득하며 실제 F3
경주에 사용된 수십 대의 스포츠카가 전시돼 있어 마니아를 열광시킨다.
각각의 스포츠카에는 차명(車名) · 드라이버 · 국적 · 우승 시기 · 제원
등이 상세히 기록돼 있다. 입구를 등지고 오른쪽에는 세계적인 명성의
카 레이서 미하엘 슈마허 Michael Schumacher(1969~)가 1990년
마카오 그랑프리 우승 당시 운전한 하늘색 스포츠카가 전시돼 있다.

觀音像 관음상 ★☆☆☆☆

Estátua de Kun Iam 빨라꾼암썽
7h 토~목요일 10:00~18:00 휴관 금요일
요금 무료 지도 MAP 29-C4
교통 마카오 페리터미널에서 도보 25분. 또는 10A·17번
버스 Centro Ecuménico Kun Iam 觀音蓮花苑 하차,
도보 2분. GPS 22.185888, 113.552108

1999년에 세운 높이 20m의 동상. 우리에게
익숙한 자애로운 관음보살의 얼굴이 아닌
중국식으로 해석한 모습이라 낯설게 다가온다.
동상을 떠받친 연꽃 모양 좌대는 불교·도교·
유교 등 중국의 주요 종교와 관련된 회화·
서적을 전시하는 자료관으로 이용 중이다. 둥근

돔 천장에 걸린 하트
모양의 조형물은
사랑을 상징하며
가운데의 별은
마카오를 의미한다.

澳門科學館 마카오 과학관 ★☆☆☆☆

Centro de Ciência de Macau

빨 오우문퍼헉꾼 7h 금~수요일 10:00~18:00
휴관 목요일, 구정 전날 요금 MOP25, 학생 MOP15,
플라네타륨 MOP60~80, 학생 MOP20~30
홈피 www.msc.org.mo 지도 MAP 29-D4
교통 마카오 페리터미널에서 3A·10A·12번 버스를 타고
Centro de Ciência de Macau 澳門科學館 하차, 도보 1분.
GPS 22.186331, 113.557012

마카오 유일의 과학관 겸 플라네타륨. 바닷가에 우뚝 솟은
은빛 건물이 눈길을 끄는데 홍콩의 중국은행 본사 건물을
설계한 건축가 아이오밍 페이의 작품으로 유명하다. 내부의
12개 갤러리에서는 기계·우주·인간·환경과 관련된
다채로운 볼거리를 제공한다. 단, 어린이 눈높이에 맞춘
전시물이 대부분이라 어른들이 보기에는 다소 시시한 게 흠!
플라네타륨에서는 3D 영화도 상영한다.

澳門美高梅 MGM 마카오 ★★☆☆☆

MGM Macau 빨 오우문메이꺼우메이 7h 24시간 요금 무료
지도 MAP 29-C4 GPS 22.185471, 113.548200
교통 마카오 페리터미널에서 MGM 마카오 행 무료 셔틀버스로 8분. 또는 마카오
페리터미널에서 3A·10·10A번 버스를 타고 Centro/Infante D. Henrique 中區/
殷皇子馬路 하차, 버스 진행 방향 반대편으로 도보 15분.

마카오 도박계의 대부 스탠리 호의 딸, 팬시 호가 운영하는 럭셔리 호텔이자
카지노. 번쩍이는 초대형 황금 사자상이 입구에 세워져 있어 금방 눈에
띈다. 최대의 볼거리는 호텔 로비와 연결된 아트리움이다. 거대한 유리
천장에 뒤덮인 아트리움은 마치 유럽의 소도시로 공간 이동을 한 듯한
착각에 빠지게 할 만큼 이국적인 멋을 뽐낸다. 실제로 바닥을 장식한
흰색과 검은색의 조각돌은 모두 포르투갈에서 공수해온 것이다. 아트리움
한복판에는 물고기가 헤엄치는 대형 수족관을 설치했으며, 수시로 다채로운
이벤트가 열려 재미난 볼거리를 제공한다. 안쪽에는 맛난 케이크와 빵을
취급하는 Pastry Bar(p.479)도 있으니 한 번쯤 이용해봐도 좋을 듯.

1 황금 사자상이 우뚝 서 있는 MGM 마카오의 정문.
2 이국적인 색채로 가득한 아트리움.

民 ★★☆☆☆
政總署大樓 상원의원
Edifício dos Serviços Cívicos e Municipais

[발음] 만징쭝츄따이라우 [개관] 09:00~21:00 [요금] 무료 [지도] MAP 30-C2 · 31-D2
[교통] 마카오 페리터미널에서 3번 버스를 타고 Almeida Ribeiro/Weng Hang
新馬路/永亨 하차, 도보 2분. 버스 진행방향 반대편으로 70m쯤 가면 오른쪽에 있다. 또는
3A · 10 · 10A번 버스 Centro/Infante D. Henrique 中區/殷皇子馬路 하차, 도보 5분.
버스 진행방향으로 300m쯤 가면 왼쪽에 있다. [GPS] 22.193385, 113.539642

유네스코 세계문화유산 마카오의 행정업무를 총괄하는 곳. 1583년에
지어진 중국식 건물을 1784년에 전통 포르투갈 양식으로 재건했으며,
고풍스러운 외관과 인테리어가 멋스럽다. 이 건물의 옛 명칭은 '충성스러운
평의회'란 뜻의 레알 세나도 Leal Senado인데, 포르투갈이 스페인의 지배를
받던 시기(1580~1640)에도 꿋꿋이 포르투갈 국기를 게양한 데서 유래했다.
들어가자마자 정면에 보이는 계단 양쪽은 흰색과 파란색의 포르투갈식 타일로
장식돼 있다. 이는 14~16세기 유럽에서 진귀하게 여기던 중국의 청화백자를
모방해 만든 것이다. 계단을 오르면 포르투갈 마프라 Mafra 궁전의 도서관을
본떠 만든 도서관과 의회가 열리는 의사실(議事室)이 있다.

1 230여 년의 역사를 간직한 상원의원.
2 정원에는 포르투갈의 국민시인 까몽이스의
흉상이 있다.

황금빛으로 번쩍이는
그랜드 리스보아.
43/F층에는 최고급
프렌치 레스토랑
(p.477)이 있다.

澳 ★☆☆☆☆
門新葡京 그랜드 리스보아
Grand Lisboa [발음] 오우문싼뽀우껭 [개관] 24시간
[요금] 무료 [지도] MAP 31-C5 [GPS] 22.190499, 113.543365
[교통] 마카오 페리터미널에서 그랜드 리스보아 행 무료
셔틀버스로 8분. 또는 세나도 광장에서 도보 8분.

활짝 핀 연꽃 모양으로 만든 독특한 외관의 호텔.
총 47층, 전체 높이 261m로 마카오에서 가장 높은
건물이다. 외벽을 번쩍이는 황금빛 유리로 감싸놓아
어디서나 금방 눈에 띈다. 디자인은 홍콩 컨벤션 &
엑시비션 센터(p.228)의 구관을 설계한 홍콩 건축가
데니스 라우 Dennis Lau와 응춘만 Ng Chun Man이
맡았다. 내부에는 800개의 게임 테이블과 1,000개
의 슬롯머신을 갖춘 초대형 카지노가 있으며, 카지노
입구에는 스탠리 호 소유의 218.08캐럿짜리 초대형
다이아몬드를 전시해 놓았다.

永 ★★★☆☆
利澳門 윈 마카오
Wynn Macau [발음] 윈레이오우문 [개관] 24시간 [요금] 무료
[지도] MAP 30-D4 [GPS] 22.188273, 113.545883
[교통] 마카오 페리터미널에서 윈 마카오 행 무료 셔틀버스로 8분.
또는 세나도 광장에서 도보 18분.

호화로운 시설을 자랑하는 5성급 호텔. 정문 안쪽의 원형
무대에서는 2만 1,000개의 크리스털로 만든 화려한
샹들리에와 번영을 상징하는 황금나무가 등장하는 Tree
of Prosperity 쇼, 그리고 부(富)를 불러오는 황금용이
바닥에서 솟아오르는 Dragon of Fortune 쇼가 진행된다
(10:00~24:00, 30분 간격). 야외에는 음악에 맞춰 수십
개의 물줄기가 춤을 추는 음악분수가 있다(일~금요일
11:00~21:45, 토요일 및 공휴일 전날 11:00~22:45,
15~30분 간격). 해진 뒤에는 분수에 거대한 불기둥과
현란한 불빛이 더해져 더욱 멋진 볼거리를 선사한다.

議 ★★★★★

事亭前地 세나도 광장
Praça do Largo do Senado

[발음] 이씨팅친떼이 [지도] MAP 30-C2 · 31-C2
[교통] 마카오 페리터미널에서 3번 버스를 타고 Almeida Ribeiro/
Weng Hang 新馬路/永亨 하차. 도보 2분. 버스 진행방향 반대편으로
70m쯤 가서 왼쪽의 횡단보도를 건너면 있다. 또는 3A · 10 · 10A번
버스 Centro/Infante D. Henrique 中區/殷皇子馬路 하차, 도보 5분.
버스 진행방향으로 300m쯤 가면 오른쪽에 있다.
[GPS] 22.193519, 113.539741
인자당 박물관 [개관] 화~일요일 10:00~17:30
[휴관] 월 · 공휴일 [요금] MOP5

유네스코 세계문화유산 유럽의 한복판에 와 있는 듯한
착각에 빠지게 하는 광장. 파스텔 톤으로 은은히 빛나는
교회 · 식당 · 카페 등 포르투갈풍 건물이 가득하며,
검정색과 크림색 타일로 물결무늬를 수놓은 광장 바닥이
이국적인 자태를 뽐낸다. 맑게 갠 날이면 파란 하늘과
색색의 건물로 가득한 광장이 환상의 조화를 이룬다. 마카오
다운타운의 한복판에 해당하는 이곳은 낮에는 수많은
사람들로 북적이며 밤이면 화려한 야경의 명소로 변신한다.
광장 한복판의 분수대에는 옛 식민시대의 유물인 거대한
지구본이 설치돼 있어 눈길을 끈다. 지구본에는 '교황
경계선'이라고도 불리는 교황 자오선(敎皇子午線)이 표시돼
있다. 오늘날 유명무실한 존재인 교황 자오선이 그어진
때는 1493이다. 당시 콜럼버스의 신대륙 발견에 고무된
유럽의 맹주 스페인과 포르투갈은 전 세계를 무대로 치열한
식민지 쟁탈전을 벌였다. 그러나 좁디좁은(?) 지구를 헤집고
다녀봐야 결국 어디선가 충돌하게 마련. 두 나라는 끊임없이
식민지 영토 분쟁을 일으켰다. 이를 보다 못한 교황 알렉산더
6세는 분쟁을 종식시키고자 '지구를 반으로 갈라 새로
발견되는 영토 가운데 동쪽은 포르투갈, 서쪽은 스페인의
식민지로 인정한다'고 선포했다. 이때 기준점으로 그어진 게
바로 교황 자오선이다. 이를 근거로 포르투갈은 마카오와
브라질을 식민지로 거느릴 수 있었다.
광장의 분수대를 바라볼 때 오른쪽에 있는 흰색 건물
역시 유네스코 세계문화유산으로 지정된 인자당 박물관
Santa Casa Da Misericordia 仁慈堂이다. 1569년
아시아 최초로 설립된 자선기관이며 예전에는 병원 ·
고아원 · 양로원으로 사용했다. 신고전주의 양식의 외관이
인상적이며 내부에는 이곳의 역사를 소개하는 유물과
설립자인 돈 벨키오르 까네이로 Dorn Belchior Carneiro
주교의 초상화 · 두개골이 전시돼 있다. 큰 볼거리는 없으니
이국적인 외관만 보는 것으로도 충분할 듯! 박물관 앞의
좁은 골목은 남유럽풍의 로맨틱한 분위기 때문에 기념사진
촬영의 명소로도 인기가 높다.

1 물결무늬의 바닥이 인상적인 세나도 광장. 분수대에 지구본이 놓여 있다.
2 고즈넉한 분위기의 야경을 즐기기에도 좋다.
3 아시아 최초의 자선기관인 인자당 박물관.
4 마카오의 포르투갈 식민지화의 근거가 된 교황 자오선.

玫 ★★★★☆
瑰聖母堂 성 도밍고 교회

Igreja de S. Domingos 발음 무이꽈이씽모우탕 개관 10:00~18:00
요금 무료 지도 MAP 31-C2 교통 세나도 광장에서 분수대(교황 자오선)를 등지고
정면으로 100m쯤 가면 왼쪽에 있다. GPS 22.194615, 113.540438

유네스코 세계문화유산 진한 베이지 색 외벽이 눈길을 끄는
교회. 나무로 만든 녹색 창문과 벽을 장식한 흰색의 식물 문양.
그리고 화려한 코린트 양식 기둥이 인상적이다. 도미니크 수도회에서
1587년부터 짓기 시작해 17세기에 증축한 뒤,
18세기 들어 콜로니얼 바로크 양식으로 보수했다. 수도원 활동이
금지된 1843년 이후 줄곧 군시설·관공서 등으로 이용되다가
1997년 일반에 공개됐다. 현재의 건물은 18세기의 모습을 고스란히
간직한 것으로 역사적 의미가 깊다.
내부에는 상아와 나무로 만든 각종 성상(聖像)이 가득하며 제단 앞의
천장은 포르투갈 왕가의 문장으로 장식돼 있다. 제단에는 이곳의
중국어 명칭인 '장미의 성모교회 玫瑰聖母堂'의 유래가 된 성모 마리아
상을 모셔놓았다. 해마다 5월 13일 저녁이면 여기서 펜야 성당(p.468)
까지 성모 마리아상을 옮기는 파티마 성모 마리아 행진이 거행된다.
교회 안쪽에는 예수회가 포르투갈 교회와 결별을 선언한
1834년 이후 수집된 300여 점의 성상·성화·사제복이 소장된
교회 박물관 Tesouro de Arte Sacra 聖物寶庫도 있다.

1 남유럽풍의 성 도밍고 교회.
2 천장에 포르투갈 왕가의 문장이
그려져 있다.
3 교회 박물관에 소장된 피에타상.

大 ★★☆☆☆
堂 대성당

Cathedral de Macau 발음 따이텅 개관 07:30~18:30 요금 무료
지도 MAP 31-C3 GPS 22.193723, 113.541492
교통 세나도 광장의 스와로브스키 Swarovski 매장 옆의 골목 Travessa de São
Domingos로 들어간다. 골목을 따라 100m쯤 가면 왼쪽에 있다.

유네스코 세계문화유산 1576년에 지어진 유서 깊은 성당. 초기에는
갈대와 진흙으로 만든 조그만 교회에 불과했으나 보수와 증축을 거듭하며
규모를 키웠다. 1850년에는 지금과 비슷한 크기의 성당이 지어졌는데,
안타깝게도 1874년에 발생한 태풍으로 완전히 무너지고 말았다. 현재의
모습으로 재건된 때는 1937년이다. 단순한 구조의 외관이 특징인데 정문
양쪽에는 육중한 종루(鐘樓)가 있으며 지붕은 중국식 기와로 덮여 있다.
제단은 말구유에 누운 아기 예수와 천사, 그리고 여섯 명의 천사에게
둘러싸인 성모 마리아의 모습을 묘사한 아름다운 스테인드글라스로 장식해
놓았다. 마카오가 중국에 반환되기 전까지는 신임 총독이 이곳에 와서 성모
마리아 상 앞에 총독의 홀을 바치고 축복을 받는 부임식을 치렀다.
성당 왼쪽에는 1835년에 지어진 고전주의 양식의 주교 공관 The Bishop's
House, 그리고 오른쪽에는 포르투갈식으로 포석을 깔아서 만든 아담한
광장과 해마·물고기 조각으로 꾸민 아름다운 분수대가 있다.

盧 ★★☆☆☆
家大屋 로우 가문의 집
Casa de Lou Kau 🔊 로우까따이욱
🕐 화~일요일 10:00~18:00 💰 무료
🗺 MAP 31-B3 📍 22.194200, 113.541155
🚶 세나도 광장에서 세인트 폴 대성당 방향으로 도보 4분.
좁은 골목 안에 있어 눈에 잘 띄지 않으니 주의할 것!

유네스코 세계문화유산 1889년에 지어진 회색 벽돌
건물. 광동 출신의 무역상 로우 盧씨 가문이 살던 집이다.
당시 이 일대는 대성당과 상 도밍고 교회에 둘러싸인
마카오 가톨릭 사회의 중심지였기 때문에 이 같은 중국식
저택이 들어선 것은 무척 이례적인 일이었다. 건물은
청조(淸朝) 말기인 19세기의 건축양식을 잘 보여준다.
가운데의 중정(中庭)을 중심으로 짜임새 있게 지어진 2
층 구조의 건물은 아래층이 생활공간, 위층이 침실 등의
주거공간으로 나뉘어 있다.

인테리어는 중국식과 서양식이
혼재된 독특한 스타일이
특징인데, 현관에 설치된 중국식
가림막과 만주식으로 만든
창문, 포르투갈 전통양식이
적용된 블라인드 등이 전통
중국식 건물에서 찾아보기 힘든
흥미로운 볼거리를 제공한다.

大 ★★★☆☆
三巴街 육포 골목
Rua de São Paulo 🔊 따이쌈빠까이
🕐 10:00~19:00 (상점마다 다름) 💰 구정연휴 (상점마다 다름)
🗺 MAP 31-B2 📍 22.195499, 113.540547
🚶 세나도 광장에서 세인트 폴 대성당 방향으로 도보 5분.

세나도 광장에서 세인트 폴 대성당으로 이어지는 골목에
위치한 상점가. 마카오의 대표 먹거리로 명성이 자자한
육포와 아몬드 쿠키(p.421) 전문점 수십 개가 150m
남짓한 길이의 좁은 골목을 따라 줄줄이 모여 있다.
가게마다 샛노란 조명 아래 기름기 잘잘 흐르는 육포를
산더미처럼 쌓아 놓고 있으며, 인심 좋은 상인들이
시식용 육포와 아몬드 쿠키를 공짜로 나눠주니 부담없이
맛보자. 가게마다 맛이 조금씩 다르니 우선 시식품을
먹어보고 마음에 드는 가게에서 구입하면 된다.

耶 ★★★★☆
穌會紀念廣場 예수회 기념 광장
Largo da Companhia de Jesus 🔊 야소회이기넨꽝청
🗺 MAP 31-A1 📍 22.196642, 113.540849
🚶 세나도 광장의 분수대(교황 자오선)를 등지고 정면으로 도보 10분.
길이 복잡하니 지도를 잘 보고 가야 한다.

유네스코 세계문화유산 마카오의 상징인 세인트 폴 대성당이
마주보이는 아담한 광장. 기념사진 촬영 포인트로도 인기가 높다. 바닥에
조그만 돌을 깔아서 광장을 만든 모습이 남유럽 분위기를 물씬 풍긴다.
주변의 건물은 1920~1930년대에 신고전주의 양식으로 만든 것이다.
광장 한편에는 소녀가 소년에게 연꽃을 건네는 모습의 동상이 있는데,
중국 정부가 1999년 마카오의 중국 반환을 기념해서 세웠다. '포르투갈
(소녀)이 중국(소년)에게 미약한 마카오(연꽃)를 넘겨주는 모습을
상징한다' 해서 당시 굴욕감을 느낀 마카오 국민들에게 강렬한 반발을
사기도 했다.

1 광장 너머로 세인트 폴 대성당이 올려다 보인다.
2 커다란 논란의 소지를 제공한 '꽃을 건네는 소녀상'.

1 대포가 놓여 있는 몬테 요새.
2 요새 주변은 공원으로 가꿔져 있다.

大炮台 몬테 요새

★★★★★

Forte do Monte 발음 따이빠우토이 개관 07:00~19:00 요금 무료
지도 MAP 30-B2 · 31-A2 GPS 22.196703, 113.542561
교통 세나도 광장의 분수대(교황 자오선)를 등지고 정면으로 도보 14분. 세인트 폴
대성당을 바라볼 때 오른쪽의 언덕길을 올라가면 있다.

유네스코 세계문화유산 1617~1626년에 구축한 포르투갈 군의 요새.
원래 이곳은 오랜 동안 마카오 사람들이 신에게 제사를 올리는 곳이었으나
포르투갈 식민통치와 더불어 요새가 건설됐다. 마카오 방어의 심장부이자
최강의 방어시설이었던 요새는 사다리꼴 모양의 독특한 형태가 특징이다.
면적은 1만㎡에 달하며 4개의 모퉁이는 방어 능력을 향상시키고자 튀어나온
화살촉 모양으로 만들었다. 요새 안에는 대포 · 병영(兵營) · 우물은 물론
2년간의 공격에도 끄떡없을 만큼의 무기를 생산하는 공장과 설비도 갖춰져
있었다. 요새로서의 기능을 상실한 후에는 총독 관저 · 감옥 · 천문대 등으로도
이용됐으며, 한적한 공원으로 변신한 지금은 마카오의 전경이 한눈에
들어오는 전망대로 인기가 높다. 이 위에서는 아슬아슬하게 서 있는 세인트 폴
대성당의 모습과 새하얀 등대가 세워진 기아 요새, 그리고 중국 영토인 주하이
珠海의 모습이 시원스레 내려다보인다.
공원에는 400여 년 전의 대포 22대가 성벽을 따라 나란히 놓여 있다.
위압적인(?) 생김새와 달리 실제로 사용된 것은 1662년 네덜란드의 침입 당시
딱 한 번뿐이었다. 이 대포가 네덜란드 함대의 탄약고를 폭파시켜 마카오를
위기에서 구해냈다.

澳門博物館 마카오 박물관

★★★☆☆

Museu de Macau 발음 오우문뽁맛꾼
개관 화~일요일 10:00~18:00 휴관 월요일 요금 성인 MOP15, 학생 MOP8,
매월 15일 무료 홈피 www.macaumuseum.gov.mo 지도 MAP 31-A2
교통 세나도 광장의 분수대(교황 자오선)를 등지고 정면으로 도보 14분.
세인트 폴 대성당을 바라볼 때 오른쪽의 언덕을 조금 오르면 박물관 입구로
이어지는 에스컬레이터가 있다. GPS 22.197311, 113.542126

1 박물관 자리에는 원래 무기 공장이 있었다.
2 박물관 내부에는 19세기 마카오의 거리와 가옥이 재현돼 있다.

마카오의 오랜 전통과 역사를 일목요연하게 보여주는 박물관.
3개 층으로 구성돼 있으며 층마다 각기 다른 주제로 분류된 수천
점의 자료를 전시해 놓았다. 1/F층의 역사 코너에서는 선사시대의
유물은 물론, 포르투갈 · 중국과의 교역으로 성장해온 마카오의
과거를 보여준다. 2/F층의 민속 문화 코너에는 민가 · 찻집 ·
약방 · 거리 · 경극 무대를 옛 모습 그대로 재현해 놓아 과거의
생활상과 전통을 상세히 살펴볼 수 있다. 특히 눈길을 끄는 곳은
1/F층과 2/F층을 연결하는 통로에 복원된 19세기 마카오의
가옥인데, 앙증맞은 크기와 파스텔 톤의 색감 때문에 마치 테마
파크에 놀러온 듯한 기분마저 든다. 3/F층은 오늘날의 마카오를
조명한 공간으로 포르투갈과 중국의 문화가 공존하는 풍경.
그리고 중국에 반환된 뒤 변화하는 이 도시의 모습을 보여준다.

大 三巴牌坊 세인트 폴 대성당 ★★★★★

Igreja de S. Paulo 발음 따이쌈빠빠이퐁 기간 09:00~18:00
요금 무료 지도 MAP 30-A2 · 31-A1 GPS 22.197492, 113.540860
교통 세나도 광장의 분수대(교황 자오선)를 등지고 정면으로 도보 10분.
길이 복잡하니 지도를 잘 보고 가야 한다.
교회 미술관 기간 09:00~18:00 휴무 화요일 14:00~18:00 요금 무료

유네스코 세계문화유산 건물 정면만 남겨진 채 애처로이
170여 년의 세월을 버텨온 신기한 건물. 기나긴 돌계단 위로
우뚝 솟은 성당의 모습은 마카오의 상징으로 너무나 유명해
그림엽서와 각종 팸플릿에 약방의 감초처럼 등장한다.
원래 이 성당은 중국 및 아시아에 파견할 선교사 양성을 위해
예수회에서 1602년에 설립한 극동 지역 최초의 대학이었다.
이후 200여 년에 걸쳐 수많은 선교사를 배출했는데, 이 대학을
거쳐간 인물로는 《천주실의》의 저자인 이탈리아 선교사 마테오
리치가 유명하다. 마카오 내란으로 예수회가 해체된(1834년)
뒤 군사시설로 이용됐으며, 1835년에는 의문의 화재가 발생해
지금처럼 건물 정면만 남겨진 채 소실되고 말았다. 건물 전면(前
面)을 가득 메운 섬세한 조각은 예수회 수도사 카를로 스피놀라
Carlo Spinola가 중국인 조각가, 그리고 일본에서 추방된 가톨릭
교도와 함께 1620년부터 7년에 걸쳐 완성시킨 작품이다.
성당 안쪽 지하에는 교회 미술관 Museu de Arte Sacra 天主
教藝術博物館가 있다. 16~19세기에 제작된 가톨릭 성상(聖
像)과 조각을 전시하며, 전시품 중에는 파티마 성모 마리아 행진
(p.459) 때 사용하는 은제 가마도 있다.
미술관 입구 맞은편의 지하 납골당 Cripta 墓室은 베트남 ·
일본인 순교자를 기리는 곳으로 십자가 양옆에 차곡차곡 쌓인
28개의 유리 상자에 유골이 안치돼 있다.

1 가파른 계단을 오르면
세인트 폴 대성당이 있다.
2 순교자의 유골을 안치한
지하 납골당.
3 《천주실의》의 저자
마테오리치.

哪 哪廟 나차 사당 ★☆☆☆☆

Templo de Na Tcha 발음 나차미우 기간 08:00~17:00
요금 무료 지도 MAP 30-A2 · 31-A1 GPS 22.197743, 113.540671
교통 세인트 폴 대성당과 동일. 세인트 폴 대성당을 바라볼 때 왼쪽 뒷편에 있다.

유네스코 세계문화유산 어린아이의 모습을 한 신(神) 나차를 모시는
사당. 나차는 무예에 능하고 귀신을 물리치는 능력을 가졌는데,
1888년 마카오에 전염병이 만연하자 역신(疫神) 퇴치를 위해 이
사당을 세웠다. 전설에 의하면 나차는 태어나기 전 3년 반이나
어머니의 태내에 머물며 도교승에게 특별한 능력을 전수받았다고
한다. 사당 왼쪽의 입구로 들어가면 주변에서 발견된 유물 전시 및
사당의 유래를 소개하는 조그만 전시관이 있다.

사당 왼쪽의 입구로 들어가면
조그만 전시관과 서민적인 주택가가 있다.

세인트 폴 대성당 완벽 가이드

다섯 개 층으로 이루어진 세인트 폴 대성당의 전면부는 다양한 상징성을 내포한 조각들로 화려하게 장식돼 있다. 조각은 내용에 따라 크게 두 부분으로 나뉘는데, 1 · 2층의 성인상은 예수회의 동방선교 역사를 상징하며, 3~5층의 조각은 삼위일체와 성모 마리아를 찬양하는 것이다.

❶ 성령의 상징인 비둘기가 해와 달, 별에 둘러싸여 있다.

❷ 예수가 매달린 십자가를 나르는 천사. 왼쪽에는 인간에게 원죄를 안긴 악의 상징 뱀이 조각돼 있다.

❸ 구세주 아기 예수의 동상. 양옆에 권세를 상징하는 창과 깃발이 새겨져 있다.

❹ 빌라도가 예수를 채찍질할 때 사용한 기둥을 나르는 천사. 오른쪽의 밀 다발은 성체(聖體)를 상징한다.

❺ 비둘기 조각. 세상을 구원할 성령의 힘을 상징한다.

❻ 세상을 악의 구렁텅이로 몰아넣을 악마.

❼ 범선은 죄와 고통의 바다를 헤매는 인간을 뜻한다. 범선 왼쪽 위에 인간을 바른 길로 인도하는 성모 마리아가 있다.

❽ 생명수가 뿜어져 나오는 분수. 밑에는 교회와 예수를 상징하는 일곱 가지의 금 촛대가 조각돼 있다.

❾ 성모 마리아와 그녀의 승천을 찬양하는 여섯 명의 천사. 마리아 상 주변은 중국풍의 국화 무늬로 장식돼 있다.

❿ 인간에게 영원한 생명을 선사할 생명의 나무.

⓫ 요한 계시록에서 악을 상징하는 일곱 머리의 용. 머리 위에 용을 무찌르는 성모 마리아가 조각돼 있다.

⓬ 지옥과 죽음을 뜻하는 해골.

⓭ 신성한 왕권을 상징하는 왕관과 사자상. 중국풍으로 묘사된 사자의 모습이 이채롭다.

⓮ 성 프란시스코 데 보르하 St. Francisco de Borja.

⓯ 성 이그나티우스 St. Ignatius.

⓰ 성 프란시스코 쟈비에르 St. Francisco Xavier.

⓱ 성 루이스 곤자가 St. Luís Gonzaga.

⓲ IHS는 예수를 뜻하는 그리스어 Iēsous의 약자(略字). 예수회의 성당임을 뜻한다.

⓳ MATER DEI는 라틴어로 성모 Mother of God을 의미한다.

舊 ★☆☆☆☆
城牆遺址 구 성벽
Troço das Antigas Muralhas de Defesa

地圖 까우씽짱와이찌 地 MAP 30-A2 · 31-A1
交通 세인트 폴 대성당과 동일. 세인트 폴 대성당을 바라볼 때 왼쪽 뒷편. 나차
사당 앞에 있다. GPS 22.197718, 113.540592

20m 남짓한 길이의 허름한 성벽. 회칠이 모두 벗겨져 토대가
고스란히 드러난 모습이 무상한 세월의 흐름을 보여준다.
1569년 마카오에 정착한 포르투갈인이 자신들의 거류지를
보호할 목적으로 쌓았다. 당시에는 마카오 서부를 제외한 대부분의
지역이 이와 같은 두터운 성벽에 둘러싸여 있었다. 진흙 · 갈대 ·
조개껍질을 섞어서 쌓은 성벽은 무척 견고해 오랜 기간 제 기능을
수행했다. 그러나 20세기에 진행된 도심 개발 과정에서 대부분
파괴돼 옛 모습이 보존된 곳은 오직 이곳뿐이다.
성벽 아래쪽으로 이어진 언덕을 내려가면 골동품 거리가 나타난다.
자잘한 바닥돌로 포장된 포르투갈풍의 거리와 이국적인 가로등,
그리고 불상 · 회화같은 골동품을 파는 숍들이 묘한 대조를 이루니
잠시 들러봐도 좋을 듯!

1 세월의 흐름이 느껴지는 구 성벽.
2 성벽 아래로 내려가면 골동품 거리가 나타난다.

聖 ★★☆☆☆
安多尼堂 성 안토니오 성당
Igreja de S. António 地圖 씽온또네이텅 開館 07:30~17:30 요금 무료

地 MAP 30-A2 交通 세나도 광장에서 도보 20분. 길이 복잡하니 지도를 잘 보고 가야
한다. 또는 8A · 18 · 18A · 19 · 26번 버스 Praça Luís Camões 하차, 도보 1분.
GPS 22.198869, 113.539201

유네스코 세계문화유산 포르투갈 군의 수호성인, 성 안토니오를 기리는 성당.
1558~1560년에 지어진 것으로 추정되는 마카오에서 가장 오래된 성당이다.
예전에는 여기서 결혼식을 올리는 포르투갈 커플이 많아 꽃의 교회란 뜻의
'화왕텅 花王堂'이란 애칭으로 통하기도 했다. 1874년 9월 22일에는 대형
화재가 발생해 성당이 완전히 소실되는 아픔을 겪었는데, 이를 기리고자 지금도
해마다 9월 22일이면 성 안토니오의 성상(聖像)을 짊어진 시민들이 마카오
시내를 행진하는 천재절 天災節을 지낸다.
지금의 모습으로 재건된 것은 1930년대에 들어서다. 전형적인 예수회
성당이며 제단에는 십자가에 매달린 예수상 위로 코발트 색의 선명한 예수회
로고를 그려 놓았다. 제단을 바라볼 때 오른쪽으로 조금 들어간 별실에는 'St.
Andrew Kim'이란 세례명이 붙은 김대건 신부의 목상(木像)이 있다. 김대건
신부(1822~1846)는 독실한 가톨릭 집안에서 태어나 1836년 신학생 후보로
선발됐으며, 1837년 마카오로 건너와 신학을 공부했다. 이후 수 차례 귀국을
꿈꿨으나 천주교 박해로 번번이 계획이 좌절되고, 1845년에야 고국에 돌아올 수
있었다. 하지만 1846년 포교 활동 중 체포돼 반역죄로 사형을 언도받고, 26세의
젊은 나이로 생을 마감했으며 1984년 교황 요한 바오로 2세에 의해 성인품(聖
人品)에 올랐다. 성당 인근의 까몽이스 공원에는 그의 동상도 있다 (p.465).

1 꽃의 교회란 애칭의 성 안토니오 성당.
2 성당 안쪽에 김대건 신부의 목상이 놓여 있다.

白 鴿巢公園 까몽이스 공원

★★☆☆☆

Jardim Luís de Camões 발음 빡갑차우꽁윤 개관 06:00~22:00
요금 무료 지도 MAP 30-A2 GPS 22.199720, 113.539485
교통 세나도 광장에서 도보 22분. 길이 복잡하니 지도를 잘 보고 가야 한다.
또는 8A·18·18A·19·26번 버스 Praça Luís Camões 하차, 도보 1분.

유네스코 세계문화유산 **사시사철 녹음을 잃지 않는 초록빛 공원.**
마카오판 '파고다 공원'이라고 부를 만큼 새장·장기판을 들고 나와
소일하는 노인들의 모습이 쉽게 눈에 띈다. 원래 영국 동인도회사
회장의 저택 부지였으나 포르투갈인의 손에 넘겨진 뒤 고급 피서지로
탈바꿈했다. 옛 흔적이 모두 사라진 지금은 한적한 휴식처로 시민에게
사랑받고 있다. 공원 한가운데의 분수대에는 중국과 포르투갈의 우호를
상징하는 조각이 놓여 있으며, 그 주위에는 대항해시대 포르투갈의
해외진출과 영광의 역사를 읊은 서사시《우스 루지아다스 Os
Lusiadas》의 내용을 담은 모자이크화 10개가 바닥을 장식하고 있다.
공원 안쪽의 바위굴에는 살인사건에 연루돼 마카오로
추방당한 포르투갈의 국민 시인 루이스 드 까몽이스 Luis de
Camões(1524~1580)의 흉상이 있다. 그가 《우스 루지아다스》를
집필할 당시 마지막 편을 이곳에서 썼다고 한다. 공원 제일 안쪽에
있는 우리나라 최초의 가톨릭 신부 김대건(p.464)의 동상도 놓치지
말자. 1997년에 세워졌으며 'Estátua de Sto. André Kim'이라고
쓰인 안내판을 따라가면 금방 찾을 수 있다.

1 《우스 루지아다스》의 내용을 묘사한 모자이크화.
2 김대건 신부의 동상. 3 까몽이스의 흉상.

東 方基金會會址 까사 정원

★☆☆☆☆

Casa Garden 발음 똥퐁께이깜우이우이찌 개관 화~일요일 09:30~18:00
휴관 월요일 요금 무료 지도 MAP 30-A2 GPS 22.199799, 113.539729
교통 세나도 광장에서 도보 22분. 까몽이스 공원 바로 오른쪽에 있다.
또는 8A·18·18A·19·26번 버스 Praça Luís Camões 하차, 도보 1분.
기독교 묘지 개관 08:30~17:30 요금 무료

유네스코 세계문화유산 **포르투갈 상인 마누엘 페레이라 Manuel**
Pereira의 여름 별장. 1770년에 지은 신고전주의 양식의 건물과 정원이
멋스러운데, 건축 당시에는 마카오에서 가장 아름다운 건물로 명성이
자자했다. 마누엘의 사후 영국 동인도회사 사무실·박물관 등으로
사용하다가 지금은 동방기금회란 문화 단체의 본부로 이용 중이다.
까사 정원 오른쪽에는 마카오 최초의 기독교 묘지 Cemitério Protestante
基督敎墓園이 있다. 푸른 잔디 위에 묘비와 석관이 줄지어 늘어선 모습이
이채로운데 인도·동남아를 무대로 무역업을 하던 영국 동인도회사의
고위 관계자들이 이곳에 묻혔다. 그 가운데는 영·중 교역에 지대한 공헌을
한 조지 치너리 George Chinnery(1774~1852)의 무덤도 있다. 입구에
위치한 교회는 최초로 중국어 성서를 번역한 로버트 모리슨 Robert
Morrison(1782~1834)의 업적을 기리기 위해 모리슨 교회라고 부른다.

1 건물은 일반인의 출입이 금지된 까닭에 정원만
관람할 수 있다.
2 비석과 십자가가 즐비한 기독교 묘지. 이곳에
잠든 유명인도 많다.

崗 ★★★★☆
頂前地 성 아고스띠노 광장
Largo de S Agostinho 鹽 꽁펭친떼이
地圖 MAP 30-C1 GPS 22.192495, 113.538349
交通 세나도 광장에서 도보 5분. 세나도 광장 맞은편에
위치한 상원의원을 등지고 왼쪽 첫 번째 골목으로 들어간
다음 가파른 언덕을 올라간다.

유네스코 세계문화유산 마카오의 지난 역사를
말해주는 듯한 아담한 광장. 세나도 광장과
마찬가지로 크림색과 검정색의 포석을 깔아서
꽃무늬와 물결무늬를 수놓은 광장 바닥이
인상적이다. 광장 주위를 둘러싼 밝은 파스텔톤의
콜로니얼 스타일 건물과 예스러운 가로등이
어우러져 마치 호젓한 유럽의 거리를 거니는 듯한
착각에 빠지게 한다.

너무 작아 광장이라기보다는 '교차로' 같은 느낌이다.

福 ★★★☆☆
隆新街 펠리시다데 거리
Rua da Felicidade 鹽 푹룽싼까이
營業 10:00~19:00(숍마다 다름) 地圖 MAP 30-C1 · 31-D1
交通 세나도 광장에서 도보 4분. 세나도 광장 맞은편에 위치한
상원의원을 등지고 왼쪽 첫 번째 골목으로 들어가 130m쯤 간다.
GPS 22.193569, 113.537955

마카오의 옛 풍경이 고스란히 남아 있는 거리. 길이 200m
남짓한 거리를 따라 좌우에 붉은 대문과 격자무늬 창문을
가진 2층 건물이 나란히 늘어서 있다. 원래 선원이 드나들던
허름한 유곽(遊廓)에 불과했으나 점차 상류층이 모여드는
마카오 최대의 환락가로 성장했다. 근대에 들어 유곽이
퇴출된 뒤에는 레스토랑·쇼핑가로 변모해 오늘에 이르고
있다. 북쪽 끝에 위치한 산바 호스텔 San Va Hostel에는
옛 유곽의 구조가 고스란히 남아 있는데 한국 영화《도둑들》
에도 잠시 등장한다. 호스텔 주변에는 육포·아몬드 쿠키 등
전통 먹거리를 파는 숍이 모여 있다.

대부호의 여름 별장으로 사용되던 로버트
호통 도서관.

何 ★★★☆☆
東圖書館 로버트 호통 도서관
Biblioteca Sir Robert Ho Tung 鹽 호똥토쒸꾼
開館 월~토요일 10:00~19:00, 일요일 11:00~19:00 休館 공휴일 料金 무료
地圖 MAP 30-C1 GPS 22.192306, 113.537951
交通 세나도 광장에서 도보 6분. 세나도 광장 맞은편에 위치한 상원의원을 등지고 왼쪽
첫 번째 골목으로 들어간다. 그리고 가파른 언덕을 오르면 언덕이 끝나는 곳 오른쪽에 있다.

유네스코 세계문화유산 레몬 색의 발랄한 분위기가 인상적인 4층 건물. 원래
1894년에 세워진 포르투갈 상인의 저택이었다. 1918년 홍콩의 대부호
로버트 호통 Robert Ho Tung이 건물을 사들여 여름 별장으로 이용했으며,
그의 사후인 1955년 마카오 정부에 기증돼 1958년 지금과 같은 도서관으로
개조됐다. 그리 크진 않지만 고즈넉한 분위기가 일품이다. 나뭇잎 사이로
따사로운 햇살이 쏟아지는 G/F층의 야외 테이블에 앉아 조용히 휴식을 취하는
것도 운치 있다. 3/F층에도 지친 다리를 쉬어가기에 좋은 아담한 휴게실이 있다.

聖 ★★★★☆
奧斯定教堂 성 아고스띠노 성당
Igreja de S. Agostinho [發音] 씽아오씨땅까우텅

[개관] 10:00~18:00 [요금] 무료 [지도] MAP 30-C1
[교통] 세나도 광장에서 도보 6분. 세나도 광장 맞은편에 위치한 상원의원을 등지고 왼쪽 첫 번째 골목으로 들어간다. 가파른 언덕을 올라가면 언덕이 끝나는 곳 왼쪽에 있다. [GPS] 22.192136, 113.538394

유네스코 세계문화유산 1586년 스페인의 오거스틴 수도회에서 세운 성당. 마카오가 포르투갈 통치하에 놓인 1589년 오거스틴 수도회를 쫓아내고 포르투갈식 성당으로 바꾸었다. 제단에는 골고다 언덕 아래에서 십자가를 짊어진 예수상이 놓여있다. 이 예수상을 세나도 광장 옆의 대성당 (p.459)에 옮겨놓자 예수상이 스스로 제자리로 돌아오는 기적이 일어나 이때부터 예수상을 대성당으로 모시고 가는 파소스 행진이 시작됐다. 파소스 행진은 사순절 첫째 일요일 (2월 중순~3월 초)에 열리며 수천 명의 시민과 성직자가 예수상을 들고 행진한다.

崗 ★★☆☆☆
頂劇院 돈 페드로 5세 극장
Teatro D. Pedro V [發音] 꽁뗑꼭윤

[개관] 외부 10:00~23:00, 내부 10:00~18:00
[휴관] 내부 화요일 [요금] 무료 [지도] MAP 30-D1
[교통] 세나도 광장에서 도보 7분. 세나도 광장 맞은편에 위치한 상원의원을 등지고 왼쪽 첫 번째 골목으로 들어간다. 가파른 언덕을 올라가면 언덕이 끝나는 곳 왼쪽에 있다. [GPS] 22.191935, 113.538516

유네스코 세계문화유산 1860년 개관한 중국 최초의 오페라 하우스. 아시아 최초의 남성 전용 사교 클럽인 '마카오 클럽'이 탄생한 곳이다. 우아한 외관을 뽐내는 신고전주의 양식의 극장에서는 다양한 콘서트ㆍ오페라가 상연된다. 극장의 명칭은 개관 당시 포르투갈을 통치하던 국왕의 이름에서 따왔다. 특별한 행사가 없으면 내부 관람도 할 수 있다.

성당 내부는 섬세한 조각과 성상으로 꾸며져 있다.

聖 ★★★★☆
若瑟修院大樓及聖堂 성 호세 성당
Seminário e Igreja de S. José [發音] 씽얏삿사우윤따이라우깟씽텅

[개관] 10:00~17:00 [요금] 무료 [지도] MAP 30-C1 [GPS] 22.191530, 113.536901
[교통] 세나도 광장에서 도보 12분. 세나도 광장 맞은편에 위치한 상원의원을 등지고 왼쪽 첫 번째 골목으로 들어간다. 길이 조금 복잡하니 지도를 잘 보고 가야 한다.

유네스코 세계문화유산 1758년 예수회에서 선교사 양성을 목적으로 세운 수도원 겸 성당이다. '리틀 세인트 폴 대성당'이라고도 불리는 이곳은 중국 바로크 건축의 대표작으로 꼽힌다. 독특한 돔형 지붕은 마카오의 상징으로 유명한데 음향 효과가 뛰어나 콘서트 장으로도 이용한다. 제단 오른쪽의 유리 캐비닛에는 예수회 최초의 동방 선교사로 중국에서 생을 마감한 성 프란시스코 자비에르 Francisco Xavier(1506~1552)의 오른팔 뼈가 안치돼 있다.

1 콘서트가 열리기도 하는 성 호세 성당.
2 성 프란시스코 자비에르의 오른팔 뼈가 담긴 유리함.

鄭家大屋 정씨 가문의 집
★☆☆☆☆

Mandarin's House 발음 정까따이욱

개관 목~화요일 10:00~18:00 휴관 수요일 요금 무료
지도 MAP 29-A4 GPS 22.188684, 113.534892
교통 세나도 광장에서 도보 16분. 세나도 광장 맞은편에 위치한
상원의원을 등지고 왼쪽 첫 번째 골목으로 들어간다. 길이 복잡하니
지도를 잘 보고 가야 한다.

유네스코 세계문화유산 광동 지역의 전형적인 건축양식을
보여주는 건물. 중국의 문호 정관잉 鄭觀應의 저택이며
1869년에 완공됐다. 10여 채의 건물이 나란히 이어진
독특한 구조는 늘어나는 가족 수에 따라 8년에 걸쳐 집의
규모를 확장하면서 만들어졌다. 총면적 4,000㎡, 방의 수는
60개가 넘는데, 한 가족을 위해 이만한 규모의 집을 짓는 건
당시로서도 무척 보기 드문 일이었다. 중국·유럽·인도의
디자인이 혼재된 인테리어도 눈길을 끈다.

主教山小堂 펜야 성당
★★☆☆☆

Capela de N Sr. da Penha 발음 쥬까우싼씨우텅

개관 10:00~17:30 요금 무료 지도 MAP 29-A4
교통 세나도 광장에서 도보 20분 또는 아마 사원에서
도보 12분. 길이 복잡하니 지도를 잘 보고 가야 한다.
GPS 22.186756, 113.534756

바다의 성인 노틀담 드 프랑스를 모시는 성당.
뱃사람들이 바다로 나가기에 앞서 항해의 안전을
기원하던 곳이다. 처음 성당이 세워진 때는
1622년으로 네덜란드 함선에 납치됐다가 탈출한
사람들이 신에게 감사하는 뜻으로 지었다. 지금의
성당은 1935년에 재건된 것이다. 성당 주변은 고급
주택가이며, 지대가 높아 마카오 타워는 물론
강 건너의 중국 땅까지 한눈에 들어온다.

5월 13일의
파티마 성모 행진 때는
수많은 순례자가
모여든다.

聖老楞佐教堂 성 로렌소 성당
★★★★★

Igreja de S. Lourenço 발음 싱로우렝조텅 개관 08:30~17:00
요금 무료 지도 MAP 30-A1 GPS 22.190313, 113.536890
교통 세나도 광장에서 도보 10분. 세나도 광장 맞은편에 위치한 상원의원을 등지고 왼쪽
첫 번째 골목으로 들어간다. 길이 조금 복잡하니 지도를 잘 보고 가야 한다.

유네스코 세계문화유산 1569년 예수회에 의해 세워진 마카오의 초기 성당
가운데 하나. 비록 쇠락한 모습이지만 마카오에서 가장 아름다운 성당이라
해도 과언이 아니다. 원래 나무로 지어진 것을 1846년에 재건해 지금과 같은
장엄한 성당으로 거듭났다. 전체 규모는 높이 21m, 길이 37m, 폭 29m에
이른다. 당시 유럽에서 유행하던 신고전주의 양식에 바로크 스타일을 가미한
게 특징이다. 높이 솟은 탑은 한때 수도원 감옥으로 이용되기도 했다.
예배당으로 들어가면 터키시 블루로 마감한 세련된 목조 천장과 화려하게
빛나는 샹들리에에 눈길을 사로잡는다. 제단에는 성 로렌소 성인상이 천사의
호위 아래 서 있으며, 성령을 상징하는 비둘기가 그려진 스테인드글라스가
오색찬란하게 빛난다. 정오에는 종탑에서 울려퍼지는 아름다운 종소리를
들을 수 있다. 이국적인 분위기 때문에 결혼식과 야외 촬영의 명소로도
인기가 높아 신혼 커플의 모습도 종종 눈에 띈다.

港 ★☆☆☆☆
務局大樓 해상청

Quartel dos Mouros 발음 꿈모우꿈따이라우
개관 09:00~18:00 요금 무료 지도 MAP 29-A4
교통 마카오 페리터미널 또는 그랜드 리스보아 호텔
근처에서 10·10A번 버스를 타고 Templo Á-Ma
媽閣廟站 하차, 도보 3분.
GPS 22.187741, 113.532776

유네스코 세계문화유산 신고전주의 양식에 이슬람
스타일을 가미한 독특한 생김새가 눈길을 끄는
건물. 유럽 열강이 식민지 확보를 위해 중국으로
밀려들던 1874년, 포르투갈 정부가 마카오의
치안 유지를 위해 인도의 고아에서 파견한 무어인
병사들의 기숙사로 지었다. 외벽만 놓고 보면
마치 이슬람 모스크의 일부처럼 보이는데, 이는
이슬람교도인 무어 병사를 위한 특별한 배려였다.
현재 마카오 해상청으로 사용하고 있어 건물 내부
관람은 불가능하며, 일반인은 입구와 베란다까지만
들어갈 수 있다.

媽 ★★★☆☆
閣廟 아마 사원

Templo de Á-ma 발음 마꼭미우 개관 07:00~18:00
요금 무료 지도 MAP 29-A4 GPS 22.186394, 113.531174
교통 마카오 페리터미널 또는 그랜드 리스보아 호텔 근처에서
10·10A번 버스를 타고 Templo Á-Ma 媽閣廟站 하차,
버스 진행방향으로 도보 2분.

유네스코 세계문화유산 뱃사람의 수호신 아마를 모시는
사원. 총 4개의 사당으로 이루어져 있는데 제일 위에
위치한 관음전 觀音殿을 제외한 나머지 3개의 사당은
모두 아마에게 바친 것이다. 정문을 지나 오른쪽으로 가면
커다란 바위에 배의 모습이 새겨져 있다. 이 배가 푸젠 福
建에서 마카오까지 아마 여신을 태우고 온 배라고 한다.
음력 3월 23일에는 아마를 기리는 축제가 열리며 주말에는
악령 퇴치를 위해 입구에서 폭죽을 터뜨린다.

소원을 빌러 오는 이들로 연일 인산인해를 이룬다.

바다의 여신 아마 전설

약 500년 전 초라한 행색의 소녀가 중국 남부의 항구 푸젠을 찾
아왔다. 소녀는 다급하게 마카오 행 배를 수소문했지만 모든 배가
그녀를 외면한 채 항구를 떠났다. 그렇게 한참의 시간이 흐른 뒤
항구를 지나던 가난한 어부가 소녀를 배에 태워주었다. 그리고 마
카오를 향해 돛을 올리자 갑자기 거대한 풍랑이 몰아치며 배들을
모조리 집어삼켰다. 물론 소녀가 탄 배만 빼고! 그리고 배가 마카
오에 도착하자 홀연 소녀가 사라지고 그 자리에 고귀한 아마 여신
이 나타났다. 이 광경을 목격한 어부는 항구에 도착하자마자 사원
을 세웠는데, 그게 바로 지금의 아마 사원이다. 이후 아마 여신은
뱃사람의 수호신으로 모셔졌다.

아마 여신을 태우고 마카오로
온 배의 모습을 새긴 바위

흥미로운 점은 마카오란 지명이 이 전설에서 비롯됐다는 것이다. 과거 이 지역은 아마 여신의 집을 뜻하는 '아마꼭 A Ma
Gok 阿媽閣'이라고 불렸는데, 포르투갈인이 정착할 당시 발음이 '아마가오'로 와전되며 지금의 이름 즉, 마카오로 굳어
졌다.

海事博物館 해양 박물관 ★★☆☆☆

Museu Marítimo 발음 허이씨뽁맛꾼 개관 10:00~18:00
휴관 화요일 요금 월~토요일 MOP10, 일요일 MOP5,
10~17세 월~토요일 MOP5, 일요일 MOP3, 10세 이하 무료
홈피 www.marine.gov.mo 지도 MAP 29-A4
교통 마카오 페리터미널 또는 그랜드 리스보아 호텔 근처에서 10·10A번
버스를 타고 Templo Á-Ma 媽閣廟站 하차, 버스 진행방향으로 도보 2분.
GPS 22.186061, 113.530623

1553년 포르투갈 선박이 최초로 마카오에 정박한 장소를
기념해서 세운 박물관. G/F층의 마카오와 중국 남부의 어촌을
소개하는 코너에는 선박·어구(漁具)·전통가옥이 전시돼 있다.
특히 리틀 아마 시어터 Little A-Ma Theatre에서 상연하는 아마
媽閣 여신의 전설 인형극이 흥미롭다. 1/F층에서는 선박의
발전사, 15세기 아라비아해를 거쳐 아프리카까지 진출한
명나라의 환관 정화 鄭和의 여정, 15~16세기 포르투갈의
항해사 등을 소개한다. 정교하게 제작된 포르투갈 범선 모형이
특히 볼만하다. 오늘날의 항해술을 소개하는 2/F층에는 각종
항해 도구와 20여 점의 선박 모형이 전시돼 있다.

1·2세 개 층에 걸쳐 소장된 다양한 자료가 이 도시와 바다의
관계를 조목조목 설명해준다.

澳門旅遊塔 마카오 타워 ★★★☆☆

Torre de Macau 발음 오우문러이야우탑 개관 월~금요일 10:00~21:00,
토·일·공휴일 09:00~21:00 요금 MOP165, 3~11세 MOP95, 3세 미만 무료
홈피 www.macautower.com.mo 지도 MAP 29-A5 GPS 22.179956, 113.536745
교통 마카오페리 터미널에서 32번 버스를 타고 Torre de Macau 澳門旅遊塔 하차.
스카이워크 운영 10:00~19:30, 금~일요일 10:00~21:00 요금 MOP888
타워 클라임 운영 11:00·15:00 요금 MOP2,488
번지 점프 운영 10:00~19:30, 금~일요일 10:00~21:00 요금 MOP3,788
스카이 점프 운영 10:00~19:30, 금~일요일 10:00~21:00 요금 MOP3,188

아시아에서 10번째, 세계에서 12번째의 높이를 자랑하는 거대한 건물.
2001년 마카오 반환 2주년을 기념해 세운 것으로 총 높이는 338m다.
58층(223m)에 실내 전망대, 61층(238m)에 야외 전망대가 설치돼 있는데,
마카오 일대는 물론 중국 내륙과 홍콩까지도 한눈에 들어올 만큼 훌륭한 전망을
자랑한다. 해질녘에 가면 주변 전망과 함께 멋진 야경도 감상할 수 있다.
목숨이 아깝지 않다면(?) 야외 전망대의 천길 낭떠러지 난간을 걷는
스카이워크 Skywalk, 해발 338m의
마카오 타워 첨탑 꼭대기까지 기어오르는
타워 클라임 Tower Climb, 야외
전망대에서 지상을 향해 뛰어내리는
238m의 번지 점프·스카이 점프 등의
익스트림 스포츠에 도전해 보자. 증명서·
멤버십 카드 발급은 물론 기념 티셔츠도
준다.

1 마카오 최고의 높이를 자랑한다.
2 첨탑을 기어오르는 타워 클라임.
3 짜릿한 쾌감의 스카이 점프.

馬 ★★★☆☆
忌士街 에두아르도 마르께스 거리

Rua de Eduardo Marques ^{發音} 마께이씨까이

地圖 MAP 30-A3 GPS 22.197316, 113.544593
交通 세인트 폴 대성당에서 도보 8분. 길이 복잡하니 지도를 잘 보고 가야 한다.

마카오에서 가장 이국적인 색채를 간직한 거리. 완만한 언덕을
따라 노란색의 남유럽풍 2층 건물이 줄지어 있다. 한적한 거리를
거닐며 멋진 사진을 남기기에 좋다. 거리 위쪽에는 19세기에
조성된 산 미구엘 공동묘지가 있는데, 묘지에 가득한 천사상과
십자가가 색다른 풍경으로 다가온다.

瘋 ★★★☆☆
堂斜巷 성 라자로 언덕

Calçada Igreja de S. Lázaro ^{發音} 퐁텅체홍
地圖 MAP 30-A3 GPS 22.197552, 113.544137
交通 세인트 폴 대성당에서 도보 7분. 길이 복잡하니 지도를 잘
보고 가야 한다.

포르투갈 식민지대의 모습이 고스란히 남겨진
언덕길. 거리 양쪽에는 가로등과 유러피언 스타일의
건물이 즐비해 이국적인 멋을 한껏 풍긴다. 에두아르도
마르께스 거리와 만나는 십자로 근처에는 현대미술
작품을 전시하는 갤러리와 포르투갈 소품을 취급하는
빈티지 숍. 그리고 거리가 끝나는 곳에는 마카오에서
가장 오래된 세 개의 성당 가운데 하나인 성 라자로 성당
(1568년)이 있다. 이곳은 대성당(p.459)이 세워지기
전까지 주교 공관 및 나환자 보호소로 이용되기도 했다.

포르투갈의 거리를
거니는 듯한 착각에
빠지게 하는 성
라자로 언덕.

세계사의 흐름을 바꾼 바스코 다 가마

에두아르도 마르
께스 거리에서 멀
지 않은 로열 호텔
Royal Hotel(MAP
30-B3) 앞에는 포
르투갈의 항해 영
웅 바스코 다 가마

Vasco da Gama(1469~1524)의 기념비 'Monu-
mento a Vasco da Gama 華士古達嘉瑪紀念像'
가 있다. 그는 아프리카 최남단의 희망봉을 통과해 유
럽~인도 항로를 개척한 인물로 유명하다.

15세기까지만 해도 아시아와 유럽의 통상(通商) 루트
는 실크로드를 통한 육상 교역이 전부였다. 때문에 유
럽 대륙의 제일 끝에 위치한 포르투갈은 항상 막대한
손해를 감수해야 했다. 포르투갈 입장에서는 아프리카
를 가로지르는 해상 루트로 아시아와 직접 교역할 경우
엄청난 수익을 기대할 수 있었지만, 항해술이 발달하지
않은 당시로서는 막연한 공상에 지나지 않았다. 그때
혜성처럼 등장한 인물이 바로 모험가 바스코 다 가마였
다. 그는 포르투갈 국왕의 후원에 힘입어 1497년 7월
8일, 170명의 선원을 이끌고 대항해에 나섰다. 하지만
모험과도 같은 도전이었기에 아프리카 대륙 남단에 도
착하기까지 걸린 기간은 무려 119일! 그 동안 선원들
은 채소 섭취 부족으로 괴혈병에 걸린 채 고통의 나날
을 보내야 했다.

그러나 불굴의 의지로 같은 해 11월 22일 아프리카 최
남단 희망봉을 통과했고, 1498년 5월 20일에는 인
도에 도착해 유럽~인도 항로를 최초로 개척했다. 이
에 힘입어 해양 국가로 발돋움한 포르투갈은 최대의
황금기를 구가하며 아시아 각지에 식민지를 경영할
수 있었다.

仁 ★★★☆☆
慈堂婆仔屋 SCM 알베르게
Santa Casa da Misericordia Albergue

발음 인지텅파짜이욱 **개관** 12:00~19:30 **휴관** 월요일 **요금** 무료
지도 MAP 30-A3 **GPS** 22.197433, 113.544374
교통 세인트 폴 대성당에서 도보 9분. 길이 복잡하니 지도를 잘 보고 가야 한다.

300여 년의 역사가 고스란히 녹아든 유서 깊은 건물. 가운데의
정원을 중심으로 포르투갈 전통 양식의 건물 두 동이 나란히
마주보고 있으며, 긴 가지를 늘어뜨린 아름드리 녹나무가 시원한
그늘을 만들어준다. 아시아 최초의 자선기관인 인자당 仁慈堂
(p.458)의 부속시설로 16세기에 지어져 오랜 동안 구호소로
이용됐다. 지금은 갤러리로 탈바꿈했으며 마카오 로컬 아티스트의
작품전이 수시로 열린다. 내부에는 마카오 · 포르투갈 요리를
선보이는 분위기 좋은 레스토랑과 포르투갈 수입 잡화점도 있다.

盧 ★☆☆☆☆
廉若公園 로림억 공원
Jardim de Lou Lim loc

발음 로림억꽁윤 **개관** 06:00~21:00 **요금** 무료
지도 MAP 30-A4 **GPS** 22.200114, 113.547380
교통 중국 국경에서 9 · 9A · 18 · 25X번 버스를
타고 Jardim da Vitória 得勝花園 하차, 도보 3분.
마카오 차 문화관
개관 09:00~19:00 **휴관** 월요일 **요금** 무료

중국과 포르투갈의 풍경이 공존하는
이국적인 공원. 조그만 연못을 중심으로
중국식 정자, 기암괴석으로 꾸민 정원,
포르투갈 전통 양식의 건물을 아기자기하게
배치했다. 입구 쪽에는 차(茶)와 마카오에서
유럽으로 수출되던 도자기의 역사를
소개하는 마카오 차 문화관 Casa Cultural
de Cháde Macau 澳門茶文化館도 있다.

塔 ★★★☆☆
石廣場 탑섹 광장
Campo do Cel. Mesquita **발음** 탑쎅꽹청

지도 MAP 30-A3 **GPS** 22.198111, 113.547091
교통 세인트 폴 대성당에서 도보 15분. 또는 중국 국경에서
9 · 9A · 18번 버스를 타고 Pavilhao Polidesportivo Tap SEAC
塔石體育館 하차, 바로 앞.
탑섹 미술관 **개관** 10:00~19:00 **휴관** 월요일 **요금** 무료
야오쭝이 학예관 **개관** 10:00~18:00 **휴관** 월요일 **요금** 무료

아기자기한 외관의 마카오식 건물이 늘어선 이국적인
광장. 세나도 광장과 마찬가지로 바닥에 포석이 깔린
광장에서는 각종 이벤트와 문화행사가 열려 언제나 다채로운
볼거리를 제공한다. 광장 한편에 위치한 탑섹 미술관 Galeria
Tap Seac 塔石藝文館에서는 현대 미술품을 중심으로 한
기획전이 수시로 열린다. 광장 건너편에는 중문학의 대가
야오쭝이 饒宗頤 교수의 업적을 기리는 야오쭝이 학예관
Academia Jao Tsung-I 饒宗頤이 있다. 내부에는 그가
수집한 서예 작품을 전시해 놓았으며, 옛 건물 구조를 살펴볼
수 있어 흥미롭다.

1 그리스 신전풍으로 지은
마카오 문화국.
2 마치 동화 속에서 툭
튀어나온 듯한 외관의 탑섹
미술관.

國 ★☆☆☆☆
父紀念館 쑨얏센 기념관
Memorial Dr. Sun Iat Sen 발음 꿱푸께이님꾼

개관 수~월요일 10:00~17:00 휴관 화요일 요금 무료 지도 MAP 30-A4
교통 중국 국경에서 9·9A·18·25B번 버스를 타고 Jardim da Vitória
得勝花園 하차. 버스 진행방향 반대편으로 30m 정도 떨어진 곳에 있다.
GPS 22.199809, 113.549024

중국의 '국부(國父)'로 추앙받는 쑨원 孫文(1866~1925)을
추모하는 곳. 빈농의 자식으로 태어난 쑨원은 중국을 서구식 국가로
변화시키고자 평생을 바친 인물이다. 그는 1893년 반청운동(反清運
動)을 이유로 마카오에서 추방된 뒤 20여 년간 일본·미국·유럽을
떠돌며 중국의 혁명 세력을 지원했다. 그리고 1911년에는 중국
근대화의 서막을 연 신해혁명을 주도했으며, 1912년 중화민국의 임시
대총통으로 추대됐다. 그러나 복잡하게 얽힌 군벌과 제국주의의 올무에
휘말려 중국의 독립과 혁명이란 양대 과업을 완수하지 못한 채 아쉬운
생을 마감하고 말았다. 이곳은 그가 의사로 활동하던 1890년부터
3년간 머문 저택이며 북아프리카 스타일의 무어 양식으로 지어졌다.

1 쑨원의 동상.
2 내부에는 쑨원의
초상화와 사진, 그가
사용하던 가구가
전시돼 있다.

東 ★★★☆☆
望洋山保壘 기아 요새
Fortaleza da Guia 발음 뚱뚱영싼뿌우러이

개관 공원 06:00~20:30, 요새 화~일요일 09:00~17:30
휴관 요새 월요일 지도 MAP 30-B4 GPS 22.200489, 113.550789
교통 중국 국경에서 18·25X번 버스를 타고 Jardim Flora 二龍喉公園
하차. 버스 진행방향 정면 왼쪽의 골목으로 들어가면 공원 입구와 케이블카
승강장이 있다. 성당·등대가 있는 곳까지 가려면 케이블카를 이용하는
게 편하다.
케이블카 운행 화~일요일 08:00~18:00 운휴 월요일
요금 편도 MOP2, 왕복 MOP3

유네스코 세계문화유산 마카오에서 제일 높은 해발 90m의
기아 언덕 정상에 세운 요새. 함선 공격에 대비해 1622년부터
16년이란 긴 세월에 걸쳐 구축됐다. 하지만 실제 전투에 이용된
적은 없으며, 오히려 중국 내륙까지 굽어보는 지리적 이점을 살려
오랫동안 전망대로 활용됐을 뿐이다. 내부에는 사령관저·막사·
군수품 창고 등이 있었으나 지금은 조그만 성당(1637년)과 등대
(1865년)만 남아 있다. 중국에서 최초로 세워진 이 등대의 높이는
91m이며 맑은 날은 32km 이상 떨어진 곳에서도 불빛이 보인다.
클라리스트 수도원의 수녀들에 의해 지어진 성당은 아름다운
성화(聖畵)로 장식돼 있다. 유럽과 중국의 화풍이 접목된
이색적인 그림이 눈길을 끄는데 이는 마카오의 문화적 특성인
동서양 문화의 결합을 잘 보여준다.
요새 지하에는 방공호가 파여 있다. 내부에는 방공호가 사용되던
당시의 사진·발전기·군복 등을 전시해 놓았다.

1 요새 정상에 있는 성당과 중국 최초의 등대.
2 성당 내부는 여러 벽화와 성상으로 꾸며 놓았다.

觀音堂 관음당 ★★☆☆☆

Kun Iam Tong 발음 꾼얌텅 개관 가을~봄 08:00~17:00,
여름 08:00~18:00 지도 MAP 29-C2 GPS 22.204167, 113.550078
교통 세나도 광장에서 18번 버스를 타고 Templo Kun Iam 觀音堂 하차.

마카오 최대 규모를 자랑하는 사찰. 원래 13세기에 지어진
것을 1627년 지금의 형태로 증축했다. 핵심 건물은 전체를
채색 도기로 화려하게 장식한 대웅보전 大雄寶殿이다.
대웅보전으로 오르는 계단 양옆에는 두 마리의 사자상이
있는데, 입에 문 돌 구슬을 왼쪽으로 세 번 돌리면 행운이
찾아온다고 한다. 하지만 지금은 문화재 보존 차원에서 접촉을
금하고 있으니 주의 계단 역시 행운의 숫자 '8'에 맞춰 총 여덟
단으로 만들었다. 참고로 8은 중국인에게 재물과 복을 불러오는
럭키 넘버로 인기가 높다.
본당은 대웅보전 제일 깊숙한 곳에 위치한다. 매캐한 향 연기로
가득한 본당 한가운데에는 화려한 신부 의상과 진주 목걸이로
치장한 관음상을 모셔 놓았다. 관음상 양쪽의 유리 캐비닛에는
18개의 존자상(尊者像)이 있는데, 왼쪽 캐비닛 제일 앞에 놓인
검은 머리의 부리부리한 눈을 가진 존자상이 《동방견문록》
의 저자 마르코 폴로라고 한다. 여기서는 중국의 식민지화를
가속시킨 미국과의 불평등조약인 몽하조약(1844년)이
체결되기도 했다.

1 대웅보전의
입구와 사자상.
2 마르코 폴로의
모습을 묘사했다는
존자상.

蓮峰廟 연봉묘 ★☆☆☆☆

Templo de Lin Fung 발음 린펑미우 개관 07:00~17:00
지도 MAP 29-C2 GPS 22.209881, 113.547664
교통 세나도 광장에서 26A번 버스를 타고 Piscina Lim Fung 蓮峰游泳池
하차 후, 버스 진행방향으로 100m쯤 직진하면 오른쪽 길 건너에 있다.
마카오 린제수 기념관 개관 화~일요일 09:00~17:00 휴관 월요일
요금 MOP5, 8세 이하 MOP3

광동 지역의 중국인이 마카오로 이주할 당시 최초로 거주한 지역.
지금의 사당은 1592년 세워졌으며 사당 기둥과 처마를 장식한
각종 인물·동식물 조각은 19세기에 추가됐다. 무병장수와 학문을
기원하는 사당이며 뱃사람의 수호신 아마 阿媽도 모신다. 청나라
때는 마카오에 체류하는 관리를 위한 숙소로 이용되기도 했다.
바로 옆의 마카오 린제수 기념관 澳門林則徐紀念館에서는 아편
전쟁과 관련된 역사를 살펴볼 수 있다. 린제수는 아편 밀무역을
근절시키고자 영국 상인의 아편을 몰수한 청나라의 관리다. 하지만
이 사건을 계기로 아편전쟁이 발발해(1840~1842) 홍콩의 영국
식민지화가 고착되는 역설적 결과를 낳았다. 기념관에는 그의
활약상이 담긴 자료가 전시돼 있다.

1 400여 년의 역사가 아로새겨진 연봉묘.
2 아편 전쟁의 역사를 소개하는 린제수 기념관.

跑 狗場 경견장 ★★☆☆☆

2019년 7월 현재 운영 중지

Canidromo 발음 빠우까우쩡 기간 월·목·토·일요일 20:00~심야
요금 입장료 MOP10(베팅용으로 사용 가능) 홈피 www.macau-canidrome.com
지도 MAP 29-B2 GPS 22.208935, 113.545188
교통 리스보아 호텔 앞에서 23·25B번 버스를 타고 Av. Gen. Castelo Branco 白朗古將軍
大馬路 하차. 경견장에서 시내로 돌아가는 버스는 막차 시간이 이르니 주의!

이름 그대로 '개' 경주가 열리는 곳. 경마처럼 육중한 맛은 없지만 시속 70km로
트랙을 주파하는 그레이하운드의 날렵한 발놀림이 경쾌하다. 배당은 평일보다
참가자가 많은 토·일요일이 높으니 짜릿한 손맛(?)을 보려면 그때 가보자.
경주는 트랙 왼쪽의 공터에서 출전할 경주견을 보여주는 것으로 시작된다. 여기서
개의 상태와 이름을 확인한 뒤 카운터에서 견권(犬券)을 구입하는데, 이때 베팅
방식과 금액을 결정한다. 베팅 방식은 1등을 맞추는 단승식 W, 선택한 개가 무조건
3위 안에만 들어오면 이기는 복승식 P, 선택한 개 두 마리가 순서에
상관없이 1·2위로 들어오면 이기는 연승식 Q 등이 있다.

경주견의 상태를 꼼꼼히 확인하고
베팅을 한다.

關 閘 국경 ★☆☆☆☆

Portas do Cerco 발음 관잡 지도 MAP 29-C1
교통 마카오 페리터미널에서 3·3A번 버스를 타고 종점(지하) 하차. 에스컬레이터를
타고 지상으로 올라가면 정면에 국경이 보인다. 또는 샌즈·베네시안 마카오 : 그랜드
리스보아 등 시내의 주요 호텔·카지노에서 운행하는 국경 Border 關閘 행 무료
셔틀버스를 타고 가도 된다. GPS 22.215939, 113.549152

1 까몽이스의 싯구가 새겨진 옛 국경.
2 매일 수많은 사람이 오가는 국경 건물.

마카오와 중국의 주하이 珠海 사이에 놓인 국경지대. 아치형의 옛 국경 건물
너머로 1999년 세워진 거대한 신 국경 건물이 보인다. 옛 국경 건물 벽에는
'그대를 지켜보는 조국을 영광스럽게 하라 A Pátria honrai que a Patria vos
contempla'라는 까몽이스의 시구가 새겨져 있다. 국경은 07:00~24:00에
개방하며 항상 양쪽을 오가는 사람들로 북적인다. 주위에는 국경을 넘나들며
장사하는 보따리상들을 위한 도매시장이 형성돼 있다. 근처에 에스프리
Esprit의 대형 아웃렛 매장도 있으니 이용해도 좋을 듯.
국경을 바라볼 때 왼쪽으로 가면 국경선을 따라 조성된 쑨얏센 공원
Parquemunicipal Dr. Sun Yat Sen이 있다. 산책로에서는 국경을
가르는 철조망 너머로 주하이 시내의 건물이 손에 잡힐 듯 바라보인다.
주하이는 중국 정부가 지정한 6개 경제특구 가운데 하나다.

시내행 무료 셔틀버스

국경에서 마카오 도심으로 돌아갈 때는 시내버스보다 호텔·카지노의 무료 셔틀버
스를 이용하는 게 편하다(15~20분 소요). 버스 타는 곳은 국경을 바라볼 때 오른
쪽에 있다. 세나도 광장 인근으로 갈 때는 그랜드 리스보아·원 마카오·MGM 마카오 행 셔틀버스, 타이파·꼴로안 섬으
로 갈 때는 베네시안 마카오·갤럭시 마카오·시티 오브 드림즈·샌즈 코타이 센트럴 행 셔틀버스를 타면 된다.

RESTAURANT

❶ Steamed Dumplings with Crystal Blue Shrimps in Goldfish Shape (MOP84)

예산 MOP300~
추가 차 1인당 MOP38~, 봉사료 10%
영업 런치 월~토요일 11:30~14:30,
일 · 공휴일 10:00~15:00,
디너 18:30~22:30
메뉴 영어 · 중국어
주소 2/F, Grand Lisboa 전화 8803-7788
홈피 www.grandlisboahotel.com
지도 MAP 31-C5
교통 마카오 페리터미널에서 그랜드 리스보아
행 무료 셔틀버스로 8분. 또는 세나도 광장에서
도보 8분. 그랜드 리스보아 호텔 2/F층에 있다.
GPS 22.190839, 113.543324

❚8餐廳 The Eight

강추

환상적인 딤섬을 맛볼 수 있는 최고급 광동 요리 레스토랑. 《미쉐린》
에서 만점인 별 3개를 받으며 탁월한 실력을 인정받았는데, 마카오에서
별 3개를 받은 레스토랑은 이곳을 포함 단 두 곳뿐이다. 카지노 부속
레스토랑답게 대박의 행운을 비는 콘셉트(?)로 꾸민 점도 이채롭다.
입구는 행운의 숫자 '8'을 형상화한 조형물로 가득하며, 내부에는
부유함을 상징하는 금붕어 벽화와 재물운을 불러오는 조그만 분수대가
있다.

Best Menu 만만치 않은 가격이 걸림돌인데 합리적인 가격에 훌륭한
음식을 맛보려면 점심에만 취급하는 딤섬을 주문하자. 강추 메뉴는
깜찍한 모양의 금붕어 딤섬 ❶Steamed Dumplings with Crystal
Blue Shrimps in Goldfish Shape 藍天使蝦金魚餃(MOP84)이다.
탱글탱글한 새우살이 듬뿍 들었으며 금박을 얹어 고급스러움을 더했다.
돼지고기 · 채소로 만든 귀여운 고슴도치 모양의 차슈빠오
❷Steamed Barbecued Pork Buns with Preserved Vegetables
8餐廳特色叉燒包(MOP72), 전복 씨우마이 Steamed Dumplings with
Abalone and Pork 原隻鮑魚燒賣皇(MOP108), 감칠맛 나는 육즙이

❷ Steamed Barbecued Pork Buns with Preserved Vegetables (MOP72)

❸ Steamed "Shanghainese" Dumplings with Crabmeat (MOP68)

가득한 씨우롱빠우 ❸Steamed
"Shanghainese" Dumplings
with Crabmeat 蟹肉小籠包
(MOP68)도 놓치지 말자. 금붕어
모양의 달콤한 망고 · 코코넛 푸딩
❹Chilled Mango and Coconut
Pudding in Fish Shape 鴛鴦金
魚凍(MOP66)은 디저트로 좋다.

❹ Chilled Mango and Coconut Pudding in Fish Shape (MOP66)

▌天巢法國餐廳 Robuchon au Dôme 강추

프랑스 요리계의 거장 조엘 로뷔숑이 운영하는 레스토랑. 심플한 재료를
사용하되 각각의 재료가 서로를 돋보이게 하는 그의 요리 철학을 음미할
수 있다. 《미쉐린》에서 평점 만점인 별 3개를 받았는데, 마카오에서 만점을
받은 레스토랑은 The Eight(왼쪽 페이지)와 이곳뿐이다. 그랜드 리스보아
호텔 최상층에 위치해 발군의 전망을 뽐내는 것도 매력이다. 합리적인
가격에 최고급 프랑스 요리를 맛보려면 애피타이저·수프·메인 요리·
디저트·음료가 제공되는 평일 런치 메뉴를 노리자. 3코스 런치 Menu
Découverte(MOP688), 4코스 런치 Menu Plaisir(MOP788), 5코스 런치
Menu Gourmet(MOP888) 등이 있으며 자세한 내용은 홈페이지에서 확인할
수 있다. 런치는 워낙 인기가 높아 늦어도 2주 전까지는 예약해야 한다. 디너는
1인당 MOP2,488로 가격이 대폭 상승한다는 사실도 알아두자.

예산 MOP756~ 추가 봉사료 10% 영업 런치 12:00~14:30, 디너 18:30~22:30
메뉴 영어·중국어 주소 43/F, Grand Lisboa 전화 8803-7878
홈피 www.grandlisboa.com 지도 MAP 31-C5 GPS 22.190839, 113.543324
교통 마카오 페리터미널에서 그랜드 리스보아 행 무료 셔틀버스로 8분. 또는 세나도
광장에서 도보 8분. 그랜드 리스보아 호텔 43/F층에 있다.

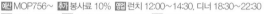

합리적인 가격에 최고의
딤섬을 맛볼 수 있다

▌永利軒 Wing Lei 강추

윈 마카오 호텔의 광동 요리 레스토랑. 황제를 상징하는 붉은색과 노란색을
기조로 한 인테리어, 그리고 한쪽 벽을 장식한 길이 8m의 거대한 크리스탈 용이
멋진 볼거리를 제공한다. 다채로운 광동 요리를 선보이는데 지금까지 《미쉐린》
에서 꾸준히 별 하나를 받았을 만큼 빼어난 솜씨를 자랑한다.
강추 메뉴는 20여 종의 맛깔난 딤섬이다. 호텔 레스토랑치고는 의외로 합리적인
가격(MOP50~160)도 매력이다. 11:00~15:00에는 메인 요리에 수프와 세
가지 딤섬, 볶음밥, 디저트가 세트로 제공되는 런치 메뉴 Wing Lei Lunch Menu
永利軒午市套餐(MOP280, 2인 이상 주문 가능)도 취급한다. 인기가
높아 예약은 필수이며 전화 또는 이메일(dining@wynnmacau.com)로 한다.

예산 MOP300~ 추가 봉사료 10% 영업 런치 월~토요일 11:30~15:00, 일·공휴일
10:30~15:30, 디너 매일 18:00~23:00 메뉴 영어·중국어
주소 G/F, Wynn Macau Hotel, Rua Cidade de Sintra, Nape 전화 8986-3663
홈피 www.wynnmacau.com 지도 MAP 30-D4
교통 세나도 광장에서 리스보아 호텔 방향으로 도보 18분. 또는 마카오 페리터미널에서 윈
마카오 Wynn Macau 행 무료 셔틀버스로 8분. 윈 마카오 호텔 G/F층에 있다. 건물 안쪽에
위치해 찾기가 힘들 수 있으니 주의하자. GPS 22.186948, 113.546054

黃枝記 Wong Chi Kei 강추

❶ Wonton with Noodle in Soup (MOP45)

1946년 창업한 전통의 완탕집. 워낙 인기가 높아 12:00를 전후한 점심과 17:00~19:00의 저녁에는 무척 붐비니 그때는 피해서 가는 게 좋다. 간판 메뉴는 직접 뽑은 쫄깃한 면과 탱글탱글 씹히는 새우 완자, 그리고 청량감을 더하는 생파의 맛이 절묘한 조화를 이루는 완탕면 ❶ Wonton with Noodle in Soup 鮮蝦雲呑麵(MOP45)이다. 양이 조금 적은데 둘이서 완탕면 두 그릇과 볶음밥 한 그릇을 시켜 먹으면 적당하다. 볶음밥 메뉴는 담백한 Fried Rice "Yangzhou" Style 揚州炒飯(MOP75)이 좋다. 부드러운 소고기 안심을 고명으로 얹어주는 국수 Sliced of Beef with Noodle in Soup 滑牛湯麵(MOP52), 매콤한 소스의 소고기 덮밥 Stewed Beef with Rice Chilli Sauce 豉椒牛肉飯(MOP65)도 맛있다. 반찬으로는 데친 채소에 굴 소스를 얹어주는 Season Vegetable with Oyster Sauce 蠔油菜(MOP32)가 적당하다. 따뜻한 차는 무료로 제공된다.

예산 MOP45~ 영업 08:30~23:00 메뉴 영어·중국어·한국어
주소 17 Largo do Senado 전화 2833-1313 지도 MAP 31-C2
교통 세나도 광장의 분수대에서 성 도밍고 교회 방향으로 60m쯤 가면 왼쪽에 있다.
GPS 22.194143, 113.540211

葡萄牙美食 Restaurant Boa Mesa 강추

합리적인 가격에 맛난 포르투갈 요리를 내놓는 레스토랑. 점심·저녁에는 현지인들로 붐빌 만큼 인기가 많으니 조금 서둘러 가는 게 좋다. 메뉴판에 음식 사진이 실려 있어 이용하기도 편리하다. 메뉴 선택이 고민스러울 때는 직원에게 예산을 말하고 추천 메뉴를 골라달라고 해도 좋다. 고기류보다 해산물의 상태가 훨씬 좋으니 메뉴를 고를 때 참고할 것!
큼직하게 썬 문어와 통감자, 얇게 저민 마늘에 올리브 오일을 듬뿍 두르고 오븐에 구워 담백한 맛이 일품인 ❶ Grilled Octopus Salad 烤八爪魚伴薯仔(MOP138), 크림에 버무린 대구살과 감자를 오븐에 구운 고소한 바칼라우 ❷ Codfish with Cream 忌廉焗馬介休(MOP168)이 추천 메뉴다. 바로 앞에서 불에 구워주는 짭짤한 소시지 Portuguese Sausage 燒西洋臘腸(MOP88)는 술안주로 적당하다. 점심에는 메인 요리에 수프·디저트·커피가 포함된 세트 메뉴 Set Menu(MOP118~)도 선보인다.

❶ Grilled Octopus Salad (MOP138)

❷ Codfish with Cream (MOP168)

예산 HK$150~ 봉사료 10% 영업 12:00~21:30 메뉴 영어·중국어·포르투갈어
주소 16A, Travessa de S. Domingos 전화 2838-9453 지도 MAP 31-C3
교통 세나도 광장의 분수대에서 성 도밍고 교회 방향으로 80m쯤 간 다음, 오른쪽의 골목으로 들어가 70m쯤 가면 오른편에 있다. GPS 22.193772, 113.540877

▌澳門瑪嘉烈蛋撻店 Margaret's Café e Nata 강추

마카오 에그 타르트의 양대 산맥을 이루는 카페. 허름하기 이를 데 없는 외관에 서비스도
불친절하다. 그러나 이 집만의 비법으로 만든 에그 타르트의 인기는 하늘을 찌를 정도!
점심·저녁 등 식사시간에 즈음해서 가면 이미 자리잡기를 포기해야 할 지경이다.
에그 타르트만 맛보려면 비교적 한산한 10:00~12:00와 14:00~17:00를
노리거나 테이크아웃으로 구입하는 게 좋다.

초강추 메뉴인 포르투갈식 에그 타르트 ❶Egg Tart 蛋撻(MOP10)는 쿠키
같은 홍콩식 에그 타르트와 달리 바삭한 패스트리 빵과 촉촉하게 혀를 적시는
커스터드 크림의 맛이 일품이다. 고소한 커피 한 잔과 함께 하면 더욱 맛있는데,
커피·차 가격도 MOP11~24로 저렴하다. 원하는 속 재료만 고르면 즉석에서
만들어주는 샌드위치·바게트(MOP18~)는 양이 푸짐해 한 끼 식사로도 거뜬하다.

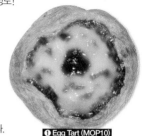

❶ Egg Tart (MOP10)

[예산] MOP10~ [영업] 08:30~16:30, 토·일요일 10:00~18:00
[휴업] 수요일 [메뉴] 영어·중국어
[주소] Edificio Kam Loi, Rua Comandante Mata e Oliveira
[전화] 2871-0032 [지도] MAP 31-C4
[교통] 세나도 광장에서 그랜드 리스보아 호텔 방향으로 도보 7분. 골목 안쪽에 있어
찾기 힘드니 지도를 잘 보고 가야 한다.
[GPS] 22.191787, 113.541832

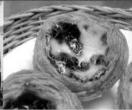

▌甜點 Pastry Bar

마카오에서 가장 세련된 맛의 케이크 숍. 한눈에 보기에도 먹음직스러운 예쁜
케이크가 쇼케이스를 가득 메우고 있으며, 어느 것을 선택해도 실패하지 않을 만큼
완성도가 높다. 파티용으로 적당한 대형 사이즈는 물론, 혼자서 먹기 좋은 쇼트
케이크(MOP45~), 데니쉬·크루아상(MOP25~)도 다양하게 구비했다. 직접
실물을 보고 고르면 돼 언어적인 문제로 고생할 가능성도 적다.

에그 베네딕트·에그 로열·에그 플로렌타인·오믈렛 등 원하는 방식으로
조리한 계란에 소시지·베이컨·감자튀김·버섯·토마토가 딸려 나오는 올 데이
브랙퍼스트 All Day Breakfast 全日早餐(MOP58)는 아침 식사나 간식으로
좋다. 차·커피와 함께 토스트·패스트리·타르트가 푸짐하게 차려져 나오는
애프터눈 티 세트 Pastry Bar Afternoon Tea For Two 甜點下午茶套餐(2인
MOP288, 14:00 이후 주문 가능)도 먹을만하다.

[예산] MOP45~ [추가] 세금 5%, 봉사료 10% [영업] 10:00~20:00 [메뉴] 영어·중국어
[주소] L1/F, Avenida Dr. Sun Yat Sen, NAPE [전화] 8802-2324
[홈피] www.mgm.mo [지도] MAP 29-C4
[교통] 세나도 광장에서 도보 20분. 또는 마카오 페리터미널에서 MGM 마카오 행 무료
셔틀버스로 8분. MGM 마카오 호텔 L1/F층에 있다. [GPS] 22.185391, 113.547577

Lunch Buffet (MOP288)

Triple Mixed with Rice (MOP65)

Lunch Buffet (MOP218)

360° Cafe

마카오 타워 60/F층의 전망 레스토랑. 마카오 시내는 물론 타이파 섬과 중국 영토인 주하이까지 한눈에 들어올 만큼 멋진 전망을 자랑한다. 레스토랑이 1시간 30분마다 한 바퀴씩 회전해 마카오의 풍경을 느긋하게 감상할 수 있는 게 매력이다. 뷔페식으로 운영하며 중국 · 일본 · 타이 요리와 디저트 등 100여 종의 메뉴를 맛볼 수 있다. 디너에는 해산물 요리가 추가된다. 오후에는 가벼운 식사 · 디저트를 즐기기에 좋은 티 세트도 운영한다. 주말에는 상당히 붐비니 서둘러 예약하는 게 좋다.

예산 런치 MOP288, 티 세트 MOP198, 디너 MOP520 **추가** 봉사료 10%
영업 런치 11:30~13:00 · 13:30~15:00, **티 세트** 15:30~17:00 **디너** 18:30~22:00
메뉴 영어 · 중국어
주소 60/F Macau Tower, Largo de Torre de Macau
홈페 www.macautower.com.mo
전화 8988-8622 **지도** MAP 29-A5
교통 마카오 페리터미널에서 32번 버스를 타고 Torre de Macau 澳門旅遊塔 하차.
GPS 22.179849, 113.536731

陳光記飯店
Chan Kong Kei Casa de Pasto

3대째 맛을 이어온 구이 요리 전문점. 간판 메뉴는 오리 구이 Black Pepper Roasted Duck 黑椒燒鴨 (MOP50~70)과 거위 구이 Black Pepper Roasted Goose 黑椒燒鵝(MOP115)인데, 바삭한 껍질과 촉촉한 살코기의 조화가 훌륭하다. 식사를 겸하려면 오리 고기 덮밥 Black Pepper Roasted Duck with Rice 黑椒燒鴨飯(MOP38)가 좋다. 다양하게 맛보려면 오리 고기 燒鴨 · 닭고기 切雞 덮밥 Double Mixed with Rice 雙拼飯(MOP40), 오리 고기 · 닭고기 · 돼지고기 叉燒 덮밥 Triple Mixed with Rice 三拼飯 (MOP65)를 주문하자.

예산 MOP38~ **영업** 09:00~01:00
메뉴 영어 · 중국어
주소 Casa de Pasto Carne Assada Rua do Dr. Pedro Jose Lobo 19 R/C
전화 2831-4116
지도 MAP 31-C4
교통 세나도 광장에서 그랜드 리스보아 호텔 방향으로 도보 6분.
GPS 22.192060, 113.541538

888 自助餐
888 Buffet

샌즈 카지노의 뷔페 레스토랑. 중국 음식이 입에 맞지 않을 때 이용하면 좋다. 100여 가지에 이르는 음식을 선보이는데 딤섬 · 초밥 · 굴 · 게 · 새우 등 다양한 해산물과 가볍게 즐기기에 좋은 양식이 주를 이룬다. 해산물의 선도가 떨어지는 편이니 가격이 저렴한 런치 뷔페 위주로 이용하는 게 현명하다. 레스토랑으로 들어가려면 번거롭지만 카지노의 보안검색대를 통과해야 한다. 나올 때는 G/F층의 슬롯머신 코너에서 무료로 나눠주는 생수를 몇 병 챙겨가도 좋다.

예산 조식 MOP138, 런치 MOP218, 디너 MOP338 **추가** 봉사료 10%
영업 모닝 뷔페 07:00~11:00, **런치 뷔페** 월~금요일 11:30~14:30, 토 · 일요일 11:30~15:00, **디너 뷔페** 17:30~22:30
메뉴 영어 · 중국어
주소 2/F Sands Macau
전화 8983-8222 **지도** MAP 29-D4
교통 마카오 페리터미널을 등지고 왼쪽으로 도보 12분. 또는 샌즈 행 무료 셔틀버스 이용 가능. 샌즈 카지노 2/F층에 있다.
GPS 22.192065, 113.554863

우동
(MOP60~)

Superb Roasted
Pigeon (MOP168)

Codfish Rolls
(MOP98)

美食廣場
Food Arcade

8개의 음식점이 모여 있는 푸드
코트. 가격이 저렴하고 맛도 무난해
주머니가 가볍거나 중국 음식이
입에 맞지 않을 때 이용하면 좋다.
한국·중국·일본·타이 요리를
맛볼 수 있으며 시설도 깔끔하다.
음식 사진·모형과 함께 가격이
표시돼 있어 언어적인 문제로 고생할
가능성도 적다. 먼저 푸드 코트를
돌아보며 먹고 싶은 음식을 고른다.
그리고 푸드 코트 가운데의 계산대로
가서 음식을 주문하고 돈을 낸 다음,
해당 식당의 전광판에 자신의 주문
번호가 표시되면 음식을 받아가는
방식이다.

예산 MOP46~
영업 10:30~22:00 메뉴 중국어
주소 8/F, Av. Comerical de Macau
전화 2872-5338
지도 MAP 30-D2·31-D4
교통 세나도 광장에서 그랜드 리스보아
호텔 방향으로 도보 6분. 뉴 야오한
New Yaohan 新八佰伴 백화점
8/F층에 있다.
GPS 22.191131, 113.540502

佛笑樓殯廳
Restaurante Fat Siu Lau

100년 전통의 레스토랑. 마카오·
포르투갈·아프리카 요리법이
믹스된 독특한 음식을 선보인다.
간판 메뉴는 머리부터 꼬리까지 한
마리가 통째로 나오는 비둘기 구이
Superb Roasted Pigeon
石岐燒乳鴿(MOP168). 엽기적인
생김새 때문에 살짝 꺼려지는
것도 사실이지만 쫄깃 담백한 맛이
일품이다. 레스토랑의 역사가 담긴
100년 전통의 짭짤한 소스와 함께
먹으면 더욱 맛있다. 전채로는
마늘과 허브로 매콤한 맛을 살린
토마토 소스에 볶은 가막조개
Sautéed Clams in a Sipcy
Tomato Sauce 蒜茸茄汁炒蜆
(MOP155~210)를 추천한다.

예산 MOP400~ 추가 봉사료 10%
영업 11:30~22:30 휴업 구정연휴
메뉴 영어·중국어·포르투갈어
주소 64 Rua da Felicidade
전화 2857-3580 지도 MAP 31-D1
교통 세나도 광장에서 도보 6분. 상원의원
건물을 등지고 왼쪽으로 간다.
GPS 22.194698, 113.537568

澳門珈啡
Ou Mun Cafe

캐주얼한 포르투갈 레스토랑. 최근
한국인 여행자의 발길이 잦아진
식당 가운데 하나다. 하지만 맛에
대한 평가가 극과 극을 달릴 만큼
호불호가 심하게 갈린다. 크림치즈
소스를 듬뿍 올린 소고기 스테이크
Ou Mun Steak 「澳門」特式牛柳
(MOP160)가 가장 무난한 메뉴다.
포르투갈 전통 요리로는 반건조
대구로 만든 크로켓 Codfish Rolls
炸馬介休球(MOP98), 토마토 소스
국물에 조개·새우 등의 해산물과
밥을 넣고 끓여주는 Seafood Rice
燴海鮮飯(MOP238)를 주문해도
좋다. 대부분의 메뉴에 고수(p.420)가
들어가니 주의하자.

예산 MOP200~ 영업 10:00~21:00
메뉴 영어·중국어·포르투갈어
주소 12, Travessa do S. Domingos
전화 2837-2207 지도 MAP 31-C3
교통 세나도 광장의 분수대에서 성 도밍고
교회 방향으로 80m쯤 간 다음. 오른쪽의
골목으로 들어가 30m쯤 가면 오른편에
있다.
GPS 22.194000, 113.540624

마카오 전통 과자
(MOP33~)

세트 디너 Set Dinner
(MOP198)

유딴 魚蛋
(MOP10)

鉅記手信
Pastelaria Koi Kei

수많은 관광객으로 북적이는 전통 과자 및 육포 전문점. 1997년 땅콩과자 노점에서 시작해 지금은 마카오 전역에 수십 개의 지점을 거느린 대형 업체로 성장했다. 고소한 아몬드 쿠키를 비롯해 300여 종의 마카오 전통 과자를 취급한다. 판매대에 시식품이 놓여 있으니 미리 맛보고 구입해도 된다. 아몬드 쿠키 Almond Cookies 杏仁餅, 계란 과자 Fresh Egg Rolls 鮮蛋卷 등이 인기 아이템이다. 육포는 원하는 것을 고르면 맛볼 수 있도록 조금씩 잘라준다. 세인트 폴 대성당 앞의 육포 골목에도 지점이 있다.

예산 MOP33~
영업 08:00~23:30
휴무 구정연휴
메뉴 영어 · 중국어
주소 7-7A Largo do Senado
전화 2832-9300
홈피 www.koikei.com
지도 MAP 30-C2 · 31-C2
교통 세나도 광장 초입에서 분수대를 바라볼 때 왼쪽에 있다.
GPS 22.193695, 113.539651

澳門陸軍俱樂部
Clube Militar de Macau

포르투갈 식민시대의 분위기가 물씬 풍기는 레스토랑. 원래 1870년에 지어진 육군 장성용 클럽 하우스였다. 외관은 물론 실내도 당시의 모습을 고스란히 보존하고 있어 예스러운 마카오의 향취를 느끼기에 좋다. 단, 평일의 특정 시간대와 주말만 일반에 개방하기 때문에 미리 전화로 확인하고 예약해야만 이용 가능하다. 가격대가 조금 높은 편이니 부담없이 즐기려면 경제적인 런치 뷔페 Lunch Buffet 自助午餐(MOP198) 또는 샐러드 · 메인 요리 · 디저트가 제공되는 세트 디너 Set Dinner 晩餐(MOP198)를 선택하자. 음식에 어울리는 풍부한 와인 리스트도 구비했다.

예산 MOP240~ 추가 봉사료 10%
영업 런치 평일 12:30~15:15, 토 · 일요일 12:00~15:15, 디너 19:00~23:00
메뉴 영어 · 중국어
주소 975 Avenida da Praia Grande
전화 2871-4000 지도 MAP 31-B5
교통 세나도 광장에서 도보 11분.
GPS 22.191627, 113.544187

恒友
항아우

매콤한 어묵 전문점. 세나도 광장 제일의 군것질거리로 유명해 가게 앞은 언제나 어묵을 먹는 사람들로 북적인다. 쫄깃쫄깃한 어묵 유딴 魚蛋 (MOP10)은 이 집만의 비법으로 만든 매콤한 소스를 곁들이면 더욱 맛있다. 어묵을 담아줄 때 어떤 소스를 뿌릴지 물어보는데 매운 소스를 뜻하는 '랄 辣'이라고 하면 된다. 가게 앞에 진열된 20여 가지 어묵 · 채소 가운데 원하는 재료를 선택하면 뜨거운 물에 데쳐서 매운 소스를 뿌려주는데 이것도 맛있다. 가격은 선택하는 재료의 개수에 따라 올라간다. 단, 영어가 잘 통하지 않으니 주의!

예산 MOP10~
영업 11:00~20:00
휴무 구정연휴
메뉴 중국어
주소 5-A Travessa da Sé
지도 MAP 31-B2
교통 세나도 광장에서 세인트 폴 대성당 방향으로 도보 4분. 좁은 골목 안쪽에 있어 눈에 잘 띄지 않으니 주의해야 한다.
GPS 22.194399, 113.541049

Mango Juice
(MOP39)

Latte Shakerato
(MOP45)

강추

Double Flavours
(HK$35)

許留山
Hui Lau Shan

한국인이 즐겨 찾는 디저트 숍. 망고·파파야 등 열대과일 디저트가 대표 아이템이다. 단, 망고 이외의 과일은 제값을 못하는 경우가 많으니 되도록 망고가 들어간 메뉴 위주로 주문하는 게 현명하다. 인기 메뉴는 망고 과육이 듬뿍 담긴 시원한 망고 주스 Mango Juice 粒粒芒果(MOP39). 후끈후끈한 마카오의 더위를 잠시나마 잊게 해주는 테이크아웃 전용 메뉴다. 젤리를 넣지 않은 게 더 맛있으니 주문시 'No Jelly'라고 말하는 것을 잊지 말자. 포멜로·망고·사고를 넣은 전통 디저트 양지깜로 Pomelo & Mango with Sago 楊枝金撈(MOP56)는 달콤 상큼한 맛이 매력이다.

예산 MOP39~ 영업 월~목·일·공휴일 12:00~20:00, 금·토요일 11:00~21:00 메뉴 영어·중국어 전화 2835-8154 주소 Shop C, G/F, Seng lun Building, Ruins of St. Paul Street 38-BA 지도 MAP 31-B1 교통 세나도 광장에서 도보 9분. 세인트 폴 대성당 근처에 있다. GPS 22.196855, 113.540427

Terra Coffee House

한적한 주택가에 위치한 조그만 커피숍. 마카오에서 제대로 된 커피를 맛볼 수 있는 몇 안 되는 커피숍 가운데 하나다. 강추 메뉴는 마카오의 무더위를 잊게 하는 시원한 라테 샤케라또 Latte Shakerato(MOP45). 에스프레소 거품과 진한 커피, 우유가 층층이 쌓인 신기한 모습이 보는 즐거움을 더한다. 맛은 캐러멜·헤이즐넛·바닐라 가운데 하나를 고를 수 있다. 풍부한 거품의 카푸치노 Cappuccino(MOP36), 플랫 화이트 Flat White(Hot HK$36, Iced HK$40)도 맛있다. 샌드위치(MOP53~)·피자(MOP68~) 등의 식사 메뉴도 취급한다.

예산 MOP23~ 영업 12:00~20:00, 금~일요일 10:00~21:30 휴업 구정연휴 메뉴 영어·중국어 주소 20 Rua Central 전화 2893-7943 지도 MAP 30-D1 교통 세나도 광장에서 도보 8분. 상원의원을 등지고 왼쪽 첫 번째 골목으로 들어간다. 길이 조금 복잡하니 지도를 잘 보고 가야 한다. GPS 22.191439, 113.538212

檸檬車露
Lemon Cello

2005년 오픈한 젤라토 숍. 2019년 《미쉐린》에서는 마카오의 길거리 음식 가운데 하나로 소개되기도 했다. 저지방 아이스크림인 젤라토 특유의 상큼한 맛 때문에 마카오의 끈적한 더위에 지쳤을 때 먹으면 더욱 맛있다. 30여 가지 젤라토가 있는데 망고·라스베리·레몬 등의 과일 맛 위주로 고르면 실패하지 않는다. 쇼케이스에 놓인 것을 보고 직접 고르는 방식이라 이용하기도 쉽다. 메뉴는 한 가지 맛만 고를 수 있는 Single Flavour 單味(HK$30), 두 가지 맛을 고를 수 있는 Double Flavours 雙味(HK$35)가 있다.

예산 MOP30~ 영업 11:00~23:00 휴업 구정연휴 메뉴 영어·중국어 주소 Travessa do Bispo 6-A 전화 2833-1570 지도 MAP 31-B3 교통 세나도 광장에서 세인트 폴 대성당 방향으로 도보 5분. 좁은 골목 안쪽에 있어 눈에 잘 띄지 않으니 주의해야 한다. GPS 22.194148, 113.541446

Long Black
(MOP36)

Latte
(MOP28~)

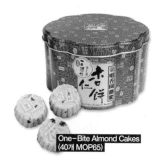

One-Bite Almond Cakes
(40개 MOP65)

單品
Single Origin

스페셜티 커피로 소문난 카페. 다닥다닥 어깨를 맞붙이고 앉아야 하는 2인용 테이블 10개가 전부인 아주 조그만 카페다. G/F층에는 커피를 내리는 카운터와 원두 판매 코너, 1/F층에는 거리가 내려다보이는 테이블이 있다. 은은한 백열등 불빛에 물든 창가에 앉아 주변 풍경을 바라보며 느긋하게 쉬어가도 좋을 듯. 잡미가 없는 깔끔한 맛의 롱 블랙 Long Black(MOP36), 진한 에스프레소 House Espresso (싱글 MOP25, 더블 MOP28)가 맛있다. 롱 블랙에 큼직한 얼음을 동동 띄워주는 Long Black on Ice Ball(MOP42)은 여름에 시원하게 마시기에 좋다.

예산 MOP25~
영업 12:00~20:00
휴업 부정기적 메뉴 영어 · 중국어
주소 Rua de Abreu Nunes No.19, R/C
전화 6698-7475 지도 MAP 30-B4
교통 세나도 광장에서 도보 15분. 주택가 안쪽의 골목에 있어서 찾기 힘드니 주의!
GPS 22.196974, 113.546116

品咖啡 강추
blooom

최근 인기 몰이중인 로스터리 카페. 스페셜티 커피에 특화돼 있으며, 직접 로스팅한 신선한 원두만 사용한다는 자부심이 대단하다. 모던한 스타일의 아기자기한 인테리어에도 눈길을 끈다. 하지만 테이크아웃 전문점이라 편히 앉아서 마시기는 불가능하다. 고소한 거품이 가득 담긴 라테와 카푸치노 Latte · Cappuccino(소 MOP28, 대 MOP36), 플랫 화이트 Flat White (MOP36), 진한 에스프레소에 달콤한 바닐라 아이스크림을 동동 띄워주는 아포가토 Affogato(MOP40~55, 여름철 한정판매)가 추천 메뉴다.

예산 MOP25~ 영업 08:30~20:00
휴업 부정기적 메뉴 영어 · 중국어
주소 Rua Horta E Costa N#5, R/C
전화 6665-0584 지도 MAP 30-B3
홈피 https://blooomcoffee.myshopify.com
교통 세나도 광장에서 도보 11분. 좁은 골목 안쪽에 있어 눈에 잘 띄지 않으니 지도를 잘 보고 가야 한다.
GPS 22.195535, 113.545137

咀香園餅家
Choi Heong Yuen Bakery

1935년 창업한 제과점 겸 육포 전문점. 삼대를 이어온 전통을 자랑하며 마카오 특산품으로 인기가 높다. 간판 상품은 한입 크기의 아몬드 쿠키 One-Bite Almond Cakes 一口迷你杏仁粒杏仁餅(40개 MOP65)다. 숯불에 구운 쿠키는 조금 퍽퍽하지만 차와 함께 먹으면 은근히 맛있다. 달콤한 파인애플 빵 Pineapple Short Cakes 鳳梨酥 (6개 MOP43)도 먹을만하다. 맥주 안주나 군것질거리로 좋은 달달한 육포는 무게를 달아서 파는데 시식해 본 뒤 마음에 드는 것을 구입하면 된다.

예산 MOP43~
영업 09:30~22:30
메뉴 한국어 · 영어 · 중국어
주소 209 Avenido de Almeida Ribeiro
전화 2835-6788
지도 MAP 31-D2
교통 세나도 광장에서 도보 1분. 상원의원 건물을 등지고 왼쪽으로 70m쯤 가면 왼편에 있다.
GPS 22.193725, 113.539356

買 SHOPPING

1 중가 브랜드의 쇼핑을 즐기기에 좋은 뉴 야오한 백화점.
2 G/F층에는 대형 화장품 매장이 있다.

新八佰伴 New Yaohan

실속 쇼핑을 즐길 수 있는 마카오 유일의 백화점. 우리나라의 소도시 백화점 수준이라 세련된 맛은 없지만, 아크네 스튜디오 · 겐조 · McQ · See by Chloé · 릭 오웬스 · 존 갈리아노 John Galliano 등의 디자이너 브랜드와 리바이스 · 라코스테 · 쉐비뇽 Chevignon · Bauhaus 등 실용적인 중가(中價) 브랜드가 다수 입점해 있다. 수입 식료품과 생필품 · 잡화를 취급하는 7/F층의 슈퍼마켓도 놓치지 말자. 다른 곳에서 찾아보기 힘든 독특한 상품도 있어 구경하는 재미가 쏠쏠하다. 특히 다양한 중국차 · 홍차를 취급하는 차(茶) 코너와 각종 원두를 판매하는 커피 코너, 수입 와인 · 주류 코너가 눈길을 끈다. 8/F층에는 저렴한 푸드 코트도 있다.

영업 10:30~22:00 주소 Avenida Dr. Mário Soares No.90, Macau 전화 2872-5338 홈피 www.newyaohan.com 지도 MAP 30-D2 · 31-D4 GPS 22.191129, 113.540515 교통 세나도 광장에서 리스보아 호텔 방향으로 도보 6분. 또는 마카오 페리터미널에서 3A · 10 · 10A번 버스를 타고 Centro/Infante D. Henrique 中區/殷皇子馬路 하차, 도보 3분.

新百利來 New Green Box Pavilion

가성비 높은 포르투갈 와인을 판매하는 슈퍼마켓. 규모는 작지만 인기 와인을 두루 갖췄으며 시음 가능한 것도 있다. 최근 애호가들이 즐겨 찾는 도루 Douro 산(産)과 가벼운 맛의 알렌테주 Alentejo 산 와인이 인기다. 디저트 와인으로는 달고 진한 맛의 포르토 Porto, 식전주로는 Madeira 등을 추천한다.

영업 10:00~20:00 휴업 구정연휴 주소 Avenida da Praia Grande, No.417-425, Centro Commercial Praia Grande, Cave B, Macau 전화 2835-7717 지도 MAP 31-D3 교통 세나도 광장에서 리스보아 호텔 방향으로 도보 7분. GPS 22.191684, 113.539771

莎莎 Sasa

저렴한 가격의 화장품 할인점. 다양한 가격대의 기초 · 색조 · 헤어 · 향수 등 상품 구성이 풍부하다. 특히 탁월한 가성비의 일본 드러그 스토어 베스트셀러 아이템의 비중이 높다. 마리아 갈랑 · Jean D'estrées · 이소마린 isomarine · 쟌 피오베르 jeanne piaubert 등 고급 에스테틱 전문 브랜드도 두루 취급한다.

영업 10:00~22:30 주소 G/F, 18-20A Largo Do Senado, Macau 전화 2835-5124 지도 MAP 31-C2 교통 세나도 광장의 분수대에서 성 도밍고 교회 방향으로 60m쯤 가면 오른쪽에 있다. GPS 22.194030, 113.540296

來來 Royal

마카오에서 가장 많은 슈퍼마켓 체인. 식료품 · 과자 · 음료 · 잡화가 저렴해 간단한 먹거리나 생필품을 구입하기에 좋다. 테이블 와인으로 적당한 MOP100 전후의 포르투갈 와인, 중국 · 포르투갈 수입 맥주 (MOP7~10)도 취급한다. 한국 컵라면 코너는 중국 음식이 입에 맞지 않을 때 이용하면 좋다.

영업 10:00~22:00 주소 16A, 1/F Macau Square, 2 Rua do Dr. Pedro Jose Lobo 전화 2871-7182 지도 MAP 31-D4 교통 세나도 광장에서 도보 8분. 마카오 스퀘어 Macau Square 1/F층에 있다. GPS 22.191085, 113.541224

TAIPA·
COLOANE

THE
PARISIAN
澳门巴黎人

타이파 · 꼴로안 섬 氹仔 · 路環

볼거리 ★★★★☆
먹거리 ★★★☆☆
쇼 핑 ★★★☆☆
유 흥 ★★★☆☆

한적한 어촌에 지나지 않던 타이파 섬은 근래에 들어 대형 호텔·카지노 단지로 변모하고 있다. 고층빌딩이 늘어선 세련된 스카이라인은 조만간 아시아를 넘어 세계 최대의 리조트 타운으로 도약할 이 도시의 미래를 보여주는 듯하다. 하지만 불과 차로 10분 거리에는 이런 현실과는 동떨어진 채 예전과 다름없는 삶을 살아가는 한적한 꼴로안 빌리지가 자리해 마카오의 과거를 추억하는 여행자의 발길을 재촉한다.

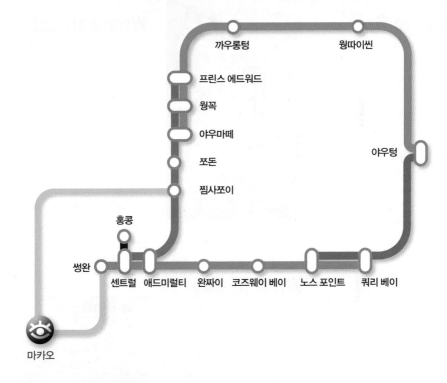

 타이파 · 꼴로안 섬으로 가는 방법

BUS **마카오 페리터미널에서 갤럭시 마카오 · 베네시안 마카오 행 무료 셔틀버스 이용**
갤럭시 마카오·베네시안 마카오의 서쪽 입구까지 15분 정도 걸린다. 이 두 호텔·카지노는 주택 박물관·관야가 등 타이파의 주요 명소와도 가깝다.

BUS **마카오 페리터미널에서 28A번 버스를 타고 Rua do Cunha 氹仔官也街 하차**
관야가와 주택 박물관 쪽으로 갈 때 이용하면 편리하다(15~20분, MOP6).

BUS **세나도 광장(MAP 31-C1)에서 26A번 버스 이용**
베네시안 마카오는 Est. Baia N.S. Esperanca/Mangal 望德聖母灣馬路/紅樹林(10~15분, MOP6),
꼴로안 빌리지는 Assoc. de M. de Coloane 路環居民大會堂 하차(25~30분, MOP6).

taiPa·coloane
quick guide

S
How to See
베네시안 마카오를 중심으로 여행

구시가인 타이파, 갤럭시 마카오·베네시안 마카오 등 최근 개발된 대형 호텔·카지노가 밀집한 코타이, 옛 모습을 고스란히 간직한 어촌 꼴로안 등 세 개 지역으로 이루어져 있다. 여행의 중심이 되는 곳은 타이파, 특히 주요 볼거리·위락시설이 모인 베네시안 마카오다. 타이파·코타이 지역은 충분히 걸어다닐 수 있다. 하지만 거리가 먼 꼴로안으로 갈 때는 시내버스 이용이 필수다.

- 박물관·전시관 ★☆☆
- 건축물·카지노 ★★★
- 유적·사적지 ★☆☆

B
What to Buy
마카오 최대의 쇼핑 단지

코타이는 마카오 제일의 쇼핑 단지다. 베네시안 마카오·갤럭시 마카오·샌즈 코타이 센트럴·파리지앵 등 대형 호텔마다 대규모 쇼핑몰이 부속돼 있다. 가장 규모가 큰 곳은 330여 개의 숍이 밀집한 베네시안 마카오다. 마카오·포르투갈 분위기가 물씬 풍기는 기념품을 구입하려면 관야가로 가보자. 종류가 풍부하진 않지만 제법 매력적인 아이템을 구입할 수 있다.

- 명품·패션 ★★☆
- 화장품·잡화 ★★☆
- 기념품 ★☆☆

E
Where to Eat
타이파의 맛집 골목 관야가

맛집 골목으로 유명한 곳은 관야가다. 전통 과자·육포를 파는 기념품점과 함께 광동·포르투갈·마카오 요리를 파는 레스토랑이 모여 있어 주말이면 수많은 사람들로 북적인다. 베네시안 마카오·갤럭시 마카오·샌즈 코타이 센트럴의 카지노에도 맛집이 모여 있다. 런치 타임에는 카지노에 부속된 레스토랑에서 합리적인 가격에 맛난 음식을 내놓는다는 사실도 알아두면 좋을 듯!

- 중식 ★★★
- 양식 ★★★
- 디저트 ★★☆

꼴로안 빌리지
마카오 자이언트 판다 파빌리온
꼴로안
학사 비치
그랜드 꼴로안 리조트
경마장
코타이
타이파 주택 박물관
호텔·카지노 밀집 지역
관야가
마카오 반도
타이파
타이파
페리터미널
마카오
국제공항

MAP 32 참조

① 꼴로안 빌리지 p.494

드라마 〈궁〉의 무대로 잘 알려진 조그만 어촌. 포르투갈 식민
시대의 색채가 고스란히 남겨진 이국적 풍경을 만끽하며 한
가로이 산책을 즐기기에 좋다.

볼거리 ★★☆ 먹거리 ★☆☆ 쇼핑 ☆☆☆

② 마카오 자이언트 판다 파빌리온 p.495

마카오 유일의 동물원이자 아시아에서 판다를 볼 수 있는 몇
안 되는 동물원 가운데 하나. 제한된 인원만 입장시키기 때문
에 시간을 잘 맞춰서 가야 한다.

볼거리 ★★☆ 먹거리 ☆☆☆ 쇼핑 ☆☆☆

③ 학사 비치 p.495

검은 모래사장이 펼쳐진 해변. 마카오에서 유일하게 해수욕
을 즐길 수 있는 곳이다. 바닷가를 따라 저렴한 바비큐 노점이
모여 있다.

볼거리 ★☆☆ 먹거리 ☆☆☆ 쇼핑 ☆☆☆

④ 호텔 · 카지노 밀집 지역

마카오에서 가장 번화한 지역. 최근에 지어진 대형 호텔·카지
노·쇼핑몰이 즐비하다. 동시에 관광·쇼핑·오락의 세 마리 토
끼를 잡을 수 있는 게 매력이다.

볼거리 ★★★ 먹거리 ★★☆ 쇼핑 ★★☆

⑤ 관야가 p.499

타이파를 대표하는 맛집 골목. 좁은 골목을 따라 육포·아몬
드 쿠키를 파는 숍. 다양한 음식을 선보이는 레스토랑, 기념품
점이 줄줄이 이어진다.

볼거리 ★☆☆ 먹거리 ★★☆ 쇼핑 ★☆☆

⑥ 타이파 주택 박물관 p.499

포르투갈 식민시대의 건물을 모아놓은 조그만 공원. 호수 너
머로는 코타이의 대형 호텔·카지노가 바라보인다. 은은한 불
빛과 함께 로맨틱한 야경을 즐기기에도 좋다.

볼거리 ★★☆ 먹거리 ☆☆☆ 쇼핑 ☆☆☆

⑦ 타이파 페리터미널 p.439

마카오와 홍콩을 연결하는 페리터미널. 마카오 페리터미널에
비해 편의시설이 부족하고 페리 운항 편수가 적은 게 흠이다.
주요 호텔까지 무료 셔틀버스가 운행된다.

볼거리 ☆☆☆ 먹거리 ☆☆☆ 쇼핑 ☆☆☆

⑧ 마카오 국제공항 p.428

인천~마카오 직항편이 운항되는 공항. 규모가 무척 작아 이
용에 큰 어려움은 없다. 주요 호텔까지 무료 셔틀버스가 운행
돼 편리하다.

볼거리 ☆☆☆ 먹거리 ☆☆☆ 쇼핑 ☆☆☆

best course 1

타이파 · 꼴로안 섬의 핵심 명소 위주로 돌아보는 코스. 꼴로안 빌리지로 갈 때는 세나도 광장 근처 또는 리스보아 호텔 앞에서 출발하는 26A번 버스를 이용한다. 마카오 페리터미널에서는 호텔 · 카지노 무료 셔틀버스를 타고 갤럭시 마카오 · 베네시안 마카오 · 파리지앵 · 샌즈 코타이 센트럴로 간 다음, 25 · 26 · 26A번 등 꼴로안 빌리지행 버스로 갈아타고 간다. 꼴로안 빌리지에서 관야가로 갈 때는 26A번 버스를 타고 갤럭시 마카오 앞에서 내리면 된다. 정류장 위치는 p.498의 약도를 참고하자.

출발점 Assoc. de M. de Coloane 정류장
예상 소요시간 8시간~

▼ Assoc. de M. de Coloane 정류장에서 내리면 이렇게 보여요.

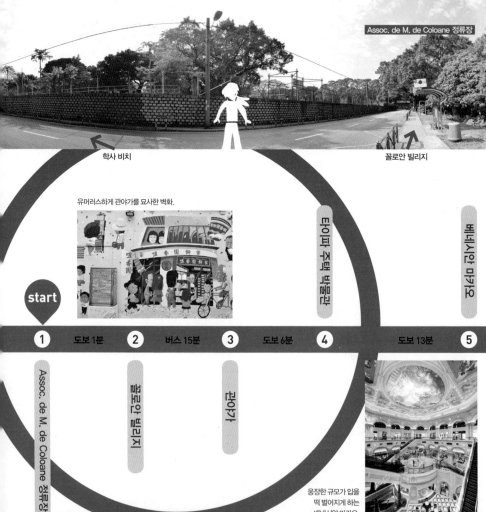

Assoc. de M. de Coloane 정류장

학사 비치   꼴로안 빌리지

유머러스하게 관야가를 묘사한 벽화.

start

| 1 | 도보 1분 | 2 | 버스 15분 | 3 | 도보 6분 | 4 | 도보 13분 | 5 |

Assoc. de M. de Coloane 정류장

꼴로안 빌리지

관야가

타이파 주택 박물관

베네시안 마카오

웅장한 규모가 입을 떡 벌어지게 하는 베네시안 마카오.

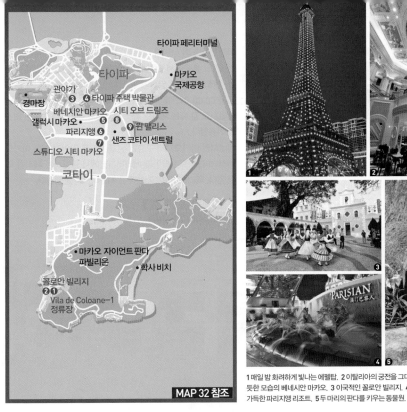

타이파 페리터미널

타이파

관야가
③ ④ 타이파 주택 박물관
• 마카오
국제공항

경마장

베네시안 마카오   시티 오브 드림즈
갤럭시 마카오 •
⑤ ⑧ ⑨ 윈 팰리스
파리지앵 ⑥
⑦   샌즈 코타이 센트럴
스튜디오 시티 마카오

코타이

• 마카오 자이언트 판다
파빌리온
• 학사 비치

꼴로안 빌리지
❷❶
Vila de Coloane-1
정류장

MAP 32 참조

1 매일 밤 화려하게 빛나는 에펠탑. 2 이탈리아의 궁전을 그대로 옮겨다 놓은 듯한 모습의 베네시안 마카오. 3 이국적인 꼴로안 빌리지. 4 유럽의 낭만이 가득한 파리지앵 리조트. 5 두 마리의 판다를 키우는 동물원.

물을 테마로 꾸민 시티 오브 드림즈.

파리지앵

시티 오브 드림즈

윈 팰리스

카지노

| 도보 8분 | ⑥ | 도보 3분 | ⑦ | 도보 15분 | ⑧ | 도보 4분 | ⑨ | ⑩ |

SF 영화의 한 장면을 연상시키는 스튜디오 시티 마카오.

스튜디오 시티 마카오

파리의 모습을 재현한 파리지앵 리조트.

best course 2

마카오 반도와 타이파 · 꼴로안 섬의 핵심 명소를 두루 섭렵하는 코스. 홍콩에서 당일치기로 마카오 전역을 돌아보고자 하는 이에게 적합한 일정이다. 적지 않은 시간이 걸리므로 홍콩에서 08:00 이전에 출발하는 페리를 타는 건 필수다. 꼴로안 빌리지로 갈 때는 세나도 광장 근처에서 출발하는 26A번 버스를 이용한다.

베네시안 마카오까지 구경한 뒤 홍콩으로 돌아갈 때는 마카오 페리터미널 또는 타이파 페리터미널에서 출발하는 페리를 타면 된다. 페리터미널까지는 무료 셔틀버스가 운행된다.

출발점 마카오 페리터미널
예상 소요시간 10시간~

▼ 마카오 페리터미널을 나오면 이렇게 보여요.

지하도 입구

황금 연꽃 광장 · 그랑프리 박물관   호텔 · 카지노 무료 셔틀버스, 시내버스 정류장

세나도 광장의 로맨틱한 야경.

start

| 1 | 버스 15분 | 2 | 바로 앞 | 3 | 도보 3분 | 4 | 도보 5분 | 5 | 도보 2분 | 6 |

1. 마카오 페리터미널
2. 세인트 올
3. 세나도 광장
4. 성 도미니크 성당
5. 몬테 요새
6. 세인트 폴 대성당

마카오의 상징으로 유명한 세인트 폴 대성당.

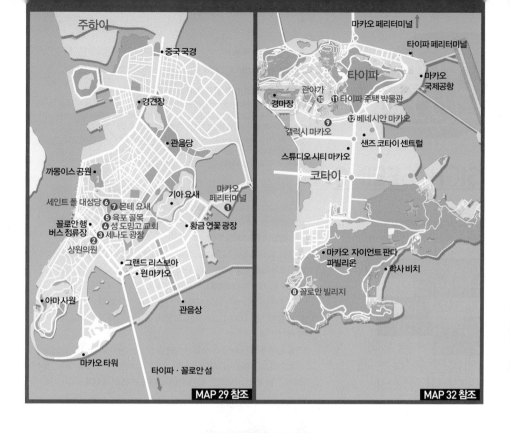

주하이

중국 국경

경견장

관음당

까몽이스 공원 •

세인트 폴 대성당 **6** **7** 몬테 요새
5 육포 골목
꼴로안행 **4** 성 도밍고 교회
버스 정류장 **3** 세나도 광장
상원의원 **2**

기아 요새

마카오
페리터미널 **1**

황금 연꽃 광장

그랜드 리스보아
윈 마카오

아마 사원

관음상

마카오 타워

타이파 · 꼴로안 섬

MAP 29 참조

마카오 페리터미널

타이파 페리터미널

타이파

마카오
국제공항

관야가 **10** **11** 타이파 주택 박물관
경마장 **12** 베네시안 마카오
9
갤럭시 마카오
샌즈 코타이 센트럴
스튜디오 시티 마카오

코타이

마카오 자이언트 판다
파빌리온 •
• 학사 비치

8 꼴로안 빌리지

MAP 32 참조

중국과 포르투갈의
문화가 공존한다.

몬테 요새

꼴로안 빌리지

베네시안 마카오

도보 4분 **7** 버스 30분 **8** 버스 12분 **9** 도보 9분 **10** 도보 4분 **11** 도보 7분 **12**

갤럭시 마카오

관야가

타이파 주택 박물관

포르투갈인이 세운
견고한 몬테 요새.

SIGHTSEEING

타이파 섬
제일의 볼거리는
호화찬란한
베네시안 마카오다.
테마 파크의
재미와 마카오
여행의 묘미인
카지노를 동시에
체험할 수 있는 게
매력. 마카오의
옛 모습을
고스란히 간직한
관야가와
꼴로안 빌리지도
놓치지 말자.

Best Spot

★★★★☆ 꼴로안 빌리지, 베네시안 마카오
타이파 주택 박물관
파리지앵
★★★☆☆ 관야가, 샌즈 코타이 센트럴
하우스 오브 댄싱 워터
스튜디오 시티 마카오, 윈 팰리스
★★☆☆☆ 갤럭시 마카오
마카오 자이언트 판다 파빌리온
시티 오브 드림즈
★☆☆☆☆ 학사비치

路 ★★★★☆
環市區 꼴로안 빌리지

Vila de Coloane 발음 로우완씨꾀이 지도 MAP 32-A3
교통 세나도 광장(MAP 30-B1)에서 26A번 버스를 타고 Assoc. de M. de Coloane 路環市區居民大會堂 하차(25~30분). 버스에서 내려 진행방향 반대편으로 30~40m쯤 가면 꼴로안 빌리지 한복판에 도착한다(p.497 약도 참고). 갤럭시 마카오 · 베네시안 마카오 · 시티 오브 드림즈 · 샌즈 코타이 센트럴 · 파리지앵에서 갈 때는 25 · 26 · 26A번 버스를 이용한다. 버스 정류장 위치는 p.498의 약도를 참고하자. GPS 22.117863, 113.551925

중국과 포르투갈의 거리를 한데 합쳐놓은 듯한 풍경의 조그만 마을. 드라마 〈궁〉의 마지막 무대(p.496)로 낙점되며 유명세를 타기 시작했다. 이렇다할 볼거리는 없지만 한적한 거리를 거닐며 이국의 정서에 취해 보는 것도 나름 재미난 경험일 듯!
꼴로안 빌리지 최고의 명소는 16세기의 동방 선교사 프란시스코 자비에르의 업적을 기리는 성 자비에르 성당 Igreja de S. Francisco Xavier 聖方濟各教堂이다. 1928년에 지어진 바로크 양식의 소박한 성당으로 남유럽 스타일의 로맨틱한 분위기가 멋스럽다. 제단을 바라볼 때 오른쪽에는 자비에르의 석상, 그 안쪽 방에는 김대건 신부의 석상이 모셔져 있다.
마을 남쪽 끝에는 어부의 수호신 탐꽁을 모시는 탐꽁묘 Tam Kong 譚公廟가 있다. 제단 오른쪽에 전시된 붉은색의 배는 고래 뼈를 깎아 만든 것이다. 음력 4월 8일에는 사원 앞에서 전통 축제가 열린다.

1 〈궁〉의 마지막 장면이 촬영된 성당 내부.
2 어부의 수호신을 모시는 탐꽁묘.
3 로맨틱한 모습의 성 자비에르 성당.

黑 ★☆☆☆☆
沙海灘 학사 비치
Praia de Hak Sá
[발음] 학사호이탄 [지도] MAP 32-B3
[교통] 꼴로안 빌리지의 Assoc. de M. de Coloane 路環居民大會堂 정류장에서 15 · 21A · 26A번 버스를 타고 Hellene Garden/Orchids Villa 海蘭花園/蘭苑 하차(5분).
[GPS] 22.116639, 113.569654

꼴로안 섬 남쪽 끝에 위치한 해변. 현지인들이 즐겨 찾는 곳으로 이름처럼 검은 모래사장 黑沙이 1.5km 가량 펼쳐진다. 하지만 뻘이 잔뜩 섞인 누런 바닷물이라 '남국의 푸른 바다'를 상상했다가는 실망하기 십상! 물놀이보다는 가볍게 해변 산책을 즐기는 곳 정도로 생각하는 게 좋다. 해변 도로 쪽에는 맥주와 꼬치구이를 파는 저렴한 바비큐 매점이 늘어서 있으니 출출할 때 이용해도 좋다.

해변 북쪽 끝에는 드라마 〈궁〉의 무대가 된 호텔인 그랜드 꼴로안 리조트도 있다.

프란시스코 자비에르는 누구?

프란시스코 자비에르(1506~1552)는 스페인 귀족 출신의 동방 선교사로 일본에 최초로 기독교를 전파한 인물이다. 1541년 포르투갈 국왕의 요청으로 리스본을 출발해 인도의 고아를 중심으로 7년간 포교 활동을 벌여 동남아 지역에 기독교가 뿌리내리는 데 지대한 공헌을 했다. 그때 한 일본인을 만난 것을 계기로 일본 포교를 결심하고 1549년 큐슈 남부의 카고시마로 가 2년 3개월간 체류하며 1,000여 명을 개종시켰다. 1551년 고아로 돌아간 그는 일본에 기독교를 보급하기 위해서는 일본에 막대한 영향력을 행사하는 중국 선교가 급선무라고 생각했다. 그리고 1552년 선교 여행차 중국 입국 허가를 기다리던 중 마카오 인근의 섬에서 병사했다. 그의 유체는 인도의 고아에 묻혔으며 왼팔은 로마, 오른팔은 마카오의 성 호세 성당(p.467)에 성체로 안치돼 있다.

澳 ★★☆☆☆
門大熊貓館 마카오 자이언트 판다 파빌리온
Macao Giant Panda Pavilion
[발음] 오우문따이홍마우꾼
[개관] 화~일요일 10:00~13:00 · 14:00~17:00
[휴관] 월요일 [요금] MOP10, 12세 이하 무료
[홈피] www.macaupanda.org.mo
[지도] MAP 32-A3 [GPS] 22.126584, 113.558769
[교통] 세나도 광장(MAP 30-B1)에서 26A번 버스를 타고 Parque de Seac Pai Van 石排灣郊野公園(20분) 하차, 버스 진행방향 반대편으로 도보 5분. 또는 베네시안 마카오 · 시티 오브 드림즈 · 갤럭시(p.498)에서 25 · 26 · 26A번 버스도 이용 가능.

네 마리의 판다 가족을 위해 만든 마카오 유일의 동물원. 원래 서식처와 동일한 환경을 조성한 넓이 3,000㎡의 돔 형 우리 안에서 아빠 카이카이 開開, 엄마 신신 心心, 그리고 아기 판다 진진 健健과 캉캉 康康이 자유로이 살아가는 모습을 볼 수 있다. 스트레스에 민감한 판다를 보호하기 위해 입장은 1일 6회(매시 정각)로 제한되며, 총 1시간 동안 관람할 수 있다. 동물원에서 조금 떨어진 곳에는 판다의 생태와 습성을 소개하는 마카오 자이언트 판다 인포메이션 센터 Macao Giant Panda Information Centre (화~일요일 10:00~17:00, 무료)도 있다.

1 판다의 서식지를 그대로 재현한 동물원.
2 하루 종일 대나무 잎을 먹는 판다.

드라마 〈궁〉 촬영 현장 속으로 고고씽~!

2006년 장안의 화제를 몰고 온 드라마 〈궁〉. 마지막 무대는 꼴로안 섬 남쪽의 조그만 어촌 꼴로안 빌리지였다. 예나 지금이나 변함없는 그때 그 장소를 찾아 마지막 회의 감동을 진하게 느껴보자.

📚 자세한 교통편은 p.494의 꼴로안 빌리지 참조.

꼴로안 빌리지 로터리

꼴로안 빌리지 로터리의 작은 공원. 윤은혜와 주지훈이 나란히 앉아 사이좋게 에그 타르트를 먹던 곳이다. 공원 한가운데 오도카니 서있는 아기 천사 분수대가 이국적인 모습으로 다가온다. 그들이 앉아 있던 벤치가 분수대 너머로 보인다.

Restaurante Espaço Lisboa

윤은혜와 주지훈이 함께 저녁을 먹던 레스토랑. 규모는 작지만 정통 포르투갈·매캐니즈 요리로 유명한 곳이다. 드라마에 깜짝 출연한 안토니오 아저씨는 실제로 이 레스토랑의 전직 요리사. 재미있는 사실은 극중에서 윤은혜와 주지훈이 식사를 한 장소가 식당 앞 도로였다는 것이다. 워낙 조그만 식당이라 실내 촬영으로는 도저히 '그림'이 안 나오자 길바닥에 테이블을 놓고 촬영한 것. 덕분에 황태자가 길거리에 앉아(?) 밥을 먹는 조금은 특이한 장면이 연출됐다.

그랜드 꼴로안 리조트 Grand Coloane Resort

황후마마와 윤은혜 일행이 만나는 장면에 등장한다. 바로 앞에는 검은 모래사장의 학사 비치가 펼쳐져 있다. 꼴로안 빌리지에서 택시로 5~10분을 더 가야 하며, 마카오 페리터미널에서 무료 셔틀버스가 운행된다(MAP 29-D3).

Lord Stow's Bakery 澳門安德魯餅店

윤은혜가 타르트를 구입한 곳. 마카오에서 두 손가락 안에 드는 에그 타르트의 명가(다른 한 곳은 p.479의 Margaret's Café e Nata)인데 달콤하고 부드러운 커스터드 크림 맛이 정말 끝내준다. 에그 타르트는 1개 MOP10이며 아이스 커피 등의 음료도 판다. 편히 앉아서 먹으려면 근처의 Lord Stow's Café로 가자. 카페에서는 파스타 등의 가벼운 식사 메뉴도 취급한다.

방가방가 도로

자전거를 타고 가던 윤은혜가 안토니오 아저씨에게 '방가방가'를 외치던 그 길. 해질녘에 노란 가로등 불빛이 더해지면 더욱 멋스럽다. 길 건너편에는 좁은 해협을 사이에 두고 중국 땅인 주하이 珠海의 모습이 빤히 바라보인다.

호반 산책로

주지훈과 윤은혜가 한밤중에 만나 서로 티격태격하던 장면은 마카오 타워 앞의 호반 산책로에서 찍었다. 언덕 위에 밝게 빛나던 건물은 펜야 성당이다. 자세한 위치는 MAP 29-A5의 지도를 참조하자.

잡화점 On Kei 安記

윤은혜가 잡화점 아주머니와 동네 식당 아저씨를 이어주기 위해 사랑의 메신저 역할을 하던 곳. 음료수부터 과일까지 없는 것 없이 다 파는 구멍가게다. 물 한 병 사기 힘든 '깡촌' 꼴로안 빌리지에서 은근히 도움되는 편리한 존재다.

신봤다 도서관

주지훈을 발견한 윤은혜가 반가운 얼굴로 '신봤다'를 외치던 곳. 노란 파스텔 톤 건물이 이국적인 멋을 한껏 풍긴다. 동네 아이들의 놀이터 같은 곳인데, 안으로 들어가면 몇 개의 서가가 놓인 소박한 시골 도서관의 모습을 볼 수 있다. 속도는 느리지만 인터넷 검색용 PC(무료)도 있다.

성 프란시스코 자비에르 성당
Igreja de S. Francisco Xavier

윤은혜가 자전거를 타고 신나게 달려가는 장면, 주지훈과 함께 둘만의 조촐한 결혼식을 올리는 장면 등에 등장한다. 교회 앞의 조그만 탑은 전쟁 기념비다. 자세한 정보는 p.494 참조.

주지훈 나무

주지훈이 윤은혜를 향해 손을 흔들던 자리. 그가 서있던 곳은 '신봤다 도서관' 맞은편 해변도로에 있는 가로수 앞이다. 도서관 입구에서 볼 때 정면 바로 오른쪽에 있는 가로등 옆의 가로수가 바로 그 나무다.

꼴로안 빌리지 약도 & 주요 촬영 포인트

마카오 시내로 돌아가기

마카오 반도의 세나도 광장 방면으로 돌아갈 때는 21A·25·26A·50·N3번 버스, 코타이의 베네시안 마카오 방면으로 돌아갈 때는 15·21A·25·26·26A·50·N3번 버스를 이용한다.

Assoc. de M. de Coloane
路環居民大會堂
꼴로안 빌리지 행
15·21A·26A번 버스 내리는 곳

Estrada do Campo

Estrada de Cheoc Van

학사 비치

약35m

Rua da Cordoaria

시장

Mercado M. de Coloane 路環街市
15·21A·26·26A번 버스 타는 곳

Calçada do Quartel

Café Chén

Vila de Cloane 路環市區
25·50·N3번 버스 타는 곳

아기천사분수대

Restaurante
Espaço Lisboa

Rua das Gaivotas

Rua do Meio

Beco da Rosa

우체통

Rua dos Negociantes

On Kei 安記

Lord Stow's Bakery

Rua do Tassara

Posto de Saúde de Coloane

Travessa do Balichão

Cafe dos Amigos

성 프란시스코
자비에르 성당

Igreja de S.
Francisco Xavier

도서관

Lord Stow's
Café

BCM

Largo do
Bazar

Nga Tim Café

三聖宮

Avenida de Cinco de Outubro

탐꽁묘 ⋯⋯

Sobremesa

澳 ★★☆☆☆
門銀河 갤럭시 마카오

Galaxy Macau 발음 오우문안허 영업 24시간 지도 MAP 32-A2
교통 마카오 페리터미널·타이파 페리터미널·마카오 국제공항·중국 국경에서 무료 셔틀버스 이용(5~20분 소요). 또는 세나도 광장 (MAP 31-C1)에서 26A번 버스를 타고 Est. Baia N.S. Esperança/ Quartel 望德聖母灣馬路/軍營 하차, 도보 3분.
GPS 22.148731, 113.555025

마카오에서 세 번째로 큰 규모의 카지노·리조트. 높이 25m 의 거대한 물방울 샹들리에가 설치된 정문 분수대에서는 30분 간격으로 초대형 다이아몬드가 등장하는 쇼가 펼쳐진다. 반대편 입구에는 소원을 들어주는 수정 다리 등의 볼거리가 있으며, 안쪽으로는 카지노와 럭셔리 쇼핑가·식당가가 이어진다. 호텔 2층에는 마카오 최대의 야외 수영장과 파도 풀도 있다(투숙객 전용).

1 하얗게 빛나는 이국적인 외관의 갤럭시 마카오.
2 공작 깃털 모양의 분수대. 물 속에서 거대한 다이아몬드가 솟아오른다.

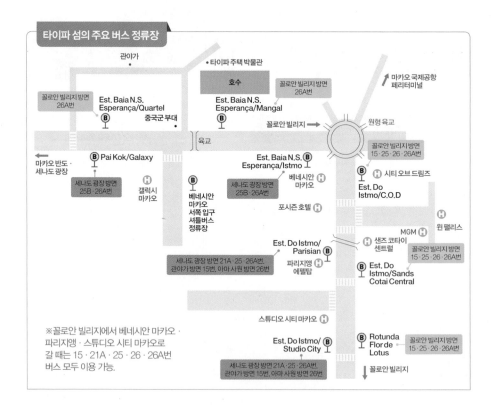

타이파 섬의 주요 버스 정류장

관야가

• 타이파 주택 박물관

호수

꼴로안 빌리지 방면 26A번

↗ 마카오 국제공항 페리터미널

꼴로안 빌리지 방면 26A번
Est. Baia N.S. Esperança/Quartel
B 중국군 부대

Est. Baia N.S. Esperança/Mangal
B

꼴로안 빌리지 ➡

원형 육교

육교

← 마카오 반도 · 세나도 광장

B Pai Kok/Galaxy

세나도 광장 방면 25B·26A번

H 갤럭시 마카오

B 베네시안 마카오 서쪽 입구 셔틀버스 정류장

Est. Baia N.S. B Esperança/Istmo

세나도 광장 방면 25B·26A번

베네시안 H 마카오

포시즌 호텔 H

꼴로안 빌리지 방면 15·25·26·26A번

B H 시티 오브 드림즈
Est. Do Istmo/C.O.D

MGM H 원 팰리스

Est. Do Istmo/ Parisian B
파리지앵 H 에펠탑

H 샌즈 코타이 센트럴

꼴로안 빌리지 방면 15·25·26·26A번

세나도 광장 방면 21A·25·26A번. 관야가 방면 15번, 아마 사원 방면 26번

B Est. Do Istmo/Sands Cotai Central

스튜디오 시티 마카오 H

Est. Do Istmo/ Studio City B

B Rotunda Flor de Lotus

꼴로안 빌리지 방면 15·25·26·26A번

세나도 광장 방면 21A·25·26A번. 관야가 방면 15번, 아마 사원 방면 26번

↓ 꼴로안 빌리지

※꼴로안 빌리지에서 베네시안 마카오·파리지앵·스튜디오 시티 마카오로 갈 때는 15·21A·25·26·26A번 버스 모두 이용 가능.

官 ★★★☆☆
也街 관야가

Rua do Cunha 뾸 꾼야까이 얺 10:00~22:00(숍마다 다름)
짂 MAP 32-B4 Ɡ꞊꞉ 22.153231, 113.557181
뾅 마카오 페리터미널에서 28A번 버스, 세나도 광장에서 33번 버스를
타고 Rua do Cunha 冱仔官也街 하차, 도보 1분. 또는 베네시안
마카오의 서쪽 입구에서 도보 12분. 아니면 갤럭시 마카오의 무료
셔틀버스 정류장에서 도보 5분.

육포와 전통 과자를 파는
상점도 많다.

타이파 빌리지 한복판에 자리한 맛집 골목. 폭 2~3m의 좁은
도로를 따라 본격적인 마카오 · 포르투갈 요리를 선보이는
레스토랑과 아몬드 쿠키 · 육포를 파는 기념품점이 줄지어
이어진다. 좁은 골목을 따라 걷다보면 드문드문 나타나는
고풍스러운 사원과 유적, 포르투갈 양식의 건물이 여행의 재미를
더해주는 것도 매력이다. 관야가 입구에서는 매주 일요일 조그만
벼룩시장(11:00~20:00)도 선다.

住 ★★★★☆
宅式博物館 타이파 주택 박물관

Casas Museu da Taipa 뾸 쥬작식뽁맛꾼
깬 화~일요일 10:00~18:00 휴뮗 월요일 요뮎 무료 짂 MAP 32-D4
뾅 세나도 광장(MAP 31-C1)에서 26A번 버스를 타고 Est. Baia N.S.
Esperança/Mangal 望德聖母灣馬路/紅樹林 하차, 도보 7분. 버스 진행방향
반대쪽으로 150m쯤 가면 나오는 사거리에서 오른쪽으로 간다. 또는 베네시안
마카오의 서쪽 입구(무료 셔틀버스 정류장)에서 도보 7분.
Ɡ꞊꞉ 22.153616, 113.559399

호숫가에 그림처럼 예쁜 건물들이 모여 있는 곳. 포르투갈 공직자와
상류층이 거주하던 별장을 개조해서 만든 야외 박물관이다. 포석이
깔린 도로를 따라 아름드리 나무가 가지를 드리우고 있으며,
그 아래로는 콜로니얼 양식의 아담한 건물 다섯 채가 점점이 놓인
평화로운 풍경이 펼쳐져 느긋하게 산책을 즐기기에도 좋다.
각각의 건물에는 마카오 생활관 Macanese Living Museum, 전시관
Exhibitions Gallery, 창작관 Creative Casa, 풍모관 Nostalgic House,
영빈관 House for Reception의 명칭이 붙어 있으며 내부에서는
여러 전시회가 열린다. 가장 눈길을 끄는 곳은 입구에 위치한 마카오
생활관이다. 내부에는 부엌 · 거실 · 침실 · 욕실 등이 옛 모습 그대로
보존돼 있으니 한 세기 전의 생활상이 궁금하다면 잠시 들러보자.
마카오 생활관 옆의 야트막한 언덕을 오르면 카르멜 Carmel 성당이
보인다. 흰색과 베이지색으로 꾸민 아담한 성당은 1885년
타이파 섬에 거주하는 35명의 가톨릭 신자를 위해 세운 것이다.
지금은 신혼 커플의 웨딩 촬영지로 각광받고 있다. 성당 앞의 공원에는
포르투갈의 국민 시인 까몽이스의 동상이 있다.

1 신혼 커플의 야외 촬영지로 인기가 높은 카르멜 성당.
2 타이파 주택 박물관의 멋스러운 야경. **3** 포르투갈의 지역별 전통의상이 전시돼 있다.

澳 ★★★★☆
門威尼斯人 베네시안 마카오

The Venetian Macao 발음 와이네이씨안 주소 MAP 32-B2

교통 마카오 페리터미널 · 타이파 페리터미널 · 마카오 국제공항 · 샌즈
카지노에서 무료 셔틀버스 이용. 또는 세나도 광장(MAP 31-C1)에서 26A번
버스를 타고 Est. Baia N.S. Esperança/Mangal 望德聖母灣馬路/
紅樹林 하차(15분 소요).
GPS 22.148166, 113.562961

이탈리아의 베네치아를 재현한 테마 파크 스타일의 복합 리조트.
3,000개의 스위트룸을 갖춘 초대형 호텔(p.539), 350여 개의 숍이
입점한 쇼핑몰, 2,000여 대의 슬롯머신과 500개의 게임 테이블이
설치된 대형 카지노 등 온갖 위락시설이 가득하다. 베네치아의
화려한 궁전과 운하 · 곤돌라를 재현하기 위해 들어간 비용은
무려 2조 4,000억 원! 아시아 최대, 세계 3위에 랭크된 건물의
총면적은 상암 월드컵 경기장의 5배인 98만㎡에 달한다.
워낙 규모가 방대해 입구에서 지도를 받아 돌아보는 게 좋다.
정문은 베네치아의 수호성인 산 마르코와 산테오도르, 그리고
베네치아의 상징인 날개 달린 사자상이 지키고 있다. 그 옆에 높이
솟은 건물은 종루인데, 감시용 망루와 등대의 역할을 겸하던 곳이다.
꼭대기에는 베네치아의 수호천사 가브리엘의 모습을 본뜬 풍향계가
세워져 있다. 정문과 이어진 건물은 10~16세기 해상무역을 기반으로
막강한 도시국가를 이룬 베네치아의 군주, 도제가 거주하던 두칼레
궁전이다. 화려한 고딕 양식의 외벽은 성상(聖像)과 그리스 · 로마
신화에 등장하는 신들의 조각으로 꾸며져 있다.
정문 입구를 바라볼 때 오른쪽으로 가면 1497년에 만든 베네치아
시계탑의 축소 모형이 있다. 숫자판에 12궁도가 그려져 있으며, 그
위에는 날개 달린 사자와 성모 마리아상이 놓여 있다. 매시 정각
무어인의 동상이 종을 치며 시간을 알려준다.
정문 안쪽에 위치한 호텔 리셉션은 베네시안 마카오에서 가장 화려한
공간이다. 지식과 부를 상징하는 황금 혼천의가 복도 끝에 놓여 있으며
황금빛 회랑 천장에는 16세기의 대관식을 묘사한 그림을 그려 놓았다.
천장과 기둥 장식에는 막대한 양의 순금이 사용됐다고!
카지노는 총 4개의 존으로 이루어져 있는데, Golden Fish 존은 부와
번영을 상징하는 비단잉어, Phoenix 존과 Red Dragon 존은 중국
왕실을 상징하는 봉황 · 용, Imperial House 존은 왕궁을 모티브로
꾸몄다. 건물 중앙부의 Great Hall에는 두칼레 궁전의 내부를
그대로 재현해 놓았는데, 그리스 · 로마 신화의 장면을 묘사한 웅장한
천장화가 볼만하다.
베네치아의 거리를 테마로 꾸민 숍들이 로맨틱한 분위기를 연출하는
쇼핑몰을 걷노라면 산 마르코 광장 St. Mark's Square이 나타난다.
은은한 불빛의 가로등과 노을 지는 하늘이 멋진 조화를 이루며,
어릿광대들의 흥겨운 퍼포먼스가 풍성한 볼거리를 선사한다. 쇼핑몰에
위치한 두 개의 운하에서는 곤돌라도 운행하는데(유료), 성악가 뺨치는
솜씨를 뽐내는 곤돌리에(뱃사공)의 노래를 감상하는 재미가 쏠쏠하다.

1 다채로운 볼거리가 가득한 베네시안 마카오.
2 화려하게 치장된 호텔 리셉션.
3 거대한 운하가 이어지는 쇼핑몰 내부.
4 종탑과 리알토 다리가 어우러진 근사한 야경.

澳 ★★★★☆
門巴黎人 파리지앵
The Parisian 발음 오우문빠라이얀 지도 MAP 32-B2, p.498
교통 마카오 페리터미널 · 타이파 페리터미널 · 마카오 국제공항에서 무료 셔틀버스
이용. 또는 세나도 광장(MAP 31-C1)에서 26A번 버스를 타고 Est. Do Istmo/
Sands Cotai Central 蓮貫公路/金沙城中心 하차(17분 소요), 도보 5분.
GPS 22.143253, 113.563032
에펠탑 개관 11:00~23:00 요금 MOP108, 12세 이하 MOP87

프랑스의 파리를 그대로 옮겨놓은 듯한 모습의 대형 리조트. 입구에는
에펠탑의 정밀 축소 모형을 세워 놓았으며, 3,000여 개의 객실을
갖춘 호텔과 170여 개의 숍이 입점한 쇼핑몰은 프랑스의 궁전을 본떠
만들었다. 미술관처럼 초대형 명화가 걸린 호텔 리셉션과 파리의 거리를
완벽하게 재현한 쇼핑몰도 흥미롭다. 쇼핑몰 곳곳에서는 샹송 공연 등의
재미난 이벤트가 수시로 열린다.
에펠탑은 비록 실물을 ½ 크기로 축소시킨 것이지만 높이가 160m에
이를 만큼 웅장한 위용을 뽐낸다. 7/F층과 37/F층에 하나씩 전망대가

있으며 37/F층에서는 타이파 섬
일대가 한눈에 내려다보인다. 매일 밤
18:15~24:00(15분 간격)에는 음악이
흘러나오는 가운데 에펠탑을 장식한
수십만 개의 LED 조명이 색색으로
반짝이는 멋진 라이트 쇼도 볼 수 있다.

新 ★★★☆☆
濠影滙 스튜디오 시티 마카오
Studio City Macau 발음 싼호잉우이
홈피 www.studiocity-macau.com 지도 MAP 32-B2, p.498
교통 마카오 페리터미널 · 타이파 페리터미널 · 마카오 국제공항에서 무료 셔틀버스 이용.
또는 세나도 광장(MAP 31-C1)에서 26A번 버스를 타고 Est. Do Istmo/Sands Cotai
Central 蓮貫公路/金沙城中心 하차(17분 소요), 도보 6분.
GPS 22.141986, 113.562683
배트맨 다크 플라이트 개관 12:00~20:00 토 · 일 · 공휴일 11:00~21:00
요금 MOP150, 12세 이하 MOP120
골든 릴 개관 12:00~20:00, 토 · 일 · 공휴일 11:00~21:00
요금 MOP100, 12세 이하 MOP80

할리우드 영화를 테마로 만든 리조트. 입구를 지키고 선 거대한 동상과
밤하늘을 밝게 비추는 강렬한 서치라이트 불빛이 SF 영화의 한 장면을
연상시킨다. L1층에는 영화 세트장처럼 꾸민 세련된 쇼핑몰과 대형
카지노 · 식당가, L2층에는 고담 시티를 종횡무진 누비는 배트맨의 활약을
온몸으로 체험하는 4D 영화관 배트맨 다크 플라이트 Batman Dark Flight
가 있다. 16대의 곤돌라가 8자 모양의 트랙을 따라 빙글빙글 도는 대관람차
골든 릴 Golden Reel도 이곳의 명물로 유명하다. 건물 최상층인 130m
지점에 위치해 타이파 섬 일대가 훤히 내려다보일 만큼 전망도 빼어나다.

金 沙城中心 샌즈 코타이 센트럴
★★★☆☆

Sands Cotai Central 깔음 깜사썽쭝썸 지도 MAP 32-B2, p.498
교통 마카오 페리터미널 · 타이파 페리터미널 · 마카오 국제공항 · 샌즈 카지노에서 무료 셔틀버스 이용. 또는 세나도 광장(MAP 31-C1)에서 26A번 버스를 타고 Est. Do Istmo/Sands Cotai Central 連貫公路/金沙城中心 하차(17분 소요), 도보 2분. GPS 22.146575, 113.564636

고급 호텔 · 카지노 · 쇼핑몰이 모인 대형 리조트. 눈길을 끄는 곳은 100여 개의 숍이 입점한 코타이 센트럴 쇼핑몰인데, 열대우림을 테마로 꾸민 신비로운 인테리어가 인상적이다. 3층까지 뻥 뚫린 공간을 따라 쑥쑥 솟은 키 큰 야자수와 호쾌하게 쏟아지는 폭포수가 이색적인 광경을 연출한다. 수압을 미세하게 조절해 공중에 글자를 그려내는 폭포처럼 신기한 볼거리도 눈을 즐겁게 한다. 쇼핑몰 곳곳에서 쿵푸 팬더 · 슈렉 등 드림웍스의 인기 캐릭터가 등장하는 이벤트도 열린다.

新 濠天地 시티 오브 드림즈 COD
★★☆☆☆

City of Dreams 발음 싼우틴찌 영업 24시간 지도 MAP 32-C2
홈피 https://citydreamsmacau.com
교통 마카오 페리터미널 · 마카오 국제공항 · 중국 국경에서 무료 셔틀버스가 운행된다. 또는 세나도 광장(MAP 31-C1)에서 26A번 버스를 타고 Est. Do Istmo/C.O.D. 連貫公路/新濠天地 하차(16분), 도보 2분. GPS 22.148437, 113.564624

호텔 · 카지노 · 극장 · 쇼핑몰을 두루 갖춘 초대형 리조트. 마카오의 주요 카지노와 부동산을 소유한 도박 재벌 스탠리 호 일가가 운영하는 곳답게 거대한 스케일과 으리으리한 시설을 자랑한다. 잠실 롯데월드 면적의 두 배에 달하는 20만㎡의 드넓은 부지에는 최고급 호텔과 1,300대의 게임기를 갖춘 카지노, 스타 셰프 알렝 뒤카스의 레스토랑, 하우스 오브 댄싱 워터 극장 등 다양한 위락시설이 들어서 있다.
흥미로운 사실은 모든 건물과 시설이 물을 테마로 디자인됐다는 것이다. 정문과 쇼핑몰은 물결, 뉘와 Nüwa 호텔은 빗줄기, 카운트다운 호텔은 소용돌이, 그랜드 하이야트 마카오는 파도, 하우스 오브 댄싱 워터 극장은 물방울을 형상화했는데, 여기에는 풍수적으로 물이 재물운을 불러온다는 강렬한 믿음이 담겨 있다. 호텔 로비와 쇼핑몰 곳곳에서 유명 작가의 설치미술 전시회 또는 이벤트가 수시로 열리니 홈페이지에서 전시 스케줄을 확인하고 가는 것도 잊지 말자.

1 카지노 · 호텔 · 쇼핑센터 등 다양한 위락시설이 모여 있다.
2 화려한 인테리어가 시선을 사로잡는다.
3 패션 · 화장품 등 다양한 아이템을 취급하는 쇼핑몰.
4 카지노 입구에 걸린 거대한 황금용.

水 舞間 하우스 오브 댄싱 워터
★★★☆☆
The House of Dancing Water

발음 쑤무깐 **개관** 목~월요일 17:00, 20:00
휴관 화 · 수요일
요금 VIP석 HK$1,498, A석 HK$998,
B석 HK$798, C석 HK$598,
12세 이하 A~C석에 한해 20% 요금 할인
지도 MAP 32-C2
교통 시티 오브 드림즈 가는 방법과 동일.
GPS 22.149860, 113.567927

5년에 걸친 기획과 3,000억 원이란 천문학적
제작비가 투입된 쇼. 아름다운 러브 스토리와
시공을 초월한 환상적인 여행 이야기를 담고
있으며, 사방에서 쏟아져 나오는 1,400만ℓ의 물, 그리고
새처럼 자유로이 공중을 날아다니는 무용수들의 화려한 연기가
스펙터클한 쇼의 진수를 보여준다.

1 두 눈을 휘둥그레게 하는 스펙터클한 공연이 펼쳐진다.
2 배우의 화려한 연기도 놓칠 수 없는 볼거리다.
3 원형 객석이 최상의 공연 감상 환경을 제공한다.

永 利皇宮 윈 팰리스
★★★☆☆
Wynn Palace
발음 윈레이웡꿍 **개관** 24시간 **지도** MAP 32-B1, p.498
교통 마카오 페리터미널 · 마카오 국제공항 · 중국 국경에서 무료 셔틀버스가
운행된다. 또는 세나도 광장(MAP 31-C1)에서 26A번 버스를 타고 Est. Do
Istmo/C.O.D. 連貫公路/新濠天地 하차(16분), 도보 12분.
GPS 22.147741, 113.569475
음악분수 **운영** 12:00~24:00(20~30분 간격) **요금** 무료
케이블카 **운영** 10:00~24:00 **요금** 무료

황금빛 외관이 눈길을 끄는 호화 리조트 호텔. 1,706개의 객실과
카지노 · 쇼핑몰이 모여 있다. 호텔 앞의 인공호수에는 리듬에
맞춰 물줄기가 춤을 추는 음악분수가 있는데, 색색의 조명 속에서
화려하게 빛나는 야경이 압권이다. 호수를 한 바퀴 빙 돌며
공중유람을 즐기는 케이블카 Skycab도 놓치지 말자. 호텔까지
들어가는 편도는 무료다! 쇼핑몰을 걷다보면 갖가지 꽃으로 만든
아름다운 〈꽃의 조형물 Floral Creations〉이 보인다. 유명 디자이너
프리스턴 베일의 작품이며
기하학적 디자인과 강렬한 색의
대비가 인상적이다.

1 번쩍이는 외관의 윈 팰리스.
2 화려하기 이를 데 없는 호텔의 복도.
3 깜짝 쇼가 진행되는 꽃의 조형물.
4 호수 주위를 운행하는 무료 케이블 카.

RESTAURANT

▌雅憩花園餐廳 Nga Tim Café

현지인과 여행자들이 즐겨 찾는 서민적인 레스토랑. 한국 영화 〈도둑들〉에 반짝 등장하며 유명세를 톡톡히 누리고 있다. 날씨가 좋을 때는 성 자비에르 성당과 광장이 마주보이는 야외 테이블에 앉아 느긋하게 식사를 즐기는 것도 운치 있다. 주요 메뉴는 포르투갈 · 마카오 · 양식 요리다. 고기보다는 해산물의 상태가 좋다는 사실을 기억할 것!

❶ Spicy Salt and Pepper Prawns (MOP88)

새우볶음 ❶Spicy Salt and Pepper Prawns 椒鹽中蝦(MOP88), 치즈 · 마늘을 듬뿍 얹고 오븐에 구운 홍합 Baked Mussels with Cheese and Garlic 芝士蒜蓉焗青口(MOP78), 부드러운 게살이 입맛 당기는 커리 크랩 Crab Curry 咖喱蟹(시가)이 맛있다. 식사 메뉴로는 블랙페퍼 소스로 맛을 낸 소고기를 곁들인 볶음 국수 Fried Noodles with Slices Tenderloin and Black Pepper Sauce 鐵板黑椒牛柳絲炒麵(MOP80)가 먹을만하다.

예산 MOP200~ 추가 봉사료 10% 영업 12:00~01:00 메뉴 영어 · 중국어 주소 8 Rua Caetano, Coloane Village, Coloane 전화 2888-2086 지도 p.497 교통 세나도 광장(MAP 30-B1)에서 26A번 버스, 또는 시티 오브 드림즈 · 샌즈 코타이 센트럴(p.494) 앞에서 26A번 버스를 타고 Assoc. de M. de Coloane 路環居民大會堂 하차, 도보 5분. 꼴로안 빌리지의 성 자비에르 성당 바로 앞에 있다. GPS 22.116943, 113.551317

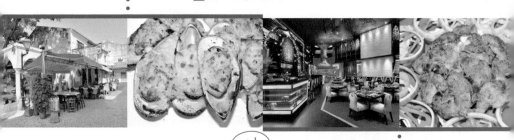

▌皇雀印度餐廳 The Golden Peacock 강추

《미쉐린》에서 별 하나를 받은 인도 요리 레스토랑. 아시아에서 미쉐린의 별을 받은 인도 요리 식당은 이곳이 유일하다. 인도의 국조(國鳥)인 공작 문양으로 세련되게 치장한 인테리어가 돋보이며 차분한 분위기에서 우아하게 식사를 즐길 수 있다. 인도 전역에서 모인 13명의 요리사가 다양한 요리를 선보이는데, 레시피와 식자재는 물론 요리도구까지도 인도에서 들여온 것만 사용해 본고장의 맛을 충실히 재현한다. 추천 메뉴는 다채로운 인도 요리를 맛보기에 좋은 런치 뷔페 ❶Lunch Buffet(MOP208~)다. 샐러드 · 메인 요리 · 디저트 등 40여 가지 음식을 내놓아 선택의 폭이 넓다. 친절하게 음식에 대해 설명해주기 때문에 인도 요리를 처음 접하는 이라도 부담없이 이용할 수 있다.

❶ Lunch Buffet (MOP208~)

예산 MOP220~ 추가 봉사료 10% 영업 런치 뷔페 11:00~15:00, 디너 18:00~23:00 메뉴 영어 · 중국어 주소 Shop 1037, Level 1, The Venetian Macao, Estrada da Baia de N. Senhora da Esperanca, Taipa 전화 8118-9696 지도 MAP 32-B2 교통 베네시안 마카오 Level 1층에 있다. 마카오 페리터미널 · 타이파 페리터미널 · 마카오 국제공항 · 샌즈 카지노에서 무료 셔틀버스를 이용하면 편리하다. 또는 세나도 광장에서 26A번 버스를 타고 Est. Baia N.S. Esperança/Mangal 하차, 도보 12분. GPS 22.147364, 113.560908

▌鼎泰豊 Din Tai Fung

타이완에 본점을 둔 씨우롱빠우 전문점. 호텔 부속 레스토랑답게 깔끔한
시설과 친절한 서비스가 돋보인다. 우리 입에 잘 맞는 중국 음식을 맛볼 수 있는
것도 매력! 육즙 가득한 씨우롱빠우 ❶Steamed Pork Dumplings 小籠包
(6개 MOP68)가 최고의 인기 메뉴다. 간장을 살짝 찍고 채 썬 생강을 한두 점
올려 먹으면 더욱 맛있다. 식사 메뉴로는 쫄깃한 새우와 돼지고기를 듬뿍 넣은
볶음밥 Egg Fried Rice with Shrimps and Shredded Pork 蝦仁肉絲蛋炒
飯(MOP98), 간장 소스와 볶은 파로 맛을 낸 대만식 비빔면 Noodle Tossed
with Scallion and Soy Sauce 香蔥拌麵(MOP68)를 추천한다. 아삭한
식감과 매콤한 맛이 일품인 오이절임 Tossed Sliced Cucumber with
Chili and Garlic 辣味黃瓜(MOP55)을 반찬삼아 먹어도 좋다.

❶ Steamed Pork
Dumplings (MOP68)

예산 HK$180~ 추가 봉사료 10%, 찻값 1인당 MOP10 영업 12:00~15:00, 18:00~22:00
메뉴 한국어 · 영어 · 중국어 주소 Shop 1075, Level 1, The Boulevard at Studio City
전화 8865-3305 지도 MAP 32-B2
교통 마카오 페리터미널 · 타이파 페리터미널 · 마카오 국제공항에서 무료 셔틀버스 이용.
또는 세나도 광장(MAP 31-C1)에서 26A번 버스를 타고 Est. Do Istmo/Sands Cotai
Central 蓮貫公路/金沙城中心 하차(17분 소요), 도보 10분. 스튜디오 시티 마카오 Level 1
층에 있다. GPS 22.140454, 113.560977

▌喜粤 Canton

다채로운 중국 요리를 맛볼 수 있는 레스토랑. 《미쉐린》에서는 가볼만한 맛집으로
선정됐다. 20여 년이 넘는 경력을 자랑하며 여러 요리 대회에서 수많은 상을
받은 주방장 막와이밍 麥偉明의 지휘 아래 정통 광동 요리를 비롯한 중국 각지의
음식을 선보인다. 가짓수를 헤아리기 힘들 만큼 많은 요리를 맛볼 수 있는데,
메뉴판에서 주방장 모자 표시가 붙은 게 캔톤의 대표 메뉴다.
추천 메뉴는 와규 · 아스파라거스 볶음 Sauteed Diced Wagyu M7 Beef with
Asparagus and Black Pepper 黑椒芦笋澳洲和牛(MOP388), 바삭하게
튀긴 닭고기 "Canton" Signature Crispy Chicken 喜粵金牌炸子鷄(반 마리
MOP198, 한 마리 MOP388) 등이다. 경제적으로 다양한 메뉴를 맛보려면 다섯
가지 딤섬, 세 가지 수프, 아홉 가지 전채, 네 가지 메인 요리 가운데 하나씩을 골라
주문하는 런치 세트 Create Your Own Set Lunch 午市自選套餐(MOP158,
평일 한정)를 선택해도 좋다.

다채로운 중국요리를 선보인다

예산 MOP500~ 추가 봉사료 10% 영업 11:00~15:00, 18:00~22:00, 토요일 디너
18:00~23:00 메뉴 영어 · 중국어 전화 8118-9930 지도 MAP 32-B2 주소 Shop 1018,
Level 1, The Venetian Macao, Estrada da Baia de N. Senhora da Esperança, Taipa
교통 베네시안 마카오 Level 1층에 있다. GPS 22.148929, 113.561858

Pork Chop Bun
(MOP38)

Prawn Dumpling
(MOP35)

Steamed Shanghai Xiao
Long Bao (4개 HK$48)

大利來記
Tai Lei Loi Kei

40여 년의 역사를 자랑하는 분식점.
마카오 명물인 돼지고기 햄버거
쭈빠빠오의 원조집으로 유명하다.
간판 메뉴인 쭈빠빠오 Pork Chop
Bun 豬扒包(MOP38)는 쫄깃한
빵 사이에 가볍게 간을 해서 구운
두툼한 돼지갈비를 끼워준다. 빵과
고기뿐인 아주 심플한 메뉴지만
맛은 훌륭하다. 어묵 Fish Ball 淨魚
蛋(MOP30)은 매콤한 카레 소스와
탱글탱글 씹히는 맛이 일품이다.
음료로는 달콤한 밀크 티 Milk Tea
奶茶(Hot MOP16, Cold MOP18)
를 추천한다.

예산 MOP51~
영업 08:00~18:00
메뉴 영어 · 중국어
주소 35, Rua Correia da Silva, Taipa
전화 2882-7150
지도 MAP 32-A5
교통 마카오 페리터미널에서 28A번 또는
세나도 광장에서 33번 버스를 타고
Escola Luso Chinesa da Taipa 冰仔中
葡小學 하차, 버스 진행방향 반대편에서
90m쯤 가면 왼쪽에 있다.
GPS 22.152461, 113.555934

添好運 강추
Restaurante Tim Ho Wan

홍콩의 유명 딤섬집 팀호완의 마카오
분점. 《미쉐린》에서 별 하나를 받은
맛집이다. 점심때까지만 딤섬을
제공하는 일반 레스토랑과 달리 하루
종일 딤섬을 맛볼 수 있으며 가격도
저렴하다. 오븐에 구운 차슈빠우
Baked Bun with BBQ Pork 酥皮
焗叉燒包(MOP26)는 소보로빵 같은
특유의 식감과 양념한 돼지고기의
맛이 훌륭하다. 돼지고기 · 버섯 ·
새우 씨우마이 Pork Dumpling with
Shrimp 鮮蝦燒賣王(MOP35),
탱글탱글 씹히는 새우살의 하가우
Prawn Dumpling 晶瑩鮮蝦餃
(MOP35)도 맛있다.

예산 MOP100~
추가 차 1인당 MOP3, 봉사료 10%
영업 09:00~23:00 메뉴 영어 · 중국어
주소 Broadway Food Street, A-1006,
Avenida Marginal Flor de Lotus, Cotai Strip
전화 8883-3338 지도 MAP 32-A1
교통 마카오 · 타이파 페리터미널에서
무료 셔틀버스 이용. 갤럭시 마카오와
연결된 Broadway Macau의
푸드 스트리트에 있다.
GPS 22.146099, 113.551465

翡翠拉麵小籠包
Crystal Jade La Mian
Xiao Long Bao

30년 역사의 광동 요리 전문점.
쫄깃한 만두피와 달콤한 육즙이 멋진
조화를 이루는 씨우롱빠우 Steamed
Shanghai Xiao Long Bao 上海
小籠包(4개 HK$48)를 꼭 맛보자.
주문과 동시에 찌기 때문에 10분 정도
기다려야 한다. 돼지와 닭뼈로 우려낸
걸쭉한 육수에 수타면을 말아주는
탄탄면 Signature Dan Dan La Mian
招牌擔擔拉麵(HK$78)은 칼칼한
맛이 일품이다. 매콤달콤한 칠리 새우
Sautéed Prawn in Chilli Sauce
京燒明蝦球(HK$148)는 새우살의
탱글탱글한 식감이 훌륭하다.

예산 MOP150~
추가 봉사료 10%, 찻값 1인당 MOP10
영업 월~목요일 08:00~03:00,
금~일요일 24시간 메뉴 영어 · 중국어
주소 The Parisian Macao, Estrada do
Istmo, Lote 3, Cotai Strip
전화 8111-9220 지도 MAP 32-A2
교통 마카오 · 타이파 페리터미널에서 무료
셔틀버스 이용, 파리지앵 마카오 The
Parisian Macao Level 1층에 있다.
GPS 22.143302, 113.561864

생맥주 Draft Beer
(MOP31~)

King's Classic
Lobster Roll (MOP198)

마카오 전통 과자
(MOP38~)

好客鄕莊
Old Taipa Tavern

경쾌한 분위기의 퍼브. 늦은 점심이나 저녁과 함께 시원한 맥주를 마실 수 있어 마카오에 거주하는 서양인이 즐겨 찾는다. 해질녘부터 시끌벅적한 분위기가 연출되며, 종종 라이브 공연을 하기도 한다. 전 세계에서 수입한 40여 가지 맥주(MOP22~)와 함께 20여 종의 타파스 Tapas (MOP39~)를 안주로 즐길 수 있다. 식사 메뉴로는 소고기 · 양고기 · 닭고기 · 생선을 선택해서 주문할 수 있는 햄버거 Midi Burger's(MOP98~ 115), 돼지고기 · 양고기 · 미트 볼 · 치즈 스테이크 샌드위치 Sando's (MOP78~119)가 적당하다.

예산 MOP130~ 추가 봉사료 10%
영업 14:30~01:30, 토 · 일 · 공휴일 13:00~01:30 메뉴 영어
주소 21 Rua dos Negociantes, Taipa Old Village, Cotai
전화 2882-5221 지도 MAP 32-A4
교통 28A · 33번 버스 Escola Luso Chinesa da Taipa 하차, 도보 3분. 또는 갤럭시 마카오에서 도보 7분. 관야가 근처에 있다.
GPS 22.152925, 113.555668

King's Lobster

다양한 요리를 내놓는 랍스터 전문점. 한쪽 벽을 큼직하게 장식한 랍스터 벽화와 곳곳에 걸린 닻 · 구명부이 등의 소품이 유럽의 한적한 어촌을 찾아온 듯한 기분을 느끼게 한다. 버터에 구운 고소한 빵 사이에 쫄깃한 랍스터 살을 듬뿍 넣고 레몬 · 마요네즈 · 샐러리로 맛을 낸 랍스터 롤 King's Classic Lobster Roll 經典龍蝦包(MOP198)이 맛있다. 랍스터 반 마리를 껍질째 얹어주는 푸짐한 랍스터 스파게티 Lobster Spaghetti 龍蝦意粉 (MOP198)도 먹을만하다. 단, 고수 (p.420)를 듬뿍 뿌려주니 싫다면 주문시 빼달라고 하는 게 좋다.

예산 MOP200~ 추가 봉사료 10%
영업 12:30~15:00, 18:00~22:30, 토 · 일요일 12:30~22:30
메뉴 영어 · 중국어
주소 Rua dos Negociantes No.23, Cotai
전화 2882-5828 지도 MAP 32-A5
교통 28A · 33번 버스 Escola Luso Chinesa da Taipa 하차, 도보 3분. 또는 갤럭시 마카오에서 도보 7분. 관야가 근처에 있다.
GPS 22.152654, 113.555900

鉅記手信
Pastelaria Koi Kei

타이파를 대표하는 기념품점. 고소한 아몬드 쿠키를 비롯한 300 여 종의 마카오 전통 과자와 육포를 취급한다. 육포는 비청향(p.328) · 초이헝윤 베이커리(p.484)와는 다른 강렬한 맛이 특징이다. 호불호가 극명히 갈리는 메뉴이니 시식해 보고 구입하는 게 좋다. 전통 과자 역시 매장 곳곳에 시식품이 놓여 있으니 마음껏 맛보고 원하는 것을 구입하면 된다. 이곳 외에도 베네시안 마카오 · 샌즈 코타이 센트럴 등 타이파 섬의 주요 쇼핑몰에 모두 입점해 있어 어디서나 손쉽게 이용할 수 있다.

예산 MOP38~ 영업 10:00~22:30
휴업 구정연휴 메뉴 영어 · 중국어
주소 Rua do Cunha, No. 11–13, R/C, Taipa
전화 2882-7458
지도 MAP 32-B4
교통 마카오 페리터미널에서 28A번 또는 세나도 광장에서 33번 버스를 타고 Rua do Cunha 氹仔官也街 하차, 도보 2분.
GPS 22.153579, 113.557003

Egg Tart
(1개 MOP10)

Hamburger
(MOP65~)

Chilled Mango Sago
Cream with Pomelo (MOP30)

澳門安德魯餅店
Lord Stow's Bakery

마카오 제일의 먹거리로 유명한
에그 타르트 전문점. 1989년
마카오에 거주하던 영국인 앤드류
스토우 Andrew Stow가 창업했다.
달콤 촉촉한 커스터드 크림이
가득 든 에그 타르트 Egg Tart 蛋撻
(1개 MOP10, 6개 MOP55, 12개
MOP110)가 간판 메뉴인데, 오직
이것을 먹고자 꼴로안 빌리지를
찾는 이까지 있을 정도다. 갓 구웠을
때가 가장 맛있으며 늦어도 6시간
안에 먹어야 제 맛을 즐길 수 있다.
베네시안 마카오의 Level 3층에도
분점(Shop No. 870, Mask Street)
이 있는데, 가격은 본점보다 개당
MOP1 정도 비싸다.

예산 MOP10~ 영업 07:00~22:00
휴무 구정연휴 메뉴 영어·중국어
주소 1 Rua do Tassara, Coloane
Town Square, Macau
전화 2888-2534 지도 MAP 32-A3
교통 26A번 버스 Assoc. de M. de
Coloane 路環居民大會堂 하차,
도보 4분.
GPS 22.118171, 113.551450

繁盛街
Market Street Food Court

베네시안 마카오의 푸드 코트,
한식·일식·중식·양식 등
동서양의 음식을 취급하는 26개의
음식점이 모여 있어 선택의 폭이
넓다. 현지 음식이 입에 맞지 않아
고생하는 경우에도 걱정 없이 이용할
수 있다. 우리에게도 익숙한 셀프
서비스 방식이며 음식점마다 사진·
음식 모형이 놓여 있어 주문하기도
편리하다. 추천 음식점은 우리
입에 친숙한 한식을 내놓는 대장금,
라면·돈가스·오코노미야키 등의
일식이 먹을만한 Toei Delights,
따끈한 완탕면의 Hei Kei Wonton
Noodle 등이다.

예산 MOP65~ 영업 11:00~22:00
메뉴 영어·중국어
주소 Level 3, The Venetian Macao,
Est. Baia N.S. Esperança, Taipa
전화 2882-8888 지도 MAP 32-B2
교통 마카오 페리터미널·타이파
페리터미널·마카오 국제공항·샌즈
카지노에서 무료 셔틀버스를 이용하면
편리하다. 베네시안 마카오 Level 3층에
있다.
GPS 22.148241, 113.561220

莫義記貓山王
Gelatina Musang Mok Yi Kei

80여 년의 전통을 이어온 디저트 숍.
허름한 외관에서 느껴지는 이미지와
달리 수차례의 디저트 경연대회에서
우승한 경력이 있는 내공 깊은
맛집이다. 최고의 인기 메뉴는 잘 익은
망고를 통째로 갈아서 만든 시원한
양지감로 Chilled Mango Sago
Cream with Pomelo 楊枝甘露
(MOP30)다. 한 모금만 마셔도
상큼한 기운이 온몸에 퍼진다. 더위에
지친 심신을 달래기에 안성맞춤!
차갑게 얼린 생크림과 고소한 크래커
가루를 켜켜이 쌓아서 만든 달콤한
포르투갈식 디저트 세라두라
Sawdust Pudding 木糠布丁
(MOP33)도 맛있다.

예산 MOP30~ 영업 11:00~23:00
메뉴 영어·중국어
주소 Rua do Cunha, No. 9A, R/C, Taipa
전화 6669-5194 지도 MAP 32-B4
교통 마카오 페리터미널에서 28A번 또는
세나도 광장에서 33번 버스를 타고
Rua do Cunha 氹仔也街 하차,
도보 2분.
GPS 22.153386, 113.557121

버블티 Zhen Zhu Milk Tea
(Ice/Hot MOP25)

Brown Sugar Boba+
Pearl with Cream Mousse
(MOP35)

Café E.S.Kimo

음료와 다양한 음식을 파는 카페.
맛은 평범하지만 깔끔하고 가격이
저렴해 현지인도 즐겨 찾는다.
음식 사진이 실린 메뉴판이 있어
이용하기도 어렵지 않다. 인기 메뉴는
달콤한 밀크티에 쫄깃한 타피오카
펄을 넣은 버블티 Zhen Zhu Milk
Tea 珍珠奶茶(Ice/Hot MOP25).
일반적인 버블티보다 단맛이 덜하고
타피오카 펄의 크기가 작아 마시기
편하다. 탕수육 소스로 조리한 달콤한
돼지고기와 데친 채소 덮밥 Sweet
and Sour Sauce Pork Chop
Rice 糖醋豬柳飯(MOP40), 매콤한
닭고기 덮밥 Diced Chicken with
Hemp Pepper Rice 辣子雞飯
(MOP40)도 먹을만하다.

예산 MOP55~ 영업 11:30~21:00
메뉴 영어 · 중국어 전화 2882-5305
주소 G/F, Block 6, Phrase 1, Chun Fuk
Sun Chun, Vila de, Rua do Regedor, Taipa
지도 MAP 32-A4 교통 28A · 33번 버스
Escola Luso Chinesa da Taipa 하차,
도보 1분. 또는 갤럭시 마카오에서
도보 6분. 관야가 근처에 있다.
GPS 22.152727, 113.555036

老虎堂黑糖專賣
Tiger Sugar

선풍적인 인기의 '흑당 밀크티' 전문점.
밀크티에 생크림과 사탕수수의
풍미가 고스란히 농축된 흑당 시럽을
더해 고소하면서도 진한 맛을 살렸다.
서서히 녹아내리는 흑당 시럽의
모양이 호랑이 줄무늬처럼 보여
'Tiger Sugar'란 재미난 이름이
붙었다. 인기 메뉴는 밀크티에 두
가지 타피오카 펄을 넣은 Brown
Sugar Boba+Pearl with Cream
Mousse 虎虎生風厚鮮奶/含奶霜
(波霸+珍珠)(MOP35)인데, 크림과
흑당이 잘 섞이도록 딱 '15번'만
흔드는 게 맛있게 먹는 비결이라고!

예산 MOP22~
영업 11:00~22:00,
금 · 토요일 11:00~22:30
메뉴 영어 · 중국어 전화 6265-2825
주소 51 Correia da Silva, Taipa
지도 MAP 32-B4
교통 마카오 페리터미널에서 28A번 또는
세나도 광장에서 33번 버스를 타고
Rua do Cunha 氹仔官也街 하차. 버스
정류장을 등지고 오른쪽으로 10m쯤 가면
오른편에 있다.
GPS 22.153075, 113.557266

99 Noodles

중국식 면 요리 전문점. 호텔 레스
토랑에 걸맞는 세련된 분위기와 서
비스가 돋보인다. 이름 그대로 9가
지 국물과 9가지 면 가운데 원하는
것을 골라 주문할 수 있다. 간단한
중국 요리도 선보이며, 면 또는 밥
에 3가지 요리가 포함된 경제적인
세트 메뉴도 먹을만하다.

예산 MOP90~ 영업 10:00~01:00
메뉴 영어 · 중국어 전화 8986-3663
지도 MAP 32-B1 주소 Avenida da
Nave Desportiva, Cotai
교통 마카오 · 타이파 페리터미널에
서 무료 셔틀버스 이용. 원 팰리스
호텔 카지노 안에 있다.
GPS 22.147785, 113.572919

Morton's

35년 역사를 자랑하는 스테이크
하우스. 시카고의 유명 레스토랑
Morton's의 마카오 분점이다. 육즙
가득한 최상급 USDA 소고기를 중
심으로 다양한 스테이크를 맛볼 수
있다. 요리와 궁합이 좋은 풍부한
와인 리스트도 보유했다.

예산 MOP400~ 영업 15:00~24:00
메뉴 영어 · 중국어 전화 8117-5000
지도 MAP 32-B2
주소 Shop 1016, Shoppes at
Venetian, Estrada da Baia de N.
Senhora da Esperanca, Taipa
교통 마카오 · 타이파 페리터미널에
서 무료 셔틀버스 이용. 베네시안
마카오 1/F층에 있다.
GPS 22.148158, 113.562916

Passion by Gérard Dubois

세련된 스타일의 베이커리 겸 카페.
스위스 출신의 스타 파티시에 제랄
드 뒤부와가 운영한다. 화덕에서 전
통방식으로 굽는 프랑스빵과 디저
트 · 샌드위치가 맛있다. 달콤 쌉싸
름한 티라미수와 고소한 크루아상
이 대표 메뉴다.

예산 MOP30~ 영업 08:00~22:00
메뉴 영어 · 중국어 전화 8883-2221
지도 MAP 32-A2
주소 G051, G/F, Galaxy Macau
교통 마카오 · 타이파 페리터미널에
서 무료 셔틀버스 이용. 갤럭시 마
카오의 JW 매리엇 호텔 쪽 G/F
층에 있다.
GPS 22.146734, 113.555397

SHOPPING

Shoppes at Venetian

300여 개의 숍과 레스토랑이 입점한 마카오 최대의 쇼핑몰. 명품 브랜드보다는 캘빈 클라인 · 클럽 모나코 · 토미 힐피거 등 중가(中價) 해외 브랜드의 비중이 높다. 홍콩에서 볼 수 있는 브랜드가 대부분 입점해 있어 홍콩에서 못 다한 쇼핑을 여기서 끝내도 좋다. 규모가 크고 매장 구조가 복잡하므로 효율적인 쇼핑을 위해서는 쇼핑몰 지도가 필수! 영문 지도는 매장 곳곳에 위치한 인포메이션 부스에서 무료로 나눠준다. 추천 숍은 Staccato · Venilla Suite 등 20~30대 여성에게 인기가 높은 중저가 구두 브랜드다. 깜찍한 디자인에 가격도 우리나라보다 20~30% 저렴하다. 최신 유행 아이템을 발 빠르게 선보이는 패션 브랜드 자라 · 6ixty 8ight · Bershka · H&M 등도 눈여겨보자. 남다른 스타일을 추구하는 개성파라면 i.t · Black Barrett · Sabon · Aape by A Bathing Ape 등 우리나라에 런칭하지 않은 브랜드를 추천한다. 유니폼 · 의류 · 가방 · 텀블러 등 공식 MD를 판매하는 맨체스터 유나이티드의 오피셜 기념품 숍

The Manchester United Plein Sport는 축구 마니아에게 인기가 높다.

특색 있는 쇼핑을 위해서는 베네치아 스타일의 소품이나 포르투갈 기념품을 눈여겨보자. 베네시안 마카오의 공식 기념품 매장인 Boutique di Gondola와 Emporio di Gondola에는 섬세한 세공의 유리 가면과 부활절 달걀 보석함 · 수제 뮤직 박스 등 베네치아에서 직수입해온 이국적인 아이템이 가득하다. 개당 MOP2,000~4,000을 호가하는 가격이 부담스럽지만 구경은 공짜! 비교적 저렴한 티셔츠 · 인형 · 가방 · 열쇠고리 등의 기념품도 취급하는데, '오 솔레 미오'를 부르는 곤돌리에 원숭이 인형이 추천 아이템이다.

Choi Heong Yuen Bakery · Pastelaria Koi Kei · Kee Wah Bakery에서는 마카오 명물인 아몬드 쿠키와 빵 · 육포 등의 맛된 먹거리도 판매한다.

영업 일~목요일 10:00~23:00, 금 · 토요일 10:00~24:00
주소 Level 3, Est. Baia N.S. Esperança, s/n, Taipa
전화 8117-7841 **지도** MAP 32-B2
교통 마카오 페리터미널 · 타이파 페리터미널 · 마카오 공항 · 샌즈 카지노에서 무료 셔틀버스 이용. 또는 세나도 광장(MAP 31-C1)에서 26A번 버스를 타고 Est. Baia N.S. Esperança/Mangal 望德聖母灣馬路/紅樹林 하차(15분 소요). 베네시안 마카오 Level 3층에 있다.
GPS 22.148158, 113.562916

1 쇼핑몰 내부에는 베네치아의 거리가 고스란히 재현돼 있다. 2 · 5 베네치아에서 직수입한 예쁜 유리 가면과 고양이 인형. 3 · 4 노래하는 원숭이 인형과 곤돌리에 목각 인형. 6 트렌디한 디자인의 슈즈도 풍부하다. 7 The Manchester United Plein Sport에서는 맨유의 오리지널 유니폼도 판다.

四季名店 Shoppes at Four Seasons

포 시즌 호텔에 부속된 초호화 럭셔리 쇼핑몰. 최고급 호텔에서 운영하는 곳답게 루이뷔통·샤넬·구찌 등의 고가 명품 브랜드와 디자이너 브랜드가 충실하다. 입점 브랜드가 150여 개에 이를 만큼 풍부해 크게 발품 팔지 않고도 효율적인 쇼핑을 즐길 수 있다. Level 1층은 샤넬·에르메스·까르띠에·디올·루이뷔통 등의 초고가 럭셔리 브랜드와 화장품·선글라스·시계를 취급하는 T 갤러리아 면세점, Level 2층은 발렌티노·겐조·돌체&가바나·지방시·닐 바렛 등 개성파 디자이너 브랜드 코너다. Rene Caovilla·Giuseppe Zanotti·Kurt Geiger 등 디자인과 품질이 뛰어난 구두 브랜드, 요즘 뜨는 니치 향수 Penhaligon's도 눈길을 끈다.

영업 일~목요일 10:00~23:00, 금·토요일 10:00~24:00
주소 Est. Baía N.S. Esperança, s/n, Four Seasons Hotel Macao, Cotai Strip, Taipa 전화 8117-7992 지도 MAP 32-B2
교통 마카오 페리터미널·샌즈 카지노·타이파 페리터미널·마카오 국제공항에서 베네시안 마카오 행 무료 셔틀버스를 이용한다. 쇼핑몰은 베네시안 마카오와 바로 연결된다. GPS 22.146548, 113.561393

1 격조 높은 분위기의 T 갤러리아.
2 마카오에서 가장 많은 명품 브랜드가 입점해 있다.

巴黎人購物中心 Shoppes at Parisian

파리지앵 리조트의 쇼핑몰. 파리의 거리를 재현한 로맨틱한 분위기가 인상적이다. 마쥬·산드로·IRO·알렉산더 맥퀸·이자벨 마랑·닐 바렛·MM6 등 인기 브랜드가 풍부하다. 언더커버·골든 구스·HBA·생로랑·OFF White 등의 디자이너 브랜드를 소개하는 편집숍 Antonia도 볼만하다.

영업 11:00~21:00
주소 The Parisian Macao, Estrada do Istmo, Lote 3, Cotai Strip
전화 3584-8062 지도 MAP 32-B2
교통 마카오 페리터미널·타이파 페리터미널·마카오 국제공항에서 무료 셔틀버스가 운행된다. GPS 22.143253, 113.563032

官也墟 Cunha Bazaar

마카오 한정판 아이템이 가득한 기념품점. 층마다 취급 상품이 다른데, G/F층 마카오 전통과자, 1/F층 심술궂은 표정의 소다 판다 Soda Panda 캐릭터 상품 및 티셔츠, 2F층 로컬 디자이너 의류·잡화 코너로 이루어져 있다.

영업 09:30~22:00 지도 MAP 32-B4
주소 Rua do Cunha, No.33~35, R/C, Taipa
홈피 www.cunhabazaar.com
교통 마카오 페리터미널에서 28A번 버스, 세나도 광장에서 33번 버스를 타고 Rua do Cunha 氹仔官地街 하차, 도보 3분. 또는 베네시안 마카오의 서쪽 입구에서 도보 14분. 관야가에 있다.
GPS 22.154076, 113.556733

Cool-ThingzZ & Portuguese Spot

포르투갈 와인 및 식료품 전문점. 마카오에서 가장 풍부한 포르투갈 와인 리스트를 갖췄다. 포르투갈 특산품인 식전 와인 Madeira와 디저트 와인 Porto, 가벼운 청량감이 일품인 Vinho Verde가 추천 아이템이다. 올리브 오일·맥주·과자 등의 먹거리와 잡화·기념품도 판매한다.

영업 11:00~22:00 휴업 화요일
주소 Rua das Gaivotas, 2 Taipa
전화 2857-6873 지도 MAP 32-B4
교통 마카오 페리터미널에서 28A번 버스, 세나도 광장에서 33번 버스를 타고 Rua do Cunha 氹仔官地街 하차, 도보 3분. 관야가 근처에 있다.
GPS 22.153564, 113.556419

당일치기 중국 여행 심천

홍콩과 국경을 마주한 심천 Shen Zhen 深圳은 중국의 4대 도시이자 6대 경제특구 가운데 하나다. 비좁은 홍콩과 달리 널찍한 도로와 큼직큼직한 도시 구조가 광활한 중국 대륙에 발을 디뎠음을 실감케 한다. 눈길을 끄는 명소는 별로 없지만 '짝퉁 쇼핑'의 메카로 유명한 시장과 저렴한 물가가 나름의 매력으로 다가온다.

MTR 이스트 레일 선을 타고 종점인 로후 Lo Wu 羅湖 역 하차.
홍함 역→로후 역 1등석 HK$78.40, 2등석 HK$39.20(옥토퍼스 카드 기준)
까우롱텅 역→로후 역 1등석 HK$78.20, 2등석 HK$39.10(옥토퍼스 카드 기준)

홍콩에서 심천까지는 육로 이동이 가능하다. 국경은 로후 Lo Wu 羅湖와 록마차우 Lok Ma Chau 落馬洲 두 곳에 있다. 로후에서는 국경 비자가 발급되는 반면, 록마차우에서는 국경 비자 발급이 안 되며 이용도 불편해 일반적인 여행자는 무조건 로후 국경으로 가는 게 현명하다.

홍콩에서 중국(심천) 국경 가기

MTR 이스트 레일 선 East Rail Line으로 쉽게 갈 수 있다. 편히 앉아서 가려면 시발역인 홍함 Hung Hom 紅磡 역을 이용하자(이스트 찜사쪼이 East Tsim Sha Tsui 尖東 역에서 한 정거장). 도중의 까우롱텅 Kowloon Tong 九龍塘 역에서 타도 되지만 자리 잡기가 힘들어 불편하다. 열차는 로후 Lo Wu 羅湖 행과 록마차우 Lok Ma Chau 落馬洲 행이 있으니 최종 행선지를 확인하고 타자.
홍함 역에서 불과 45분이면 종점인 로후 역에 도착한다. 열차에서 내린 사람은 한결같이 한 방향으로만 이동하니 무조건 앞사람만 따라가자. 그리고 분홍색의 'Visitors 訪港旅客' 표지판 방향으로 가면 개찰구가 있다.

로후 국경을 오가는 MTR 이스트 레일 선

홍콩 출국

홍콩과 심천 사이의 국경 통로

MTR 개찰구 정면으로 50m 정도 떨어진 곳에 출국 심사대가 있다. 'Visitor 訪港旅客'라고 표시된 쪽에 서서 출국심사를 받자. 이때 필요한 것은 여권과 홍콩 입국시 받은 출국 카드(p.126)뿐이다. 출국 심사대를 통과한 후에도 역시 앞사람만 따라간다. 홍콩 세관과 면세점을 통과하면 중국(심천)으로 넘어가는 통로 형태의 다리가 나온다. 50m 남짓한 길이의 짧은 다리를 건너면 양옆에 중국 쪽 면세점이 있다. 담배와 술을 파는데 홍콩 쪽 면세점보다 저렴하니 필요한 사람은 미리 보급품(?)을 챙겨두자.

국경 비자 받기

면세점을 지나 입국 심사대가 있는 홀로 가기 직전에 왼쪽을 보면 에스컬레이터가 있다. 이것을 타고 올라가면 정면 왼쪽에 국경 비자 사무실이 있다. 입구에 비치된 비자 신청서를 작성한 다음, 번호표를 뽑고 자신의 번호가 전광판에 표시되길 기다린다. 그리고 1~3번 창구에 여권·비자 신청서·번호표를 제출하면 번호표를 다시 돌려준다. 바로 4번 창구로 가 비자 발급비를 내고 전광판에 번호가 표시되길 기다린다. 잠시 후 번호가 표시되면 5번 창구에서 번호표를 내고 여권을

국경 비자 사무실

돌려받는다. 소요시간은 보통 10~20분이지만, 주말·공휴일에는 2시간 이상 걸리기도 한다. 여기서 받는 국경 비자로는 심천만 여행할 수 있으며, 체류 기간은 4박 5일로 제한된다. 또한 홍콩으로 돌아갈 때도 로후 국경만 이용해야 한다.

국경 비자 🕖 07:00~23:30 💰 168元

중국(심천) 입국

입국 심사장으로 가면 입국 심사대 맞은편 오른쪽에 중국 출입국 카드가 비치돼 있다. 거기서 출입국 카드를 작성한 다음 'Foreigners 外国人'라고 표시된 입국 심사대에서 입국 심사를 받는다. 그리고 간단한 세관

검사를 받고 밖으로 나가면 심천이다. 시내로 들어갈 때는 지하철이 편리하다.

심천의 로후 국경 앞 광장

국경 비자 신청서 & 출입국 카드 작성하기

국경 비자 신청서는 오른쪽의 그림과 같이 해당 내용을 꼼꼼히 기입한다. 직업은 해당 번호에 체크하면 되는데, 1 Business 자영업, 2 Clerk 직장인, 3 Technical 엔지니어, 4 Service 서비스업, 5 Housewife 가정주부, 6 Student 학생, 7 Administrator 공무원, 8 Jobless 무직, 9 Reporter 기자, 10 Other 기타 등이다. '무직·기자·기타'에 체크하면 비자 발급이 까다로워질 수 있으니 주의하자.

출입국 카드는 입국 신고서와 출국 신고서가 한 장으로 연결돼 있다. 간혹 입국 신고서 부분만 비치된 경우도 있지만, 나머지 반쪽은 출국 심사대 맞은편에 있으니 너무 걱정할 필요는 없다.

출입국 카드에 기입할 내용은 간단한 신상 정보와 비자에 관한 것이며 영문·한자로 기입한다. 주의할 점은 비자와 관련된 내용이다. 발급받은 비자의 번호와 발급 장소를 정확히 적는 게 포인트! 비자 번호는 비자 종류에 따라 적힌 위치와 스타일이 다른데, 국경 비자는 오른쪽 상단에 보이는 빨간 숫자가 비자 번호다. 비자를 로후 국경에서 받았을 때는 'Luo Hu Border', 서울에서 받았을 때는 'Seoul, Korea'라고 적는다.

국경 비자 신청서 작성법

深圳特区签证申请卡
SHENZHEN VISA APPLICATION CARD
请用黑/蓝色笔印刷体填写 Please print in black or blue ink

1.姓 名 Full name 성명	YU / DO RA	
2.出生日期 Date of birth 생년월일 19日 12月 1990年 D M Y		3.性別 男 女 Sex M ✓ F □ 성별
4.国 籍 Nationality 국적 KOREA	5.护照号码 Passport No. 여권 JR123456 번호	
6.深圳地址 Address in Shenzhen 심천내 주소 (안써도 무방)	7.护照有效期 Expiry date of passport 2030. 12. 30 여권 만료 기한	
8.职业Occupation: (请在相应方框内打 "✓" Please tick the box which apply) ①商业人员 Business; ②办事员 Clerk; ③技术人员 Technical; ④服务人员 Service; ⑤家庭主妇 Housewife; ⑥学生 Student; ⑦行政管理 Administrator; ⑧无职业 Jobless; ⑨记者 Reporter; ⑩其它 Other 직업		
9.签 名 Signature 서명		

중국 출입국 카드 작성법

심천 시내교통

심천은 상당한 규모의 대도시다. 더구나 주요 명소가 서로 멀찍이 떨어져 있어 대중교통 이용은 필수! 이용 가능한 대중교통은 메트로(지하철) · 버스 · 미니버스 · 택시 등인데, 이 가운데 가장 편리한 것은 노선을 파악하기 쉬운 메트로다. 러시아워에는 대중교통에서 소매치기 등의 사고가 빈번히 발생하니 각별히 주의해야 한다.

메트로 Metro 地铁

메트로는 11개 노선이 있으며 활용도가 높은 것은 로후~심천 국제공항을 연결하는 루오빠오 선 Luobao Line 罗宝线(1호선), 심천 남부와 동북부를

심천 시내의 메트로 역

메트로 역 표지판

가로지르는 롱깡 선 Longgang Line 龙岗线(3호선), 심천 남부와 북부를 가로지르는 롱화 선 Longhua Line 龙华线(4호선)이다.

여행자의 이용 빈도가 높은 역은 로후 · 라오지에 · 따펀 · 사이언스 뮤지엄 · OCT · 윈도우 오브 더 월드 · 에어포트 이스트 · 푸티안꺼우안의 8개인데, MAP 33의 메트로 노선도에서 역의 이름과 위치를 익혀 놓으면 움직이기가 한결 수월하다.

요금 및 운행 시간

요금은 거리에 비례해서 올라가며 편도 2~11元 수준이다. 티켓은 자판기에서 구입한다. 홍콩 달러는 사용할 수 없으니 미리 중국 위안화를 준비해야 한다. 자세한 요금과 소요시간은 메트로 홈페이지에서도 확인할 수 있다.

운행 06:30~22:30(노선마다 다름)
홈피 www.szmc.net

메트로 티켓 자판기 이용법

❶ 자판기 중앙의 노선도에서 원하는 역을 손가락으로 누른다.

❷ 화면이 바뀌면서 요금 · 수량 · 성인 여부를 묻는 숫자가 표시된다.

❸ 표시된 금액만큼 돈을 넣는다. 동전이 없는 경우 왼쪽의 지폐 투입구를 이용한다.

심천의 메트로 티켓

❹ 오른쪽 아래의 구멍에 손을 넣고 윗부분을 살짝 눌러 잔돈과 티켓을 받는다.

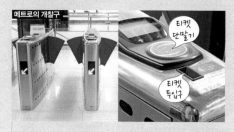
메트로의 개찰구

티켓
닫 멀기

티켓
투입구

실전! 메트로 타기

기본적인 이용법은 홍콩의 MTR과 비슷하다. 먼저
메트로 역의 자판기에서 티켓을 구입한다. 자판기에
사용할 수 있는 동전은 0.5·1元, 지폐는 5·10·
20元이다. 단, 10·20元 지폐를 사용할 수 없거나
동전만 사용 가능한 자판기도 있으니 주의하자.
메트로 티켓은 동전 모양의 플라스틱 토큰이다.
개찰구를 통과할 때는 개찰구 위에 달린 '단말기'에
티켓을 갖다 대면 문이 열린다. 이제 플랫폼으로
내려가 열차를 탄다. 열차에 오른 다음에는 출입구 위에
붙은 노선도를 주시하자. 노선에 따라 방식이 조금씩
다른데 이용 빈도가 높은 루오빠오 선 Luobao Line
罗宝线(1호선)의 열차는 노선도의 램프가 깜빡이며
다음 정차할 역을 알려준다. 안내 방송은 북경어·
광동어·영어의 순으로 나온다. 메트로를 갈아탈 때는
갈아타고자 하는 노선명이 적힌 표지판을 따라간다.
목적지에 도착한 다음에는 개찰구의 '투입구'에
티켓을 넣고 밖으로 나오면 된다.

메트로 이용시 주의사항

티켓은 구입한 역과 구입 당일에 한해서만 사용할 수
있으니 왕복료로 두 개씩 구입해서는 안 된다.
티켓 자판기의 수가 턱없이 부족해 승객이 몰리는
출퇴근 시간에는 엄청나게 긴 줄을 서야 하는 일이
비일비재하니 되도록 러시아워(평일 08:00~10:00,
17:30~19:00)는 피해서 이용하자.

평일 낮시간에는 비교적 편하게 이용할 수 있다

버스 Bus 公共汽車

다양한 노선의 버스가 심천 구석구석을 연결한다.
요금은 거리에 비례해서 올라가며 차장에게 목적지를
말하고 알려주는 금액만큼 내는 방식이다. 하지만
웬만큼 중국어와 심천의 지리에 익숙하지 않고서는
편하게 이용하기 힘들다.

운행 07:00~23:30 요금 2元~

버스 정류장과
노선 번호를 확인하고 탄다

택시 Taxi 的士

어디서나 쉽게 택시를 잡을 수 있다. 그러나 영어가
잘 통하지 않아 이용하기가 불편하며, 한자 지명 또는
주소를 보여줘야 원하는 곳으로 갈 수 있다. 운전사가
강도로 돌변하는 경우도 있으니 시내에서 택시를 탈 때는
정차해 있는 것보다 지나가는 택시를 잡는 게 안전하다.
또한 거스름돈을 속이거나 잔돈을 떼먹는 경우가
빈번하니 택시 요금을 낼 때 고액권 사용은 자제하자.

요금 기본요금 10元, 추가요금 250m 주행
또는 45초마다 0.60元,
심야할증(23:00~06:00) 30%,
유류 할증료 2.40元

심천의 전화 이용법

심천에서는 공중전화 찾기가 힘들다. 대신 메트로 역
이나 버스 정류장 근처의 신문 가판대에서 일반전화
를 공중전화처럼 사용할 수 있다. 이용료는 가판대마
다 조금씩 다르지만 시내 통화는 분당 0.5~1元, 핸드
폰 통화는 분당 1元 정도를 받는다. 전화를 걸 때는 심
천의 지역번호 0755를 뺀 나머지 번호만 누르면 통화
가 이뤄진다.

홍콩에서 심천으로 전화를 걸 때는 국제전화에 해당
하므로 국제전화 코드 00과 중국 국가번호 86, '0'을
뺀 심천 지역번호 755도 함께 눌러야 한다. 예를 들어
심천의 1234-5678로 전화를 건다면 00-86-755-
1234-5678을 눌러야 하는 것.

羅 湖商業城 로후 상업성

Luo Hu Commercial City 발음 로후상예청

영업 10:30~23:30 지도 MAP 33–D5
교통 로후 국경 건물을 나오면 대각선 오른쪽에 바로 보인다.
GPS 22.532153, 114.113868

해외 유명 브랜드의 상품을 취급하는 대형 쇼핑센터.
하지만 '짝퉁 천국' 중국답게 여기서 파는 브랜드 시계 ·
벨트 · 지갑 · 핸드백은 100% 모조품이다. 척 보기에
짝퉁임이 드러나는 조악한 물건이 있는가하면, 꼼꼼히
보지 않고서는 구별이 힘든 특A급도 있으니 자세히
살펴볼 것! 3/F층에는 제법 큰 규모의 마사지 숍이 있으며
패스트푸드점 · 해산물 레스토랑 · 슈퍼마켓 · 의류 ·
전자제품 매장도 있다. 로후 국경 건물 바로 앞에 있어
홍콩으로 돌아가기 전에 잠깐 둘러보기에 적당하다.

东门 ★★★☆☆ 동문

East Gate 발음 똥먼 영업 10:00~21:00(숍마다 다름)
지도 MAP 33–B4 교통 메트로 라오지에 Lao Jie 老街 역 하차,
도보 2분. A번 출구 표지판을 따라가면 전자상가와 연결되는
입구가 나온다. 거기서 오른쪽 계단을 통해 밖으로 나간다. 동문
시장은 출구 왼쪽에 보이는 첫 번째 코너에서 왼쪽으로 꺾어
100m쯤 직진하면 있다. GPS 22.545729, 114.117934

의류 · 액세서리 · 시계 · 전자제품을 취급하는 시장.
조악한 상품이 대부분이지만 간혹 그럴싸한 아이템도
눈에 띈다. 단, 모든 상품이 '짝퉁'이란 사실은 절대 잊지
말 것! 또한 정가 개념이 희박해 흥정은 필수다. 굳이
쇼핑에 목적을 두지 않더라도 현지 젊은이들과 한데
뒤섞여 북적이는 거리를 걷는 것만으로도 심천의 독특한
시장 분위기를 만끽할 수 있다. 주말이면 국경을 넘어온
홍콩 사람들까지 가세해 거리는 인산인해를 이룬다.

地 王大廈 전망대 ★★★☆☆

Meridian View Centre 발음 띠왕따샤

개관 08:30~23:00 요금 성인 80元,
어린이(신장 1.2~1.5m) 40元, 유아(신장 1.2m 미만) 무료
홈피 www.szmvc.com.cn 지도 MAP 33–B4
교통 메트로 그랜드 시어터 Grand Theater 大劇院 역
하차, 도보 4분. D번 출구를 나와 170m 앞에 있는 첫 번째
사거리에서 오른쪽으로 가면 바로 오른편에 보인다. 전망대
매표소는 1층의 로비 왼쪽에 있다.
GPS 22.542898, 114.110550

1 하늘을 향해 우뚝 솟은
전망대의 웅장한 모습.
2 해질녘이면 제법 멋진 야경도
감상할 수 있다.

심천은 물론 홍콩 국경의 로후까지 한눈에 들어오는
전망대. 건물 최상층인 69층에 위치해 빼어난 전망을
자랑한다. 썰렁하기 그지없는 홍콩 국경과 달리
초현대식 빌딩이 가득한 심천의 모습을 통해 눈부신
경제성장의 결과를 확인할 수 있다. 내부에는 탁 트인
시야의 카페테리아를 비롯해 심천 일대의 고층 빌딩을
한눈에 보여주는 모형, 중국 · 영국 정상의 회담
장면을 재현한 밀랍인형 등의 볼거리가 있다.

1 심천의 명물(?) 에펠탑.
2 순백으로 빛나는 타지마할.

世界之窗 세계의 창 ★★★★★

Window Of The World 발음 쓰제즈촹 개관 09:00~23:00
요금 180元 홈피 www.szwwco.com 지도 MAP 33-D1
교통 메트로 윈도우 오브 더 월드 Window of the world 世界之窗 역 하차,
J번 출구 바로 오른쪽에 있다. GPS 22.535969, 113.975159
꼬마 기차 영업 11:00~18:00 요금 20元
에펠탑 개관 10:00~20:30 요금 20元, 성수기 30元

전 세계의 명소 80여 곳을 한자리에서 볼 수 있는 테마 파크. 여의도
면적의 ⅔에 달하는 광활한 부지에 정밀하게 축소한 건물 모형이
가득하다. 사진 찍기에 따라 동화 속 걸리버가 되거나 세계일주를
한 것처럼 보일 수 있는 게 매력! 파리의 대표적 명소인 에펠탑도
실물과 똑같은 모습으로 축소시켜 놓았는데, 꼭대기에는 이 일대가
한눈에 들어오는 멋진 전망대가 있다. 급류 타기 · 활쏘기 · 보트
타기 · 아이스링크 같은 어트랙션(유료)과 테마 파크 일대를 순환
운행하는 꼬마기차 등의 탈거리도 있다. 꼬마 기차를 타고 테마
파크를 한 바퀴 돌아본 다음, 마음에 드는 곳만 골라서 구경하는
것도 짧은 시간에 전체를 빠짐없이 구경하는 요령이다.

芬油画村 따펀 유화촌 ★★★☆☆

Dafen Oil Painting Village 발음 따펀유화촌
영업 09:00~19:00(숍마다 다름) 휴관 구정 당일 홈피 http://cndafen.com
지도 MAP 33-A5 GPS 22.609741, 114.136463
교통 메트로 따펀 Dafen 大芬 역 하차, 도보 6분. A1번 출구를 나와 170m
앞에 보이는 육교를 지나간 다음, 길을 건너면 따펀 유화촌의 후문이 있다.

1 마치 공장에서 찍어내듯 엄청난 수의 유화가 생산된다.
2 중국 풍경화는 물론 유명 서양화의 모사품도 있다.

다양한 유화가 제작 · 유통되는 미술 산업의 중심지. 40만㎡의
부지에 1,100여 개의 갤러리와 숍이 모여 있으며 유화는 물론
골동품 · 중국 전통화 · 서예 · 수공예품이 거래된다. 유화를
그리는 6,000여 명의 화가는 해마다 500만 점 이상의 작품을
시장에 쏟아내는 놀라운 능력을 보여준다. 여기서 전 세계로
수출되는 미술품의 거래액은 한화로 연간 1,100억 원에 달한다.
하지만 창작품보다 외국의 유명 미술품을 복제한 모사품이 주를
이루는 까닭에 '세계에서 가장 큰 유화 복제 공장(?)'이란 조롱과
질타도 받고 있다.
유화촌은 건물마다 알록달록한 색이 칠해져 있어 여행자의
시선을 끌기에 충분하다. 좁은 골목을 돌아다니며 구경하는
재미가 쏠쏠하니 그림에 관심이 있다 한 번쯤 들러봐도 좋을
듯! 유화촌 한편에 위치한 따펀 미술관 Dafen Art Museum
大芬美術館(전시회 기간 중에만 개관)은 심천 최대의
전시장이자 중국이 세계 미술계와 교류하는 장소다.
2011년에는 여기서 세계 문화 엑스포가 열리기도 했다.

锦

★★★★★

绣中华·中國民俗文化村
스플렌디드 차이나·중국 민속촌
Splendid China·China Folk Culture Village

진쑤중화 · 쭝궈민쑤원화촌 스플렌디드 차이나 10:00~18:00,
중국 민속촌 10:00~21:00(시즌에 따라 다름)
180元 www.cn5000.com.cn MAP 33-D1
메트로 OCT 华侨城 역 하차, 도보 4분. D번 출구에서 정면으로
약 90m 앞에 있는 육교 못 미쳐 오른쪽에 보이는 계단을 올라간다.
공원 입구는 오른쪽 끝에 있다.
22.532363, 113.988503
꼬마 기차 09:00~18:30 25元
금과왕조 14:00 · 16:00 무료
신동방예상 17:00 평일 일반석 무료, VIP석 80元,
공휴일 · 구정연휴 일반석 20元, VIP석 80元
용봉무중화 19:30 평일 일반석 무료, VIP석 50元,
공휴일 · 구정연휴 일반석 10元, VIP석 50元

중국의 유명 건축물을 재현해 놓은 테마 파크. 스플렌디드
차이나에는 드넓은 공간에 중국의 여러 명승지를 축소시켜
놓았으며, 중국 민속촌에는 중국의 대표적인 25개 소수민족
마을을 재현해 놓았다. 민속촌에 거주하는 사람은 모두 엄격한
기준을 통해 중국 각지에서 선발된 실제 소수민족이다. 입구에
테마 파크의 지도와 공연 일정이 담긴 한글 브로셔가 있으니 잘
챙겨두자. 규모가 워낙 방대해 전체를 돌아보려면 테마 파크를
순환 운행하는 꼬마기차를 이용하는 게 현명하다.
중국 민속촌의 하이라이트는 화려한 조명과 의상의 소수민족
쇼다. 금과왕조 · 신동방예상 · 용봉무중화의 세 가지 쇼가 있으며,
입장권과는 별도로 공연 관람권을 구입해야 볼 수 있다. 관람권은
각각의 공연장에서 공연 시작 2시간 전부터 판매한다. 단, 주말 ·
구정처럼 관람객이 몰리는 시기에는 표가 금방 바닥나니 서둘러
구입해야 한다.
금과왕조 Golden Spear Dynasty 金戈王朝는 중국 역사의 한
장면을 담은 공연으로 10배가 넘는 수의 적과 싸워 이긴 영웅담을
소재로 한다. 말을 타고 벌이는 전투 장면과 서커스나 다름없는
기마술이 관람 포인트. 공연은 몽골 소수민족 마을 근처의
야외무대 Horse Back Battle Ground 马战表演场에서 한다.
신동방예상 Oriental Apparel 新东方霓裳은 패션쇼처럼 진행되는
공연인데, 소수민족의 화려한 전통의상을 한자리에서 볼 수 있다.
관객이 직접 참여하는 코너도 있으며 운이 좋으면 중국 미녀와
결혼하는 행운(?)도 누릴 수 있다. 공연은 중국 민속촌 정문 근처의
실내 공연장 Impression Theater 印象中国剧场에서 한다.
용봉무중화 Dancing with The Dragon and The Phoenix
龙凤舞中华는 소수민족의 묘기와 화려한 춤, 지금까지 계승돼온
고유의 전투기술을 선보이는 공연이다. 스플렌디드 차이나 근처의
야외 특설무대 Phoenix Plaza 凤凰广场에서 열리며 거대한 무대
장치도 볼만하다.

1 중국 유명 건축물의 축소 모형이 전시된 스플렌디드 차이나.
2 박진감 넘치는 기마술의 금과왕조.
3 화려한 패션 쇼가 열리는 신동방예상.
4 온갖 기예가 펼쳐지는 용봉무중화.

Best Hotel &
Guest House

약간의 수고가 값싸고 안락한 숙소를 책임진다

숙소를 고를 때는 시설·요금도 중요하지만 위치와 교통 편이 얼마나 편한지 꼼꼼히 따져 봐야 한다. 적당한 곳이 눈에 띄면 망설이지 말고 예약하자. 홍콩에서는 숙소 구하기가 하늘에 별 따기만큼이나 어려우니까!

숙소의 종류와 특징

대표적인 숙박시설은 한인 민박·게스트하우스·호텔이다. 이 가운데 배낭족에게는 저렴한 한인 민박과 게스트하우스가, 경제적으로 여유가 있는 이에게는 안락한 시설에 사생활이 보장되는 호텔이 좋다. 주의할 점은 박람회·전시회가 열리는 기간에는 숙소 구하기가 어려울 뿐만 아니라 숙박비도 천정부지로 치솟는다는 사실! 자세한 박람회·전시회 일정은 홍콩 관광청 홈페이지에서 확인할 수 있다.

홍콩 관광청
홈피 www.discoverhongkong.com/kr

한인 민박

한인 민박의 6인실

게스트하우스와 호텔의 중간 수준에 해당하는 숙소로 대부분 찜사쪼이에 모여 있다. 딱히 싱글·더블룸을 구분하지 않고 투숙 인원에 따라 숙박비를 받는다. 단순히 보면 게스트하우스보다 숙박비가 비싼 듯하지만, 아침 식사가 무료로 제공되고 인터넷을 공짜로 사용할 수 있다는 사실을 감안하면 그리 비싼 편은 아니다. 한국인 이용자가 많아 객실 구하기가 어려우니 예약을 서두르는 게 좋다.
예산 1인 HK$480~650, 2인 HK$630~650

게스트하우스 Guest House

저렴한 게스트하우스가 모인 찜사쪼이의 청킹 맨션

숙박비는 저렴하지만 한인 민박보다 시설이 많이 떨어진다. 비좁은 객실에 조그만 침대와 TV·에어콘 등이 다닥다닥 붙어 있어 무척 갑갑하게 느껴질 수도 있다. 창문이 없거나 창문을 열어도 벽밖에 보이지 않는 게스트하우스도 꽤 있다. 숙박비는 투숙 인원에 비례해서 받는 곳이 많다. 비수기와 성수기, 그리고 욕실 포함 여부에 따라서도 숙박비가 달라지니 주의하자. 게스트하우스는 MTR 찜사쪼이 역·쪼돈 역·코즈웨이 베이 역 주변에 모여 있다.
예산 도미토리 HK$70~363, 1인 HK$129~450(공동 욕실), HK$130~600, 2인 HK$139~500(공동 욕실), HK$200~750

호텔 Hotel

홍콩의 호텔 요금은 상당히 비싸다. 조금이라도 저렴하게 이용하려면 우리나라의 여행사 또는 호텔 예약 전문 업체를 통해 예약하는 게 상책! 시기에 따라 최대 70%까지 할인된다. 같은 이름의 체인 호텔이나 비슷한 이름을 가진 호텔이 많으니 예약할 때는 호텔명과 함께 위치도 꼼꼼히 확인해야 한다.

전망 좋은 객실은 가격도 비싸다

숙박비는 싱글·더블·트윈이 동일한 경우가 많으니 혼자보다는 둘이 이용하는 게 경비를 절약하는 지름길이다. 또한 설비와 상관없이 객실 전망에 따라 요금이 달라진다는 사실도 알아두자.
예산 싱글·더블·트윈 HK$900~

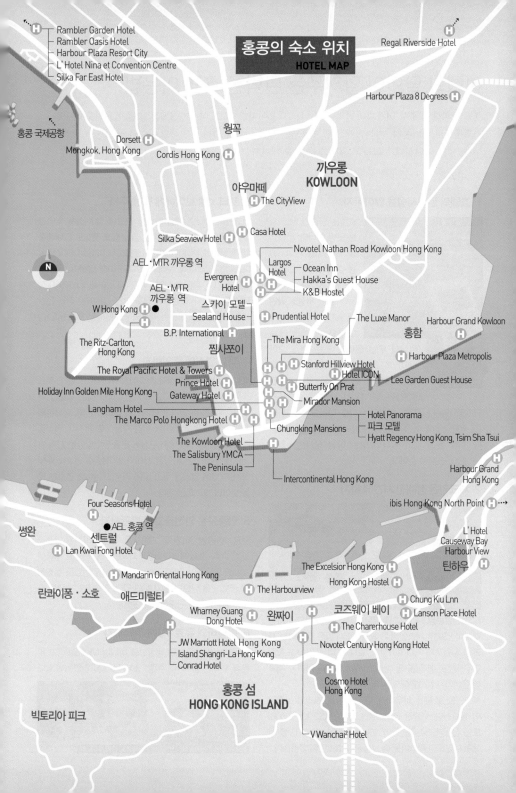

Rambler Garden Hotel
Rambler Oasis Hotel
Harbour Plaza Resort City
L'Hotel Nina et Convention Centre
Silka Far East Hotel

Regal Riverside Hotel

홍콩의 숙소 위치
HOTEL MAP

Harbour Plaza 8 Degress

홍콩 국제공항

Dorsett
Mongkok, Hong Kong

Cordis Hong Kong

웡꼭

까우롱
KOWLOON

야우마떼

The CityView

Silka Seaview Hotel   Casa Hotel

AEL·MTR 까우롱 역

Novotel Nathan Road Kowloon Hong Kong

Largos
Hotel   Ocean Inn
Evergreen   Hakka's Guest House
Hotel   K&B Hostel

AEL·MTR
까우롱 역

스카이 모텔

W Hong Kong

Sealand House   Prudential Hotel

The Luxe Manor   Harbour Grand Kowloon

홍함

B.P. International

The Ritz-Carlton,
Hong Kong

찜사쪼이

The Mira Hong Kong

Harbour Plaza Metropolis

Stanford Hillview Hotel
Hotel ICON
Lee Garden Guest House

The Royal Pacific Hotel & Towers

Holiday Inn Golden Mile Hong Kong

Prince Hotel
Gateway Hotel

Butterfly On Prat
Mirador Mansion

Langham Hotel

The Marco Polo Hongkong Hotel

Chungking Mansions

Hotel Panorama
파크 모텔
Hyatt Regency Hong Kong, Tsim Sha Tsui

The Kowloon Hotel
The Salisbury YMCA
The Peninsula

Intercontinental Hong Kong

Harbour Grand
Hong Kong

Four Seasons Hotel

ibis Hong Kong North Point

썬완

●A타 홍콩 역
센트럴

Lan Kwai Fong Hotel

L'Hotel
Causeway Bay
Harbour View

틴하우

Mandarin Oriental Hong Kong

란콰이퐁·소호

애드미럴티

The Excelsior Hong Kong

Hong Kong Hostel

The Harbourview

코즈웨이 베이

Chung Kiu Lnn
Lanson Place Hotel

Wharney Guang
Dong Hotel

완짜이

The Charerhouse Hotel

JW Marriott Hotel Hong Kong
Island Shangri-La Hong Kong
Conrad Hotel

Novotel Century Hong Kong Hotel

홍콩 섬
HONG KONG ISLAND

Cosmo Hotel
Hong Kong

빅토리아 피크

V Wanchai² Hotel

여행의 달인이 알려주는 완벽한 호텔 이용법

호텔 생활에 익숙한 여행자라면 누구나 아는 내용이지만, 초보 여행자에게는 호텔 이용법도 은근한 스트레스로 다가온다. 기본적인 호텔 이용법은 세계 어디를 가나 동일하므로 아래의 사항을 기억해 두자. 세계 어디서나 두고두고 써먹을 수 있을 테니까!

1 호텔의 편의시설을 알아두자

멋진 전망의 풀장

인터넷 접속기

호텔은 단순히 잠만 자는 곳이 아니다. 투숙객을 위한 각종 편의시설을 갖추어 놓았으니 체크인 때 프런트에서 이용 가능한 시설을 확인해 놓자.

대부분의 호텔에는 객실에 무선 인터넷 또는 랜을 깔아 놓아 노트북만 가져가면 바로 인터넷을 사용할 수 있다. 요금은 1시간 (HK\$35~50), 24시간(HK\$100~156) 단위로 받는다. 홍콩·마카오는 다른 나라의 호텔과 달리 숙박요금에 아침 식사가 포함되지 않은 경우가 많다. 따로 돈을 내고 먹어야 하는 아침 식사는 1인당 HK\$88~394 수준이다.

2 체크인은 정해진 시간에 하자

프런트에서도 다양한 서비스를 받을 수 있다

체크인은 보통 14:00 이후에 한다. 시간 전이라도 준비된 객실이 있으면 체크인해주지만 그렇지 않은 경우에는 체크인 시간까지 기다려야 한다. 호텔에 너무 일찍 도착한 경우 프런트에 짐을 맡겨 놓고 시내 구경을 하다가 저녁에 돌아가서 체크인해도 된다.

체크인을 할 때는 바우처(예약권)와 여권, 그리고 보증금이 필요하다. 보증금 Deposit은 현금(HK\$200~2,000) 또는 신용카드로 내면 된다. 미니바·전화·유료 TV를 사용하지 않으면 체크아웃 때 보증금을 고스란히 돌려준다.

3 포터·벨 보이에게 팁을 주자

체크인이 끝나면 객실 번호를 보고 직접 객실을 찾아간다. 그러나 보통은 벨 보이가 짐을 들고 객실로 안내해준다. 객실에 도착하면 에어컨·전화기·미니 바·TV 등의 이용법을 알려준다. 문제가 있다면 이때 말하고 다른 객실로 옮기자. 확인 과정이 끝나면 벨 보이에게 HK\$10 정도의 팁을 준다. 프런트에 짐을 맡긴 경우에는 짐을 운반해준 포터에게도 비슷한 액수의 팁(가방 한 개에 HK\$10)을 주는 게 좋다.

4 객실 열쇠에 주의하자

객실 열쇠는 막대기식과 카드식의 두 종류가 있다. 카드식은 직접 가지고 다니면 되지만 막대기식은 외출할 때 프런트에 맡겨두었다가 돌아와서 찾아야 한다. 대부분의 호텔 객실은 문이 닫히는 순간 자동으로 잠긴다. 열쇠를 객실에 남겨둔 상태에서 무심코 문을 닫았다가는 자기 방에도 못 들어가는 황당한 사태가 벌어질 수 있으니 주의하자. 객실에 열쇠를 두고 나온 경우 프런트로 연락해 문을 열어달라고 하면 된다.

5 귀중품은 안전금고에 보관하자

현금·항공권·여권 등 귀중품은 객실에 비치된 안전금고 Safety Box에 보관하자. 사용법은 안전금고 안쪽에 표시돼 있는데, 일반적으로 이용자가 비밀번호를 설정하고 금고 문을 닫으면 잠기게 돼 있다. 안전금고가 없는 호텔은 프런트에서 귀중품을 보관해준다.

6 미니바와 유료 TV에 주의하자

객실마다 있는 조그만 냉장고를 미니바 Mini Bar라고 부른다. 안에는 음료수·주류·스낵 등이 들어 있는데 절대

음료가 들어 있는 미니바   스낵류도 공짜가 아니다

공짜가 아니니 손대지 않는 게 좋다. 일단 먹고 나면 체크아웃 때 돈을 내야 한다. 문제는 같은 물건이라도 편의점에서 파는 것보다 3~4배는 비싸다는 것이다. 필요한 만큼만 이용하는 자제력이 필수!
객실에서 공짜가 아닌 건 미니바만이 아니다. 일부 TV 채널도 유료다. 우리나라에서 보기 힘든 야시시한 프로그램(?)에 넋 놓고 있다가는 체크아웃 때 뒤집어지는 사태가 발생하니 야릇한 장면이 나온다 싶으면 바로 채널을 돌리는게 현명하다.

7 샤워할 때는 샤워 커튼을 이용하자

고급 호텔에서는 욕실용품도 명품 일색

욕실은 대부분 서구식입니다. 하지만 우리나라와 달리 바닥에 배수구가 없는 곳이 많다. 배수구는 욕조에만 있는 곳이 대부분이므로 물이 밖으로 넘치거나 튀지 않도록 반드시 샤워 커튼을 욕조 안으로 넣은 후 샤워를 하자. 물이 욕실 밖으로 흘러 넘쳐 바닥의 카펫을 적시는 날에는 정말 난리 난다!

8 객실 이용법을 알아두자

11:00~17:00 무렵에는 룸 메이드 Room Maid가 객실 청소를 해준다. 딱히 객실 청소가 필요 없거나 늦잠을 자고 싶을 때는 문 밖에 'Do Not Disturb'라고 적힌 팻말을 걸어 놓자. 그러면 룸 메이드가 들어오지 않는다. 외출할 때는 침대 머리맡에 룸 메이드를 위한 HK$10 정도의 팁을 놓아두는 게 기본 매너다.

9 체크아웃은 늦지 않게 하자

일반적으로 12시 퇴실이 원칙이지만, 호텔에 따라서는 이보다 이른 시간에 퇴실해야 하는 경우도 있다. 중요한 것은 체크아웃 시간을 엄수해야 한다는 사실. 자칫 체크아웃 시간을 넘겼다가는 적지 않은 추가 요금을 물어야 한다. 오전에는 체크아웃 손님이 많아 프런트가 상당히 번잡하다. 이때는 객실을 나서기 전에 프런트로 전화해 체크아웃 시각을 예약해두면 조금이라도 빨리 체크아웃을 할 수 있다. 체크아웃 때는 객실 열쇠를 모두 반납하고, 미니바 · 유료 TV 등의 사용 여부를 확인한 뒤 보증금을 돌려받는다.

비용을 지불하는 만큼 안락한 객실에서 묵을 수 있다

홍콩 호텔 예약하기

가장 쉽고 편한 방법은 호텔 예약 사이트를 이용하는 것이다. 포털 사이트에서 '홍콩 호텔'로 검색하면 예약 사이트를 쉽게 찾을 수 있다. 같은 호텔이라도 예약 사이트마다 요금이 조금씩 다르니 몇 군데를 비교해보고 가장 저렴한 곳으로 고르자. 일부 예약 사이트에서는 초기에 보여지는 금액과 실제 결제 금액이 다른 경우도 있다. 세금 · 수수료 명목으로 6~15%의 금액이 추가되기 때문인데, 결제를 마치기 전에 최종 금액을 다시 한 번 확인하는 게 안전하다.

부킹닷컴 www.booking.com **아고다** www.agoda.com
익스피디아 www.expedia.co.kr **호텔스닷컴** http://kr.hotels.com
호텔스컴바인 www.hotelscombined.co.kr

귀차니스트를 위한 에어텔

항공권과 호텔을 따로따로 알아보는 건 은근히 번거롭다. 이때는 항공권과 호텔을 한데 묶어서 판매하는 '에어텔' 상품을 이용해보자. 마우스 클릭 몇 번 또는 전화 한 통이면 원하는 날짜의 항공편과 호텔을 동시에 예약할 수 있다. 현지 일정은 자기 맘대로 짤 수 있어 일반적인 패키지 여행처럼 일정에 구속받는 일이 없으며, 항공과 호텔을 따로 예약하는 것보다 요금도 저렴하다.
에어텔 상품은 여러 여행사에서 판매하는데 인터넷에서 '홍콩 에어텔'로 검색하면 다양한 상품을 알아볼 수 있다. 교통이 불편한 싸구려 호텔이 포함된 불량(?) 에어텔 상품도 있으므로 귀찮더라도 호텔 위치는 꼭 확인해야 한다.

호텔 고르기

호텔을 고를 때는 객실 상태부터 확인한다. 방이 너무 좁지는 않은지, 시설이 낡지는 않았는지 꼼꼼히 살펴보자. 예약 사이트의 사용자 후기를 읽어보면 금방 감이 잡힌다. 위치와 부대시설 · 편의시설 확인도 잊지 말자. 교통이 불편한 곳을 예약했다가는 이동에 어려움을 겪을 가능성이 높다. 되도록 시내 중심부의 MTR(지하철) 역에서 가까운 호텔을 고르자. 대부분의 호텔 수영장은 온수풀이 아닌 이상 11~4월에는 사용이 중지된다는 사실도 알아두자.

1 기념사진 촬영 포인트로도 인기가 높은 페닌슐라 호텔.
2 멋진 전망이 펼쳐지는 그랜드 디럭스 하버뷰 룸.

半島酒店
The Peninsula

1928년 오픈한 뼈대(?) 있는 호텔. 1928년에 지은 구관과 1994년에 증축한 신관이 하나로 연결돼 있다. 리셉션이 위치한 구관 G/F층의 로비는 옛 모습이 고스란히 보존된 우아한 분위기가 인상적이다. 54개의 스위트룸을 포함한 300여 개의 객실은 2/F~6/F층과 17/F~27/F층에 위치한다. 신관의 객실은 천장이 높아 쾌적하며 5성급 호텔에 걸맞는 안락한 시설을 갖췄다. 스위트룸은 버튼 하나로 모든 편의시설이 작동된다. 욕실에는 월풀 욕조가 딸려 있는데, 목욕하는 동안 주변 전망을 즐길 수 있도록 벽을 통유리로 만들어 놓았다. 8/F층에는 빅토리아 항이 훤히 내려다보이는 실내 수영장도 있다. 최상급 서비스를 제공하는 스파 The Peninsula Spa도 인기가 높다. 쇼핑 아케이드(p.342)에는 명품 숍과 초콜릿·차·쿠키 등 이 호텔의 오리지널 아이템을 판매하는 기념품점 페닌슐라 부티크도 있다.

등급 ★★★★★ **위치** 찜사쪼이 **예산** 싱글·트윈 HK$4,500~
주소 Salisbury Road, Kowloon **전화** 2920-2888
홈피 www.peninsula.com **지도** MAP 15-C4
교통 MTR 찜사쪼이 Tsim Sha Tsui 역 하차, 도보 3분. E번 출구를 나와 정면으로 150m쯤 가면 오른쪽에 있다.

1 하버뷰 방향의 객실은 전망이 무척 좋다.
2 빅토리아 항과 나란히 이어지는 모습의 야외 수영장.

香港洲際酒店
Intercontinental Hong Kong

5성급 호텔의 교과서라 할 만한 럭셔리 호텔. 87개의 스위트룸을 포함 총 503개의 객실을 갖췄다. 전망이 좋기로도 유명한데 바닷가에 위치해 빅토리아 항은 물론 홍콩섬의 전경이 시원스레 펼쳐진다. 쾌적함이 돋보이는 넓은 객실과 욕실도 인상적이다. 스위트룸에서 바라보는 전망은 한마디로 예술인데, 목욕을 하면서도 경치를 즐길 수 있도록 벽을 대형 통유리로 만들었다. 리조트를 연상시키는 3층의 실외 수영장도 인기가 높다. 빅토리아 항을 바라보고 앉으면 수영장의 수면이 마치 바다와 하나로 연결된 것처럼 보인다. 호텔에는 다섯 개의 고급 레스토랑이 있다. 그 가운데 Lobby Lounge(p.319)는 빅토리아 항의 전경과 함께 애프터눈티·스페셜 칵테일을 즐길 수 있는 명소로 유명하다.

등급 ★★★★★ **위치** 찜사쪼이 **예산** 싱글·더블 HK$3,000~
주소 18 Salisbury Road, Kowloon **전화** 2721-1211
홈피 www.hongkong-ic.intercontinental.com
지도 MAP 16-E5
교통 MTR 찜사쪼이 Tsim Sha Tsui 역 하차, 도보 2분. F번 출구와 연결된 J2번 출구를 나오자마자 오른쪽 뒤로 돌아 70m쯤 가면 왼쪽에 있다.

1 교통이 편하고 주요 명소와 가깝다. 2 욕실이 조금 작은 게 아쉽다.
3 빅토리아 항이 보이는 전망의 객실도 있다.

香港基督教青年會
The Salisbury YMCA

숙박비 대비 만족도가 높은 호텔. 1923년에 건립된 홍콩
최초의 YMCA 건물을 리모델링해 호텔로 이용 중이다.
깔끔한 시설은 물론 교통과 전망이 훌륭해 인기가 높다.
62개의 스위트룸을 포함한 363개의 객실은 7/F~16/F
층에 위치한다. 하나의 건물처럼 보이지만 실제로는 여러
건물로 나뉘어 있는데, 객실이 위치한 건물에 따라 사우스
타워 South Tower, 노스 타워 North Tower, 브래드베리 윙
Bradbury Wing으로 구분된다. 빅토리아 항이 바라보이는
전망 좋은 객실은 대부분 사우스 타워에 있다. 4/F층에는
멋진 전망을 자랑하는 뷔페 레스토랑 솔즈베리 다이닝
룸 Salisbury Dining Room도 있다. 방을 구하기 은근히
어려우니 예약을 서두르는 게 좋다.

등급 ★★★★ 위치 찜사쪼이
예산 도미토리 HK$363, 싱글 · 더블 · 트윈 1,700~
주소 41 Salisbury Road 전화 2268-7888
홈피 www.ymcahk.org.hk 지도 MAP 15-C4
교통 MTR 찜사쪼이 Tsim Sha Tsui 역 하차, 도보 5분. F번 출구와
연결된 L6번 출구로 가면 막다른 삼거리가 나온다. 여기서 왼쪽의
에스컬레이터를 타고 지상으로 올라가면 바로 오른쪽에 있다.

1 고층 빌딩이라 전망이 좋다. 2 쾌적한 설비를 갖춘 욕실.
3 일반적인 홍콩의 호텔에 비해 침대가 커서 좋다.

香港尖沙咀凱悦酒店
Hyatt Regency Hong Kong, Tsim Sha Tsui

찜사쪼이 일대가 한눈에 내려다보이는 멋진 전망의
호텔. 찜사쪼이 한복판이라 교통이 편리하다. 주상복합
건물인 K11 쇼핑몰에 위치해 쇼핑 · 식도락을 즐기기에도
안성맞춤. 호텔은 쇼핑몰 상층부에 있으며 중간층에는 고급
아파트가 있다. 33개의 스위트룸을 포함 총 381개의 객실이
있는데, 전객실에 42인치 대형 TV와 사무를 볼 수 있는
테이블 · 의자도 구비해 놓았다. 8/F층에는 호텔 투숙객과
아파트 거주민이 함께 이용하는 실외 수영장이 있으며,
홍콩에서 보기 드문 널찍한 크기가 인상적이다. 수영장으로
갈 때는 9/F층에서 계단을 이용한다. 호텔 프런트는 G/F층
에서 엘리베이터를 타고 L/F층까지 올라가야 있다.
객실층으로 올라갈 때는 엘리베이터 버튼 밑에 달린 스캐너에
객실 키를 인식시켜야 버튼이 눌린다.

등급 ★★★★★ 위치 찜사쪼이 예산 싱글 · 더블 · 트윈 HK$2,000~
주소 18 Hanoi Road, Tsim Sha Tsui 전화 2311-1234
홈피 https://hongkongtsimshatsui.regency.hyatt.com
지도 MAP 16-E3 교통 MTR 찜사쪼이 Tsim Sha Tsui 역 하차.
G번 출구와 연결된 N2번 출구를 나오자마자 왼쪽을 보면 호텔로
들어가는 입구가 있다.

1 근사한 레스토랑처럼 보이는 호텔의 입구.
2 객실은 유럽의 호텔처럼 이국적인 분위기로 꾸몄다.

帝樂文娜公館
The Luxe Manor

로맨틱한 유럽풍 객실이 인상적인 호텔. 여섯 개의
스위트룸을 포함 총 159개의 객실이 있다. 찜사쪼이
한복판에 위치해 교통이 편한 것은 물론 시설과 서비스가
훌륭해 여성 여행자에게 인기가 높다. 스위트룸을 제외한
모든 객실은 인테리어와 시설이 동일하다. 객실 등급은 객실
크기와 비치된 편의시설에 따라 달라진다. 전 객실에 노트북
보관은 물론 충전까지 가능한 금고가 있으며, 욕실에는
욕조대신 널찍한 샤워부스를 설치했다. 보안이 무척 철저한데
엘리베이터는 외부인이 함부로 이용하지 못하도록 객실 키를
센서에 인식시켜야만 작동된다. 또한 객실에 들어갈 때도
손잡이 윗부분의 스캐너에 키를 인식시켜야 한다. 1/F층의
후문은 찜사쪼이에서 가장 핫한 식당인 너츠포드 테라스와
바로 연결된다.

등급 ★★★★ 위치 찜사쪼이 예산 싱글 · 더블 HK$1,500~
주소 39 Kimberley Road, Tsim Sha Tsui 전화 3763-8888
홈피 www.theluxemanor.com 지도 MAP 16-E1
교통 MTR 찜사쪼이 Tsim Sha Tsui 역 하차, 도보 6분. B1번
출구를 나와 오른쪽으로 180m쯤 가면 The Mira Hong Kong
호텔이 있다. 거기서 오른쪽으로 꺾어 170m쯤 가면 왼쪽에 있다.

1 야외 수영장은 호텔 옥상에 있다.
2 객실이 널찍해 편하게 묵을 수 있다.

金域假日酒店 香港
Holiday Inn Golden Mile Hong Kong

가족 여행자에게 추천하는 호텔. 찜사쪼이의 메인 도로인
네이던 로드에 면해 있어 교통이 편리하며, K11 · i-스퀘어
등의 대형 쇼핑몰과 가까워 쇼핑을 즐기기에도 좋다. 바로
앞에 MTR 찜사쪼이 역이 있어 홍콩 시내 어디로든 이동이
편리한 것도 장점이다.
10개의 스위트룸을 포함 총 614개의 객실이 있는데, 최근
리모델링 공사를 마쳐 시설이 무척 쾌적하다. 여타 호텔에
비해 넓은 객실과 큼직한 침대도 놓치기 힘든 매력이다.
특히 프리미어 패밀리룸은 자녀를 동반한 가족 여행자가
이용하기에도 무리가 없을 만큼 여유로운 공간을 자랑한다.
패밀리룸과 스위트룸을 제외한 모든 객실은 크기가
동일하며, 오직 전망과 인테리어 차이로 등급 및 숙박 요금이
달라진다는 사실을 알아두자.

등급 ★★★★★ 위치 찜사쪼이
예산 싱글 · 더블 · 트윈 HK$1,600~
주소 50 Nathan Road, Tsimshatsui 전화 2369-3111
지도 MAP 15-D3 홈피 www.ihg.com/holidayinn
교통 MTR 찜사쪼이 Tsim Sha Tsui 역 하차, 도보 1분.
N5번 출구를 나오면 바로 왼쪽에 있다.

1 118층의 초고층 빌딩이다. 2 멋진 전망의 The Lounge & Bar.
3 고개를 들지 않고도 홍콩의 야경을 즐길 수 있다.

香港麗思卡爾頓酒店
The Ritz-Carlton Hong Kong

세계에서 가장 '높은 층'에 위치한 호텔. 118층(494m)
짜리 초고층 빌딩인 ICC(International Commerce Centre)
의 106~117/F층에 객실이 있어 현기증이 날 만큼 아찔한
전망을 자랑한다. 객실에는 42인치 TV · 블루레이 플레이어
등의 최신 가전제품과 편의시설이 비치돼 있다. 최상층인
118/F층에는 수영장과 헬스클럽, 그리고 전망은 물론
환상적인 분위기를 자랑하는 바 Ozone이 있다. 보안이
철저해 객실을 출입하거나 엘리베이터를 이용할 때는 객실
키를 스캐너에 인식시켜야 한다. 리셉션이 위치한 로비는
103/F층에 있다. 호텔 입구가 있는 도착 로비에서 전용
엘리베이터를 타면 리셉션까지 단 52초만에 올라간다.

등급 ★★★★★ **위치** 찜사쪼이 **예산** 싱글 · 더블 HK$5,400~
주소 International Commerce Centre, 1 Austin Road West
전화 2263-2082 **지도** MAP 15-A1
홈피 www.ritzcarlton.com/en/hotels/china/hong-kong
교통 MTR 뚱총 선 · AEL의 까우롱 Kowloon 역 하차, 도보 10분.
C · C1 · C2번 출구를 나와 ICC · The Ritz-Carlton 표지판을
따라간다. 또는 찜사쪼이 DFS 갤러리아 앞(MAP 15-C4)의
버스 정류장에서 215X번 버스를 타고 종점 하차(10~13분 소요,
HK$7.50).

1 모던한 모습의 외관. 2 포근한 매력의 객실.
3 1년 내내 이용할 수 있는 야외 수영장도 있다.

都會海逸酒店
Harbour Plaza Metropolis

819개의 객실을 갖춘 대형 호텔. 수피리어 룸과 스위트룸을
제외한 대부분의 객실은 전망에 따라 등급과 요금이 달라질
뿐 크기 · 인테리어에는 차이가 없다. 발코니가 딸린 수피리어
룸 가운데 일부는 독특한 콘셉트의 인테리어로 인기가 높다.
특히 아프리카를 테마로 꾸민 '아프리카 룸'은 마치 정글에
들어간 듯 독특한 분위기를 풍긴다. 리셉션은 L7/F층, 스파와
야외 수영장은 L9/F층에 있다. 심천 행 열차가 출발하는
MTR 홍함 역과 가까워 심천 여행을 계획할 때 이용하면
편리하다. 찜사쪼이까지는 무료 셔틀버스가 운행된다.

등급 ★★★★ **위치** 찜사쪼이 **예산** 싱글 · 더블 HK$1,600~
주소 7 Metropolis Drive, Hunghom
전화 3160-6888
홈피 www.harbour-plaza.com/metropolis
지도 MAP 18-A2
교통 MTR 홍함 Hung Hom 역 하차, 도보 4분.
C2번 출구를 나와 대각선 오른편에 보이는 육교를 이용해
길 건너편의 건물로 들어간다. 그리고 오른쪽에 걸린
호텔 안내판을 따라 100m쯤 가면 호텔과 연결된 입구가 나온다.
또는 찜사조이의 Kowloon 호텔 정문 맞은편(MAP 15-C4)에서
출발하는 무료 셔틀버스를 타고 간다(15~20분 소요).

香港四季酒店
Four Seasons Hotel

홍콩에서 다섯 손가락 안에 꼽히는 럭셔리 호텔. 세계적인 명성의 건축가가 설계한 건물과 다채로운 콘셉트로 꾸민 인테리어가 눈길을 끈다. 바로 옆에 센트럴 스타페리 선착장, MTR·AEL 홍콩 역, 대형 쇼핑센터인 IFC 몰이 위치해 이동과 쇼핑에도 유리하다. 54개의 스위트룸을 포함 총 399개의 객실이 있으며, 빅토리아 항 바로 앞에 위치해 빼어난 전망을 자랑한다. 객실은 바다를 바라보는 하버뷰 룸과 시가지를 바라보는 피크뷰 룸으로 나뉜다. 6/F층에 위치한 야외 수영장에서는 파노라마처럼 펼쳐지는 빅토리아 항을 바라보며 물놀이를 즐길 수 있다. 1년 365일 이용 가능하며 물속에서도 음악을 들을 수 있는 첨단 설비를 갖췄다. 같은 층에는 스파와 홍콩 최고의 프렌치 레스토랑 카프리스 Caprice도 있다.

등급 ★★★★★ **위치** 센트럴 **예산** 싱글·더블 HK$5,400~
주소 8 Finance Street, Central
전화 3196-8888 **홈피** www.fourseasons.com/hongkong
지도 MAP 6-G1
교통 MTR·AEL 홍콩 Hong Kong역 하차, 도보 5분. E1번 출구로 나가 표지판을 따라가면 호텔과 이어진 연결 통로가 나온다.

1 수영을 하면서도 주변 풍경을 감상할 수 있는 야외 수영장.
2 널찍한 객실과 멋진 전망이 인상적이다.

香港港丽酒店
Conrad Hong Kong

쾌적한 시설과 세련된 서비스가 매력인 호텔. 홍콩의 내로라하는 쇼핑몰 가운데 하나인 Pacific Place와 바로 연결되며, 센트럴의 초록빛 오아시스로 유명한 홍콩 공원. MTR·버스·트램 정류장이 모두 도보 5~6분 거리에 있어 쇼핑·관광·휴식에 최적의 환경을 제공한다. 객실은 40~61/F층에 있으며 빅토리아 항이 바라보이는 하버뷰와 빅토리아 피크 방향의 가든뷰가 있다. 모든 객실에는 대형 TV·Bose 오디오·Nespresso 머신이 비치돼 있으며, 커피 캡슐은 원하는 만큼 무한 제공된다. 욕실은 두 명이 함께 사용해도 불편하지 않도록 욕조·샤워부스·화장실이 분리돼 있고, 세면대도 두 개를 설치했다. 야외 수영장은 수온이 자동 조절돼 사시사철 이용할 수 있으며, 바로 옆의 야외 테이블에서 차나 음료도 즐길 수 있다.

등급 ★★★★★ **위치** 센트럴 **예산** 싱글·더블 HK$3,500~
주소 Pacific Place, 88 Queensway, Admiralty
전화 2521-3838 **홈피** http://conrad.hilton.com.cn/zh-cn/
hotel/HongKong **지도** MAP 6-H5 **교통** MTR 애드미럴티
Admiralty 역 하차, 도보 6분. F번 출구를 나와 Pacific Place의
L3층으로 올라가면 콘래드 호텔 직통 엘리베이터가 있다.

1 심플하지만 쾌적한 객실. 안락하게 휴식을 취할 수 있다.
2 수온 조절이 되는 야외 수영장. 1년 내내 이용 가능하다.

1 객실이 높은 층에 위치해 멋진 전망을 자랑한다.
2 고급스러운 분위기가 감도는 호텔 로비.

港島香格里拉大酒店
Island Shangri-La Hong Kong

멋진 전망을 자랑하는 호텔. 워낙 높은 건물이라 어느 객실에서나 발군의 전망을 즐길 수 있다. 더구나 홍콩 섬의 북단에 위치해 빅토리아 항과 까우롱 반도 일대를 조망하기에 더할 나위 없이 좋은 환경을 제공한다. 34개의 스위트룸을 포함 565개의 객실을 갖췄다. 대형 TV를 비롯해 객실 설비가 충실하며, 객실은 물론 호텔 전역에서 무료 와이파이를 사용할 수 있다. 일반 객실에는 록시땅 L'occitane, 스위트룸에는 아쿠아 디 파르마 Acqua di Parma가 욕실용품으로 제공된다. 5/F층에는 《미쉐린》에서 별 2개를 받은 광동 요리 레스토랑 Summer Palace가 있으며, 홍콩 섬의 대표적인 쇼핑몰 가운데 하나인 Pacific Place와 바로 연결된다.

등급 ★★★★★ 위치 센트럴 예산 싱글·더블 HK$3,700~
주소 Pacific Place, Supreme Court Road, Central
전화 2877-3838 지도 MAP 6-G5
홈피 www.shangri-la.com/hongkong/islandshangrila
교통 MTR 애드미럴티 Admiralty 역 하차, 도보 7분. F번 출구와 연결된 통로를 따라 Pacific Place의 LG층으로 간 다음, 호텔 표지판을 따라간다.

1 느긋하게 오후의 티타임을 즐길 수 있는 라운지도 운영한다.
2 하버뷰 룸의 객실은 전망이 좋다.

香港文華東方酒店
Mandarin Oriental Hong Kong

홍콩 섬의 고급 호텔 가운데 하나. 500여 개의 객실을 갖췄으며 같은 등급의 객실이라도 구조와 인테리어가 조금씩 다르니 예약시 꼼꼼히 확인해야 한다. 또한 수년째 이어진 센트럴 주변의 간척사업으로 인해 객실 전망이 별로 좋지 않다는 사실에도 유의하자. 등급이 높은 객실일수록 욕실이 넓은 게 특징인데, 수피리어룸은 욕실과 화장실이 나뉘어 있으며 하버뷰룸의 욕실은 샤워부스와 욕조가 분리돼 있다. 71개의 스위트룸 가운데 여섯 개의 최고급 객실은 각기 다른 인테리어로 꾸몄다. 이 가운데 '마카오 스위트'라고 불리는 2125호실은 홍콩 영화사의 한 페이지를 장식한 장국영과 밀접한 관계가 있다. 생전에 그가 즐겨 찾았음은 물론, 생의 마지막 날까지 투숙했기 때문!

등급 ★★★★★ 위치 센트럴 예산 싱글·더블 HK$6,820~
주소 5 Connaught Road, Central 전화 2522-0111
홈피 www.mandarinoriental.com/hongkong
지도 MAP 5-D3
교통 MTR 센트럴 Central 역 하차, 도보 1분. K번 출구를 나와 오른쪽 뒤로 돌아가면 횡단보도가 보인다. 횡단보도를 건너자마자 바로 왼쪽에 있다.

1 모던한 스타일과 친절한 서비스를 자랑한다.
2 편의시설을 두루 갖춘 아늑한 객실이 매력이다.

恆豐酒店
Prudential Hotel

찜사쪼이 인근에 위치한 교통이 편리한 호텔. 밝고 깔끔한 분위기의 로비가 인상적이며, 같은 층에는 가볍게 술 한 잔 걸치기에 좋은 Nest Bar와 오픈 키친 스타일의 뷔페 레스토랑 Red Chimneys가 있다. 19개의 스위트룸을 포함 총 432개의 객실을 갖췄으며 모든 객실에 책상과 소파가 구비돼 있다. 인테리어와 욕실은 심플하지만 객실이 넓어 갑갑하지 않은 게 장점. 일부 스위트룸은 복층으로 꾸며 놓았는데, 나선형 계단을 오르면 아늑한 침실이 나타난다. 옥상에는 비치 체어와 파라솔이 완비된 아담한 실외 수영장도 있다. 호텔 저층부에는 다양한 숍이 입점한 쇼핑 아케이드와 레스토랑가가 있으며, 야우마떼의 템플 거리 야시장, 파크레인 쇼핑가까지도 쉽게 걸어갈 수 있다.

등급 ★★★★ 위치 찜사쪼이 · 야우마떼
예산 싱글 · 더블 HK$2,900~
주소 222 Nathan Road, Tsim Sha Tsui 전화 2311-8222
홈피 www.prudentialhotel.com 지도 MAP 20-B4
교통 MTR 쪼든 Jordan 역의 D번 출구에서 도보 1분. D번 출구를 나와 오른쪽 첫 번째 골목으로 들어가면 된다. 호텔 입구는 골목 초입에 있다.

8度海逸酒店
Harbour Plaza 8 Degrees

저렴한 요금으로 양질의 서비스를 받을 수 있는 호텔. 호텔 이름처럼 건물이 8도 정도 비스듬하게 기울어진 모습이 눈길을 끈다. 이 때문에 기념사진을 찍고자 이 호텔을 찾는 이들도 적지 않다. 까우룽 반도의 동쪽에 위치한 썬까우룽 지역에 있으며 MTR 이용이 불가능해 교통이 매우 불편하다. 그러나 찜사쪼이까지 무료 셔틀버스가 운행되기 때문에 약간의 불편만 감수한다면 가격대비 만족도가 높은 4성급 호텔을 이용할 수 있는 게 나름의 매력이다. 48개의 스위트룸을 포함 700여 개의 객실이 있으며, 모던한 객실에는 테이블 · 의자 등의 가구와 대형 TV가 구비돼 있다. 야외 수영장에는 자쿠지 · 비치체어 · 노천 바 등의 편의시설도 완비돼 있다.

등급 ★★★★ 위치 썬까우룽 예산 싱글 · 더블 HK$900~
주소 199 Kowloon City Road, Tokwawan, Kowloon
전화 2126-1988 홈피 www.harbour-plaza.com/8degrees
지도 MAP 22-C3
교통 MTR 똥총 선 · AEL의 까우룽 Kowloon 역 또는 찜사쪼이의 까우룽 Kowloon 호텔(MAP 15-C4) 정문 맞은편에서 무료 셔틀버스가 운행된다.

1 건물 외관과 마찬가지로 살짝 기울어져 보이는 호텔 로비.
2 깔끔하지만 객실이 그리 넓지는 않다.

香港W酒店
W Hong Kong

쾌적한 시설의 럭셔리 호텔. 16~38/F층에 393개의 안락한 객실이 있다. 76/F층에는 작지만 전망 좋은 야외 수영장도 있다. 리셉션은 6/F층이다. 찜사쪼이까지는 무료 셔틀버스도 운행된다.

등급 ★★★★★ 위치 찜사쪼이
예산 싱글·더블 HK$3,500~
주소 1 Austin Road West, Kowloon Station, Kowloon 전화 3717-2222
홈피 www.w-hongkong.com
지도 MAP 15-A1 교통 MTR·AEL 까우롱 Kowloon 역 하차. 도보 5분. D번 출구 방향의 에스컬레이터를 타고 한 층 위로 올라가면 왼쪽에 호텔 안내 표지판이 있다.

馬哥孛羅香港酒店
Marco Polo Hong Kong Hotel

홍콩 제일의 명품 쇼핑가에 위치한 호텔. 스타페리 선착장과 MTR 역에서 가까워 교통도 무척 편리하다. 5성급 호텔에 걸맞은 쾌적한 시설과 완벽한 서비스도 만족스럽다. 바로 옆에는 홍콩 최대의 쇼핑 센터인 하버 시티가 있다.

등급 ★★★★★ 위치 찜사쪼이
예산 싱글·더블 HK$1,900~
주소 3 Canton Road, Harbour City, Kowloon 전화 2113-0088
홈피 www.marcopolohotels.com
지도 MAP 15-A4
교통 MTR 찜사쪼이 Tsim Sha Tsui 역 하차. C1번 출구에서 도보 9분.

香港美麗華酒店
The Mira Hong Kong

세련된 스타일의 고급 호텔. 독특한 인테리어로 꾸민 네 가지 스타일의 객실은 은색·빨강·녹색·보라 등의 색상을 테마로 분위기를 차별화했다. 객실에 비치된 스마트폰은 홍콩 전역에서 자유로이 사용할 수 있다 (유료). 리셉션은 1/F층에 있다.

등급 ★★★★★ 위치 찜사쪼이
예산 싱글·더블·트윈 HK$2,000~
주소 118 Nathan Road, Tsim Sha Tsui 전화 2368-1111
홈피 www.themirahotel.com
지도 MAP 15-D1 교통 MTR 찜사쪼이 Tsim Sha Tsui 역 하차, B1번 출구를 나와 오른쪽으로 도보 4분.

九龍酒店
The Kowloon Hotel

찜사쪼이 한복판이라 교통이 편리한 호텔. K11·i 스퀘어 등의 쇼핑센터와 가까워 쇼핑을 즐기기에도 좋다. 스위트룸을 제외한 객실은 전망에 따라 등급 및 요금이 달라진다. 숙박비에 비해 객실과 욕실이 좁은 게 단점이다.

등급 ★★★★ 위치 찜사쪼이
예산 싱글·더블 HK$1,400~
주소 19-21 Nathan Road, Tsim Sha Tsui 전화 2929-2888 지도 MAP 15-C4
홈피 www.harbour-plaza.com/kowloon
교통 MTR 찜사쪼이 Tsim Sha Tsui 역 하차, E번 출구를 나와 정면으로 도보 2분.

唯港薈酒店
Hotel Icon

모던한 시설의 호텔. 9/F층에는 헬스클럽·스파·야외 수영장과 휴게실 Timeless이 있다. 휴게실에는 당일 체크아웃한 투숙객에 한해 이용 가능한 소파·간이침대·샤워실이 있다.

등급 ★★★★ 위치 찜사쪼이
예산 싱글·더블 HK$2,200~
주소 17 Science Museum Road, Tsim Sha Tsui East 전화 3400-1000
홈피 www.hotel-icon.com
지도 MAP 16-H1 교통 MTR 이스트 찜사쪼이 East Tsim Sha Tsui 역 하차, P2번 출구를 나와 정면으로 도보 10분.

香港港威酒店
Gateway Hotel

모던한 스타일의 대형 호텔. 전 객실에 40인치 LED TV와 네스프레소 머신 (1박당 커피 캡슐 3개 무료 제공)이 비치돼 있다. 인터넷도 무료로 사용할 수 있다. 고층 빌딩에 가로 막혀 전망은 별로지만 널찍한 객실이 무척 쾌적하다.

등급 ★★★★ 위치 찜사쪼이
예산 싱글·더블 HK$1,900~
주소 Harbour City, Tsim Sha Tsui 전화 2113-0888 지도 MAP 15-B3
홈피 www.marcopolohotels.com
교통 MTR 찜사쪼이 Tsim Sha Tsui 역 하차, A1번 출구를 나와 도보 7분.

香港太子酒店
Prince Hotel

쇼핑가 한복판에 위치한 호텔. 홍콩
제일의 명품 쇼핑가 캔톤 로드, 대형
쇼핑센터인 하버 시티가 바로 옆에
있다. 깔끔한 시설과 넓은 객실도
매력이다.

등급 ★★★★ 위치 찜사쪼이
예산 싱글 · 더블 HK$1,800~
주소 23 Canton Road, Harbour City,
Tsim Sha Tsui
전화 2113-1888 지도 MAP 15-A2
홈피 www.marcopolohotels.com
교통 MTR 찜사쪼이 Tsim Sha Tsui 역 하차,
도보 9분. A1번 출구를 나와 오른쪽 뒤로
돌아 끝까지 가면 삼거리가 있다. 거기서
오른쪽으로 100m쯤 가면 왼편에 있다.

香港仕德福山景酒店
Stanford Hillview Hotel

실속파 여행자를 위한 호텔. 객실이
작지만 시설은 깔끔하다. 스탠더드
룸은 건물 코너에 위치해 구조가
마름모꼴이다. 호텔까지 가파른
오르막길을 30m 가량 걸어 올라가야
해 짐이 많을 때는 조금 불편할 수 있다.

등급 ★★★ 위치 찜사쪼이
예산 싱글 · 더블 HK$1,200~
주소 Observatory Road on Knutsford
Terrace, Tsim Sha Tsui
전화 2722-7822 지도 MAP 16-E1
홈피 www.stanfordhotels.com.hk
교통 MTR 찜사쪼이 Tsim Sha Tsui 역
하차, B1번 출구를 나와 오른쪽으로 도보
10분.

龍堡國際
B.P. International

가격대비 만족도가 높은 호텔. 25층
건물에 총 529개의 깔끔한 객실을
갖췄다. 게스트하우스처럼 2층 침대가
설치된 독특한 객실도 있다. 셀프로
이용하는 세탁실도 있어 장기 체류시
편리하다. 바로 옆에 까우롱 공원이
있어 산책을 나가기에도 좋다.

등급 ★★★ 위치 찜사쪼이
예산 싱글 · 더블 · 트윈 HK$1,400~
주소 8 Austin Road, Tsim Sha Tsui
전화 2376-1111
지도 MAP 20-B4
홈피 www.bpih.com.hk
교통 MTR 쪼돈 Jordon 역 하차, C1번
출구를 나와 오른쪽으로 도보 6분.

城景國際
The Cityview

MTR 역이 바로 앞에 있는 교통이
편리한 호텔. 건물이 세 개로 나뉘어
있어 객실로 올라갈 때는 해당 건물
전용 엘리베이터를 이용해야 한다.
시설이 쾌적하며 인터넷은 무료다.

등급 ★★★★ 위치 야우마떼
예산 싱글 · 더블 HK$1,100~
주소 23 Waterloo Road, Kowloon
전화 2783-3888 지도 MAP 20-B1
홈피 www.thecityview.com.hk
교통 MTR 야우마떼 Yau Ma Tei 역 하차,
도보 1분. A2번 출구를 나와 첫 번째
오른쪽 골목으로 가면 호텔 입구가 있다.

香港九龍諾富特酒店
Novotel Nathan Road Kowloon

쾌적한 시설의 비즈니스 호텔. 아담한
객실은 최신 가전제품과 편의시설로
채워져 있다. 주변이 고층빌딩에
둘러싸여 있어 조금 갑갑한 것이
흠이다. 리셉션은 1/F층에 있다.

등급 ★★★★ 위치 야우마떼
예산 싱글 · 더블 · 트윈 HK$1,500~
주소 348 Nathan Road, Kowloon
전화 3965-8888 지도 MAP 20-B3
홈피 http://novotel-hongkong-
nathanroad.com
교통 MTR 쪼돈 Jordon 역 하차, B1번
출구를 나와 오른쪽으로 도보 4분.

香港JW萬豪酒店
JW Marriott

편리한 교통의 최고급 호텔. 객실
창이 넓어 멋진 전망을 즐길 수 있다.
스위트룸에서는 욕실용품으로 불가리
Bvlgari가 제공된다. 센트럴의 대표적
쇼핑 명소인 Pacific Place와 바로
연결돼 쇼핑을 즐기기에도 좋다.

등급 ★★★★★ 위치 센트럴
예산 싱글 · 더블 HK$2,900~
주소 Pacific Place, 88 Queensway
전화 2810-8366 지도 MAP 6-H5
홈피 www.marriott.com
교통 MTR 애드미럴티 Admiralty 역 하차,
F번 출구에서 도보 5분.

蘭桂坊酒店
Lan Kwai Fong Hotel

아늑한 분위기의 부티크 호텔. 객실은 작지만 중국풍으로 로맨틱하게 꾸민 인테리어가 인상적이다. 센트럴의 밤을 책임지는 란콰이퐁(p.191)이 근처에 있어 나이트 라이프를 즐기는 여행자에게 어울린다.

등급 ★★★★ **위치** 센트럴
예산 싱글 · 더블 HK$1,600~
주소 No. 3 Kau U Fong, Central
전화 3650-0000 **지도** MAP 9-C4
홈피 www.lankwaifonghotel.com.hk
교통 MTR · AEL 홍콩 Hong Kong 역 하차, E2번 출구에서 도보 11분. 언덕길을 올라가야 하므로 짐이 많을 때는 택시를 이용하는 게 편하다.

香港華美粵海酒店
Wharney Guang Dong Hotel

세련된 시설을 자랑하는 호텔. 21개 층에 걸쳐 356개의 객실을 갖췄다. 디럭스룸 이상의 객실은 유럽 · 일본 등 저마다의 콘셉트에 맞춘 특별한 인테리어로 꾸며 놓았다. 주변이 고층빌딩에 둘러싸여 아쉽게도 창밖으로 보이는 전망은 기대하기 힘들다.

등급 ★★★★ **위치** 완짜이
예산 싱글 · 더블 HK$1,100~
주소 5773 Lockhart Road, Wanchai
전화 2861-1000 **지도** MAP 10-B3
홈피 www.wharney.com
교통 MTR 완짜이 Wan Chai 역 하차, C번 출구를 나와 왼쪽으로 도보 4분.

香港諾富特世紀酒店
Novotel Century Hong Kong

전 세계에 체인을 거느린 비즈니스 호텔. 23개의 스위트룸을 포함 511개의 객실이 있다. 2인실의 경우 트윈룸보다 더블룸이 좀더 넓다. 근처에 홍콩 컨벤션 센터가 있어 전시회를 목적으로 온 비즈니스맨이 이용하기에 적당하다.

등급 ★★★★ **위치** 완짜이
예산 싱글 · 더블 · 트윈 HK$1,300~
주소 238 Jaffe Road, Wanchai
전화 2598-8888
지도 MAP 10-D3
홈피 www.novotel.com
교통 MTR 완짜이 Wan Chai 역 하차, 도보 5분. A1번 출구를 나와 오른쪽으로 230m 쯤 가면 왼쪽 맞은편에 있다.

灣景國際
The Harbourview

홍콩 컨벤션 센터와 가까운 호텔. 객실은 6~21/F층에 있으며 빅토리아 항의 전경이 내려다보이는 객실이 많다. 욕실이 작은 게 흠이지만 편의시설은 무난하다. 전시회 등의 비즈니스 목적으로 이용하기에도 좋다.

등급 ★★★ **위치** 완짜이
예산 싱글 · 더블 HK$2,200~
주소 4 Harbour Road, Wanchai
전화 2802-0111 **지도** MAP 10-B3
홈피 www.theharbourview.com.hk
교통 MTR 완짜이 Wan Chai 역 하차, A1번 출구에서 도보 10분.

香港逸蘭精品酒店
Lanson Place Hotel

내 집같은 분위기의 깔끔한 호텔. 널찍한 객실에 주방과 간단한 취사도구가 구비돼 있다. 고층빌딩에 둘러싸여 전망이 좋진 않지만 창이 넓어 채광은 양호하다. 리셉션과 로비는 1/F층에 있다.

등급 ★★★★ **위치** 코즈웨이 베이
예산 싱글 · 더블 HK$1,800~
주소 133 Leighton Road, Causeway Bay
전화 3477-6888 **지도** MAP 11-C3
홈피 http://hongkong.lansonplace.com
교통 MTR 코즈웨이 베이 Causeway Bay 역 하차, F1번 출구에서 도보 5분.

香港怡東酒店
The Excelsior Hong Kong

코즈웨이 베이의 쇼핑가에서 가까운 호텔. 항공사 승무원들이 많이 이용하는 호텔 가운데 하나다. 객실이 넓고 침대도 크지만 욕실은 조금 작다. 도보 5~10분 거리에 대형 쇼핑센터와 맛집이 모여 있어 편리하다.

등급 ★★★★ **위치** 코즈웨이 베이
예산 싱글 · 더블 · 트윈 HK$2,000~
주소 281 Gloucester Road, Causeway Bay
전화 2894-8888 **지도** MAP 11-B2
홈피 www.mandarinoriental.com/excelsior **교통** MTR 코즈웨이 베이 Causeway Bay 역 E번 출구에서 도보 7분.

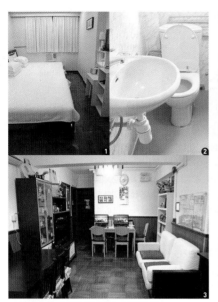

1 2인실에는 퀸 사이즈 침대가 놓여 있다. 2 깔끔한 욕실.
3 여행자의 쉼터이자 만남의 공간으로 활용되는 거실.

파크 모텔
Park Motel

할인 쿠폰 p.401 여행자에게 인기가 높은 한인 민박.
다양한 사이즈의 객실이 있어 커플은 물론 가족 여행자가
이용하기에도 편리하다. 객실 구하기가 힘드니 예약을
서두르는 게 좋다. 객실은 5·6/F층에 13개가 있으며
리셉션은 6/F층이다. 온수 샤워가 가능한 욕실이 객실마다
하나씩 딸려 있어 편리하다. 리셉션을 겸한 거실에는 인터넷
전용 PC와 한국으로 국제전화를 걸 수 있는 무료 전화도
있다. 아침 식사 역시 무료로 제공된다. 찜사쪼이 한복판에
위치해 쇼핑·식도락을 즐기기에 편리하며, 야경의 명소인
해변 산책로까지도 도보 10~15분이면 충분해 밤늦게까지
마음 놓고 돌아다닐 수 있는 것도 매력이다.

위치 찜사쪼이 **예산** 1인 HK$450, 2인 HK$580, 3인 HK$680,
4인 HK$780, 5인 HK$880, 6인 HK$980
※12/24~1/31 성수기 요금 HK$50 추가
주소 Flat G, 6/F, Lyton Building, 32–34 Mody Road,
Tsim Sha Tsui **전화** 2722–1589, 9487–4524
홈피 www.parkmotel.co.kr **지도** MAP 16–E3
교통 MTR 찜사쪼이 Tsim Sha Tsui 역 하차, 도보 1분. G번 출구와
연결된 N1번 출구로 나간다. 그 앞의 오거리에서 길을 건너면
정면에 보이는 높은 건물에 입구가 있다. 파크 모텔로 올라가는
엘리베이터는 G/F층에서 32–34 라인으로 표시된 것을 탄다.

香港旅館
Hong Kong Hostel

할인 쿠폰 p.401 150여 개의 객실을 갖춘 제법 큰 규모의
게스트하우스. 홍콩 섬에서 가격 대비 시설이 가장 좋은
곳이라 언제나 수많은 여행자들로 북적인다. 건물 입구에는
번호식 잠금 장치가 달려 있는데, 먼저 리셉션이 있는 3/F
층의 버튼을 누르고 다시 Flat No.2를 눌러 주인을 호출한다.
요금에 따라 도미토리부터 2~3인실까지 다양한 객실을
선택할 수 있다. 리셉션에는 투숙객 전용 휴게실, 인터넷
전용 PC(무료), 개인 사물함이 있으며 커피·차 등의 음료가
무료로 제공된다. 체크인 때는 숙박비 외에 객실 카드 키
보증금(HK$100)을 추가로 내야 한다. 체크아웃하면서 카드
키를 반납하면 되돌려주니 잊지 말고 받아가자.

위치 코즈웨이 베이 **예산** 도미토리 HK$148~168,
싱글 HK$280(공동욕실), HK$380, 더블 HK$350(공동욕실),
HK$480, 3인실 HK$480(공동욕실), HK$580
주소 Flat A2, 3/F, Paterson Bldg, 47 Paterson Street,
Causeway Bay **전화** 2392–6868 **홈피** www.hostel.hk
지도 MAP 11–D3 **교통** MTR 코즈웨이 베이 Causeway Bay 역
하차, 도보 3분. E번 출구를 나와 왼쪽으로 60m쯤 가서 사거리와
만나면 왼쪽으로 간다. 그리고 100m쯤 직진하면 왼편에 있다.

1 손님을 맞는 리셉션. 체크인과 체크아웃 때 짐 보관도 해준다.
2 객실이 넓지는 않지만 깔끔하게 잘 정돈돼 있다.

海怡賓館
Sealand House

객실 8개의 소규모 게스트하우스.
비교적 깔끔하고 방 크기도 적당하다.
욕실이 작고 일부 객실의 침대가 너무
푹신한 게 흠이라면 흠이다. 숙박비는
시즌과 욕실 유무에 따라 달라진다.

위치 찜사쪼이 **예산** 싱글 HK$350~480,
더블 HK$450~650, 3인실 HK$480~700
주소 Block D, 8/F, Majestic House,
80 Nathan Road, Tsim Sha Tsui
전화 2368-9522
지도 MAP 15-D2
홈피 www.sealandhouse.com.hk
교통 MTR 찜사쪼이 Tsim Sha Tsui 역
하차, B2번 출구를 나오면 오른쪽 길
건너편에 있다.

利園賓館
Lee Garden Guest House

28개의 객실을 운영하는 중급 규모의
게스트하우스. 건물은 낡았지만
객실은 깨끗하다. 복도에는 투숙객을
위한 전자레인지와 보온병이 비치돼
있다. 요금은 시즌에 따라 조금씩
다르다.

위치 찜사쪼이 **예산** 싱글 HK$350(공동욕실),
HK$480, 더블 HK$380(공동욕실),
HK$600, 3인실 HK$750
주소 Block A, 8/F, 34-36 Cameron
Road, Tsim Sha Tsui **전화** 2367-2284
홈피 www.starguesthouse.com.hk
지도 MAP 16-E2 **교통** MTR 찜사쪼이
Tsim Sha Tsui 역 하차, B2번 출구를 나와
정면으로 도보 4분.

K&B青年旅館
K&B Hostel

깔끔한 시설의 조그만 호스텔. 11개의
객실이 있다. 객실 문은 손잡이에 카드
키를 꽂고 손잡이를 돌려야 열린다.
싱글룸은 창이 없어 무척 답답하지만,
싱글 요금으로 두 명까지 잘 수 있다.
요금은 요일·시즌에 따라 다르다.

위치 야우마떼
예산 싱글·더블 HK$400~500,
트윈 HK$550~700
주소 Flat L, 13/F, New Lucky House,
300 Nathan Road
전화 6888-4481 **지도** MAP 20-C3
교통 MTR 쪼돈 Jordon 역 하차, B1번
출구를 나오면 바로 오른쪽에 건물 입구가
있다.

香港海都賓館
Ocean Inn

깔끔한 시설의 게스트하우스. 총 9개의
객실이 있으며 출입시에는 카드 키를
사용한다. 비누·샴푸·수건 등의
욕실용품이 제공된다.

위치 야우마떼 **예산** 싱글 HK$300~400,
더블 HK$400~500, 트윈 HK$500~
600, 3인실 HK$600~700
주소 Flat G, 11/F, New Lucky Mansion,
15 Jordan Road, Yau Ma Tei
전화 2385-0125, 2780-7606
지도 MAP 20-C3
교통 MTR 쪼돈 Jordon 역 하차, B1번
출구를 나오면 바로 오른쪽에 건물 입구가
있다.

客家賓館
Hakka's Guest House

9개의 객실을 갖춘 소규모 게스트
하우스. 전반적으로 객실이 넓고
깔끔하다. MTR 역이 바로 앞에 있어
교통이 편리하며, 찜사쪼이까지
걸어다닐 수 있다. 성수기에는 1박당
HK$20~50 정도 비싸진다.

위치 야우마떼 **예산** 싱글 HK$350~450,
더블 HK$450~550, 3인실 HK$500~600
주소 Flat L, 3/F, New Lucky House,
300 Nathan Road, Yau Ma Tei
전화 2771-3656 **지도** MAP 20-C3
교통 MTR 쪼돈 Jordon 역 하차, B1번
출구를 나오면 바로 오른쪽에 있다.

香港悅思客棧
Yesinn Causeway Bay

깔끔한 시설의 게스트하우스.
MTR 역에서 가까워 교통이 편리하며,
코즈웨이 베이의 주요 명소도 가깝다.
도미토리는 여성 전용과 남녀 혼숙이
있으니 예약시 꼼꼼히 확인할 것.

위치 코즈웨이 베이 **예산** 도미토리
HK$159~, 싱글 HK$199~
주소 2/F, Nan Yip Bldg., 472
Hennessy Road, Causeway Bay
전화 2213-4567 **지도** MAP 11-C4
홈피 www.yesinn.com **교통** MTR
코즈웨이 베이 Causeway Bay 역 하차,
B번 출구를 나와 오른쪽으로 도보 2분.

CHUNGKING MANSIONS

오래 전부터 가난한 배낭족의 잠자리를 책임져온 저렴한 숙소 밀집 단지. 17층짜리 주상복합 건물로 G/F층과 1/F층에 환전소·여행사·상점이 모여 있으며, 그 위층으로 게스트하우스가 위치한다. 영화 〈중경삼림〉의 무대가 되기도 했는데 사고다발 지역으로 악명 높다. 실제로 몇 년 전 대형 화재가 발생해 적지 않은 목숨을 앗아가기도 했다.

건물은 A~E 블록으로 나뉘어 있다. 각 블록마다 게스트하우스가 있지만 이 가운데 A블록의 숙소가 비교적 깨끗하다. 터무니없이 싼 숙소나 방은 불법체류자나 흑인 노무자가 이용하는 곳이니 주의! 위험하고 냄새가 장난 아니게 심하다. 건물을 오르내릴 때는 8인승 엘리베이터를 이용하는데, 유동 인구가 워낙 많아 이용하기가 쉽지 않다.

MAP MAP 15-D3 **교통** MTR 찜사쪼이 Tsim Sha Tsui 역 하차. 도보 2분. N5번 출구를 나와 왼쪽으로 80m쯤 가면 왼쪽에 있다.

청킹 맨션의 추천 게스트하우스

숙소명	위치(A블럭)	전화번호	숙박비
Delta Hotel	Flat A5, 16/F층	2311-2170, 2736-7115	도미토리 HK$150, 싱글 HK$250~300, 더블 HK$350~400, 트윈 HK$380~420, 3인실 HK$450~550, 4인실 HK$550~650
Kyoto Guest House	Flat A3, A8, 15/F층	2721-3574, 9077-8297	싱글 HK$230~270, 더블 HK$300(공동욕실), HK$350~400
Ashoka Hostel	Flat A4, 13/F층	2311-2170, 2736-7115	도미토리 HK$150, 싱글 HK$250~300, 더블 HK$350~400, 트윈 HK$380~420, 3인실 HK$450~550
New International Guest House	Flat A6-7, 11/F층	2368-7693, 9468-2380	싱글 HK$300~450, 더블 HK$400~600, 트윈 HK$500~750, 3인실 HK$500~600
Tai Wan Hotel	Flat 3/F층	9468-6479, 9858-5034	도미토리 HK$70~90, 싱글 HK$129~250(공동욕실), HK$200~250, 더블 HK$139~335(공동욕실), HK$159~349, 3인실 HK$199~450(공동욕실)

MIRADOR MANSION

게스트하우스 밀집 단지로 청킹 맨션과 쌍벽을 이루는 곳. 역시 주상복합 건물로 G/F층에는 가전제품 상점. 위층으로는 숙소가 난립해 있다.

거대한 사각형 건물은 가운데 부분이 수직으로 뻥 뚫려 있다. 블록 구분도 없고 복도가 'ㅁ'자형 회랑처럼 만들어져 있어 원하는 게스트하우스를 찾아가기가 쉽다. 청킹 맨션과 달리 엘리베이터를 이용하기 편하며 전반적으로 깔끔한 숙소가 많은 것도 장점. 역시 터무니없이 싼 숙소나 방은 열악한 환경에 치안 문제가 있으니 조심하자. 건물 입구에는 게스트하우스 호객꾼이 모여 있는데 상대하지 않는 게 좋다. 원하는 숙소를 말해도 자기들한테 커미션을 챙겨주는 엉뚱한 숙소로 데려가는 게 다반사다.

MAP MAP 15-D3 **교통** MTR 찜사쪼이 Tsim Sha Tsui 역 하차. 도보 1분. D2번 출구를 나와 오른쪽 뒤로 가면 건물 입구가 있다.

미라도 맨션의 추천 게스트하우스

숙소명	위치(A블럭)	전화번호	숙박비
First-class Guest House	Flat D1, 16/F층	2724-0595	싱글 HK$200~350, 더블·트윈 HK$250~500, 3인실 HK$350~550
Man Hing Lung Hotel	Flat F2, 14/F층	2722-0678, 2311-8807	싱글 HK$130~200, 더블 HK$200(공동욕실), HK$200~280, 트윈 HK$250~300, 3인실 HK$270~360, 4인실 HK$400~500
Cosmic Guest House	Flat A1, A2, C1, D4, F1, F3, F4, 12/F층	2369-6669	싱글 HK$140~270, 더블·트윈 HK$260~380, 3인실 HK$290~450, 4인실 HK$400~600
Mei Lam Guest House	Flat D1, 5/F층	2721-5278	더블 HK$250~300, 트윈 HK$300~350, 3인실 HK$350~500
Kung Fu Garden, Hostel	Flat F4-1, 3/F층	2311-1183	도미토리 HK$100~120, 싱글 HK$200~300(공동욕실), HK$200~350, 더블 HK$400(공동욕실), HK$500, 4인실 HK$350(공동욕실), HK$500

경제적인
Economy Hotel

숙박비가 저렴한 호텔 중에는 시내에서 거리가 멀거나 교통이 불편한 곳 또는 시설이 무척 열악한 곳도 있으니 인터넷으로 꼼꼼히 확인하고 예약하는 게 좋다.

RAMBLER GARDEN HOTEL ★★★	🔒🛏📺☕🌐🏊 HK$495~
address · tel	No.1 Tsing Yi Road, Tsing Yi 전화 2129-9988
access	MTR 칭이 역 A번 출구에서 88F번 미니버스로 10분, 또는 MTR 콰이퐁 역 C번 출구에서 88G번 미니버스로 12분. 지도 MAP 24-D1
info	시설은 깔끔하지만 객실과 욕실이 작다. 인터넷은 디럭스룸 이상에서만 사용할 수 있다. 홈피 www.ramblerhotels.com/garden

RAMBLER OASIS HOTEL ★★★	🛏📺☕🏊 HK$495~
address · tel	No.1 Tsing Yi Road Tsing Yi 전화 2129-1188
access	MTR 칭이 역 A번 출구에서 88F번 미니버스로 10분, 또는 MTR 콰이퐁 역 C번 출구에서 88G번 미니버스로 12분. 지도 MAP 24-D1
info	Rambler Garden Hotel의 자매 호텔로 바로 옆에 있다. 호텔 시설과 객실 상태는 비슷하며 수영장은 유료다(HK$20). 홈피 www.ramblerhotels.com/oasis

SILKA FAR EAST HOTEL ★★★	🛏📺☕ HK$748~
address · tel	135-143 Castle Peak Road, Tsuen Wan 전화 2406-9090
access	MTR 췬완 역 B2번 출구에서 도보 9분. 지도 MAP 22-A2
info	시설은 깔끔하지만 객실이 조금 작다. AEL 칭이 역과 웡꼭까지 셔틀버스가 운행된다. 홈피 www.silkahotels.com/fareast

REGAL RIVERSIDE HOTEL ★★★★	🛏📺☕🌐🏊 HK$572~
address · tel	34-36 Tai Chung Kiu Road, Sha Tin 전화 2649-7878
access	MTR 샤틴와이 역 C번 출구에서 도보 10분, 또는 MTR 샤틴 역 B번 출구에서 무료 셔틀버스 이용. 지도 MAP 25-C3
info	씽문 Shing Mun 강변에 있어 주변 전망이 좋다. 홈피 www.regalhotel.com/regal-riverside-hotel

EVERGREEN HOTEL ★★	📺🏊 HK$948~
address · tel	48 Woo Sung Street, Jordan 전화 2780-4222
access	MTR 쪼돈 역 A번 출구에서 도보 8분. 지도 MAP 20-B3
info	교통이 편리하며 야우마떼의 명소인 제이드 마켓 · 템플 거리 야시장과 가깝다. 홈피 www.evergreenhotel.com

HARBOUR PLAZA RESORT CITY ★★★★	🛏📺☕🏊🏊 HK$649~
address · tel	No.18 Tin Yan Road, Tin Shui Wai 전화 2180-6688
access	MTR 틴쑤이와이 역에서 내려 경전철로 갈아타고 3번째 정류장에서 내린다(5분). 공항 · 찜사쪼이를 오가는 유료 셔틀버스도 운행한다. 지도 MAP 22-A1
info	두 개의 타워로 이루어진 호텔. 분위기 좋은 야외 수영장이 있다. 홈피 www.harbour-plaza.com

DORSETT MONGKOK, HONGKONG ★★★★	📺☕ HK$723~
address · tel	No.88 Tai Kok Tsui Road, Kowloon, Tai Kok Tsui 전화 3987-2288
access	MTR 올림픽 역에서 도보 4분. 웡꼭 · 찜사쪼이를 연결하는 셔틀버스를 운행한다. 지도 MAP 22-B3
info	호텔 웹사이트를 통해 예약한 경우 Check-In 시간을 기준으로 24시간 투숙 가능. 무선 인터넷은 호텔 로비와 레스토랑에서 무료로 이용할 수 있다. 홈피 http://www.mongkok.dorsetthotels.com

COSMO HOTEL HONG KONG ★★★	🛏📺☕ HK$723~
address · tel	375-377 Queen's Road East, Wanchai 전화 3552-8388
access	코즈웨이베이 · 완짜이 · 센트럴 행 무료 셔틀버스를 운행. 지도 MAP 11-A4
info	코즈웨이베이와 완짜이 중간, 해피밸리 경마장 근처에 있다. 20대 취향에 걸맞는 인테리어가 눈길을 끈다. 홈피 www.cosmohotel.com.hk

IBIS HONG KONG NORTH POINT ★★★	📺☕ HK$500~
address · tel	138 Java Road, North Point 전화 2588-1111
access	MTR 노스 포인트 A1번 출구에서 도보 3분. 지도 MAP 11-D1
info	275개의 객실을 보유한 중급 규모의 호텔. 객실과 욕실이 비좁은 게 흠이다. 홈피 www.ibishotel.com

📞전화 📺텔레비전 ☕커피포트 💇헤어드라이 🌐인터넷 🌀에어콘

1 화려하게 조명을 밝힌 포시즌 호텔의 전경.
2 객실마다 최첨단 가전제품이 구비돼 있다.

澳門四季酒店
Four Seasons Hotel Macao

전 세계 38개국에 92개의 체인을 거느린 초특급 호텔 '
아시아의 라스베가스'라 불리는 타이파 섬의 중심부에 있다.
오락 · 쇼핑 · 휴양을 한데 묶은 종합선물 세트 같은 콘셉트로
꾸몄으며 명성에 걸맞는 최고급 시설과 서비스를 자랑한다.
18세기 포르투갈 대부호의 저택을 모티브로 꾸민 로비와
거대한 샹들리에가 인상적이다. 객실은 84개의 스위트룸을
포함 총 360개가 있다. 모던한 스타일에 동양적 감각을
가미한 인테리어는 아늑하면서도 품격이 느껴진다. 남국의
리조트를 연상시키는 다섯 개의 야외 수영장은 1년 내내
이용할 수 있으며, 누구나 안심하고 물놀이를 즐길 수 있도록
연령대에 맞춰 수심을 조금씩 다르게 만들었다. 수영장
주변에는 안락한 비치 체어와 햇볕을 피하면서 음료 · 주류를
즐길 수 있는 카바나 Cabana 시설도 갖췄다.

등급 ★★★★★ 위치 타이파 섬 예산 싱글 · 더블 MOP6,480~
주소 Estrada da Baía de N. Senhora da Esperança,
S/N, Taipa 홈피 www.fourseasons.com/macau
전화 2881-8888 지도 MAP 32-A1
교통 마카오 국제공항 · 마카오 페리터미널 · 타이파
페리터미널에서 무료 셔틀버스로 5~20분.

마카오의 호텔 싸게 이용하기 & 주의사항

최근 중국 관광객의 급증으로 호텔 요금이 천정부지로 치솟고
있다. 조금이나마 편하고 저렴하게 호텔을 이용하려면 다음의
요령을 알아두는 게 필수다.

1 마카오는 무조건 주중에 가자

마카오의 호텔은 일~목요일의 주중에는 비수기 요금을 받지만,
금 · 토 · 공휴일에는 비수기 요금의 두 배가 넘는 성수기
요금을 받는다. 이유는 주말에 마카오를 방문하는 홍콩 · 중국인
관광객이 폭증하기 때문. 따라서 주중에 마카오를 여행하는 게
숙박비를 한 푼이라도 절약하는 기본 요령이다.

2 인터넷 호텔 예약 전문 업체를 이용하자

개인이 직접 호텔을 찾아가면 100% 정상 요금이 적용된다.
하지만 인터넷 상의 호텔 예약 전문 업체를 통하면 정상가의
10~30%가 할인된 요금으로 호텔을 예약할 수 있다.
더구나 이렇게 하면 실시간으로 예약 가능 여부가 확인되며,
묵고자하는 호텔의 사진이나 이용 후기도 살펴볼 수 있어 큰
도움이 된다.

3 호텔의 위치를 파악하자

대부분의 호텔은 마카오 반도와 타이파 섬에 모여 있다.
유네스코 세계문화유산 등의 명소나 구시가 위주로 돌아볼
요량이라면 마카오 반도, 럭셔리한 호텔에서 편하게 묵을

생각이라면 타이파 섬의 호텔을 선택하는 게 좋다. 특히 타이파
섬에는 근래에 지은 대형 호텔이 많아 마카오 반도에 비해
시설이 쾌적하고 요금이 저렴하다.

4 편의시설을 확인하자

휴양이 목적이라면 예약시 이용 가능한 편의시설을 꼼꼼히
살펴보자. 오래된 호텔에는 수영장이 없는 경우가 많으며, 1년
내내 온수풀을 운영하는 대형 호텔이 아닌 이상 찬바람이 부는
11~3월에는 수영장을 폐쇄하는 곳이 많다.

5 민박 · 게스트하우스에 주의하자

마카오의 민박 · 게스트하우스는 무허가 업소인 경우가
대부분이다. 경찰에서 수시로 단속을 하기 때문에 자칫하면
불이익을 당할 우려도 있다. 단순히 싼 요금에 현혹되지 말자.

근사한 수영장이 딸린 고급 리조트 호텔도 많다

1 이국적인 외관의 베네시안 마카오 리조트 호텔.
2 안락한 시설을 갖춘 객실. 가족 단위 여행자도 이용하기 편리하다.

澳門威尼斯人
The Venetian Macao Resort Hotel

운하의 도시 베네치아를 본뜬 이국적인 외관의 호텔. 대형 쇼핑센터와 카지노가 한 건물에 있어 숙박 · 쇼핑 · 오락을 원스톱으로 해결할 수 있다. 3,000개의 객실은 Royale · Bella · Rialto · Verona · Famiglia 등 5가지의 스위트룸과 Florence · Cielo 등 두 가지의 VIP 스위트룸으로 꾸며 놓았다. 넓은 면적을 자랑하는 Rialto 스위트(170㎡)와 Verona 스위트(145㎡)는 침실 · 욕실 · 응접실이 모두 분리돼 있어 편리하다. 킹사이즈 침대가 놓인 Royale(70 ㎡) 스위트는 침실과 응접실이 복층 구조로 나뉘어 있으며, Bella 스위트는 면적과 구조가 Royale 스위트와 동일하지만 퀸 사이즈 침대가 두 개 놓여 있다. 가족 여행자를 위해 특별히 설계된 Famiglia 스위트에는 성인용 침대와는 별도로 아이들을 위한 2층 침대와 게임기 등 다양한 오락시설을 갖춰 놓아 자녀를 동반한 여행자가 편리하게 이용할 수 있다.

등급 ★★★★★ **위치** 타이파 섬 **예산** 스위트 HK$1,698~
주소 Est. Baia N.S. Esperança, S/N, Taipa **전화** 2882-8888
홈피 www.venetianmacao.com **지도** MAP 32-B2
교통 마카오 국제공항 마카오 페리터미널 · 타이파 페리터미널에서 무료 셔틀버스로 5~20분.

1 최고의 서비스를 제공하는 스파와 레스토랑도 딸려 있다.
2 안락한 침대와 각종 편의시설이 잘 갖춰져 있다.

澳門金沙城中心康萊德酒店
Conrad Macao, Cotai Central

쾌적한 시설과 최고의 서비스를 제공하는 럭셔리 호텔. 휴식과 오락이란 두 마리 토끼를 동시에 잡을 수 있는 게 매력이다. 타이파 일대를 굽어보는 39층 높이의 호텔에는 총 636개의 객실이 있으며, 이 가운데 1/3에 해당하는 206개의 객실을 스위트룸으로 꾸며 놓았다. 모든 객실에는 대형 TV, 아이팟 · 아이패드 사용자를 위한 JBL 도킹 스테이션, 네스프레소 머신 등의 최신 가전제품과 자유로이 인터넷을 사용할 수 있는 유 · 무선 랜 시스템 등 편의시설을 충실히 갖춰 놓았다. 욕실용품으로는 영국 최고의 아로마테라피 브랜드 Aromatherapy Associates가 제공된다. 야외에는 자쿠지와 온수풀이 설치된 수영장이 있어 한가로이 휴식을 취하기에도 좋다.

등급 ★★★★★ **위치** 타이파 섬 **예산** 싱글 · 더블 HK$1,698~
주소 At Sands®Cotai, Central Cotai Strip®, Taipa
전화 2882-9000 **홈피** http://conrad.hilton.com.cn
지도 MAP 32-B2
교통 마카오 국제공항에서 Sands Cotai Central 행 무료 셔틀버스로 10분. 마카오 페리터미널 · 타이파 페리터미널 · 중국 국경에서도 무료 셔틀버스가 운행된다.

1 독특한 외관이 눈길을 끈다. 2 스위트 룸의 거실.
3 여럿이 함께 이용할 수 있는 디럭스 스위트 룸.

迎尚酒店
The Countdown Hotel

소용돌이 형태의 기발한 외관이 인상적인 호텔. 프런트에는
네덜란드 아티스트 마르텐 바스 Maarten Baas의 작품
'Count:Down Clock'이 전시돼 있다. 여섯 명의 배우가
스크린 뒤에서 숫자를 하나씩 쓰고 지워가며 시간의
흐름을 표현한 작품으로 2018년 시티 오브 드림즈 재개장
카운트다운 행사 당시 시계로도 사용됐다. 300여 개의 객실
가운데 240개가 스탠더드 룸과 더블 룸이며, 60개의 스위트
룸도 갖췄다. 스탠더드 룸에는 킹 사이즈 침대(더블) 또는 퀸
사이즈 침대(트윈)를 설치했으며 스타일은 무척 모던하다.
와이파이는 무료로 사용할 수 있다. 특별한 경험을 원하면
럭셔리한 시설을 뽐내는 디럭스 스위트 룸을 이용해도 좋다.
야외 수영장 등의 시설도 이용할 수 있다.

등급 ★★★★★ 위치 타이파 섬 예산 싱글·더블 MOP1,288~
주소 Estrada do Istmo, Cotai, Macau 전화 2882-9000
홈피 www.cityofdreamsmacau.com 지도 MAP 32-C2
교통 마카오 국제공항에서 COD(City of Dreams) 행 무료
셔틀버스로 10분. 마카오 페리터미널·타이파 페리터미널·중국
국경에서도 무료 셔틀버스가 운행된다.

1 호젓하게 이용 가능한 대형 야외 수영장도 있다.
2 운동장처럼 널찍한 디럭스 룸.

頤居
Nüwa

안락한 시설을 자랑하는 최고급 호텔. 시티 오브 드림즈에
부속된 4개의 호텔 가운데 하나이며, 풍수적으로 재물운을
불러온다는 '물'의 이미지를 차용해서 만들었다. 객실은 총
300개인데, 그 가운데 200여 개가 디럭스·프리미어룸이며,
55개는 럭셔리 스위트, 33개는 빌라형 룸으로 꾸몄다. 가장
기본적인 디럭스·프리미어룸 조차도 객실이 운동장을 방불케
할 만큼 넓으며, 럭셔리 스위트·빌라형 룸에는 응접실·
부엌·침실 등이 독립적으로 갖춰져 있다. 모든 객실에는 대형
소파가 딸린 라운지, 50여 가지 채널을 볼 수 있는 42인치
액정 TV, 아이폰 유저를 위한 도킹 스테이션, 커피 마니아를
위한 네스프레소 머신 등의 편의시설이 충실히 갖춰 놓았다.
L3층에는 최고급 서비스를 받을 수 있는 스파와 멋진 전망의
야외 수영장(08:00~20:00), 피트니스 센터(24시간)도 있다.

등급 ★★★★★ 위치 타이파 섬 예산 싱글·더블 MOP2,288~
주소 Estrada do Istmo, Cotai, Macau 전화 8868-6888
홈피 www.cityofdreamsmacau.com 지도 MAP 32-C2
교통 마카오 국제공항에서 COD(City of Dreams) 행 무료
셔틀버스로 10분. 마카오 페리터미널·타이파 페리터미널·중국
국경에서도 무료 셔틀버스가 운행된다.

1 유럽풍의 이국적인 스타일이 돋보인다.
2 아늑한 분위기가 감도는 모던한 스타일의 객실.

澳門美高梅
MGM Macau

세심한 서비스와 쾌적한 시설을 자랑하는 럭셔리
호텔. 거대한 황금 사자상이 서 있는 입구와 로비를
지나면 유리 천장에 뒤덮인 큼직한 광장이 나타나는데, 마치
유럽의 소도시를 옮겨다 놓은 듯한 이국적인 풍경이
눈길을 사로잡는다. 600여 개의 객실은 15개의 빌라와
99개의 스위트룸, 468개의 그랜드룸으로 구성된다.
시크한 인테리어가 돋보이는 스위트룸에는 거실과 산뜻한
분위기의 욕실 · 침실이 딸려 있어 신혼 · 커플 · 가족
여행자가 이용하기에도 부족함이 없다. 한 장의 커다란
통유리로 칸막이를 한 욕실에서는 욕조에 누운 채 바깥
경치를 감상하며 목욕을 즐기는 호사를 누릴 수 있다.
Level 3층에는 바다와 나란히 이어진 모양의 야외 수영장과
세련된 서비스를 제공하는 스파가 있다.

등급 ★★★★★ 위치 마카오 반도 예산 싱글 · 더블 MOP1,988~
주소 MGM Macau, Avenida Dr. Sun Yat Sen, NAPE, Macau
전화 8802-8888 홈피 www.mgmmacau.com
지도 MAP 29-C4
교통 마카오 국제공항 · 마카오 페리터미널 · 타이파
페리터미널에서 무료 셔틀버스로 7~15분.

1 · 2 이국적인 외관 때문에 기념사진을 찍기에도 좋다.
3 크기는 작지만 느긋하게 이용할 수 있는 야외 수영장.

澳門聖地牙哥古堡酒店
Pousada de São Tiago

400년 전의 포르투갈 군 요새를 개조해서 만든 전망
좋은 호텔. 조금은 특별한 밤을 꿈꾸는 이에게 추천한다.
앙코르와트의 사원에서 옮겨온 듯한 수백 년 묵은 고목이
호텔 벽을 감싸고 있으며, 입구가 좁은 통로 형태를 이뤄 마치
동굴 속으로 들어가는 듯한 기분마저 든다. 시내에서 멀찍이
떨어진 까닭에 조용히 휴식을 취할 수 있는 것도 매력이다.
12개의 스위트룸만 있는데 최근 리모델링을 마쳐 더욱
깔끔하고 세련된 객실로 변모했다. 외관과 달리 인테리어는
무척 모던하며 최신 가전제품이 충실히 비치돼 있다. 창을
열면 중국 영토인 주하이 珠海가 바로 코앞에 바라보이며
저녁에는 일몰의 장관도 감상할 수 있다. 아쉬운 점은 택시를
제외하고는 대중교통 이용이 거의 불가능하다는 것이다.
공항 · 페리터미널까지 무료 픽업 서비스를 제공하며 예약시
미리 신청해야 이용할 수 있다.

등급 ★★★★★ 위치 마카오 반도 예산 싱글 · 더블 MOP6,380~
주소 Avenida da República, Fortaleza de São Tiago da Barra
전화 2837-8111 지도 MAP 29-A5 홈피 www.saotiago.com.mo
교통 마카오 국제공항 · 마카오 페리터미널에서 택시로 10~15분.
또는 세나도 광장 · 리스보아 호텔 앞에서 택시로 5분.

澳門喜來登金沙城中心大酒店
Sheraton Grand Macao Hotel

샌즈 코타이 센트럴에 위치한 고급 호텔. 널찍한 객실에 시설도 쾌적하다. 객실 종류가 무척 다양한데 가족 여행자를 위한 패밀리 스위트룸도 있다. Level 4층에는 야외 수영장도 있다(4~10월 운영).

등급 ★★★★★ **위치** 타이파 섬
예산 싱글·더블 HK$1,698~
주소 At Sands®Cotai, Central Cotai Strip®, Taipa
전화 2882-9000
홈피 www.sandscotaicentral.com
지도 MAP 32-B2
교통 공항·페리터미널에서 Sands Cotai Central 행 무료 셔틀버스로 10~15분.

盛世酒店
Inn Hotel Macau

경제적인 요금의 비즈니스 호텔. 최근 리모델링을 마쳐 시설이 깔끔하다. 대중교통이 조금 불편하지만 타이파 주택박물관과 관야가가 도보 10분, 베네치안 카지노·시티 오브 드림즈가 도보 15분 거리에 있다는 사실이 나름의 위안이 된다.

등급 ★★★ **위치** 타이파 섬
예산 싱글·더블 HK$1,200~
주소 Estrada Governador Nobre Carvalho No.822, Taipa, Macau
전화 3077-4857
지도 MAP 32-B1
교통 마카오 페리터미널에서 택시로 10분. 또는 마카오 국제공항에서 택시로 5분.

新麗華酒店
Hotel Sintra

마카오 시내 중심부에 위치한 호텔. 11개의 스위트룸을 포함 240개의 객실이 있다. 객실의 크기는 비슷하며 오직 전망 차이로 등급과 요금이 달라진다. 세나도 광장 등 주요 명소가 도보 5~15분 거리에 있으며 교통도 편리하다.

등급 ★★★ **위치** 마카오 반도
예산 싱글·더블 MOP2,068~
주소 Avenida de D. João IV
전화 2871-0111 **지도** MAP 30-D2
홈피 www.hotelsintra.com
교통 마카오 페리터미널에서 무료 셔틀버스 운행. 또는 마카오 국제공항에서 택시로 15분.

澳門新新酒店
Hotel Sun Sun

아담한 객실의 비즈니스 호텔. 최근 리모델링을 마쳐 깔끔하다. 세나도 광장 등의 주요 명소까지 도보 5~15분이면 충분하다. 하지만 큰길에서 조금 들어간 좁은 골목 안쪽에 있어 길 찾기가 힘들 수 있다.

등급 ★★★ **위치** 마카오 반도
예산 싱글·더블 MOP1,200~
주소 N° 14 e 16, Praça Ponte e Horta
전화 2893-9393 **지도** MAP 30-C1
홈피 http://macauhotelsunsun.com
교통 마카오 페리터미널에서 1번 버스로 25분. 마카오 국제공항에서 26번 버스로 45분.

皇家金堡酒店
Casa Real Hotel

마카오 페리터미널 인근에 위치한 호텔. 건물이 웨스트 윙 West Wing 과 이스트 윙 East Wing으로 나뉘는데 웨스트 윙의 시설이 좀더 좋다. 객실 상태와 서비스는 무난한 수준이다. G/F~2/F층에는 카지노가 있다.

등급 ★★★★ **위치** 마카오 반도
예산 싱글·더블 MOP1,500~
주소 No.1118 Avenida do. Dr. Rodrigo Rodrigues, Macau **전화** 2872-6288
홈피 www.casarealhotel.com.mo
지도 MAP 29-C3 **교통** 마카오 페리터미널에서 도보 8분 또는 무료 셔틀버스 이용.

京都酒店
Metropole Hotel

마카오 시내에 위치한 호텔. 세나도 광장 등 주요 명소까지 5~15분이면 걸어갈 수 있을 만큼 위치가 좋으며 버스 정류장도 가깝다. 112개의 객실은 모던한 스타일로 깔끔하게 단장돼 있다.

등급 ★★★ **위치** 마카오 반도
예산 싱글·더블·트윈 MOP1,500~
주소 No.493-501 Avenida da Praia Grande, Macau **전화** 2838-8166
홈피 www.metropolehotelmacau.com
지도 MAP 30-C2 **교통** 마카오 페리터미널에서 무료 셔틀버스로 15분.

Travel Q&A

여행을 떠나기 전 준비해야 할 것들

Basic Info

여권 어떻게 만드나요?

여권 만들기는 한마디로 누워서 떡 먹기다. 서울의 26개 구청 또는 각 지방의 시·도청 여권과에서 신청서를 작성하고 사진 한 장만 첨부하면 끝. 단, 발급에 은근히 시간이 걸리니 최대한 여유를 두고 신청하는 게 좋다. 특히 여권 발급 신청이 폭주하는 여름·겨울 휴가 시즌에는 하루라도 빨리 신청하자.

여권은 일정기간 횟수에 상관없이 사용할 수 있는 복수여권과 1회만 사용 가능한 단수여권이 있다. 일반적으로는 10년짜리 복수여권이 발급되지만, 병역 미필자에게는 1년짜리 단수여권 또는 5년짜리 복수여권이 주어진다.

여권 발급시 필요한 서류

만 25세 이상의 병역 미필자는 ①~④의 기본 서류와 수수료 외에 관할 병무청의 ⑤'국외여행허가서'가 추가로 필요하다. 이에 관한 자세한 사항은 병무청 홈페이지를 참조하자(www.mma.go.kr, 문의 1588-9090).

① 여권 발급 신청서 1부(여권과 비치)
② 여권용 사진 1장
③ 신분증(주민등록증·운전면허증 등)
④ 수수료 10년 복수여권(5만 3,000원)
　　5년 복수여권(4만 5,000원), 1년 단수여권(2만 원)
⑤ 국외여행허가서(만 25세 이상의 병역 미필자만 해당)

여권 발급시 주의사항

여권상의 영문 이름과 서명은 되도록 신용카드와 동일하게 만드는 게 좋다. 여권과 신용카드의 이름·서명이 서로 다를 경우 해외 사용시 문제가 될 가능성이 높으니 주의하자.

여권 유효기간 연장

여권의 유효기간은 6개월 이상 남아 있어야 출입국시 문제가 되지 않는다. 유효기간이 6개월 미만인 경우 유효기간 연장 신청을 한다. 단, 구 여권은 유효기간이 연장되지 않으므로 새로운 전자여권을 발급받아야 한다. 자세한 사항은 여권과에서 확인할 수 있다.

> ### 비자는 필요 없다
> 홍콩·마카오에서 비자 없이 체류할 수 있는 기간은 90일이다. 즉, 여권만 있으면 90일 동안 홍콩·마카오를 자유로이 여행할 수 있는 것. 우리나라로 귀국했다가 홍콩·마카오에 재입국하면 체류 기간이 다시 90일 늘어난다.

전국의 시·도청 여권과

서울
강남구청 3423-5401~6
강동구청 3425-5360~9
강북구청 901-6271~3
강서구청 2600-6301~2
과천시청 02-3677-2139, 2136
관악구청 879-5330~1, 5338
광진구청 450-1352~3
구로구청 860-2681·4
금천구청 2627-2435~7
노원구청 2116-3283
도봉구청 2091-2431~4
동대문구청 2127-4685·90
동작구청 820-9273~4, 9277~9
마포구청 3153-8481~4
서대문구청 330-1909·10
서초구청 2155-6340·49·50
성동구청 2286-5243
성북구청 2241-4501~9
송파구청 2147-2290
양천구청 2620-4350~9
영등포구청 2670-3145~8
용산구청 2199-6271~6
은평구청 351-6431~5, 6438~42

종로구청 2148-1953~5
중구청 3396-4793~4
중랑구청 2094-0603

경기·인천
의정부시청 031-120
경기도본청(수원) 031-120
일산동구청 031-8075-2466
광명시청 02-2680-2600
김포시청 031-980-2700
남양주시청 031-590-8711
부천시청 032-625-2440~5
성남시청 031-729-2381~5
시흥시청 031-310-2158
안양시청
031-8045-2008·2741·2016
연천군청 031-839-2159
인천시청
032-120, 032-440-2477~9
인천 계양구청 032-450-6711~7
인천 남동구청 032-453-2290
인천 동구청 032-770-6330
포천시청 031-538-3138
하남시청 031-790-6131

경상도
경남도청 055-211-7800
사천시청 055-831-2981·3
경북도청 1522-0120
경주시청 054-779-6936~8
영양군청 054-680-6181
대구시청 053-803-2855
대구시 달서구청 053-667-2332
대구시 동구청 053-662-2085
대구시 북구청 053-665-2262
대구시 수성구청 053-666-4651
부산시청 051-888-5333
부산시 금정구청 051-519-4231~7
부산시 동구청 051-440-4731
부산시 동래구청 051-550-4781~2
부산시 부산진구청
051-605-6201~8
부산시 사하구청 051-220-4811~5
부산시 서구청 051-240-4281~7
부산시 수영구청 051-610-4681~5
부산시 연제구청 051-665-4284~7
부산시 해운대구청
051-749-5611~6
울산시청 052-229-2592·94·28

울산시 북구청 052-241-7572~4

강원도·충청도·대전
강원도청 033-249-2562
영월군청 033-370-2243
대전시청 042-270-4183~9
대전시 대덕구청 042-608-6704~5
대전시 유성구청 042-611-2990
충남도청 041-635-3681~2
아산시청 041-540-2808
천안시청 041-521-5329

전라도·제주도
광주시청 062-613-2966~8, 2971
광주시 남구청 062-607-3292
광주시 북구청 062-410-6244
전남도청 061-286-2334~8
광양시청 061-797-2247
전북도청 063-280-2253
제주도청
064-710-2171·3·6·7·9
서귀포시청 064-760-2128, 2107

Q&A

여행 정보 어디서 구하죠?

인터넷과 가이드북만 있으면 필요한 정보는 얼마든지 구할 수 있다. 남은 과제는 최대한 신뢰도 높은 정보를 골라내는 것뿐! 현지 분위기는 다양한 인터넷 여행기로, 그리고 세부적인 여행 정보는 따끈따끈한 최신 가이드북과 여행 게시판을 통해서 얻는 게 요령이다. 최근에 여행을 다녀온 이를 만나 궁금증을 푸는 것도 좋은 방법이다.

알찬 여행을 위한 필수 정보는 현지의 교통편 · 숙박 · 레스토랑 · 볼거리에 관한 것이다. 이러한 정보를 수집하는 노하우는 다음과 같다.

재미난 여행기가 넘치는 블로그

생생한 현지 이야기로 가득한 곳은 인터넷, 특히 개인 블로그다. '홍콩 여행'으로 검색하면 수백 개의 관련 블로그가 찾아지는데, 이 가운데 가장 최근 것으로 사진이 풍부한 블로그를 차근차근 살펴보자. 2~3일만 투자하면 인기 스폿은 대충 감이 잡힌다.

클로즈업 시리즈 www.clzup.com
홍콩 야후 www.yahoo.com.hk
클로즈업 페이스북 www.facebook.com/clzup

체계적인 정보의 가이드북

인터넷으로 기본적인 분위기를 파악한 뒤에는 가이드북을 탐독하며 자세한 정보를 구한다. 가이드북에는 관광 명소 · 레스토랑 · 호텔 정보가 체계적으로 정리돼 있어 지리적인 개념과 일정을 잡는 데 큰 도움이 된다. 관련 홈페이지 · 카페 · 게시판을 통해 책에서 부족한 정보를 보완하면 자신만의 개성만점 가이드북도 만들 수 있다.

여행자를 통한 정보 수집

여행 경험자를 통해서는 현실감 넘치는 생생한 여행의 기술을 배울 수 있다. 단, 자기 경험을 하나도 빠짐없이 얘기해줄 수 있는 이는 없으니 기본적인 지식을 먼저 습득하고 궁금한 사항을 조목조목 물어보는 게 현명하다. 또한 볼거리 · 숙소에 관한 평은 주관적 요소가 개입되기 쉬우므로 어디까지나 준비 과정에 참고로만 받아들이는 게 좋다.

여행 정보의 보고 관광청

홍콩 · 마카오 관광청에서도 다양한 여행 정보를 제공한다. 특히 개별 여행자를 위한 볼거리 · 먹거리 · 쇼핑 · 투어 · 이벤트 팸플릿과 소책자가 충실히 비치돼 있으며 상세한 지도도 '공짜'로 제공한다.

단, 일부 자료의 경우 자세한 교통편이나 금액과 같은 여행자에게 필수적인 정보가 부족하거나, 최신 정보의 업데이트가 부실한 경우도 있으니 무조건적인 맹신은 금물이다.

홍콩 관광청 찜사쪼이 사무소

안내 데스크에서 궁금한 사항을 바로바로 확인할 수 있으며, 개별 여행자를 위한 팸플릿과 소책자를 무료로 제공한다.
🕐 08:00~20:00
🚇 찜사쪼이의 스타페리 선착장과 같은 건물에 있다. 센트럴 행 스타페리 타는 곳을 바라볼 때 바로 왼쪽이다(MAP 15–B5).

홍콩 관광청 빅토리아 피크 사무소

찜사쪼이 사무소에 비해 규모는 작지만 서비스와 운영 스타일은 동일하다.
🕐 11:00~20:00 🚇 빅토리아 피크의 피크 갤러리아 앞 광장에 있다(MAP 8–D3).

홍콩 관광청 서울 사무소

🕐 월~금요일 10:00~18:00
🚫 토 · 일 · 공휴일 ☎ 02-778-4403
🚇 지하철 2호선 시청역 5번 출구에서 도보 5분. 프레지던트 호텔 1105호.
🌐 www.discoverhongkong.com

마카오 관광청 서울 사무소

🕐 월~금요일 10:00~17:00
🚫 토 · 일 · 공휴일 ☎ 02-778-4402
🚇 지하철 2호선 시청역 5번 출구에서 도보 5분. 프레지던트 호텔 908호.
🌐 http://kr.macautourism.gov.mo

관광청에서 제공하는 자료도 십분 활용하자

Q&A

여행, 언제 가는 게 좋을까요?

베스트 시즌으로 꼽는 때는 청명한 날이 이어지는 10~11월이다. 12~2월은 조금 쌀쌀하지만(우리나라의 늦가을 정도) 여행에는 큰 무리가 없다. 3~9월은 덥고 습도가 높기 때문에 더위에 약한 사람은 조금 고생할 수도 있다. 7~9월의 우기에는 호우 · 태풍 등 자연재해가 동반되는 경우도 있으니 주의하는 게 좋다.

동남아의 아열대 기후에 속하기 때문에 계절의 변화가 뚜렷하지는 않지만 홍콩에도 사계절이 있다. 구체적인 월별 · 계절별 특징은 다음과 같다.

3~5월 우기가 시작되는 봄

긴팔 옷이 부담스러울 만큼 기온이 올라가는 시기다. 평균 기온은 18~27℃. 4월이 넘어가면 긴팔 옷은 아예 엄두도 못낼 만큼 더위가 심해지니 여름옷을 준비해야 한다. 동시에 습도가 높아지며 비 오는 날도 늘어난다. 한마디로 쾌적한 여행을 즐기기가 점차 힘들어지는 시기! 그나마 비수기라 숙박 · 항공편 예약이 수월한 게 메리트다.

6~9월 푹푹 찌는 여름

여름은 해양 스포츠의 계절

홍콩의 평균 기온은 26~33℃. 매일 비가 오고 습도는 90%를 넘나들며 거대한 콘크리트 건물과 자동차가 뿜어내는 열기가 도시 전체를 후끈 달아오르게 만들어 체감 온도는 40℃를 육박한다. 이 때문에 모든 건물과 MTR · 버스에서는 에어컨을 최대한 강하게 틀어 놓는다. 자칫 감기 걸리기 십상이니 숙소에서는 에어컨을 조금 약하게 틀거나 이불을 꼭 덮고 자자. 에어컨을 끄고 싶은 생각도 들겠지만 조금이라도 켜놓지 않으면 금새 눅눅하고 습한 공기가 방안을 점령해 버린다.

강수량도 최고조에 이르러 장대비가 수시로 쏟아 붓는데, 그나마 다행스러운 것은 열대성 스콜이라 한 치 앞도 안 보일 만큼 굵은 장대비가 쏟아 붓다가도 30분쯤 지나면 뚝 그친다는 것. 비가 심하게 내릴 때는 쇼핑센터나 카페에서 잠시 시간을 보내다 나오는 것도 요령이다.

7~9월은 태풍 시즌이기도 하니 출발 전에 일기예보를 확인하는 게 좋다.

6~8월에는 여름 정기 세일을 한다. 세일 폭이 제법 크고 상품 종류도 다양하니 관심가져 보는 것도 좋을 듯!

10월~11월 여행의 최적기 가을

우리나라와 마찬가지로 가장 맑은 하늘을 볼 수 있는 시기다. 기온은 평균 18~28℃로 우리나라의 초여름 날씨를 떠올리면 적당할 듯. 9월 말부터 우기가 끝나기 때문에 비가 오거나 흐린 날은 많지 않다.

12~2월 해가 일찍 지는 겨울

겨울이라고 해도 평균 기온은 14~18℃, 10℃ 이하로 내려가는 날은 거의 없다. 어쩌다 수은주가 10℃ 이하를 가리키면 강추위(?)라는 표현을 빌려가며 호들갑을 떨지만, 혹독한 겨울에 단련된 한국인에게는 우스워 보일 뿐이다.

햇살이 내리 쬘 때는 반팔 옷을 입어도 될 만큼 기온이 올라간다. 하지만 바닷가를 끼고 있어 비가 내리거나 해가 진 뒤에는 체감온도가 우리나라의 초겨울 수준으로 뚝 떨어진다. 찜사쪼이의 해변 산책로나 빅토리아 피크에서 야경을 즐기고자 할 때는 추위에 대비해 조금 두툼한 옷을 가져가는 센스가 필수!

비 오는 날은 적지만 날씨가 변덕스러워 구름 낀 하늘을 자주 보게 된다. 습도도 무척 낮아져 건조한 날이 지속되는데, 입술과 피부가 트기 쉬우니 립크림과 보디 로션을 챙겨가자.

12월의 크리스마스와 1~2월 사이의 구정에는 다채로운 이벤트가 열리며 쇼핑센터와 백화점은 대대적인 연말 · 구정 세일을 단행한다. 최대 70%까지 세일하므로 쇼핑광이라면 이 시기를 노릴 것! 세일과 관련된 자세한 정보는 p.95를 참조하자.

홍콩 기상청

실시간으로 홍콩의 날씨를 확인할 수 있다. 단, 일기예보 적중률은 20% 미만이다. 스마트폰 · 태블릿 사용자는 홍콩 기상청 앱 My Observatory을 다운받아 놓는 것도 좋다. 어디서나 일기예보 확인이 가능해 태풍 등 위급상황 발생시 큰 도움이 된다.

www.hko.gov.hk

Q&A

여행 경비 얼마나 들죠?

여행 경비는 자신의 여행 스타일과 시즌에 따라 천차만별로 달라진다. 평균적으로 볼 때 저렴한 숙소와 음식에 만족하는 저예산 배낭여행에는 1일 9만 원, 안락한 호텔과 식도락을 즐기고자 하는 품격 여행에는 1일 15만 원 정도의 비용이 필요하다. 물론 초호화 럭셔리 여행을 즐기려면 사용한도 무제한의 신용카드가 필수!

여행 경비를 뽑을 때는 막연한 금액을 떠올리기보다 구체적인 비용을 조목조목 정리해 보는 게 좋다. 그리고 예상되는 비용보다 1.2배 정도의 경비를 준비하면 현지에서 쪼들리는 일 없이 쾌적한 여행을 즐길 수 있다.

❶ 항공 요금 35~50만 원
여행 경비 가운데 가장 큰 비중을 차지한다. 대략적인 비용은 35~50만 원. 시기와 항공편에 따라 요금이 달라지는데 정확한 요금은 항공권 예약 때 확인할 수 있다. 저렴한 항공권 구입 요령은 p.548를 참조하자.

자신의 일정에 어울리는 항공사를 선택하자

❷ 공항↔시내 교통비 HK$40~200
p.132~140의 홍콩 국제공항 소개에서 언급한 것처럼 공항에서 홍콩 시내를 왕복하는 데 HK$40~200의 비용이 든다.

❸ 교통비 1일 평균 HK$20~50
현지에서 이용할 대중교통비는 일반적으로 1일 평균 HK$20~50. 마카오 · 심천 등 주변 도시로의 여행을 계획한다면 왕복 HK$300 전후의 적지 않은 교통비 또는 비자 발급비가 추가로 들어간다. 자세한 교통비와 추가 경비는 마카오 · 심천 부분을 참고할 것.

❹ 숙박비 1인당 1박 HK$450~
홍콩의 숙박비는 아시아에서 가장 비싸다. 요금은 한인민박이 1인당 1박 HK$450 이상, 중급 호텔은 2인 기준 1박 HK$1,500 이상이다. 호텔은 싱글과 더블 · 트윈 요금이 같으니 둘이 이용하면 숙박비를 반으로 줄일 수 있다.

❺ 식비 아침 HK$30, 점심 · 저녁 HK$100~

홍콩 대표 음식 딤섬

숙박비와 마찬가지로 여행의 목적과 스타일에 따라 차이가 커진다. 일반적으로 가벼운 아침 식사에는 HK$30, 본격적인 식도락에 돌입하는 점심 · 저녁 식사에는 최소 HK$100씩을 예상하면 적당한 수준. 따라서 1일 평균 식비는 적어도 HK$230 정도 든다고 보면 된다. 이보다 식비를 아끼는 방법도 있지만 식비가 줄어들면 줄어들수록 인간적인 삶에서 멀어진다는 사실을 기억하자.

❻ 입장료 HK$10~25
박물관 · 미술관 입장료는 HK$10~25 수준으로 저렴하다. 게다가 날짜만 잘 맞추면 무료 입장도 가능해 실제로 입장료는 거의 안 든다고 봐도 된다. 단, 디즈니랜드 · 오션 파크처럼 입장료가 비싼 유원지는 별도의 예산이 필요하다.

❼ 잡비 1일 평균 HK$40
겨울을 제외하고는 더운 날이 지속되기 때문에 음료수 값이 적잖이 들어간다. 음료수는 개당 HK$5~10 수준. 간간이 커피 전문점에 들르거나 한국으로 전화를 건다면 이에 따른 비용도 증가한다. 이런 비용을 통틀어 1일 평균 HK$40의 잡비를 예상하면 적당하다.

실제 예산 짜보기

예산 짜기는 여행의 첫단계

교통비 · 식비 · 입장료 · 잡비는 1일 경비로 계산한다. 이것들을 모두 합한 뒤 여행 일수를 곱하면 실제 필요한 생활비가 나온다. 여기에 숙박 일수를 곱한 숙박비와 공항에서 시내까지의 교통비, 항공 요금을 더하면 총예산이 산출된다.
예를 들어 한인민박에서 묵는 3박 4일의 저예산 배낭여행이라면 예산은 다음과 같다.

생활비	HK$300(1일 경비)×4일=HK$1,200
숙박비	HK$450×3박=HK$1,350
공항 ↔시내 교통비 왕복	HK$40
항공 요금	35만 원
총예산	HK$2,590(40만 원) + 35만 원 = 75만 원

Q&A

저렴한 항공권 어디서 살 수 있나요?

발품 팔며 항공권을 알아보던 건 선사시대 이야기! 정보의 바다 인터넷을 적극 활용하자. 포털 사이트에서 '할인 항공권'으로 검색하면 저렴한 항공권을 취급하는 여행사를 금방 찾을 수 있다. 물론 요금 비교도 가능하다. 적어도 6~7군데 여행사의 요금을 비교해 보는 수고는 기본, 요금이 저렴한 비수기를 노리는 센스는 필수다.

현재 홍콩 행 항공편은 18개 항공사에서 운항하며 직항의 경우 홍콩까지 3시간 45분 정도 걸린다. 항공사마다 스케줄과 서비스에 차이가 있으니 자신의 스타일에 맞는 항공사를 선택하자.

취항 노선별 특징

18개 항공사 가운데 이스타항공 · 대한항공 · 아시아나항공 · 인도항공 · 드래곤에어 · 진에어 · 제주항공 · 에어부산 · 에티오피아항공 · 캐세이패시픽항공 등의 13개 항공사는 직항편, 나머지 항공사는 중국의 베이징 또는 대만의 타이페이 경유편을 운항한다.

직항편 가운데 요금이 제일 저렴한 것은 이스타항공 등의 저가 항공사이며, 스케줄이 가장 편한 것은 매일 5편을 운항하는 캐세이패시픽 항공이다.

대한항공 · 아시아나항공 · 캐세이패시픽항공은 홍콩에서 자정 무렵 출발해 서울(인천)에 아침 일찍 도착하는 심야편도 운항해 주말을 낀 1박 3일 일정의 짧은 홍콩 여행도 가능하다.

베이징 · 타이페이 경유편은 종종 저렴한 요금이 나오긴 하지만, 도중에 비행기를 갈아타야 하는 까닭에 홍콩까지 7~12시간 가까이 걸리니 주의하자.

홍콩 노선 운항사

이스타항공 www.eastarjet.com
대한항공 http://kr.koreanair.com
아시아나항공 http://flyasiana.com
에어부산 www.airbusan.com
진에어 www.jinair.com
제주항공 www.jejuair.net
에바항공 www.evaair.com
중국국제항공 www.airchina.kr
중화항공 www.china-airlines.com
캐세이패시픽항공 www.cathaypacific.com
홍콩 엑스프레스 www.hkexpress.com
※홍콩항공 · 홍콩 엑스프레스는 비정기 전세편이라 시즌에 따라 취항하지 않는 경우도 있다.

할인 항공권 구입 & 주의사항

할인 항공권에는 정가가 없다. 같은 노선, 같은 항공편일지라도 여행사에 따라 적게는 몇 천 원에서 많게는 몇 만 원까지 차이가 나는 게 현실. 따라서 가격 비교는 필수 점검 사항이다! 오프라인보다 온라인 여행사가 훨씬 저렴하며 항공사에서 인터넷 판매를 전제로 특가 항공권을 내놓기도 한다는 사실 역시 잊지 말자. 여기 더해 '비수기에, 저가 항공사를, 서둘러 예약'하는 기본 원칙과 몇 가지 주의사항만 지키면 저렴한 항공권은 의외로 쉽게 구해진다.

❶ 비수기를 노려라

비수기에는 항공 요금도 내려간다. 기본적으로 12~2월, 6~8월의 방학 기간과 설 · 추석 연휴를 제외한 나머지 시즌이 비수기에 해당한다. 성수기에 비해 10~20% 저렴한 것은 물론, 상대적으로 여행자가 적어 항공권 구하기도 수월하다.

❷ 저가 항공사를 선택하라

가장 파격적인 요금을 내놓는 항공편은 이스타항공 등의 저가 항공사다. 특히 비수기와 특정 시즌에는 저렴한 이벤트 요금을 내놓기도 하니 항공사 홈페이지를 수시로 들락거려보자. 또한 인도 항공 · 타이항공 등의 해외 항공사가 우리나라 국적기보다 요금이 저렴하다는 사실도 알아두면 좋을 듯.

여행 경비를 절약하려면 최대한 저렴한 항공권을 구입하는 게 우선!

❸ 서둘러 예약하라

일정이 잡히자마자 예약을 서두르자. 저렴한 항공권은 순식간에 팔려버리기 때문에 조금이라도 미적거리면 곤란하다. 더구나 성수기와 주말 · 연휴를 낀 시기에는 여행자

마카오 행 항공편

마카오만 여행하고자 할 때는 에어마카오 · 에어서울 · 제주항공 · 진에어 · 티웨이항공의 서울(인천)~마카오 직항편 또는 에어부산의 부산(김해)~마카오 직항편을 이용하면 편리하다. 마카오 행 항공편의 자리를 구할 수 없을 때는 홍콩 행 항공편을 이용해도 된다. 홍콩 국제공항에서 마카오까지 직행 페리를 운항하며 1시간 정도 걸린다. 자세한 내용은 p.436을 참고하자.

가 폭증해 항공권 구하기가 더욱 어려워진다. 항공권 예약시 필요한 것은 자신의 영문 이름과 연락처뿐! 실제 구입은 예약 후 여행사에서 지정한 날까지 하면 된다.

❹ 공동구매를 활용하라
항공 요금도 뭉치면 내려간다. 개별 요금보다 단체 요금이 훨씬 싸기 때문. 일부 인터넷 여행 카페나 여행사에서는 정기적으로 공동구매를 진행해 싼 항공권을 내놓기도 한다. 자신이 원하는 날짜나 일정을 선택하기 어려운 단점도 있지만 저렴하게 항공권을 구하는 방법이 되기도 하니 눈여겨보자.

항공권 공동구매는 온라인 여행사에서도 진행한다

❺ 운항 스케줄에 주의하라
최악의 항공편은 우리나라에서 오후 늦게, 홍콩에서는 오전 일찍 출발하는 노선이다. 하는 일 없이 꼬박 이틀을 공항에서 낭비하게 되니 운항 스케줄을 꼼꼼히 살펴보자. 일정이 짧으면 짧을수록 우리나라에서는 오전 일찍, 홍콩에서는 오후 늦게 또는 심야에 출발하는 항공편을 이용해야 현지에서 여행하는 시간을 최대한 벌 수 있다.

❻ 할인 항공권의 조건을 확인하라
저렴한 할인 항공권에는 유효기간이 터무니없이 짧은 것, 특정기간에만 이용 가능한 것, 출발 · 귀국 일시 변경이 아예 안 되는 것 등 다양한 조건과 제약이 붙는다. 싼 가격에 현혹되지 말고 자신의 일정과 항공권의 조건이 맞는지 꼼꼼히 점검하자.

❼ 수하물 무게에 주의하라
대형 항공사의 무료 수하물 무게는 보통 20~23kg이다. 하지만 저가 항공사는 일반적으로 15kg까지만 무료이며, 초과된 무게에 대해 1kg당 편도 1만~1만 5,000원의 추가 비용을 받는다. 수하물 무게가 많이 나갈 경우 대형 항공사보다 오히려 저가 항공사의 요금이 비싸질 수도 있는 것! 특히 쇼핑에 목적이 있다면 더욱 주의해야 한다.

❽ 항공권에 기재된 날짜와 이름을 확인하라
흔하지는 않지만 항공권에 출발 · 귀국일이 잘못 기재되는 경우가 있다. 여행 일정이 완전히 헝클어질 수 있으니 예약할 때, 그리고 항공권을 넘겨받을 때 다시 한번 확인

저렴한 항공권을 구입하려면
저가 항공사의 홈페이지부터 찾아보자

한다. 항공권에 영문 이름이 잘못 기재된 경우는 사태가 더욱 심각해진다. 항공권과 여권상의 영문 이름은 반드시 일치해야 하는 게 원칙. 만약 알파벳 '한 글자'라도 틀리면 애써 구입한 항공권이 휴지조각이 돼버리니 각별히 주의하자. 사고를 방지할 수 있는 확실한 방법은 예약시 정확한 영문 이름을 알려주는 것과 항공권을 받았을 때 그 자리에서 꼼꼼히 확인하는 것뿐이다.

홍콩 · 마카오 노선 할인 항공 요금

노선	항공사	요금
인천~홍콩	이스타항공	15만 원
	대한항공	35만 원
	아시아나항공	35만 원
	제주항공	15만 원
	진에어	24만 원
	캐세이패시픽항공	32만 원
	타이항공	29만 원
	에바항공	32만 원
	중화항공	32만 원
김해(부산)~홍콩	에어부산	26만 원
	중국국제항공	31만 원
	대한항공	35만 원
	캐세이패시픽항공	30만 원
인천~마카오	에어서울	19만 원
	진에어	19만 원
	제주항공	14만 원
	에어마카오	20만 원
	티웨이항공	21만 원
김해(부산)~마카오	에어부산	25만 원

※ 공항 이용료 · 유류할증료 포함.
※ 항공 요금은 주 단위로 변경될 만큼 변동이 심하니 위의 요금은 대략적인 기준으로만 생각하는 게 좋다.

Q&A
환전 어떻게 하나요?

홍콩 달러 환전은 은행의 외환 코너에서 한다. 필요한 것은 신분증 (여권·주민등록증 등)과 환전할 액수에 상응하는 원화뿐이다. 현지에서 원화를 홍콩 달러로 환전해도 되지만 환율이 나쁘고 은행·환전소를 찾아가는 것도 은근히 번거롭다. 필요한 만큼 우리나라에서 홍콩 달러를 준비해 가는 게 경비도 절약하고 몸도 편해지는 지름길이다.

홍콩에서 사용 가능한 결제수단은 현찰·신용카드·직불카드·여행자 수표의 4가지가 기본이다. 각기 장단점이 있으니 자신의 여건과 여행 스타일에 맞춰 적당한 결제수단을 선택하자.

❶ 홍콩 달러 현찰

위에서부터 홍콩상하이 은행, 스탠더드 차터드 은행, 중국은행의 HK$100 지폐

홍콩 달러는 홍콩 상하이 은행 HSBC, 중국은행 Bank of China, 스탠더드 차터드 은행 Standard Charterd Bank의 3개 은행에서 발행한다. 때문에 같은 권종의 지폐라도 도안이 은행마다 다르다(자세한 내용은 p.293 참조). 하지만 어느 은행에서 발행된 지폐라도 사용에는 아무런 제약이 없다.

일상생활에서 HK$100 이하의 지폐·동전이 가장 널리 사용된다. HK$500·1,000짜리 지폐는 중급 이상의 레스토랑·호텔·숍에서는 무리 없이 사용할 수 있지만, 소규모 숍·식당·노점에서는 받지 않는 경우도 있으니 주의하자.

그렇다고 무조건 소액권으로만 환전하면 부피가 커져 휴대하기가 무척 불편하다. 소액권과 고액권을 적절히 나눠서 환전하는 기지를 발휘하자. 예를 들어 숙박비를 홍콩에서 지불해야 하는 경우 숙박비에 해당하는 금액은 HK$1,000짜리 고액권으로 환전하고, 나머지 경비를 HK$100·500짜리로 환전하면 부피도 줄이고 현지에서 편하게 사용할 수 있다.

고액권을 중간중간 레스토랑·숍에서 사용하며 소액권으로 쪼개는 것도 좋은 방법이다.

홍콩 달러의 권종
동전 HK$1·2·5·10, ¢(센트) 10·20·50
지폐 HK$10·20·50·100·500·1,000

❷ 신용카드
신용카드의 최대 장점은 편리한 휴대성이다. 더구나 홍콩은 신용카드 사용이 보편화된 곳이기 때문에 소규모 숍·노점이 아니라면 어디서나 신용카드를 원활히 사용할 수 있다.

사용할 수 있는 카드는 VISA·MASTER·JCB·DINERS·AMEX 등이다. 물론 현지에 있는 현금자동지급기로 현금 서비스도 받을 수 있다.

단점은 해외 사용에 따른 수수료 부담이 은근히 크다는 것. 수수료·환가료 등의 명목으로 실제 사용 금액의 2% 정도를 추가 부담해야 한다. 예를 들어 신용카드로 100만 원을 사용하면 우리나라에서 실제로 결제해야 하는 금액은 102만 원 정도가 된다.

❸ 직불카드
국내의 주요 은행에서 발행된 직불카드 가운데 뒷면에 'International' 표시와 함께 'Plus' 또는 'Cirrus' 로고가 인쇄된 것은 홍콩 현지 은행의 현금자동지급기에서도 사용할 수 있다.

동일한 로고가 찍힌 현금자동지급기를 찾아 직불카드를 넣고 안내(영어·중국어)에 따라 기기를 조작하면 원하는 금액이 인출된다. 인출 가능 금액은 자신의 통장 잔고 범위 내에서 결정되며 1일 한도액이 정해져 있다. 한도액은 직불카드 발행 은행에 문의하자.

단점은 신용카드와 마찬가지로 인출액에 비례해 수수료·환가료가 추가되기 때문에 우리나라에서 환전할 때보다 환율이 좋지 않다는 것. 유사시에만 사용하도록 하자.

홍콩의 현금자동지급기

❹ 여행자 수표
도난·분실에 대비할 수 있는 게 여행자 수표의 매력. 그러나 홍콩에서는 사용하기가 너무나 불편하다. 특히 우리나라에서 홍콩 달러 여행자 수표를 구입할 수 없기 때문

에 미국 달러 · 유로 등 제3국 여행자 수표를 구입한 다음 홍콩에서 다시 환전해야 하는 번거로움이 따른다. 더구나 이렇게 할 경우 두 번에 걸친 환전 과정에서 적지 않은 돈이 수수료로 사라져버리기 때문에 손해가 이만저만이 아니다. 되도록 홍콩 여행에서는 여행자 수표를 사용하지 않는 게 원칙! 특히 단기 여행일 경우에는 더욱더!

한국에서 홍콩 달러 환전 요령

은행 홈페이지에서 할인 쿠폰을 내려받자

여행 경비로 가져갈 홍콩 달러가 정해지면 신문이나 은행 홈페이지의 환율란을 보자. '현찰 살 때(현찰 매도율)'라고 표시된 환율이 있는데, 이것이 홍콩 달러를 구입할 때 적용되는 환율이다. 여기 맞춰 필요한 원화와 신분증(여권 · 주민등록증 · 운전면허증)을 갖고 은행으로 가면 된다.

환율이 수시로 변동되기 때문에 정확한 금액의 원화를 맞춰가기는 힘들다. 예상한 금액보다 좀더 여유 있게 돈을 가져가는 센스를 잊지 말자. 은행에 가기 전에 은행 홈페이지에 들러보는 것도 좋다. 홈페이지에서 5~30%의 환전 수수료 할인 쿠폰을 다운받을 수 있는데, 소소해 보이지만 환전액이 크면 클수록 이득 보는 금액도 은근히 짭짤해진다.

국민은행 www.kbstar.com
기업은행 www.ibk.co.kr
농협 www.nonghyup.com
신한은행 www.shinhan.com
우리은행 www.wooribank.com
KEB 하나은행 www.kebhana.com
한국씨티은행 www.citibank.co.kr
SC제일은행 www.standardchartered.co.kr

홍콩에서 홍콩 달러 환전 요령

홍콩에서도 한국 원화를 홍콩 달러로 환전할 수 있다. 하지만 환율이 무척 나쁘기 때문에 우리나라에서 홍콩 달러를 구입할 때보다 손해보기 십상이다. 원화를 홍콩 달러로 환전할 수 있는 곳은 공항과 찜사쪼이 · 센트럴 지역의 사설 환전소다.

대부분 'Exchange Money'라는 간판을 내걸고 있어 금방 눈에 띄는데, 환전소마다 환율이 제각각이니 적어도 서너 군데는 비교해보고 환전해야 손해를 조금이라도 줄일 수 있다.

사설 환전소에 붙어 있는 환율표는 대부분 Buy와 Sell로 나뉘어 있다. 이 가운데 원화를 홍콩 달러로 바꿀 때 적용되는 환율은 Buy 쪽이다. 환전할 때는 '수수료 Commission'가 필요한지 꼭 물어보자. 환율이 좋은 대신 몇 천 원씩 수수료를 떼는 곳도 있다.

미국 달러 · 유로 여행자 수표 또는 제3국 통화를 환전할 때도 위의 방법을 따르면 된다. 참고로 여행자 수표는 사설 환전소보다 은행에서 환전하는 게 환율이 좀더 좋다.

홍콩의 사설 환전소

마카오 · 심천 여행 경비 환전

마카오는 자체 화폐인 파타카 MOP를 가지고 있지만 우리나라에서는 환전이 불가능하다. 다행히 마카오에서는 홍콩 달러가 1:1의 가치로 통용되기 때문에 필요한 경비를 모두 홍콩 달러로 가져가도 전혀 문제가 되지 않는다. 자세한 내용은 p.427참조.

중국 땅인 심천에서는 당연히 중국 화폐인 위안 元이 통용된다. 예전에는 홍콩 달러를 자유로이 사용할 수 있었지만 현재는 위안화의 가치가 급등해 홍콩 달러 사용이 불가능하다. 필요한 만큼의 중국 위안화를 우리나라에서 환전해 가자. 위안화는 은행 · 사설 환전소에서 환전할 수 있는데 환율이 저렴한 사설 환전소를 이용하는 게 유리하다. 인터넷에서 '환전소'로 검색하면 중국 위안화를 환전해주는 국내의 사설 환전소를 쉽게 찾을 수 있다.

마카오 파타카 지폐

전화 · 인터넷 · 우편
어떻게 사용하죠?

공중전화를 쉽게 찾을 수 있으며 기본적인 이용법은 우리나라와 같다. 현지에서 파는 저렴한 국제전화 선불카드를 사용하면 전화요금 부담이 반의 반으로 줄어든다. PC 방 · 인터넷 카페는 거의 없기 때문에 인터넷 사용은 조금 어렵다. 호텔 · 한인민박의 인터넷 서비스를 이용하거나 일부 커피 전문점의 무료 인터넷 PC가 유일한 대안이다.

전화 · 인터넷 · 우편을 적절히 활용하면 여행이 편해짐은 물론 우리나라에서 애태울 누군가에게 큰 위안을 안겨 줄 수 있다. 또한 현지에서 띄운 편지나 엽서는 기념품 이상의 가치가 있으며 훗날 추억으로 간직할 수 있는 소중한 기억이 되기도 한다.

우편 서비스

빨간색의 우체통

센트럴 · 찜사쪼이 · 빅토리아 피크 등 다운타운과 관광지에 대형 우체국이 있다. 편지 · 엽서 · 소포 등을 자유로이 보낼 수 있으며 어렵지 않게 영어가 통한다. 일반 우편의 경우 한국까지 우편물이 도착하는 데 걸리는 시일은 1주일 정도. 시간을 다투는 일이라면 EMS · DHL · FEDEX 등의 특급 우편 제도를 활용한다. 비용은 우편물의 무게에 비례해 올라간다.

우편물의 주소 기입란은 한글로 작성해도 무방하다. 단, 받는 이의 주소 옆에 큼직하게 'South Korea'라고 써놓아야 배달 사고가 발생하지 않는다는 사실을 잊지 말자.

홍콩 우정국 www.hongkongpost.hk
DHL www.dhl.com.hk
FEDEX www.fedex.com/hk

한국 → 홍콩 국제전화

우리나라에서 홍콩으로 국제전화를 걸 때는 001 · 002 · 008 등 국제전화 회사를 선택한 다음, 홍콩의 국가 코드 852, 그리고 수신자의 전화번호를 차례로 누른다. 예를 들어 홍콩의 1234-5678번으로 전화를 건다면 다음의 순서를 따르면 된다.

예) 001-852-1234-5678

홍콩 국내전화 이용

홍콩의 공중전화는 카드식과 동전식이 있다. 어떤 것이든 요금은 동일하며 HK$1로 5분 통화할 수 있다. 사용 가능한 동전은 HK$1 · 2 · 5 · 10. 통화 후 돈이 남아도 거스름돈이 나오지 않으니 주의하자.

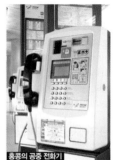

홍콩의 공중 전화기

카드식 전화기는 원칙적으로 해당 공중전화 회사의 전화카드를 구입해야만 사용할 수 있다. 일부 공중전화는 옥토퍼스 카드로도 사용할 수 있다.

호텔 객실에서 전화를 걸 때는 0번 또는 9번을 누르고 수신자의 전화번호를 누르면 통화가 된다. 자세한 이용법은 전화기 옆에 놓인 안내문을 참고하자. 요금은 한 통화 HK$2~10 정도. 사용 요금은 체크아웃 때 지불한다.

홍콩 → 한국 국제전화

한국으로 국제전화를 거는 방법은 다음의 4가지가 있다. 저렴하게 국제전화를 걸려면 국제전화 선불카드를 이용하는 게 좋다.

❶ 공중전화 · 일반전화 사용

공중전화기로도 국제전화를 걸 수 있다

공중전화로 국제전화를 걸 때는 PCCW의 전화카드를 현지의 편의점에서 사야 한다. 전화 거는 방법은 공중전화나 가정용 일반전화 모두 동일하다.

먼저 001을 누르고 우리나라의 국가 코드 82, 지역번호에서 0을 뺀 나머지 번호, 수신자의 전화번호를 차례로 누른다. 일부 공중전화는 앞서 설명한 순서를 따른 다음 마지막에 '#' 버튼을 눌러야 통화가 되는 것도 있다. 예를 들어 서울의 1234-5678번으로 전화를 건다면 다음과 같은 순서로 누른다.

예) 001-82-2-1234-5678

❷ 컬렉트 콜

컬렉트 콜 즉 수신자 부담 통화는 거는 사람은 요금 부담이 전혀 없지만 받는 사람은 분당 803~1,111원의 비싼 요금을 내야 한다. KT · 세종 텔레콤의 컬렉트 콜 접속 번호를 누르면 한국어 안내방송이 나오며 이를 따라 하면 통화하고자 하는 번호로 연결된다. 일반전화는 물론 공중전화에서도 접속번호만 누르면 이용할 수 있다.

컬렉트 콜 접속 번호
KT 800-96-0082
세종 텔레콤 800-93-0082

❸ 국제전화 후불카드

해외에서 사용한 전화요금을 나중에 결제할 수 있다. 카드에 적힌 접속번호를 누르고 안내방송에 따라 카드 번호와 전화번호를 누르면 수신자와 연결된다. 요금은 일정기간 뒤에 청구된다. 현지에서 요금 부담 없이 국제전화를 사용할 수 있는 게 장점이지만 역시 요금이 만만치 않게 비싸다. 국제전화 후불카드는 우리나라에서 미리 발급 받아가야 한다. 발급 소요기간은 1주일 정도다.

국제전화 후불카드 문의
KT 100
LG 유플러스 1544-2255
세종 텔레콤 1688-1000

❹ 국제전화 선불카드

사실 환전소나 편의점에서 판다. 흔히 '폰 카드 Phone Card'라고 부르는데, 카드 발행사마다 요금이 천차만별이다. 요금이 싼 카드는 상  점 벽에 붙여 놓은 국제전화 요금 광고지를 보면 금방 알 수 있다. 선불카드는 HK$50 단위로 팔며 한국 통화시 요금은 1분당 HK$0.25~0.80 수준이다. 물론 우리나라에서도 홍콩에서 사용 가능한 국제전화 선불카드를 팔지만 홍콩 현지에서 파는 것보다 통화료가 비싸다.

사용법은 다음과 같다. 구입한 선불카드 뒷면의 은박을 긁어내면 '핀 넘버 Pin Number'가 나온다. 선불카드에 적힌 접속번호로 전화를 걸면 안내방송이 나오는데, 시키는 대로 언어를 선택하고 핀 넘버, 우리나라의 국가 코드 82, 0을 뺀 지역 번호, 그리고 수신자의 전화번호를 입력하면 전화가 연결된다.

핸드폰 로밍

자신의 핸드폰을 홍콩에서 그대로 사용할 수 있다(자동 로밍). 홍콩에서 핸드폰 전원을 켠 뒤 메뉴에서 '국제로밍'을 선택하면 된다. 자동 로밍이 안 되는 구형 핸드폰 사용자는 홍콩에서 사용할 수 있는 핸드폰을 공항에서 따로 빌려가야 한다(임대 로밍).
요금은 1분당 1,250~2,000원 수준이며 전화를 걸 때는

물론 받을 때도 요금이 나간다는 사실을 기억할 것!
SK 텔레콤 www.tworld.co.kr
KT www.kt.com
LG 유플러스 www.uplus.co.kr

현지에서 핸드폰 개통하기

스마트폰 또는 GSM 방식의 핸드폰 소지자는 현지에서 심 카드 SIM Card(유심 카드)를 구입해서 사용해도 된다. 심 카드는 시내 곳곳의 핸드폰 업체나 이동통신사 대리점(three.com · csl Shop · 1010 Centre · SmarTone), 가전양판점(Fortress · Broadway) 등에서 판다. 스마트폰에 심 카드를 장착한 뒤 동봉된 매뉴얼에 따라 스마트폰을 작동시키면 바로 개통된다. 방법을 잘 모를 때는 심 카드를 구입한 곳에서 개통을 부탁해도 된다.
통화료는 1분 HK$0.06~0.25 수준. HK$50~100짜리 심 카드를 구입하면 홍콩에 체류하는 동안 원 없이 전화를 쓸 수 있다. 주의할 점은 전화를 걸 때는 물론 받을 때도 요금이 부과된다는 사실. 하지만 통화료가 워낙 싸기 때문에 별 부담은 없다.

인터넷

홍콩에는 우리나라와 같은 PC방 · 인터넷 카페가 없기 때문에 기본적으로 호텔 · 숙소에서 제공하는 무선 · 유선 인터넷 서비스를 이용해야 한다. 인터넷이 무료인 한인민박 · 게스트하우스와 달리 호텔에서는 1시간 HK$20~80, 24시간 HK$100~160의 적지 않은 인터넷 사용료를 내야 하는 경우도 있다.
MTR 센트럴 역의 똥총 선과 아일랜드 선 환승 구역, 아일랜드 선과 췬완 선 환승 구역, 찜사쪼이의 차이나 홍콩 시티 페리터미널 출국장에는 자신의 이메일 주소를 입력하고 사용하는 무료 인터넷 PC가 있다.

무료 Wi-Fi

홍콩 · 마카오의 공원 · 관공서 · 도서관, 그리고 대형 쇼핑몰에서는 Wi-Fi를 무료로 사용할 수 있다. 무료 네트워크를 선택하고 사용자 동의 버튼만 누르면 되기 때문에 스마트폰 · 태블릿 소지자가 이용하면 편리하다. 스타벅스 · 퍼시픽 커피 컴퍼니 등의 커피 전문점에서도 Wi-Fi를 사용할 수 있는데, 음료를 주문하면 비밀번호를 알려주는 방식이다. 자세한 이용법은 p.64를 참고하자.

데이터 심 카드

스마트폰 사용자의 경우 '해외 데이터 요금 폭탄'이 걱정된다면 홍콩 현지 통신사의 저렴한 데이터 심 카드(유심 카드)를 구입하는 것도 좋다. 심 카드는 홍콩 국제공항 및 현지의 편의점 · 이동통신사 대리점에서 손쉽게 구입할 수 있다. 속도는 조금 느리지만 요금은 저렴한 편이다. 자세한 이용법은 p.65를 참고하자.

여행 노하우 어떤 게 있나요?

홍콩을 현지인처럼 활보할 수 있는 최상의 여행 노하우는 바로 꼼꼼한 준비다. 특히 일정이 짧으면 짧을수록 착실한 준비가 필수! 준비가 부족하면 현지에서 까먹는 시간도 늘어난다는 사실을 잊지 말자. 가장 확실한 정보와 여행 노하우는 가이드북에 담겨 있다. 책을 정독하며 자신에게 필요한 정보를 정리하자.

기본적인 여행 노하우만 알아도 한결 안락한 여행을 즐길 수 있다. 초보여행자가 기억하면 피가 되고 살이 되는 '홍콩 여행 테크닉 십계명'을 알아보자.

❶ 일정 관리는 꼼꼼히
1주일 미만의 짧은 여행은 한마디로 시간과의 싸움이다. 제아무리 손바닥만한 홍콩일지라도 봐야 할 곳은 많고 먹어야 할 음식은 널렸으며 매력적인 쇼핑 아이템은 산처럼 쌓여 있다. 자칫 계획 없이 길을 나섰다가는 어디부터 가야 할지 막막한 상황에 놓이게 마련!
여행 일정은 늦어도 출발 1주일 전까지 세워놓고 관광명소·레스토랑·쇼핑센터의 노는 날까지 꼼꼼히 체크하자. 예약 필수인 레스토랑도 많아 편하게 식도락을 즐기려면 1일 단위로 일정을 잡고 예약을 서두르는 게 현명하다. 레스토랑 예약은 전화·이메일로 한다.

❷ 무거운 짐은 숙소에
홍콩의 거리에서 코인라커 찾기는 '하늘의 별 따기'다. 무거운 짐을 들고 돌아다닐 수는 없는 노릇이니 숙소에 짐을 맡긴 다음 가벼운 차림으로 움직이자. 자신이 묵을 호텔·민박·게스트하우스에 부탁하면 대부분 무료로 짐을 맡아준다. 체크인 시간 전에 도착한 경우는 물론, 체크아웃을 한 경우에도 당일에 한해 짐 보관이 가능하다.

체크인·체크아웃 때 호텔 프런트에 짐을 맡기고 편한 몸으로 다니자

❸ 쉽게 길 찾는 요령
홍콩은 한 세기에 걸쳐 개발된 계획도시다. 직선으로 뻗은 대로를 중심으로 작은 도로와 골목이 바둑판의 눈금처럼 촘촘히 연결돼 있으며, 모든 길에 도로명이 한자·영문으로 적혀 있어 지도 한 장이면 어디든 찾아갈 수 있다.

표지판은 영문·한자로 돼 있다

도심의 주요 명소는 MTR 역을 중심으로 모여 있어 역을 기점으로 움직이면 찾아가기도 쉽다. 역을 나가기 전에 목적지의 위치, 그리고 목적지와 가장 가까운 출구 번호를 확인하면 길을 헤맬 가능성도 현저히 줄어든다.
지도를 볼 때는 기준이 되는 건물 몇 개를 체크해놓고 그 건물들을 중심으로 길을 찾으면 쉽다. 예를 들어 지도상에서 눈에 띄는 호텔·쇼핑센터·MTR 역을 두세 개 찾은 다음 그 건물들의 위치와 똑같이 지도를 펼쳐놓으면 현재 자신이 위치한 곳과 가야 할 길을 금방 찾을 수 있다.

❹ 호텔·쇼핑센터를 안방처럼
홍콩의 날씨는 12~2월의 짧은 겨울(?)을 제외하고는 찜통 같은 더위라 해도 과언이 아니다. 습도가 높고 도시 전체가 아스팔트와 콘크리트로 덮여 있는 까닭에 더위가 더욱 심하게 느껴진다. 조금이라도 지쳤다 싶으면 주저 없이 가까운 대형 호텔이나 쇼핑센터로 들어가자. 항상 에어컨이 빵빵하게 나오기 때문에 피로와 더위를 순식간에 날려버릴 수 있다. 호텔 로비에는 누구나 이용할 수 있는 소파도 있으니 잠시 쉬어 가는 것도 좋다.

> **또 다른 짐 보관 방법**
> 찜사쪼이의 하버시티 쇼핑센터에는 누구나 자유로이 이용할 수 있는 코인라커가 있다. 자세한 이용법은 p.334를 참조하자. 귀국 당일 짐이 많을 때는 홍콩 역이나 까우롱 역의 도심공항 터미널(p.151)을 이용하는 것도 요령이다. 짐을 공항으로 미리 보낸 다음 비행기 출발 시각 전까지 가뿐한 몸으로 시내 관광에 나설 수 있다. 물론 최후의 쇼핑에 '버닝'하는 것도 가능!

❺ 식사 시간은 눈치껏

레스토랑이 붐비는 시간은 12:30~14:00, 18:30~ 20:00이다. 이 시간대에 예약 없이 갔다가는 30분~1시간 이상 기다려야 하는 게 당연지사. 예약하고 가거나 되도록 그 시간대를 피해서 레스토랑을 이용하자. 금쪽 같은 시간을 조금이라도 절약할 수 있다.

❻ 수분 섭취는 바로바로

더위에 지친 상태에서 수분까지 제때 보충해주지 않으면 몸이 쉬 피로해지는 건 물론, 심하면 열사병에 쓰러질 수 있다. 조금이라도 갈증이 느껴지면 바로바로 수분을 보충해주자. 생수는 시내 곳곳의 편의점·슈퍼마켓에서 싸게 살 수 있다.

거리 어디서나 눈에 띄는 주스 스탠드에서 비타민 C가 풍부한 생과일 주스로 목을 축이는 것도 '웰빙 여행'의 노하우다.

❼ 잔돈은 그때그때 처분

홍콩의 레스토랑·숍을 이용하다보면 10·20·50센트짜리 동전이 부지기수로 생긴다. 무의식적으로 지폐를 사용하는 사이 주머니가 불룩해지기 십상이니 잔돈, 특히 10·20·50센트 짜리 동전은 수시로 써서 없애야 한다. 음료수나 가벼운 군것질 거리를 구입할 때 잔돈을 사용하는 게 요령!

❽ 쾌적한 화장실 이용법

화장실 인심은 제법 후하다. 특히 2003년 사스 SARS 발생 이후 공중위생이 한층 강화되면서 공중화장실이 많이 보급됐으며 기존의 시설

화장실 표지판

도 무척 깨끗해졌다. 공중 화장실은 공원이나 주요 관광명소에서 쉽게 찾을 수 있다. 쾌적한(?) 시설이 아니면 볼일을 보기 힘든 '깔끔파 여행자'는 대형 호텔이나 쇼핑센터에 딸린 화장실을 이용하자.

호텔은 로비와 같은 층, 쇼핑센터는 각층의 비상구 근처에 화장실이 있다. 외부인이 사용할 수 없게 화장실을 잠가 놓는 곳도 있는데, 이때는 맥도날드 등의 가까운 패스트푸드점을 찾아가면 된다.

❾ 주말은 피하자

홍콩의 보통 시민에게도 주말은 황금 같은 휴일이다. 하지만 조그만 땅덩어리에 딱히 갈 곳도 마땅치 않아 대부분의 현지인은 시내에서 먹고, 마시고, 쇼핑하며 시간을 보낸다.

따라서 금요일 저녁부터 일요일까지 식당·쇼핑가·유흥업소가 현지인들로 인산인해를 이룰 것은 뻔한 노릇. 특히 식당에서는 밥 한 끼 먹기 위해 기다려야 하는 시간이 평소의 배 이상 늘어난다. 물론 재래시장은 토·일요일이 가장 활기 넘치는 때이지만, 이러한 볼거리를 제외한다면 주말 동안 일반 여행자가 쾌적한 기분으로 여행을 즐기기는 조금 힘들다.

❿ 관광 인포메이션 센터 활용

홍콩의 관광 인포메이션 센터

부정기적으로 열리는 행사·축제에 관한 가장 확실한 정보는 관광 인포메이션 센터에서 제공한다. 우리나라에서 미리 홍콩·마카오 관광청 홈페이지에 접속해 필요한 정보를 챙겨놓고, 궁금한 사항은 현지의 관광 인포메이션 센터에 물어본다. 현지인이 아니면 알기 힘든 생생한 정보도 쉽게 손에 넣을 수 있다. 관광 인포메이션 센터에 관한 자세한 정보는 p.545 참조.

언어 문제 어떻게 해결하나?

기본적으로 홍콩·마카오에서 사용하는 언어는 광동어 廣東語다. 표준 중국어인 북경어 北京語와는 발음·성조가 완전히 달라 중국인이라도 광동어를 모르면 말이 전혀 통하지 않는다. 그나마 다행스러운 일은 영국 식민지였던 까닭에 영어가 통한다는 것. 물론 홍콩 인구 전부가 아닌 일부 지식층과 서비스업 종사자만이 영어를 완벽하게 구사할 뿐이지만, 어디서든 간단한 영어로 의사소통을 하는 데는 지장이 없다.

영어가 통한다 해도 간단한 광동어 몇 마디는 기억해두자. 상대방의 호의를 얻기 쉬운 것은 물론 대화를 풀어 가는 데도 큰 도움이 된다.

서바이벌 광동어

早辰 쪼싼	안녕하세요(아침 인사)
你好嗎 네이호우마	안녕하세요(오후 인사)
再見 쪼이낀	안녕(헤어질 때)
多謝 또제	대단히 감사합니다
唔該 음거이	고맙습니다
	실례합니다(사람을 부를 때)
勁好 껭호우	너무 좋아요
得架喇 딱까라	괜찮습니다
無問題 모우먼타이	괜찮습니다/상관없어요
對唔住 뚜에이음쮜	미안합니다
好味 호호메이	정말 맛있어요
好 호/하이	네(좋습니다)
唔好 음호/음하이	아니오(싫습니다)

사고가 났을 때는 어떻게 하죠?

홍콩의 치안은 무척 양호하다. 강력 사건이 발생할 가능성은 제로에 가까우니 안심해도 좋다. 단, 부주의로 인한 분실사고가 종종 발생하니 마냥 들뜬 기분으로 돌아다니는 건 금물! 사고가 발생하면 당황하지 말고 차분하게 행동하자. 영어 · 중국어에 익숙하지 않을 때는 주위에서 말이 통하는 사람부터 찾는 게 급선무다.

사건 · 사고 발생시 가장 큰 도움을 받을 수 있는 곳은 현지 사정에 밝은 숙소의 주인 또는 호텔의 프런트다. 사건 관계 서류는 경찰서에 요청한다.

분실 · 도난

홍콩 경찰 로고

제일 흔한 사건이 바로 분실과 도난이다. 유일한 예방책은 스스로 주의하는 것뿐. 분실 사고는 MTR · 버스 등의 대중교통과 쇼핑센터 · 레스토랑 · 호텔에서 자주 일어난다. 잠깐 정신을 놓았다가 소지품을 깜빡하는 경우가 많기 때문. 자리에서 일어날 때 소지품을 제대로 챙겼나 꼼꼼히 확인하자. 호텔에서는 체크아웃 직전에 다시 한번 객실을 둘러보고 잊어버린 물건이 없나 확인하는 게 좋다.

소매치기 등의 도난 사건은 러시아워 때의 MTR과 사람이 붐비는 재래시장 · 야시장에서 종종 발생한다. 배낭은 앞으로 메고 지갑 · 손가방은 항상 몸에서 떨어지지 않게 보관해야 안전하다.

여행자 보험에 가입한 경우 도난 사건이 발생하면 가까운 경찰서에서 '도난 증명서 Police Report 盜難證明書'를 발급 받는다. 그리고 우리나라에서 도난 증명서와 함께 보험금을 신청하면 약간의 보상을 받을 수 있다.

여권 분실

여권을 분실하면 여행은 물론 귀국마저 불가능해진다.

도난 증명서 작성 요령

도난 증명서에는 자세한 사건 경위와 함께 도난당한 물건의 구체적인 모델명까지 기록해야 한다. 도난 증명서를 기준으로 보상금이 지급되기 때문인데, 예를 들어 카메라의 경우 단순히 'Camera'가 아니라 'Camera, Nikon D700'이라고 상세히 써야 한다.

도난 증명서를 작성할 때는 단어 사용에도 주의하자. '분실 Lost 紛失'은 본인 부주의로 물건을 잃어버렸다는 뉘앙스가 강하기 때문에 보상이 어려워질 수 있다. 도난은 반드시 'Stolen 盜難'이라는 표현을 써야 함을 잊지 말자.

유일한 해결책은 홍콩 주재 한국 총영사관을 찾아가 여권을 재발급 받는 것뿐이다. 마카오 · 심천에는 한국 영사관이 없기 때문에 역시 홍콩 주재 한국 총영사관을 이용해야 한다.

필요한 서류는 경찰서에서 발급 받은 분실 · 도난 증명서, 항공권, 국내신분증(주민등록증 · 운전면허증 등) 또는 분실한 여권의 사본, 여권용 사진 2장, 그리고 수수료 HK$120다. 발급 소요기간은 1주일 정도이며 단수여권이 발급된다. 여권 분실에 대비해 여권의 사진이 인쇄된 부분을 복사해서 두세 장 가져가는 것도 좋은 방법이다.

주홍콩 대한민국 총영사관

🕒 월~금요일 09:00~17:30
🚫 토 · 일 · 공휴일
🏠 Consulate General of the Republic of Korea, 5/F, Far East Finance Centre, 16 Harcourt Road, Admiralty
📞 2529 – 4141, 001 – 800 – 2100 – 0404(무료)
🚇 MTR 애드미럴티 역 Admiralty 金鐘 B번 출구를 나와 맞은편에 보이는 금색 건물 5/F층에 있다.
🌐 http://overseas.mofa.go.kr/hk-ko/index.do
🗺 MAP 6–G3

항공권 분실

항공권 분실하면 집에 못 가요~

유효기간 1년짜리 정상 항공권은 재발급이 가능하다. 그러나 일반적으로 사용되는 유효기간 1년 미만의 할인 항공권은 재발권이 불가능하기 때문에 현지에서 항공권을 직접 구입해야 한다. 단, e-티켓 소지자는 이메일로 받은 e-티켓을 프린트해서 사용하면 되므로 분실 걱정을 할 필요가 없다.

현금 분실

현금만 분실한 경우 신용카드 · 직불카드로 현금 서비스를 받는 게 최선의 해결책이다. 홍콩 · 마카오에 있는 대부분의 현금자동지급기를 사용할 수 있다. 한국어 서비스가 가능한 현금자동지급기는 씨티 은행에서 이용할 수 있다. 사용 가능한 지점의 위치는 센트럴 MAP 5-B1, MAP 5-C2, MAP 6-F4, 코즈웨이 베이 MAP 11-C4, 찜사쪼이 MAP 15-D3의 지도를 참조할 것.

현금은 물론 신용카드·직불카드마저 분실한 경우에는 우리나라에서 송금받는 수밖에 없다. 송금 서비스를 받으려면 홍콩에 있는 우리나라 은행의 지점을 찾아가 여권을 제시하고 임시 계좌를 개설한다. 그리고 한국으로 연락해 송금을 부탁하면 2시간 내(KEB 하나은행)에 돈을 찾을 수 있다.

KEB 하나은행 센트럴 지점
🕐 월~금요일 09:30~16:30
🚫 토·일·공휴일
📍 32F, Far East Finance Centre, 16 Harcourt Road, Central
☎ 3578-5000
🚇 MTR 애드미럴티 역 B번 출구를 나와 맞은편에 보이는 금색 건물 32/F층에 있다.
🗺 MAP 6-G3

KEB 하나은행 찜사쪼이 지점
🕐 월~금요일 09:30~16:30
🚫 토·일·공휴일
📍 Room 1205, Energy Plaza, 92 Granville Road, Tsim Sha Tsui East, Kowloon
☎ 2369-2131
🚇 MTR 찜사쪼이 역 B2번 출구를 나와 정면으로 도보 11분.
🗺 MAP 16-G2

우리은행 센트럴 지점
🕐 월~금요일 09:30~16:30
🚫 토·일·공휴일
📍 Suite 1401, Two Pacific Place, 88 Queensway
☎ 2521-8016
🚇 MTR 애드미럴티 역 C1번 출구를 나와 도보 6분.
🗺 MAP 6-G5

여행자 수표 분실
미사용 여행자 수표의 일련번호를 알면 재발행이 가능하다. 여행자 수표 발행사에 분실 신고를 하고 현지 지점을 찾아가 미사용 여행자 수표의 일련번호, 여행자 수표 구입 영수증을 제시한 뒤 재발행 신청을 한다. 빠르면 당일, 늦어도 2~3일 안에 여행자 수표를 받을 수 있다.

우리나라에서 여행자 수표를 구입할 때 현지의 여행자 수표 발행사 지점의 주소·전화번호를 확인해 놓자. 그리고 여행자 수표를 사용할 때 일련번호를 꼼꼼히 기록하는 일도 절대 잊어선 안 된다.

신용카드 도난·분실
홍콩을 비롯한 동남아 일대에서는 신용카드 위조 사기가 종종 발생한다. 분실 사고 발생 즉시 카드 발행사에 연락해 신용카드 거래중지 신청을 하는 게 급선무.

신용카드 번호와 발행사의 전화번호를 따로 기록해 두면 비상사태 발생시 손쉽게 대처할 수 있다.

몸이 아플 때
증상이 가벼울 때는 편히 쉬거나 약국을 이용한다. 일반 의약품과 종합 감기약 등은 약국과 매닝스·왓슨 등의 드러그 스토어 Drug Store에서 구입할 수 있다.

찜사쪼이의 코리아 타운(p.312)에 있는 한인 슈퍼마켓에서도 우리나라에서 수입한 종합 감기약 등의 상비약을 구입할 수 있다.

증세가 심각할 때는 병원으로 가는 게 안전하다. 대형 병원에서는 영어가 통하며 일부 한국어가 통하는 병원도 있다. 병원에 갈 때를 대비해 여행자 보험에 들어놓는 것도 좋다. 귀국 후 병원비 영수증과 진단서를 첨부해 보험금을 신청하면 현지에서 지불한 액수만큼 환불된다.

홍콩 현지 비상 연락처
홍콩 한인회 2543-9387 / 아시아나항공 2523-8585
캐세이패시픽항공 2747-1888 / 타이항공 2876-6888
대한항공 2366-2001 / 대우중의약진소 2199-7443
대동한방의원 2724-1883 / 서울한의원 2890-9571
홍콩 소비자 위원회 2929-2222

여행자 보험 가입
도난·질병 등의 사고가 걱정될 때는 여행자 보험에 가입하자. 가입시 눈여겨볼 사항은 기간·보험료·보상 한도액이다. 보험 가입 기간이 자신의 일정과 일치하지 않을 때는 짧은 것보다 좀더 긴 기간을 선택하는 게 안전하다. 사고는 예고 없이 찾아오는 법이니까.

보험료는 기간과 보상 한도액에 비례해서 올라간다. 무조건 싼 것보다는 적절한 수준의 보험료와 보상 한도액을 선택하는 게 요령. 사망에 이르는 심각한 사고의 발생 비율은 상대적으로 적은 만큼 이와 관련된 보상 한도액은 작게, 도난·질병 사고는 비교적 빈번히 발생하므로 이와 관련된 보상 한도액은 조금 크게 설정된 보험 상품을 고르는 게 요령이다.

참고로 휴대품 보상 한도액은 지급되는 보험금의 총액을 뜻한다. 예를 들어 휴대품 보상 한도액 30만 원짜리 보험에 가입했을 때 100만 원짜리 물건을 도난당했어도 실제 지급되는 금액은 최대 30만 원까지다.

여행자 보험은 보험 대리점·여행사·공항·인터넷에서 가입할 수 있다. 여행사·공항에는 보험료가 비싼 상품밖에 없으므로 저렴하게 원하는 보험 상품에 가입하려면 인터넷을 이용하는 게 현명하다. 보험 상품을 찾을 때는 '여행자 보험'으로 검색하면 된다.

Q&A
짐은 어떻게 챙기나요?

짧은 여행에 무거운 짐은 절대 금물. 옷가지·양말·가이드북만 가져가도 충분하다. 세면도구는 숙소에 비치돼 있고 자잘한 생필품은 현지에서 얼마든지 구입할 수 있다. 몸이 가벼워야 여행도 즐거워진다는 사실을 꼭 기억하자. 사용 가능성 '50%' 미만인 물건은 무조건 제외시키는 게 짐을 줄이는 최선의 요령이다.

세계 어딜 가나 짐 꾸리기의 기본 원칙은 '작게' 그리고 '가볍게'다. 다음에 소개할 필수 항목에 해당하는 짐을 우선적으로 챙긴다.

트렁크·여행용 배낭

짐이 많을 때는 트렁크나 여행용 배낭을 가져가는 게 좋다. 등산용 배낭처럼 입구가 좁은 배낭은 짐을 넣고 빼기가 불편하다. 트렁크는 되도록 바퀴가 크고 튼튼한 것으로 선택하자. 도로 포장이 비교적 양호하지만 은근히 울통불통한 곳이 많아 바퀴가 고장나기 쉽다. 도난 사고를 방지하려면 배낭·트렁크에 항상 자물쇠를 채워놓는 게 안전하다.

트렁크가 고장난 경우 홍콩에서 새 것을 구입하는 것도 좋다. 굳이 메이커에 연연하지 않는다면 우리나라의 ½~⅓ 가격에 적당한 사이즈의 트렁크를 구입할 수 있다. 인기 브랜드의 트렁크 매장은 시내의 대형 쇼핑 센터, 저렴한 트렁크 판매점은 윙꼭의 여인가(p.368)에 많다.

바퀴가 튼튼한 트렁크를 준비하자

옷가지

홍콩의 기후는 제아무리 추운 겨울이라 해도 우리나라의 늦가을 날씨 정도밖에 안 된다. 따라서 두꺼운 옷보다는 봄·여름·가을 옷을 현지 기후에 맞춰서 가져가면 충분하다. 참고로 3~11월은 봄·여름 옷, 12~2월은 우리나라의 늦가을 복장으로 무난히 여행할 수 있다. 여행기간이 짧을 때는 빨래할 필요가 없게 양말과 속옷을 넉넉히 준비하는 게 요령이다.

계절에 맞는 옷과 충분한 양말은 여행의 필수품

신발

장시간 걸어도 탈이 없는 익숙한 신발로 가져가는 게 기본. 운동화나 스니커즈가 가장 무난하다. 멋쟁이 여행자라면 의상에 맞춰 가벼운 구두를 준비하는 센스를 발휘해도 좋을 듯. 비가 많이 오는 4~9월에는 젖어도 상관없는 샌들이 제법 유용하다.

자기 발에 익숙한 신발을 신고 가자

여행 기본 준비물

체크	품목	내용
	여권	여행의 가장 기본적인 준비물. 없어지면 오도가도 못할 처지에 놓이고 만다. 항상 안전한 곳에 보관하자.
	항공권	해외여행시 반드시 필요한 물건 가운데 하나. 역시 여권과 함께 안전한 곳에 고이 모셔놓자. e-티켓의 경우에는 잊어버리지 않게 티켓 번호를 따로 적어 놓으면 좋다.
	여행 경비	최대한 안전하게 보관할 것. 비상사태에 대비해 1장 정도의 신용카드·직불카드는 준비해 가자.
	옷가지	무겁지 않게 필요한 만큼 챙겨간다. 홍콩에서 구입할 옷의 양도 한 번쯤 고민해 볼 것.
	카메라	자기 손에 익은 편한 카메라를 준비하자. 디지털 카메라는 여분의 배터리·충전기·메모리 카드를 꼭 챙겨야 한다. 메모리 카드가 부족할 때는 포트리스 Fortress, 브로드웨이 Broadway 등의 전자제품 할인점에서 구입해도 된다. 메모리 카드는 썸쑤이뽀우의 전자상가(p.375)가 제일 싸다.
	세면도구	자신이 이용할 숙소의 수준에 맞춰 수건·비누·샴푸·면도기 등을 준비한다.
	비상약품	꼭 필요한 만큼만 비닐봉지에 잘 포장해서 가져간다.
	우산	작고 가벼울수록 좋다. 분실한 경우 현지의 패션 매장인 bossini·Esprit 등에서 구입한다. 가격은 7,000~1만 원 정도다.
	여행자 보험	여행자 보험 증서는 집에 놓고 가도 된다. 보험 가입시 받은 현지 비상 연락처와 안내 책자만 챙겨가자.

세면도구

숙소에 따라 비치된 세면도구가 다르다. 게스트하우스 등의 싸구려 숙소에는 수건만 비치된 경우가 많으며 한인민박에서는 수건·비누·샴푸 등을 제공한다. 칫솔·면도기·헤어드라이어 등은 각자 준비할 몫.
중급 이상의 호텔에는 수건·칫솔·샴푸·비누·샤워 캡·면도기·헤어드라이어 등 세면도구가 완벽히 갖춰져 있어 맨몸으로 가도 전혀 문제없다.

호텔에는 세면도구가 완비돼 있다

화장품

기초 화장품은 필요한 만큼 덜어서 가져가면 편리하다. 작은 샘플을 여러 개 준비해서 쓰다 버리는 것도 짐을 줄이는 좋은 방법!
외부 활동이 많은 만큼 자외선 차단 기능이 충실한 화장품을 챙기는 센스도 필수다. 가을·겨울에는 날씨가 건조해 피부나 입술이 트기 십상이니 로션과 립크림 등도 준비하자.
피부 손상이 우려될 때는 영양 크림을 가져가 중간중간 마사지를 해줘도 좋다.
부족한 화장품은 사사 Sasa 등 현지의 화장품 전문점에서 구입한다.

화장품은 꼭 필요한 것만 가져간다. 나머지는 현지 조달!

화장지

홍콩·마카오의 식당에서는 티슈를 주지 않는다. 필요하면 식당에서 HK$1~5의 돈을 내고 조그만 티슈를 구입하는 게 원칙. 이때를 대비해 우리나라에서 여행용 티슈를 미리 준비해 가면 여러모로 편하다. 또한 공중 화장실에도 화장지가 없어 난처한 상황에 놓이기 쉽다. 되도록 화장지가 비치된 호텔·쇼핑센터에 딸린 화장실을 이용하는 게 요령.
홍콩에서 티슈를 구입할 때는 슈퍼마켓·편의점을 이용한다. 10~20장 단위로 포장된 미니 티슈를 구입하면 휴대하기 편하다.

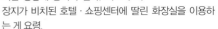
홍콩에서 파는 키티 미니 티슈

비상약품

은근히 유용한 준비물이다. 겉모습만으로 확연히 구별되는 일반 의약품이 아닌 이상, 현지에서 약국을 이용하기란 여간 어려운 일이 아니다. 보험 드는 셈치고 챙겨가자. 종류는 두통약·진통제·1회용 밴드·상처에 바르는 연고·종합 감기약 정도면 충분하다.

여성용품 & 식염수

생리대 등의 여성용품은 파큰숍·웰컴 등 슈퍼마켓에서 손쉽게 구입할 수 있다. 우리에게 친숙한 유명 메이커 제품을 구입하면 불편함이 없다. 액체류의 기내 반입이 금지된 까닭에 우리나라에서 콘택트 렌즈 세척용 식염수를 가져가기가 불편하다. 수하물 탁송이 가능한 만큼만 가져가거나 현지의 왓슨·매닝스 등의 드러그 스토어에서 구입하는 게 유일한 해결책이다.

가져가면 도움되는 것들

체크	품목	내용
	선글라스	햇살이 강렬한 여름에 꼭 필요한 기본 아이템.
	모자	더위와 추위를 막는 데 유용하다. 패셔너블한 모자는 액세서리 역할도 한다.
	자외선 차단제	야외 활동이 많다는 사실을 기억할 것. SPF 20 이상의 제품 강추! 현지의 왓슨·매닝스·슈퍼마켓에서 구입해도 된다.
	필기도구	영어가 안 통하는 상황에서 구세주가 되어줄지도….
	알람시계	잠꾸러기의 필수품. 호텔 이용자는 객실에 자명종이 설치돼 있으니 안 가져가도 된다.
	계산기	시장에서 쇼핑할 때 숫자만 찍어서 보여주면 영어가 고생하지 않는다.
	수영복	해변과 호텔에서 사용할 일이 반드시 생긴다!
	반짇고리	옷이 찢어지는 난감한 상황을 해결하자.
	비닐봉지	물건 분류 또는 속옷이나 젖은 옷을 보관하는 데 유용하다.

INDEX

홍콩 볼거리

클로즈업 시리즈 01

홍콩 · 마카오 HONGKONG · MACAU

개정증보 15판 1쇄 2019년 8월 16일

초판 1쇄 발행 2007년 5월 25일
개정증보판 1쇄 2008년 9월 20일
개정증보 2판 1쇄 2009년 12월 10일
개정증보 3판 1쇄 2011년 1월 24일
개정증보 4판 1쇄 2011년 7월 15일
개정증보 5판 1쇄 2012년 1월 27일
개정증보 6판 1쇄 2012년 7월 16일
개정증보 7판 1쇄 2013년 1월 15일
개정증보 8판 1쇄 2013년 7월 15일
개정증보 9판 1쇄 2014년 1월 27일
개정증보 10판 1쇄 2014년 7월 15일
개정증보 11판 1쇄 2015년 9월 17일
개정증보 12판 1쇄 2017년 2월 23일
개정증보 13판 1쇄 2017년 8월 16일
개정증보 14판 1쇄 2018년 6월 13일

지은이 | 유재우 · 손미경 · 김형일
펴낸이 | 승영란 · 김태진
표지 디자인 | ALL 디자인 그룹 · 장수비
본문 디자인 | 장수비 · 이성미
지도 | 장수비 · 김정웅 · 디자인 스튜디오 203(02-323-2569)
마케팅 | 함송이 · 이보혜

펴낸곳 | 에디터 editor
주소 | 서울 마포구 마포대로 14가길 6 정화빌딩 3층
전화 | 02-753-2700 · 2778
출력 · 인쇄 | 애드플러스
등록 1991년 6월 18일 제 313-1991-74호
© 유재우 · 손미경 · 김형일 2019

값 17,500원
ISBN 978-89-6744-206-4 13910
978-89-92037-18-1(세트)

*廣告查詢, 請聯絡以下的電子郵件地址

clzup888@gmail.com

오션터미널
데크

신축 확장한 새 오션터미널 5층 건물 옥상인 오션터미널 데크에 올라오면 눈앞에 삼면 바다와 빅토리아 하버가 270도 파노라마로 펼쳐지고 홍콩섬과 구룡반도 두 해안이 눈에 들어옵니다. 이곳은 황홀한 석양과 아름다운 노을을 감상할 수 있는 홍콩 최고의 명당입니다.

홍콩 쇼핑몰의 선두 주자 하버시티

하버시티는 빅토리아 하버 바로 옆 홍콩의 중심에 있습니다. 거대한 하버시티 안에는 홍콩 쇼핑몰의 선두 주자답게 450여개 다양한 매장과 호텔 3개, 갤러리가 있고 미쉐린 추천 레스토랑과 20여 개의 멋진 하버뷰 레스토랑을 포함한 70여개 레스토랑들이 다양한 국제적인 요리를 제공하고 있습니다. 여기 하버시티 안에서 원스톱 쇼핑, 식사, 엔터테인먼트 모두를 즐길 수 있습니다.

여행객에게 드리는 특혜

자세한
특혜 내역:

"pass.harbourcity.com.hk" 에서 온라인으로 등록을 하면 "Harbour Cityzen" 으로 특혜를 받을 수 있습니다. 고객안내데스크에서 여권을 보이면 다양한 쇼핑 매장과 식당에서 제공하는 "전자쿠폰"을 받게 됩니다.

길 안내:
지하철 침사추이역(A1출구) 혹은 동침사추이역(L5출구) 혹은 오스틴역(F출구)에서 도보로 10분 거리
센트럴이나 완차이 페리부두에서 침사추이 부두까지 페리로 7분 여정

전화: (852) 2118 8666 | 웹사이트: www.harbourcity.com.hk | 주소: 3-27, 캔톤 로드, 침사추이, 코룬

 :@hkHarbourCity | :@HarbourCity | :@hkHarbourCity | :hkHarbourCity | :Harbour City

HARBOUR CITY
一個海港·只有一個 *海港城*
www.harbourcity.com.hk

클로즈업
도쿄

MAP BOOK

MAP 1 도쿄 전도

닛코
MAP 31

미나미센쥬

나리타
국제공항 p.120

메이킹 오브 해리포터
p.70

하코네
MAP 27

이케부쿠로
MAP 20

아사쿠사
MAP 19

나카노
p.320

신오쿠보

칸다
MAP 11

우에노
MAP 18

카치죠지
MAP 17

신쥬쿠
MAP 7·8

아키하바라
MAP 12

마루노우치·
긴자 MAP 5·6

하라쥬쿠
MAP 3·4

롯폰기
MAP 14

호텔
마이스테이즈
프리미어
하마마츠쵸

초키지
MAP 24

시모키타자와
MAP 16

시부야
MAP 2

시오도메
MAP 21

산겐자야
p.186

에비스·다이칸
야마 MAP 9·10

도쿄 타워
대본산 조조지

호텔 오렌세스 가든

첸선 호텔
하마마츠쵸

시나가와
프린스

도쿄 디즈니
리조트 p.72

지유가오카
MAP 15

오다이바
MAP 13

카마쿠라
MAP 32

하네다
국제공항 p.128

요코하마
MAP 25

N

0   5km

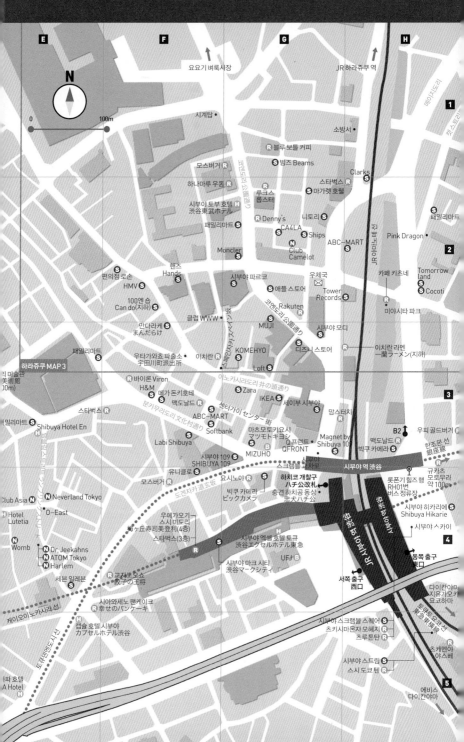

N

0   100m

요요기 벼룩시장
시계탑 •
소방서
JR 하라주쿠 역

블루 보틀 커피
모스버거
빔즈 Beams
하나마루 우동
스타벅스
마가렛 호텔
시부야 토부 호텔
渋谷東武ホテル
Clarks
패밀리마트
Denny's
루쿠스
롭스터
니토리
패밀리마트
CA4LA
Moncler
Ships
Pink Dragon
ABC-MART
Club
Camelot
Tomorrow
land
핸즈
Hands
우체국
Cocoti
편의점 로손
HMV
시부야 파르코
애플 스토어
Tower
Records
카페 키츠네
100엔 숍
Can do(지하)
Rakuten
미야시타 파크
만다라케
まんだらけ
클럽 WWW
MUJI
시부야 모디
패밀리마트
우타가와쵸 파출소
宇田川町派出所
이치란
KOMEHYO
디즈니 스토어
이치란 라멘
一蘭ラーメン(지하)
하라주쿠 MAP 3
(0m)
Loft
바이론 Viron
H&M
메가돈키호테
Zara
IKEA
세이부 시부야
스타벅스
ABC-MART
맥도날드
센터가이 센터 街
맘스터치
패밀리마트
Shibuya Hotel En
Softbank
마츠모토키요시
マツモトキヨシ
Q프런트
Magnet by
Shibuya 109
B2
맥도날드
우피 골드버거
한조몬 선
銀座線
Labi Shibuya
MIZUHO
QFRONT
빅쿠 카메라
시부야 109
SHIBUYA 109
스크램블 교차점
시부야 역 渋谷
유니클로
Club Asia
Neverland Tokyo
모스버거
요시노야
하치코 개찰구
ハチ公改札
롯폰기 힐즈행
RH01번
버스 정류장
규카츠
모토무라
약 100m
O-East
Hotel
Lutetia
Dr. Jeekahns
ATOM Tokyo
Harlem
빅쿠 카메라
ビックカメラ
충견 하치공 동상
忠犬ハチ公
시부야 히카리에
Shibuya Hikarie
우메가오키
스시 미도리
梅ヶ丘寿司美登利(4층)
스타벅스(3층)
시부야 엑셀 호텔 토큐
渋谷エクセルホテル東急
시부야 스카이
Womb
동쪽 출구
東口
세븐 일레븐
교자노 오쇼
餃子の王将
UFJ
시부야 마크 시티
渋谷マークシティ
서쪽 출구
西口
다이칸야마
지유가오카
요코하마
시아와세노 팬케이크
幸せのパンケーキ
캡슐 호텔 시부야
カプセルホテル渋谷
시부야 스크램블 스퀘어
츠키시마몬쟈 모헤지
즈루톤탄
츠케멘야
야스베
시부야 스트림
스시 도쿄텐
에비스
다이칸야마
파 호텔
A Hotel

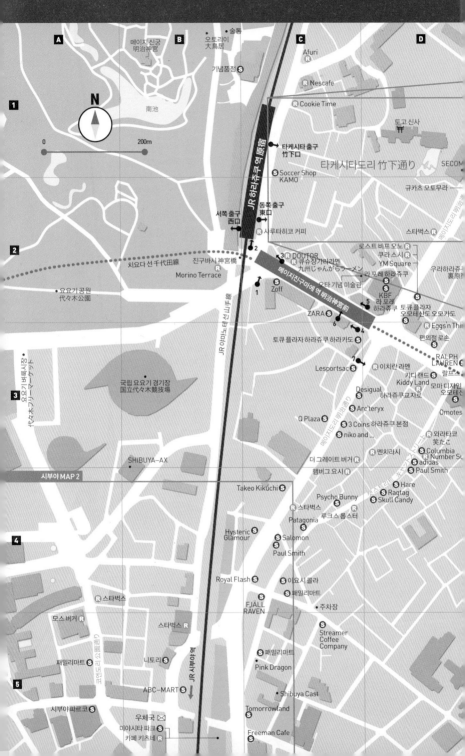

MAP 3 하라쥬쿠

A **B** **C** **D**

1

2

3

4

5

N

0   200m

메이지신궁
明治神宮

南池

• 오토리이
大鳥居

기념품점 Ⓢ

Afuri Ⓡ

Ⓡ Nescafe

Ⓡ Cookie Time

토고 신사
東郷神社

타케시타 출구
竹下口

타케시타도리 竹下通り

SECOM

Ⓢ Soccer Shop KAMO

규카츠 모토무라

서쪽 출구
西口

동쪽 출구
東口

스타벅스 Ⓡ

Ⓡ 사루타히코 커피

2

로스트 비프오노 Ⓡ
쿠라스시 Ⓡ
YM Square

우라하라주
裏原

치요다 선千代田線

진구바시 神宮橋
Morino Terrace

3 ▸ DOUTOR
큐슈쟝가라라멘
九州じゃんがらラーメン

라 포레 하라쥬쿠

1
Zoff

오타 기념 미술관

KBF
라 포레
하라쥬쿠

5 토큐 플라자
오모테산도 오모카도

요요기공원
代々木公園

ZARA Ⓢ

6

Eggs'n Thin

편의점 로손

토큐 플라자 하라쥬쿠 하라카도 Ⓢ

4

RALPH
LAUREN
랄프

Lesportsac Ⓢ

7

Ⓡ 이치란 라멘

키디 랜드
Kiddy Land

모마디자인
오모테

Desigual

하라주쿠교차로

Omotes

국립 요요기 경기장
国立代々木競技場

Arc'teryx Ⓢ

Q Plaza Ⓢ

Ⓢ 3 Coins 하라쥬쿠 본점

Ⓢ niko and...

와라라코
笑たこ

Ⓡ 멘치라시

Columbia Ⓢ
Number Su

SHIBUYA-AX

요요기 벼룩시장
代々木フリーマーケット

더 그레이트 버거 Ⓡ

햄버그요시 Ⓢ

adidas Ⓢ
Paul Smith

시부야 MAP 2

Ⓢ Hare

Ⓡ Ragtag
Ⓢ Skull Candy

Takeo Kikuchi Ⓢ

Psycho Bunny

Ⓡ 스타벅스

루크스홉스터 Ⓡ

Patagonia Ⓢ

Hysteric
Glamour Ⓢ

Ⓢ Salomon

Paul Smith

Royal Flash Ⓢ

Ⓢ 이요시 콜라

Ⓢ 패밀리마트

스타벅스 Ⓢ

주차장 Ⓢ

FJÄLL
RAVEN Ⓢ

모스 버거 Ⓡ

Streamer
Coffee
Company

스타벅스 Ⓡ

패밀리마트 Ⓢ

Ⓢ 패밀리마트

Pink Dragon

니토리 Ⓢ

ABC-MART

JR 시부야 역

Shibuya Cast

시부야파르코 Ⓢ

우체국 ✉

미야시타 파크 Ⓢ

카페 키츠네 Ⓡ

Tomorrowland Ⓢ

Freeman Cafe Ⓢ

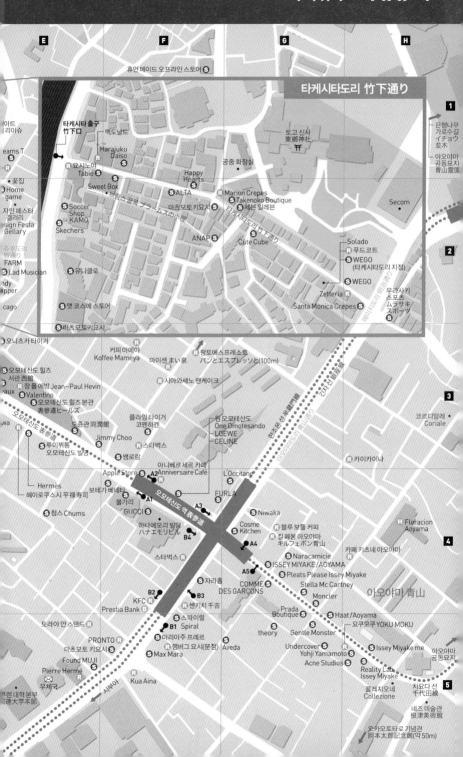

E　**F**　**G**　**H**

휴먼 메이드 오프라인스토어 Ⓢ

타케시타도리 竹下通り

1

은행나무
가로수길
イチョウ
並木

아오야마
공동묘지
青山靈區

타케시타 출구
竹下口
맥도날드

토고 신사
東郷神社

Harajuku
Daiso

공중 화장실

Secom

요시노야
Tabio Ⓢ

Happy
Hearts

꽃집
Home
game

Sweet Box

Ⓡ ALTA

Marion Crepes Ⓡ

자인 페스타
갤러리
esign Festa
Gellary

프람스골목 プラームスの小径

마츠모토키요시

Ⓢ Takenoko Boutique
타케시타도리 竹下通り

Solado
푸드코트

Soccer
Shop
KAMO

Ⓢ 세븐 일레븐

Ⓢ WEGO
(타케시타도리 지점)

주쿠도리
街通리
FARM

Skechers

ANAP Ⓡ

Cute Cube

Ⓢ WEGO

ad Musician

Ⓢ 유니클로

Zetteria

ndy
pper

cago

앳코스메 스토어

Santa Monica Crepes Ⓢ

무라사키
스포츠
ムラサキ
スポーツ

Ⓢ 마츠모토키요시

2

오니츠카타이거 Ⓢ

커피 마메야
Koffee Mameya

팡토에스프레소토
パンとエスプレッソと(100m)

오모테산도 힐즈 Ⓢ
서관 西館

마이센 まい泉

시아와세노 팬케이크

3

장 폴 에방 Jean-Paul Hevin

vaux

Valentino

오모테산도 힐즈 본관
表参道ヒルズ

플라잉타이거
코펜하겐

코르디알레
Coriale

wa

Ⓢ 오모테산도 表参道

도쥰관同潤館

팀 오모테산도
One Omotesando
LOEWE
CELINE

루이뷔통
오모테산도 빌딩

Jimmy Choo

스타벅스 Ⓡ

카이카이나 Ⓡ

생로랑

Apple Store Ⓢ

아니베르세르 카페
Anniversaire Café

Hermès

A2

보테가 베네타

L'Occitane

Floracion
Aoyama

헤이로쿠스시平禄寿司

불가리
A1
GUCCI

오모테산도 의 表参道

FURLA

첨스 Chums Ⓢ

하나에모리 빌딩
ハナエモリビル

A3

Ⓢ Niwaka

카페 키츠네 아오야마

스타벅스 Ⓡ

B4

Cosme
Kitchen

블루 보틀 커피 Ⓡ

Naracamicie

4

자라홈

A4

킬페봉 아오야마
キルフェボン青山

ISSEY MIYAKE /AOYAMA
Pleats Please Issey Miyake

KFC Ⓡ

B2

B3

A5

Stella Mc Cartney

Prestia Bank Ⓡ

센키치 千吉

COMME
DES GARCONS

Moncler

아오야마 青山

토라야 스탠드 Ⓡ

B1

Prada
Boutique

Haat/Aoyama

스파이럴
Spiral

theory

Gentle Monster

요쿠모쿠 YOKU MOKU

PRONTO Ⓡ
마츠모토 키요시 Ⓡ

마리아주 프레르 Ⓡ

Aveda

Undercover
Yohji Yamamoto
Acne Studios

Issey Miyake me Ⓢ

아오야마
공동묘지

Found MUJI

헴부르그 요시(분점) Ⓡ

Max Mara

Pierre Hermé

우제국

Kua Aina

Reality Lab
Issey Miyake

콜레지오네
Collezione

치요다 선
千代田線

렌 대학 본부
連大学本部

온가쿠토루 기념관
岡本太郎記念館(약 50m)

네즈 미술관
根津美術館

MAP 5 마루노우치

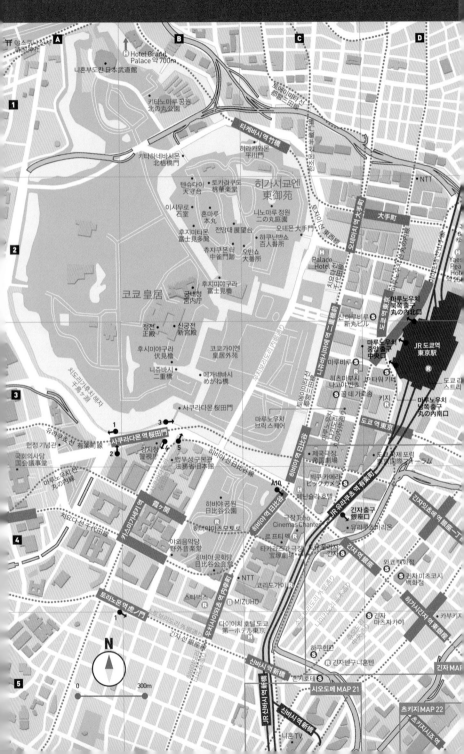

A **B** **C** **D**

R 타니타쇼쿠도 타니타 식당
제국극장
帝国劇場
Sadaharu
Aoki
R

쉑쉑 버거

도쿄 국제포럼
東京国際フォーラム

센터 더 베이커리
Centre the Bakery

D5

히비야역 日比谷

빅쿠 카메라
ビックカメラ

D9 코바시 출구
京橋口

스타벅스

맥도날드

3

사쿠라도리 桜通り

1

0

히비야 출구
日比谷

JR 유라쿠초 역 有楽町

중앙 출구 中央口

마루노우치선 丸ノ内線

J. Ferry

히비야 공원
日比谷公園

페닌슐라 호텔
The Peninsula

히비야역 日比谷

긴자 출구
銀座口

히치마부시
나고야 빈초
Hands

긴자잇초메 역 銀座一丁目

UGG
Harry Winston

3

DUO

마츠모토키요시
Yurakucho

이이
Yurakucho

유니클로

무지 MUJI
無印良品

Mikimoto Boutique

Cartier

dunhill

V88 빌딩

A5
A2

ady's First Kitchen R
하라 광장·동성J R
국장 Toho
Cinemas Chanter
르 프티 메
카라스카 곳장
塚劇場
제국 호텔
帝国ホテル

A4

유라쿠초 아리온
有楽町マリオン

NISHI
GINZA

Vape
Studio

C1

유한쿠초가도시타
有楽町ガード下

스키아바시파출소
数寄屋橋派出所

Gucci Ginza

긴자 역 銀座

렌가테이 Chanel
煉瓦亭 Ginza

미키모토

키무라야소혼텐

Tiffany & Co.
이토야 伊東屋

BVLGARI

Louis Vuitton Ginza

Ginza
Capital Hotel
약 500m

2

PRONTO

타이메이
초등학교

C2

도큐 플라자 긴자
東急プラザ銀座

긴자 소니
파크

C6

롯데리아

B10

이세이 미야케
긴자

키무라야소혼텐

FURLA

A13

마츠야 긴자 松屋銀座

덕 시티
베이커리

메종에르메스
Maison Hermès

미키모토

B6 Coach

와코
白화점

A9

긴자미츠코시
銀座三越

라이카긴자
ライカ銀座

B5

마네켄

A8

A7

D&G
Brioni

크롬 허츠

마츠모토 키요시

FURLA

긴자 역 銀座

Ginza Place

ETRO

Cartier

Mariage Frères

파울로

A2

큐쿄도 鳩居堂

GU

A3

A5

임무도

긴자
츠키토하나

시오팡야 팡
메종 200m

A2

Marugen 15

OMEGA

도버 스트리트
마켓 긴자

PRADA

시아와세노
팬케이크

고다이멘
하나야마우동

3

코리도가이
コリドー街

Loewe

Uniqlo
Ginza Six

Millennium Mitsui
Garden Hotel

긴자 오노야
銀座大野屋

A1

이카메츠

우메가오카 스시 미도리
梅ヶ丘寿司美登利
asics R

스이쿄테
水響亭

Barneys
New York Ginza

A2

카부키자
歌舞伎座

u Bar

루이뷔통

Takumi

Ferragamo

긴자 식스
Ginza Six

킷사 유
喫茶 YOU

Shiseido S

Natural
Lawson

비어홀라이온
ビヤホールライオン

분메이도

편의점 호손

Balenciaga

ZARA

5

Recruit

Rimowa

야마하 긴자 빌딩

6

긴자 그랜드 호텔
銀座グランドホテル

Shiseido

Damiani

Ginza Tobu Hotel

츠키지
약 450m

하쿠힌칸
博品館

Mont Blanc

카페

카페 파울리스타

긴자 코쿠사이 호텔
銀座国際ホテル

SWAROVSKI

애플 스토어
Apple Store

카페 드 람브르 Café De L'ambre

긴자텐구니혼텐
銀座天国本店

Togeki

Natural Lawson

4

역 新橋

돈키호테
ドン・キホーテ

Mitsui Garden
Hotel Ginza

우체국
우체국

시오도메
약 100m

나카긴캡슐 타워 빌딩
中銀カプセルタワービル

N

0   150m

5

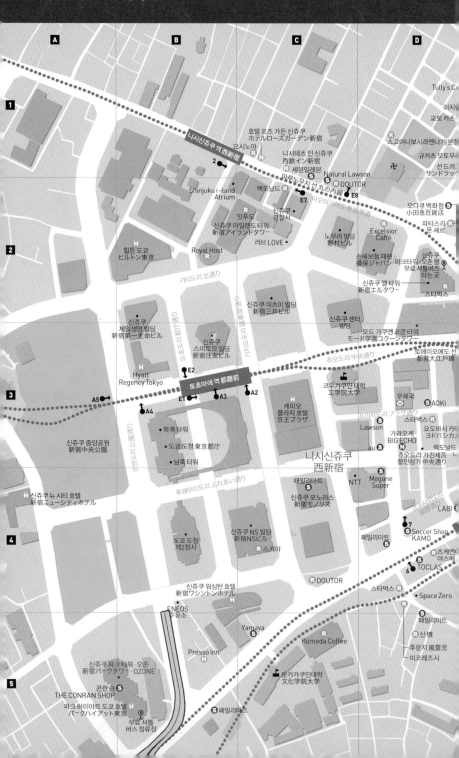

MAP 7 신쥬쿠

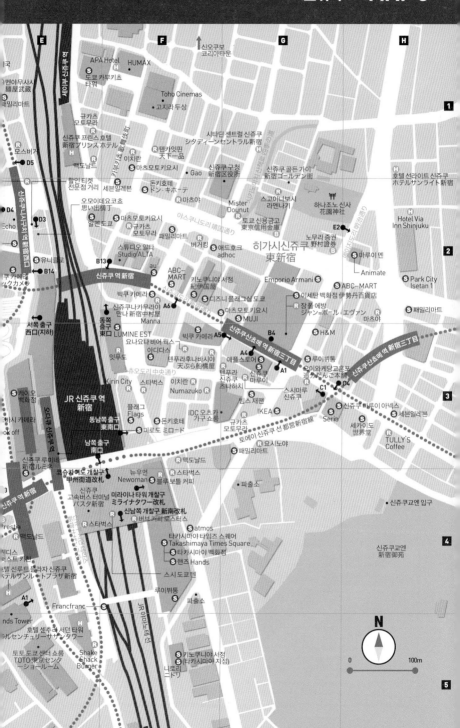

↑ 신오쿠보
코리아타운

APA Hotel
HUMAX
도쿄 카부키쵸
타워

멘야무사시
麺屋武蔵

Toho Cinemas
고지라 두상

패밀리마트

규카츠
모토무라

시타딘 센트럴 신쥬쿠
シタディーンセントラル新宿

신쥬쿠 프린스 호텔
新宿プリンスホテル

모스버거
D5

할인티켓
전문점 거리

맥도날드

세븐일레븐

Gao

신쥬쿠 구청
新宿区役所

신쥬쿠 골든 가이
新宿ゴールデン街

텐카잇핀
天下一品

마츠모토키요시

돈키호테
ドン・キホーテ

호텔 세라이트 신쥬쿠
ホテルサンライト新宿

D4
Echo

오모이데요코쵸
思い出横丁

마츠모토키요시

규카츠
모토무라

마츠야

Mister
Donut

스고이니보시
라멘나기

하나조노 신사
花園神社

D3

D4
유니클로

알판도쿄

패밀리마트

히가시신쥬쿠
東新宿

토쿄 신용금고
東京信用金庫

노무라 증권
野村證券

Hotel Via
Inn Shinjuku

B14

스튜디오 알타
Studio/ALTA

au

버거킹

adhoc
애드혹

E2

마루이 멘

Animate

Park City
Isetan 1

ABC-
MART

키노쿠니야 서점
紀伊国屋

Emporio Armani

ABC-MART

빅쿠 카메라

디즈니 플래그십 도쿄

이세탄 백화점 伊勢丹百貨店

패밀리마트

A6

신쥬쿠나카무라야
만나 新宿中村屋
Manna

마츠모토키요시

MUJI

장폴 에방
ジャン＝ポール・エヴァン

동쪽
출구
東口

LUMINE EST

요나요나비어 웍스

빅쿠 카메라 A5

신쥬쿠산쵸메 역 新宿三丁目

B4

H&M

A4

애플스토어

서쪽 출구
西口(지하)

잇푸도

아디다스

이치란

텐푸라후나바시야
天ぷら船橋屋

A1

텐푸라
신쥬쿠
츠나하치

신쥬쿠
마루이

루이뷔통

신쥬쿠산쵸메 역 新宿三丁目

JR 신쥬쿠 역
新宿

Kirin City

스타벅스

Numazuko
누마즈코

스시마루
신쥬쿠

C1

신쥬쿠 마루이 아넥스

C4

케이오
백화점

플래그
Flags

IDC 오츠카
가구 쇼룸

빔스 재팬

IKEA

Seria

세븐일레븐

야시 카메라
Ok off

동남쪽 출구
東南口

돈키호테

미로도 ミロード

규카츠
모토무라

토에이 신쥬쿠 선 都営新宿線

세카이도
世界堂

TULLY'S
Coffee

남쪽 출구
南口

맥도날드

요시노야

패밀리마트

신쥬쿠 역
新宿

코슈카이도 개찰구
甲州街道改札

뉴우먼
Newoman

스타벅스

블루 보틀 커피

파출소

신쥬쿠역 루미네
新宿ルミネ

신쥬쿠
고속버스 터미널
バスタ新宿

미라이나 타워 개찰구
ミライナタワー改札

신남쪽 개찰구 新南改札

신쥬쿠교엔 입구

H

restre

스타벅스

버브 커피 로스터스

A1

맥도날드

atmos

타카시마야 타임즈 스퀘어
Takashimaya Times Square

신쥬쿠교엔
新宿御苑

렌디스
퍼스트 키친

타카시마야 백화점

nds Tower

Francfranc

햄즈 Hands

호텔 센추리 서던 타워
토토 도쿄 센터 쇼룸
TOTO 東京センター
ーショールーム

Shake
Shack
Burger

스시도쿄텐

루이뷔통

파출소

JR 야마노테선

N

키노쿠니야서점
(타카시마야 지점)

니토리
ニトリ

0   100m

MAP 9 에비스 · 다이칸야마

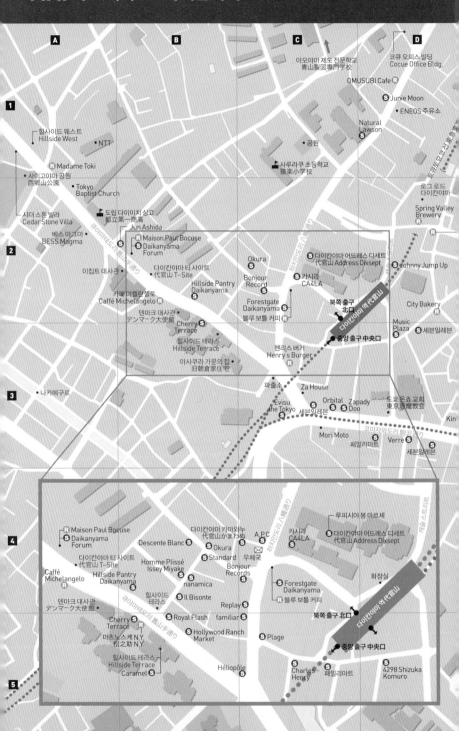

A **B** **C** **D**

1

코큐 오피스 빌딩
Cocue Office Bldg.

아오야마 제도 전문학교
青山製図専門学校

OMUSUBI Cafe

Junie Moon

ENEOS 주유소

힐사이드 웨스트
Hillside West

NTT

Natural
Lawson

Madame Toki

사이고야마 공원
西郷山公園

Tokyo
Baptist Church

사루라쿠 초등학교
猿楽小学校

공원

로그 로드
다이칸야마

시더 스톤 빌라
Cedar Stone Villa

도립 다이이치 상고
都立第一商高

Spring Valley
Brewery

베스 마그마
BESS Magma

Jun Ashida

Maison Paul Bocuse

2

이집트 대사관

다이칸야마 어드레스 디세트
代官山 Address Dixsept

Daikanyama
Forum

Okura

Johnny Jump Up

다이칸야마 티 사이트
代官山 T-Site

Bonjour
Record

카시라
CA4LA

City Bakery

카페 미켈란젤로
Caffé Michelangelo

Hillside Pantry
Daikanyama

Forestgate
Daikanyama

북쪽 출구
北口

Music
Plaza

덴마크 대사관
デンマーク大使館

블루 보틀 커피

다이칸야마 역代官山

세븐일레븐

Cherry
Terrace

힐사이드 테라스
Hillside Terrace

중앙 출구 中央口

헨리스 버거
Henry's Burger

아사쿠라 가문의 집
旧朝倉家住宅

3

나카메구로

Za House

파출소

세븐일레븐

Orbital

Zapady
Doo

도쿄 은효 교회
東京恩寵教会

Evisu
the Tokyo

세븐일레븐

Kin

코마자와도리 駒沢通り

Mori Moto

패밀리마트

Verre

세븐일레븐

4

루피시아봉 마르세

Maison Paul Bocuse

다이칸야마 카마와누
代官山かまわぬ

A.P.C

카시라
CA4LA

다이칸야마 어드레스 디세트
代官山 Address Dixsept

Daikanyama
Forum

Descente Blanc

Okura

다이칸야마 티 사이트
代官山 T-Site

Standard

우체국

Caffé
Michelangelo

Homme Plissé
Issey Miyake

Bonjour
Records

화장실

Hillside Pantry
Daikanyama

nanamica

Forestgate
Daikanyama

덴마크 대사관
デンマーク大使館

Il Bisonte

블루 보틀 커피

힐사이드
테라스

Replay

Cherry
Terrace

Royal Flash

familiar

북쪽 출구 北口

다이칸야마 역代官山

마츠노스케 N.Y
松之助 N.Y

Hollywood Ranch
Market

Plage

힐사이드 테라스
Hillside Terrace
Caramel

중앙 출구 中央口

Hélioṗôle

Charles
Henry

패밀리마트

4298 Shizuka
Komuro

5

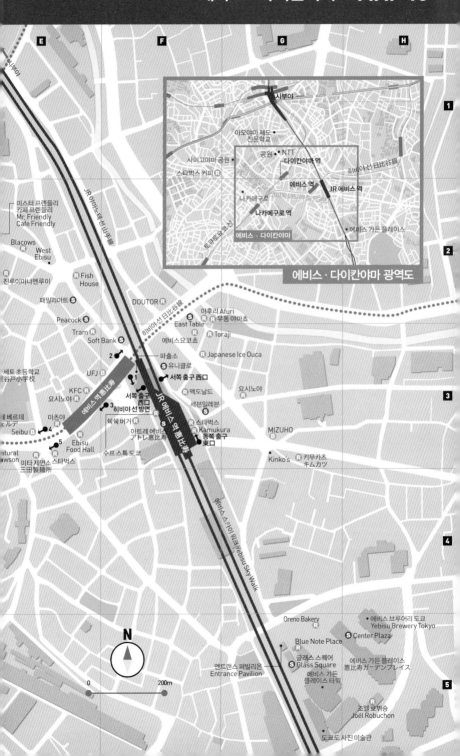

E　F　G　H

1

시부야

아오야마 제도
전문학교

사이고야마 공원　　공원　• NTT
스타벅스 커피 R　다이칸야마 역
나카메구로 •　히비야선 日比谷線
에비스 역　　　JR 에비스 역
나카메구로 역

에비스 · 다이칸야마
• 에비스 가든 플레이스

에비스 · 다이칸야마 광역도

2

미스터 프렌들리
카페 프렌들리
Mr. Friendly
Cafe Friendly

Blacows
West
Ebisu
R 진루이미나이멘루이
Fish
House
패밀리마트 S
DOUTOR R
Peacock S　　아후리 Afuri
우동 야마쵸
Tram R　East Table
Soft Bank R　에비스요코쵸
2　파출소　R Toraji
UFJ B　R 유니클로
KFC R　서쪽 출구 西口
요시노야 R　맥도날드　R 요시노야
마츠야 R　세븐일레븐
Seibu B　쉑쉑 버거　R 스타벅스
아트레 에비스　R Kamukura
natural　아트레惠比寿　동쪽 출구
Lawson　수프 스톡 도쿄　東口
미타 제면소 스타벅스　MIZUHO
三田製麺所
Kinko's　키무카츠
キムカツ

3

세토 초등학교
渋谷戸小学校

레 베르데
レルデ

에비스 역 恵比寿
히비야선 日比谷線

서쪽
출구
西口
히비야선 방면

Ebisu
Food Hall

JR 에비스 역 恵比寿

4

N

0　　　200m

에비스스카이워크 Yebisu Sky Walk

Oreno Bakery　에비스 브루어리 도쿄
Yebisu Brewery Tokyo
Blue Note Place　S Center Plaza
글래스 스퀘어　에비스 가든
S Glass Square　플레이스타워
엔트런스 퍼빌리온　에비스 가든
Entrance Pavilion　플레이스타워
恵比寿ガーデンプレイス

5

조엘 로뷔숑
Joël Robuchon

도쿄도사진미술관

MAP 11 아키하바라·칸다

A   도쿄 돔 시티 MAP 24   B   C   D

1 도쿄 돔 시티
東京ドームシティ

스이도바시 역 水道橋

호텔 사토
ホテルサトー

코게이 고등학교
工芸高

JR 스이도바시 역 水道橋

미사키 신사
三崎神社

2 패밀리마트 S

토요 고등학교
東洋高

칸다 강 神田川
JR 츄오선·소부선 中央線·総武線

니혼 대학
日本大学

요시노야 R

우체국
〒

성당

3 패밀리마트 S
Sri Balaji R

야요이켄
やよい軒

세븐일레븐

마츠모토 키요시

멘야 麵屋 33

아시아 유스센터
한국 YMCA

2.8 독립선언
기념비

칸다 여학원
神田女学院

야마노우에 호텔
山の上ホテル

메이지 대학
明治大学

파출소

오차노미즈바시 출구 水橋口
御茶の水橋口

요시노야 R

ISHIBASHI
Délifrance R 쿠로
시모쿠라 下倉 クロ

시모쿠라
下倉

패밀리마트 S
S Zemaiis

S Finest Guitars

NTT

니혼 대학
日本大学

쿠로사와 S
クロカワ Dr.Sound

4 토에이신주쿠선
都営新宿線

MIZUHO B
A2

UFJ B A3

A5

진보쵸 역 神保町

맥도날드 R

SMBC

칸다 고서점가
神田古書店街

Spice
Kitchen

이시이 스포츠 ICI 石井スポーツ

요시노야 R

A1 R S S S S R A6

A7

Book House
빈티지 ヴィンテージ

Sakura Hotel H

야구치 서점
矢口書店

진보쵸
북센터

분켄록 사이드
ブンケンロックサイド

엣세이도
一誠堂

무라야마 서점
村山書店

쇼센 그란데
書泉グランデ

쥬지야
十字屋

G Club Tokyo S
The Super Sports Xebio

ABC-Mart

Victoria
본점

7-11

닛핀 S
ニッピン

APA Hotel H
S'Port Mizuno

스타벅스 R S

산세이도 서점

The Suns

0 ——— 150m
N

E
F
G
H

도쿄 가든 팰리스
東京ガーデンパレス

도쿄 의대 치의예과
東京医大歯科大

유시마 성당
湯島聖堂

오차노미즈 역
御茶ノ水

JR 오차노미즈 역御茶の水

리바시 출구
聖橋口

B1　B2

Sola City

니콜라이당
ニコライ堂

New Yorker's Cafe

신오차노미즈 역新御茶ノ水

미쓰코시마에선 丸ノ内線

무라사키 스포츠
ムラサキスポーツ

편의점
일레븐

B5

B4

B7　B6

가츠야

오기와라역 小川町

A7

A6

MIZUHO

A4

오와지초 역 淡路町

A5

A3

A2　A1

Doutor

천요미선千代田線

Hobby Shop
Tam Tam
4　　2

UFJ B
모스버거

3　　1

UFJ B

니쿠노만세이 R
Excelsior Caffe R

큐슈장가라라멘 R
九州じゃんがらラーメン

Mister
Donut

Sofmap S

아키바 컬처즈 존 R
Sofmap 어뮤즈먼트관
마루고

요시노야 R

Kotobukiya S
아시안 사이버가이
アジアンサイバー街
JR소부선 総武線
KFC S

GIGO

로스트 비프 오노 R

게이머즈 본점
게─머─즈 本店

Edion R

마와루 간소즈시 R

칸다야부소바 R
神田やぶそば

칸다마츠야 R

mAAch
ecute

주유소
Shell

1

리버티 8호점
リバティ8号店
패밀리마트 S

Surugaya R
스키야 R
리버티 S
Tsukumo R

돈키호테 돈·키호테 R
@home Café
아니메이트 アニメイト

Game Taito Station
Trader S
본점
아키바이치 Akiba Ichi R
오코노미야키 유카리 R

Bic
Camera

AOKI S

LAMMTARRA

JR 아키하바라 역 秋葉原

전기 상점가
출구

초케인 R
야스 S

라디오 회관
ラジオ会館
K-BOOKS
보크스 S
돌 포인트
규카츠 모토무라 R
야키니쿠노만세이 R

JR 추오선 中央線

하바루마루 우동 R

아스쿠니도리 靖国通り

라멘 대전쟁 300m R

천요미선千代田線

스에히로초 역 末広町

JR 야마노테선 선산手線

JR 게이힌 도호쿠선 京浜東北線

JR 사이쿄선 쓰쿠바 エクスプレス

소부선게이오선 大熊 エクスプレス

JR 아키하바라 역 秋葉原

요도바시
카메라 R

교토
카츠규 S

스타벅스 S

Book off S

아키하바라 워싱턴 호텔
秋葉原ワシントンホテル

쇼센 북타워

이와모토초 역
岩本町

칸다 역 神田

1

2

3

4

5

MAP 13 오다이바

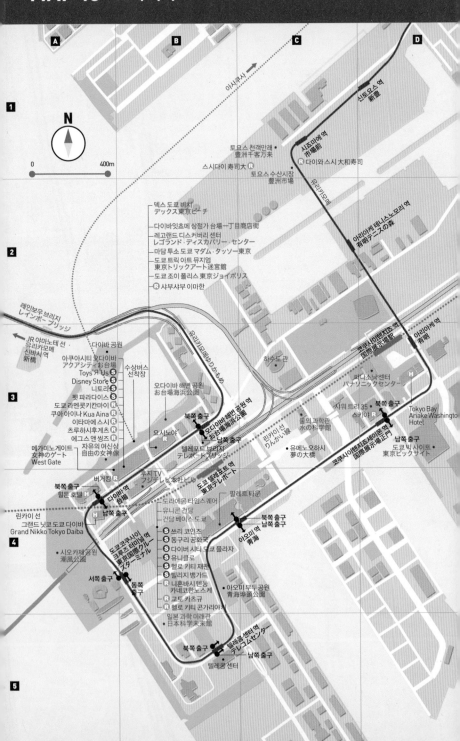

A **B** **C** **D**

1

N

0   400m

아시쿠시

신토요스 역
新豊

토요스 천객만래
豊洲千客万来

스시다이 寿司大 Ⓡ

시조마에 역
市場前

다이와스시 大和寿司

토요스 수산시장
豊洲市場

2

덱스 도쿄 비치
デックス東京ビーチ

다이바잇쵸메 상점가 台場一丁目商店街

레고랜드 디스커버리 센터
レゴランド・ディスカバリー・センター

마담 투소 도쿄 マダム・タッソー東京

아리아케테니스노모리 역
有明テニスの森

도쿄 트릭 아트 뮤지엄
東京トリックアート迷宮館

도쿄 조이 폴리스 東京ジョイポリス

Ⓡ 사부샤부 이마한

레인보우 브리지
レインボーブリッジ

3

JR 야마노테 선・
유리카모메
신바시 역
新橋

다이바 공원

코쿠사이텐지죠 역
国際展示場駅

아리아케 역
有明

아쿠아시티 오다이바
アクアシティお台場

수상버스
선착장

Toys'Ⓡ'Us Ⓢ

Disney Store Ⓢ

니토리 Ⓢ

핏 파라다이스 Ⓢ

오다이바 해변 공원
お台場海浜公園

파나소닉센터
パナソニックセンター Ⓗ

도쿄 라멘콧키칸마이 Ⓡ

쿠아 아이나 Kua Aina Ⓡ

이타마에 스시 Ⓡ

오다이바해변 공원 역
お台場海浜公園

타워 트리 35・
스카야 Ⓡ

북쪽 출구

Tokyo Bay
Ariake Washington
Hotel

츠루하시후게츠 Ⓡ

에그스 앤 씽즈 Ⓡ

요시노야 Ⓡ

남쪽 출구

텔레포트 브리지
テレポートブリッジ

린카이 선
りんかい線

유메노오하시
夢の大橋

코쿠사이텐지죠세이몬 역
国際展示場正門

남쪽 출구

메가미노게이트
女神のゲート
West Gate

자유의 여신상
自由の女神像

후지TV
フジテレビ本社ビル

코쿠사이텐지죠 역
国際展示場

도쿄 빅 사이트・
東京ビッグサイト

4

버거킹 Ⓡ

힐튼 호텔 Ⓗ

텔레포트 역
東京テレポート

다이바 역
台場

북쪽 출구

팔레트 타운
パレットタウン

북쪽 출구
남쪽 출구

린카이 선

도라에몽 타임스 스퀘어

아오미 역
青海

그랜드 닛코 도쿄 다이바
Grand Nikko Tokyo Daiba

남쪽 출구

유니콘 건담
건담 베이스 도쿄

시오카제공원
潮風公園

도쿄코쿠사이
크루즈 터미널
東京国際
クルーズ

쓰리 코인즈 Ⓢ

동구리 공화국 Ⓢ

다이버 시티 도쿄 플라자 Ⓢ

유니클로 Ⓢ

헬로 키티 재팬 Ⓢ

빌리지 뱅가드 Ⓢ

서쪽 출구

동쪽 출구

니혼바시텐동
카네코한노스케 Ⓡ

아오미 부두공원
青海埠頭公園

교토 카츠규 Ⓡ

헬로 키티 콘가리야키 Ⓡ

일본 과학 미래관
日本科学未来館

5

북쪽 출구

텔레콤 센터 역
テレコムセンター

남쪽 출구

텔레콤 센터

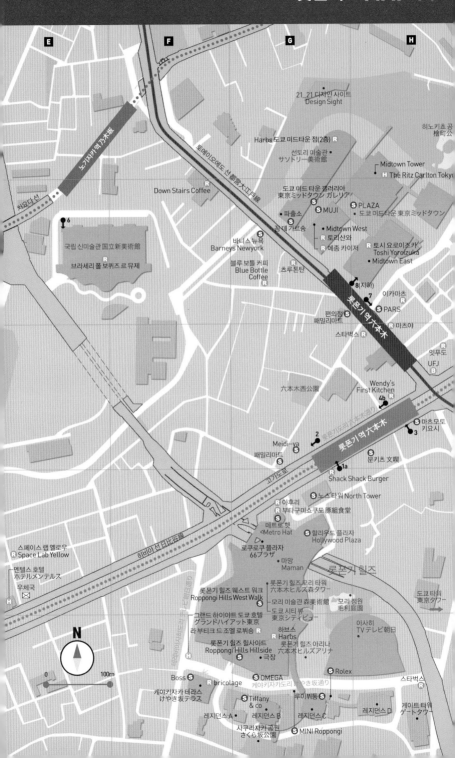

노기자카 역乃木坂

토에이오에도 선都營大江戸線

21_21 디자인 사이트
Design Sight

히노키쵸공
檜町公

Harbs 도쿄 미드타운 점(2층) R

선토리 미술관
サントリー美術館

Midtown Tower
H The Ritz Carlton Tokyo

Down Stairs Coffee

지요다선

6

도쿄 미드 타운 갤러리아
東京ミッドタウン ガレリア

S PLAZA

파출소

S MUJI

도쿄 미드타운 東京ミッドタウン

국립 신미술관 国立新美術館

브라세리 폴 보퀴즈 르 뮤제
R

꼼데 가르송

Midtown West

바니스 뉴욕
Barneys Newyork

토리산와

R 메종 카이저

토시 요로이즈카
Toshi Yoroizuka
Midtown East

블루 보틀 커피
Blue Bottle
Coffee R

츠루톤탄

8(지하)
7
R PARS

이카마츠

편의점
패밀리마트

롯폰기 역六本木

마츠야

스타벅스

잇푸도
R
UFJ
B

六本木西公園

Wendy's
First Kitchen

4b

롯폰기 역 六本木

마츠모토
S 키요시 3

Meidi-ya

2
S

패밀리마트

분키츠 文喫

1a
R

노스타워 North Tower

Shack Shack Burger

아후리

S

부타구미쇼쿠도 豚組食堂
R

메트로 햇
Metro Hat

할리우드 플라자
Hollywood Plaza

스페이스 랩 옐로우
R Space Lab Yellow

로쿠로쿠 플라자
66プラザ

마망
Maman

롯폰기 힐즈

멘텔스 호텔
ホテルメンテルス

우체국
H
⊠

히비야선日比谷線

롯폰기 힐즈 웨스트 워크
Roppongi Hills West Walk

롯폰기 힐즈모리 타워
六本木ヒルズ森タワー

모리 정원
毛利庭園

도쿄 타워
東京タワー

그랜드 하이아트 도쿄 호텔
グランドハイアット東京

모리 미술관 森美術館

라 부티크 드 조엘 로부숑

도쿄 시티 뷰
東京シティビュー

아사히
TV テレビ朝日

하브스
Harbs

롯폰기 힐즈 하이사이드
Roppongi Hills Hillside

롯폰기 힐즈 아리나
六本木ヒルズアリーナ

극장

N

Rolex
S

스타벅스

0   100m

Boss S

R bricolage

S OMEGA

케야키자카도리けやき坂通り

Tiffany
& co

루이뷔통

R 레지던스 D

게이트 타워
ゲートタワー

케야키자카 테라스
けやき坂テラス

레지던스 A

레지던스 B

레지던스 C

사쿠라자카공원
さくら坂公園

S MINI Roppongi

MAP 15 지유가오카

A B C D

N

0   100m

몽상클레어 ® モンサンクレール
⑤ 세븐일레븐

지유가오카쿠엔 고등학교
自由が丘学園高

⑤ Birthday

시부야

바게트 래빗 ® バゲットラビット

미도리쇼도리 緑小通り

주차장 •

라 비타 ラ・ヴィタ

고소안 古桑庵

® AEN

Puppily Hills ⑤

Wachi-field ⑤

지유가오카 공원 自由が丘公園

Lead Me Home by rivergate

하쿠산 안경 白山眼鏡

Henry' Burger ®

ABC-Mart ⑤

와타시노에야 Watashino Heya

IENA ⑤

Quatre Saisons

ACME ⑤

Peter Rabbit Garden Cafe

Today's Special ⑤

GODIVA ⑤

Frogs

Hotch Potch

Journal Standard ⑤

Timeless Comfort

LUZ ⑤

IDÉE Shop ⑤

Enzo ⑤

® 스타벅스

B MIZUHO

Lupicla

회전스시 마와루간소즈시 廻る元祖寿司

록손

지유가오카 버거 ® 自由が丘バーガー

오니버스 커피

Regetta Canoe

100엔숍 Can Do

Nomura

하치노야 鉢の家

마츠야 호사카야 ほさかや

스시잔마이 すしざんまい

세븐일레븐 ⑤

요코하마 은행 横浜銀行

Hotel Pulitzer

® 스타벅스 요시노야

슈퍼마켓 토큐 스토어 東急ストア

Odoca 스위트 포레스트 Sweets Forest 마츠모토 키요시

⑤ K-Uno

Book off ⑤

Excelsior Caffé 퍼스트 키친 ®

정면 개찰구 正面改札口

북쪽 출구 北口

Excelsior Caffé

하나 카베츠 花きゃべつ

슈퍼마켓 Peacock

® 버거킹

® 스타벅스

MUFG

남쪽 출구 南口

Flipper's

Freshness Burger ®

Tomod's

® Doclasse

라테 그래픽 지유가오카

United Arrows Green Label Relaxing

Juno Cafe ®

저널 스탠더드 ⑤

쿠호부츠죠신지 350m

⑤ MONCEAU FLEURS

® Max Mara

⑤ MUJI 無印良品

GAP

Lawson ⑤

콩엔 도쿄 400m

블랑제 아사노야 트레인치 지유가오카 Trainchi Jiyugaoka

TOMAS

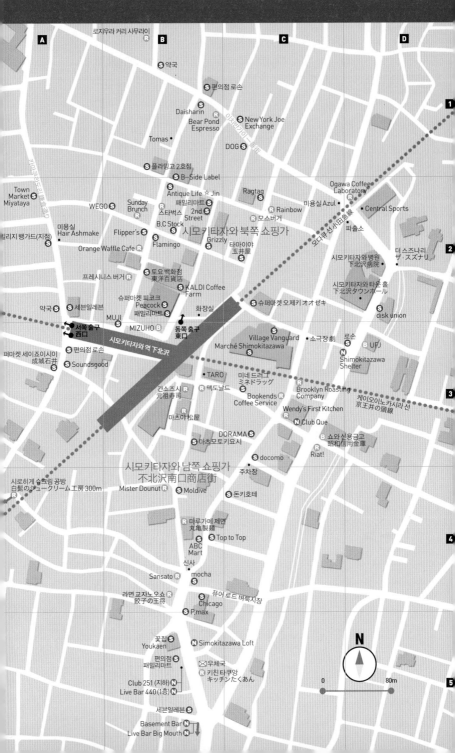

A　**B**　**C**　**D**

로지우라 커리 사무라이 R

S 약국

S 편의점 로손

Daisharin
Bear Pond
Espresso R

New York Joe
Exchange

Tomas

DOG S

플라밍고 2호점 S

B-Side Label S

Antique Life ☆ Jin

Ragtag

Ogawa Coffee
Laboratory

패밀리마트

미용실 Azul

Central Sports

WEGO S

Sunday
Brunch

스타벅스

2nd
Street

Rainbow

모스버거

Flipper's S

B.C Stock

시모키타자와 북쪽 쇼핑가

Grizzly

타마야이야
玉井屋

더 스즈나리
ザ・スズナリ

미용실
Hair Ashmake S

Orange Waffle Cafe S

Flamingo

시모키타자와 병원
下北沢病院

파출소

프레시니스 버거 R

토요 백화점
東洋百貨店 S

KALDI Coffee
Farm S

시모키타자와 타운 홀
下北沢タウンホール

약국 S

세븐일레븐 S

슈퍼마켓 피코크
Peacock

disk union S

패밀리마트

화장실 S

MUJI

서쪽 출구
西口

MIZUHO S

동쪽 출구
東口 S

슈퍼마켓 오제키 オオゼキ

B UFJ

시모키타자와 역 下北沢

Village Vanguard

소극장劇

로손 S

Marché Shimokitazawa

Shimokitazawa
Shelter N

편의점 로손 S

퍼마켓 세이죠이시이
成城石井

Soundsgood S

TARO

미네드러그
ミネドラッグ

Brooklyn Roasting
Company

케이오이노카시라 선
京王井の頭線

간소즈시
元祖寿司 R

맥도날드 R

Bookends
Coffee Service

Wendy's First Kitchen

마츠야松屋

Club Que N

DORAMA S

시모키타자와 남쪽 쇼핑가
下北沢南口商店街

마츠모토키요시

docomo S

쇼와신용금고
昭和信用金庫 B

Riat! B

시로히게 슈크림 공방
白髭のシュークリーム工房 300m

주차장

Mister Dounut

Moldive S

돈키호테 S

마루가메 제면
丸亀製麺

Top to Top S

ABC
Mart

신사

Sansato S

mocha

라면 교자노오쇼
餃子の王将

퓨어 로드 벼룩시장

Chicago

P.max S

꽃집
Youkaen

Simokitazawa Loft N

편의점
패밀리마트

우체국

키친 타쿠앙
キッチンたくあん

Club 251 (지하) N

Live Bar 440 (1층) N

세븐일레븐 S

Basement Bar N

Live Bar Big Mouth N

N

0　　　　80m

MAP 17 키치죠지

키치죠지 역 주변

A B C D

1

Tomorrowland
ZARA
Ships
스카야 R
유니클로
GAP
마루이
백화점
OIOI
Steps
MIZUHO
패밀리마트
토큐 백화점
Tokyu
몬키호테
Rare
PARCO 백화점
SMBC
The Suit
Company
키치죠지산도
S 시아와세논
판케이크
DOUTOR
KFC R
오자사
맥도날드
S
Antendo
퍼스트 키친
Coppice
공원출구
公園口
하모니카요코쵸
요시노야
북쪽 출구
키치죠지역
배스킨
라빈스31

CORAL
남쪽 출구
南口
북쪽 출구
北口
JR 미타카 역 三鷹
에도도쿄 건축 공원
江戸東京たてもの園
무사시코가네이 역
武蔵小金井
지브리 미술관
셔틀버스 정류장
지브리 미술관
1,100m 이정표

2

케이오이노카시라 선
맥도날드
미츠야
키치죠지
Sunroad 상점가
파출소
버스정류장
스타벅스
UFJ 키치죠지오도리 吉祥寺大通り
로촌
요도바시 커메라 S

지브리 미술관
700m 이정표
패밀리마트
야마모토유조 기념관
山本有三記念館
지브리 미술관
500m 이정표
조각관
彫刻館

3

토호 베이커리
300m R
지브리 미술관
三鷹の森ジブリ
美術館
화장실
테니스장
이노카시라공원 서원
井の頭公園西園
육상경기트랙
화장실
파출소
지브리 미술관
300m 이정표
이노카시라 자연문화원
井の頭自然文化園
정문

Café du lièvre R

다이세이지
大盛寺
이노카시라 공원
井の頭公園
벤자이텐
弁財天

N

0 200m

Pepacafe
Forest
이노카시라 연못
井の頭池

이세야
いせや
스타벅스
Wachi Field
Safari
B-side Label
DOUTOR R
마리온/크레페
마루이 백화점
OIOI
원조나카야무겐도니반구미
元祖仲屋むげん堂弐番組
패밀리마트
Ragtag R
보트 승선장
매점
야외 공연장
키치죠지상점가
吉祥寺商店街
우메가오카스시 쿄 미도리
DOUTOR
마루이 백화점
OIOI
공원 출구
키치죠지역
PARCO
백화점
토큐 백화점
하모니카
요코쵸
맥도날드
Coppice
Kichijoji
북쪽 출구
JR 주오선·소부선 中央線·總武線
신쥬쿠역
나카노 역
만다라케 まんだらけ
케이오이노카시라 선 京王井の頭線
시로히게 슈크림 공방

아네센 p.348

A

B

C

D

1

2

3

4

5

국제 어린이 도서관
国際子ども図書館

법륭사보물관
法隆寺宝物館

도쿄 예술대학
東京芸術大学

우에지마 커피
上島珈琲店

본관 본관
本館

도쿄 국립박물관
東京国立博物館

카츠타로료칸
勝太郎旅館

쿠 토쿄 음악 학교 소리쿠도
旧東京音楽学校奏楽堂

동양관 東洋館

우에노 동물원
上野動物園

도쿄도 미술관
東京都美術館

고래 모형

국립 과학박물관
国立科学博物館

화장실

스타벅스

노구치 히데요동상
野口英世銅像

증기기관차

우에노 공원
上野公園

국립 서양미술관
国立西洋美術館

치켓 판매대

우에노토쇼구
上野東照宮

파출소

석조 토리이
鳥居

화장실

우에노 대불
上野大仏

도쿄 문화회관
東京文化会館

토템폴

야구장

하나조노 신사
花園神社

공원 개찰구
公園改札

JR 우에노역 上野

호텔 사르트 스텔라우에노

키요미즈 관음당
清水観音堂

이치란 라멘
一蘭らーめん

야마시타 출구
山下口

도쿄 대학 후생
도쿄 대학
東京大学
도쿄대 부속병원
東京大付属病院

신사
미니스톱
파출소

보트 승선장

화장실

벤텐도
弁天堂

쇼기타마의 공훈
彰義隊供養碑

중앙 개찰구
中央改札

Wendy's
First Kitchen

사이고 다카모리 동상
西郷隆盛像

히로코지 출구
広小路口

우에노역 上野

미츠이가든 호텔 우에노
三井ガーデンホテル上野

저명인사의
손도장
著名人の手形

이케노하타 출구
池の端口

야마시타야

5b

마루이 시티
이 CITY

SMBC

Nissay

Lucis 토텐코
天天紅

시노바즈 연못
不忍の池

Kinuya
Hotel

정면 출구
正面口

오에스 드러그

4

3

구 이와사키 저택 정원
旧岩崎邸庭園

요도바시 카메라
ヨドバシカメラ

핫카엔

치가시마몬자모헤지

우에노야부소바
上野藪そば

수상음악당
水上音楽堂

시타마치 풍속 자료관
下町風俗資料館

마초야

야마코 시장

편의점 로손

KFC

패밀리마트

ABAB

마츠모토 키요시

Ueno Americaya General Garden

우나기캇포이즈에이
鰻割烹伊豆栄

세븐 일레븐

ABC-MART

메인구역시부코즈
麺屋武蔵武骨

카와시야

나키반 상점

A3

A5

코지마야

라멘 카모토네기

호텔 사르도닉스 우에노
ホテルサードニクス上野

유시마텐만구
湯島天満宮

토에이오에도 선
都営大江戸線

1

2

A4

A2

스즈야본점 鈴乃屋本店

돈키호테

마츠모토 키요시

A7

스타벅스

3

4

호라이야

패밀리마트

타케야 多慶屋

이센본점水泉本店
Lawson

Matsuzakaya

북쪽 출구
北口

NIJI

4

3

파출소

R&B 호텔 우에노히로코지
R&Bホテル上野広小路

UFJ

우사기야
うさぎや

Caffe Veloce
잇푸도

아키하바라

MAP 19 아사쿠사

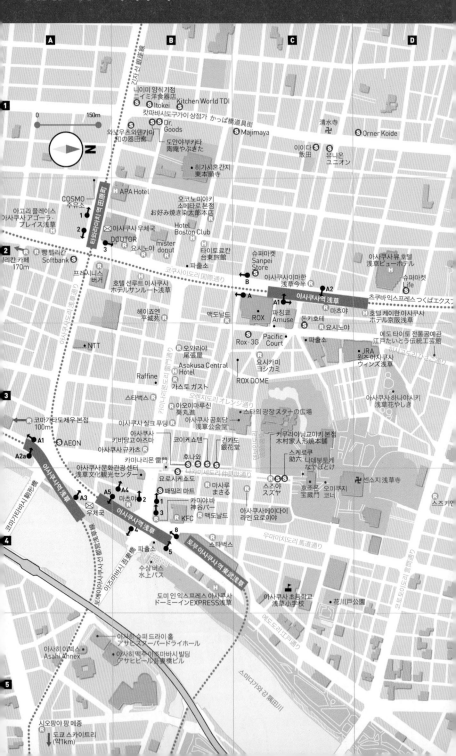

A	B	C	D

1

0   150m

N

니이미 양식기점
ニイミ洋食器店
Itokei

Kitchen World TDI

캇파바시도구가이 상점가 かっぱ橋道具街

와온우초와엔카마
和の器田窯

Dr.
Goods

Majimaya

清水寺

Orner Koide

도안야부키타
陶庵やぶきた

이이다
飯田

유니온
ユニオン

히가시혼간지
東本願寺

COSMO
주유소

APA Hotel

오코노미야키
소메타로 본점
お好み焼き染太郎本店

2

아고라 플레이스
아사쿠사 아고라·
プレイス浅草

1

2

DOUTOR

3

아사쿠사 우체국

Hotel
Boston Club

아사쿠사 뷰 호텔
浅草ビューホテル

빵 펠리칸
Softbank

리칸 카페
170m

요시노야

mister
donut

타이토료칸
台東旅館

슈퍼마켓
Sanpei
Store

슈퍼마켓
Life

프라네시스
버거

호텔 선루트 아사쿠사
ホテルサンルート浅草

쿠리사이도리 国際通り

B

아사쿠사이마한
浅草今半

아사쿠사역 浅草

A2

츠쿠바익스프레스つくばエクス

헤이죠엔
平城苑

NTT

맥도날드

A1

ROX

파칭코
Amuse

마츠야
マツヤ

돈키호테

호텔 케이한 아사쿠사
ホテル京阪浅草

요시노야

3

오와리야
尾張屋

Raffine

Rox·3G

Pacific
Court

요시카미
ヨシカミ

파출소

Asakusa Central
Hotel

ROX DOME

에도 타이토 전통공예관
江戸たいとう伝統工芸館

JRA
윈즈아사쿠사
ウィンズ浅草

스타벅스

오렌지도리 オレンジ通り

코마가타도제우 본점
100m

AEON

아사쿠사마루신
葵丸進

아사쿠사 실크 푸딩

아사쿠사 공회당
浅草公会堂

스타의 광장 スターの広場

아사쿠사 하나야시키
浅草花やしき

4

A1

A2a

아사쿠사
키비당고 아즈마

아사쿠사 규카츠

코이케쇼텐

긴카도
銀花堂

카무라야닝교야키 본점
木村家人形焼本舗

A3

우체국

아사쿠사 문화관광 센터
浅草文化観光セン터

카미나리몬 雷門

후나와

아오이마루신

요로시케쇼도

나카미세도리 仲見世通り

스케로쿠
助六 나데보토케
なでぼとけ

센소지 아사쿠사 浅草寺

A5 A4

2

패밀리 마트

마사루
まさる

스즈야
スズヤ

호조몬
宝蔵門

오미쿠지
코너

스즈키

1

3

카미야 바
神谷バー

KFC

맥도날드

아사쿠사메이다이
라멘 요로이야

파출소

8

스타벅스

5

토부아사쿠사 역 東武浅草

5

수상버스
水上バ스

도미 인 익스프레스 아사쿠사
ドーミーインEXPRESS浅草

아사쿠사 초등학교
浅草小学校

花川戸公園

우마미치도리 馬道通り

코마가타바시 駒形橋

아즈마바시 吾妻橋

아사쿠사역 浅草

스미다가와 강 隅田川

아사히 슈퍼 드라이 홀
アサヒ スーパードライホール

아사히 아넥스
Asahi Annex

아사히 맥주 아즈마바시 빌딩
アサヒビール吾妻橋ビル

시오팡야 팡 메종

도쿄 스카이트리
(약1km)

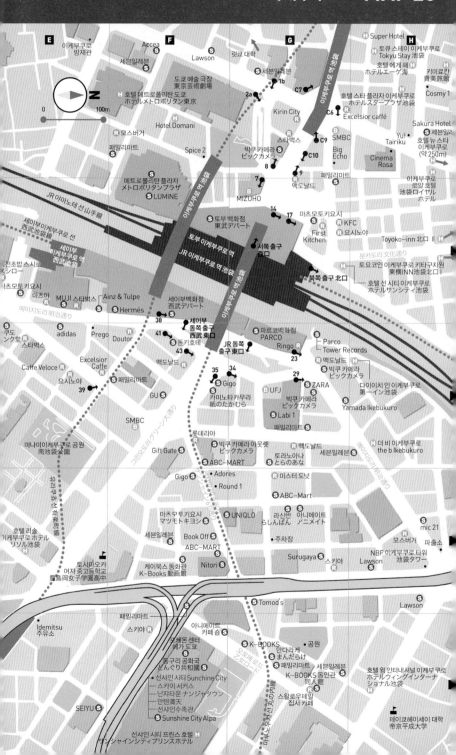

MAP 21 시오도메

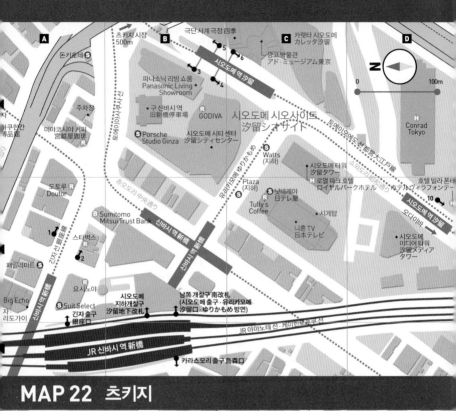

A

돈키호테 ⓢ

하쿠힌칸 ⓢ
용품관

미야코시야 커피
宮越屋珈琲

주차장

도토루
Doutor

B Sumitomo
Mitsui Trust Bank 신바시역 新橋

패밀리마트 ⓢ

Big Echo
자 ⓢ
리도가이

ⓢ Suit Select

긴자 출구
銀座口

스타벅스 ⓡ

요시노야

B

츠키지 시장
500m

극단 사계 극장 四季

파나소닉 리빙 쇼룸
Panasonic Living
Showroom

구 신바시역
旧新橋停車場

GODIVA

ⓢ Porsche
Studio Ginza

시오도메 시티 센터
汐留シティセンター

츄오도리 中央通り

신바시역 新橋

시오도메
지하개찰구
汐留地下改札

남쪽 개찰구 南改札
(시오도메 출구 · 유리카모메
汐留口 · ゆりかもめ 방면)

JR 야마노테 선 · 케이힌도호쿠 선

JR 신바시역 新橋

카라스모리 출구 烏森口

C 카렛타 시오도메
カレッタ汐留

망고 박물관
アド・ミュージアム東京

시오도메 시오사이드
汐留シオサイド

Watts
(지하)

Plaza
(지하)

Tully's
Coffee

시오도메 타워
汐留タワー

로열 파크 호텔
ロイヤルパークホテル

닛테레야
日テレ屋

시계탑

니혼 TV
日本テレビ

D

N

0 ────── 100m

H
Conrad
Tokyo

호텔 빌라 폰테
ホテルヴィラフォンテ

10
오다이바

시오도메
미디어 타워
汐留メディア
タワー

MAP 22 츠키지

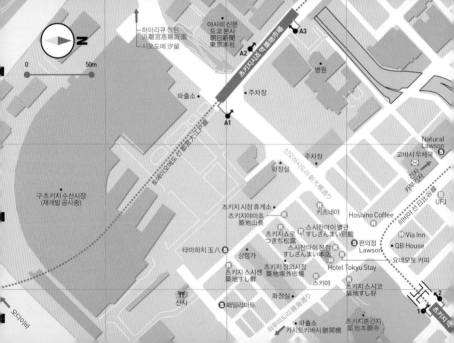

N

0 ────── 50m

하마리큐 정원
浜離宮恩賜庭園

시오도메 汐留

파출소

구 츠키지 수산시장
(재개발 공사중)

아사히 신문
도쿄 본사
朝日新聞
東京本社

츠키지시조 역 築地市場

A2

A1

주차장

병원

주차장

화장실

A3

Natural
Lawson

교바시 우체국

긴자
카부키자

UFJ

츠키지 시장 휴게소
츠키지야마쵸
築地山長

츠키지쇼로
つきぢ松露

타마하치 玉八 ⓢ

상점가

츠키지 스시센
築地すし鮮

키츠네야

스시잔마이 별관
すしざんまい別館

스시잔마이 본점
すしざんまい本店

츠키지장외시장
築地場外市場

화장실

ⓢ 패밀리마트

신사

하루미도리(남해)통り 南海通り

파출소
카치도키바시 勝鬨橋

Hoshino Coffee

편의점
Lawson

Hotel Tokyu Stay

스키야

츠키지 혼간지
築地本願寺

Via Inn

QB House

요네모토 커피

츠키지 스시코
築地すし好

2

1

츠키지

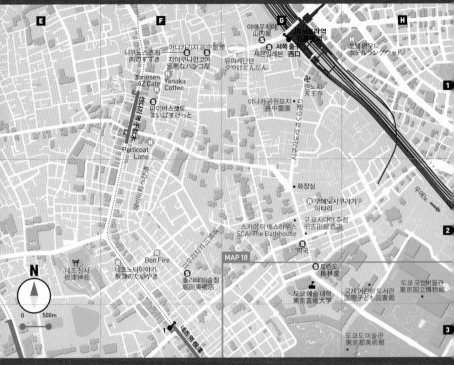

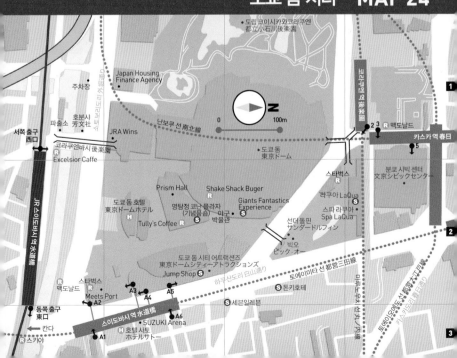

MAP 25 요코하마

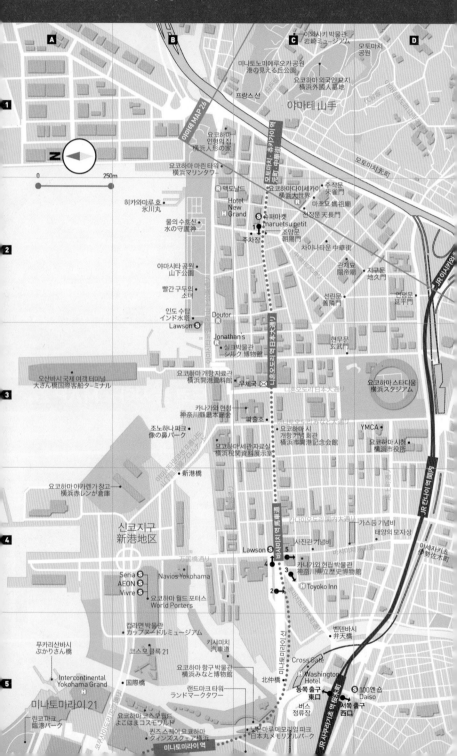

이와사키 박물관
岩崎ミュージアム

모토마치
공원

미나토노미에루오카 공원
港の見える丘公園

요코하마 외국인 묘지
横浜外國人墓地

프랑스 산

야마테 山手

오토미치 元町

요코하마
인형의 집
横浜人形の家

요코하마 마린 타워
横浜マリンタワー

히카와마루 호
氷川丸

물의 수호신
水の守護神

야마시타 공원
山下公園

빨간 구두의
소녀

인도 수탑
インド水塔

맥도날드
R

슈퍼마켓
maruetsu petit
S

주차장

Hotel
New
Grand

요코하마다이세카이
横浜大世界

주작문
朱雀門

마조묘 媽祖廟

천장문 天長門

조양문
朝陽門

차이나타운 中華街

관제묘
關帝廟

지구문
地久門

선린문
善隣門

연평문
延平門

현무문
玄武門

JR 야마테

주키가야 역 中華街

모토마치

Doutor
R

Jonathan's
R

실크박물관
シルク 博物館

나혼 오도리 역 日本大通り

우체국

요코하마 개항 자료관
横浜開港資料館

오산바시 국제 여객 터미널
大さん橋国際客船ターミナル

카나가와 현청
神奈川縣廳本廳舍

조노하나 파크
像の鼻パーク

요코하마세관 자료실
横浜税関資料展示室

파출소

요코하마 스타디움
横浜スタジアム

요코하마 시
개항 기념 회관
横浜市開港記念会館

YMCA

요코하마 시청
横浜市役所

신코바시
新港橋

요코하마 아카렌가 창고
横浜赤レンガ倉庫

신코지구
新港地区

JR 칸나이 역 關內

만국교통
万国橋通り

카나가와 현립 박물관
神奈川県立歴史博物館

바샤미치 馬車道

가스등 기념비

태양의 모자상

사진관 기념비
5

Lawson
S
4

3

Toyoko Inn

이세자키키초
伊勢佐木町

Seria
S
AEON
S
Vivre
S

Navios Yokohama

요코하마 월드 포터스
World Porters

2

벤텐바시
弁天橋

컵라면 박물관
カップヌードルミュージアム

키샤미치
汽車道

Cross Gate

푸카리산바시
ぷかりさん橋

코스모 블록 21

요코하마 항구 박물관
横浜みなと博物館

Washington
Hotel

동쪽 출구
東口

버스
정류장

100엔 숍
Daiso
S

서쪽 출구
西口

JR 사쿠라기초 역 櫻木町

Intercontinental
Yokohama Grand
H

국제교

랜드마크 타워
ランドマークタワー

미나토미라이 21

린코파크
臨港パーク

요코하마 코스모월드
よこはまコスモワールド

퀸즈 스퀘어 요코하마
クイーンズ スクエア 横浜

니혼마루 메모리얼 파크
日本丸メモリアルパーク

미나토미라이 역

A

B

C

D

야마시타 공원
야마시타 공원

미나토노미에루오카 공원
港の見える丘公園

전망 테라스

오사라기지로
기념관
大佛次郎館

카나가와
근대문학관

프랑스 교
フランス橋
프랑스 산

Port Hill
Yokohama

화장실

장미 정원

영국관
イギリス館

분수대

야마테 111번
山手111番

야마테 영빈관
山手迎賓館
Tempur

이와사키 박물관
岩崎ミュージアム

파출소

Yokohama International
School

Brooks Brothers

파출소
Sabon
스타벅스
Cafe 88

요코하마 외국인 묘지
横浜外国人墓地

Restaurant
Roche Mini Shop

야마테 10번관
山手十番館

부리키장난감박물관
ブリキのおもちゃ博物館

Motomachi Plaza

Familiar
우치키빵
ウチキパン

야마테 자료관
山手資料館

야마테 성공회 교회당
山手聖公会

Matuta

Ginza Tanaka

화장실

옛날 공중전화기

야마테 234번관
山手234番館

에노키테이
えの木てい

STAR
Jewelry
Rope

Des Prés

Zwilling J.A. Henckels

모토마치 공원
元町公園

에리스만 저택
エリスマン邸

Bluff
Clinic

코코하마다이세카이
横浜大世界
판다야 ぱんだや

슈퍼마켓 AEON

주작문
朱雀門

HIROKI

베릭 홀
ベーリックホール

ecco

La Mare

GODIVA

천장문
天長門
요코하마
마조묘
横浜媽祖廟

ABC-MART

쇼난 신용금고
湘南しんきん

Charmy

Lacoste

Tomorrowland

Common Time

Itoya

The Church of
Jesus Christ
of Latter-day Saints

Yokohama
Union Church
Yamate 61

슈퍼마켓
UNION

HIKOSEN Cara

Kitamura

Rimowa

Pompadour (빵집)

Swarovski

Ferris Hall

주차장

Laura
Ashley

츠루하드러그
ツルハドラッグ

요코하마 은행
横浜

next

페리스 여중고
フェリス女学院中高

페리스 여대
フェリス女学院

Talbots

Tsutsumi

The Lazare Diamond
New York

西乃橋

이키나리 스테이크
いきなりステーキ

UFJ

가톨릭 야마테 교회
カトリック山手教会

야마테 존
山手

오토야 大戸屋

Vie de France

요코하마 야마테 중·고등학교
横浜山手中·高校

히다카야
日高屋

Curry House CoCo Ichibanya

약국

JR 이시카와초역
石川町

남쪽
출구
南口
우체국

커피숍 에레나
Coffee Shop
에레나

Universalarts

모토마치 출구
元町口

野州屋商店

블러프 18번관 브라프18番館

이탈리아산 정원
イタリア山庭園

외교관의집 外交官の家

이탈리아산테이엔마에
イタリア山庭園前

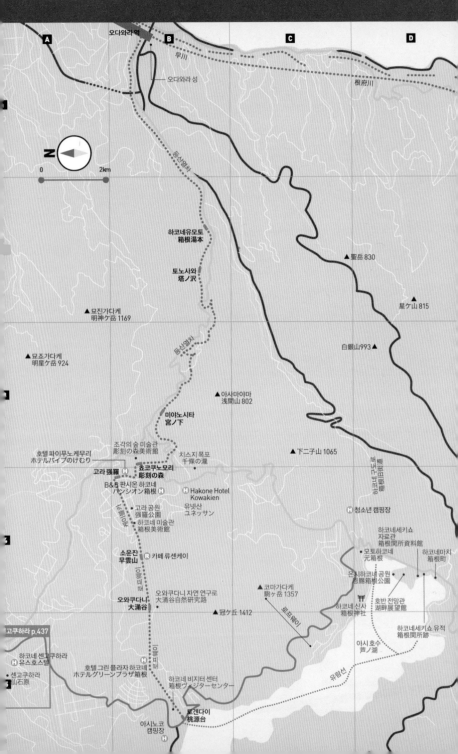

MAP 27 하코네

A B C D

오다와라역

早川

오다와라 성

根府川

N

0   2km

하코네유모토
箱根湯本

토노사와
塔ノ沢

▲ 聖岳 830

▲ 묘진가다케
明神ヶ岳 1169

星ヶ山 815

▲ 묘조가다케
明星ヶ岳 924

白銀山993 ▲

▲ 아사마야마
浅間山 802

미야노시타
宮ノ下

조각의숲 미술관
彫刻の森美術館

치스지 폭포
千條の瀧

▲ 下二子山 1065

호텔 파이푸노케무리
ホテルパイプのけむり

쵸코쿠노모리
彫刻の森

고라 强羅

B&B 판시온 하코네
パンシオン箱根

Hakone Hotel
Kowakien

고라 공원
强羅公園

유넷산
ユネッサン

청소년 캠핑장

하코네 미술관
箱根美術館

하코네세키쇼
자료관
箱根関所資料館

소운잔
早雲山

카페 류센케이

모토하코네
元箱根

하코네마치
箱根町

오와쿠다니 자연 연구로
大涌谷自然研究路

온시하코네 공원
恩賜箱根公園

오와쿠다니
大涌谷

▲ 코마가다케
駒ヶ岳 1357

호반 전망관
湖畔展望館

하코네신사
箱根神社

고쿠라하라 p.437

▲ 冠ヶ丘 1412

토로웨이

하코네세키쇼 유적
箱根関所跡

하코네 센고쿠하라
유스호스텔

아시 호수
芦ノ湖

센고쿠하라
仙石原

호텔 그린 플라자 하코네
ホテルグリーンプラザ箱根

하코네 비지터 센터
箱根ヴィジターセンター

유람선

토겐다이
桃源台

아시노코
캠핑장

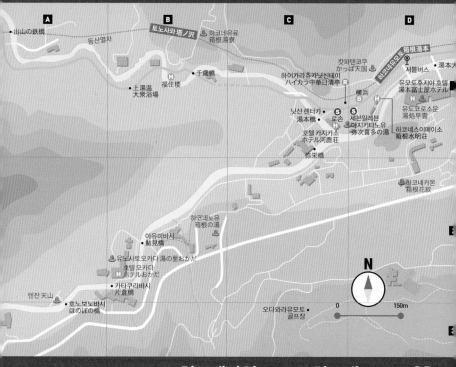

A

B 토노사와塔ノ沢

C

D 하코네유모토 箱根湯本

・出山の鉄橋

등산열차

하코네유료
箱根湯寮

캇파텐코쿠
かっぱ天国

셔틀버스 ・湯本駅

하이카라츄카닛신테이
ハイカラ中華日清亭

유모토후지야호텔
湯本富士屋ホテル

上湯温
大衆浴場

福住楼

千歳橋

横浜

유도코로소운
湯処早雲

닛산 렌터카
湯本橋

로손

세븐일레븐
마지키타노유
弥次喜多の湯

하코네스이메이소
箱根水明荘

호텔 카지카소
ホテル河鹿荘

弥栄橋

하코네카몬
箱根花紋

하코네노유
箱根の湯

E

아유미바시
鮎見橋

유모사토오카다湯の里おかだ
호텔 오카다
ホテルおかだ

텐잔 天山

키타쿠라바시
片倉橋

오다와라유모토
골프장

호노보노바시
ほのぼの橋

0　　　　150m

N

아시 호수 芦ノ湖

하코네유모토・오다와라 행
버스 정류장

온시하코네 공원
恩賜箱根公園

헤이와도리이
平和鳥居

유람선 선착장

하코네
箱根

・진망대展望台

코네마치
根町
하코네 호텔
箱根ホテル

하코네세키쇼 유적
箱根関所跡

호반 전망관
湖畔展望館

우체국

하코네세키쇼 자료관
箱根関所資料館
화장실

기념품 상가

공원 정문

200 계단

타비모노가타리칸
旅物語館

화장실

주차장

芦川橋

삼나무 가로수길箱根杉並木

전망 포인트
사진찍기 좋은 곳

화장실

하코네 초등학교
箱根小学校

유람선 선착장
하코네유모토・오다와라 행 버스 정류장

세븐일레븐

사이노카와라
賽ノ河原

Bakery & Table
모토하코네
元箱根

나루카와 미술관
成川美術館

이치노토리이
一ノ鳥居

하코네 구도로
箱根旧街道

0　　　　150m

N

MAP 30 츄젠지 호수

A   B   C   D

유모토온센
센죠가하라

주차장

호반 전망 테라스
닛코 산스이
日光山水

파출소

다이이치 이로하자카
닛코 중심가

호텔 코죠엔
ホテル湖上苑

유람선
선착장

무녀석
巫女石

호텔하나안
ホテル花庵

Lily Charlotte

이로하카이칸
いろは会館

오하시 大橋

주차장

츄젠지 호수 中禅寺湖

츄젠지코바시
中禅寺湖橋

후타라바시
二荒橋

케곤하시
けごんはし

츄젠지온센
버스터미널

케곤 폭포
엘리베이터
타는 곳

케곤 폭포
무료 전망대

N

0   150m

Ritz~Carlton Hotel

닛코 자연 박물관
日光自然博物館

Chuzenji Pension

코라쿠 湖楽

케곤 폭포
華厳滝

츄젠지 中禅寺

Maple Restaurant

민박 밀집 지역

아케치다이라 전망대
明智平

MAP 31 닛코

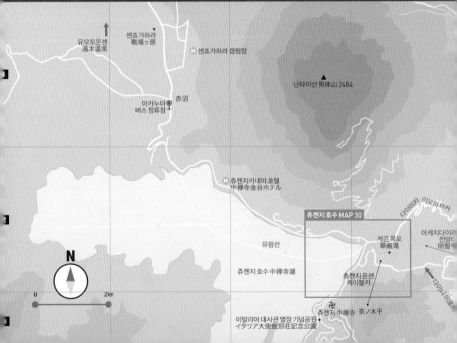

유모토온센
湯本温泉

센죠가하라
戦場ヶ原

센죠가하라 캠핑장

난타이산 男体山 2484

아카누마
버스 정류장

赤沼

츄젠지카네야 호텔
中禅寺金谷ホテル

다이미치 이로하자카

츄젠지 호수 MAP 30

유람선

케곤 폭포
華厳滝

아케치다이라
전망대
明智平

다이니 이로하

이탈리아 대사관 별장 기념공원
イタリア大使館別荘記念公園

츄젠지 호수 中禅寺湖

츄젠지 온센
케이블카

츄젠지 中禅寺 茶ノ木平

N

0   2km

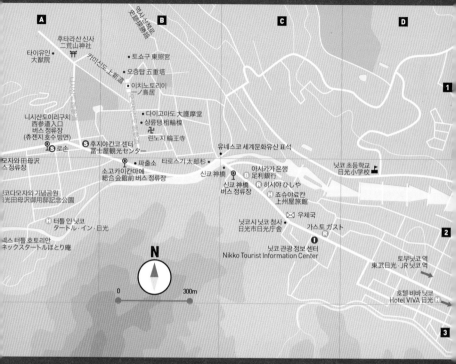

MAP 34 카마쿠라

A **B** **C** **D**

1

JR 오후나 역
大船

JR 오후나 역

JR·오다큐 선
후지사와 역

JR
키타카마쿠라 역

카마쿠라 MAP 34

MAP 35

카타세에노시마 역

JR 에노덴
카마쿠라 역

에노덴 에노시마 역

MAP 36

에노덴

에노시마

2

JR 요코스카 선 · 쇼난신주쿠 선

카마쿠라 전도

JR 키타카마쿠라 역
北鎌倉

엔카쿠지
円覚寺

서쪽 출구
西口

동쪽 출구
東口

토케이지
東慶寺

메이게츠인
明月院

쥬지지
淨智寺

패밀리마트

켄쵸지 建長寺

3

제니아라이벤자이텐
銭洗弁財天

源氏山

쥬후쿠지
寿福寺

산노토리이
三ノ鳥居

즈이센지
端泉寺

츠루가오카하치만구
鶴岡八幡宮

스기모토데라
杉本寺

Hotel Ajisai

쵸묘지
淨妙寺

카마쿠라 시청
鎌倉市役所

JR
카마쿠라 역

宝戒寺

호코쿠지
報国寺

에노덴
카마쿠라 역

마루야마 커피

우체국

구 카쵸노미야 저택
旧華頂宮邸

4

코토쿠인
高徳院

유히가하마 역
由比ヶ浜

와다즈카 역
和田塚

하세데라
長谷寺

하세 역
長谷

에노덴

極楽寺

에노덴
편의점 S
로손

유이가하마 해수욕장

N

0   1km

5

A Ⓢ KOMAYA   **B**   **C**   **D**

Ⓑ UFJ

리마트

서쪽 출구
西口

에노덴
카마쿠라 역

JR카마쿠라 역

시계탑

굴다리

요코하마 은행
横浜

5 Crossties Coffee

맥도날드

동쪽 출구 東口

오모차노촛페
おもちゃのちょっぺ〜

야마모토 상회
山本商会

Santore

카마쿠라
이치반야
鎌倉壱番屋

0   50m

카마쿠라이치쿠라
鎌倉味くら

Village Cafe

Cacao

1

자전거 대여소

Ⓢ
슈퍼마켓
Tokyu Store

KFC

Excelsior
Caffe

JTB

버스터미널

Ⓡ 스타벅스

다이와 증권
大和証券

Ⓢ Kaldi Coffee Farm

호텔 카마쿠라 모리
ホテル鎌倉 Mori

슈퍼마켓
UNION

Ⓑ UFJ

동구리 공화국
どんぐり共和国

회전스시
カイセンミサキコウ
海鮮 三崎港

au

nugoo cafe

토요쇼쿠니쿠텐
東洋食肉店

토시마야
豊島屋本店

미츠이노리하우스
三井のリハウス

오지 빌딩
大路ビル

2

니노토리이 二ノ鳥居

와카미야오지 若宮大路

산노토리이
츠루가오카하치만구
三ノ鳥居

→

Ⓧ
카마쿠라 우체국

시마모리
島森서점

패밀리마트

Kamakurabori
Assembly Hall

Yukinoshita
Catholic
Church

3

후지 산이
보이는 방향

해수욕장

스타벅스

신에노시마 수족관
新江ノ島水族館

Streamer Coffee
Company

Kua Aina
Burger & Cafe

카타세에노시마 역
片瀬江ノ島

片瀬橋

에노시마 역
江ノ電

벤텐바시
弁天橋

Ⓢ 편의점 Lawson
퍼스트 키친

에노덴

코시고에 역
腰越

1

사가미 만 相模湾

에노시마 대교
江ノ島大橋

에노시마 벤교
江ノ島弁橋

쇼난 항
湘南港

헬로키티 찻집
はろうきてい茶寮

에노시마
요트 선착장

2

에노시마
江ノ島

오쿠츠노미야신사
奥津宮

치고가후치
稚児ヶ淵

혜츠노미야 신사
辺津宮

에노시마 사무엘 코킹 식물원
江ノ島サムエル・コッキング苑

용연의 종
竜恋の鐘

나카츠노미야 신사
中津宮

에노시마타이시
江ノ島大師

N

0   300m

3

에노시마이와야 동굴
江ノ島岩屋

기초 회화

처음 뵙겠습니다. **はじめまして。** 하지메마시떼.
저는 [ ]라고 합니다. **私は [ ] と申します。** 와따시와 [ ] 또 모-시마스.
잘 부탁드립니다. **どうぞよろしくお願いします。** 도-조 요로시꾸 오네가이시마스.

인사

안녕하세요(아침 인사)	**おはようございます。**	오하요-고자이마스.
안녕하세요(점심 인사)	**こんにちは。**	콘니찌와.
안녕하세요(저녁 인사)	**こんばんは。**	콤방와.
안녕(작별 인사)	**さようなら。**	사요-나라.
안녕히 주무세요	**おやすみなさい。**	오야스미나사이.

감사 · 거절

감사합니다	**ありがとうございます。**	아리가또-고자이마스.
천만에요	**どういたしまして。**	도-이따시마시떼.
미안합니다	**すみません。**	스미마셍.
괜찮습니다	**かまいません(大丈夫です)。**	카마이마셍(다이죠-부데스).
실례합니다	**失礼します。**	시쯔레-시마스.

회화

한국인입니다.	**韓国人です。**	캉꼬꾸진데스.
일본어를 못합니다	**日本語が話せません。**	니혼고가 하나세마셍
여기에 적어주세요	**ここに書いてください。**	코꼬니 카이떼 쿠다사이
부탁드립니다	**お願いします。**	오네가이시마스
조금만 기다려주세요	**ちょっと待ってください。**	촛또 맛떼 쿠다사이
알겠습니다	**わかりました。**	와까리마시따.
모르겠습니다	**わかりません。**	와까리마셍
한번 더 천천히 말씀해주세요	**もう一度ゆっくり話してください。**	모-이찌도 윳꾸리 하나시떼 쿠다사이

기초 단어

네	**はい**	하이	그쪽	**そっち**	솟찌	4	四	시 또는 욘
아니오	**いいえ**	이-에	저쪽	**あっち**	앗찌	5	五	고
이것	**これ**	코레	어느 쪽	**どっち**	돗찌	6	六	로꾸
그것	**それ**	소레	어제	**昨日**	키노-	7	七	시찌 또는 나나
저것	**あれ**	아레	오늘	**今日**	쿄우	8	八	하찌
어느 것	**どれ**	도레	내일	**明日**	아시따	9	九	큐 또는 쿠
나·저	**私**	와따시	내일모레	**あさって**	아삿떼	10	十	쥬
너·당신	**あなた**	아나따	1	一	이찌	100	百	햐꾸
그	**彼**	카레	2	二	니	1,000	千	셍
이쪽	**こっち**	콧찌	3	三	산	10,000	万	만

공항에서 필요한 회화

☐ 는 어디인가요?
☐ はどこですか?
☐ 와 도꼬데스까?

☐ はどこですか?

기차역 **駅** 에끼	환전소 **両替所** 료ー가에쇼	면세점 **免税店** 멘제ー뗀
지하철역 **地下鉄駅** 치까떼쯔에끼	화장실 **トイレ** 토이레	출국장 **出発ロビー** 슛빠쯔로비ー
버스 정류장 **バス停** 바스떼ー	식당 **レストラン** 레스토랑	
여행 안내소 **旅行案内所** 료꼬ー안나이쇼	국제선 터미널 **国際線ターミナル** 코꾸사이센 타ー미나루	
항공사 카운터 **航空社カウンター** 코ー꾸ー샤카운타ー		
체크인 카운터 **チェックインカウンター** 쳇꾸인 카운타ー		

❀ 짐을 찾을 수가 없습니다. **荷物が見つかりません。** 니모쯔가 미쯔까리마셍.

❀ 짐을 찾으면 연락해 주세요. **荷物が見つかったら連絡してください。**
　니모쯔가 미쯔깟따라 렌라꾸시떼 쿠다사이.

❀ 일본에는 [3일 / 1주일 / 2주일]간 머물 예정입니다.
　日本には [三日 / 一週間 / 二週間]とどまる予定です。
　니혼니와 [밋까깐 / 잇슈ー깐 / 니슈ー깐] 토도마루 요떼ー데스.

❀ [호텔 / 유스호스텔 / 민박]에 묵을 예정입니다. **[ホテル / ユースホステル / 民宿]に泊る予定です。**
　[호테루 / 유ー스호스테루 / 민슈꾸]니 토마루 요떼ー데스.

❀ 제 연락처는 ☐ 입니다. **私の連絡先は ☐ です。** 와따시노 렌라꾸사끼와 ☐ 데스.

❀ 여행자수표를 현금으로 환전해주세요. **トラベラーズチェックを現金に両替してください。**
　토라베라ー즈첵쿠오 겐낀니 료ー가에시떼 쿠다사이.

호텔에서 필요한 회화

객실은 ☐로 부탁합니다.
部屋は ☐ でお願いします。
헤야와 ☐ 데 오네가이시마스.

部屋は ☐ でお願いします。

싱글룸(1인실)	シングル	싱구루	트윈룸(2인실)	ツイン	츠인
더블룸(2인실)	ダブル	다부루	트리플(3인실)	トリプル	토리푸루
금연실	禁煙室	킨엔시쯔	흡연실	喫煙室	키쯔엔시쯔
일본식 타다미 방	和室	와시쯔	양식 침대 방	洋室	요-시쯔

❀ 빈방이 있으면 예약하고 싶은데요.
　あいている部屋があれば要約したいんですが。 아이떼-루 헤야가 아레바 요-야꾸시따인데스가.

❀ 좀더 싼 방은 없나요? **もっと安い部屋はありませんか?** 못또 야스이 헤야와 아리마셍까?

❀ 방을 보여주실 수 있나요? **部屋を見せていただけますか?** 헤야오 미세떼 이따다께마스까?

❀ [신용카드 / 여행자수표] 로 지불해도 되나요?
　[クレジットカード / トラベラーズチェック] で支払ってもいいですか?
　[크레짓또카-도 / 토라베라-즈첵쿠] 데 시하랏떼모 이-데스까?

❀ 깜빡하고 방에 열쇠를 두고 와 버렸어요.
　うっかり鍵を部屋に忘れてしまいました。 웃까리 카기오 헤야니 와스레떼 시마이마시따.

❀ 짐을 맡아주세요. **荷物を預ってください。** 니모쯔오 아즈깟떼 쿠다사이.

❀ 택시를 불러주세요. **タクシーを呼んでください。** 타꾸시-오 욘데 쿠다사이.

기차 · 지하철에서 필요한 회화

☐ 역까지 ☐ 티켓 ☐ 장 주세요.
☐ 駅までの ☐ きっぷを ☐ 枚ください。
☐ 에끼마데노 ☐ 킷뿌오 ☐ 마이 쿠다사이.

駅までの ☐ きっぷを ☐ 枚ください。

지정석 **指定席** 시떼–세끼	자유석 **自由席** 지유–세끼	한장	**一**	이찌
금연석 **禁煙席** 킨엔세끼	흡연석 **喫煙席** 키쯔엔세끼	두장	**二**	니
성인 **大人** 오또나	어린이 **こども** 코도모	세장	**三**	산
편도 **片道** 카따미찌	왕복 **往復** 오–후꾸	네장	**四**	욘
특실 **グリーン車** 그린–샤		다섯장	**五**	고

❀ [매표소 / 예매창구 / 화장실 / 코인라커]는 어디 있나요?

[きっぷ売り場 / みどりの窓口 / トイレ / コインロッカー] はどこですか?

[킷뿌우리바 / 미도리노마도구찌 / 토이레 / 코인롯까–] 와 도꼬데스까?

❀ ☐ 역까지 요금은 얼마인가요?

☐ 駅までの料金はいくらですか? ☐ 에끼마데노 료–낀와 이꾸라데스까?

❀ 이 열차는 몇 번 플랫폼에서 타나요?

この列車は何番ホームで乗れますか? 코노 렛샤와 남방 호–무데 노레마스까?

❀ ☐ 행 열차는 어디서 갈아타면 되나요? **☐ 行きの列車はどこで乗り換えればいいですか?**

☐ 유끼노 렛샤와 도꼬데 노리까에레바 이–데스까?

❀ 옆자리가 비어 있나요? **となりの席は空いてますか?** 토나리노 세끼와 아이떼마스까?

❀ ☐ 역에 도착하면 알려주세요.

☐ 駅に着いたら教えてください。 ☐ 에끼니 쯔이따라 오시에떼 쿠다사이.

택시 · 버스에서 필요한 회화

이 ☐ (의 장소)까지 부탁합니다.
この ☐ (の場所)までお願いします。
코노 ☐ (노 바쇼)마데 오네가이시마스.

この ☐ (の場所)までお願いします。

주소 **住所** 쥬―쇼	지명 **地名** 치메―	사진 **写真** 샤신
역 **駅** 에끼	호텔 **ホテル** 호테루	레스토랑 **レストラン** 레스토랑

❀ ☐ 까지 요금은 얼마인가요? **☐ までの料金はいくらですか?** ☐ 마데노 료―낀와 이꾸라데스까?

❀ ☐ 까지 시간은 어느 정도 걸리나요?
☐ まで時間はどのぐらいかかりますか? ☐ 마데 지깐와 도노구라이 카까리마스까?

❀ [여기서 / 저쪽에서] 세워주세요.
[ここで / あちらで] 止めてください。 [코꼬데 / 아찌라데] 토메떼 쿠다사이.

❀ ☐ 행 버스는 어디서 타나요?
☐ 行きのバスはどこで乗れますか? ☐ 유끼노 바스와 도꼬데 노레마스까?

❀ ☐ 까지 가는 버스가 오면 알려주세요.
☐ まで行くバスが来たら教えてください。 ☐ 마데 이꾸 바스가 키타라 오시에떼 쿠다사이.

❀ ☐ 에 도착하면 알려주세요. **☐ に着いたら教えてください。** ☐ 니 쯔이따라 오시에떼 쿠다사이.

❀ 다음 차는 몇 시에 있나요? **次のバスは何時ですか?** 츠기노 바스와 난지데스까?

❀ [첫차 / 막차]는 몇 시에 출발하나요?
[始発 / 最終]のバスは何時に出ますか? [시하쯔 / 사이슈―]노 바스와 난지니 데마스까?

식당에서 필요한 회화

실례합니다. ☐를 갖다주세요.
すみません。 ☐ をください。
스미마셍. ☐ 오 쿠다사이.

すみません。 ☐ をください。

물 **お水** 오미즈	쥬스 **ジュース** 쥬-스	포크 **フォーク** 포-쿠
찬물 **お冷や** 오히야	맥주 **ビール** 비-루	나이프 **ナイフ** 나이후
녹차 **お茶** 오챠	메뉴판 **メニュー** 메뉴-	냅킨 **ナプキン** 나푸킨
커피 **コーヒー** 코-히-	젓가락 **お箸** 오하시	티슈 **ティッシュー** 팃슈-
홍차 **紅茶** 코-챠	숟가락 **スプーン** 스푼-	

❀ ☐명입니다. [금연석 / 흡연석]으로 부탁합니다. ☐ **名です。[禁煙席 / 喫煙席]でお願いします。**
　☐ 메-데스. [킨엔세끼 / 키쯔엔세끼] 데 오네가이시마스.

❀ [한국어 / 영어] 메뉴가 있나요? **[韓国語 / 英語]のメニューはありますか?** [캉꼬꾸고 / 에-고] 노 메뉴-와 아리마스까?

❀ (메뉴판을 가리키며)이것을 주세요. **これをください。** 코레오 쿠다사이.

❀ (상대방의 음식을 가리키며)저 사람과 같은 것을 주세요.
　あの人と同じものをください。 아노 히또또 오나지모노오 쿠다사이.

❀ 화장실은 어디인가요? **お手洗い(トイレ)はどこですか?** 오떼아라이(토이레)와 도꼬데스까?

❀ 계산해주세요. 영수증도 주세요.
　お会計をお願いします。レシートもください。 오까이께-오 오네가이시마스. 레시-또모 쿠다사이.

❀ 신용카드를 사용할 수 있나요? **クレジットカードを使えますか?** 크레짓또카-도오 쯔까에마스까?

주점에서 필요한 회화

실례합니다. すみません 스미마셍.

[ ]를 주세요. [ ]**をください。** [ ]오 쿠다사이.

すみません。[ ]を[ ]ください。

맥주 **ビール** 비-루	
생맥주 **生ビール** 나마비-루	
소주 **焼酎** 쇼-쮸-	오룡차 **ウロン茶** 우롱쨔
청주 **日本酒** 니혼슈	안주 **おつまみ** 안주
청주 **お酒** 오사께	
소주 칵테일 **チューハイ** 츄-하이	

한 병 **一本** 잇뽕	두 개 **ふたつ** 후따쯔
두 병 **二本** 니혼	세 개 **みっつ** 밋쯔
세 병 **三本** 삼봉	네 개 **よっつ** 욧쯔
네 병 **四本** 욘혼	다섯 개 **いつつ** 이쯔쯔
다섯 병 **五本** 고혼	
한 개 **ひとつ** 히또쯔	

🏮 영업시간은 몇 시까지인가요?
営業時間は何時までですか? 에-교-지깐와 난지마데데스까?

🏮 주문은 몇 시까지 받나요?
ラスト・オーダーは何時まで受けますか? 라스또오-다-와 난지마데 우께마스까?

🏮 안주는 무엇이 있나요?
おつまみは何がありますか? 오쯔마미와 나니가 아리마스까?

🏮 메뉴를 보여주세요. **メニューを見せてください。** 메뉴-오 미세떼 쿠다사이.

🏮 계산해주세요. **お会計をお願いします。** 오까이께-오 오네가이시마스.

🏮 신용카드를 사용할 수 있나요?
クレジットカードを使えますか?
크레짓또카-도오 쯔까에마스까?

쇼핑에서 필요한 회화

실례합니다. ☐**는 없나요?**
すみません。 ☐**はありませんか?**
스미마셍. ☐와 아리마셍까?

すみません。☐はありませんか?

조금 큰 것 **もっと大きいサイズ** 못또 오-끼-사이즈	남성용 **男性用** 단세-요-
조금 작은 것 **もっと小さいサイズ** 못또 치-사이 사이즈	여성용 **女性用** 조세-요-
색이 다른 것 **色違いもの** 이로찌가이 모노	어린이용 **こども用** 코도모요-

❀ 입어 봐도 되나요?
　試着してもいいですか? 시쨔꾸시떼모 이-데스까?

❀ 얼마인가요?
　いくらですか? 이꾸라데스까?

❀ [이것 / 그것 / 저것 / 전부] 주세요.
　[これ / それ / あれ / 全部] ください。 [코레 / 소레 / 아레 / 젬부] 쿠다사이.

❀ 면세 되나요? **免税できますか?** 멘제-데끼마스까?

❀ 선물용이니 예쁘게 포장해주세요. **お土産ですので、きれいにラッピングしてください。**
　오미야게데스노데, 키레-니 랍핑구시떼 쿠다사이.

❀ 신용카드를 사용할 수 있나요?
　クレジットカードを使えますか? 크레짓또카-도오 쯔까에마스까?

❀ 영수증을 주세요.
　レシート(領収書)をお願いします。 레시-또(료-슈-쇼)오 오네가이시마스.

거리에서 필요한 회화

제일 가까운 ☐ 는 어디인가요?
一番近い ☐ はどこですか?
이찌방 치까이 ☐ 와 도꼬데스까?

一番近い ☐ はどこですか?

JR 역 **JRの駅** 제-아루노에끼		지하철역 **地下鉄駅** 치까떼쯔에끼
슈퍼마켓 **スーパーマーケット** 스-파-마-껫또		편의점 **コンビニ** 콤비니
코인라커 **コインロッカー** 코인롯까-		빨래방 **コインランドリー** 코인란도리-
100엔 숍 **100円ショップ** 햐꾸엔숍뿌		PC방 **ネットカフェ** 넷또카페
현금 자동 지급기 **ATM**	서점 **書店** 쇼뗀	공중전화 **公衆電話** 코-슈-뎅와
화장실 **トイレ** 토이레	우체국 **郵便局** 유빙꾜꾸	약국 **薬屋** 쿠스리야
병원 **病院** 뵤-인	경찰서 **警察署** 케-사쯔쇼	파출소 **交番** 코-반

✤ 여기는 어디인가요? **ここはどこですか?** 코꼬와 도꼬데스까?

✤ ☐ 로 가고 싶습니다. 길을 가르쳐주세요.
　☐ **へ行きたいんです。道を教えてください。** ☐ 에 이끼따인데스. 미찌오 오시에떼 쿠다사이.

✤ 사진을 찍어주시겠어요? **写真を撮ってもらえますか?** 샤신오 톳떼 모라에마스까?

위급 상황

도와주세요.	**助けて!**	타스께떼
물건을 잃어버렸습니다.	**忘れ物をしました。**	와스레모노오 시마시따.
도둑(소매치기)이야!	**泥棒(スリ)だ!**	도로보-(스리)다!
치한이에요.	**痴漢です。**	치깐데스.
경찰을 불러주세요.	**警察を呼んでください。**	케-사쯔오 욘데 쿠다사이.
구급차를 불러주세요.	**救急車を呼んでください。**	큐-뀨-샤오 욘데 쿠다사이.

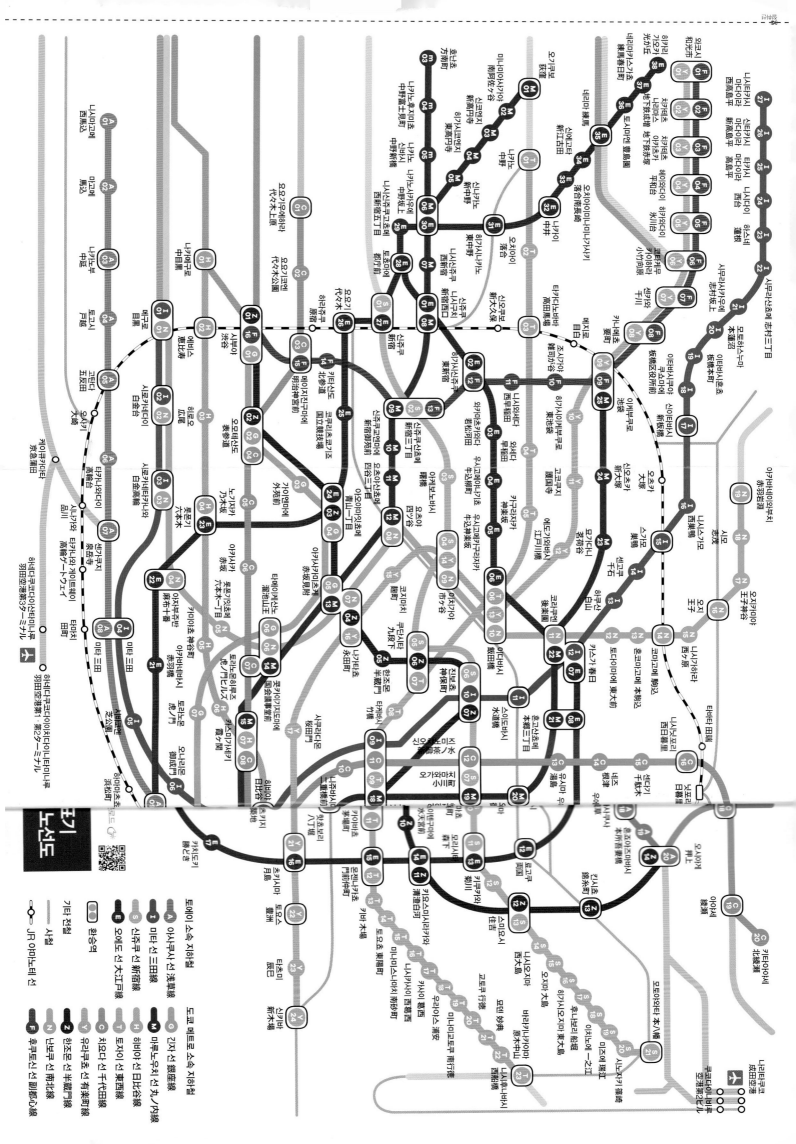

One Day Trip
KARUIZAWA

카루이자와 軽井沢는 일본에서도 손꼽히는 트렌디한 휴양지다. 해발 1,000m의 고원에 위치한 까닭에 도쿄 시내보다 기온이 5~6℃ 낮아 피서지로 각광받고 있다. 케네디와 신고사 유적지에서 즐길 수 있는 19세기 말에 처음 별장지를 세우면서 지금의 크로케를 소개 뒤 유명인들이 이곳을 찾으면서 거듭났고, 비틀즈 멤버인 존 레논도 이곳에 머물며 가족과 오붓한 시간을 보냈다고 한다.

★1 카루이자와 프린스 쇼핑플라자 軽井沢 プリンスショッピングプラザ

카루이자와 최대의 쇼핑몰. 국내외 최대 규모를 자랑하는 쇼핑몰로 다양한 브랜드가 있다. 가든 몰 등은 10개로 나뉜 공간에 노블레스·라이프스타일·숍이·노스웨스트존이다.
영업 10:00~20:00 홈피 무료 www.karuizawa-psp.jp
교통 JR 카루이자와 역 부근 스토브 이용
구글맵 오른쪽 지도 QR 코드 스캔

★3 마루야마 커피 丸山珈琲

일본의 유명 커피 숍 가운데 하나인, 마루야마 커피의 본점 원두 원산지 생두가 가득하다. 안쪽을 원두를 직접 로스팅해 내려주는 커피는 그윽한 향과 맛이 일품이다. 추천의 메뉴는 마루야마 커피 블렌드인 치나미珈琲のブレンド。
영업 10:00~18:00 홈피 화요일(8월은 무휴)
홈피 www.maruyamacoffee.com
교통 JR 카루이자와 역 북미에서 도보 30분
구글맵 오른쪽 지도 QR 코드 스캔

★4 구 카루이자와긴자 旧軽井沢銀座

카루이자와의 메인 스트리트. 남쪽 기온에서 쇼핑을 즐기는 리조트촌의 중심가로, 거리 곳곳 Church Street에는 건물, 기념품점 레스토랑이 모여 있어 여행객의 발길을 끈다.
영업 10:00~21:00 홈피 연중무휴
교통 JR 카루이자와 역 북쪽 출구에서 도보 15분
구글맵 오른쪽 지도 QR 코드 스캔

★5 구모바 연못 雲場池

길쭉한 고구마 모양의 연못. 개울에 구모바 연못이 반영되어 예쁘다. 900m 남짓한 둘레를 이어지는 산책로를 찾기 시작하면 20분 정도면 한 바퀴 돌 수 있다.
교통 JR 카루이자와 역 북쪽 출구에서 도보 22분
구글맵 오른쪽 지도 QR 코드 스캔

만페이도리 万平通り

120여 년의 역사를 자랑하는 호텔.
구글맵 오른쪽 지도 QR 코드 스캔
교통 JR 카루이자와 역 북쪽 출구

만페이 호텔 万平ホテル

교통 JR 카루이자와 역 북쪽 출구에서 도보 14분
구글맵 오른쪽 지도 QR 코드 스캔
홈피 http://mampei.co.jp

세인트 폴 교회 聖パウロ教会

1906년에 세워진 고풍스러운 호텔.
교통 JR 카루이자와 역 북쪽 출구
구글맵 오른쪽 지도 QR 코드 스캔
개관 09:00~17:00

구 미카사 호텔 旧三笠ホテル

교통 JR 카루이자와 역 북쪽 출구에서 버스를 타고 미카사三笠 정류장 하차
구글맵 오른쪽 지도 QR 코드 스캔
개관 09:00~17:00

N

0 400m

JR 나가노신칸센
長野新幹線

JR 카루이자와 역
軽井沢

시나노 철도 しなの鉄道

카루이자와의 교통편

JR 도쿄 와이드 패스 JR Tokyo Wide Pass

카루이자와의 시내교통

버스 バス

자전거 自轉車

시나노 철도 しなの鐵道

병원에서 필요한 회화

[_____] 가 아파요.
[_____] が痛いです。
[_____] 가 이따이데스.

[_____] が痛いです。

머리 頭 아따마	목구멍 喉 노도	위(장) 胃 이	팔꿈치 ひじ 히지
눈 目 메	목(고개) 首 쿠비	손 手 테	다리 脚 아시
코 鼻 하나	가슴 胸 무네	손가락 指 유비	발 足 아시
입 口 구찌	배 腹 하라	손목 手首 테꾸비	무릎 膝 히자
귀 耳 미미	심장 心臟 신조-	팔 腕 우데	허리 腰 코시

❀ 응급실은 어디인가요? **応急室はどこですか?** 오-뀨-시쯔와 도꼬데스까?

❀ 열이 있습니다. **熱があります。** 네쯔가 아리마스.

❀ 설사를 하고 있습니다. **下痢をしています。** 게리오 시떼이마스.

❀ 현기증이 납니다. **めまいがします。** 메마이가 시마스.

❀ 치료비는 얼마나 드나요?
　治療費はいくら位かかりますか? 치료-히와 이꾸라구라이 카까리마스까?

❀ 여행자 보험을 갖고 있습니다.
　海外旅行保険を持っています。 카이가이료꼬-호껜오 못떼 이마스.

❀ 영수증을 주세요.
　レシート(領収書)をお願いします。 레시-또(료-슈-쇼)오 오네가이시마스.